1900 ～ 1999

韓国仏教１００年

朝鮮・韓国仏教史図録

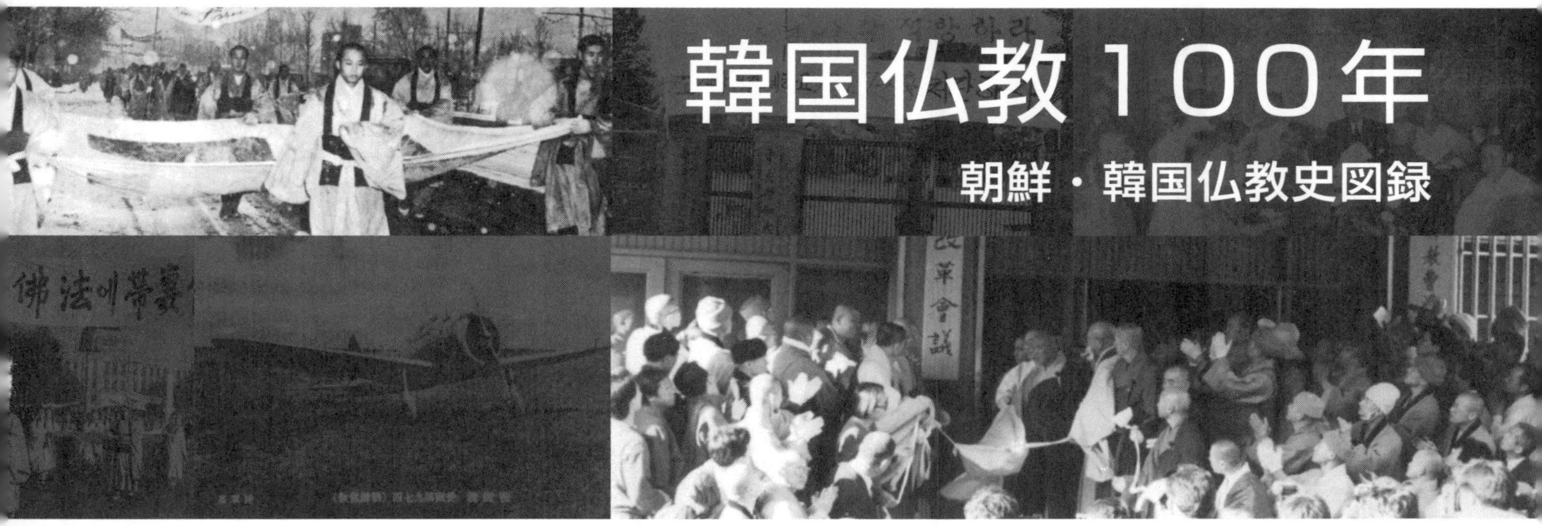

皓星社

1900 ~ 1999 한국불교 100년

by

김광식

日本語版出版にあたって
この本を読む日本の読者たちに

この本は、わが民族社が近現代における韓国仏教 100 年を振り返ってみるために 1997 年から企画を立て、2000 年 5 月に発刊しました。近現代における韓国仏教 100 年といえば、1990 年～ 1999 年までの 1 世紀にあたります。

この本は写真と文書、新聞記事、画報の記録を通じて 1 世紀の韓国仏教を眺望してみたものです。韓国仏教が激動の 1 世紀をいかにくぐり抜けてきて、今日はどのような位置に立っているのかを検証することによって未来の座標を提示するのが、この本の意図です。

韓国における過去 1 世紀とは、日本帝国主義の植民地統治（1906 年の統監府の設置～ 45 年の日本の敗戦と解放まで）と南北分断と朝鮮戦争、そして、60 年の 4・19 学生革命と翌年の 5・16 軍事クーデター、70 ～ 80 年代の民主化運動という激動の時代でした。このうち、日本による植民地統治はその半分を占めたほど至大な悪影響を与えました。

この本は一介の出版社（民族社）の歴史認識から始まったものですが、新しい世紀を迎える時点で、過ぎ去って行く 1 世紀に何もせず、無意味に送り出すことはできませんでした。

韓国の古詩に次のような詩があります。

踏雪野中去	雪をふむ、野原を行く時には、
不須胡亂行	すべからくむやみに歩かない、
今日我行跡	今日、私が残す足跡（行跡）が
遂作後人程	後で行く人には、里程標になるのに

韓国仏教にとっては恥じることですが、日本の植民地支配 40 年の間に親日と抗日、あるいは協力と抗拒という、二つの道を歩みました。もちろん、大多数は武力の前で親日を選びました。

造られて 300 年未満の仏像と香炉などの仏具は日本の要求によってすべて供出され、日本の戦争の物資として使われました。写真 494、495 の戦闘機は当時の朝鮮の寺院が募金を集め、日本の陸軍と海軍に計 5 機の戦闘機を献納しました。しかし、もはや過去のことになりました。過去にこだわりすぎるのは良くありませんが、互いがそのような事実を認識していることは大事だと思います。

仏教は、今日の韓国における 3 大宗教（仏教、キリスト教、カトリック）の中の一つです。韓国の文化遺産、遺跡、国宝、宝物、地方文化財のうち 7 割が仏像、石塔、仏画、経典（古書）の仏教の遺産です。また、日本と同じく、韓国の重要な観光地に寺院が多くあります。韓国人口 4,000 万のうち、約 1,000 万人が仏教徒なのです。韓国の仏教には 曹渓宗（禅宗）、太古宗、天台宗、真覚宗（真言宗の系統）、円仏教など、約 300 の宗派があり、その中でも一番大きい宗派が曹渓宗です。曹渓宗の寺院は約 3,000、僧侶は約 13,000 人います。

韓国において釈迦の誕生日の旧暦の 4 月 8 日は、国が決めた休日です。この日になると、全国の仏教徒たちは燈を持ってソウルの中心街を行進します。その様子をテレビでも中継します。韓国で仏教は、政治社会にも大いに影響を与えています。また、日本と韓国は遠くて近い国だといいます。しかし、これからは互いにとって近い国にならなければいけないのではないでしょうか。

この本が日本で出版されることになるとは、思いもしませんでした。この本の価値を高く評価して日本語での出版に至大な役割を担った曹洞宗金木山雲祥寺住職である一戸彰晃師に、深く感謝の意を申し上げます。この方は、『曹

洞宗の戦争』（皓星社、2010年）、『曹洞宗は朝鮮で何をしたのか』（皓星社、2012年。韓国語の翻訳本『曹洞宗은 朝鮮에서 무엇을 했는가』は東国大学出版部から刊行）を通じて、日本が戦争期に韓国と中国などに対してどんな悪い役割を担っていたのかを詳細にかつ明確に、資料をあげながら明らかにしています。これらの2冊の本はこれから近代韓国仏教の研究、とりわけ日本による植民地支配期の韓国仏教を研究する際には一級の資料になると思っています。

そして、日本語版を出版していただいた皓星社の藤巻修一社長と、翻訳に関わった東アジア仏教運動史研究会の皆様にも深く感謝を申し上げます。

（私自身は個人的に日本が、その中でも京都が大好きで、10回以上訪ねました。福井の永平寺、京都の天龍寺、龍眼寺、大徳寺、南禅寺、東福寺、金閣寺などはとても美しいお寺でした。何年か前、NHKで放映された『篤姫』はすでに5回以上見ており、今でも時折、また見たりします。）

2014年3月25日

韓国民族社の代表（社長）

尹 載昇 合掌

はじめに

20世紀の近現代はまさに激動の時代であった。それは否応なく世界史およびグローバル的なうねりの中に巻き込まれた時期であった。伝統と近代化の対立、イデオロギーや民族間の葛藤、開化と開港、外国勢力の圧力と応戦、国権守護という展開の中で、ついに大韓帝国の滅亡と日本帝国主義の植民統治という事態を迎えた。そうした状況の中で、3・1運動（1919年、日本からの解放を叫んで決起し、朝鮮民族の独立を図った万歳運動。3・1独立運動）をはじめとする独立運動が展開され、上海の大韓民国臨時政府という亡命政権も樹立された。やがて日本帝国主義の敗退と朝鮮民族の解放を迎えながらも戦後は南北に分断され、さらに朝鮮戦争という苦難が続いた。4・19（1960年3月の大統領選挙における不正を糾弾した民衆蜂起）と5・16（61年5月の朴正熙による軍事クーデタ）、民主化と独裁という時代を経て、韓国経済は発展しながらも、なお南北対立、政権交代と文民・国民の政府（文民政府＝1993～98年の金泳三政府、国民政府＝1998～2003年の金大中政府）、IMF危機（1997年の金融危機）など、最近100年の歴史は、こうした多様な表情を見せながら過ぎ去っていった。

こうした歴史の中で、この100年間の仏教史の断面はどうだったのか？

さらに、その100年を終え、振り返って見る時に私たちは、仏教の歩みをどのような基準で見なければならないか？このような時に臨んで、過去100年仏教史の流れと歩みをたどって見ることは何を意味するのか？　それは、言うまでもなく、より良い、健康で、社会に貢献する、衆生を救済することができ、かつまた、21世紀の思想と文化の主役になることができる仏教を作るためである。過去を振り返り、現在を点検し、将来の方向を展望していこうというのが本書の編集の根本的な目的である。これを強調して表現すると、「歴史認識」と言うことができ、別の言葉で言えば「温故知新」と言うことができる。

私たちは、過去100年間の仏教の軌跡を写真、文書、書物、声明書、雑誌、新聞などの多様な対象を総合して、その流れをまとめ、整理してみた。今、私たちは、100年という時間の流れに残っている、先んじた仏教徒たちの苦悩と情熱の断面を垣間見ることができるだろう。その軌跡と断面、そこに込められた名残惜しさと悔恨を介して、ささやかな歴史の息づかいだけでも感じることができれば、この書物発刊の目的は成功したと言える。いや、歴史の息づかいを感じずとも、いつかは必ず、その息づかいを聞く必要性が切実になる時が来ると確信する。時間が経つほど歴史の痕跡、すなわち、記録などは消えてしまうのが通例なので、これ以上の資料散失を惜しむ素朴な心情が、この書物の隅々に浸透しているということを見ていただくだけでも、十分と言うことができるのではないか。

この100年の仏教史は、ひと言で要約すると、仏教の中興と発展の歴史であった。しかしながら、その歴史の裏舞台には恥ずかしく、悽絶で恥辱的な、考えたくもない軌跡がそっくりそのまま、今、この瞬間にも残っているから、この100年には日向と日陰が混在していた。そうではありながらも、かわいらしくても憎くても、そのまま、私たちの歴史であることを否定できないのである。

朝鮮王朝後期の政治・社会的な立ち遅れから開化、開港、都城出入り禁止解除、日本仏教の浸透など、荒々しく挑戦してきた文明と近代という高慢な嵐の前に仏教は向かい合った。それに、朝鮮半島を強奪していた日本帝国主義の先発隊として浸透していた日本の仏教の邪悪な姿はどうだったのか？

これに、わが仏教界は、仏教の大衆化の旗を掲げ、山間から都会に熱心に行き来した。学校を建てて布教堂を起こすなど、手と足を熱心に動かした。それとともに、仏教の維新と改革の声も精一杯出しながら、その理論を整備した。しかし、場合によっては仏教の精神を捨てて、韓国仏教の伝統を投げ出した場合もあった。そのような時には善知識（仏教の正しい道理を教え、利益を与えて導いてくれる人）たちが、その誤りを修正したりもした。

たまにその改革の熱意のあまり、仏教の根本を失った場合も少なくなかった。しかし、その過ちは、ときに逸脱してもすぐに中心に戻ってきたりした。もちろん、宗団内部の葛藤と紛争も往々にしてあった。また、信徒たちも加勢して、紛糾は数年持続したり、寺院や寺院の財産をより多く手に入れるための恥ずかしい行いもあったことを否定することはできない。現在、その汚辱の残滓も徐々に過ぎ去ってはいるが。このすべてのことを、明日のための土壌とすべき時が来た。

今、私たちは、過去100年間の仏教が歩んできた長い道のりを振り返って見なければならないというこの時、鏡に映った自分の姿を直視することができる、余裕ある知恵が必要であると切実に思われる。問題は、今後、進むべき方向とその内容である。それをたどってみて、じっくり顧みる場がまさにこの書物であるわけだ。より遠くに行くことができ、落ち着いてその道を模索する対話の場がここにある。今私たちがともに、その探索を通じて韓国仏教の進むべき道を、それぞれの胸に描いてみるのもよいのではないか。

この写真集は、資料収集および提供に協力してくれた団体および皆さんの助けを借り、世の中に出る運びとなった。東国大図書館、独立記念館、イ・チョルギョ先生、パク・サングッ先生、それに、コ・ジェウク、イ・ドンウン、キム・ナムス、キム・スンソク、キム・サンソク、アン・フサン、イ・ギョンスン、ユ・グンジャの皆さん、チョンチョン僧侶、全国仏教運動連合（全仏連)、善友道場、実践仏教僧伽会、仏教新聞、法宝新聞、現代仏教、週刊仏教などの様々な機関や団体と、助けをいただいた方々のご厚意に改めて感謝の意を伝える。そのほかにも写真提供に協力してくださった方々に感謝を申し上げる。

2000年元旦

編者　金 光植

凡例

1. この本は、1900 年代を前後して 1999 年までに仏教界における重要事件、貴重な写真、記念写真、新聞、雑誌、人物、本、声明書、文献、主要な事件記事などの重要か、または希少と判断されるものを集めた写真集である。

2. 目次に表記された前の数字は写真資料の通し番号を表し、後ろに表記された数字は写真集のページ数を意味する。

3. 索引では、読者に便宜を提供するために関連写真の重要なキーワードを日本語の 50 音に当たるハングルの가나다（カナタ）順に整理し、該当の数字は、この写真集に表記されている写真資料の通し番号を示している。

4. この本に収録されている写真や新聞記事は、現在においてできる限り集めることができた結果である。その他、個人が所蔵している写真や資料については集められなかった。

5. この本に収録されていない写真があると思う。特に個人、寺院、団体が所蔵している写真のうち重要か希少と思われる写真があれば、今後、資料を集めて増補版を出す計画である。個人や団体で所蔵している写真を提供し、貸し出していただければ幸いである。

目　次

日本語版出版にあたって
　――この本を読む日本の読者たちに　尹 載昇　3
はじめに　金 光植　5
凡例　7
主なカラー写真　25

1900 年代前後

1. 都城出入り禁止解除前後の南大門 /37
2. 1900 年代初頭の 4 月初 8 日慶祝法要 /37
3. 1907 年頃の円丘壇 /37
4. 都城出入り禁止解除を提案した日本僧侶・佐野前励 /38
5.『東洋教報』第 4 号 /38
6.『韓国開教論』/38
7.『浄土宗韓国開教誌』/38
8. 親日派の李容九と武田範之 /39
9. 日本僧侶の武田範之と内田良平 /39
10. 奥村円心に送った李東仁の手紙 /39
11. 龍珠寺僧侶・崔就墟が寄稿した都城出入り禁止解除感謝文 /40
12. 開化僧・李東仁 /40
13. 紳士遊覧団時期の李東仁 /40
14. 近代の代表的な高僧・鏡虚 /41
15. 鏡虚の遺墨書刻 /41
16. 劉大致の直筆 /41
17. 鏡虚が主導した修禅結社の芳名録 /41
18. 1903 年の楡岾寺僧侶たち /42
19. 開化期の僧侶の姿 /42
20. 壊れた塔の下で遊んでいる子どもたち /42
21. 元興寺全景 /43
22. 明進学校の設立趣旨書 /43
23. 明進学校の卒業証書 /43
24. 仏教研究会の設立申請書 /44
25. 私立仏教師範学校の校典 /44
26. 明進学校が全国の寺院に送った学生募集要項 /44
27. 日本仏教大谷派の建物と信徒たち /45
28. ソウルにあった日本大谷派本願寺法堂 /45
29. ソウルにあった日本仏教曹洞宗本山別院の入仏式 /45
30. ソウルにあった日本仏教日蓮宗寺院の信徒たち /45
31. ソウルにあった大谷派本願寺の扁額と鐘楼 /46
32. ソウルにあった真宗大谷派本願寺別院 /46
33. 日蓮宗日曜学校大会の子どもたち /46
34. 日本仏教が社会事業を推進した和光教園 /47
35. 大谷派本願寺仁川別院 /47
36. 大谷派本願寺の韓人布教堂と全州布教所 /47
37. 浄土宗教友会の朝鮮人たち /48
38. 浄土宗開教院における釈迦誕生日の行事の様子 /48
39. 日本仏教大谷派本願寺に帰依する韓国僧侶 /48
40. 朝鮮開教総監の実体を報道した『大韓毎日申報』/49
41. 浄土宗で元興寺を活用するために提出した請願書 /49
42. 普賢寺で日本の僧侶を住職に推戴した文書 /49
43. 真宗大谷派本願寺僧侶・奥村円心 /50
44. 真宗大谷派本願寺朝鮮開教総監・大谷尊宝 /50
45. 韓国仏教を日本曹洞宗と秘密盟約を締結させた武田範之 /50
46. 武田範之と親日派の李容九 /50
47. 梵魚寺の私立明正学校 /51
48. 乾鳳寺普通鳳鳴学校の設立趣旨書 /51
49. 華厳寺の僧侶と学生たち /52
50. 新明学校の生徒と僧侶たち /52
51.「京城仏教連合」設立申請書 /53
52. 海印寺の国債報償義捐金の収入公告文 /53
53. 梵魚寺の国債報償義捐金の収入公告文 /53
54. 任実地域の抗日義兵に参加した僧侶の位牌 /54
55. 曹洞宗管長の朝鮮寺刹管理請願書 /54
56. 崔益鉉の義兵抗争に活用された法鼓と僧侶たちの同盟録 /54
57. 円宗宗務院の発起趣旨書 /55
58. 円宗宗務院が統監府に提出した申告書 /55
59. 円宗設立の産婆役・李晦光 /55
60. 円宗宗務院の設立を認めないとした文書 /55
61. 1900 年代はじめの海印寺大雄殿 /56
62. 荒廃した芬皇寺塼塔 /56
63. 1897 年頃の円覚寺塔 /56
64. 1904 年頃の円覚寺塔 /56
65. 1908 年頃の仏国寺 /57

66. 1908年頃の仏国寺多宝塔 /57
67. 放置された石窟庵 /57

1910年代

68.『朝鮮仏教月報』に掲載された寺刹令と寺法 /61
69. 寺刹令制定を主導した朝鮮総督府寺社係主任・渡辺彰 /61
70. 金龍寺本末寺法の認可申請書 /61
71. 金龍寺本末寺法 /62
72. 楡岾寺本末寺法を認可した文書 /62
73. 法住寺本末寺法 /62
74. 楡岾寺本末寺法 /62
75. 臨済宗宗務院の発起趣旨書 /63
76. 臨済宗中央布教堂の開教式報道記事 /63
77. 日帝が韓龍雲に寄付金の募金規則違反で罰金刑を宣告した判決文 /63
78. 臨済宗の動きを監視したことがわかる日本の秘密情報文書 /63
79. 白龍城の著作『帰源正宗』/64
80. 韓龍雲の著作『朝鮮仏教維新論』広告文 /64
81. 権相老の「朝鮮仏教改革論」/64
82. 臨済宗運動発起時の宗務院長に選出された仙厳寺の金擎雲僧侶 /64
83. 1910年頃の僧侶たちの動態を報道した『大韓毎日申報』/65
84. 李能和の布教規則の感想 /65
85. 梵魚寺金剛戒壇の護戒牒 /65
86. 真宗大谷派本願寺が設立した京城龍谷女学校全景 /66
87. 曹洞宗京城別院の曹谿寺本堂 /66
88. 西本願寺釜山別院 /66
89. 30本山住職たちの日本視察 /67
90. 楡岾寺金剛戒壇受戒式の記念写真 /67
91. 中央学林と洪甫龍 /68
92. 中央学林の卒業証書 /68
93. 海印寺住職・李晦光 /68
94. 仏教振興会幹事長・金弘祚 /68
95.『朝鮮仏教通史』の著者・李能和 /68
96. 仏教振興会第1回定期総会記念写真 /69
97. 龍珠寺住職・姜大蓮 /69
98. 奉恩寺住職・羅晴湖 /69
99. 金剛山神渓寺普徳庵の僧侶たち /70
100. 1917年頃の金九河 /70
101. 晩年の金九河 /70
102. 権相老の著作『朝鮮仏教略史』/70
103. 日本視察当時の姜大蓮、金九河、李晦光 /71
104. 韓龍雲の『仏教大典』/71
105. 朝鮮総督府で発行した寺刹関係史料集『朝鮮寺刹史料』/71
106.『朝鮮仏教維新論』/72
107. 李能和の著作『百教会通』/72
108. 韓龍雲が発行した雑誌『唯心』/72
109. 李能和の著作『朝鮮仏教通史』/72
110.『朝鮮仏教月報』第13号 /73
111.『海東仏報』第1号（創刊号）の目次 /73
112.『仏教振興会月報』第1号（創刊号）/73
113.『朝鮮仏教界』第1号（創刊号）の目次 /73
114.『朝鮮仏教叢報』第1号（創刊号）/73
115. 3・1独立宣言書（1919年）/74
116. 3・1の精神を継承するために開催された国民大会趣旨書 /74
117. 仏教青年たちの3·1独立運動参加反対の文章を書いた30本山連合事務所委員長・金龍谷 /75
118. 親日仏教団体である仏教擁護会を組織した李完用 /75
119. 仏教擁護会の報道記事 /75
120. 僧侶の独立宣言書 /76
121. 仏教青年たちが作成・配布した『革新公報』/76
122. 石窟庵の補修の様子 /77
123. 補修工事の際の石窟庵本尊仏 /77
124. 1912年頃の乾鳳寺 /78
125. 乾鳳寺大雄殿前の僧侶たち /78
126. 1912年頃の金剛山神渓寺 /78
127. 1917年頃の楡岾寺大雄殿 /79
128. 神渓寺の石塔と僧侶 /79
129. 1917年頃の梵魚寺 /79
130. 法住寺の掛仏を見ている僧侶と信徒たち /80
131. 1917年頃の釈王寺の幀画と仏像 /80
132. 1917年頃の通度寺の掛仏 /80
133. 1910年代の灌燭寺の恩津弥勒仏 /81
134. 1910年代の鶏龍山の兄妹塔 /81
135. 1910年代の弥勒寺跡 /81
136. 1910年代の鉄幢竿 /81

1920 年代

137. 抗日僧侶・白初月が参加した義親王の宣言書 /85
138. 丹陽表忠寺僧侶の万歳運動を報道した『独立新聞』/85
139. 仏教青年・李範大の軍資金募集活動中の逮捕を報道した『独立新聞』/85
140. 陽和寺僧侶が軍資金提供のために銃殺されたことを報道した『独立新聞』/86
141. 陽和寺僧侶の軍資金提供の報道記事 /86
142. 僧侶出身独立軍の軍資金募金活動中の逮捕を報道した記事 /86
143. 抗日僧侶金奉律の出獄記念 /86
144. 僧侶出身の独立軍逮捕の報道記事 /87
145. 出獄直後の韓龍雲の様子を報道した記事 /87
146. 僧侶出身独立軍・金章允の軍資金調達の報道記事 /87
147. 白龍城が主導した三蔵訳会の意義を報道した社説 /88
148. 白龍城が翻訳した『新訳大蔵経』/88
149. 仏教社会化のために献身するという韓龍雲の抱負 /88
150. 韓龍雲と宋世浩逮捕の報道記事 /88
151. 李晦光と日本臨済宗との連合策略の推進を報道した記事 /89
152. 孤立した李晦光 /89
153. 李晦光が再び日本臨済宗と連合を推進したとの（1926 年）報道記事 /90
154. 李晦光の連合策略を批判的に報道した新聞記事 /90
155. 3·1 独立運動直後の仏教界改革運動の報道記事 /91
156. 仏教改革連合会活動の報道記事 /91
157. 朝鮮仏教青年会趣旨書と発起人名簿 /92
158. 通度寺仏教青年会から発行された『鷲山宝林』/92
159. 朝鮮仏教青年会サッカー部 /92
160. 朝鮮仏教維新会組織関連の報道記事 /93
161. 朝鮮仏教維新会の寺刹令撤廃運動の報道記事 /93
162. 朝鮮仏教維新会が持続的な寺刹令撤廃運動を展開 /93
163. 姜大蓮の鳴鼓逐出事件の関連記事 /94
164. 総務院と教務院に分断された朝鮮仏教界 /94
165. 朝鮮仏教教務院と総務院の葛藤 /94
166. 総務院と教務院が看板取り付け問題で対立 /94
167. 覚皇寺で会議を行う 30 本山住職たち /95
168. 財団法人朝鮮仏教教務院の寄付行為定款 /95
169. 朝鮮仏教教務院の全景 /95
170. 朝鮮仏教教務院の理事たち /95
171. 朝鮮仏教教務院と朝鮮総督府関係者との晩餐 /96
172.『仏教』創刊号に掲載された朝鮮総督の揮毫 /96
173. 朝鮮総督府学務局長を招待した晩餐 /96
174. 仏教総合雑誌である『仏教』創刊号 /97
175. 教務院第 2 回評議員総会録 /97
176.『寺刹例規』の表紙 /97
177. 仏教誌に掲載された『寺刹例規』広告文 /97
178. 禅友共済会の趣旨書 /98
179. 禅友共済会の自願金録 /98
180. 禅友共済会の日誌 /98
181. 白龍城が主導した『萬日参禅結社会』宣伝文 /99
182.『朝鮮仏教総書』の目録 /99
183. 白龍城の著作『心造万有論』/99
184. 白龍城の著作『修心論』/99
185. 朝鮮総督府で発行した『朝鮮僧侶修禅提要』/100
186. 白鶴鳴が主導した内蔵禅院の規則 /100
187. 白鶴鳴が首座に質問した内容と回答 /100
188. 水月僧侶の涅槃社告文 /100
189. 白龍城の肉食妻帯禁止建白書 /101
190. 肉食妻帯建白書の提出の報道記事 /101
191. 金鏡峰に送った白龍城の手紙 /101
192. 僧侶肉食妻帯に関する賛否要求の広告 /101
193. 朝鮮仏教の女子青年会が運営した能仁女子学院 /102
194. 朝鮮仏教の女子青年会の組織と活動 /102
195. 鍾城仏教婦人会の創立記念写真 /102
196.『東亜日報』に寄稿した金一葉の恋愛観 /103
197. 金剛山ある庵の尼僧 /103
198. 出家前の金一葉 /103
199. 金一葉と女性記者懇談会 /103
200. 中央学林昇格運動の報道記事 /104
201. 京城で卒業を迎えた仏教留学生 /104
202. 北京留学仏教青年たちが発行した雑誌『荒野』/104
203. 中央仏教学友の卒業生記念 /104
204. 総務院が取得した普成高普全景 /105
205. 総務院と教務院が連合して普成高普を経営するとの報道記事 /105
206. 新築した普成高普の全景 /105
207. 仏教専修学校の教師 /106
208. 中央仏典学生たちのため巡回講演団 /106

209. 巡回講演に出た中央仏典生たちが晋州仏教青年会で記念撮影 /106
210. 在日仏教留学生の夏期休暇巡回講演報道 /107
211. 在日朝鮮仏教青年会の機関誌『金剛杵』広告文 /107
212.『金剛杵』第 16 号 /107
213.『金剛杵』第 23 号巻頭言 /107
214. 東京朝鮮仏教留学生の近況 /108
215. 東京朝鮮仏教留学生たちの卒業生送別式 /108
216. 東京留学生の卒業記念撮影 /108
217. 日本仏教の視察団 /109
218. 日本増上寺で開催された第 2 回東亜仏教大会 /109
219. 東亜仏教大会に参加した李混惺 /109
220. 東亜仏教大会の歓迎式 /109
221. 朝鮮仏教少年会が主催した全朝鮮弁論大会 /110
222. 朝鮮仏教少年会が主催した歌劇大会 /110
223. 釈尊生誕日記念朝鮮仏教少年会による小豆粥提供の様子 /110
224. 朝鮮仏教青年会と朝鮮仏教の女性青年会が参加した全朝鮮青年党大会 /111
225. 日本警察が青年党大会を不穏との理由で禁止 /111
226. 李英宰がインド求法巡礼中に夭折 /111
227. 日本留学時代の李英宰 /111
228. 李英宰の志を称賛する発起文 /111
229. フランス留学時代の金法麟 /112
230. 被圧迫民族大会に参加した金法麟 /112
231. 被圧迫民族大会に提出された朝鮮代表の報告書 /112
232. 被圧迫民族大会に参加した朝鮮代表たち /112
233. 汎太平洋仏教青年大会に参加した都鎮鎬の大会参観記 /113
234. 汎太平洋仏教青年大会に提出された崔南善の『朝鮮仏教』/113
235. 京城師範学校の仏教研究会 /113
236. 朝鮮仏教青年会が各地方の仏教青年会に送った公告文 /114
237. 青年時代の金泰治（金大隠）/114
238. ドイツで博士学位を受けて帰国した当時の白性郁 /114
239. 東国大学校総長時代の白性郁 /114
240. 朝鮮仏教学人大会の発起趣旨書 /115
241. 朝鮮仏教学人大会に参加した学人たち /115
242. 開運寺に設立された仏教研究院の研究生募集の広告 /116
243. 朝鮮仏教学人連盟の機関誌『回光』/116
244. 開運寺の大円庵 /116
245. 韓龍雲、白龍城、河龍華 /117
246. 守国寺の開山碑前の洪月初 /117
247. 全南僧侶講習会に参加した僧侶たち /117
248. 禅僧・金南泉 /118
249. 直指寺中興祖・霽山 /118
250. 法住寺住職を務めた徐震河 /118
251. 鏡虚の弟子・申恵月 /118
252. 漢拏山の白鹿潭の灌仏会 /119
253. 済州仏教布教堂の結婚式 /119
254. 済州仏教婦人会と少年会の 4 月初 8 日行事 /119
255. 純宗逝去の奉悼式 /120
256. 乙丑年洪水時に 708 名の命を救った羅晴湖僧侶の不壊碑帖と函 /120
257. 龍珠寺住職・姜大蓮の愒扁式と記念揮毫の光景 /120
258. 上海在住の朝鮮人仏教徒たちが太虚法師を招待 /121
259. ソウル駅に到着した日本仏教大谷派本願寺の法主 /121
260. 日本仏教臨済宗妙心寺派僧侶の来韓記念撮影 /121
261. 朝鮮仏教大会後援の記念撮影 /122
262. 朝鮮仏教大会の主催の野外伝道会 /122
263. 朝鮮仏教団の財団法人設立の祝賀披露会 /122
264. 朝鮮仏教団評議員会 /123
265. 朝鮮仏教団の機関誌『朝鮮仏教』/123
266. 朝鮮仏教社社長・中村健太郎 /123
267. 朝鮮仏教団第 1 回布教生 /124
268. 朝鮮仏教団第 2 回甲種布教留学生 /124
269. 朝鮮仏教団第 3 回甲種布教留学生 /124
270. 日本に発つ直前の布教留学生 /125
271. 朝鮮仏教団第 4 回布教留学生 /125
272. 朝鮮仏教団春川支部の発会式 /125
273. 朝鮮仏教と禅教両宗の僧侶大会 /126
274. 朝鮮仏教と禅教両宗の僧侶大会に参加した仏教界の代表たち /126
275. 朝鮮仏教と禅教両宗の僧侶大会に参加した仏教徒たちの宣誓文 /127
276. 朝鮮仏教と禅教両宗の僧侶大会で制定した宗憲 /127
277. 朝鮮仏教団の前身である朝鮮仏教大会趣旨書 /128
278. 朝鮮仏教大会創立当時の芳名録 /128

279. 総督府で開催された朝鮮仏教大会発会式の様子 /129
280. 朝鮮仏教大会に先立ち勤政殿仏像前で礼拝 /129
281. 朝鮮仏教大会進行および概要をまとめた『朝鮮仏教大会紀要』/129
282. 朝鮮仏教大会行事の一つである殉難横死無縁者追弔法要式の様子 /130
283. 朝鮮仏教大会 2 日目の殉難横死無縁者追弔法要式に参加した 31 本山住職たちの読経の様子 /130
284. 朝鮮仏教大会が終了した後に総督府庁舎前で記念撮影 /131
285.『仏教』に掲載された「讃仏歌」/132
286.『恩重経』に掲載された「信仏歌」/132
287. 讃仏歌の中の第 1 編「仏陀の成道」/132
288.『恩重経』に掲載された「讃仏歌」/132
289.『平凡』創刊号 /133
290.『平凡』の巻頭辞 /133
291.『潮音』のはしがき /133
292.『潮音』創刊号 /133
293.『仏教』の創刊辞 /134
294. 朝鮮仏教団の機関誌『朝鮮仏教』第 22 号 /134
295.『仏日』創刊号 /134
296.『仏日』の目次と仏日社友会の規約 /134
297. 韓龍雲の詩集『あなたの沈黙』/135
298. 多率寺での韓龍雲 /135
299.『朝鮮日報』に連載された韓龍雲の小説「薄命」/135
300. 白龍城が畢生の情熱で出版した『朝鮮文華厳経』/136
301.『朝鮮文華厳経』刊行を報道する『仏教』/136
302. 白龍城が刊行した『朝鮮語榜厳経』/136
303. 朝鮮仏教教務院で発行した『朝鮮仏教一覧表』/137
304.『朝鮮仏教一覧表』の目次 /137
305. 高橋亨の著作『李朝仏教』/137
306.『奉先本末寺誌』/137
307. 華厳寺全景 /138
308. 李鍾郁と仏教界の人士 /138
309. 覚皇教堂の鐘閣と梵鐘 /139
310. 朝鮮仏教教務院広場に建てられた七層塔 /139
311. 感恩寺跡の東西両塔 /139
312. 皐蘭寺の絵葉書 /140
313. 月明庵の絵葉書 /140
314. 無量寺の絵葉書 /140
315. 絵葉書の表面 /140
316. 仏国寺多宝塔の絵葉書 /141
317. 芬皇寺塔の絵葉書 /141
318. 表訓寺全景 /142
319. 金剛山摩訶衍 /142
320. 金剛山長安寺 /142

1930 年代

321. 1930 年代の朝鮮仏教教務院の全景 /145
322. 両宗宗会の会議録 /145
323. 教務院臨時評議員会の会録 /145
324. 寺法改正に対する意見 /146
325. 仏教中央行政に対する特告 /146
326. 宗憲発布 4 周年記念式 /146
327. 韓龍雲の朝鮮仏教改革案 /147
328.『仏教』の続刊の意義を提唱した韓龍雲の寄稿文 /147
329. 続刊された『仏教（新）』第 1 集（創刊号）/147
330. 仏教青年運動の主役たち /148
331. 汎太平洋大会に提出された英文パンフレット /148
332. 仏教青年運動団体の官印 /148
333. 朝鮮仏教青年総同盟の創立大会 /149
334. 朝鮮仏教青年総同盟の機関誌『仏青運動』/149
335. 朝鮮仏教青年総同盟の懸賞募集 /149
336. 中央仏専第 1 回卒業生 /150
337. 二九五八会の趣旨書 /150
338. 二九五八会会長の伝授式の署名 /150
339. 乾鳳寺主催の関東サッカー大会に参加した青年たち /151
340. 乾鳳寺鳳棲少年会創立の記念写真 /151
341. 南海仏教少年サッカーチーム /151
342. 乾鳳寺の 4 月初 8 日仮装行列 /152
343. 1934 年の釈迦誕生日の仮装行列記念 /152
344. 乾鳳寺の仏教青年たち /152
345. 多率寺光明学院の卒業記念写真 /153
346. 梵魚寺講院時代の金法麟 /153
347. 多率寺の仏教界人士 /153
348. 中央仏専の全景 /154
349. 中央仏専の授業時間表 /154
350. 中央仏専の音楽演奏会の記念撮影 154
351. 中央仏専学生たちの農村勤労報国隊員 /155
352. 中央仏専の学生会 /155

353. 全国巡回講演に出発する直前の中央仏専生たち /155
354. 中央仏専校友会が発行した機関誌『一光』/155
355. 朝鮮仏教禅宗第 1 回首座大会 /156
356. 朝鮮総督を叱責する宋満空の発言 /156
357. 禅学院の機関誌『禅苑』創刊号 /157
358. 朝鮮仏教禅宗の宗憲公布文書 /157
359. 朝鮮仏教禅宗の宗憲宣誓文 /157
360. 奉先寺弘法講院の学人たち /158
361. 弘法講院で刊行した『弘法友』創刊号 /158
362. 弘法講院学人たちの集まりである弘法講友会の綱領 /158
363. 1930 ～ 40 年代の仏教界の新聞『仏教時報』創刊号 /159
364. 新聞および雑誌の表題コレクション /159
365. 慶北仏教協会で刊行した『慶北仏教』第 10 号 /159
366. 海印寺講院の法宝学院の学人募集広告 /160
367. 通度寺講院復活の公告文 /160
368.『仏教』続刊祝賀広告 /160
369.『仏教』に掲載された新年祝賀広告 /160
370.『仏教（新）』第 20 集に掲載された「内鮮一体と仏教徒」/161
371.『仏教時報』に掲載された「皇国臣民ノ誓詞」/161
372.『仏教時報』の親日社説 /161
373. 大覚教の概要を明らかにした著作『吾道の真理』/162
374. 白龍城の著作『覚説梵網経』/162
375. 大覚教中央本部の扁額 /162
376. 白龍城の著作『釈迦史』/162
377. 白龍城の著作『覚海日輪』/162
378. 三蔵訳会から発行された『臨終訣』/162
379. 楡岾寺の京城布教堂 /163
380. 乾鳳寺明徳青年会が主催した敬老宴 /163
381. 松広寺僧侶・金大愚の表彰式 /163
382. 比丘尼学人・鄭守玉の日本留学時代 /163
383. 北漢山文殊庵の婦人会員 /163
384. 慶北道庁学務課職員の送別会 /164
385. 五山仏教学校の綱領 /164
386. 姜裕文の送別会署名 /164
387. 慶北 5 本山寺刹林保護指導委員会 /164
388.『慶北五本山古今紀要』/165
389. 忽滑谷快天の著作『朝鮮禅教史』/165
390. 安震湖の著作『霊験実録』/165
391. 安震湖の『釈門儀範』/165
392. 禅僧・方漢岩 /166
393.「朝鮮仏教代表人物」の投票の様子 /166
394. 方漢岩と彼の筆跡 /166
395. 講伯・朴漢永 /166
396. 教育事業に専念した宋曼庵 /166
397. 晩年の白龍城 /166
398. 奉先寺講主時代の李耘虚 /167
399. 衲子時代の河東山 /167
400. 禅僧・宋満空 /167
401. 執筆と出版に邁進した安震湖 /167
402. 時調詩人として有名な趙宗玄の青年時節 /167
403. 1938 年 2 月に卒業した中央仏専学生たち /168
404. 松広寺三日庵の僧侶たち /168
405. 1939 年 2 月に卒業した中央仏専生 /168
406. 1938 年 2 月に卒業した東京朝鮮仏教留学生 /168
407. 梵魚寺講院四教科の卒業記念 /169
408. 性月堂永訣式の様子 /169
409. 僧侶の告別式の様子 /169
410. 朝鮮仏教青年総同盟の機関誌『仏青運動』第 11 号 /170
411. 禅学院で発行した『禅苑』第 2 号 /170
412.『仏教（新）』第 1 集の巻頭言 /170
413. 表訓寺と金剛山の仏教会で刊行した雑誌『金剛山』/171
414. 京城帝大仏教青年会主催の仏誕日記念図書展の目録 /171
415. 中央仏専学生会で刊行した『LUMBINI　ロムビニ』/171
416. 姜裕文が刊行した時調集『十年』/171
417. ソウル南山にあった博文寺全景 /172
418. 博文寺の入仏式と祝賀する群衆 /172
419. 金泰洽の『心田開発運動講演集』/173
420.『心田開発運動講演集』の目次 /173
421.『仏教時報』に掲載された日本の内閣の発表文と勅語 /173
422. 心田開発運動時に日帝が寺院の浄化を推進した内容の文書 /173
423. 朝鮮仏教団が主催した仏教講習会員の歓迎茶話会 /174
424. 朝鮮学生仏教青年会連盟の結成式 /174
425. 開院寺における国威宣揚武運長久百日祈祷回向式

に参加した信徒たち /175
426. 日本曹洞宗の慶州布教所 /175
427. 日本本願寺の慶州布教所 /175
428. 奨忠壇で行われた仏誕記念奉賛式 /175
429. 金剛山内金剛の三仏庵絵葉書 /176
430. 金剛山内金剛の普徳庵絵葉書 /176
431. 金剛山摩訶衍の絵葉書 /177
432. 扶余の無量寺掛仏の絵葉書 /177
433. 1934 年頃の実相寺の全景 /178
434. 1930 年代の無量寺全景の絵葉書 /178
435. 1930 年代の通度寺一柱門の絵葉書 /178
436. 祇林寺の僧侶と信徒たち /179
437. 俗離山福泉庵の絵葉書 /179
438. 大興寺枕渓楼の絵葉書 /179
439. 金剛山普徳窟の絵葉書 /180
440. 開城観音寺本堂の絵葉書 /180
441. 仏国寺全景の絵葉書 /180
442. 博文寺の絵葉書 /181
443. 石窟庵の絵葉書 /181
444. 1930 年代の金山寺弥勒殿 /181
445. 扶余の定林寺跡五層石塔の絵葉書 /182
446. 扶余の大鳥寺石仏の絵葉書 /182
447. 慶州の浄恵寺十三層石塔の絵葉書 /182
448. 金剛山正陽寺薬師殿と三層石塔 /183
449. 奉恩寺の一柱門 /183
450. 月精寺七仏宝殿と十三層宝塔 /183
451. 総本山太古寺の建立工事場面 /184
452. 現在の曹渓寺大雄殿の移築工事現場 /184
453. 竣工した総本山太古寺大雄殿 /184
454. 曹渓寺大雄殿の移築工事関連書類 /185
455. 曹渓寺大雄殿の建築許可申請書 /185
456. 曹渓寺大雄殿の工事現場責任者 /185
457. 梵魚寺講院四教科の卒業記念 /185

1940 年代～解放前

458. 禅学院で開催された高僧遺教法会 /189
459. 遺教法会を報道した『慶北仏教』/189
460. 満空と比丘尼僧たち /190
461. 『仏教』の編集者・金三道 /190
462. 朝鮮語学会事件と金法麟 /190
463. 曹渓宗総本山太古寺の寺法 /191
464. 太古寺寺法の目次 /191
465. 太古寺寺法付録の寺院本末関係の順位表 /191
466. 新しい宗団の朝鮮仏教曹渓宗の初代教務部長・林錫珍 /192
467. 新しい宗団の朝鮮仏教曹渓宗の初代総務総長・李鍾郁 /192
468. 新しい宗団の朝鮮仏教曹渓宗の初代宗正・方漢岩 /192
469. 新しい宗団の朝鮮仏教曹渓宗の初代庶務部長・金法龍 /192
470. 新しい宗団の朝鮮仏教曹渓宗の初代宗正司書・許永鎬 /192
471. 新しい宗団の朝鮮仏教曹渓宗の初代財務部長・朴円讃 /192
472. 恵化専門学校校長・金敬注 /193
473. 多率寺で講義した・金凡夫 /193
474. 禅学院再建の主役・金寂音 /193
475. 恵化専門学長・許永鎬 /193
476. 朝鮮仏教学の泰斗・権相老 /193
477. 東国大学院長を務めた金東華 /193
478. 在日仏教留学生の招請懇談会 /194
479. 朝鮮仏教東京留学生会館の設置記念撮影 /194
480. 朝鮮仏教東京留学生会の卒業記念 /194
481. 1943 年 9 月の在日仏教留学生たち /194
482. 奉恩寺の全景 /195
483. 奉恩寺大雄殿の上棟式 /195
484. 壊れた海印寺の四溟大師碑 /195
485. 総本寺および本山所在地と住職一覧表 /196
486. 新年を迎える戦時の覚悟 /196
487. 『朝鮮仏教曹渓宗報』第 1 号 /196
488. 曹渓宗第 2 回宗会関連文書 /197
489. 軍用機献納決議案 /197
490. 「大東亜聖戦完遂と朝鮮仏教の進路」についての懸賞論文の公告文 /197
491. 親日社説「銃後報国に対して」/198
492. 『仏教時報』第 79 号に載った親日文 /198
493. 『仏教時報』第 101 号に載った親日社説 /198
494. 朝鮮仏教界が献金を集めて日帝に献納した戦闘機「朝鮮仏教号」/199
495. 「朝鮮仏教号」の威容 /199
496. 権相老の親日著作『臨戦の朝鮮仏教』/199

解放後～ 1949 年

497. 太古寺で開催された第 1 回中央教務会の報道記事 /203
498. 朝鮮仏教革新準備委員会の関連文書 /203
499.『朝鮮仏教教憲』/203
500. 解放直後の教団機構 /204
501. 解放直後の教団状況を示す文書 /204
502. 海印叢林の芳名録の序 /204
503. 伽耶叢林の龍象榜 /204
504. 仏教雑誌『新生』/205
505.『新生』の目次と創刊の辞 /205
506.『仏教』1947 年新年号 /205
507. 朝鮮仏教学生同盟の機関誌『鹿苑』/205
508. 寺刹令撤廃運動の報道記事 /206
509. 革新仏教同盟の活動と組織の報道記事 /206
510. 仏教革新団体の声明書 /206
511. 革新団体に対する総務院の声明 /207
512. 仏教革新総連盟の規約 /207
513. 仏教革新総連盟が発刊した新聞『大衆仏教』第 2 号 /208
514. 新義州学生義挙の追悼式案内状 /208
515. 朝鮮仏教革新会議の綱領と革新現案 /208
516.『朝鮮仏教革新会議綱規』/208
517. 全国仏教徒大会の声明書 /209
518. 全国仏教徒総連盟の宣言文と綱領 /209
519. 総務院の非常対策委員会の声明書 /210
520. 教徒会の原則を述べた文書 /210
521. 農地改革で仏教界の財産縮小の報道記事 /210
522. 仏教女性総同盟の宣言と綱領 /211
523. 仏教青年党の綱領と委員 /211
524. 仏教青年党員たち /211
525. 仏教青年党の声明 /212
526. 解放後に教団内紛を報道した記事 /212
527. 方漢岩教正の特命書 /212
528. 全国仏教徒大会の経過の報道記事 /212
529. 海東訳経院創立総会の文書 /213
530. 仏教映画『元暁聖師』が製作中であることを伝える記事 /213
531. 朴漢永僧侶の涅槃訃告 /213
532. 朝鮮仏教中央総務院による戦災同胞の救済意志を示した広告 /214
533. 仏教戦災同胞援護会結成の報道 /214
534. 教団の光復事業の内容 /214
535. 土地改革法案に対する教団の立場 /214
536. 李耘虚の社説 /215
537. 仏教革新の標語など /215
538. 高裕燮の著作『韓国塔婆の研究』/215
539. 美術史学者・高裕燮 /215
540. 仏誕日の広報文書 /215
541. 解放後の言論紙『仏教新報』第 2 号 /216
542. 総務院が時事情報誌『教界通信』を発行 /216
543. ラジオ仏教放送の広告 /216
544. 解放後の仏教機関紙『仏教公報』/216
545. 韓龍雲の入寂の発表 /217
546. 韓龍雲の入寂五周忌の報道 /217
547. 韓龍雲の墓参記念の署名 /217
548. 解放直後に韓龍雲墓地を見つけた人物たちによる署名 /217
549. 大覚寺を訪問した金九一行 /218
550. 麻谷寺を訪問した金九一行 /218
551. 神勒寺を訪問した金九一行 /218
552. 南北会談参加の支持と仏教徒総連盟 /219
553. 金九の逝去を報道した『仏教公報』/219
554. 麻谷寺で行われた金九の 49 日法要 /219
555. 安震湖の著作『新編八相録』/220
556. 解放直後の東国大の校門 /220
557. 東国大学として 4 年制に昇格 /220
558. 白羊寺のハングル講習会 /221
559. 伽耶叢林の祖室委嘱状 /221
560. 無量寺の広済孤児院 /221
561. 鳳厳寺結社を主導した李性徹と李青潭 /221
562. 方漢岩と黄寿永 /222
563. 抗日僧侶・金星淑 /222
564. 近代仏教学の開拓者・金包光 /222
565. パルチザン討伐作戦で智異山一帯の寺院が疎開 /223
566. パルチザン活動による智異山一帯の寺院の荒廃についての報道記事 /223

1950 年代

567. 南朝鮮仏教徒連盟がソウル市人民委員会に提出し

た登録届出書 /227
568. 南朝鮮仏教徒連盟の綱領と規約 /227
569. 南朝鮮仏教徒連盟の幹部の名簿 /228
570. 朝鮮戦争時に北朝鮮に拉致された仏教界の人士名簿 /228
571. 避難時期の東国大学生たち /228
572. 避難時期の東国大学生たちの送別会記念 /228
573. 李承晩大統領の諭示「順理で解決しろ」/229
574. 李承晩大統領の諭示「仏教界の浄化希望」/229
575. 李承晩大統領の諭示「倭色僧侶は出て行け」/230
576. 李承晩大統領の諭示「倭式宗教観を捨てろ」/230
577. 禅学院が全国禅院の首座の実態を報告するよう要求した公文 /231
578. 浄化推進に対する比丘側の立場を開陳した声明書 /231
579. 第1回全国比丘僧代表者大会参加者の名簿 /231
580. 第1回全国比丘僧代表者大会の記念撮影 /232
581. 全国比丘僧代表者大会で採択された宣誓文 /232
582. 全国比丘僧大会に参席した四部大衆 /233
583. 全国比丘僧大会に参席した比丘僧記念撮影 /233
584. 比丘側（河東山、鄭金烏、李青潭）の声明書 /234
585. 李承晩大統領の諭示「仏教の伝統を生かせ」/234
586. 寺院浄化対策委員会議長である李青潭の声明書 /234
587. 比丘僧と妻帯僧間で展開された「看板取りはずしの戦い」の報道記事 /235
588. 曹渓寺仏像の前で行われた比丘と妻帯間の流血格闘 /235
589. 妻帯僧が再度太古寺を占拠 /235
590. 仏教浄化運動の主役たち /236
591. 追い出された比丘僧と連行された妻帯僧 /236
592. 第3回全国比丘・比丘尼大会 /236
593. 仏教浄化大講演会の公告文 /237
594. 仏教浄化講演会チラシを配布する様子 /237
595. 仏教浄化講演会で開会の挨拶をする李暁峰僧侶 /237
596. 仏教浄化講演会で講演をしている李青潭僧侶 /237
597. 安国洞ロータリーから曹渓寺へ行進する比丘側 /238
598. 吹雪にあいながら行進する比丘側 /238
599. 卍の旗を掲げながら行進する比丘たち /238
600. 曹渓寺から景武台に向かっている比丘側 /238
601. 中央庁に向かって行進している比丘側僧侶たち /239
602. 中央庁の前を通り過ぎる比丘側の僧侶 /239
603. 警察と対峙している比丘側 /239
604. 全国比丘僧尼大会の旗を持って行進する直前の様子 /239
605. 李承晩大統領の仏教浄化諭示を支持している言論 /240
606. 比丘中心の浄化を支持した新聞漫画 /240
607. 比丘僧の断食を題材にした漫画 /240
608. 比丘・妻帯双方が僧侶資格を「独身で断髪染衣する者」に決定 /241
609.「離婚できなければ出て行け」と指示した総務院の公文 /241
610.「離婚か？　仏道か？」。岐路に立つ妻帯僧たち /241
611. 約50名の妻帯僧たちが集団離婚 /241
612. 仏教浄化のための断食・黙言祈祷記念法会に参席した四部大衆 /242
613. 非常な決意で断食している比丘側僧侶たち /243
614. 断食突入を知らせる張り紙 /243
615. 断食中に妻帯側から暴行を受けた金瑞雲僧侶 /243
616. 断食5日目の状況を報道した新聞記事 /243
617. 夜明けの曹渓寺で流血劇 /244
618. 比丘側の論理を擁護した新聞記事 /244
619. 全国僧侶大会に参加した信徒たちの記念撮影 /244
620. 寺院住職の立場を維持するための形式的離婚は資格がない /245
621. 曹渓寺明渡訴訟で帯妻側の敗訴を報道する記事 /245
622. 仏教界紛争終焉を報道した新聞記事 /245
623. 全国僧侶大会の参加記念撮影 /246
624. 比丘側が寺院接収を開始して第1次で奉恩寺と開運寺を /247
625.「訴訟費だけで数千万ウォン」。宗権争いで浪費される仏教の財産 /247
626. 宗権返還訴訟で帯妻側勝訴を報道する記事 /247
627. 浄化の後遺症を報道する新聞の見出し /247

628. 曹渓宗中央総務院の看板を取り付けている僧侶たち /248
629. 曹渓寺の看板を取り付けている僧侶たち /248
630. 梵魚寺を引き継いでいる河東山僧侶 /248
631. 李瑄根文部大臣と話している比丘側 /248
632. 蘇九山僧侶の血書 /249
633. 換父易祖に憤慨している宋曼庵と鞠黙潭 /249
634. 仏教の浄化を支持する信徒たち /249
635. 仏教の浄化を強調した署名簿 /250
636. 閔道光僧侶の浄化日誌 /250
637. 妻帯側が比丘側の問題点を指摘 /251
638. 妻帯側信徒たちが禅学院側僧侶たちに送った声明書類 /251
639. 李承晩大統領の浄化指示公文 /252
640. 李起鵬自由党議長に送った妻帯側の公文 /252
641. 仏教浄化に対する政府の立場 /253
642. 浄化記念館の建設趣旨書 /253
643. 仏教浄化記念会館 /253
644. 草取り鎌を持つ観音像を造った若い学徒たちの仏教革新運動 /254
645. 仏教浄化に対する金一葉の見方 /254
646.『少年朝鮮日報』で報告された寺院財産の統計 /255
647. 仏教紛争はなぜ解決できないのか？ /255
648. 仏教界の土地問題を報道した『ソウル新聞』/255
649.『曹渓宗法令集』/255
650. 中央禅院金剛戒壇の金剛戒牒 /256
651.『仏教新聞』続刊第 1 号 /256
652.『東国思想』創刊号 /256
653. 白性郁博士頌寿記念『仏教学論文集』/256
654.『仏教世界』創刊号 /257
655. 金東華の『仏教学概論』/257
656. 鄭泰赫が発行した『鹿苑』創刊号 /257
657. 李法弘が発行した『浄土文化』/257

1960 年代

658. 妻帯僧たちの反撃 /261
659. 比丘僧たちの訴え /261
660. 仏国寺で起きた比丘僧と妻帯僧間の衝突 /261
661. 妻帯側が 4・19 以後に釜山大覚寺を取り戻した /261
662. 第 2 回全国僧侶大会の全容を報道した『大韓仏教』特報 /262
663. 全国僧侶大会についての信徒会の決議文 /262
664. 比丘側殉教団が血書を書く様子 /262
665. 比丘側僧侶たちの血書文 /262
666. 全国僧侶大会の決議文 /263
667. 殉教団組織関連の報道記事 /263
668. 殉教団が最高裁判所長官室で切腹 /263
669. 比丘側僧侶たちの血書内容 /263
670. 比丘側僧侶大会の檄文 /264
671. 比丘側の立場が表明された檄文 /264
672.「私たちはなぜ断食するのか」/264
673. 全国僧侶大会の進行と原則をまとめた文献 /265
674. 比丘側が断食して捨てた釜 /265
675. 全国僧侶大会の準備に没頭している僧侶たち /265
676. 禅学院入口から安国洞に向かっている比丘側 /266
677. 安国洞の入口でデモを開始する比丘側 /266
678. 曹渓寺でデモの概要を聞いている信徒たち /266
679. 市庁近くを通る比丘側のデモ隊列 /266
680. デモ隊列に参加する信徒たち /267
681. 中央庁前を歩いているデモ隊列 /267
682. 卍の旗を持って行進する比丘たち /267
683. 全国信徒会信者たちのデモの様子 /267
684.「仏法に妻帯僧なし」という浄化標語 /268
685. 最高裁判所の前に集まって決議文を朗読する比丘側 /268
686. ソウル市内を行進しているデモ隊列 /269
687. デモ行進を報道した『大韓仏教』/269
688. 高銀の「殉教者の歌」/269
689. 切腹する直前の比丘たち /270
690. 切腹の知らせを聞いて駆けつけた比丘側僧侶と信徒たち /270
691. 比丘僧たちを警察が連行 /270
692. 比丘僧たちの最高裁判所乱入について報道した『東亜日報』/271
693. 清涼里警察署に拘束された乱入僧侶たち /271
694. 乱入事件僧侶たちの公判の様子 /271
695. 警察に連れていかれる乱入僧侶たち /272
696. 警察と対峙しているデモ僧侶たち /272
697. 裁判所内で論争している僧侶たち /272

698. 乱入事件について比丘側の立場を述べた声明書 /273
699. 乱入事件に対する大韓仏教青年会の決議文 /273
700. 朴正熙議長が仏教界紛争の収拾を促す /274
701. 統合宗団非常宗会議の会則を検討する双方の代表者たち /274
702. 非常宗会の代表名簿 /274
703.「非常宗会の登場は仏教紛争の終結を意味する」と報道した新聞記事 /274
704. 非常宗会の開会式 /274
705. 比丘・妻帯双方の代表たち /275
706. 仏教再建委員会に参席した比丘・妻帯側の代表たち /275
707. 8年ぶりに和解の道 /275
708. 統合宗団の発足 /276
709. 統合宗団の事務引き継ぎ文書 /276
710. 8年ぶりに構成された統合宗団が再び危機に /276
711. 林錫珍総務院長の統合宗団無効声明書 /277
712. 仏教界紛糾に対する趙芝薫の寄稿文 /277
713. 趙芝薫の寄稿文に対する李青潭の反駁寄稿文 /277
714. 妻帯側の中心人物 /278
715. 妻帯側が焚死を企図 /278
716. 妻帯側の寺院布教師大会 /278
717. 比丘と妻帯が別途に宗正選出 /279
718. 比丘と妻帯側の寺院争いを報道した新聞記事 /279
719. 分宗の道 /279
720. 統合宗団が霧散した後の比丘側の集会 /280
721. 全国僧侶大会準備委員会の記念撮影 /280
722. 李青潭僧侶の曹渓宗脱退宣言直後、非常宗会の結果を待っている群衆 /280
723. 李青潭僧侶がいよいよ曹渓宗脱退 /281
724. 比丘・妻帯両側の和同約定書 /281
725. 妻帯側の全国仏教徒代表者大会 /282
726. 法住寺を訪れた尹潽善大統領 /282
727. 全国信徒会 /282
728. 日韓国交正常化に対する仏教側の声明書 /282
729. 比丘・妻帯双方の和同会合の様子 /283
730. 紛糾解消のために会った比丘・妻帯双方の中堅僧侶 /283
731. 比丘・妻帯両側の象徴的な人物である李青潭と朴大輪のトップ会談 /283
732. 妻帯側の宗団幹部および教育者大会の様子 /284
733. 妻帯側の連席会議 /284
734. 妻帯側の宗権守護全国仏教徒大会と代議員大会の様子 /284
735. 妻帯側の全国仏教徒大会の様子 /284
736. 東国大第1回宗費生の卒業記念 /285
737. 大韓仏教青年会 /285
738. セミナー「韓国仏教の進むべき道」/285
739. 出家経験がある在家仏教徒の集まりである維摩会の創立 /286
740. 海外に韓国国旗を送る運動本部が掲げたプラカード /286
741. 韓国大学生佛教連合会の創立式 /286
742. 海印学院公選理事任命の報道記事 /286
743. ベトナムに行った将兵の武運長久を祈願する法会 /286
744. 海印叢林の比丘戒受戒の記念撮影 /287
745. 海印叢林設置直後の冬安居記念撮影 /287
746. 大韓仏教新聞社の看板 /288
747. 三宝学会「三宝の日」法会の様子 /288
748. 奉恩寺の三宝奨学生たち /288
749. 近代仏教100年史編纂指導委員会 /288
750. 三宝奨学会が主管した奨学生選抜試験 /288
751. 三宝研修会の創立総会 /288
752. 仏誕節を祝日として制定するための努力を取りまとめた『大韓仏教』/289
753. 東国大寄宿舎の祈願学士の4月初8日 /289
754.『大韓仏教曹渓宗維新再建案』/289
755. 優曇鉢羅会で比丘尼叢林を建立するという内容を報道した新聞記事 /290
756. 仏国寺復元の報道記事 /290
757. 冬安居解制に際しての法挙揚 /290
758. 仏教紛糾を諷刺した挿絵 /290
759.『大韓仏教』創刊号 /291
760. 河東山入寂に対する李青潭僧侶の弔辞 /292
761. 李青潭僧侶の『仏教新聞』祝賀戯画 /292
762. 呑虚僧侶の『大韓仏教』200号記念揮毫 /292
763. 李暁峰の入寂に際しての李青潭僧侶の「哭」/292
764. 冬安居解制の法挙揚（1）/293
765. 冬安居解制の法挙揚（2）/293
766. 東国訳経院の開院 /294

767. 東国大博士課程修了証書第１号 /294
768. 訳経院で発行したハングル大蔵経 /294
769. 東国大の財団役員たち /294
770.『ウリマル八万大蔵経』編集会議の場面 /295
771. 仏教近代化のためのシンポジウム /295
772. 訳経委員会の懇談会 /295
773. 曹渓宗宗典の編纂の進行内容に関する報道記事 /295
774.「韓国仏教近代百年史編纂部」新設を発表した公告文 /296
775. 三宝学会で編纂した『韓国仏教最近百年史』第１冊目 /296
776. 禹貞相・金煐泰が刊行した『韓国仏教史』/297
777. 李耘虚の『仏教辞典』/297
778.『ウリマル八万大蔵経』/297
779. 金一葉の随筆集『青春を燃やし』/297
780. 徐景洙の随筆集『世俗の道、涅槃の道』/298
781. 李洪舟の自伝的小説『下山』/298
782. 李箕永の著作『元暁思想』/298
783. 法施舎が発行した教養雑誌『法施』第１号（創刊号）/299
784. 仏教大衆雑誌『法輪』第１集（創刊号）/299
785.『釈林』創刊号 /299
786.『見星』創刊号 /299
787. 仏教思想研究会が発行した『仏教生活』/300
788.『仏教学報』創刊号 /300
789. 法華宗が発行した『白蓮』創刊号 /300
790. 太古宗が発刊した『仏教界』創刊号 /300
791. 統合宗団の初代宗正を務めた李暁峰僧侶 /301
792. 宗正を歴任した河東山僧侶 /301
793. 浄化仏事を主導した李青潭僧侶 /301
794. 初期の浄化仏事を主導した鄭金烏僧侶 /301
795. 訳経に尽力した李耘虚僧侶 /302
796. 妻帯側の主導人物であり、太古宗宗正も務めた朴大輪僧侶 /302
797. 太古宗宗正を歴任した鞠黙潭僧侶 /302
798. 仏教学者・趙明基 /302
799. 仏教学者・金芿石 /302
800. 様々な仏教事業を主導した李漢相 /302

1970年代

801. 太古宗が文公部から正式承認されたことを伝える報道記事 /305
802. 太古宗が合法化されたことを伝える報道記事 /305
803. 李青潭僧侶が再び総務院長に就任 /306
804. セミナー「わが国の仏教は、きちんと役割を果たしているのか」/306
805. 曹渓宗企画委員会の様子 /307
806. 尹古岩宗正が宗会機能を留保するという談話を発表 /307
807. 宗会流会の様子 /307
808. 尹古岩宗正が中央宗会の機能を留保したと報道する記事 /308
809. 尹古岩僧侶が宗正を辞任 /308
810. 金大心などの暴力団が総務院を襲撃 /308
811. 李西翁宗正が宗会の解散を発表 /309
812. 尹古岩宗正の緊急命令第１号公告文 /309
813. 華渓寺で開かれた全国首座大会 /309
814. 曹渓宗紛糾に体する宗徒たちの怒りと虚脱を報告 /310
815. 総務院側と開運寺側の紛糾合意についての報道記事 /311
816. 紛糾解消のための合意書に署名する瞬間とその内容 /311
817. 曹渓宗法統説に関する寄稿文 /312
818. 曹渓宗学の研究発表会 /312
819.『新修大蔵経』復刊 /312
820. 釈尊生誕日祝日制定関連の裁判を参観している信徒 /313
821. 釈尊生誕日祝日制定行政訴訟に参観する仏教徒たち /313
822. 曹渓寺を参拝した釈尊生誕日祝日制定裁判の傍聴客 /313
823. 釈尊生誕日がついに祝日に制定 /314
824.『高麗大蔵経』複製本刊行 /314
825. 韓国語『仏教成典』刊行 /315
826.『韓国仏教全書』刊行についての報道記事 /315
827.『高麗大蔵経』完刊の告仏式 /315
828.『韓国仏教全書』/315
829. 僧伽大学の前身である中央仏教僧伽学院の開院式の報道記事 /316
830. 中央仏教僧伽学院の開院式 /316
831.「残った石の会」（余石会）の大僧正たち /316

832. 護国僧軍団幹部の入所式 /317
833. 曹渓寺で行われた護国僧軍団の結団式 /317
834. 世界高僧法会の記念撮影 /317
835. 天竺寺無門関で 6 年結社の回向 /318
836. 反共連盟仏教支部の結成大会 /318
837. 無門関での修行結社回向式の様子 /318
838. 世界仏教青年指導者大会 /318
839. ベトナムの仏光寺と白馬寺竣工記念式および法会 /319
840. 大円精舎竣工の報道記事 /319
841. ベトナム仏光寺竣工廻向式 /319
842. 布教院の開院式 /319
843. 仏国寺復元記念の回向法会 /320
844. 釈尊出家記念の全国青少年弁論大会 /320
845. 北朝鮮による蛮行の糾弾大会 /320
846. 仏教教養大学の開院式 /320
847. 李行願僧侶の米国布教活動 /320
848. 禅学院に幼稚園設立 /321
849. 三帰依と四弘誓願の歌 /321
850.「仏旗を掲げよう」との広報文案 /321
851. 仏教美術展覧会ポスター /321
852. 開運寺の漢方病院設立報道 /321
853.「托鉢を禁止しよう」という内容を伝えるカメラ散策 /322
854.「自然保護運動に参加しよう」という内容を伝えるカメラ散策啓発 /322
855.「爆発事故の罹災者を助けよう」という内容を伝えるカメラ散策 /322
856. 法住寺学人たちの雲水行脚を伝えるカメラ散策 /323
857. 雑誌『支注』/323
858. 冬安居を終え雲水行脚に出た衲子たち /323
859. 自然保護運動の広告 /323
860. 呑虚僧侶の『新華厳経合論』の完訳刊と新聞報道 /324
861.『仏教思想』第 1 集（創刊号）/325
862.『仏光』創刊号 /325
863.『梵声』創刊号 /325
864.『韓国仏教学』創刊号 /325
865.『わかりやすい仏教』冊子普及運動 /326
866.『居士仏教』第 1 集（創刊号）/326
867.『仏教』創刊号 /326
868.『禅思想』創刊号 /326
869. 釈智賢の『禅詩』/327
870.『女性仏教』創刊号 /327
871. 法頂僧侶の随筆集『無所有』/327
872. 金聖東の『曼陀羅』/327
873. 仏教映画『大石窟庵』の宣伝ポスター /328
874. 70 年代の「悔心曲」レコード盤 /328
875. 70 年代の「千手経」レコード盤 /328
876. 1977 年の冬安居解制の法挙揚 /329
877. 張敬浩さんが仏教中興のために 30 億ウォンを寄贈したとの新聞報道 /329
878. 禅僧の鏡峰 /330
879. 尹古岩宗正 /330
880. 李西翁宗正 /330
881. 李性徹宗正 /330

1980 年代

882. 曹渓宗内紛の終息合意文についての発表記事 /333
883. 宗団の紛糾を終息させた事件現場の報道 /334
884. 1945 年生まれ僧侶たちの会の一柱門 /334
885. 和合を促す東国大学人たち /334
886. 第 6 代宗会議員選挙の報道 /334
887. 内紛を終息させた第 6 代宗会の登場を要約した『仏教新聞』の画報 /335
888. 宋月珠総務院長による宗団の運営方針発表の記者会見を報道 /336
889. 光州民主化運動時の曹渓宗の対応 /337
890. 自律的な宗団浄化方案を発表 /337
891. 曹渓宗団の光州事件の支援 /337
892. 10・27 法難特集の報道記事 /338
893. 10・27 に対する全国信徒会長の記者会見 /339
894. 10・27 直後の曹渓宗団状況 /339
895. 神興寺の殺人事件 /340
896. 仏国寺住職任命に起因する紛糾 /340
897. 韓国青年仏教連合会声明書の報道記事 /340
898. 仏国寺住職紛糾 /341
899. 住職任命権によって引き起こされた奉恩寺事件 /341
900. 神興寺事件に対して抗議断食する青年僧侶たち /341
901. 奉恩寺街頭集会の様子 /341

902. 1983年9月5日の全国僧侶大会 /342
903. 仏教風紀を主張しながら市街行進をしている僧侶たち /342
904. 民衆仏教運動連合と『民衆仏教』第1号 /343
905. 釈尊生誕日記念の挿画 /344
906. 仏教最初の販売禁止図書である呂益九の『仏教の社会思想』/344
907. 4月初8日の記念挿画 /344
908. 浄土具現全国僧伽会の修練会 /345
909. 大乗仏教僧伽会の創立総会 /345
910. 民族自主統一仏教運動協議会（統仏協）の結成大会 /345
911. 海印寺で開催された全国僧侶大会 /346
912. 海印寺の僧侶大会で血書を書いている僧侶たち /346
913. 海印寺僧侶大会での主張 /346
914. 拷問で死亡した朴鍾哲の49日法要当時の街頭集会 /347
915. 朴鍾哲の49日法要 /347
916. 教授仏子連合会の創立総会 /347
917. 10・27法難真相糾明のための実践大会 /348
918. 10・27法難糾弾大会 /348
919. 10・27法難終息決議大会終了後、東国大構内を行進するデモ隊 /348
920. 10・27法難の主犯である国軍保安司令部（保安司）の解体を求めるデモ /349
921. 民族自主統一仏教運動協議会の10・27法難責任者の処罰を要求する様子 /349
922. 中央僧伽大学入口にかかった横断幕 /349
923. 10・27法難真相糾明推進委員会の記者会見 /350
924. 抗議をしている僧侶と仏教青年たち /350
925. 10・27法難の捜査の経緯についての説明会 /350
926. 釈尊生誕日提灯行列における蛮行糾弾大会 /351
927. 警察の蛮行を暴露する宣伝物 /351
928. 光州の円覚寺での催涙弾投擲糾弾法会 /351
929. 海印寺の僧侶たちのデモ /352
930. 東国大学不正入学の偏向捜査に抗議する汎仏教徒大会 /352
931. 東国大事件に関する仏教弾圧共同対策委員会の記者会見 /352
932. 学院弾圧阻止および仏教自主化を決意する僧伽大学の僧侶たち /352
933. 慈悲無敵を掲げ仏教運動の進路を模索している僧侶たち /353
934. 仏教の自主化と民主化のための大会の場面 /353
935. 民主憲法争奪仏教共同委員会で良心囚の釈放を主張する場面 /354
936. 曹渓寺の前で民主化のために街頭を行進している僧侶たち /354
937. 仏教弾圧阻止と拘束仏教徒釈放のための記者会見 /354
938. 人命の救出と人権守護のための仏教徒による座り込みの様子 /355
939. 良心囚釈放を主張するおばあさん /355
940. 民族自主統一仏教運動協議会の街頭行進 /355
941. 南北仏教徒の共同祈願法会儀式の様子 /356
942. 南北仏教徒の共同祈願法会終了後に庭遊びをしている様子 /356
943. 南北仏教徒共同法会に参加した大衆行列 /356
944. 88年オリンピックの南北共同開催運動に参加した仏教団体の垂れ幕 /356
945. 5・18光州事件において犠牲になった大仏連全南支部長の墓 /357
946. 5・18光州事件の犠牲者の墓地を訪れた僧侶たち /357
947. 全斗煥・元大統領の百潭寺蟄居に対して抗議する仏教徒たち /357
948. 全斗煥・元大統領の百潭寺蟄居を阻止する僧侶たち /357
949.『仏教会報』創刊号 /358
950.『法宝新聞』創刊号 /358
951. 李性徹僧侶の労作『禅門正路』/358
952.『大円会報』創刊号 /359
953.『大円』創刊号 /359
954.『仏教研究』創刊号 /359
955.『民族仏教』創刊号 /359
956.『金剛』創刊号 /360
957.『海印』創刊号 /360
958.『法会』創刊準備号 /360
959.『法会』創刊号 /360
960.『仏教思想』創刊号 /361
961. 南芝心の小説『優曇婆羅』/361
962.『仏教文学』創刊号 /361
963.『僧伽』創刊号 /361

1990年代

964. 通度寺僧侶大会 /365
965. 4・19 記念塔で行進する僧侶たち /365
966. 統一念願の 8・15 記念仏教文化公演 /365
967. 仏教人権委員会創立法会の様子 /365
968. 12・12 と 5・18 の真相究明を要求する僧侶たちの記者会見 /366
969. 民族共助を主張する宗教家たちの行進隊列 /366
970. 民主守護のための時局法会の垂れ幕を掲げる /366
971. 悟りに関する善友道場の修練結社での基調講演 /367
972. 5・18 特別法制定のための署名を集める実践僧伽会僧侶たち /367
973. 第 13 回善友道場の修練結社 /367
974. 実践仏教僧伽会の街頭行進 /367
975. 全国仏教運動連合の市街行進 /368
976. 全仏連創立大会の文書 /368
977. 全仏連の 10・27 法難真相究明のための記者会見 /368
978. コメ開放阻止運動に加わった僧侶たち /368
979. 尚武台不正事件の真相究明と徐義玄 3 選阻止のための救宗法会 /369
980. 汎僧伽宗団改革推進会（汎宗推）の発足式 /369
981. 宗団改革のための汎宗推の救宗法会 /369
982. 仏教の将来を考える仏教知識人 300 人宣言の記者会見 /370
983. 宗団改革を促す教授宣言の記者会見 /370
984. 公権力の仏教弾圧に抗議する横断幕 /371
985. 仏教自主化追求と公権力を糾弾する文書 /371
986. 公権力を糾弾する 100 万人署名運動パンフレット /371
987. 曹渓寺で開催された全国僧侶大会 /372
988. 僧侶大会の諷刺挿画 /372
989. 改革会議の進路を諷刺した挿画 /372
990. 宗団非常事態に際して開催した汎仏教徒大会の様子 /373
991. 曹渓宗改革会議の懸板式 /373
992. 改革会議の指針書 /374
993. 汎宗推が推進した仏教改革の文書 /374
994. 教育院の懸板式 /375
995. 実相寺に設立された華厳学林 /375
996. 第 1 回教育院会議の様子 /375
997. 僧侶基本教育のためのセミナー /375
998. 正規の大学に昇格した中央僧伽大学校懸板式の様子 /376
999. 中央僧伽大懸板式直後の参加者の記念撮影 /376
1000. 第 1 期行者教育院の開院記念 /376
1001. 仏教放送の歴史的な開局式 /377
1002.「円覚寺を再び起こそう」と訴える広報物 /377
1003. 尋牛荘で講義する高銀詩人 /377
1004.「環境問題に対処しよう」と開催された全国本末寺住職決意大会 /378
1005. 本寺住職と重鎮僧侶たちの研修会 /378
1006. 直轄寺庵住職の研修会 /378
1007.「澄んで香り豊かに」運動のポスター /379
1008.「澄んで香り豊かに」運動の宣伝物 /379
1009. 仏教帰農学校の教育生募集の案内文書 /379
1010. 実相寺農場の立て看板 /379
1011. コメ開放阻止のためのデモ隊列の仏教徒たち /380
1012. 仏教の六和精神を知らせるための大会 /380
1013. 刑務所体験現場の明真僧侶 /380
1014. 菩提樹の村の開院法会 /381
1015. 北朝鮮の同胞の命を救うための平和大行進 /381
1016.「お坊さん、民族医学を助けてください」/381
1017. 伽耶山ゴルフ場建設に反対する僧侶たち /382
1018. 伽耶山ゴルフ場建設に反対する大韓仏教青年会の文書 /382
1019. ゴルフ場建設に反対するデモ隊列 /382
1020. 講院学人たちの寺院環境保全キャンペーン /382
1021. 火炎に包まれた総務院庁舎 /383
1022. 浄化改革会議の懸板式 /383
1023.『浄化改革会議報』号外 /383
1024. 約 1,500 名の僧侶が参加した全国僧侶大会 /384
1025. 全国僧侶大会で配布された会報 /384
1026. 全国僧侶大会の宣伝物 /384
1027. 宗憲宗法の守護と公権力糾弾のための汎仏教徒大会 /385
1028. 汎仏教連帯会議の発足式と大討論会 /385
1029.『汎仏教徒大会報』/385
1030. 総務院庁舎に突入する直前の警察 /386
1031. 浄化改革会議の強制退去執行のために庁舎に突入

する執行官と警察 /386
1032. 曹渓寺座り込みの強制排除の報道記事 /387
1033. 総務院庁舎で墜落する警官 /387
1034. 紛糾解消を主張する仏教信徒たち /388
1035. 汎仏教在家連帯会議の旗 /388
1036. 曹渓宗在家連紛糾をまとめた『朝鮮日報』/389
1037. 教区本寺住職懇談会に参席した僧侶たち /390
1038. 知識人 461 人の宣言書 /390
1039. 曹渓宗団事件について在家の立場を表明した文書 /390
1040. 総務院が標榜した懺悔文書「初発心で」/391
1041. 仏教新聞の年間キャンペーン /391
1042. 韓国仏教近現代史講座の宣伝文書 /391
1043. 北朝鮮を訪問して神渓寺跡で塔回りをする宗団代表者たち /392
1044. 仏教給合本部の達磨ネット広報物 /392
1045. 南北仏教徒合同法会 /392
1046. 輪を回して遊ぶ子ども国土巡礼団 /393
1047. 比丘尼僧たちの自然環境保護運動 /393
1048. 仏教青年団体の広報物 /394
1049. 信徒の登録を案内する文書 /394
1050. 全仏連の機関誌『大乗正論』/395
1051.『善友道場』創刊号 /395
1052.『大仏連』創刊号 /395
1053.『大衆仏教』創刊号 /395
1054.『話頭と実践』創刊号 /395
1055.『現代仏教』創刊号 /396
1056.『仏教世界』創刊号 /396
1057.『我々は善友』創刊号 /396
1058.『グルロンセ』創刊号 /396
1059.『奉恩』創刊号 /397
1060.『仏教春秋』創刊号 /397
1061. 高銀の長編小説『華厳経』/397
1062.『多宝』創刊号 /397
1063.『伽山学報』創刊号 /397
1064. 林恵峰の著作『親日仏教論』/398
1065. 崔仁浩の小説『道なき道』/398
1066. 法頂僧侶の『山には花が咲く』/398
1067.『仏教ジャーナル』創刊号 /398
1068.『仏教評論』創刊号 /398
1069. 曹渓宗宗権紛糾時の裁判判決に抗議する宗務員たちの断髪の様子 /399
1070. 仏教自主権と法統守護のための汎仏教徒決起大会 /399
1071. 曹渓宗紛糾時の暴力行為の様子 /399
1072. 韓国仏教在家会議の創立式 /400
1073. 教団自主化と仏教革新のための署名運動 /400
1074. 曹渓宗事態を憂慮して曹渓寺に集まった全国の仏教徒たち /400

付録：朝鮮寺刹三十一本山写真帖

1. 奉恩寺 /402
2. 龍珠寺 /403
3. 奉先寺 /404
4. 伝燈寺 /405
5. 法住寺 /406
6. 麻谷寺 /407
7. 威鳳寺 /408
8. 宝石寺 /409
9. 大興寺 /410
10. 白羊寺 /411
11. 松広寺 /412
12. 仙岩寺 /413
13. 華厳寺 /414
14. 桐華寺 /415
15. 銀海寺 /416
16. 孤雲寺 /417
17. 金龍寺 /418
18. 祇林寺 /419
19. 海印寺 /420
20. 通度寺 /421
21. 梵魚寺 /422
22. 貝葉寺 /423
23. 成仏寺 /424
24. 永明寺 /425
25. 法興寺 /426
26. 普賢寺 /427
27. 乾鳳寺 /428
28. 楡岾寺 /429
29. 月精寺 /430
30. 釈王寺 /431
31. 帰州寺 /432

韓国仏教 100 年主要写真解説 433
索引 439

主なカラー写真

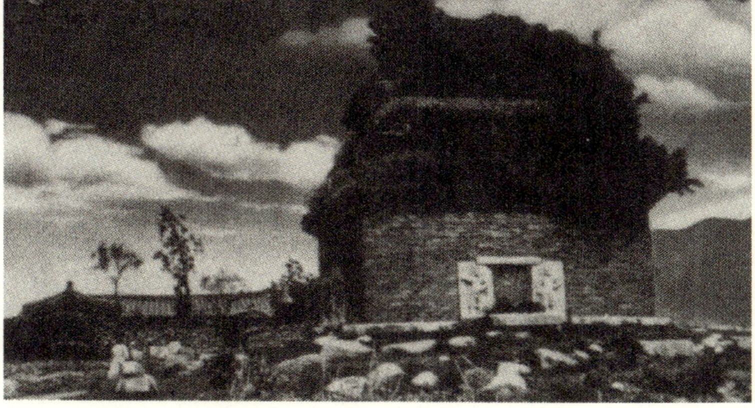

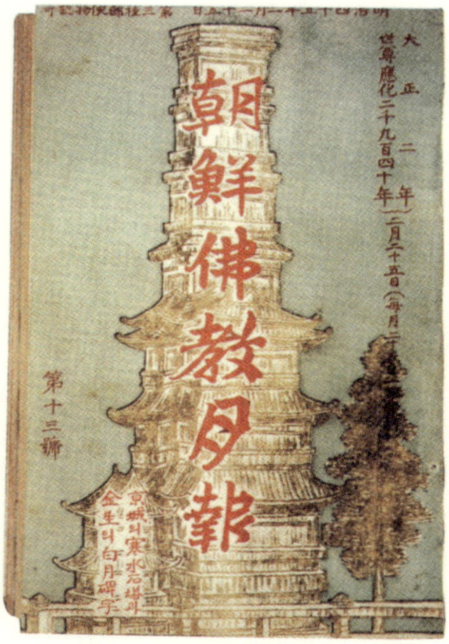

禅教両宗の各本山住職会議院が発刊した仏教雑誌『朝鮮仏教月報』第13号。この雑誌は『円宗』の次に1912年2月25日に創刊され、その翌年8月に通巻19号で終刊（本文73ページ）。

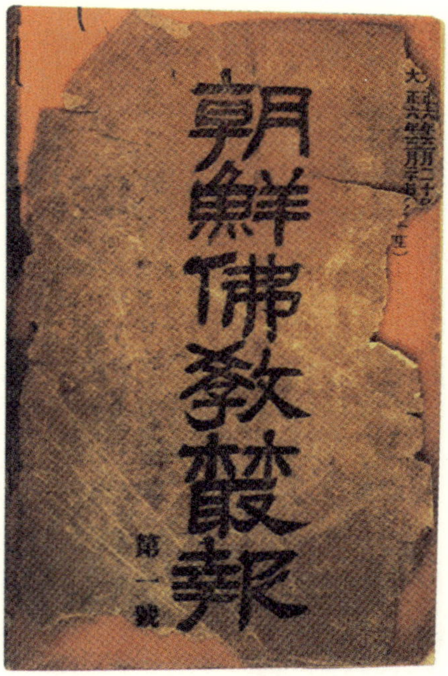

30本山連合事務所が発刊した仏教雑誌『朝鮮仏教叢報』第1号（創刊号）。1917年3月20日に創刊され、21年1月20日、通巻22号で終刊（本文73ページ）。

通度寺の仏教青年会から刊行された仏教雑誌『鷲山宝林』。1920年1月25日に創刊されるが、同年10月15日に通巻6号で終刊（本文92ページ）。

仏教振興会本部が発行した仏教雑誌『仏教振興会月報』第1号（創刊号）。1915年3月15日に創刊されるが、同年12月15日に通巻9号で終刊（本文73ページ）。

韓龍雲の『仏教大典』。それぞれの経典の名句と要点のみを抜粋して刊行した韓龍雲の代表的な名著。1914年、梵魚寺の刊行（関連写真106、108、297、298、299、本文71ページ）。

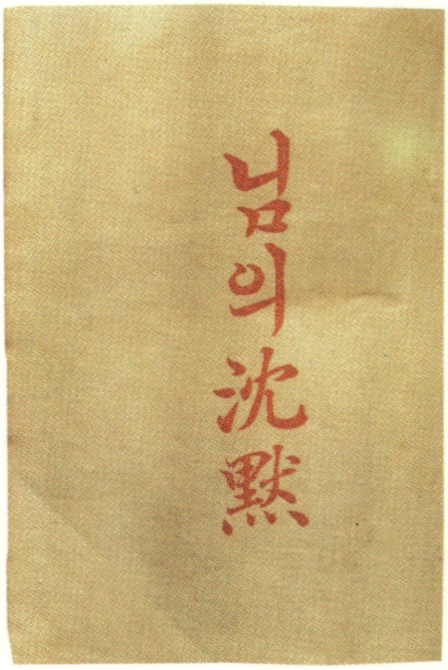

韓龍雲の思想と文学精神の真髄を見せてくれた『あなたの沈黙』初刊本の表紙。1926年5月20日にソウル匯東書館から初刊本が発刊された。韓龍雲はその前年8月29日に雪岳山の五歳庵で『あなたの沈黙』の原稿を脱稿し、この詩集が発刊された15日後には、6・10万歳運動の「臨時検束」で検挙された（関連写真104、106、108、本文135ページ）。

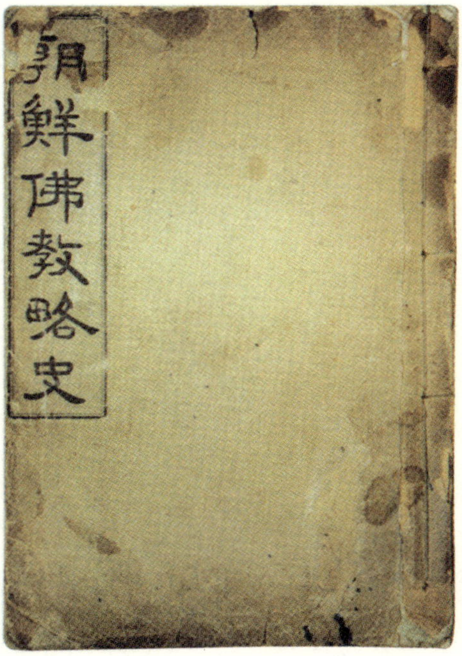

権相老の著作『朝鮮仏教略史』（1917年）。ハングルと漢文の混用体で書かれたこの本は、はじめての朝鮮仏教歴史書である（本文70ページ）。

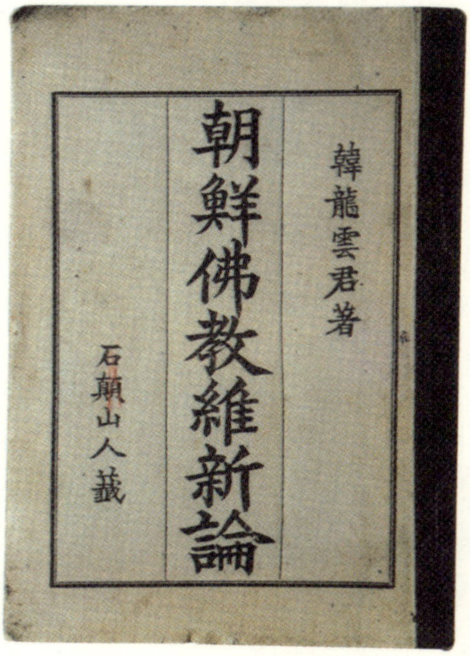

仏教の改革と維新の大衆化を引き起こした韓龍雲の『朝鮮仏教維新論』の表紙（1913年5月25日刊行、関連写真104、297、299、本文72ページ）。

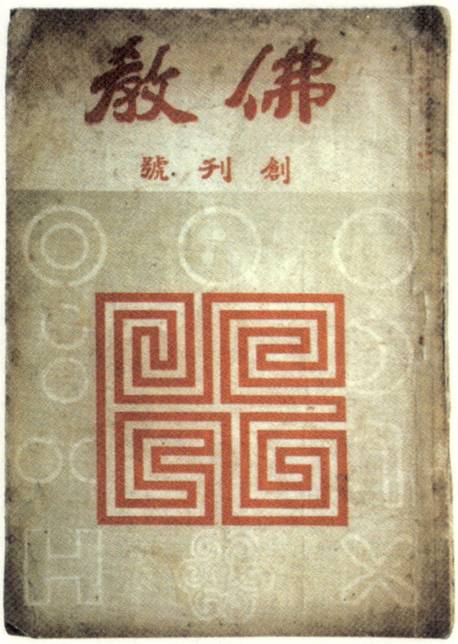

朝鮮仏教教務院が発行した仏教総合雑誌『仏教』創刊号。この雑誌は当時の仏教界の機関誌として1924年7月に創刊され、33年7月（通巻108号）、財政難を理由に中断されたが、37年3月に再び『新仏教』（本書では『仏教（新）』と表記）の誌名で続刊・発行された（本文97ページ）。

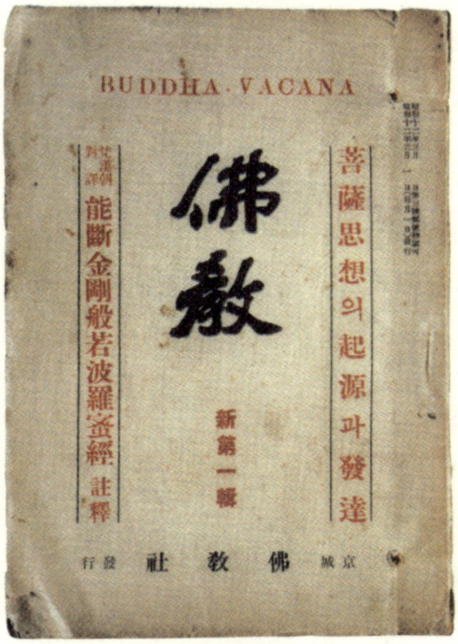

『仏教（新）』創刊第1集。1937年3月に創刊されたこの雑誌は『仏教』の廃刊後、4年ぶりに再び発行された。財政は慶尚南道3本山会議（海印寺、通度寺、梵魚寺）で負担することで続刊された。朝鮮仏教の機関誌の役割を担っていたこの仏教誌を『仏教（新）』と呼んだ。44年12月、通巻67集で終刊（本文147ページ）。

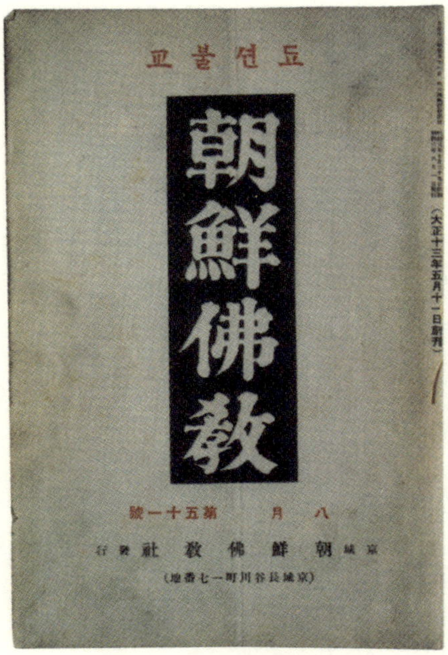

朝鮮仏教団の機関誌『朝鮮仏教』。1924年5月に創刊されたこの雑誌は、朝鮮総督府の 植民地政策を宣伝・代弁する役割を持っていた。日本の仏教が朝鮮で発行した雑誌としては『東洋教報』に引き続き二番目である。何号まで発行されたかはわからないが、130号以上は発行された（関連写真294、本文123ページ）。

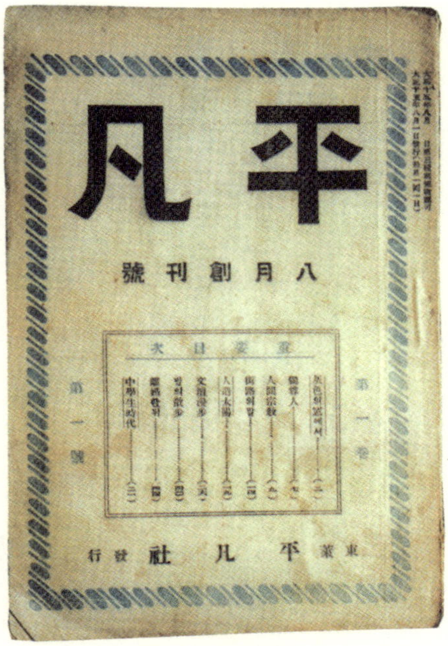

仏教雑誌『平凡』創刊号。1926年8月に創刊されたこの雑誌は、通巻3号（1926年10月）まで発行された。大衆的な文芸誌で、発行人は梵魚寺出身の仏教青年・許永鎬だった（本文133ページ）。

開化期の僧侶の姿。興味深い服装で、僧侶の服飾変遷の参考に値する（本文 42 ページ）。

仏国寺多宝塔のカラー絵葉書（本文 141 ページ）。

カラーでの芬皇寺塔の絵葉書。塔上の草と周りの石が無心に位置している。左上には英語の文字も見える（本文 141 ページ）。

金剛山摩訶衍の絵葉書（カラー）、1930 年代。ここで多くの雲水衲子（禅僧）が修行した（本文 177 ページ）。

金剛山内金剛の普徳庵の絵葉書（カラー）、1930 年代（本文 176 ページ）。

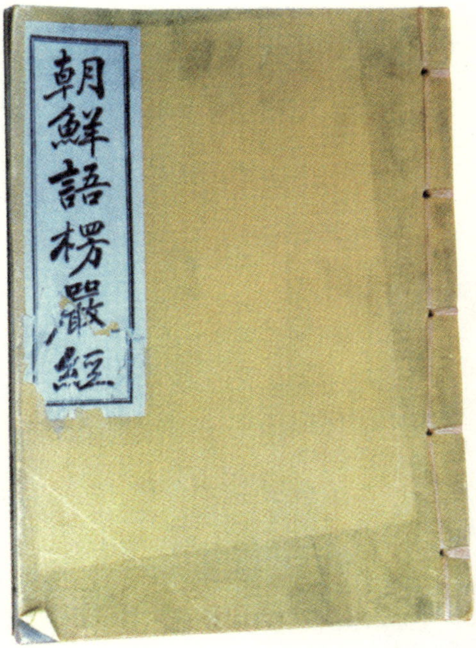

白龍城が訳経して刊行した『朝鮮語榜厳経』（1928 年 3 月、本文 136 ページ）。

安震湖の『釈門儀範』（1935 年 4 月）。この本は従来の様々な仏教儀式集を統合・再編したもので、1970 年代までの全国の寺院ではこの『釈門儀範』を使った（本文 165 ページ）。

仏教誌『金剛山』。表訓寺と金剛山仏教会が刊行した『金剛山』第 4 号。1935 年 9 月 5 日に創刊され、翌年 6 月 5 日に通巻 10 号で終刊（本文 171 ページ）。

『金剛杵』16 号。『金剛杵』は 1924 年 5 月に創刊され、43 年 1 月に 26 号で終刊。14 号までは謄写版で、15 号以降から活字版であるが、現在は 15 〜 26 号だけが残っている（本文 107 ページ）。

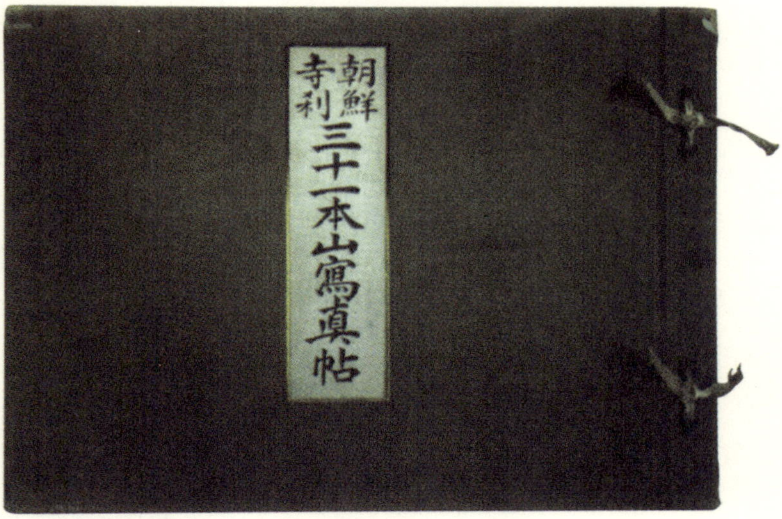

朝鮮寺院31本山の写真帖。財団法人朝鮮仏教中央教務院（現在の総務院に当たる）が1929年8月29日に刊行した。当時の31本山の全景写真が収録されている（本文401ページ）。

植民地支配からの解放後、仏教執行部（総務院）が発行した仏教雑誌『新生』。1946年3月1日創刊、同年10月4号で終刊（本文205ページ）。

ソウル南山（奨忠壇）にあった博文寺の全景（カラー絵葉書）。1931年6月5日起工し、伊藤博文の24回忌である翌年10月26日に落成式を挙行した。この博文寺は、斉藤実朝鮮総督時代に「伊藤博文の『業績を永久に記念』して『ご冥福をお祈り』、『仏教の振興を図る』とともに『日本人と朝鮮人の固い精神的結合を図る』ため」という名目で建てられた寺院で、宗旨は伊藤博文が帰依していた曹洞宗とした。博文寺の名称も伊藤博文の名前からとったもので、現在の新羅ホテル迎賓館がまさに博文寺の跡地で、ホテルの正門が博文寺の正門だといわれている（本文172ページ）。

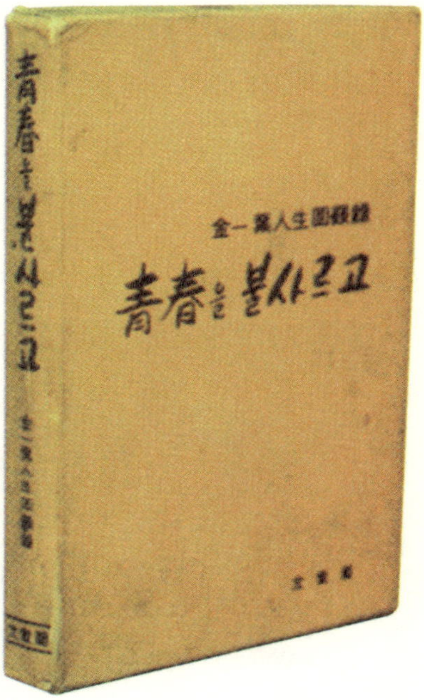

金一葉の随筆集『青春を燃やし』。女流文人として名を馳せた金一葉僧侶の人生回顧録の性格を帯びたこの本は、1962 年に文選閣から出版された。金一葉僧侶は修徳寺で修行し、幾多の人々の心の琴線に触れる宝石のような文章を発表した（本文 297 ページ）。

李耘虚僧侶の『仏教辞典』。李耘虚僧侶が情熱を傾けて刊行した（1961 年 5 月）。朝鮮における初の仏教辞典（本文 297 ページ）。

姜玉珠（写真左）と白雲仙（右）の「悔心曲」のレコード盤（1970 年代半ば、ユニバーサルレコード社、本文 328 ページ）。

金聖東の長編小説『曼陀羅』。仏教を素材としたこの小説は、当時最高のベストセラーだった。小説は映画化もされて大ヒットするが、作家自身は仏教を卑下したということで曹渓宗から出されて還俗した。作家自身の体験と苦悩で大部分を形象化した作品である（本文 327 ページ）。

1900年代前後

1900年代前後

この時期の仏教史は、仏教の中興と発展を期すべく身悶えしているかのようであった。朝鮮後期の仏教の社会的地位を代弁する僧侶の都城（京城：現在のソウル）出入り禁止が解除された1895年直後の仏教界は、徐々に変化の波に巻き込まれた。しかし、仏教の地位が高まる日は簡単には訪れてこなかった。都城出入り禁止解除令もすぐに波及せず、一時的に再禁止措置もとられたが、開国と近代化の波の中で仏教が束縛されるのを防ぐことはできなかった。

仏教界は、徐々にソウルで行事を行うこともでき、西洋文明との接触も可視化された。しかし、最も問題視されたのは日本文明、日本の仏教との接触だった。これは日本仏教の文明の中心として、かつ朝鮮仏教が見習うべき対象と見なしたことから出てきたことであった。李東仁が開化と近代化の先頭に立ったのも、そのような事情を反映している。当時、仏教界の認識の根底には、いわゆる社会進化論の影響があった。弱肉強食、優勝劣敗という時代においては、先進的な文明に追いつくために避けられない措置と認識された。このような中で韓国仏教が学ぶべき文明の対象として、日本の仏教が自然に浮上したのである。

また、この時期には、日本の仏教の朝鮮浸透がさらに手強くなった。日清戦争、日露戦争後から本格的に浸透した日本の仏教は各宗派が競って進出したので、その発展の速度は驚くべきものであった。しかし、日本の仏教は、結果的に日帝の朝鮮侵略の後援者の性格を排除することができないゆえに、日本仏教の正体の把握に依然として不十分だった朝鮮仏教界の認識には問題点が少なくなかった。日帝の侵略に抵抗した義兵戦争が盛んになった時に朝鮮寺院は、むしろその渦中の被害を減らすため、日本寺院の末寺に所属しようと管理請願を申請したこともあった。

このような時勢下に置かれていた仏教界の動きの中で注目すべきなのは、仏教教団の設立に力を尽くしたことである。仏教の発展を担保するための組織体としての教団は、実に以前の仏教の状況から考慮すると眩しい変化であった。1902年当時、大韓帝国政府が全国の寺院および僧侶を統括するための機関である寺社管理署を設置したのは、変化した仏教界の効率的な管理に取り組もうという姿勢の表れであった。しかし、寺社管理署は04年頃に至ってはうやむやの状況になってしまう。これは国運が危険な状況下で、脆弱な国権の末路を代弁していたといえるだろう。このような状況に瀕する当時の韓国に進出した日本の仏教は、寺社管理署があった元興寺を独占しようとする策略も敢行したりした。

その後、教団設立の努力は先覚的な僧侶たちが主導した仏教研究会に移管された。しかし、彼らの努力は近代的な最初の学校である明進学校（現在の東国大学の前身）の設立にとどまり、より進展した教団設立は、1908年に全国の寺院代表が元興寺で会合を開いて決議した円宗創立時まで待たなければならなかった。円宗を主導した僧侶たちは、円宗宗務院の認可受け取るために絶えず努力した。さらには親日派、または武田範之のような日本の仏教有力者たちにも協力と支援を期待したが、ついに実現されなかった。むしろ円宗は、その認可のための活動に没頭した結果、朝鮮仏教の地位を落としめたという批判を甘受しなければならない。

しかし、この時期には全国の主要な寺院で近代志向の意識を呼び覚ますための自然発生的な学校が多数登場していた。そして、全国の主要寺院は国権を回復するための国債報償運動の拠点となった。鏡虚が海印寺・梵魚寺などで伝統禅の復興のための結社を行っていた点や、義兵戦争に一部の僧侶が参加したのは、民族仏教の地位を守ろうとした苦難の行跡であった。

1. 都城出入り禁止解除前後の南大門。1895年「僧侶の都城出入り禁止解除令」が出る前、僧侶は四大門を通じて、ソウル市内に入ることができなかった。僧侶の都城出入り禁止解除は当時、日本の僧侶・佐野前励が総理大臣・金弘集に、僧侶都城出入り禁止解除を要請する建白書提出がきっかけで始まった。僧侶都城出入り禁止解除令は、近代仏教の起点となった。

2. 1900年代のはじめ、4月初8日を祝う法会。都城出入り禁止解除後、仏教の中興を期して開催された釈尊生誕日の行事の様子。

3. 1907年頃の円丘壇。円丘壇行事所近くにいたみすぼらしい僧侶の身なりがきっかけとなって、1895年に解除された僧侶都城出入り禁止令が翌年、一時的に再び制限されたが、その後すぐにまた緩和された。円丘壇は王が天に祭祀していたところで、1897年10月12日、高宗はここで天神に告祭した後、皇帝に即位した。円丘壇は小公洞朝鮮ホテルの隣にあった。

4. 僧侶都城出入り禁止解除を金弘集に建議した日本の僧侶・佐野前励。彼は日蓮宗の出身で、朝鮮仏教を復興させるために建議したとされているが、それは本音だっただろうか？

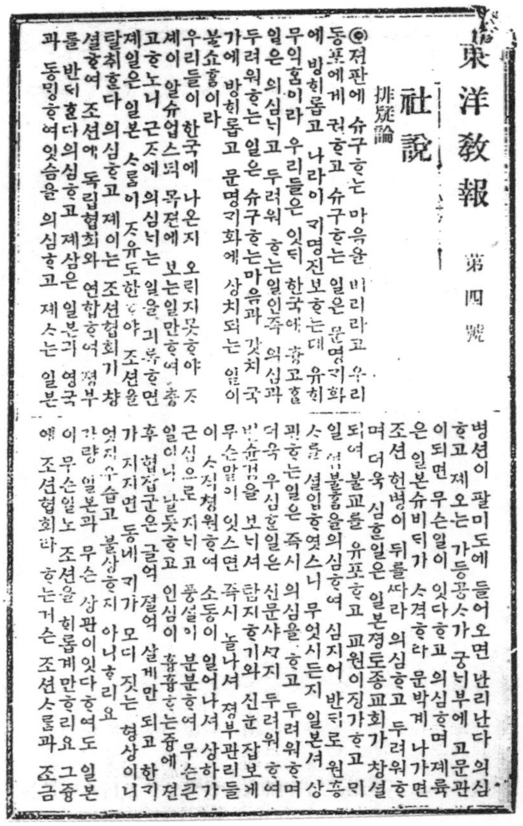

東洋教報 第四號

社說

排疑論

◉져판에 슈구ᄒᆞ는 마음을 바리라고 우리
동포에게 권ᄒᆞ고 슈구ᄒᆞ는 일은 문명ᄀᆡ화리
에 방ᄒᆡ롭고 나라이 ᄀᆡ명진보ᄒᆞ는대 유ᄒᆡ
무익ᄒᆞᆷ이라 우리들은 잇ᄯᅴ 한국에 ᄒᆡᆼᄒᆞ고 ᄒᆞᆯ
일은 의심ᄒᆡ고 두려워 ᄒᆞ는 일인즉 의심과
두려워ᄒᆞ는 일은 슈구ᄒᆞ는 마음과 갓치 국
가에 방ᄒᆡ롭고 문명ᄀᆡ화에 상치되는 일이
불쇼ᄒᆞᆷ이라
우리들이 한국에 나온지 오리지 못ᄒᆞ야 ᄌᆞ
셰이 알슈업스되 목젼에 보는일만ᄒᆞ여 ᄎᆞᆼ
고ᄒᆞ노니 근ᄌᆡ에 의심너는 일을 ᄀᆡ혁ᄒᆞ면
제일은 일본 ᄉᆞ름이 ᄌᆞ유도한ᄒᆞ야 조션을
탈취ᄒᆞᆫ다 의심ᄒᆞ고 제이는 조션협회기 창
셜ᄒᆞ여 조션에 독립협회와 연합ᄒᆞ여 졍부
를 반ᄃᆡᄒᆞᆫ다 의심ᄒᆞ고 제삼은 일본과 영국
과 동맹ᄒᆞ여 잇슴을 의심ᄒᆞ고 제ᄉᆞ는 일본
병션이 팔미도에 들어오면 난리난다 의심
ᄒᆞ고 제오는 가등공ᄉᆞ가 궁니부에 고문관
이되면 무슨일이 잇다ᄒᆞ고 의심ᄒᆞ며 제륙
은 일본슈비ᄃᆡ가 ᄉᆞ격ᄒᆞ라 문박계 나가면
조션 헌병이 뒤를 ᄯᅡ라 의심ᄒᆞ고 두려워ᄒᆞ
며 더욱 심ᄒᆞᆫ일은 일본졍토종교회가 창셜
되여 불교를 유포ᄒᆞ고 교원이 징가ᄒᆞ고 미
일 셔비불홈을 의심ᄒᆞ여 심지어 반ᄃᆡ로 원흥
ᄉᆞ를 셜입ᄒᆞ엿스니 무엇시든지 일본셔 상
관ᄒᆞ는 일은 즉시 의심을 ᄒᆞ고 두려워ᄒᆞ며
더욱 우심ᄒᆞᆫ 일은 신문샤셔지 두려워ᄒᆞ여
법순겸을 보니셔 탐지ᄒᆞ기와 신눈 잡보게
무슨말이 잇스면 즉시 놀나셔 졍부관리들
이 ᄉᆞ직쳥원ᄒᆞ여 소동이 일어나셔 상하가
근심으로 지니고 풍셜이 분분ᄒᆞ여 무슨큰
일이나 날듯ᄒᆞ고 인심이 흉흉ᄒᆞ는즁에 젼
후 협잡군은 글억 졀억 살게만 되고 한ᄀᆡ
가 지지면 동네 ᄀᆡ가 모ᄃᆡ 짓는 형상이니
엇지 우습고 불상ᄒᆞ지 아니ᄒᆞ리요
가량 일본과 무슨 상관이 잇다ᄒᆞ여도 일본
이 무슨일노 조션을 해롭게만ᄒᆞ리요 그즁
에 조션협회라 ᄒᆞ는거슨 조션ᄉᆞ름과 조금

5. 日本の浄土宗派から1902年に出版された『東洋教報』第4号。浄土宗内の東洋教報社が毎月1回出版したこれらの出版物は、教勢拡張と日本の仏教伝播に目的があった。

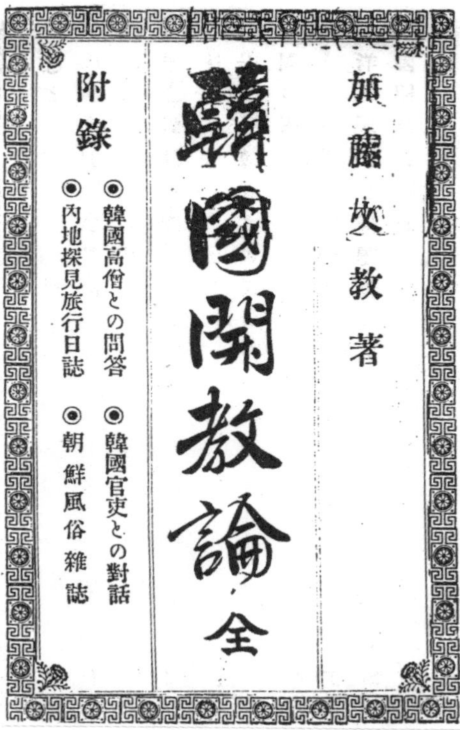

6.『韓国開教論』。開港期、韓国に渡って布教活動をしていた日本の僧侶・加藤文教が、彼の布教活動の経験などをまとめた回顧録（1900年発行）。彼は1898年、ソウルで日蓮宗護国寺を立てた。

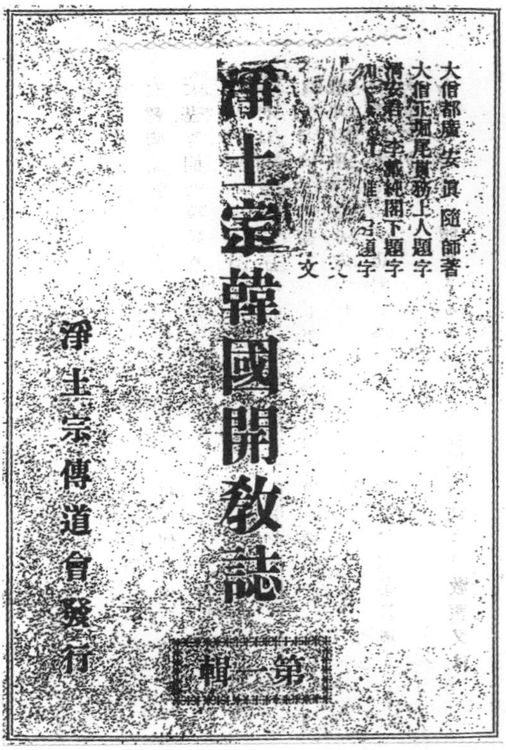

7.『浄土宗韓国開教誌』。1897年1月、朝鮮に渡ってきた日本仏教浄土宗は、朝鮮での活動を「開教」と定義した。この本は彼らの活動内容をまとめた概説書（1903年発行）。

8. 親日派の李容九と武田範之。義兵鎮圧自衛団が出発した日、ソウル麻浦にあった親日派の李容九の家の前での記念撮影場面（前列左から2番目が円宗の顧問であった武田、5番目が李容九）。自衛団は義兵を鎮圧するために1907～08年にわたって全国組織された団体で、親日政権と一進会が主導した。

9. 武田範之（後列左）と内田良平（最前列中央）。内田良平は日帝の朝鮮侵略に暗躍した黒龍会を主導した人物だが、武田範之は彼と親密につきあいながら、朝鮮の国権強奪に貢献した（関連写真45、46）。

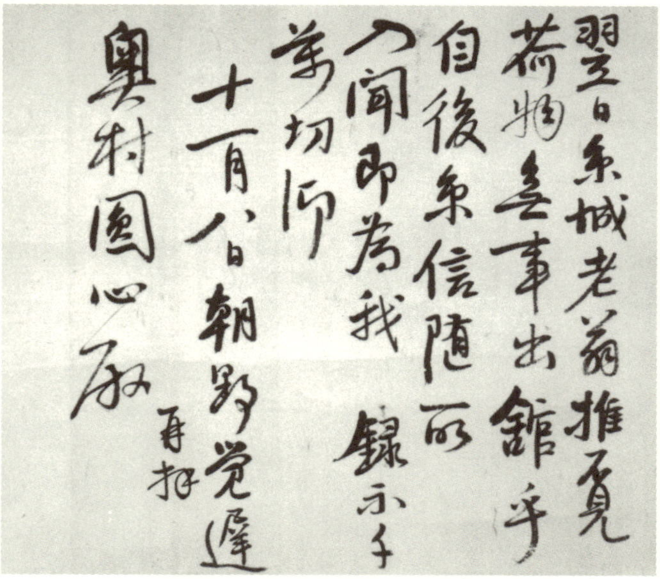

翌日来城老翁推覓
荷物無事出館乎
自後来信随所
入聞即為我　録示千
萬切仰
十月八日朝野覚遅
再拝
奥村圓心殿

10. 奥村円心に送った李東仁の手紙。日本の真宗大谷派僧侶である奥村が1877年に釜山に別院を設置して赴任すると、開化運動を主導していた李東仁はそこを行き来し、時局、文明、開化仏教についての議論を行った（関連写真12、13、43）。

法類兄弟의게顒祝홈

蓮邦頭陀 崔就墟

楚山에埋玉을和氏가光瑩키ᄒᆞ얏스며孤竹에駑馬를伯樂이超躍케ᄒᆞ야서於世界上에第一至寶藏物이되ᄂᆞᆫ줄노於千萬歲에써美談을遺傳ᄒᆞ얏거든況至理至道가世界를公益ᄒᆞ며人民을普利ᄒᆞᄂᆞᆫ者ㅣ屈而未伸ᄒᆞ며壓而未起ᄒᆞᆯ理가有ᄒᆞ리오大抵吾佛에大誓願은普欲令衆生으로同得此道케ᄒᆞ려ᄒᆞ샤於無窮世界에其無窮ᄒᆞᆫ人民으로ᄒᆞ야곰無窮ᄒᆞᆫ福樂을受케ᄒᆞ시라고其無窮ᄒᆞᆫ色身을現出ᄒᆞ샤ᄃᆡ王侯將相과大富長者와士農工賈와乃至外道邪人과出家沙門에種種形色으로其國土人民을示敎利喜ᄒᆞ시ᄂᆞ니大哉라 天皇陛下之聖德이시여善哉라總督閣下之明政이시여當今國土를維新ᄒᆞ시며政治를維新ᄒᆞ시며民業을維新ᄒᆞ시며道德을維新ᄒᆞ시ᄂᆞᆫ中에我　大雄氏의世界를公益케ᄒᆞ시며人民을普利케ᄒᆞ시ᄂᆞᆫ至道至理가屈壓而未伸起幾百年ᄒᆞᆫ宗敎를一制一令으로ᄒᆞ야곰我僧侶의精神을喚起ᄒᆞ샤維新雨露에普洽케ᄒᆞ샤世界를公益케ᄒᆞ시며人民을普利케ᄒᆞ시니唯冀諸山法類兄弟ᄂᆞᆫ此制令下에其昏昧ᄒᆞᆫ精神을抖擻ᄒᆞ며此維新中에其腐敗ᄒᆞᆫ思想을變改ᄒᆞ야各其一毫端에處ᄒᆞ야寶王刹을現ᄒᆞ며微塵裏에坐ᄒᆞ야大法輪을轉ᄒᆞ며現今內外國土에大莊嚴이될것이며遠近世界에大公益을發展ᄒᆞ리며冤親人民에大普利를興布ᄒᆞ야　天皇陛下와總督閣下의大希望ᄒᆞ시ᄂᆞᆫ聖德明政을孤負치안이ᄒᆞᆯ것이오또ᄒᆞᆫ吾　佛祖의遺囑ᄒᆞ옵신바「我諸弟子ㅣ轉轉行之則如來法身이常住而不滅」이라ᄒᆞ신明訓을遵奉ᄒᆞᄂᆞᆫ佛弟子의義務가堂堂ᄒᆞ리니惟我法類兄弟ᄂᆞᆫ個個히和氏伯樂을逢ᄒᆞ얏스니孤竹에駑馬를脫ᄒᆞ고楚山에埋玉을免ᄒᆞ야當今文明世界上에大超躍大光瑩ᄒᆞ기를一辭로長祝

11. 龍珠寺僧侶・崔就墟が、『朝鮮仏教月報』第1号（1912年2月25日）に寄稿した文章。日本の僧侶・佐野の助けを借りて僧侶都城出入り禁止が解除されると、崔就墟（本名：尚順）は、この文章を発表する前に佐野に感謝状を送った。その文章のいくつかを見れば、次のとおりである。「大尊師閣下がこの万里の他国に来られて、広く慈悲の恵みを与えてくださり、この国の僧徒は500年来の悔しさを晴らすことができました。これからは王京を見ることができますので、これは実に、この国の僧侶として感謝し称えるものとします」。この文から、当時の一部の僧侶たちが持っていた日本への歪んだ認識を垣間見ることができる。

12. 開化僧（開国を支持した僧侶）・李東仁。奉元寺僧侶として知られている彼は早くから開化思想に目覚め、日本を行き来するなど、開化運動と仏教中興の第一線で活動した（関連写真10）。

13. 紳士遊覧団として日本に渡り、参謀役をしたと言い伝えられている開化僧・李東仁。彼は大韓帝国の軍艦購入のために日本で活躍している中、行方不明になった。この写真は、彼が1879年渡日して81年に紳士遊覧団の参謀役をするときに撮影したものといわれる。非常に豪華な雰囲気である。左の写真も、李東仁が81年の紳士遊覧団参謀役当時に撮った写真といわれているので、両方の写真をいっしょに載せる。

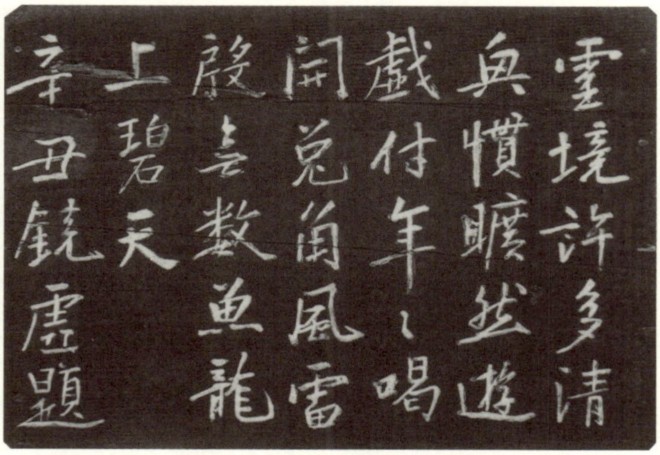

15. 鏡虚遺墨の書刻。

14. 近代の代表的な高僧・鏡虚（1846～1912年）。海印寺、梵魚寺などで修禅結社を主導して近代仏教の中興祖と呼ばれている。彼は当時、「韓国仏教の法が崩れた」と嘆いた。一方、このような慨嘆を吐露した彼の行動は、それこそ「無碍行」だった。覚りの世界から見ればなんら問題もないが、僧侶という立場からすれば、一度弊害を誘発して、まるで「無碍行」が「禅僧の覚りの世界」であるかのように混同させた。彼は晩年に僧服を脱ぎ捨てたまま、江界三水甲山桃花洞の小さな村で書堂の訓長をした後に入寂（入滅）する。当時、仏教を嘆いていた彼の苦悩は何だったのだろうか？　そして、なぜ、よりによって流配地の三水甲山を選択したのか？　鏡虚の行動について『朝鮮仏教通史』の著者・李能和は非常に厳しく審判した（『朝鮮仏教通史』下巻）。最近、金知見先生は『漢巌一鉢録』で、鏡虚の行動を「異類中行（異流の中を歩く）」と表現した。これほどに適切な表現はないようだ。

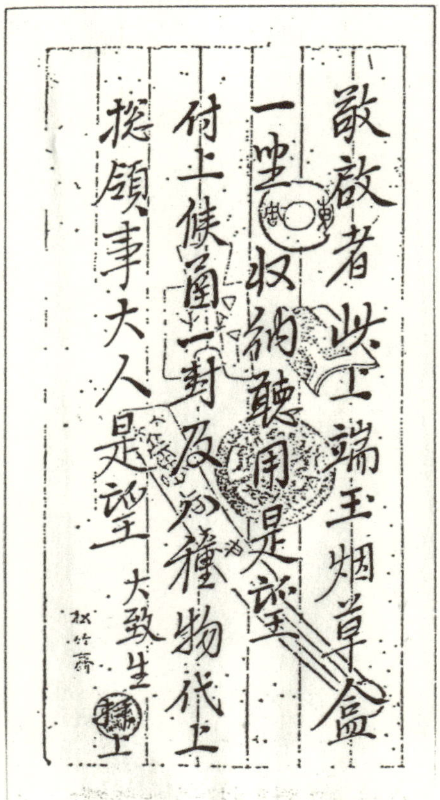

16. 劉大致の直筆。開化運動において精神的に求心的な役割をした劉大致が、日本の僧侶に送った手紙。

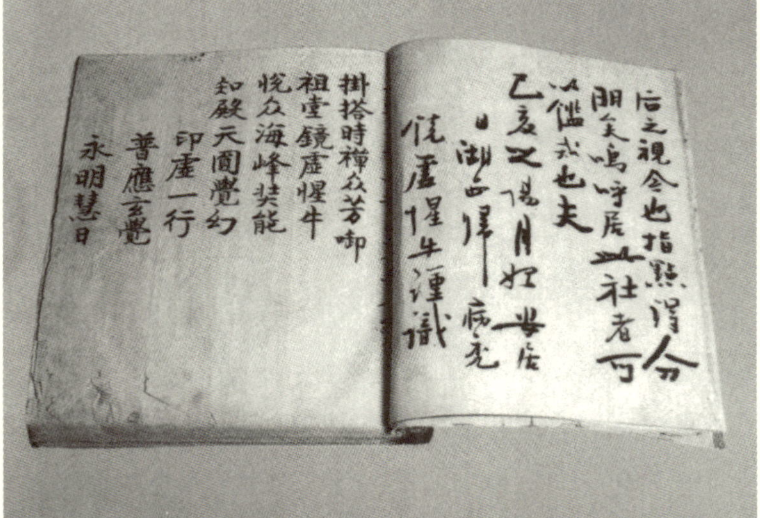

17. 鏡虚が海印寺で主導した、修禅結社の芳名録。

18. 楡岾寺の僧侶たち（1903年）。楡岾寺能仁殿前で法要式をしている僧侶たちの服装と、とんがり帽子が異彩を放つ。

19. 開化期の僧侶の姿。この本に登場する最初のカラー写真（口絵30ページ）。興味深い服装で、僧侶の服飾変遷の参考に値する。

20. 壊れた塔の下で遊ぶ子どもたち。仏教文化財に対する認識不足がうかがえる。

21. 東大門外に建立された元興寺（現・昌信初等学校）。1902年1月に建立された元興寺には、事実上、総務院格的な寺院管理所が大韓帝国によって設立された。そして06年5月8日には、仏教界の代表的な仏教研究会によって設立された明進学校が開校された。また、ここでは08年11月13日には全国寺院代表者大会が開催され、仏教研究会を解散して円宗を設立し、宗正に李晦光、顧問に日本曹洞宗の僧侶・武田範之を推戴した。なぜ武田を顧問に推戴したかはわからない。いずれにせよ、円宗は出発時点から若干の親日傾向を帯びていたと見なければならない。

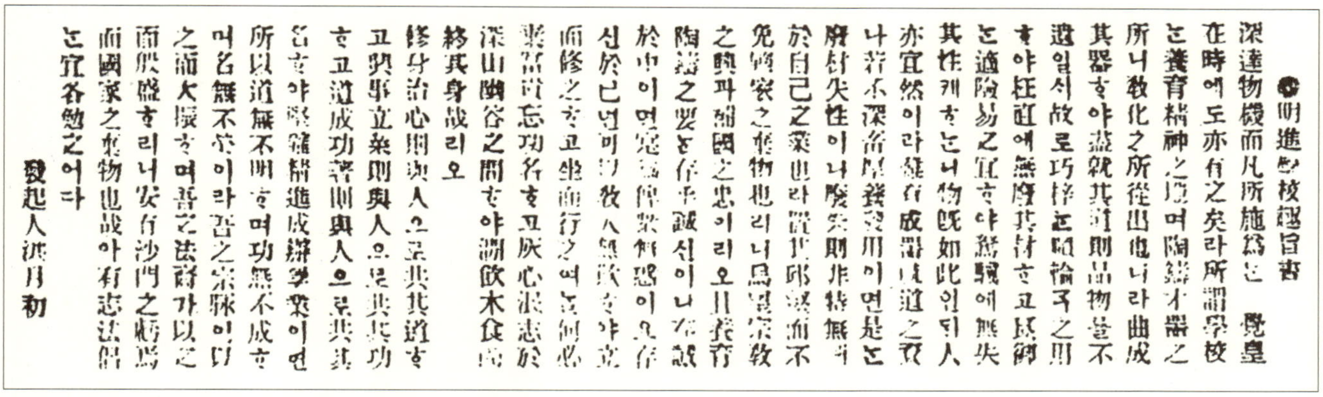

●明進學校趣旨書

深達物機而凡所施爲는　覺皇在時에도亦有之矣라所謂學校는養育精神之源이며陶鑄才器之所니教化之所從出也니라曲成其器ᄒᆞ야盡就其材則品物이莫不遂일ᄉᆡ故로巧[illegible]匠隨輪子之用ᄒᆞ야枉直에無廢其材ᄒᆞ고隨御는適險易之宜ᄒᆞ야[illegible]驥에無失其性케ᄒᆞᄂᆞ니物旣如此인ᄃᆡ人亦宜然이라雖有成器라도道之不나若不深育陶鑄則用이면是는廢材失性이니廢失則非特無ᄒᆞ於自己之業也라罪其所以而不免[illegible]之棄物也리니爲我宗教之興과祖國之患이리오而教育陶鑄之要를作ᄒᆞᆫ誠심이니不誠於中이면[illegible]障礙惕恐이니足存신於己면可以救人無歉ᄒᆞ야立而修之ᄒᆞ고坐而行之에不何必[illegible]忘功名ᄒᆞ고灰心泯志於深山幽谷之間ᄒᆞ야渴飮木食而終其身哉리오

修身治心則與人으로共其道ᄒᆞ고執事立業則與人으로共其功ᄒᆞ고道成功著則與人으로共其名ᄒᆞ야堅確精進成辦學業이면所以道無不明ᄒᆞ며功無不成ᄒᆞ며名無不稱이라吾之宗脉이以之而大振ᄒᆞ며吾之法財가以之而殷盛ᄒᆞ리니安有沙門之棄爲而國家之棄物也哉아有志諸僧은宜各勉之어다

發起人洪月初

22. 明進学校設立の趣旨書（『大韓毎日申報』1907年8月17日）。近代仏教初の学校として中央学林（学林とは、僧侶の教育機関）と中央仏専の母胎となった。明進学校の卒業生は、仏教界の各分野で大きな活躍をした。

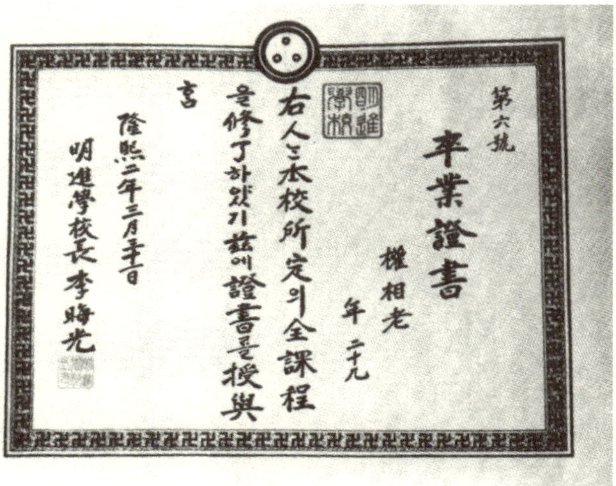

第六號

卒業證書

權相老

年二十九

右人은本校所定의全課程을修了하였기玆에證書를授與함

隆熙二年三月三十一日

明進學校長 李晦光

23. 明進学校の卒業証書。1908年3月31日第1回卒業生だった權相老（当時29歳）が、当時校長だった李晦光から受け取った卒業証書である。

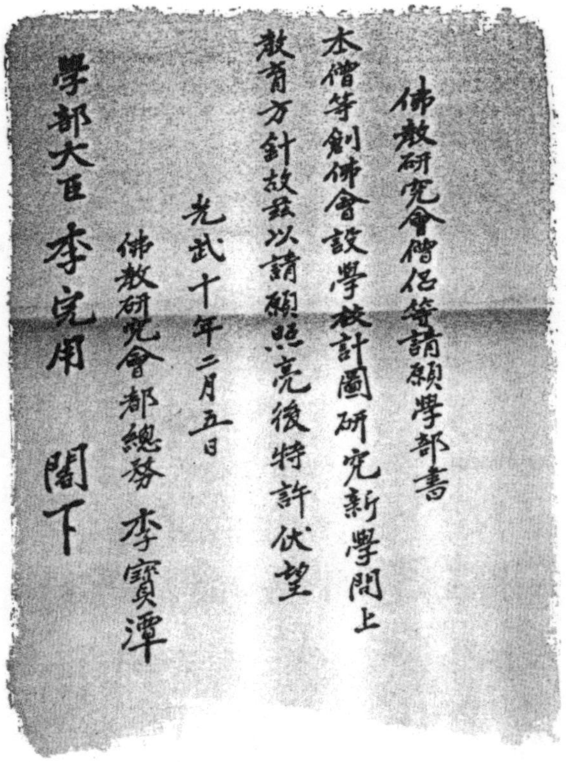
佛教研究會僧侶等請願學部書
本僧等創佛會設學校計圖研究新學問上
教育方針故玆以請願照亮後特許伏望
光武十年二月五日
佛教研究會都總務 李寶潭
學部大臣 李完用 閣下

24. 仏教研究会の設立申請書（1906 年 2 月 5 日）。仏教研究会は、仏教に近代式学問を組み合わせるために設立された団体で、李宝潭と洪月初が主導したが、日本の仏教浄土宗の影響を受けていた。

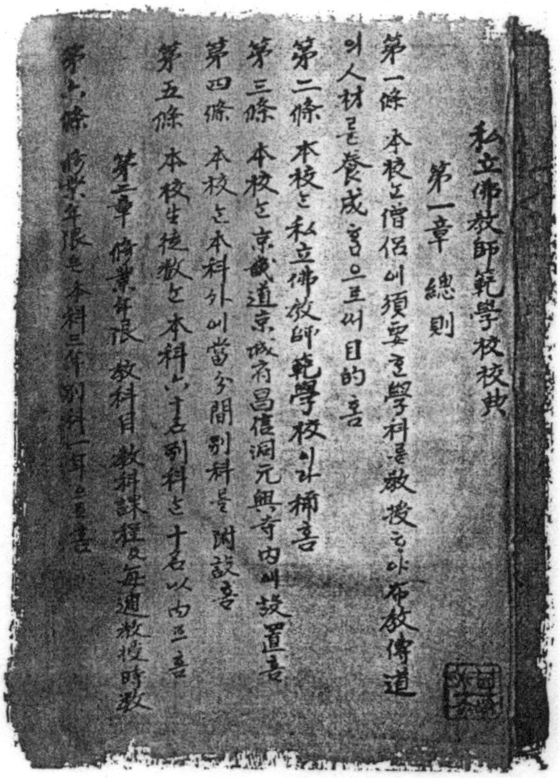
私立佛敎師範學校校典
第一章 總則
第一條 本校는僧侶에須要한學科를敎授하야布敎傳道의人材를養成함으로써目的함
第二條 本校는私立佛敎師範學校이라稱함
第三條 本校는京畿道京城府昌信洞元興寺內에設置함
第四條 本校는本科外에當分間別科를附設함
第五條 本校生徒數는本科六十名別科는十名以內로함
第二章 修業年限 敎科目 敎科課程及每週敎授時數
第六條 修學年限은本科三年別科一年으로함

25. 私立仏教師範学校の校典。私立仏教師範学校は明進学校を継承した学校で、1910 年 4 月に開校したが、3 年制の師範と 1 年制の随意科で編制された。教科科目に日本語、測量、土木、算術などの新学問が割り当てられたことが特色である。

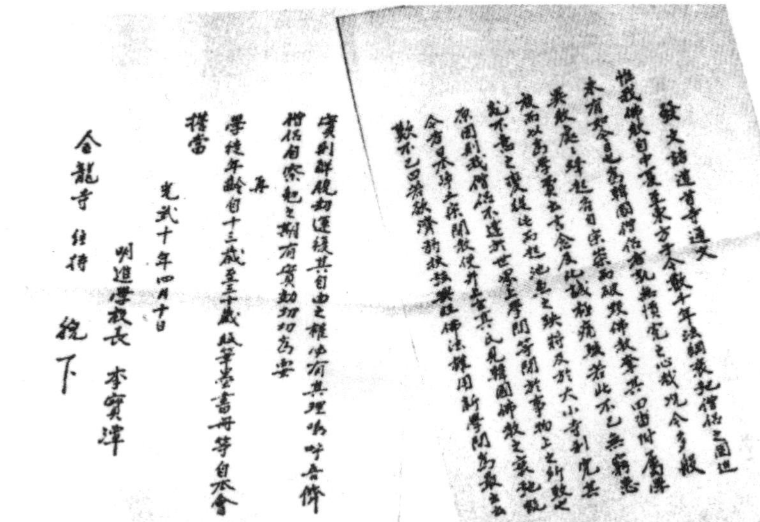
發文諸道首寺通文
光武十年四月十日
明進學校長 李寶潭

26. 仏教研究会の設立した明進学校が、1906 年 4 月 10 日に全国首寺刹に送った公文書。その見出しは「発文諸道首寺通文（各道首寺刹に送る公告）」である。この通告文には、明進学校応募対象の学生の年齢は 13 〜 30 歳であり、紙筆墨や書物などは仏教研究会が準備する、という内容が見られる。

27. ソウルの龍山にあった日本仏教大谷派本願寺の建物や信徒たち。

28. ソウルにあった大谷派本願寺の法堂。

29. ソウルの曹洞宗本山別院の入仏式（仏を祀る行事）の様子。なお、本山とは一宗一派を統轄する寺院であり、本寺ともいう。本寺の支配下にある寺院を末寺という。

30. ソウルにあった日蓮宗寺院の信徒たち（円内は日本の僧侶）。最初の日本仏教は在朝日本人を相手に布教したが、徐々に布教の範囲を朝鮮人にまで拡大していった。

31. ソウルの大谷派本願寺に掲示された「大韓阿弥陀本願寺」という扁額や鐘楼から、「大韓」を布教の手段として標榜したことが感じられる。

32. ソウルの南山にあった（1902年）真宗大谷派本願寺別院。

33. ソウルにあった日蓮宗所属護国寺主催の日曜学校大会に参加した子どもたち。

34. 日本仏教は布教の方便として社会事業を積極的に推進した。社会福祉事業をした和光教園は、ソウル灌水洞、清渓川の近くにあったが、建築費だけで、当時で２万ウォンが投じられた。このことから、布教について日本仏教の積極性をうかがうことができる。

35. 大谷派本願寺の仁川別院（上は本堂、下は一柱門や鐘楼）。

36. 大谷派本願寺がソウルに設立した韓人布教堂や初の全州布教所（右上）。日本仏教に対する疑念を解消するために設立された韓国人のみの布教堂（『朝鮮開教五十年誌』）。

37. 日本浄土宗教友会の朝鮮人教化記念撮影。日章旗の前に立っている多くの朝鮮人学生の民族意識が知りたいだけである。

38. ソウルにあった浄土宗開教院の韓人協会が開催した、慶熙宮での釈尊生誕行事の様子。

39. 都総摂が大谷派本願寺に帰依。北漢山に住んでいた都総摂の帰依儀式が大谷派本願寺で行われている。当時、日本仏教側ではこれを「帰順」のシーンとした。都総摂は大韓帝国の僧侶の最高責任者に当たるが、都総摂が日本の仏教に帰依したことを日本仏教では「帰順」と宣伝したのである。

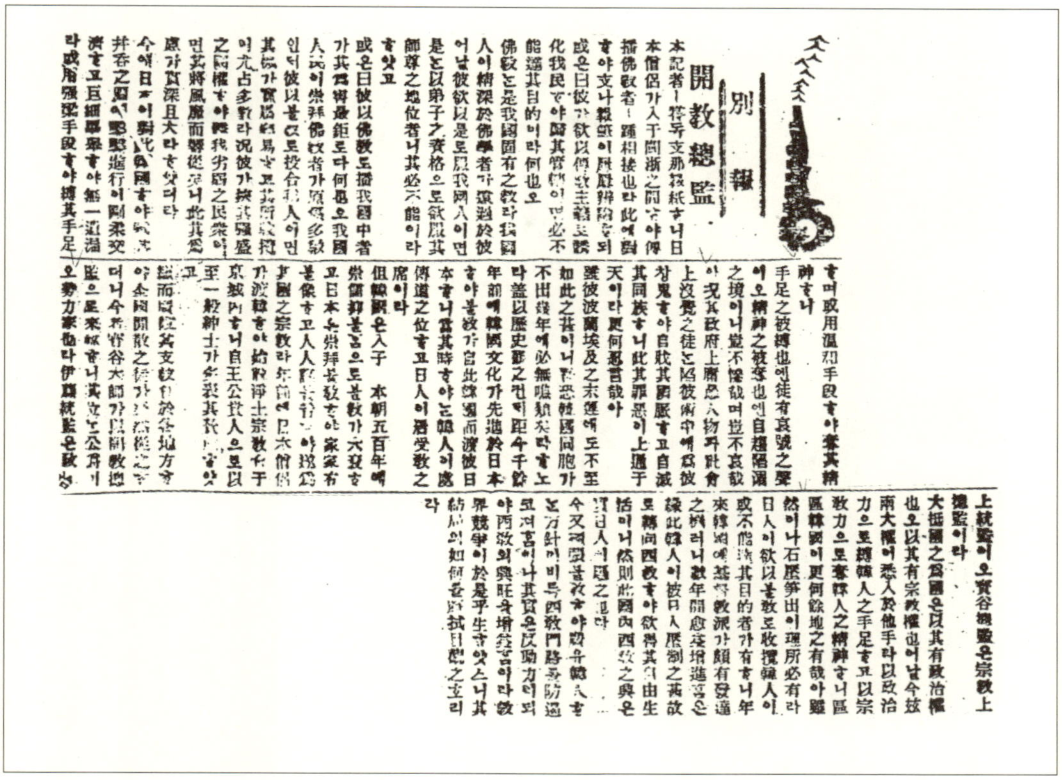

別報

開教總監

40. 朝鮮開教総監の実体を報道した『大韓毎日申報』報道記事（1906年10月16日）。日本仏教各宗派は、朝鮮での仏教の浸透を開教という名分の下で競って推進した。各宗派の開教最高責任者を開教総監としたが、この記事では開教総監は、朝鮮人の精神を強奪しようとする大権を持っていると批判している。

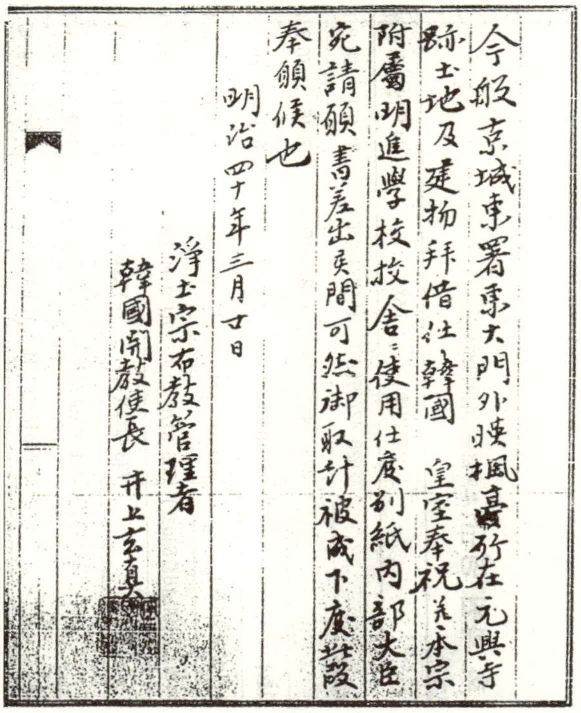

今般京城東署東大門外暎楓亭所在元興寺
跡ノ土地及建物拝借仕韓國　皇室奉祝並本宗
附屬明進學校校舎ニ使用仕度別紙内部大臣
宛請願書差出候間可然御取計被成下度此段
奉願候也
明治四十年三月廿日
浄土宗布教管理者
韓國開教使長　井上玄真

41. 浄土宗の布教責任者だった朝鮮開教使長・井上玄真が元興寺の土地と建物、そして明進学校の教舎などを活用するために提出した請願書（1907年）。

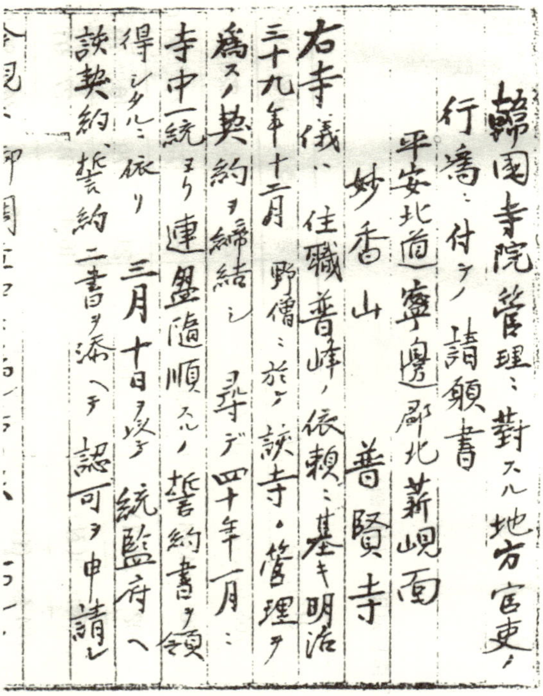

韓国寺院管理ニ對スル地方官吏ノ
行為ニ付テノ請願書
平安北道寧邊郡北薪峴面
妙香山　普賢寺
右寺儀ハ住職普峰ノ依頼ニ基キ明治
三十九年十二月野僧ニ於テ該寺ノ管理ヲ
為スノ契約ヲ締結シ尋テ四十年一月ニ
寺中一統ヨリ連盟随順スルノ誓約書ヲ領
得シタルニ依リ三月十日附ヲ以テ統監府ヘ
該契約誓約二書ヲ添ヘテ認可ヲ申請シ

42. 妙香山普賢寺で日本の僧侶を住職に就任させることを目的として、統監府に認可申請を出したことを示す文書（1907年頃）。しかし、普賢寺の意図は統監府に承認されずに取り消されたが、普賢寺のような大きな寺でこのような請願書を出したことを見ると、当時の朝鮮の多くの寺院や僧侶たちが日本の仏教についてかなり肯定的な好感を持っていたことがわかる。

43. 日本仏教真宗大谷派本願寺の僧侶・奥村円心。彼は大谷派朝鮮開教の実質的な主導者として、壬辰倭乱（1592 〜 98 年、豊臣秀吉が引き起こした文禄の役と慶長の役）が起こる７年前の 85 年、朝鮮に渡って釜山に高徳寺を立てた奥村浄信の子孫である。奥村円心は、日本の仏教界では最初の 1877 年、釜山に上陸して布教を開始したが、日本の法蔵館から発行された『日本仏教史年表』では 80 年、元山で始まったとなっている（関連写真 10）。

44. 日本仏教真宗本願寺派の朝鮮開教総監・大谷尊宝。彼は日露戦争後、総監の任務を帯びて韓国に渡ってすぐに龍山に朝鮮開教総監部を設置し、日本仏教を伝えた。日本の仏教では奥村と大谷を功労者と呼ぶ。

45. 日本仏教曹洞宗の僧侶として、朝鮮円宗の李晦光といわゆる曹洞宗盟約を締結させた武田範之（1863 〜 1911 年）。彼は当時、円宗の顧問だった。1986 年に日本で『武田範之とその時代』という本が出版され、武田範之の朝鮮での活動が詳細に記述されている（関連写真 8、9）。

46. 武田範之（前列右）といっしょの李容九（前列左）（1907 年 11 月）。武田範之と親日派の李容九は、韓国の国権侵奪にも協力したが、朝鮮仏教である円宗を日本の曹洞宗と連合・盟約させるのに決定的な役割を担った。

47. 梵魚寺に設立された（1906年）私立明正学校の全景。全国の大寺院には普通学校レベルの近代学校が建てられ、仏教の近代化と教育事業に貢献した。

◉江原道杆城郡金剛山乾鳳寺鳳鳴學
校趣旨書
惟我大韓은儒佛仙三道가勢如東鼎ᄒ
고時若鼎足이라然이나仙如影子ㅣ라
姑勿論ᄒ고至若儒之六經은口謳中毛
나何多沙白古甑이며佛之三藏은心爐
麟角이라全與刻舟求劍ᄒ니誰能明我
昏衢之燭이며渡我迷津之筏乎아如是
而沉沉然漸盡ᄒ야俾我東方禮儀之國
으로一朝爲外國之侮視며外人之歷制
者를雖愚婦孩兒라도自愧不有博識이
온况乎冠儒劇佛之小有炎凉人이豈無
可期回復之方策耶아故今諸方之學校
或官公之設而私立이尤多ᄒ야靑年男
婦僧侶孤兒ㅣ가後先踴躍ᄒ야一體趍
學ᄒ니幸我嘉運이며爲國之基礎오爲
人之指南이於是乎倍矣盛矣로다或이
問言ᄒ되爲何學教之며爲何益有之오
ᄒ야ᄂᆞᆫ曰覽盡東西洋之新學歷史ㅣ면
奚止漢宋記之通鑑數編이며明辨彼我
國之時局機關이면必知諸物理之開化
萬端ᄒ야對傾國之英俊에比之相當이
오策懸河之雄辯에與之兩便ᄒ리니我
旣能禦어니孰敢侮我ㅣ아其於忠君愛
國과生民産業이捨此奚適이며捨此奚
爲리요醫如名藥ᄒ야以野葺七分과山
蔘三分으로醫我蒼生에雜殘蘇復則奮
臂橫行에傑雄富時라獨立乎能立ᄒ며
自由乎能由ᄒ야何敵不服이며何事不
成가然後에賴新學之教育ᄒ야勉夫聖
學則如鳥兩翼이오體文明之發達ᄒ야
趣諸佛教則如車二輪이니可謂事理雙
修며定慧俱足이니云胡舊學新間之異
而雲泥緇素之分別乎아盖此乾鳳은關
東大刹이라義立金剛之南麓이오浩瀾
碧海之東津이며西險普琳窟又鳳岩이
오南望香爐峯與雪山이라數千間梵宇
招提오數百名緇徒道場이라爰設學校
ᄒ고揭名鳳鳴者ᄂᆞᆫ韶簫九成에至鳳兮
之來儀라同氣相應ᄒ며同聲相求ᄒ야
硏究焉佛教海之大方ᄒ며恭與焉新學
問之教育ᄒ야以犬馬之誠으로報邱山
之恩인된一女元曉普昭의擲板鹽雨也
ᄒ며復見西山泗溟의効勞王室矣리니
伏請望風君子와眠雲禪侶ᄂᆞᆫ飛也賁臨
ᄒ야熱心團體로進步開明ᄒ야致吾
君於堯舜之上ᄒ며遂使東邦에所無之
太平을稽首拜手ᄒ고至扣至禱ᄒ노이
다　發起人　秦學純　金寶雲

48. 乾鳳寺に設立された普通学校である鳳鳴学校の設立趣旨書（『皇城新聞』1907年1月26日）。

49. 華厳寺の僧侶や学生たち。1909年、華厳寺、泉隠寺、泰安寺、観音寺が共同で設立した普通学校である新明学校の生徒たちが華厳寺を訪問し、記念撮影をした様子（1910年）。韓服に帽子をかぶった学生もいれば、冠をかぶった学生もいる。

50. 新明学校の生徒と僧侶たち。帽子をかぶった僧侶の服装が異彩を放つ（1910年）。

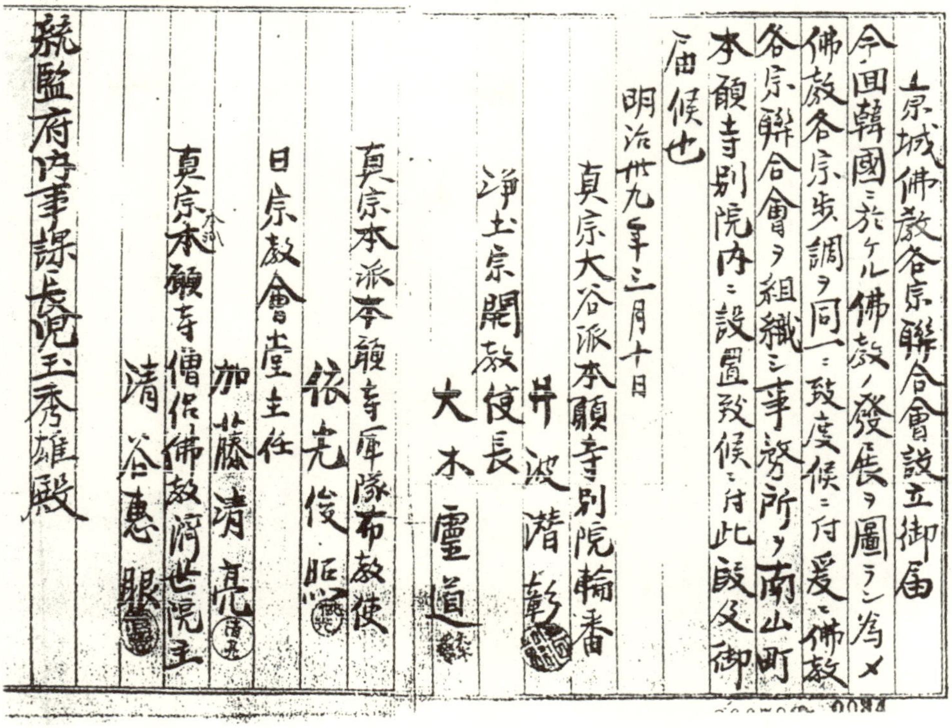

京城佛教各宗聯合會設立御届

今回韓國ニ於ケル佛教ノ發展ヲ圖ランカ為メ佛教各宗歩調ヲ同一ニ致度候ニ付爰ニ佛教各宗聯合會ヲ組織シ事務所ヲ南山町本願寺別院内ニ設置致候ニ付此段及御届候也

明治卅九年三月十日

真宗大谷派本願寺別院輪番 井波潜彰

浄土宗開教使長 大木靈道

真宗本派本願寺庫隊布教使 依光俊照

日宗教會臺主任 加藤清亮

真宗本願寺僧侶佛教済世院主 清谷惠眼

統監府総務課長児玉秀雄殿

51. ソウルにあった日本仏教の連合体である京城仏教各宗連合会の設立申請書（1906年3月10日）。

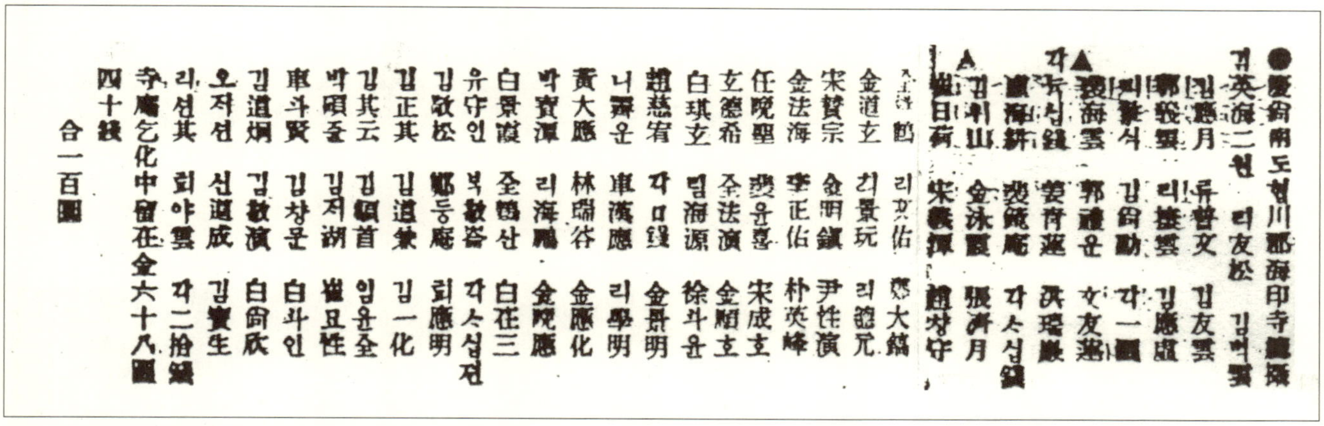

●慶尙南도陜川郡海印寺[illegible]
김英海二원 리友松 김[illegible]雲
김[illegible]月 류普文 김友雲
郭[illegible] 리[illegible] 김應[illegible]
리[illegible]식 김尙勳 각一圜
▲[illegible]海雲 郭禮운 文友[illegible]
각[illegible] 姜[illegible] 洪瑞[illegible]
[illegible]海[illegible] [illegible]庵 각[illegible]
▲김[illegible]山 金泳[illegible] 張[illegible]月
[illegible]日[illegible] 宋[illegible] [illegible]守
[illegible]鶴 리[illegible]佑 [illegible]大[illegible]
金道主 리景玩 리[illegible]允
宋贊宗 金明[illegible] 尹性演
金法海 李正佑 朴英峰
任曉[illegible] [illegible]윤喜 宋成主
玄德希 全法演 金順主
白琪主 림海源 徐斗윤
趙慈宥 [illegible] 金景明
니[illegible]운 車[illegible]應 리學明
黃大應 林[illegible]谷 金應化
박寶淵 리海[illegible] 金[illegible]應
白景[illegible] 全[illegible]산 白在三
유守인 복[illegible] 각[illegible]십전
김敬松 [illegible]등庵 리應明
김正其 김道[illegible] 김一化
김其云 김[illegible]首 임윤全
박[illegible] 김지湖 [illegible]性
車斗賢 김창운 白斗인
김道炯 김[illegible] 白[illegible]欣
오자선 신道成 김寶生
리선其 최야雲 각二拾錢
寺[illegible]乞化中留在金六十八圜四十錢
合一百圜

52. 海印寺の国債報償義捐金の収入公告文（『大韓毎日申報』1907年6月18日）。庚戌国恥（日韓強制併合、1910年）以前の大韓帝国は日本に多大な借金（国債）をした。これについて当時の先覚的な愛国者は、その借金を返して経済的自主独立を期すべきと考えた。日本の国債を返済する国債報償運動は大邱からはじめられ、全国に波及した。これに呼応して、各寺院でも国債報償義捐金を集めた。

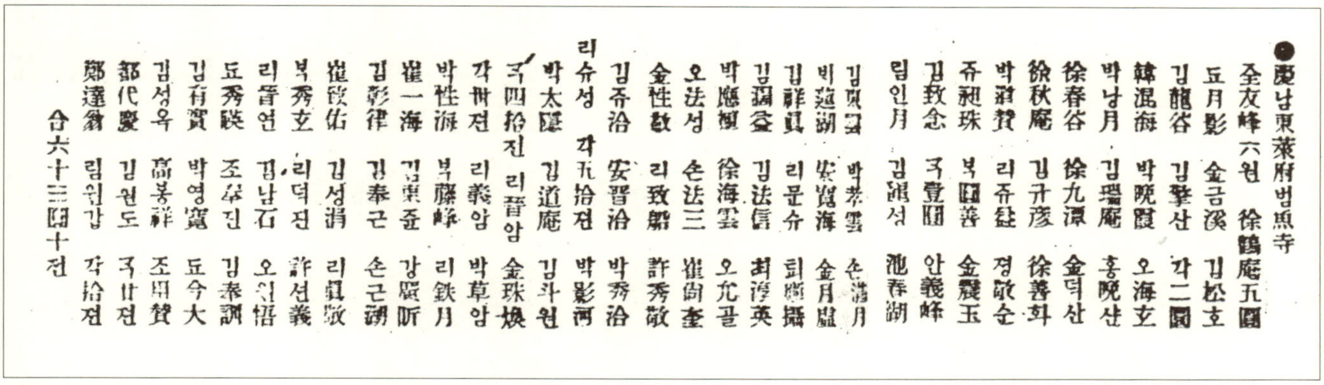

●慶남東萊府범魚寺
全友峰六원 徐鶴庵五圜
됴月影 金금溪 김松主
김龍谷 김擎산 각二圜
韓混海 박晩霞 오海主
박남月 김瑞庵 홍晩산
徐春谷 徐九淵 金덕산
徐秋庵 김升彦 徐善화
박羽贊 리주鉉 정敬순
쥬昶珠 복[illegible]善 金麗玉
김致念 [illegible] 안義峰
림인月 김[illegible]석 池春湖
김[illegible] 박[illegible]雲 손淸月
비蓮湖 安寶海 金月[illegible]
김祥眞 리문슈 [illegible]
김[illegible] 김法信 최淳英
박應[illegible] 徐海雲 오允골
오法성 손法三 崔尙奎
金性敬 리致[illegible] 許秀敬
김쥬洽 安晋洽 박秀洽
리슈성 각五拾전 박影雨
박太[illegible] 김道庵 김斗원
[illegible]四拾진 리晋암 金珠煥
각卅전 리義암 박草암
박性海 복藤峰 리鉄月
崔一海 김東奎 강[illegible]所
김彰律 김泰근 손근湖
崔[illegible]佑 김성淵 리[illegible]敬
복秀主 리덕진 許선義
리晋연 김남石 오[illegible]悟
됴秀[illegible] 조[illegible]진 김泰調
김有賓 박영[illegible] 됴今大
김성옥 高봉祥 조[illegible]贊
鄒代慶 김권도 [illegible]廿전
鄭達[illegible] 림원갑 각拾전
合六十三[illegible]十전

53. 梵魚寺の国債報償義捐金の収入公告文（『大韓毎日申報』1907年7月3日）。

54. 1907 ～ 09 年、全羅北道任実地域で抗日義兵活動を展開した李錫庸義兵部隊で参加した僧侶・凰洙の位牌。任実昭忠祠の祠堂で奉安。

55. 曹洞宗管長の韓国寺院管理請願書。曹洞宗館長・石川素童が、統監府統監である伊藤博文に対して朝鮮の寺院を管理することを請願した文書。曹洞宗で朝鮮の寺院を義兵の侵害から保護するための名分で朝鮮の寺院を管理する、という意図を示している（1908 年 6 月 5 日）。

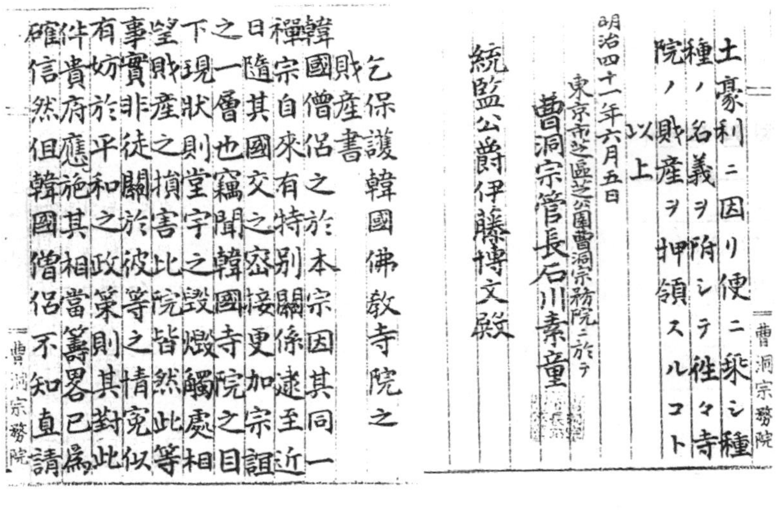
乞保護韓國佛敎寺院之
財産書
韓國僧侶之於本宗因其同一
禪宗自來有特別關係逮至近
日隨其國交之密接更加宗誼
之一層也竊聞韓國寺院之目
下現狀則堂宇之毀燬觸處相
望財産之損害比比皆然此等
事實非徒關於彼等之情究似
有妨於平和之政策則其對此
件貴府應施其相當籌畧已爲
確信然但韓國僧侶不知直請
曹洞宗務院

曹洞宗務院
土豪利ニ因リ便ニ乘シ種
種ノ名義ヲ附シテ往々寺
院ノ財産ヲ押領スルコト
以上
明治四十一年六月五日
東京市芝區芝公園曹洞宗務院ニ於テ
曹洞宗管長石川素童
統監公爵伊藤博文殿

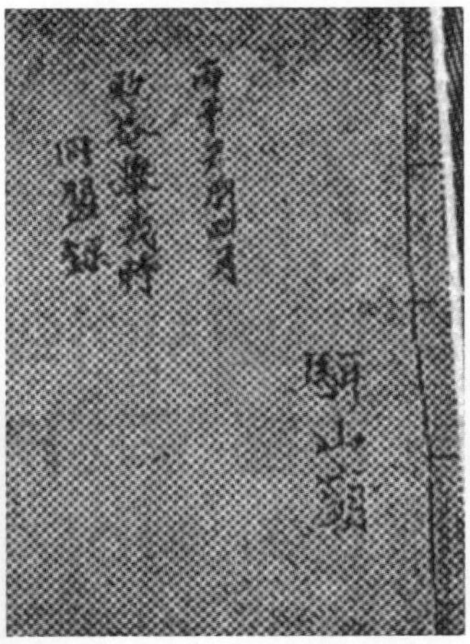

56. 崔益鉉が主導した義兵抗争結社の倡義同盟（1906 ～ 08 年）に活用された金堂寺（鎭安）の法鼓と、金堂寺住職の金大完が配布した同盟録（右上）。

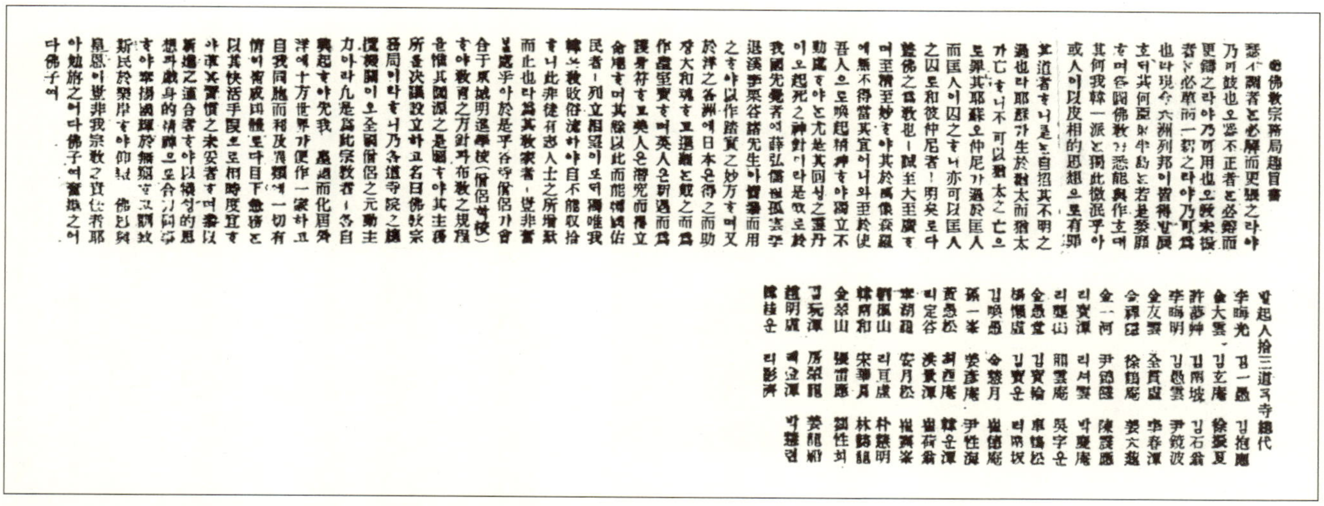

57. 仏教宗務局の発起趣旨書（『大韓毎日申報』1908年3月17日）。この趣旨書は、近代仏教の最初の教団である円宗設立の趣旨と目的を明らかにしている。発起人だった13道の寺院代表の名簿も載っている。しかし、円宗は純粋だった最初の設立の趣旨とは違って、李晦光の手によって1910年に日本曹洞宗と7カ条の屈辱的な連合盟約を結ぶ汚辱の歴史を残したまま、翌年1月朴漢永、陳震応、韓龍雲などの激しい反対運動にぶつかり、失敗に終わってしまう。これをきっかけに、新しい宗団の臨済宗が作られる。

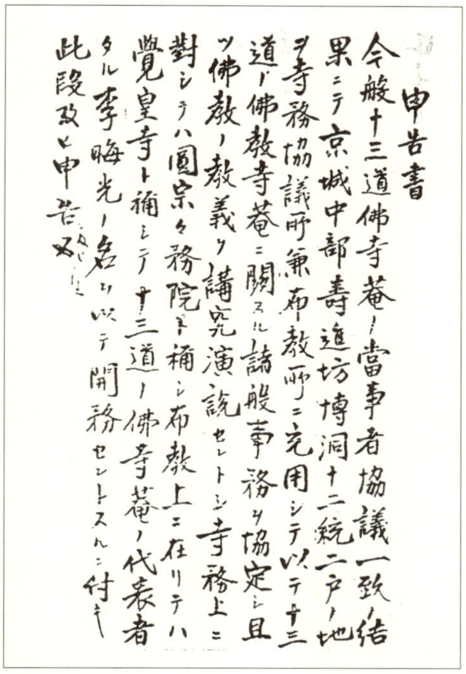

申告書
今般十三道佛寺菴ノ當事者協議一致ノ結果ニテ京城中部壽進坊博洞十二統二戸ノ地ヲ寺務協議所兼布教所ニ充用シテ以テ十三道ノ佛教寺菴ニ關スル諸般事務ヲ協定シ且ツ佛教ノ教義ヲ講究演說セントシ寺務上ニ對シテハ圓宗々務院ト稱シ布教上ニ在リテハ覺皇寺ト稱シテ十三道ノ佛寺菴ノ代表者タル李晦光ノ名ヲ以テ開務セントスルニ付キ此段及ヒ申告候

58. 円宗の宗務院（代表・李晦光）が統監府に提出した申告書。円宗宗務院では、ソウル市内（典洞、今の寿松洞、堅志洞、公平洞一帯のこと。覚皇寺の正確な位置は、曹渓宗総務院の建物の向かい、昔の中東学校とのこと）に覚皇寺を設立し、宗務院の事務所兼布教所で運用するという意思を表明している。

59. 海印寺住職を歴任し、円宗宗務院長であった李晦光。李晦光は1908年11月31日に朝鮮仏教の新しい宗団の円宗を設立した後、自身は宗務院長に推戴され、日本曹洞宗僧武田範之を顧問にすえた。そして李晦光は、国内72の寺院の委任状を持って宗務院長資格で日本に渡り、10年10月6日に曹洞宗館長（宗正）・石川素童と7カ条で構成された屈辱的な連合盟約を結んだ。これは同年8月29日の「韓国併合」の調印があってから1カ月半後のことだった。歴史はこれを売宗行為だとする（関連写真93）。

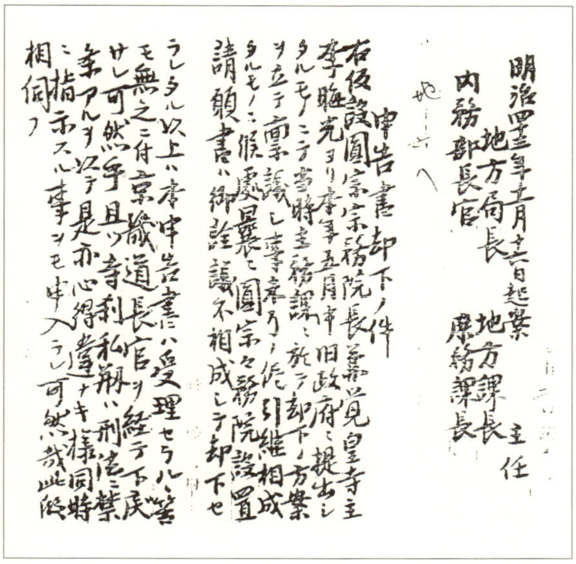

60. 円宗の宗務院が提出した申告書を却下するという文書（1910年11月16日）。当時、日本は最後まで円宗を許可しなかった。その理由は、将来寺刹令で朝鮮仏教を直接管理しようとする意図があったからではないかと思われる。

61. 1900年代はじめの海印寺大雄殿の全景。

62. 荒廃した芬皇寺塼塔。

63. 1897年頃の円覚寺の塔。この写真は、英国人のブラウンが撮影したもので、パゴダ公園が造成される直前の景観を示している。

64. 1904年頃の円覚寺の塔。基壇部で気晴らしをする通行人の姿が異彩を放つ。左の小さな塔の部分は、日本人が搬出していくために集めたものである。

65. 管理不良で荒廃していく仏国寺の全景（1908年）。大韓帝国末の多くの寺院は、寺院自体の管理不良と日本人たちの盗掘で荒廃したところが多かった。

66. 1908年頃の仏国寺の多宝塔。

67. 崩れた石などがそのまま放置されている石窟庵（日帝が補修する前の写真のようである）。

1910 年代

1910年代

この時期の仏教史の性格を代表するのは寺刹令、朝鮮僧侶たちの日本視察、僧侶独立宣言書である。大韓帝国は1910年8月、日帝に国権を喪失させられた。その後、日帝は仏教を民族運動の根底から遮断させるとともに、効率的な植民地統治を期すため、寺刹令と寺法を制定·施行した。これで朝鮮仏教界は、本格的に日帝の統制を受け始める。さらには僧が時事や政治問題を論じる場合、褫奪度牒（僧侶の身分証である度牒を奪って僧籍を剥奪すること）の対象にもなった。一方、寺刹令体制は各本山の住職権限を強化した。それにより、寺院共同体の弛緩と破壊が急激に進み、これを問題提起した青年僧たちは、概して寺院の外に追い出された。

しかし国権喪失の後は、日本の仏教に対する依存性がさらに深まる。これに寺刹令と寺法も仏教を中興・発展させることができる対象として認識された。また、仏教の改革と維新は当然の目標であり、理想であった。この頃からは改革と維新は当然で、どのような方法で何を改革するかという改革論が盛んに起こった。韓龍雲の『朝鮮仏教維新論』が出版され、権相老の『朝鮮仏教改革論』が仏教雑誌に寄稿されたのは、まさにこれを代弁するものである。

このような状況の下で仏教界では、日本視察、日本語修学、日本留学、日本での受戒などがさらに進められた。1917年に教団レベルで日本視察に出たのが、これを端的に物語っている。当時、総督府も朝鮮僧の日本視察を積極的に支援したことからも、その性格を明確に把握することができる。

一方、日帝は、寺刹令を通じて仏教界の財産権と人事権を掌握したが、講学と布教のために、各本山の協力体制を維持するようにした。そのような意図から出たものが、住職会議所（1912年）と30本山の連合事務所（1915年）であった。現在の東国大学の前身である中央学林の開校も、ここから出たのだった。

そして、仏教界の運営が全般的に新学問、文明志向、日本の仏教模倣などの基調で行われると、仏教の伝統は衰退した。中央学林の予備学校で登場した地方学林は、既存の講院（仏教教育機関）の撤廃および改名を通じて登場したのだった。

一方、この時期の動向の中で留意すべきなのは、円宗と日本曹洞宗との盟約、そして、それに反発して起きた臨済宗運動だ。円宗は、教団志向の宗務院を設立したが、旧大韓帝国政府と日帝政府によって排斥された。これに円宗宗務院長であった李晦光は、韓国併合後、日本に渡って日本の曹洞宗と秘密条約を結んだ。これは、朝鮮仏教の自主性と伝統を忘却した行動だった。この秘密条約の内容が全仏教界に知られると激しい反対運動が起きるが、それがいわゆる臨済宗運動である。韓龍雲·朴漢永などが主導した臨済宗の運動は、全羅道、慶尚道一帯から激しく起こったが、この運動も日帝の弾圧で途中下車せざるを得なかった。

1919年3月1日、3・1民族独立運動に対する仏教界の参加は、この時期の重要な出来事であった。民族代表33人に韓龍雲と白龍城が参加したのをはじめ、青年僧侶、学人（講院などで学んでいる若い僧侶）などは自発的に運動に参加した。そこには、中央学林、地方学林、寺院経営の普通学校の在学生が大挙して加わった。何よりも重要だったのは、同年11月に中国・上海で僧侶独立宣言書が配布されたことである。12名の中堅の僧侶の仮名で配布されたその宣言書の内容には、民族仏教の地位を世界にとどろかせた気概があった。3·1独立運動以後の青年僧侶たちは中国などに亡命して、民族運動の最前線に参加した。軍資金募金、軍官学校入校、臨時政府の特派員派遣など、その行動は非常に多様だった。しかし、当時の教団の中心人物と住職層は、民族運動に参加していなかった。むしろ民族運動に反対する場合もあった。

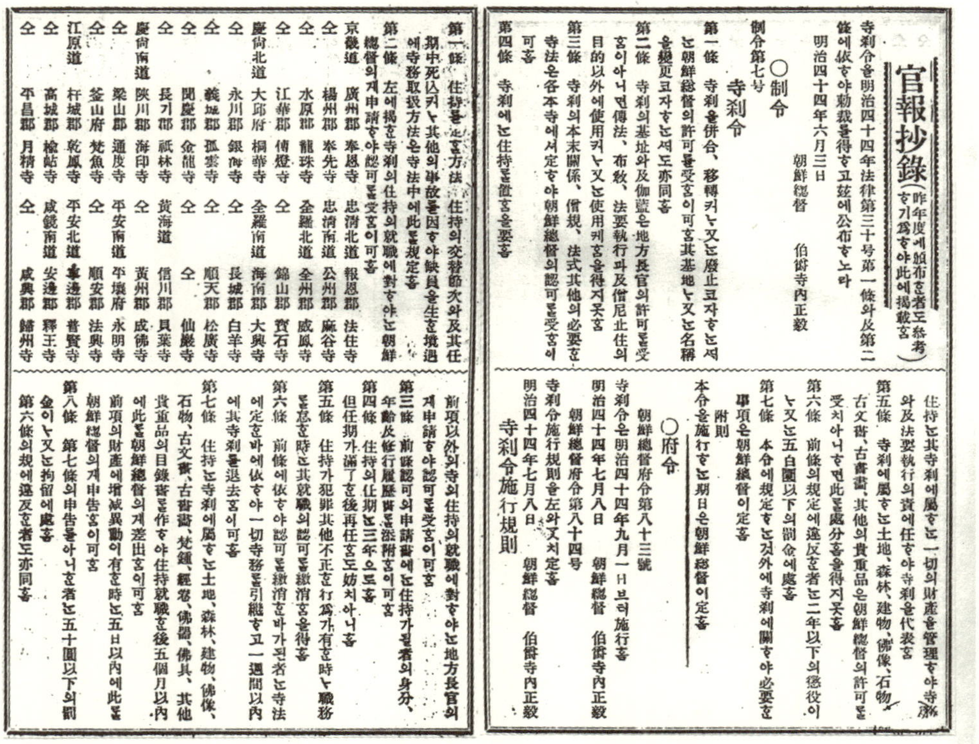

官報抄錄（昨年度에頒布ᄒᆞᆫ者도叅考ᄒᆞ기爲ᄒᆞ야此에揭載ᄒᆞᆷ）

寺刹令을明治四十四年法律第三十号第一條와及第二條에依ᄒᆞ야勅裁를得ᄒᆞ고玆에公布ᄒᆞ노라

明治四十四年六月三日 朝鮮總督 伯爵寺內正毅

○制令

制令第七号

寺刹令

第一條 寺刹을併合、移轉커ᄂᆞ又ᄂᆞᆫ廢止코자ᄒᆞᄂᆞᆫ제ᄂᆞᆫ朝鮮總督의許可를受ᄒᆞᆷ이可ᄒᆞᆷ其基地ᄂᆞ又ᄂᆞᆫ名稱을變更코자ᄒᆞᄂᆞᆫ제도亦同ᄒᆞᆷ

第二條 寺刹의基址와及伽藍은地方長官의許可를受ᄒᆞᆷ이아니면傳法、布敎、法要執行과及僧尼止住의目的以外에使用커ᄂᆞ又ᄂᆞᆫ使用케ᄒᆞᆷ을得지못ᄒᆞᆷ

第三條 寺刹의本末關係、僧規、法式其他의必要ᄒᆞᆫ寺法은各本寺에서定ᄒᆞ야朝鮮總督의認可를受ᄒᆞᆷ이可ᄒᆞᆷ

第四條 寺刹에ᄂᆞᆫ住持를置ᄒᆞᆷ을要ᄒᆞᆷ

住持ᄂᆞᆫ其寺刹에屬ᄒᆞᄂᆞᆫ一切의財產을管理ᄒᆞ야寺務와及法要執行의責에任ᄒᆞ야寺刹을代表ᄒᆞᆷ

第五條 寺刹에屬ᄒᆞᄂᆞᆫ土地、森林、建物、佛像、石物、古文書、古書畫、其他의貴重品은朝鮮總督의許可를受치아니ᄒᆞ면此를處分ᄒᆞᆷ을得지못ᄒᆞᆷ

第六條 前條의規定에違反ᄒᆞᆫ者ᄂᆞᆫ二年以下의懲役이ᄂᆞ又ᄂᆞᆫ五百圓以下의罰金에處ᄒᆞᆷ

第七條 本令에規定ᄒᆞᄂᆞᆫ것外에寺刹에關ᄒᆞ야必要ᄒᆞᆫ事項은朝鮮總督이定ᄒᆞᆷ

附則

本令을施行ᄒᆞᄂᆞᆫ期日은朝鮮總督이定ᄒᆞᆷ

○府令

朝鮮總督府令第八十三號

寺刹令은明治四十四年九月一日브터施行ᄒᆞᆷ

明治四十四年七月八日 朝鮮總督 伯爵寺內正毅

朝鮮總督府令第八十四号

寺刹令施行規則을左와又치定ᄒᆞᆷ

明治四十四年七月八日 朝鮮總督 伯爵寺內正毅

寺刹令施行規則

第一條 住持를定ᄒᆞᆫ方法、住持의交替節次와及其任期中死亡커ᄂᆞ其他의事故를因ᄒᆞ야缺員을生ᄒᆞᆫ境遇에寺務取扱方法은寺法中에此를規定ᄒᆞᆷ

第二條 左에揭ᄒᆞᆫ寺刹의住持의就職에對ᄒᆞ야ᄂᆞᆫ朝鮮總督의게申請ᄒᆞ야認可를受ᄒᆞᆷ이可ᄒᆞᆷ

京畿道	廣州郡	奉恩寺	忠淸北道	報恩郡	法住寺
仝	楊州郡	奉先寺	忠淸南道	公州郡	麻谷寺
仝	水原郡	龍珠寺	全羅北道	全州郡	威鳳寺
仝	江華郡	傳燈寺	仝	錦山郡	寶石寺
慶尙北道	大邱府	桐華寺	全羅南道	海南郡	大興寺
仝	永川郡	銀海寺	仝	長城郡	白羊寺
仝	義城郡	孤雲寺	仝	順天郡	松廣寺
仝	聞慶郡	金龍寺	仝	仝	仙巖寺
仝	長鬐郡	祇林寺	黃海道	信川郡	貝葉寺
慶尙南道	陜川郡	海印寺	仝	黃州郡	成佛寺
仝	梁山郡	通度寺	平安南道	平壤府	永明寺
仝	釜山府	梵魚寺	仝	順安郡	法興寺
江原道	杆城郡	乾鳳寺	平安北道	寧邊郡	普賢寺
仝	高城郡	楡岾寺	咸鏡南道	安邊郡	釋王寺
仝	平昌郡	月精寺	仝	咸興郡	歸州寺

前項以外의寺刹의住持의就職에對ᄒᆞ야ᄂᆞᆫ地方長官의게申請ᄒᆞ야認可를受ᄒᆞᆷ이可ᄒᆞᆷ

第三條 前條認可의申請書에ᄂᆞᆫ住持가될者의身分、年齡及修行履歷書를添附ᄒᆞᆷ이可ᄒᆞᆷ

第四條 住持의任期ᄂᆞᆫ三年으로ᄒᆞᆷ

但任期가滿了ᄒᆞᆫ後再任ᄒᆞᆷ도妨치아니ᄒᆞᆷ

第五條 住持가犯罪其他不正ᄒᆞᆫ行爲가有ᄒᆞᆫ時ᄂᆞ職務를怠ᄒᆞᆫ時ᄂᆞᆫ其就職의認可를撤消ᄒᆞᆷ을得ᄒᆞᆷ

第六條 前條에依ᄒᆞ야認可를撤消ᄒᆞᆫ바가된者ᄂᆞᆫ寺法에定ᄒᆞᆫ바에依ᄒᆞ야一切寺務를引繼ᄒᆞ고一週間以內에其寺刹를退去ᄒᆞᆷ이可ᄒᆞᆷ

第七條 住持ᄂᆞᆫ寺刹에屬ᄒᆞᄂᆞᆫ土地、森林、建物、佛像、石物、古文書、古書畫、梵鐘、經卷、佛器、佛具、其他貴重品의目錄書를作ᄒᆞ야住持就職ᄒᆞᆫ後五個月以內에此를朝鮮總督의게差出ᄒᆞᆷ이可ᄒᆞᆷ

前項의財產에增減異動이有ᄒᆞᆫ時ᄂᆞᆫ五日以內에此를朝鮮總督의게申告ᄒᆞᆷ이可ᄒᆞᆷ

第八條 第七條의申告를아니ᄒᆞᆫ者ᄂᆞᆫ五十圓以下의罰金이ᄂᆞ又ᄂᆞᆫ拘留에處ᄒᆞᆷ

第六條의規에違反ᄒᆞᆫ者도亦同ᄒᆞᆷ

68.『朝鮮仏教月報』第1号（1912年2月25日）に掲載された寺刹令と寺刹令施行規則。1911年6月3日に公布され、同年9月1日から施行された寺刹令は、朝鮮仏教を統制するために日帝が制定した法律である。そして、同年7月8日に制定された寺刹令施行規則は、本末寺制度など寺刹令実施のため、諸般の実務的な内容を含んでいる。

69. 寺刹令制定時に朝鮮総督府社寺係主任だった渡辺彰。

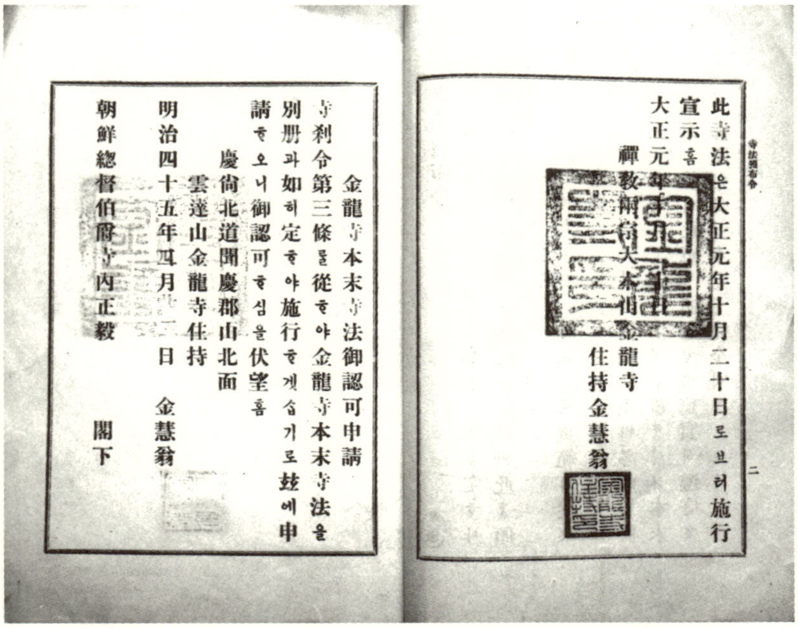

寺法頒布令

此寺法은大正元年十月二十日로브터施行

宣示홈

大正元年

禪敎兩宗大本山金龍寺

住持金慧翁

二

金龍寺本末寺法御認可申請

寺刹令第三條를從ᄒᆞ야金龍寺本末寺法을別冊과如히定ᄒᆞ야施行ᄒᆞ게ᄉᆞᆸ기로玆에申請ᄒᆞ오니御認可ᄒᆞ심을伏望홈

慶尙北道聞慶郡山北面

雲達山金龍寺住持

明治四十五年四月 日 金慧翁

朝鮮總督伯爵寺內正毅 閣下

70. 金龍寺の本末寺法認可申請書類。寺刹令第3条では、寺院の本末関係と僧規、法式などを盛り込んだ寺法は、各本寺で定めて朝鮮総督の認可を受けるようにした。これに、各本寺では寺法を制定して朝鮮総督府の認可を申請した。この寺法申請年度である明治45（1912）年は、まさに大正元年になる。明治天皇が同年7月30日に逝去し、同時に大正天皇が即位したからだ。

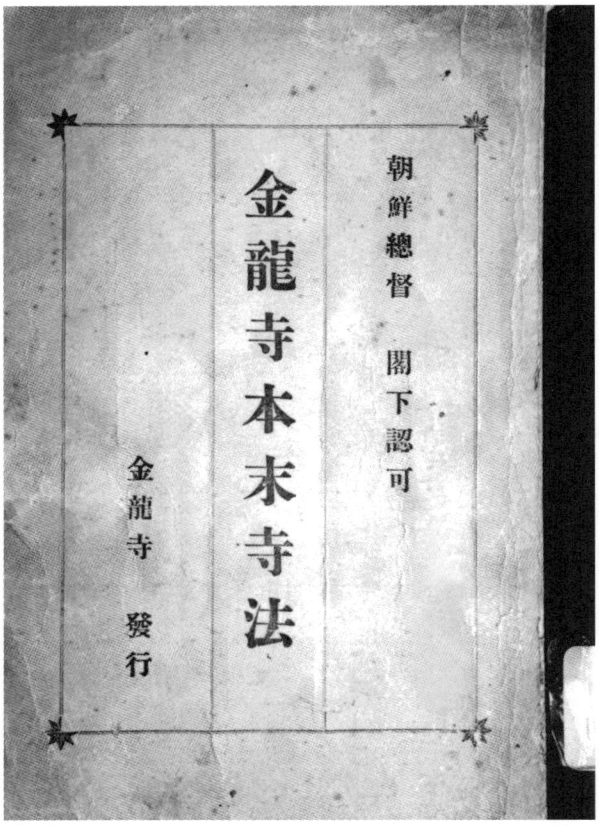

71.『金龍寺本末寺法』の表紙。

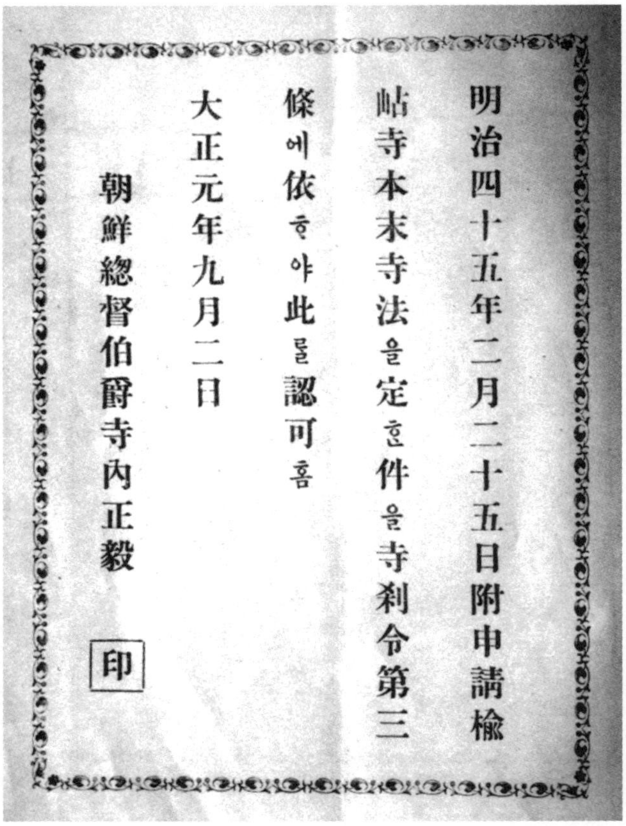
明治四十五年二月二十五日附申請楡
岾寺本末寺法을定ᄒᆞᆫ件을寺刹令第三
條에依ᄒᆞ야此ᄅᆞᆯ認可ᄒᆞᆷ
大正元年九月二日
朝鮮總督伯爵寺内正毅
印

72. 1912年、日帝が認可した『楡岾寺本末寺法』の文書。当時朝鮮総督は寺内正毅だった。

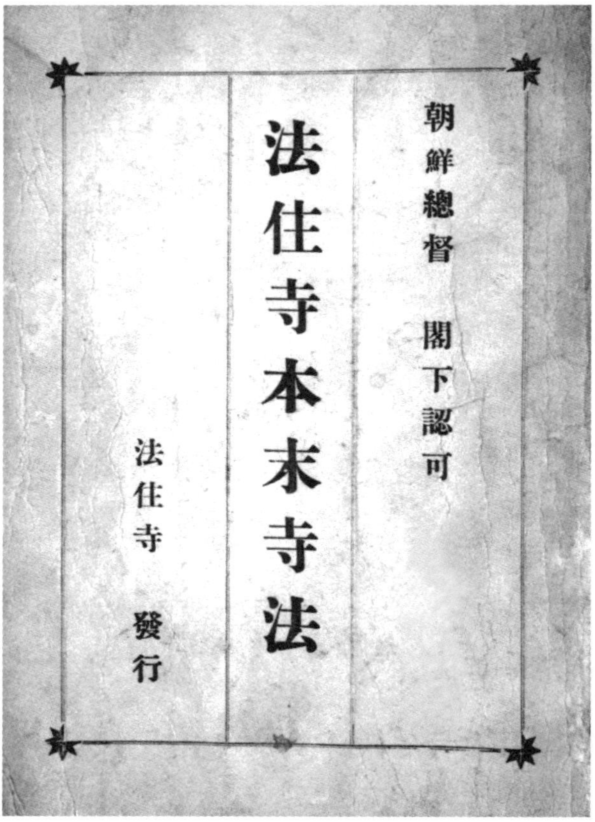

73.『法住寺本末寺法』の表紙。

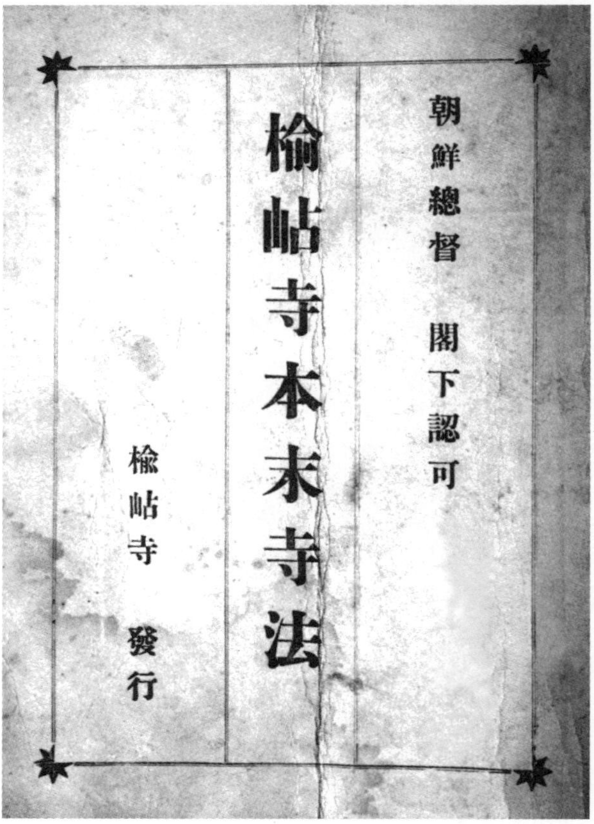

74.『楡岾寺本末寺法』の表紙。

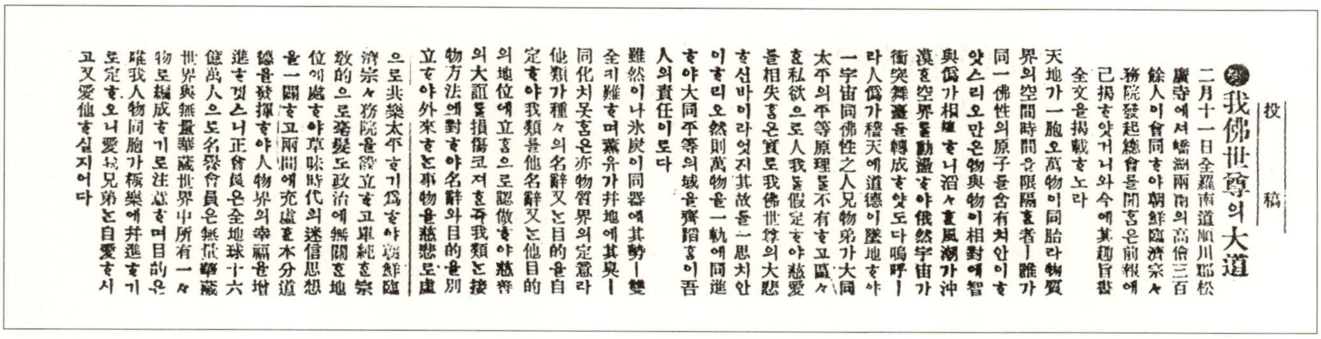

投稿

我佛世尊의大道

二月十一日全羅南道順川郡松廣寺에셔嶠湖兩南의高僧三百餘人이會同ᄒᆞ야朝鮮臨濟宗々務院發起總會를開ᄒᆞᆫ은前報에已揭ᄒᆞ얏거니와今에其趣旨書全文을揭載ᄒᆞ노라

天地가一胞오萬物이同胎라物質界의空間時間을限隔ᄒᆞᆫ者ㅣ誰가同一佛性의原子를含有치안이ᄒᆞ얏스리오만은物與物이相對에智與愚가相纏ᄒᆞ니滔々ᄒᆞᆫ風潮가沖漠ᄒᆞᆫ空界를動盪ᄒᆞ야俄然宇宙가衝突舞臺를轉成ᄒᆞ얏도다嗚呼ㅣ라人爲가稽天에道德이墜地ᄒᆞ야一宇宙同佛性之人兄物弟가大同太平의平等原理를不有ᄒᆞ고區々ᄒᆞᆫ私欲으로人我를假定ᄒᆞ야慈愛를相失ᄒᆞᆷ은實로我佛世尊의大悲ᄒᆞ신바이라엇지其故를一思치안이ᄒᆞ리오然則萬物을一軌에同進ᄒᆞ야大同平等의域을齊蹈ᄒᆞᆷ이吾人의責任이로다

雖然이나氷炭이同器에其勢ㅣ雙全키難ᄒᆞ며薰蕕가并地에其臭ㅣ同化치못ᄒᆞᆷ은亦物質界의定意라他類가種々의名辭又는目的을自定ᄒᆞ야我類를他名辭又는他目的의地位에立ᄒᆞᆷ으로認倣ᄒᆞ야慈濟의大誼를損傷코져ᄒᆞ즉我類는接物方法에對ᄒᆞ야名辭와目的을別立ᄒᆞ야外來ᄒᆞ는事物을慈悲로處으로共樂太平ᄒᆞ기爲ᄒᆞ야朝鮮臨濟宗々務院을設立ᄒᆞ고單純ᄒᆞᆫ宗敎的으로毫髮도政治에無關ᄒᆞᆫ地位에處ᄒᆞ야草昧時代의迷信思想을一闢ᄒᆞ고兩間에充塞ᄒᆞᆫ本分道德을發揮ᄒᆞ야人物界의幸福을增進ᄒᆞ겟스니正會員은全地球十六億萬人으로名譽會員은無量藏世界與無量華藏世界中所有一々物로編成ᄒᆞ기로注意ᄒᆞ며目的은確我人物同胞가極樂에幷進ᄒᆞ기로定ᄒᆞ오니愛我兄弟는自愛ᄒᆞ시고又愛他ᄒᆞ실지어다

75. 臨済宗宗務院の発起趣旨書。1910年10月6日、円宗の李晦光が日本曹洞宗と結んだ屈辱的な盟約に反対する僧侶たちが条約撤廃を要求し、臨済宗運動を展開した当時、発表した。韓龍雲、朴漢永、陳震応などは反対のための会議を光州の証心寺で開催したが、参加者が少なくて大会は成立しなかった。しかし翌年2月11日、松広寺で約300人の僧侶たちが集まった中、臨済宗発起総会が開催された。

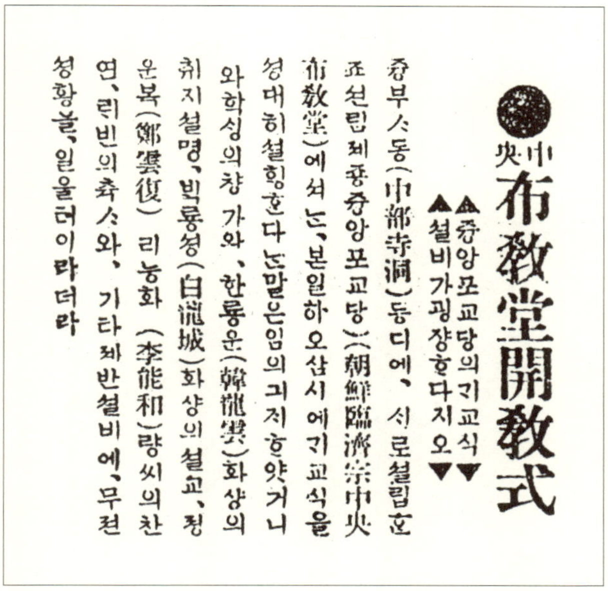

中央布敎堂開敎式

▲즁앙포교당의기교식▼

▲셜비가굉쟝ᄒᆞ다지오▼

즁부ᄉᆞ동(中部寺洞)동디에、서로설립ᄒᆞᆫ죠션림졔종즁앙포교당(朝鮮臨濟宗中央布敎堂)에서는、본월하오삼시에기교식을셩대히설힝ᄒᆞᆫ다는말은임의긔지ᄒᆞ얏거니와하식의챵가와、한룡운(韓龍雲)화샹의취지셜명、빅룡셩(白龍城)화샹의셜교、졍운복(鄭雲復)리능화(李能和)량씨의찬연、릭빈의츅ᄉᆞ와、기타졔반셜비에、무젼셩황불、일울더이라더라

76. 臨済宗中央布教堂の開教式についての記事（『毎日申報』1912年5月26日）。1912年5月26日に開催された臨済宗中央布教堂の開教式は、その運動の全国化・大衆化に大きく寄与した。しかし、日本が臨済宗の名称を使用させないようにしたため、朝鮮禅宗中央布教堂に名称を変えた。

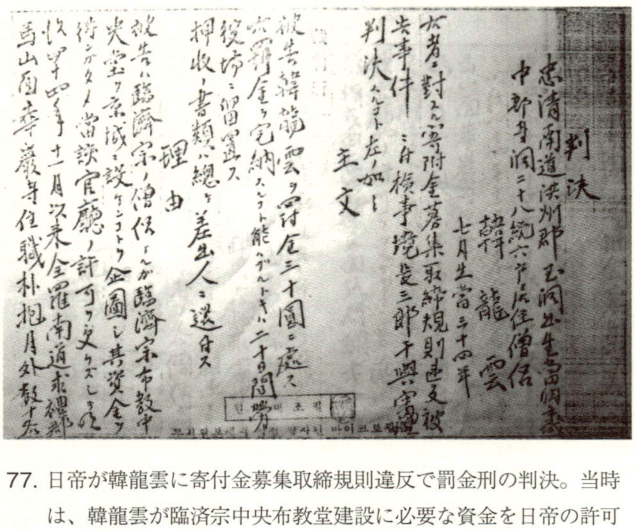

77. 日帝が韓龍雲に寄付金募集取締規則違反で罰金刑の判決。当時は、韓龍雲が臨済宗中央布教堂建設に必要な資金を日帝の許可なしに募金したとして、罰金刑が科された。

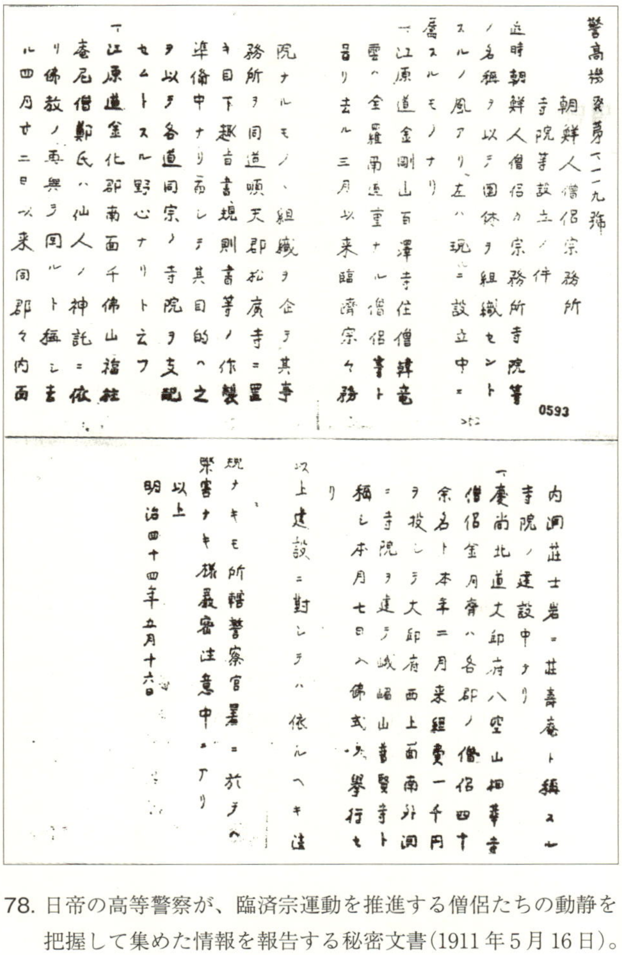

78. 日帝の高等警察が、臨済宗運動を推進する僧侶たちの動静を把握して集めた情報を報告する秘密文書（1911年5月16日）。

著作兼發行者 白龍城

歸源正宗

發行所 中央布教堂

79. 白龍城の著作『帰源正宗』。白龍城は朝鮮禅宗中央布教堂の開教師長として活動しながら、都市での禅布教の普及に専念した。この『帰源正宗』は、彼が智異山七仏庵の祖室時代の1910年5月に執筆したもの。その他の宗教に対する仏教の優位性を述べた著作である。しかし、発刊は13年6月8日だった。

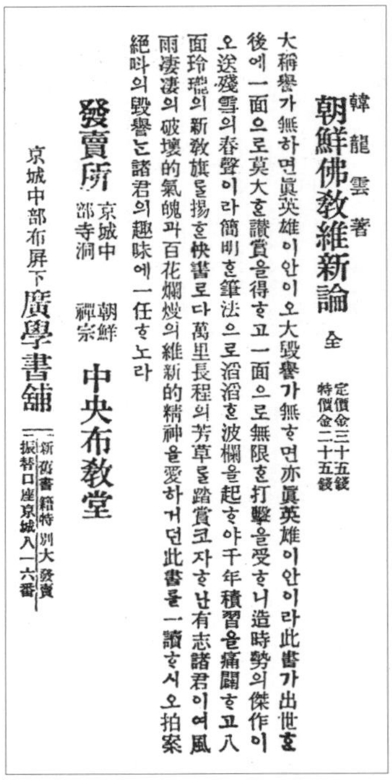

韓龍雲著

朝鮮佛教維新論 全 定價金三十五錢 特價金二十五錢

大稱譽가無하면眞英雄이안이오大毁譽가無ᄒᆞ면亦眞英雄이안이라此書가出世ᄒᆞᆫ後에一面으로莫大ᄒᆞᆫ讚賞을得ᄒᆞ고一面으로無限ᄒᆞᆫ打擊을受ᄒᆞ니造時勢의傑作이오送殘雪의春聲이라簡明ᄒᆞᆫ筆法으로滔滔ᄒᆞᆫ波欄을起ᄒᆞ야千年積習을痛闢ᄒᆞ고八面玲瓏의新教旗ᄅᆞᆯ揚ᄒᆞᆫ快書로다萬里長程의芳草ᄅᆞᆯ踏賞코자ᄒᆞᄂᆞᆫ有志諸君이여風雨凄凄의破壞的氣魄과百花爛熳의維新的精神을愛하거던此書ᄅᆞᆯ一讀ᄒᆞ시오拍案絶叫의毁譽ᄂᆞᆫ諸君의趣味에一任ᄒᆞ노라

發賣所 京城中部寺洞 朝鮮禪宗 中央布教堂

京城中部布屛下 廣學書舖 （新舊書籍特別大發賣）（振替口座京城八一六番）

80. 韓龍雲の著作である『朝鮮仏教維新論』の宣伝広告文（『海東仏宝』第6号）。韓龍雲が『朝鮮仏教維新論』の執筆を完了したのは1910年12月だったが、実際にその本を発刊したのは13年5月25日だった。

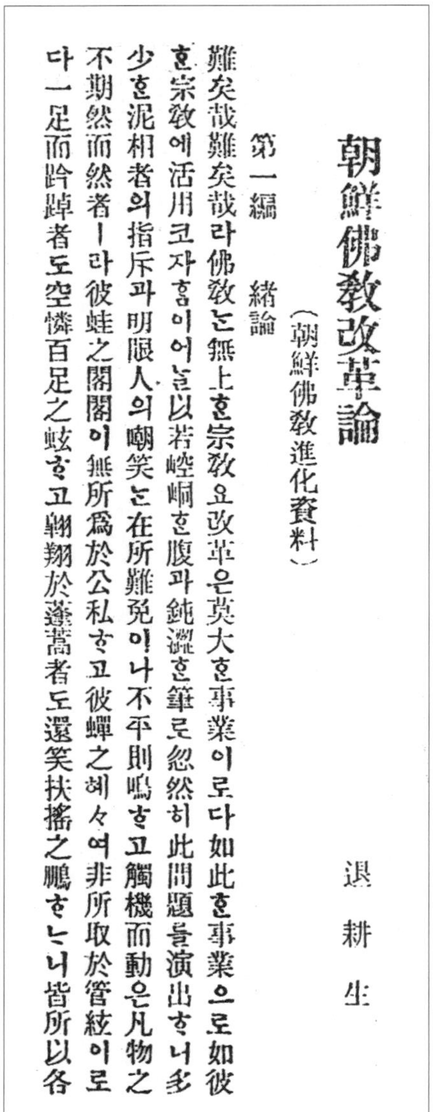

朝鮮佛教改革論

（朝鮮佛教進化資料）

退耕生

第一編 緖論

難矣哉難矣哉라佛教ᄂᆞᆫ無上ᄒᆞᆫ宗教요改革은莫大ᄒᆞᆫ事業이로다如此ᄒᆞᆫ事業으로如彼ᄒᆞᆫ宗教에活用코자ᄒᆞᆷ이어ᄂᆞᆯ以若崆峒ᄒᆞᆫ腹과鈍澀ᄒᆞᆫ筆로忽然히此問題ᄅᆞᆯ演出ᄒᆞ니多少ᄒᆞᆫ泥相者의指斥과明眼人의嘲笑ᄂᆞᆫ在所難免이나不平則鳴ᄒᆞ고觸機而動은凡物之不期然而然者ㅣ라彼蛙之閣閣이無所爲於公私ᄒᆞ고彼蟬之혜々여非所取於管絃이로다一足而跉踔者도空憐百足之蚿ᄒᆞ고翺翔於蓬蒿者도還笑扶搖之鵬ᄒᆞᄂᆞ니皆所以各

81. 権相老の「朝鮮仏教改革論」。退耕権相老が『朝鮮仏教月報』に連載した朝鮮仏教改革論の序論。権相老は『朝鮮仏教月報』第3～18号（1912年4月～13年7月）に仏教改革の対象と方法についての立場を寄稿した。

82. 臨済宗運動発起時、宗務院長に選出された仙厳寺の金擎雲。しかし、当時の金擎雲僧侶は、高齢という理由で宗務院長に就任せず、韓龍雲が宗務院長代理として活動した。

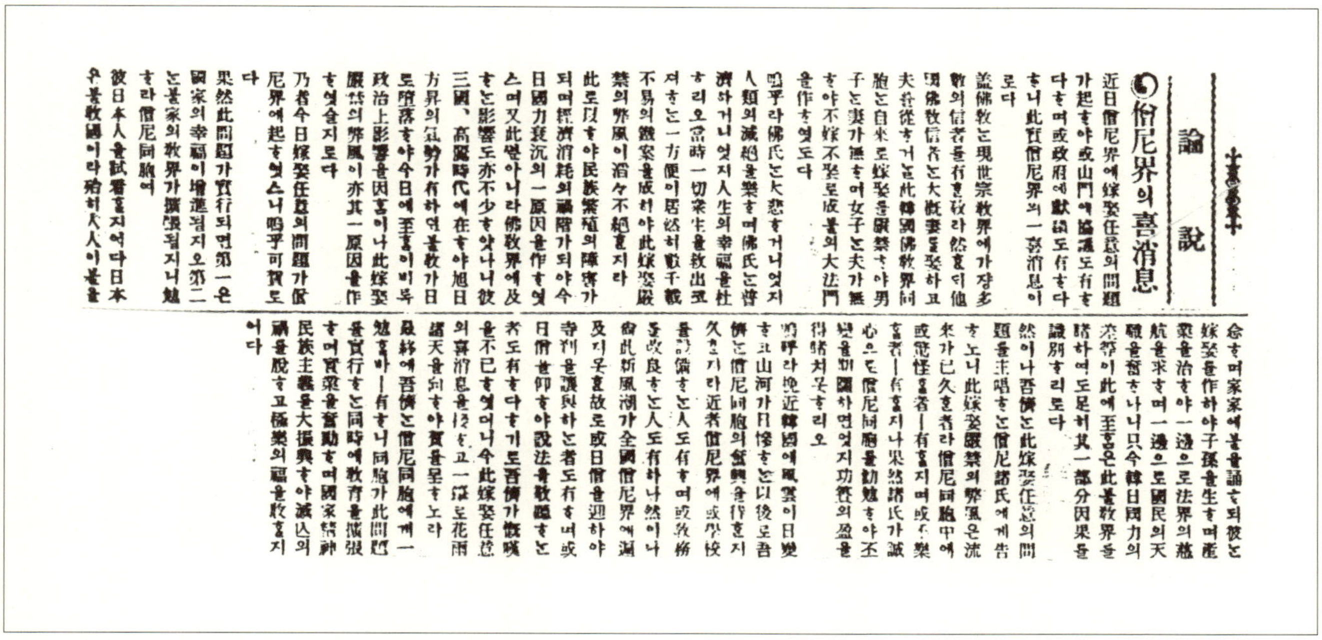

論說

僧尼界의 喜消息

83. 1910年頃、僧侶たちの動向を伝える『大韓毎日申報』報道記事（1910年4月19日）。

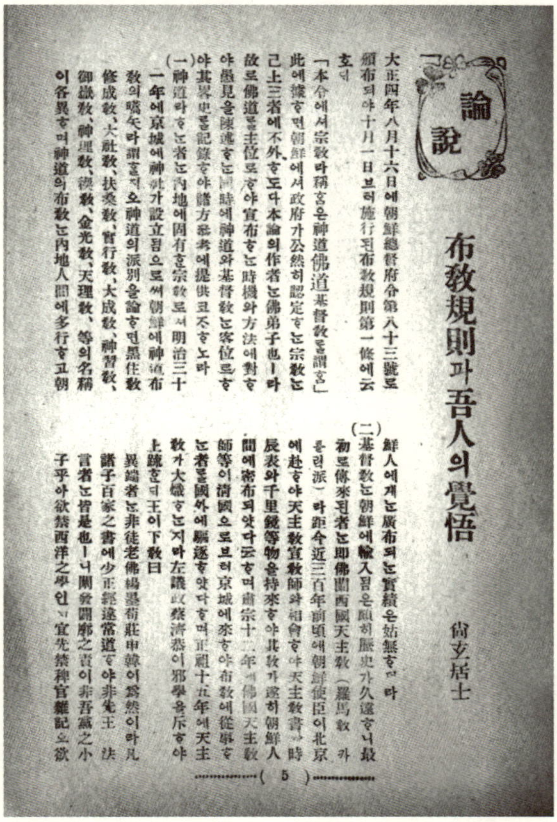

論說

布教規則과 吾人의 覺悟

尙玄居士

84. 李能和の布教規則についての感想。日帝が1915年8月16日に制定された布教規則に対して、仏教界が取り組むべき立場を明らかにした李能和の寄稿文（『朝鮮仏教界』第1号、1916年4月）

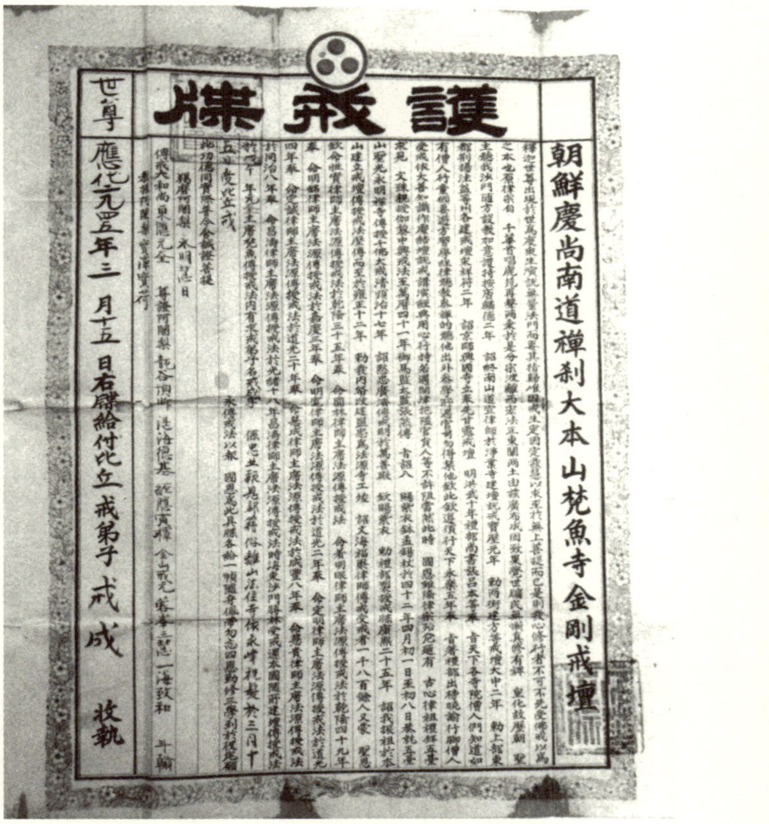

85. 梵魚寺金剛戒壇の護戒牒（1918［仏紀2945］年3月15日）。なお、護戒牒とは受戒証書を意味する。

86. 日本仏教大谷派本願寺の京城別院が設立した京城龍谷女学校の全景と学生たち。

87. 日本曹洞宗京城別院の曹谿寺本堂。この寺は、日帝時代に大和町３丁目（現在の筆洞３街）にあった。

88. 西本願寺の釜山別院、日本仏教の真宗。

89. 本山住職たちの日本視察。30 本山連合事務所の委員長金九河をはじめとする視察団 10 名は、1917 年 8 月 31 日～ 9 月 23 日まで日本を視察した。この写真は、同年 9 月 7 日、東京仏教護国団と仏教連合会が増上寺で主催した歓迎会の場面である。

90. 楡岾寺金剛戒壇（1913 年）。当時の僧侶たちの服装と沙弥僧たちの表情がおもしろい。

91. 仏教中央学林と当時の30本山連合委員長だった洪甫龍僧侶。仏教中央学林は、崇一洞（今の明倫洞1街）にあった。

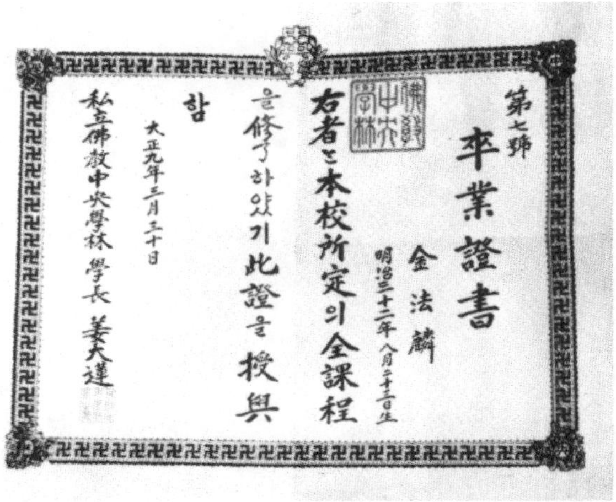

第七號
卒業證書
金法麟
明治三十二年八月二十三日生
右者는本校所定의全課程을修了하얐기此證을授與함
大正九年三月三十日
私立佛教中央學林 學長 姜大蓮

92. 中央学林の卒業証書（1920年3月30日）。当時の中央学林の校長は姜大蓮だった。この卒業証書は金法麟のものである。

93. 海印寺住職であり、仏教振興会の会主だった李晦光。彼は韓国併合と時を合わせ、朝鮮臨済宗と日本曹洞宗との併合を画策した。上写真の洪甫龍の僧服と李晦光の僧服姿を「羽織袴」という。日帝時代には、日本の僧侶たちの服「羽織袴」の着用を誇りに思っていた。（関連写真59）。

94. 仏教振興会の幹事長だった金弘祚。馬山と蔚山地方での仏教活動に専念した金弘祚は、通度寺の金鏡峰僧侶と親しい関係にあった。

95. 李能和。彼は仏教振興会の幹事、『仏教振興会月報』編集者、『朝鮮仏教界』編集・発行人であり、1918年、朝鮮仏教史研究の最高の資料である『朝鮮仏教通史』を著述・刊行した（関連写真107、109）。

96. 30本山連合事務所（東大門外昌信洞）で開催された仏教振興会（1914年11月15日設立）の第1回定期総会（15年6月20日）に集まった仏教界の人士たち。『仏教振興会月報』は、まさに仏教振興会から発行された雑誌である。覚皇寺に30本山連合事務所が設置されたのは、15年2月25日である。

97. 仏教振興会部の会長を兼ね、30本山連合事務所（1915年2月25日設立）委員長だった姜大蓮。姜大蓮は後日、若い学人たちから「鳴鼓逐出」を受ける蔑みを経験する。なお、鳴鼓逐出とは、破戒した僧侶に俗着を着せたうえで太鼓を背負わせ、それを叩かせながら山門の外に追い出すことをいう。

98. 当時、奉恩寺住職であり、仏教振興会理務部長を兼ね、30本山連合事務所の常置員だった羅晴湖僧侶。羅晴湖僧侶は、1925年（乙丑年）の大洪水時に、ソウル近郊の多くの人々が生きたまま流されて行くのを見て、船乗りたちに一人あたり50円の賞金をかけて、約708名の命を救った。当時、この話は世間に広く知られ、今も奉恩寺には羅晴湖僧侶の功徳を称えるために建てられた石碑がある（関連写真256）。

99. 1917年頃の金剛山の神渓寺普徳庵の僧侶たちと行者僧の様子が、毅然としている。

100. 1917年に撮った金九河僧侶の写真。（『Korean Buddhism』に収録、1918年、ボストン）。

101. 晩年の金九河。彼は植民地時代、近代朝鮮仏教の主役として通度寺住職など多くの要職を務め、上海臨時政府に軍資金も送ったという。最近『文集』と『金剛山観賞録』が出版された（口絵28ページ）。

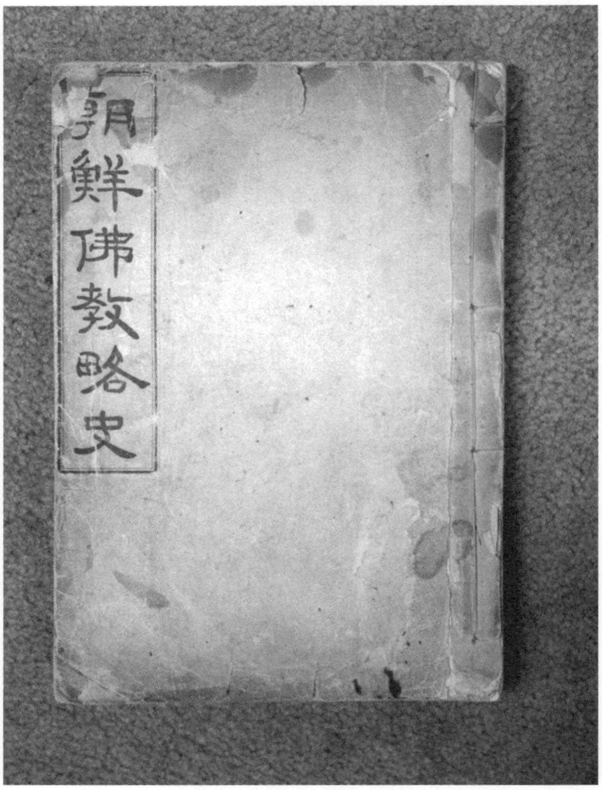

102. 権相老の著作『朝鮮仏教略史』（1917年）。

103. 1917年8月、日本視察に出かける当時の姜大蓮、金九河、李晦光僧侶。彼らは、10年代の仏教界を主導した僧侶たちである。

104. 韓龍雲の『仏教大典』。それぞれの経典の名句と要点のみを抜粋して刊行した韓龍雲の代表的な名著。1914年、梵魚寺の刊行（関連写真106、108、297、298、299、口絵28ページ）。

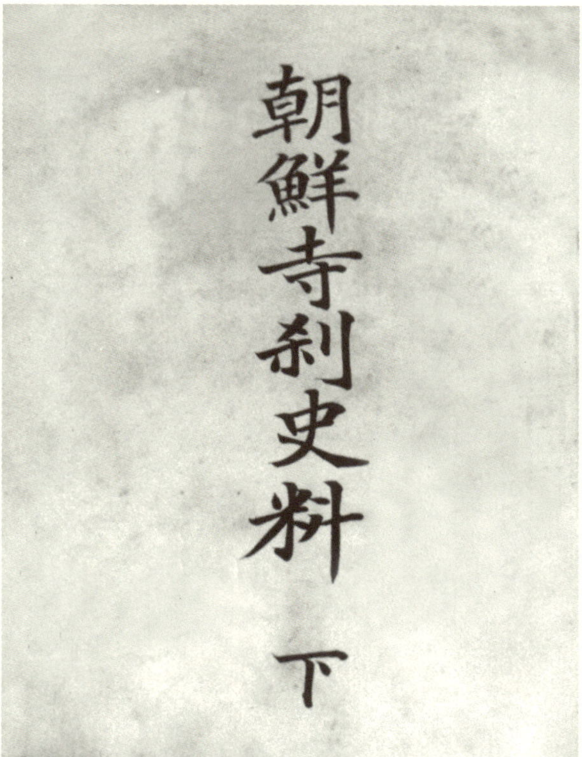

105. 朝鮮総督府が1911年3月に刊行した寺刹関係史料集『朝鮮寺刹史料』表紙。この本には朝鮮の寺刹の歴史と沿革などが収録されており、寺刹の歴史研究の貴重な資料である。

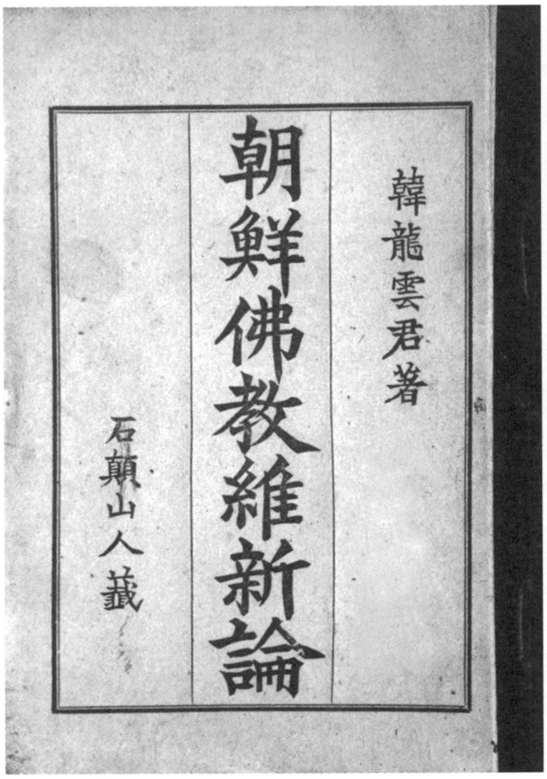

106. 仏教の改革と維新の大衆化を引き起こした韓龍雲の『朝鮮仏教維新論』の表紙（1913年5月25日刊行、関連写真104、297、299）

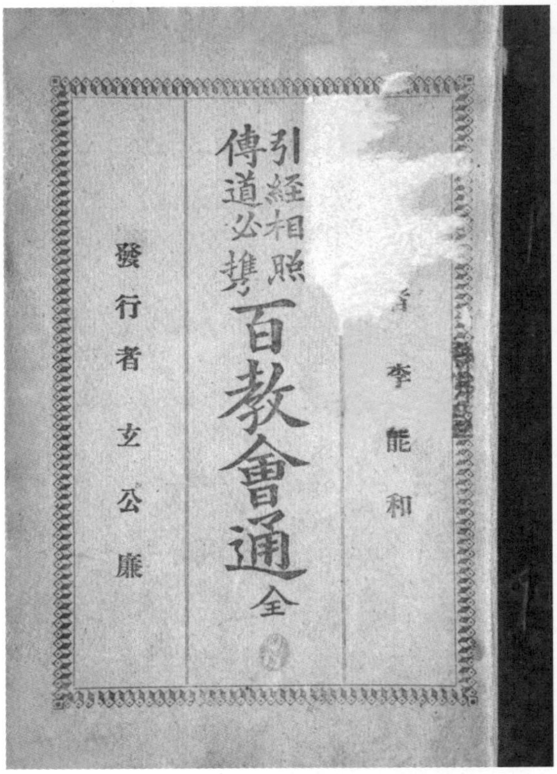

107. 李能和が仏教と儒教、道教などを比較分析した著作『百教会通』。1912年、朝鮮仏教月報社から刊行された（関連写真95）。

108. 韓龍雲が発行した仏教雑誌『唯心』。韓龍雲は、当時自宅だったソウル鍾路区桂洞43番地に維心社を設立し、仏教青年のための大衆啓蒙誌『唯心』を発行した。『唯心』は、1918年9月1日創刊され、同年12月1日通巻3号で終刊。

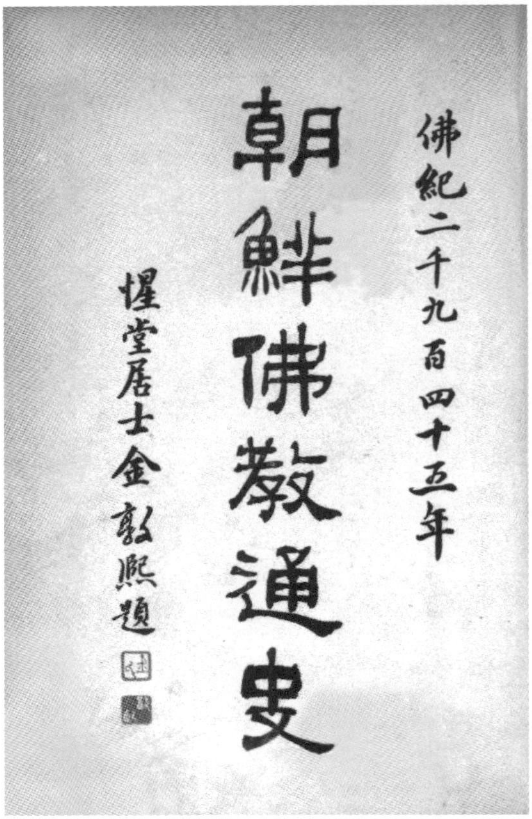

109. 李能和の『朝鮮仏教通史』の表題紙（1918年）。この本は、現在でも仏教史研究の重要な本で高い評価を受けている（関連写真95）。

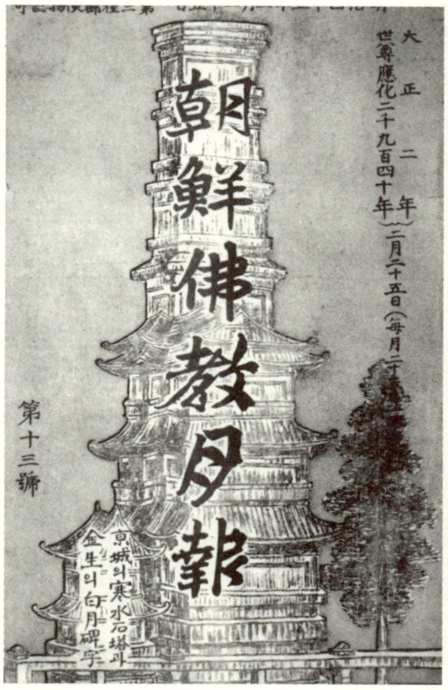

110. 禅教両宗の各本山住職会議院が発刊した仏教雑誌『朝鮮仏教月報』第13号。この雑誌は『円宗』の次に1912年2月25日に創刊され、その翌年8月に通巻19号で終刊（口絵27ページ）。

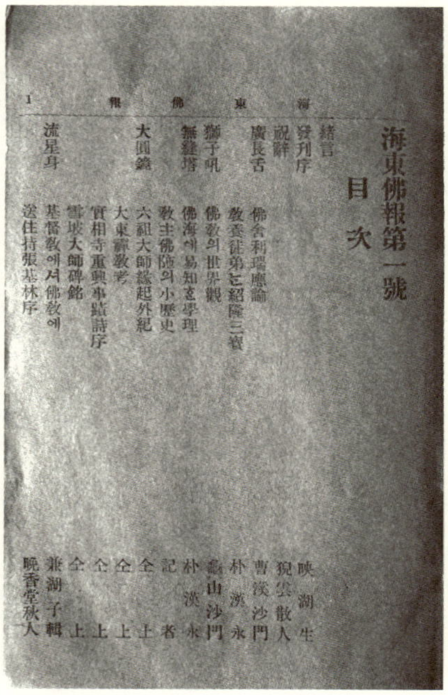

海東佛報第一號
目次

緖言　映湖生
發刊序　猊雲散人
祝辭　曹溪沙門
廣長舌　佛舍利瑞應論　朴漢永
教養徒弟는紹隆三寶　錦山沙門
獅子吼　佛教의世界觀　朴漢永
無縫塔　佛海에易知玄學理　記者
教主佛陀의小歷史　仝上
大圓鏡　六祖大師緣起外紀　仝上
大東禪教考　仝上
實相寺重興事蹟詩序　仝上
雪坡大師碑銘
流星身　基督教에서佛教에　兼湖子輯
送住持張基林序　晩香堂秋人

111. 禅教両宗の本山住職会議院が発刊した仏教雑誌『海東仏報』第1号の目次。1913年11月20日創刊、翌年6月20日通巻8号で終刊。

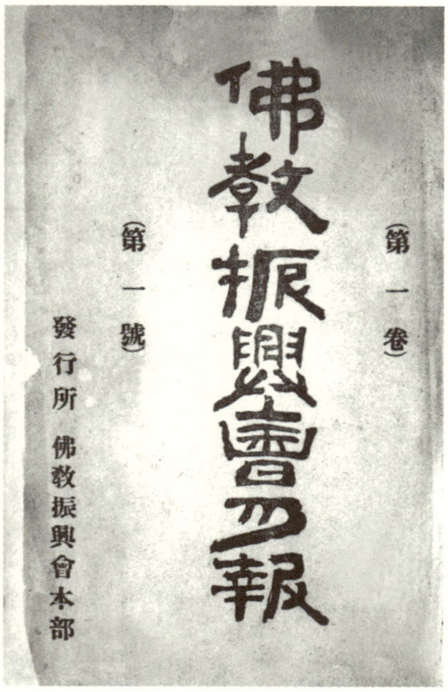

112. 仏教振興会本部が発行した仏教雑誌『仏教振興会月報』第1号（創刊号）。1915年3月15日に創刊されるが、同年12月15日に通巻9号で終刊（口絵27ページ）。

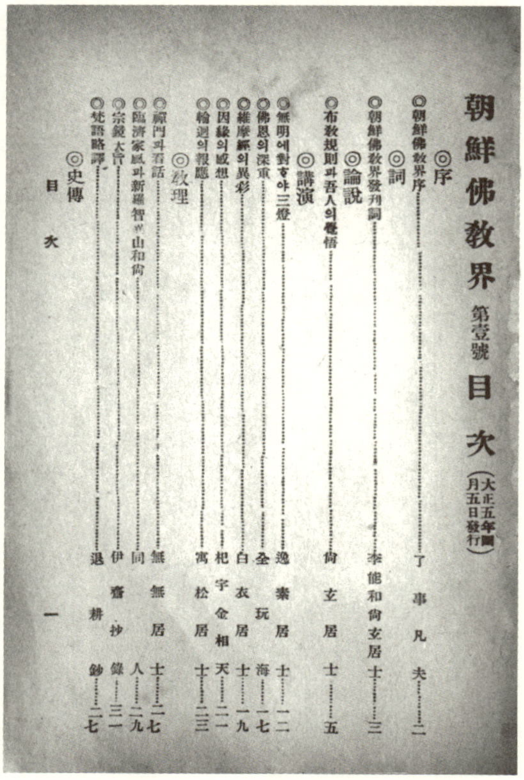

朝鮮佛教界 第壹號 目次（大正五年四月五日發行）

◎序
◎朝鮮佛教界序……了事凡夫……一
◎詞
◎朝鮮佛教界發刊詞……李能和尙玄居士……三
◎論説
◎布教規則과吾人의覺悟……尙玄居士……五
◎講演
◎無明에對ᄒᆞ야三燈……逸素居士……一二
◎佛恩의深重……全玩海……一七
◎維摩經의異彩……白衣居士……一九
◎因緣의感想……杞宇金相天……二一
◎輪廻의報應……寓松居士……二三
◎教理
◎禪門과看話……無無居士……二七
◎臨濟家風과新羅智異山和尙……同人……二九
◎宗鏡大旨……伊齋抄錄……三一
◎梵語略譯……退耕鈔……二七
◎史傳

目次　一

113. 信徒を中心に再編された仏教振興会が発行した仏教雑誌『朝鮮仏教界』第1号目次。1916年4月5日創刊、同年6月5日に通巻3号で終刊。

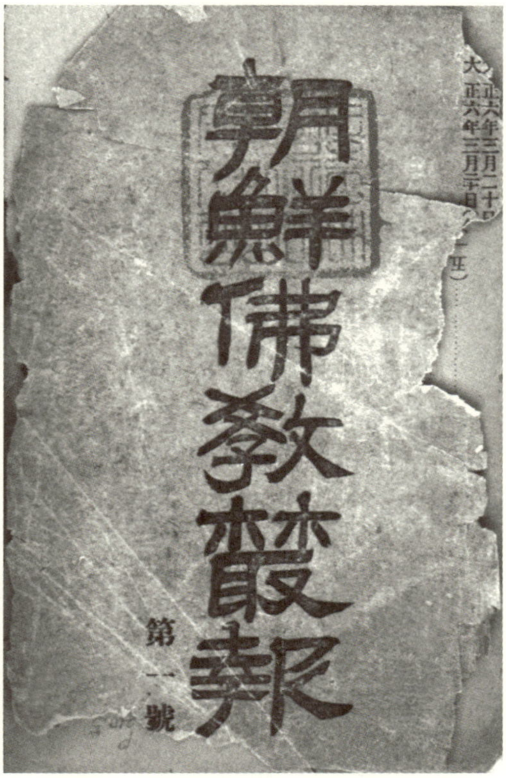

114. 30本山連合事務所が発行した仏教雑誌『朝鮮仏教叢報』第1号（創刊号）。1917年3月20日に創刊され、21年1月20日、通巻22号で終刊（口絵27ページ）。

宣言書

公約三章

一、今日吾人의此擧는正義、人道、生存、尊榮을爲하는民族的要求ㅣ니오즉自由的精神을發揮할것이오決코排他的感情으로逸走하지말라

一、最後의一人까지最後의一刻까지民族의正當한意思를快히發表하라

一、一切의行動은가장秩序를尊重하야吾人의主張과態度로하야금어대까지던지光明正大하게하라

朝鮮建國四千二百五十二年三月 日

朝鮮民族代表

孫秉熙 吉善宙 李弼柱 白龍城 金完圭
金秉祚 金昌俊 權東鎭 權秉悳 羅龍煥
羅仁協 梁甸伯 梁漢默 劉如大 李甲成
李明龍 李昇薰 李鍾勳 李鍾一 林禮煥
朴準承 朴熙道 朴東完 申洪植 申錫九
吳世昌 吳華英 鄭春洙 崔聖模 崔麟
韓龍雲 洪秉箕 洪基兆

115. 3・1独立宣言書。民族代表33人の名簿に仏教代表の白龍城と韓龍雲僧侶がいる。公約3章の執筆に関連して、韓龍雲説と崔南善説に分かれる。

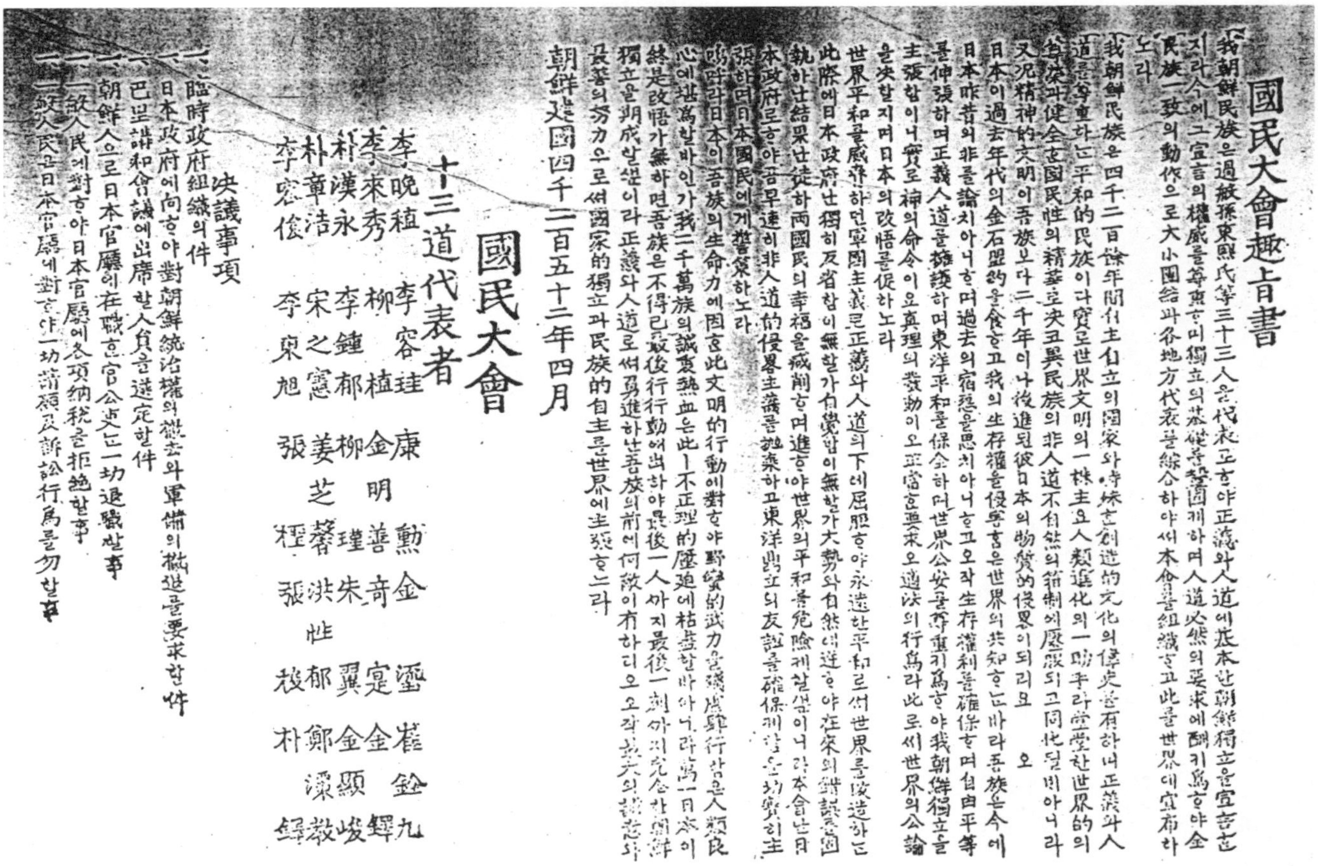
國民大會趣旨書

朝鮮建國四千二百五十二年四月

國民大會

十三道代表者

李晩稙 李來秀 朴漢永 朴章浩 李容俊
李容珪 柳植 李鍾郁 宋之憲 李東旭

決議事項

一、臨時政府組織의件

一、日本政府에向하야對朝鮮統治權의撤去와軍備의撤退를要求할件

一、巴里講和會議에出席할人員을選定할件

一、朝鮮人으로日本官廳에在職한官公吏는一切退職할事

一、一般人民에對하야日本官廳에各項納税를拒絶할事

一、一般人民은日本官廳에對하야一切請願及訴訟行爲를勿할事

116. 国民大会趣旨書。3・1独立運動の直後（1919年4月）に13道代表者の名前で配られた文書に、大韓民国臨時政府組織、パリ講和会議代表派遣など、3・1独立運動の精神を継承しようとする内容が盛り込まれている。13道代表者名簿には、仏教界の朴漢永と李鍾郁僧侶の名前が入っている。

警告法侶

委員長 金龍谷

過般에騷擾事件의勃發ᄒᆞᆫ以來로種種의錯誤가發生ᄒᆞ며諸種의風說이喧傳ᄒᆞ야全民族의思想界가動搖되ᄂᆞᆫ同時에普通社會ᄂᆞᆫ勿論ᄒᆞ고特히吾敎에ᄭᅡ지其影響이波及ᄒᆞ야宗敎人의本分을自失ᄒᆞᄂᆞᆫ者ㅣ多ᄒᆞ니甚히遺憾되ᄂᆞᆫ바이라諸君은賢明ᄒᆞᆫ聰智와明晳ᄒᆞᆫ頭腦로考察ᄒᆞᆯ지어다元來로宗敎와政治ᄂᆞᆫ其部分과目的이全然別物이라氷炭不相容ᄒᆞᄂᆞᆫ바인ᄃᆡ此에諸君이世界大勢와時代思潮ᄅᆞᆯ不顧ᄒᆞ고隨波逐浪ᄒᆞ야敎人된本旨ᄅᆞᆯ忘失ᄒᆞ니엇지吾敎의不幸이此에至ᄒᆞ리오此ᄂᆞᆫ非獨余一人이라吾敎ᄅᆞᆯ愛ᄒᆞ고吾敎ᄅᆞᆯ世界人民에廣布ᄒᆞ야世界的宗敎ᄅᆞᆯ삼고자ᄒᆞᄂᆞᆫ各中樞諸德은ᄒᆞᆫ가지로憂慮ᄒᆞᄂᆞᆫ바이라然이나近日은表面上으로見ᄒᆞ면騷擾가終息되고人民이斯業에安住ᄒᆞᆫ듯ᄒᆞ나裡面으로見ᄒᆞ면各地人民의思想界에尙히疑雲이全消ᄒᆞ지못ᄒᆞᆷ으로輕薄者流ᄂᆞᆫ其眞狀을未達ᄒᆞ고各地ᄅᆞᆯ徘徊ᄒᆞ야治安을妨害ᄒᆞ며風紀ᄅᆞᆯ紊亂케ᄒᆞᄂᆞᆫ者ㅣ有ᄒᆞ니時勢에通曉ᄒᆞᆫ吾敎諸君은今回政治問題에干與치도말지며又ᄂᆞᆫ其輕擧妄動ᄒᆞᄂᆞᆫ輩에援助ᄅᆞᆯ與ᄒᆞ야宗敎人된本分을喪失ᄒᆞ지말지어다但世界事情에暗昧ᄒᆞ야一部靑年이妄想을作ᄒᆞ며謠言을傳播ᄒᆞ야無罪ᄒᆞᆫ良民으로ᄒᆞ야금塗炭에陷케ᄒᆞ며又ᄂᆞᆫ生命을損失케ᄒᆞ니此ᄂᆞᆫ宗敎的慈悲眼으로觀ᄒᆞ면一點悲淚ᄅᆞᆯ不禁ᄒᆞᆯ것도다

吾敎의目的은精神的으로亂麻ᄒᆞᆫ思想界ᄅᆞᆯ支配ᄒᆞ야安心立命을與ᄒᆞ며實際的으로ᄂᆞᆫ複雜ᄒᆞᆫ社會ᄅᆞᆯ正然히ᄒᆞ야社會開發의使命을帶ᄒᆞᆫ者인즉吾敎ᄅᆞᆯ廣布코자ᄒᆞ고吾敎ᄅᆞᆯ篤信ᄒᆞᄂᆞᆫ吾等佛敎徒ᄂᆞᆫ誠心誠意로當局者의政策을體認ᄒᆞ야內로ᄂᆞᆫ吾敎靑年으로ᄒᆞ야금德智兩育을涵養ᄒᆞ야宗敎人다운人格을作ᄒᆞ야外境에馳走치말지며外로ᄂᆞᆫ一般社會의思想界ᄅᆞᆯ敎導ᄒᆞ야純良ᄒᆞᆫ民族을養成ᄒᆞ야流言妄說을信치말며煽動과脅迫을能히排斥ᄒᆞ고各其業에安住ᄒᆞ도록努力ᄒᆞᄂᆞᆫ거시卽佛子된本意며敎祖의眞正ᄒᆞᆫ老婆心切이며又ᄂᆞᆫ國利民福의一大良策인줄思ᄒᆞ노니諸君은以上主旨에背負치안코一般信徒ᄅᆞᆯ敎導ᄒᆞ기ᄅᆞᆯ切望ᄒᆞ고一言을陳述ᄒᆞ노라

117. 30本山連合事務所の委員長だった金龍谷が、仏教青年たちの3·1独立運動の加担に反対した寄稿文「警告法侶」。『朝鮮仏教叢報』第16号に寄稿されたこの文で、金龍谷は日帝の植民地支配に順応・協力し、3·1独立運動に参加した独立運動家たちを助けないようにと発言した。

118. 親日仏教団体である仏教擁護会を組織した李完用。

佛敎擁護會

李完用이가日犬의最後忠誠을다하기爲하야佛敎擁護會를組織하엿다고。佛敎擁護는일홈뿐이오其實은八千僧侶를籠絡하야獨立運動을妨害하려함이라함은日人新聞紙의실吐라。

하직ᄭᅡ지此輩를살려둠이우리의羞恥어니와佛敎擁護會로써李賊[illegible]의最後의惡이되게하여야할지니[illegible]부와閔元植과갓히三[illegible]大罪惡이니라

119. 親日派李完用が組織した仏教擁護会についての記事（『独立新聞』、1919年10月7日）。仏教擁護会は8,000僧侶を籠絡して独立運動を妨害することが目的、というフレーズが目を引く。

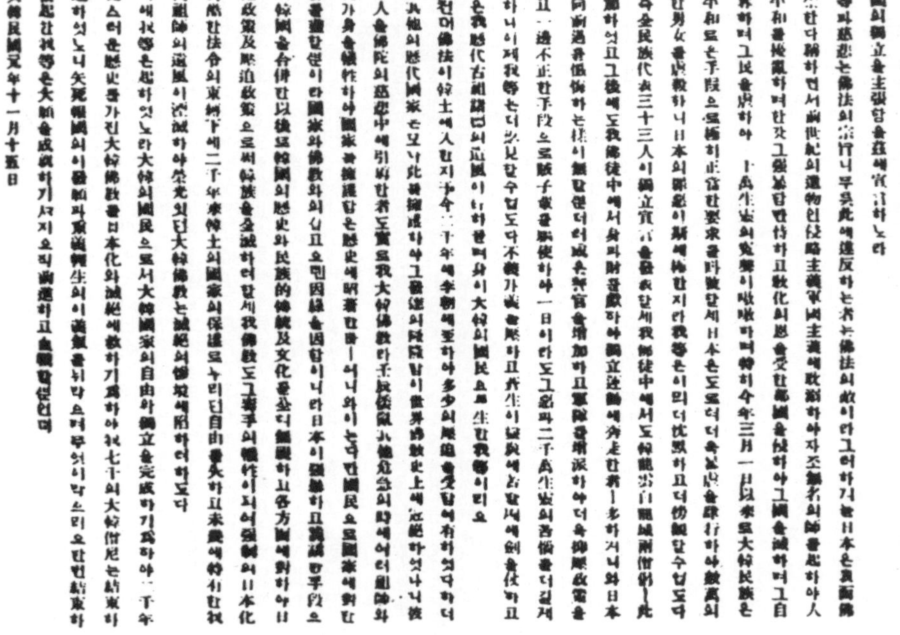

宣言書

大韓民國元年十一月十五日

大韓僧侶聯合會

120. 僧侶による独立宣言書。大韓僧侶連合会の中堅僧侶 12 人の偽名を使い、上海で配られた宣言書。この独立宣言書は、仏教の独立運動の正当性を明らかにしている。現在把握されている僧侶は金九河、金撃山、呉惺月、金尚昊などだが、この宣言書は、3·1 独立運動直後に上海に亡命した僧侶たちの主導の下に作成され、国内だけでなく、フランスにも伝えられた。

革新公報

121. 仏教青年（金法麟、金尚昊、朴玟悟、金祥憲など）たちが制作・配布した『革新公報』。この『革新公報』は、3·1 独立運動直後の地下の秘密新聞として上海の大韓民国臨時政府の動向、「満洲」の独立運動の状況などを民衆に知らせ、民族意識を鼓吹した。

122. 石窟庵補修工事の様子。当時日帝はセメントドームを設置し、むしろ保存に致命傷を与えたと評価されている。

123. 石窟庵の改修時の本尊仏の姿。

124. 1912年に撮影した乾鳳寺の全景。

125. 乾鳳寺大雄殿の前の僧侶たち（1912年撮影）。

126. 1912年の金剛山神渓寺の全景。

127. 1917年頃に撮影した楡岾寺大雄殿の全景。

128. 神渓寺の石塔と僧侶（1917年頃撮影）。

129. 1917年頃に撮影した梵魚寺全景。

130. 法住寺の掛仏を広げて見ている僧侶と信徒たち（1917 年頃撮影）。

131. 1917 年頃撮影した釈王寺幀画と仏像。なお、幀画とは、李氏朝鮮独特の仏画をいう。

132. 1917 年頃撮影した通度寺の掛仏。なお、掛仏とは、絵で描いた懸仏をいう。

133. 灌燭寺の恩津弥勒仏（1910 年代はじめ）。

134. 鶏龍山頂上にある兄妹塔（1910 年代はじめ）。

135. 1910 年代の弥勒寺跡。仏塔などの写真の場合、前や横に必ず人を立てたのは、実物大を比較するためであった。上の灌燭寺の恩津弥勒写真に人が立っているのも同じ理由である。

136. 甲寺の鉄幢竿（1910 年代はじめ）。

*1920*年代

1920年代

1920年代の仏教界は過去10年間、寺刹令体制を克服するため至難の努力を傾けた。これは、3·1独立運動の影響を受けながら、仏教の矛盾と束縛から抜け出そうとする構想である。しかし、その構想下の諸運動は簡単なものではなかった。なぜなら、それを妨害した日本と日本に寄生している親日住職層があったからだった。

しかし、その動きは寺刹令を否定する精神から出たものだったので、それ自体が民族運動であった。それは主に青年僧侶と仏教青年たちの主導によって進められた。つまり、仏教青年運動の勃興を意味するものであった。彼らは既存の連合事務所の事業が非常に不十分だったと批判し、朝鮮仏教界独自に教団建設を推進しなければならないという意識を持っていた。しかし、貧弱な現実認識におかれていた親日的であり、既得権的な本山住職たちは、日帝の寺院方針を受け入れながら徐々に仏教の発展を期したい立場にあった。このような異質な構図の下で出てきた機関が、いわゆる総務院と教務院だった。ところが、1924年頃に至っては総務院が教務院に合流して、運動の脆弱性を現すようになった。

一方、日帝の寺院政策を批判していた青年僧侶たちは、その運動の推進体である朝鮮仏教青年会、朝鮮仏教女子青年会などを組織して、その第一線にいた。特に、2,284名の連署を朝鮮総督府に提出した寺刹令撤廃運動は、その路線の性格を端的に物語っていた。そして仏教青年たちは、教団の革新と仏教の改革のためという名分の下で、外国留学を間近に体験した。その対象国は主に日本であったが、中国、フランス、ドイツに留学した青年僧侶たちもいた。彼らは留学生活をしながら団体を組織して、あるいは雑誌を発行して、国内仏教界の動向に心身を傾けていた。しかし、それらのほとんどは帰国前後に結婚して、保守的な住職層から批判を受けたりもした。

この時期に注目すべきことは、以前の改革と維新の趨勢に後回しにされていた旧学教育の重要性を再度理解させる努力だった。そして、名刹で講院が復元され、その講院の学人たちが旧学中心の教育制度を改善しようとする動きが活発になった。1928年の朝鮮仏教学人大会は、その端的な実例である。また、白龍城が望月寺で「萬日参禅結社会」を開催して経典を翻訳して広く普及したのも、実際には伝統守護の流れと無関係ではなかった。

このような動きは、白龍城と白鶴鳴が禅農仏教の実践のために現場に出たことと関係がある。また、伝統守護は禅学院の創建によって、さらに具体的に進められた。禅学院は寺刹令体制の拘束を回避しようと、一団の僧侶たちが主導して1921年に創建されたもので、その設立自体に民族精神が込められていた。しかしその流れは、日本の仏教の浸透などで疎外・排斥されていた仏教の伝統の核心である禅を復興させるという意志が介在しているのである。禅学院では、全国の首座の組織である禅友共済会が結成され、具体的な活動を展開した。もちろん、一時的には財政的な打撃で門を閉めもしたが、その意味は非常に大きかった。

そして、1928年から再起した仏教青年運動の基盤と仏教界の統一運動を期しようとする意識から、翌年1月、僧侶大会の開催を通じた自主的な宗憲を制定したのは、最も意味のあることだった。これは、植民地体制における仏教をある程度克服したことだったため、その大会と宗憲の登場それ自体が記念碑的なことであった。また、この時期には、『仏教』『仏日』『金剛杵』『潮音』『鷲山宝林』など、様々な仏教雑誌が出版されて仏教の発展の求心点となった。

義親王以下三十三人의宣言

義親王이去國할때에發表된宣言書

半萬年歷史의權威와二千萬民衆의誠衷을仗하야我國家의獨立國됨과我民族의自由民됨을天下萬國에宣言하며且證言하노라權域靑邱는非人之植民地며檀孫麗族은非人之奴隷種될세니라國則東方君子오民則先進善人이라運當屯이오治久生亂될세外有鯨吞之强隣하고內有病國之奸賊이라五千年神聖歷史와二千萬禮義民族과五百年皇皇宗族이一朝湮滅하니朝有殉國之臣하고野有死節之民이나皇天이不吊하고國民이無福하야皇帝聲明에遽遭廢遷之辱하고士民擧義에輒受殲族之禍하며濫世苛法과虐遇奴使에族不聊生될세不平而鳴則律以强盜로殲之殺之하야凡夫忠義之魂이消滅於殘刃之下者ㅣ幾千幾萬가欽恨茹痛하고臥薪嘗膽이十經星霜이라陰極陽回하고否往泰來는天理之好運이며處死求生하고久屈思起는人道之至情될세世界改造民族自決之論은高於天下하고我國獨立我族自由之聲은漲於宇內라於是焉三月一日에宣言獨立하고四月十日에建設政府러니頑彼日本이不顧時勢之推移하고徒使豺狼之蠻性하야大肆壓抑에白手徒衆을銃斃하고城邑村落을火燒하니此가人類良心에堪爲할바일가吾族의丹忠熱血은決코此非正理的壓迫에滅縮될바가아니오益益히正義人道로써勇往邁進할뿐이로다萬一日本이終是悔過가無하면吾族은不得已三月一日의公約에依하야最後一人ᄭ지最大의誠意와最大의努力으로血戰을不辭코져玆에宣言하노라

大韓民國元年十一月　日

義親王 李 堈　金嘉鎭　全 協
楊 楨　李 政　金商說　田相武
白初月　崔銓九　趙炯九　金益夏
鄭高敎　李種春　金世應　鄭義南
羅昌憲　韓基東　申道安　李信愛
韓逸浩　朴貞善　魯弘濟　李直鉉
李來修　金炳起　李謙容　李霄汎
申泰鍊　申瑩澈　吳世德　鄭奎植
金弘鎭　廉光祿

137. 義親王の宣言書。1919年11月、義親王李剛を上海に亡命させ、独立運動の求心地としようと計画したものの逮捕された事件があったが、当時配られた宣言書には抗日僧侶・白初月の名前が載っている（『独立新聞』1920年1月1日）。

丹陽　同丹陽面表忠寺僧上佐學生等主謀로同永境里市人數百名과合同하야萬歲를快呼하면서前進하야永境倭駐在所를破碎하다敵은此를憤慨하야家家戶戶에突入하야男子를逮捕함으로男子는다晝에는隱山하엿다가夜에歸家함으로近處農民이擧皆失農하엿스며同北面勞働者數百人은此를繼續하야月山里前에서喇叭로軍號를삼어一時聚立하야太極旗를손에들고萬歲를呼唱하다
同府內面長李章魂、上南面長金讚倉、下東面長林炳禧、丹場面長孫升昌과郡書記金明倉、鄭寅尙諸氏는任職을辭免한後에鄭寅尙氏는騰寫板으로宣言書를印刷한일로敵警의게被擒하야于今受辱中인대氏의夫人은生活이困難하야三旬九食의慘形으로지낸다고

138. 丹陽の表忠寺の僧侶が近隣住民と一緒に万歳運動を展開した内容を報告した『独立新聞』（1920年6月5日）。

佛敎靑年員被捉

獨立團員과聯絡하여
金錢을募集하엿다고

大邱사는李範大는일즉中國寬甸에가서大韓獨立團에加入한後軍資金募集員及視察長의任務를띄고本國에드러가昨年二月頃咸興에서海東佛敎靑年會를組織하고스스로會長이되어韓南石、崔承煥、全轅濟、孫命根等諸人으로더부러金錢을募集하며여러가지文書를作成하야各處에配布하엿다는事實로因하야關係者十餘名이本月中旬敵警에게逮捕되엿더라。

139. 仏教青年の李範大が大韓独立団に加入した後、軍資金募集金活動を展開している最中に逮捕されたことを報道した『独立新聞』（1922年4月30日）。

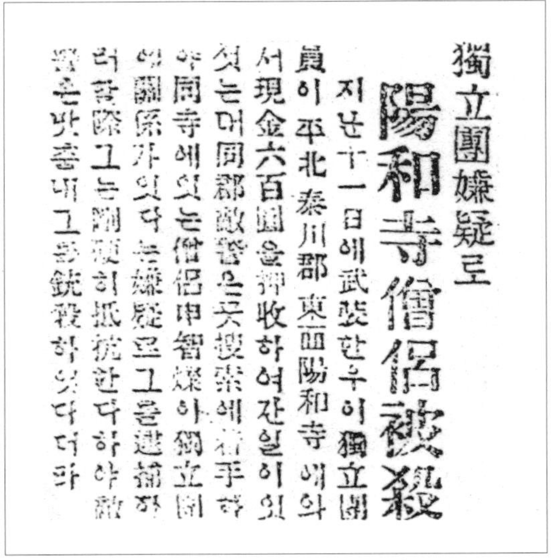
獨立團嫌疑로
陽和寺僧侶被殺
지난十一日에武裝한우리獨立團
員이平北泰川郡東面陽和寺에와
서現金六百圓을押收하여간일이잇
섯는대同郡敵警은곳搜索에着手하
야同寺에잇는僧侶申智燦이獨立團
에關係가잇다는嫌疑로그를逮捕하
려할際그는猛烈히抵抗한다하야敵
警은맛츰내그를銃殺하엿다더라

140. 陽和寺（平安北道）僧侶である申智粲（申智贇）が、軍資金関連で日帝に逮捕された後に銃殺されたことを伝えた『独立新聞』の記事（1923年7月1日）。

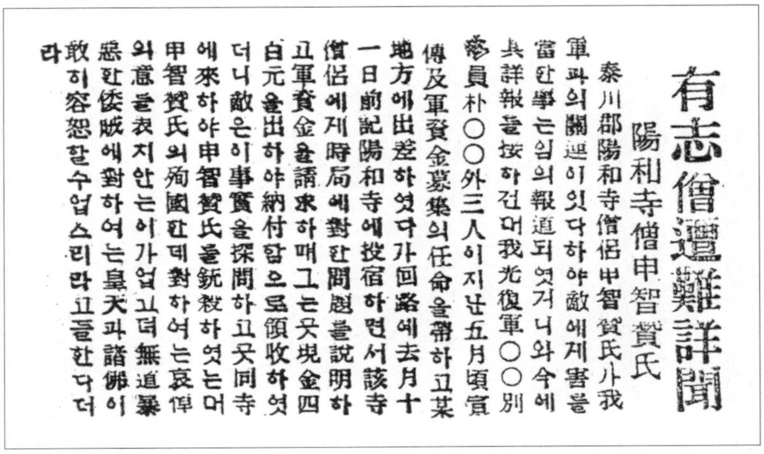
有志僧遭難詳聞
陽和寺僧申智贊氏
泰川郡陽和寺僧侶申智贊氏가我
軍과의關連이잇다하야敵에게害를
當한事는임의報道되엿거니와今에
其詳報를按하건대我光復軍〇〇別
參員朴〇〇外三人이지난五月頃宣
傳及軍資金募集의任命을帶하고某
地方에出差하엿다가回路에去月十
一日前記陽和寺에投宿하면서該寺
僧侶에게時局에對한問題를說明하
고軍資金을請求하매그는곳現金四
百元을出하야納付함으로領收하엿
더니敵은이事實을探聞하고곳同寺
에來하야申智贊氏를銃殺하엿는데
申智贊氏의殉國한데對하여는哀悼
의意를表치안는이가업고더無道暴
惡한倭賊에對하여는皇天과諸佛이
敢히容恕할수업스리라고들한다더
라

141. 陽和寺僧侶として日帝に銃殺された申智贇（申智粲）の軍資金提供の報道記事（『独立新聞』1923年7月22日）。

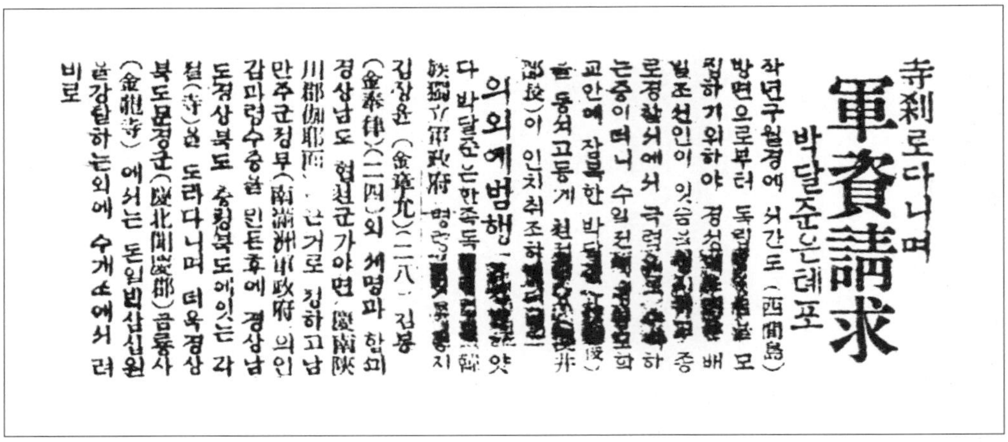
寺刹로다니며
軍資請求
박달준은데포
작년구월경에 서간도(西間島)
방면으로부터 독립[illegible] 모
집하기위하야 경성[illegible] 배
일조선인이 잇슴[illegible] 종
로경찰서에서 극력[illegible] 하
는중이더니 수일전[illegible] 와
교안에 잡혹한 박달[illegible]
을 동서고등계 천[illegible]
[illegible])이 인치취조하[illegible]
의외에범행[illegible]
다 박달준은한족독[illegible]
[illegible] 명령[illegible]지
김장윤(金章允)(二八) 김봉
(金奉律)(二四)외 세명과 합의
경상남도 협천군가야면(慶南陜
川郡伽耶面) 근거로 정하고남
만주군정부(南滿洲軍政府) 의인
감피런수증을 민든후에 경상남
도경상북도 충청북도에잇는 각
절(寺)로 도라다니며 더욱경상
북도문경군(慶北聞慶郡)금룡사
(金龍寺) 에서는 돈일백삼십원
을강탈하는외에 수개소에서 려
비로

142. 僧侶出身の独立軍である金章允、金奉律、朴達俊が軍資金募金活動をして日帝に逮捕されたことを伝えた『独立新聞』の記事（1921年3月4日）。

143. 抗日僧侶･金奉律の出獄記念写真（左から白聖元、金奉律、林致洙）。彼は海印寺出身の僧侶で3･1独立運動に加わった後、新興武官学校に入校して国内で軍資金募集活動を展開している途中、1922年逮捕された。この写真は、彼の出獄（25年）記念写真である。彼はその後、直指寺住職を務めた金一葉の息子・日堂（金泰伸）の養父となった。

獨立資金을募集하던

金大洽外四氏

鍾路敵署에서被捕

咸鏡南道安邊郡文山面釋王寺內

僧侶金大洽(三〇)京城府仁寺洞一〇五申福啟方僧侶申尙玩(三〇)京城府仁寺洞一八八僧侶金祥憲(二八)咸鏡南道安邊郡文山面釋王寺內僧侶李錫允(二二)江原道高城郡梧岱面冷泉里三七僧侶鄭仁牧(三一)五氏는獨立運動資金을募集하다가鍾路敵署에被捕하야敵檢事局에押送되다

申尙玩金祥憲兩氏는屢次上海京城間에往來하야獨立運動에盡瘁하던터인대兩氏는二月二十八日夕에金大洽氏를釋王寺에訪하고金千圓을得하야申氏는該金中에서一百二十餘元으로韓國全道五萬分一地圖를買하야上海韓相漢氏에게郵送하고食價餘條로二百元을送하고若干은消費하고殘金五百二十元은金祥憲氏의所有로하다

又金大洽氏는軍資金으로千元을提供한外에兩氏에게서宣傳文書를受領하야同志의糾合及軍資金募集에盡瘁하다其他三氏도모다軍資金募集에盡力하던터이라

144. 金大洽、申尚玩、金祚憲、李錫允、鄭仁牧など、僧侶出身の独立軍の逮捕を発表した記事(『独立新聞』1920年6月10日)。

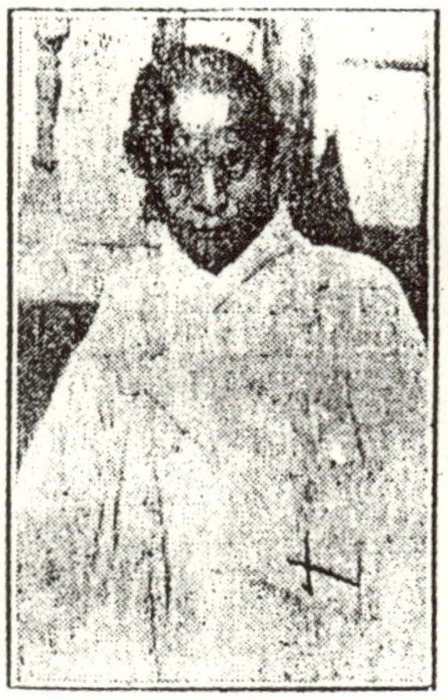

◇地獄에서極樂을求하라…한룡운씨옥중감상◇

이십이일오후에 경성감옥에서가출옥한 조선불교계에 명성이 놉흔한룡운(韓龍雲)씨를 가회동(嘉會洞)으로방문한즉 씨는 수염한일굴에 침착한빗을씌우고말하되「내가옥중에서늣긴것은고통속에서쾌락을엇고 디옥속에서텬당을구하라는 말이올시다내가경던으로는 여러번그러한말을보앗스나 실상몸으로당하기는 처음인대다른사람은 엇더하얏는지모르나 나는그속에서도쾌락으로 지냇습니다 세상사람은 고통을무서워하야구차로히피하고자하기때문에 비루한데떠러지고 쭘미한일홈을듯게되나니 한번엄숙한인생판아리에 고통의칼날을밥는곳에쾌락이거긔잇고 디옥을참하야드러간후에는 그곳을텬당으로알수잇스니우리의생각은며우위대하고더욱고상하게가지어야하겟다」고씨는일류의 엄숙한인생판을말하야 흐르는물파가를으로다시발머리를돌리어장린는 엇지하려느냐 물은즉「역시조선불교를위하야 일할터이나자세한생각은말할수업다」고하더라 (사진은한룡운씨)

145. 3·1独立運動当時、民族代表33人だった韓龍雲の出獄当時の様子と発言を報道した『東亜日報』の記事。「地獄から極楽を求めよ」の獄中感想が印象深い。

鍾路署에檢擧

僧侶軍資員

종로서의수배로말미암아

山淸郡에서被捉

경상남도 산청군삼장면유평리(慶南山淸郡三壯面油坪里)일번디승려김장윤(金章允)(三〇)은지난구일종로서에서산청경찰서에통첩하야 톄포하야다가 방금동서에서 취조중이라는데 김장윤은지 긴너가서신흥학교(新興學校)를졸업하고 동년구월경에 조선에도라와서 대구동화사으로 합천해인사(陝川海印寺)동래범어사(東萊梵魚寺)문경금룡사(聞慶金龍寺)외수처의 사원을차자다니며만주에잇는○○단의군자금으로 만흔금액을 모집한사실로박달준김봉률은당시검거되여모다 제령위반으로 징역일년식을살엇스며 김장윤외두사람은 도망하아종적을감추엇다가이번에톄포된것이라더라

146. 僧侶出身の独立軍の金章允が海印寺・梵魚寺・金龍寺などの寺院で軍資金を調達したことを報道した『東亜日報』の記事(1927年10月15日)。

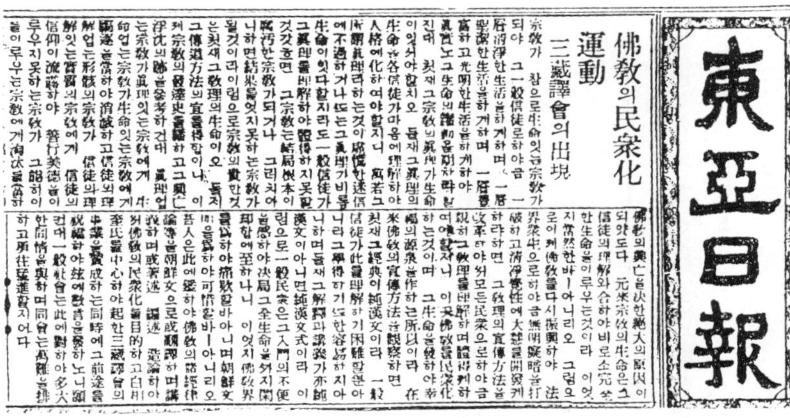

東亞日報

佛教의民衆化
運動
三藏譯會의出現

147. 白龍城の訳経事業の組織体である三蔵訳会の出現。3·1 独立運動当時、民族代表 33 人だった白龍城が出獄後、展開した訳経事業の組織であった三蔵訳会の出現の意義を報道した『東亜日報』社説（1921 年 8 月 28 日）。

148. 白龍城が出獄後初の訳経・出版された『新訳大蔵経』。1922 年 1 月に三蔵訳会が発行した純ハングル金剛經。

佛教社會化를爲하야
한룡운씨등이법보회를조직
팔만대장경을국문으로번역

149. 仏教社会化のための韓龍雲の抱負。仏教社会化と八万大蔵経をハングルに翻訳するために法宝会を組織するという韓龍雲の抱負を伝えた『東亜日報』の記事（1922 年 9 月 25 日）。

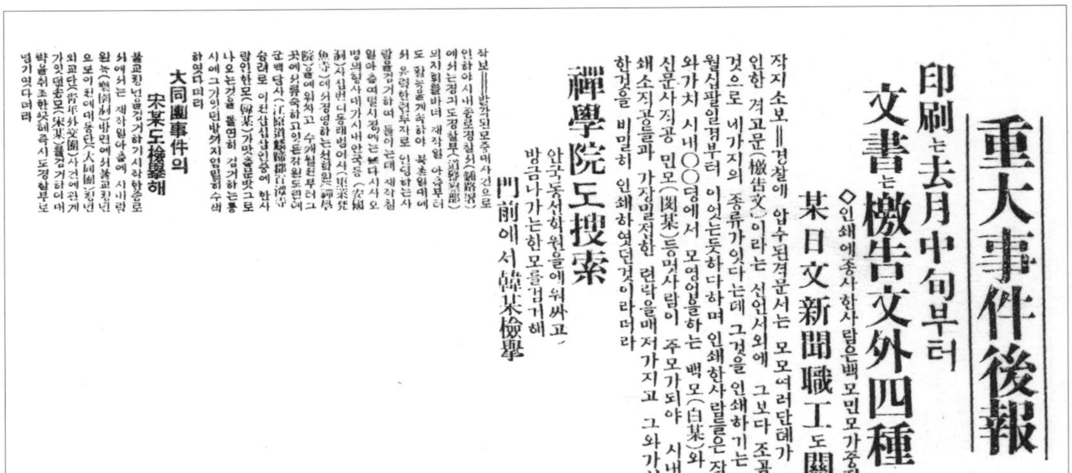

重大事件後報

印刷는去月中旬부터
文書는檄告文外四種
◇인쇄에종사한사람은백모민모가중진
某日文新聞職工도關係

작지소보=경찰에 압수된격문서는 모모여러단톄가 서명날인한 격고문(檄告文)이라는 선언서외에 그보다 조곰식적은 것으로 네가지의 종류가잇다는데 그것을 인쇄하기는 지난오월십팔일경부터 이엇는듯하다하며 인쇄한사람들은 작보한바와가치 시내○○뎡에서 모영업을하는 백모(白某)와 모일문신문사직공 민모(閔某)등의몃사람이 주모가되야 시내모모인쇄소직공들과 가장밀접한 련락을매저가지고 그와가치 다수한것을 비밀히 인쇄하엿던것이라더라

禪學院도搜索
안국동선학원을에워싸고
방금나가는한모를검거해
門前에서韓某檢擧

大同團事件의
宋某도檢擧해

150. 韓龍雲と宋世浩逮捕の報道記事。6・10 万歳運動当時、日帝が禅学院を捜索して韓龍雲を検挙し、また、抗日僧侶である宋世浩をソウル市内楽園洞の近くで逮捕したことを伝える 1926 年 6 月 9 日付『東亜日報』の記事。宋世浩（月精寺）は、上海を拠点に激しい独立運動を展開した僧侶である。

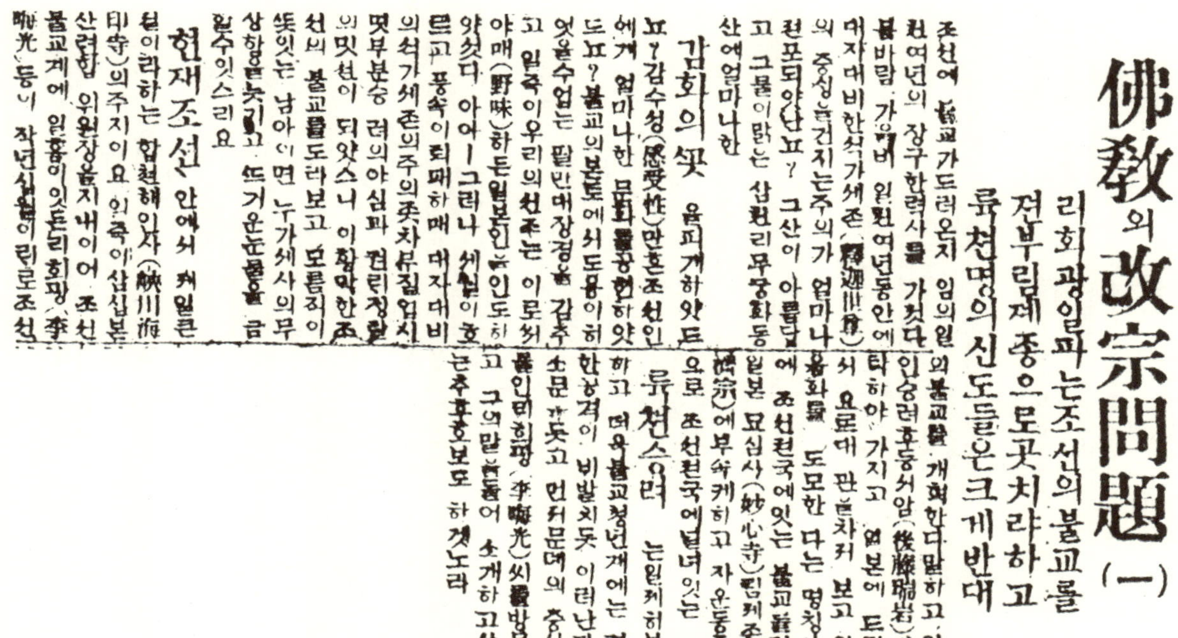

佛教의改宗問題（一）

리회광일파는조선의불교를

전부림제종으로곳치라하고

륙천명의신도들은크게반대

151. 李晦光の日本臨済宗との連合策略の報道記事。李晦光は 1910 年 10 月、日本曹洞宗との盟約が結局失敗に帰すと再び、日本臨済宗との連携を模索した。李晦光のこのような行為に対して、当時、約 6,000 名の僧侶たちが非常に反対したことがわかる（『東亜日報』1920 年 6 月 24 日）。

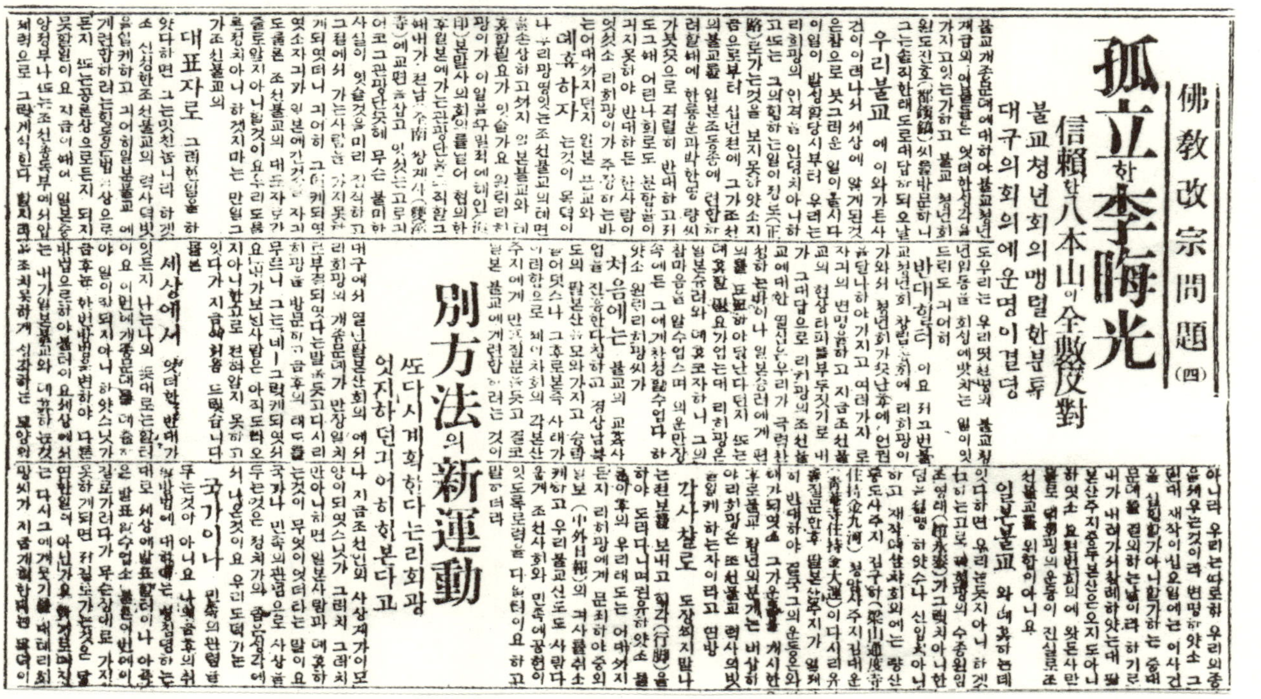

佛教改宗問題（四）

孤立한李晦光

信頼한八本山이全數反對

불교청년회의맹렬한분투

대구의회의에운명이결뎡

別方法의新運動

152. 孤立した李晦光。李晦光のこのような行動に対して、それまで彼を支持していた 8 本山も反対しており、特に仏教青年会でも激しい反対運動を展開した結果、李晦光は最終的に孤立してしまった。彼は 1933 年、玉水洞の見性庵という尼寺で寂しく一生を終えた（『東亜日報』1920 年 6 月 27 日）。

改宗戰爭의再開는
朝鮮佛教界의恥辱
리회광일파의개종운동에
반대운동을하든강대련은
명예훼손으로고소를당히

153. 李晦光が再び日本仏教臨済宗と連合して、仏教改革を推進したことを伝えた記事。李晦光は、すでに 1910 年にも日本仏教の曹洞宗と朝鮮仏教の買宗盟約を結んだ張本人であった（『東亜日報』1926 年 4 月 18 日）。

看板은朝鮮佛教總本山
主旨는日鮮融和와政教一致
소위됴선불교를개혁한다는리회광일파
일선융화를표방하고일본가서암중비약
暗中에飛躍하는李晦光一派

154. 看板は「朝鮮仏教総本山」、趣旨は「日鮮融和」と政教一致。李晦光は 1926 年 5 月頃、再び「仏教改革」という大義名分の下、日本仏教を利用した反民族仏教の行動をとった（『東亜日報』1926 年 5 月 12 日）。

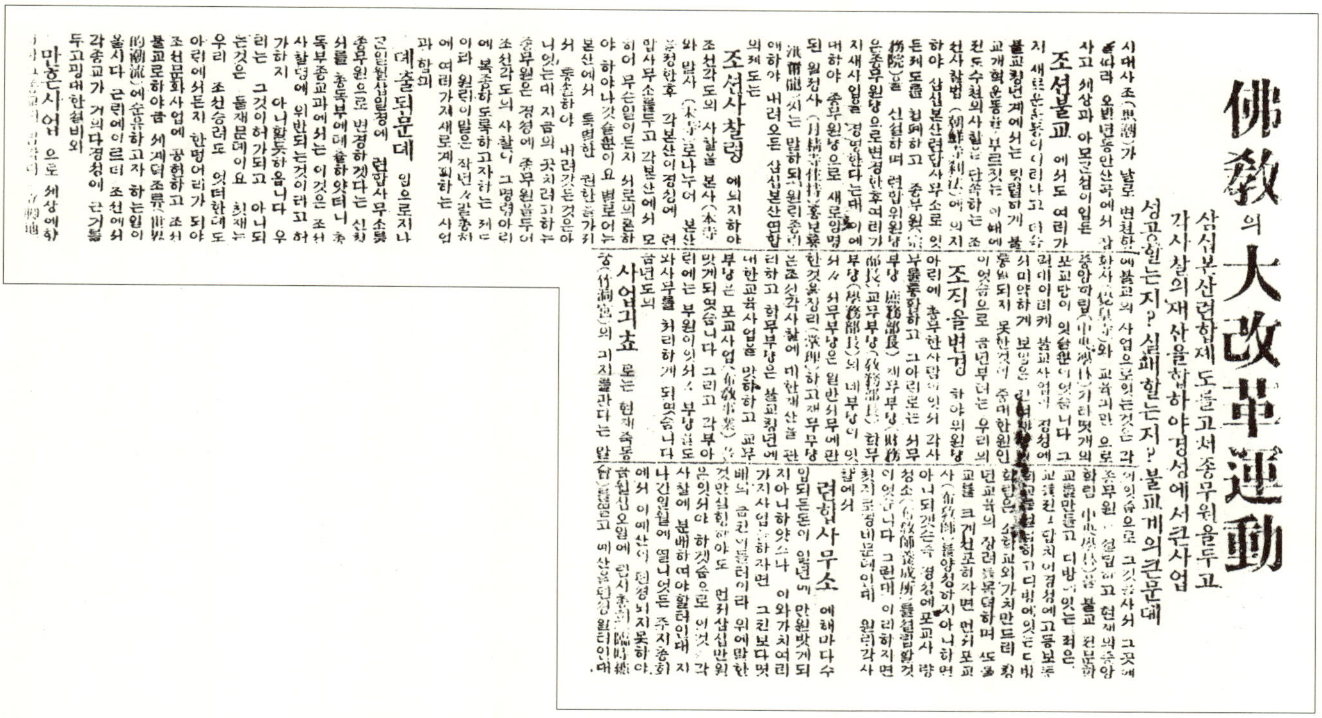

佛教의 大改革運動

삼십본산련합제도를고쳐종무원을두고
각사찰의재산을합하야경성에서큰사업
성공을할는지? 실패할는지? 불교계의큰문데

155. 仏教の大改革運動。寺刹令で定めた30本山本末寺制度の改正、寺院財産統一などは当時としては革新的であり、かつ日本の寺院政策に目障りな内容だった（『東亜日報』1921年3月9日）。

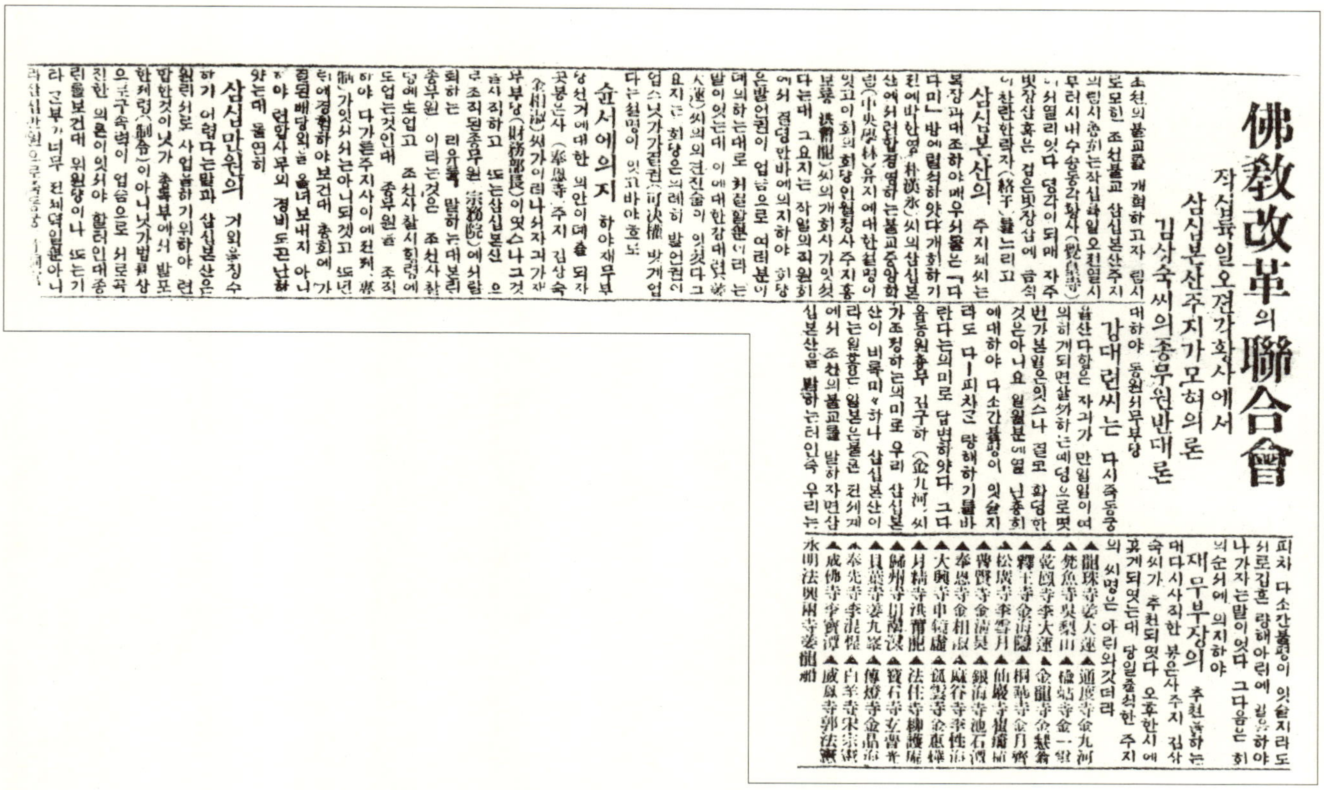

佛教改革의聯合會

삼십본산주지가모혀의론
김상숙씨의종무원반대론

156. 仏教改革の連合会。3·1独立運動以後、仏教界に吹き荒れた改革の雰囲気を伝える記事（『東亜日報』1921年3月17日）。

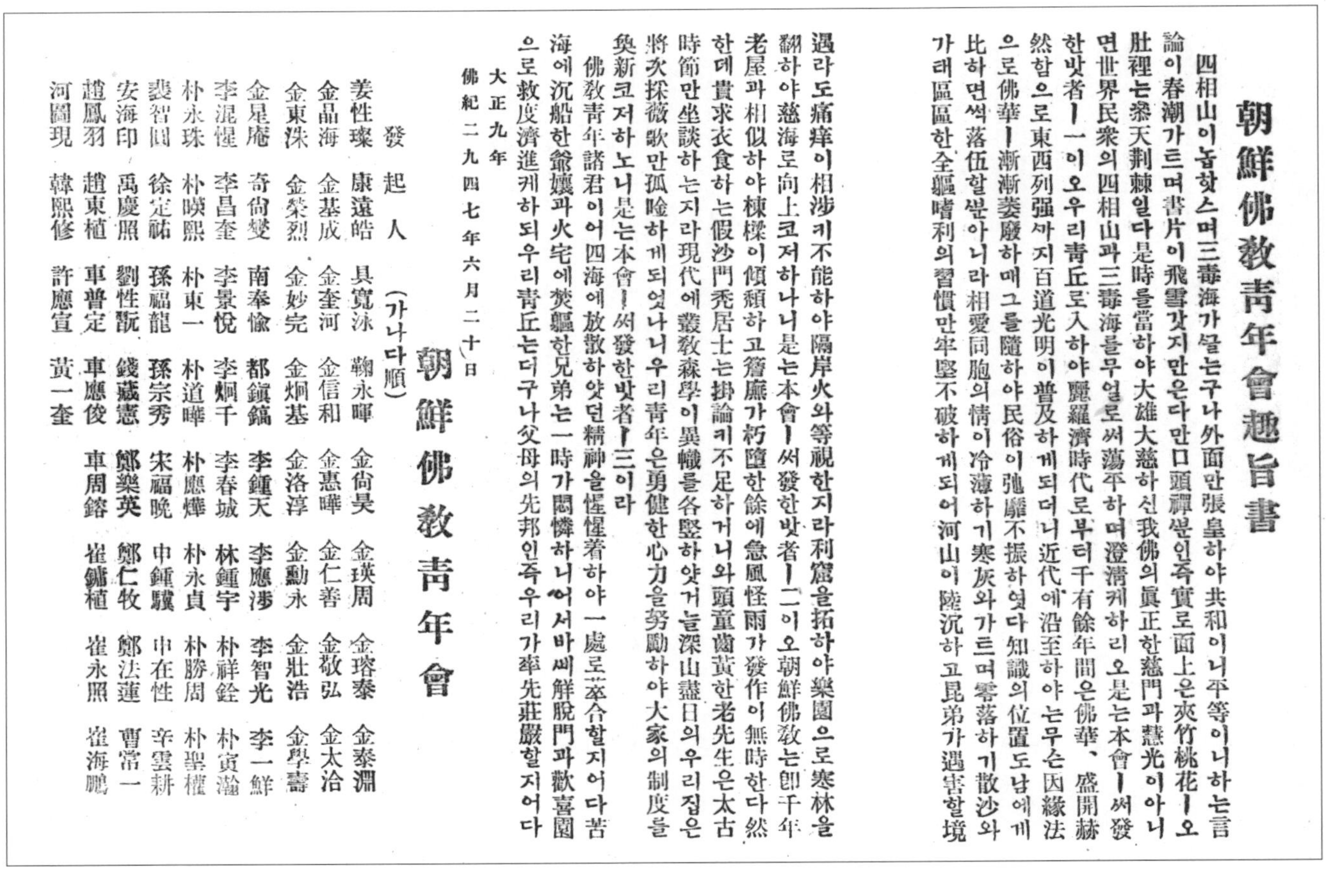

朝鮮佛教青年會趣旨書

四相山이놉핫스며三毒海가얄는구나外面만張皇하야共和이니平等이니하는言論이春潮가트며書片이飛雪갓지만은다만口頭禪뿐인즉實로面上은夾竹桃花ㅣ오肚裡는參天荆棘일다是時를當하야大雄大慈하신我佛의眞正한慈門과慧光이아니면世界民衆의四相山과三毒海를무엇로써蕩平하며澄淸케하리오是는本會ㅣ써發한밧者ㅣ一이오우리青丘로入하야麗羅濟時代로부터千有餘年間은佛華、盛開赫然함으로東西列强까지百道光明이普及하게되더니近代에沿至하야는무슨因緣法으로佛華ㅣ漸漸萎廢하매그를隨하야民俗이弛靡不振하엿다知識의位置도남에게比하면써落伍할뿐아니라相愛同胞의情이冷薄하기寒灰와가트며零落하기散沙와가태區區한全軀嗜利의習慣만牢堅不破하게되어河山이陸沉하고昆弟가遇害할境遇라도痛痒이相涉키不能하야隔岸火와等視한지라利窟을拓하야樂園으로寒林을飜하야慈海로向上코저하나니是는本會ㅣ써發한밧者ㅣ二이오朝鮮佛敎는卽千年老屋과相似하야棟樑이傾頹하고簷廡가朽墮한餘에急風怪雨가發作이無時한다然한데貴求衣食하는假沙門禿居士는掛論키不足하거니와頭童齒黃한老先生은太古時節만坐談하는지라現代에叢敎森學이異幟를各竪하얏거늘深山盡日의우리집은將次採薇歌만孤唫하게되엿나니우리青年은勇健한心力을努勵하야大家의制度를奐新코저하노니是는本會ㅣ써發한밧者ㅣ三이라

佛敎青年諸君이어四海에放散하얏던精神을惺惺着하야一處로萃合할지어다苦海에沉船한爺孃과火宅에焚軀한兄弟는一時가閔憐하니어서바삐解脫門과歡喜園으로救度濟進케하되우리青丘는더구나父母의先邦인즉우리가率先莊嚴할지어다

大正九年
佛紀二九四七年六月二十日

朝鮮佛教青年會

發起人（가나다順）

姜性璨　康遠皓　具寬泳　鞠永暉　金尙昊　金瑛周　金璐泰　金泰淵
金晶海　金基成　金奎河　金信和　金惠暐　金仁善　金敬弘　金太洽
金東洙　金榮烈　金妙完　金烔基　金洛淳　金勳永　金壯浩　金學壽
金星庵　奇尙燮　南奉愉　都鎭鎬　李鍾天　李應涉　李智光　李一鮮
李混惺　李昌奎　李景悅　李烔千　李春城　林鍾宇　朴祥銓　朴寅瀅
朴永珠　朴暎熙　朴東一　朴道曄　朴應燁　朴永貞　朴勝周　朴聖權
裵智圓　徐定祜　孫福龍　孫宗秀　宋福晩　申鍾驥　申在性　辛雲耕
安海印　禹慶照　劉性翫　錢藏憲　鄭樂英　鄭仁牧　鄭法蓮　曹常一
趙鳳羽　趙東植　車普定　車應俊　車周鎔　崔鏞植　崔永照　崔海鵬
河圖現　韓熙修　許應宣　黃一奎

157. 朝鮮仏教青年会の趣旨書と発起人。1920年6月に発足した朝鮮仏教青年会は、仏教青年運動の中心体として以後、仏教改革の先鋒となった。発起人名簿には金尚昊、金泰治、李春城、朴暎熙、都鎮鎬などの名前が見える。

158. 通度寺の仏教青年会から刊行された仏教雑誌『鷲山宝林』。1920年1月25日に創刊、同年の10月15日に通巻6号で終刊（口絵27ページ）。

159. 朝鮮仏教青年会のサッカー部。青年会では体育活動の一環としてサッカー部を育成したが、この写真は、1922年第3回全朝鮮サッカー大会の優勝記念のものである（培材学堂の運動場）。

千餘의 佛教青年이

「유신회」를조직코자운동중
명춘주지총회에개혁안데출

시세의변천함을따라 종리 산중에잇서서세상사람과인연이멀든조선불교계에서도 여러가지 새로운사업이 발흥하고 더욱불교청년사이에는 격렬한 혁신운동을이르키어 문화발달에 노력중임은 임의루차 보도한바이어니와 명년일월부터

경성에서 열리는 삼십본산주지총회에 혁신할데목을 데출하기위하야 불교청년중 김법광(金法光)씨외 사씨의 발기로 불교유신회(佛教維新會)를 발긔하야 방금디방에잇는 각사찰청년에게 가입을권유하야 참가를승락한사람이 임의 수빅여명이라는데 이에대하야 불교계의모씨는말하되 원래 조선불교계의중대한일은삼십본산주지가하여가는터인대 물론 주지제씨도불교진흥을 위하야 무한한힘을쓰는형편은 우리나 일반이 알지마는 사업의범위가 크니만콤일반외의사를 모두어 최신한방침을 채용하기위하야 우리는

유신회를 설립한것 이올시다 금년일월주지 총회때에도청년들이 유신회를 림시로조직하야 여러가지일을 건의한일이잇스나 그것은 림시이엿슴으로미흡한점이 업지아니 하얏는대금번에 조직한후에는 계속뎍으로두어 여러가지일을하야 나가고자 디방으로 회원가입을 권유하러내려갓는대 임의 가입한사람이 천여명이 넘가오는 이십오일내로는 발긔총회를열고 데데

방침을 결뎡하겟지마는 우리싱각에는 첫재여러가지 불교의제도를 변경할일 둘재는모든재정을통일할일 셋재는 여러사찰의소유재산을 정리할일 넷재는학문교를일으키고포교를확실히할일등네가지강령이라고」말하더라

160. 約 1,000 名の仏教青年たちが、朝鮮仏教維新会を組織するために活動していることを伝えた記事（『東亜日報』1921 年 12 月 15 日）。

寺刹令撤廢에 對하야

다시총독부에교섭하기로
데이회불교유신청년총회

조선의 불교계를 혁신할목뎍으로불교계의 청년들이 모히어작년에 조직된불교유신회(佛教維新會)에서는 재작륙일오후두시부터시내수송동각황사(覺皇寺)에서데이회 총회를열고 리종텬(李鍾天)씨의사회아래에서의사를진행하얏는데 순서를딸아회원을 점검한후 전회회록의랑독이그동안지내온 일반사항에 대한경과보고를 맛치고 회원일동이 금후의유지방침에대하야 서로의견을 교환한뒤에 총독부에서 종교의자유를 인뎡한다하면서도 조선불교에대하야 종래에사혹하게 간섭하여오든 조선사찰령(朝鮮寺刹令)을 폐지하여달라는 문뎨의 건백서(建白書)에 대하야 토의하얏는데 그건백서를 데출한뒤에 당국에서도 하등의소식이업스며 그회간누돌도 그동안 아모리한면회이업섯슴으로 다시 박한영(朴漢永) 김경홍(金敬弘) 량씨외에일곱명을 위원으로선뎡하야 일주일안으로 당국에 다시질문하기로하고다섯시에폐회하얏다더라

任員全部改選

유신회총회데이일

불교유신회 에서 데이회총회를재작일 각황사에서 열엇다함은별항과갓거니와 작일에도 오전십시부터 각황사에서리종텬(李鍾天)씨사회로 맛치지못한의사(議事)의일부를계속하야진행하얏는데벽두에임원을개선히려는의견이이러나서종래에잇든임원는전부갈리고 새로전무리사(專務理事)강신창(姜信昌) 황일규(黃一奎)씨등을

만장일치 로 선뎡한뒤에여러가지 사항에대한 토의에들어가 벽두에강신창씨가 일어나비분강개한 어조로 그동안 아모리한 성공이 업섯스며 당국의무리한 간섭에 대하야 수수방관한 일반회원의 무긔력 무칭정함과 간부일동의 무능함을통철히 론난함에 말이너무과격하야 일부회원의 호상을사하 갑론을박(甲論乙駁)으로 한참수선하얏섯스나 강씨의 사과녀번벙으로 완화되얏고 잇대어

이전간부가 일어나서우리가 진실로성의가 업슴이 아니니 배후(背後)의모든목력이 그러케한것이라 그러나취임은 우리에게 잇는터 과거의모든불미한허물을 모다우리가 지는터이라하고 사퇴하고 이어 여러가지로 의론하는중이엇더라

161. 1923 年 1 月、第 2 回朝鮮仏教維新会総会で、寺刹令撤廃運動を継続推進した（『東亜日報』1923 年 1 月 8 日）。

寺刹令의 弊端을말하고

불교계의자유를부르지저
이천이빅명의유신회원이
當局에建白書를提出

조선불교의 쇠퇴한것을 분개하야조선천국에 널녀잇는 불교청년들이유신회(維新會)를조직한후여러가지로 불교유신을 운동중이라함은 임의루차 보도한바이어니와 그회에서는 금번에그회원유천규(劉天規)씨외이천이백팔십사명의 련서로 당문의건백서(建白書)를조선총독에게데출하얏는데 그요지는 먼저

됴선불교 의이천여년 동안의력사를들어 그간난한 경로를말하고 그외가른종에도 그시네에는 각々자유가 잇섯슴으로교화상에 큰공헌이잇섯스나 총독부에서 조선을통치하게 된후로사찰령을 발표하야 삼십본산의제도를 만드럿는대 그후로본산주지사이에는 각々가른 권리를밋고서로 다위를다토기에 골몰할뿐아니라 본산주지는 말사주지를 압박하야부질업시 서로다투고서로 미워하고 원망하는폐단이 싱기잇스며 이에따라서불교의 사업이라는것은 발이못되게황폐 되얏슨즉

당국에서 는속히본 산과말사의데도를 폐지하고 금후부터는 각사찰에 자유를 주어 정칭에통일긔관을 두고 모든일을하아나가도록 하게하야 주기를바란다는것이더라

162. 朝鮮仏教維新会、寺刹令廃止運動を展開。1922 年 4 月 19 日付で朝鮮仏教維新会では、日帝が制定した寺刹令を否定し、その撤廃運動を展開した。当時の仏教青年たちは、2,284 名の連署による建白書を朝鮮総督府に提出した（『東亜日報』1922 年 4 月 21 日）。

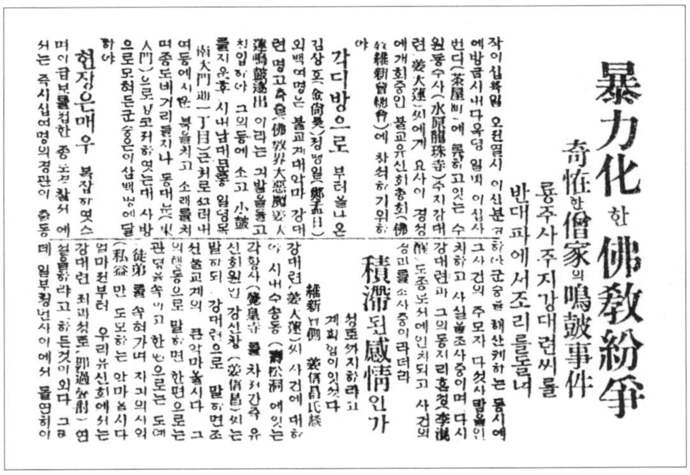

暴力化한佛教紛爭

奇恠한僧家의鳴鼓事件

룡주사주지강대련씨를 반대파에서조리를돌녀

163. 龍珠寺の住職・姜大蓮、路上で鳴鼓逐出。1922 年 3 月 26 日、仏教維新会の会員何人かは仏教改革に反対している龍珠寺住職・姜大蓮の背中に太鼓を背負わせた後、「仏教界大悪魔 姜大蓮 鳴鼓逐出」という旗を持って鐘路通りを往復させた。これを鳴鼓逐出事件という。その事件後、姜大蓮は根気強く「鳴鼓散人」というペンネームを使用した（『東亜日報』1922 年 3 月 27 日）。

暴力化한佛教戰

총무원의간판을몰내떼이어

작일오전에도각황사에분란

164. 朝鮮仏教界、総務院と教務院に二分。1923 年 1 ～ 2 月、すでに朝鮮仏教総務院と朝鮮仏教教務院とに二分された朝鮮仏教界は、当時事務所として使っていた覚皇寺で双方が互いに看板を撤去するなど、総務院と教務院の紛争が続いた。この紛争は翌年になって和解した。（『東亜日報』1923 年 2 月 26 日）。

事務室爭奪로格鬪

각황사안의활극

량편의간부일곱명을인치

165. 教務院と総務院、事務所争奪で格闘。覚皇寺の事務所を互いが占有するために起こった格闘事件。当時、仏教界は改革的な総務院と日帝の政策を受容する教務院が対立している最中、事務所占有問題が暴力事件に発展した（『東亜日報』1923 年 2 月 15 日）。

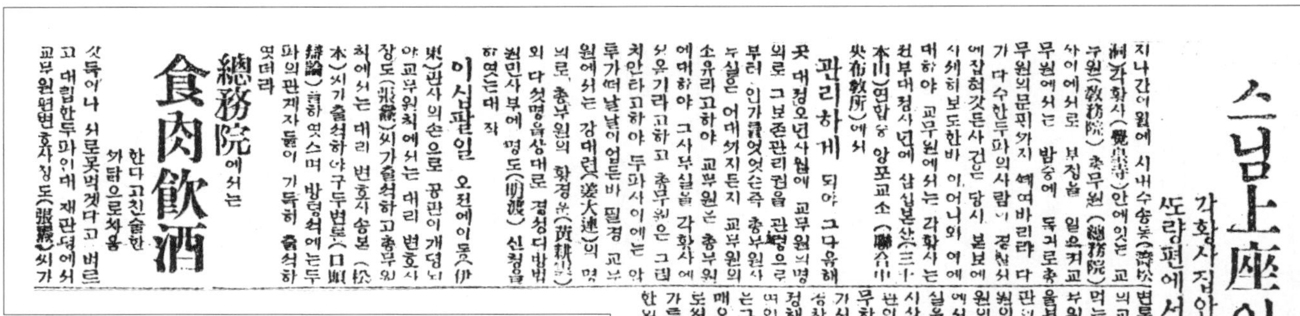

스님上座의亂鬪

각황사집안싸움의재판날

또량편에서편싸움이일어

總務院에서는 食肉飮酒

166. 総務院と教務院の看板取り付け問題は、法廷に飛び火。改革的な総務院と日帝の政策に追従する教務院間で起きた看板取り付けと事務所専用の問題は、ついに法廷へ（『東亜日報』1923 年 5 月 29 日）。

167. 覚皇寺内で仏教改革を主題に会議をしている30本山住職たち（1922年5月1日）。

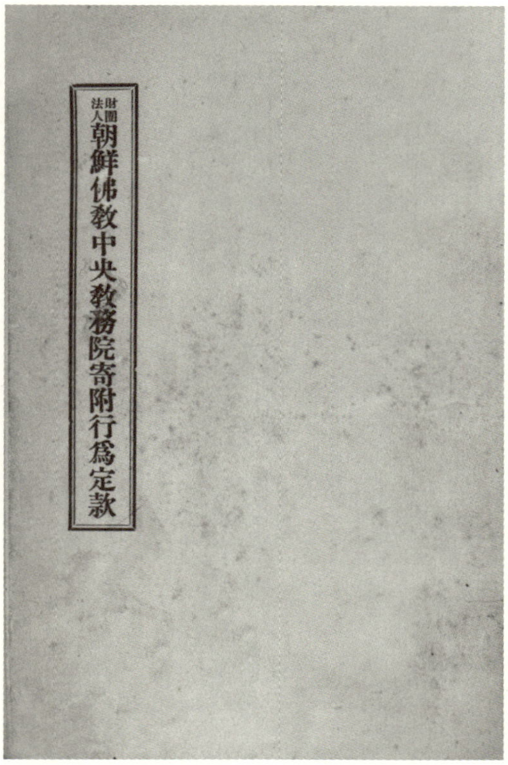

168. 日本のひそかな後援と協力で発足した財団法人朝鮮仏教中央教務院の寄付行為の定款（1922年12月）。

169. 財団法人朝鮮仏教中央教務院の全景（1924年8月）。

170. 教務院の理事たち、毎日申報社を訪問。総務院と教務院の葛藤・対立は、1924年4月に和解と譲歩で教務院に統合された。この写真は、統合後に毎日申報社を訪問した教務院理事の金九河、郭法鏡、呉梨山、羅晴湖、柳護菴、金一濟などである。

171. 教務院で各道の学務課長と朝鮮総督府の宗教課主任を招待して晩餐会を持って記念撮影をした様子（教務院法堂、1924 年 6 月 20 日）。

佛日再輝

奉水

齋藤總督閣下題字

年來에睽離分裂하야亂麻의局面을이루엇든朝鮮佛敎는今에僧伽即和合이라는本旨를洞覺한下에서和氣融融한握手로佛敎機關의統一을圖하야隔閡가업서지고一合相이되여서財團法人이完成되고機關雜誌써지創刊하야斯界에一大新紀元이됨을讃歎隨喜하시는閣下는大筆을揮하야此의四個字를書하야朝鮮의佛日이再輝하기를企囑한것이라

172.『仏教』創刊号（1924 年 7 月 15 日）に掲載された朝鮮総督の揮毫。日帝の仏教政策と教務院の方針がうかがえる。

173. 教務院で朝鮮総督府の学務局長・李軫鎬（1）と宗教課長・兪萬兼（2）を招待して晩餐を持つ様子（1925 年 1 月）。

174. 朝鮮教務院が発行した仏教総合雑誌『仏教』創刊号。この雑誌は当時の仏教界の機関誌として1924年7月に創刊され、33年7月（通巻第108号）に財政難を理由に中断されたが、37年3月に再び『仏教（新）』の誌名で続刊・発行された（口絵29ページ）。

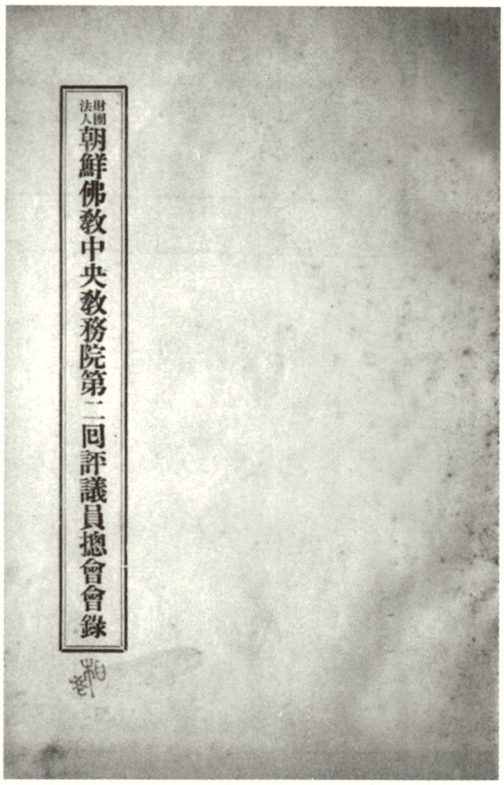

175. 教務院の第2回評議員総会会録（1924年3月）。30本山住職たちで構成され評議員たちは、毎年3月に覚皇寺内の事務所で、1年間の事業などを討議・決定した。

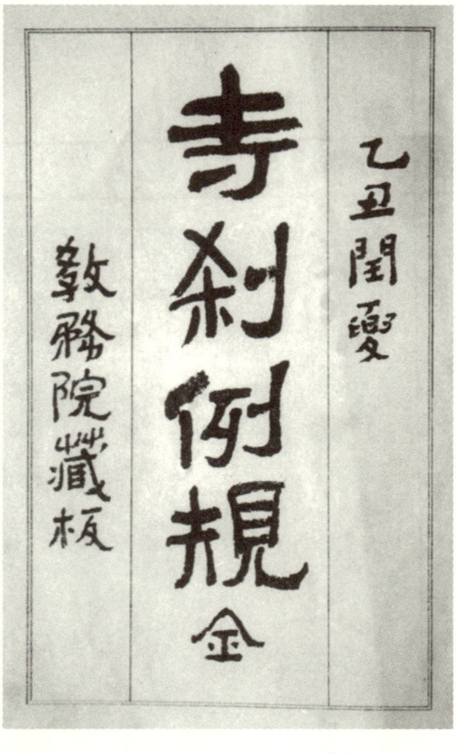

176. 1925年に教務院が発刊した『寺刹例規』の表紙。

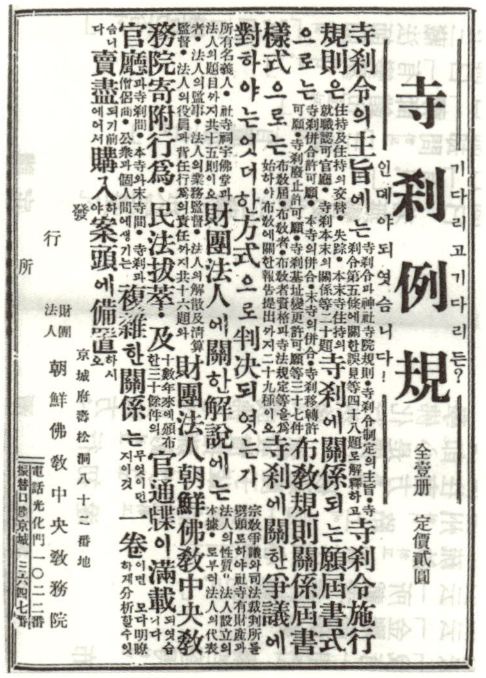
寺刹例規
全壹册 定價貳圓
기다리고기다리든?
인제야되엿슴니다!
寺刹令의主旨에는寺刹令과神社寺院規則・寺刹令制定의主旨・寺刹令第五條에關한誤見等四十八題로解釋하고寺刹令施行
規則은住持及住持의交替・失踪・本末寺住持의就職認可官廳・寺刹本末의關係等二十題寺刹에關係되는願屆書式
으로는寺刹倂合許可願・本寺의倂合・末寺의倂合・寺刹移轉許可願・寺刹廢止許可願・寺刹基址變更許可願等三十七件布教規則關係屆書
樣式으로는布教屆・布教者・布教者資格과寺法規定等을爲始하야布教에關한報告提出外지二十九種이오寺刹에關한爭議에
對하야는엇더한方式으로判決되엿는가宗教爭議와司法裁判所를劈頭로하야社寺有財産과
所有名義人・社寺祠宇佛堂과法人의題目外지共十五則이오財團法人에關한解說에는法人의性質"法人設立의本據・로부터法人의代表
者・法人의監事・法人의業務監督・法人의解散及清算監督・法人의役員과背任行爲의責任外지共十六題와財團法人朝鮮佛教中央教
務院寄附行爲・民法拔萃・及十數年來에頒布한三十餘件의官通牒이滿載되엿슴니다
官廳과寺刹間・本寺와末寺間・寺刹과僧侶間・公衆과個人間에생기는複雜한關係는무엇이던지이것一卷이면모다明瞭하게分析할수잇
슴니다賣盡되기前에어서購入하야案頭에備置하시오
發行所
京城府壽松洞八十二番地
財團法人朝鮮佛教中央教務院
電話光化門一〇二二番
振替口座京城一三六四七番

177.『仏教』第13号（1925年6月）に掲載された『寺刹例規』の案内広告。

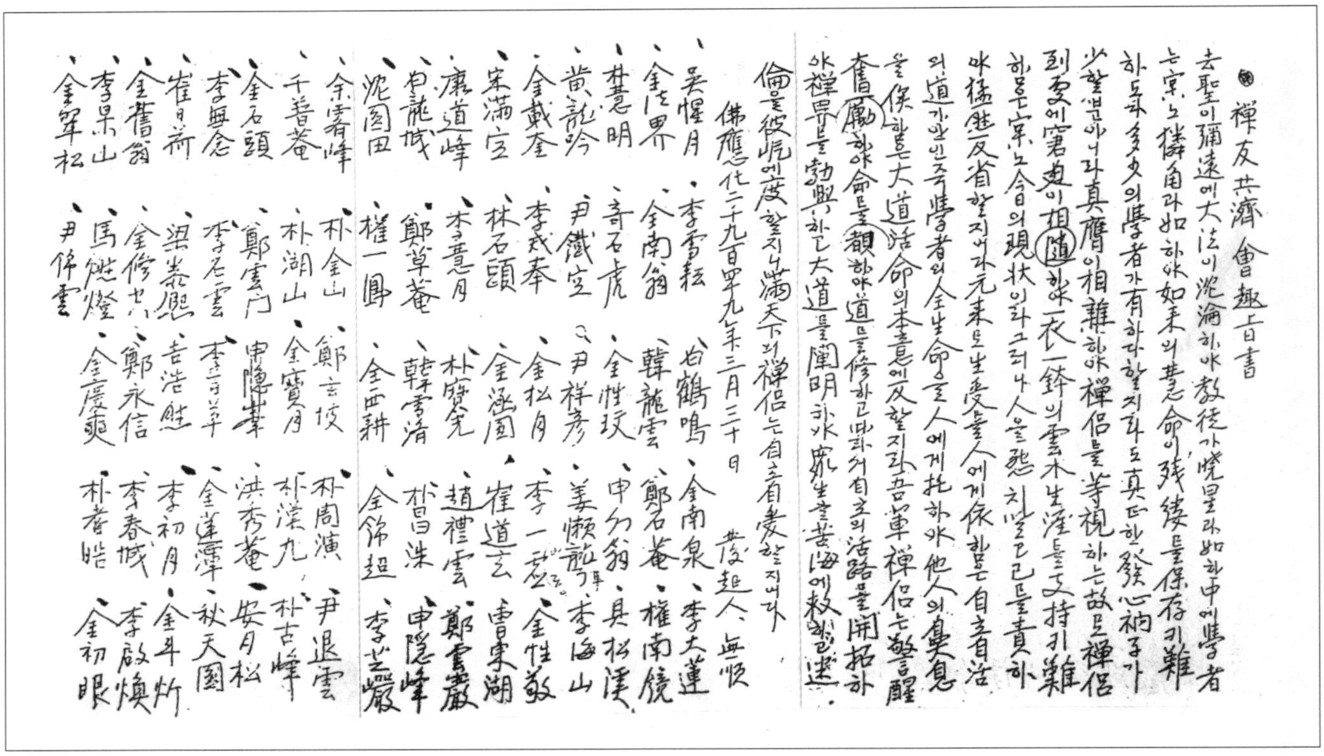

禪友共濟會趣旨書

178. 禅友共済会の趣旨書。禅友共済会は、禅学院を中心に朝鮮仏教の伝統を守ろうとする首座たちの組織体で、1922年3月30日～4月1日の総会で発足した。当時の首座たちは、修行環境の改善を自立自愛として解決するという意志を具現したが、その発起人には白鶴鳴、韓龍雲、申幻翁、宋満空、呉惺月、金南泉、寄石虎、李春城、朴古峰など、私たちの記憶に鮮やかな高僧の名前を見ることができる。

179. 禅友共済会の自願金録の表紙（1922年3月24日）。

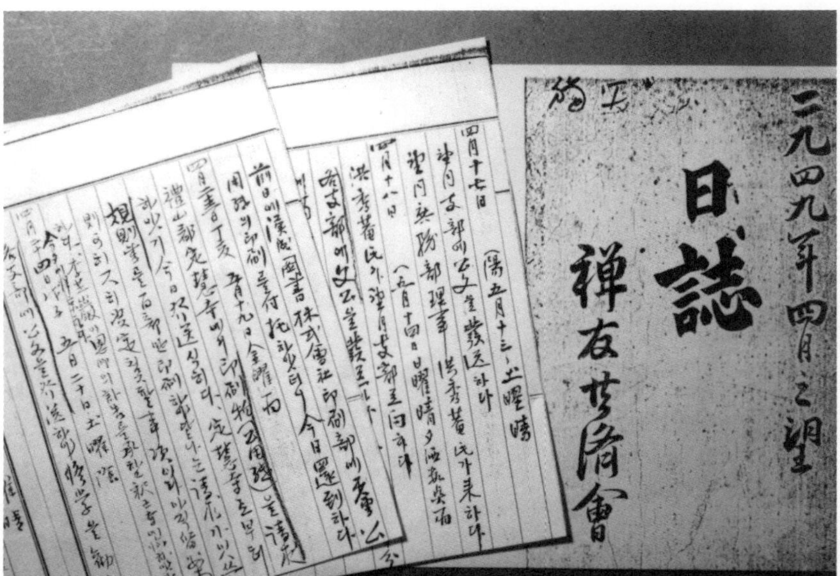

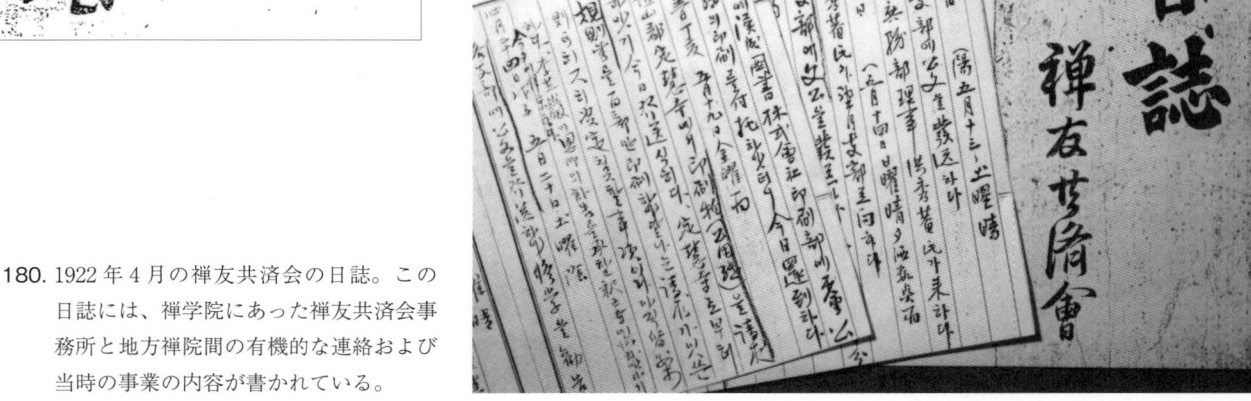

180. 1922年4月の禅友共済会の日誌。この日誌には、禅学院にあった禅友共済会事務所と地方禅院間の有機的な連絡および当時の事業の内容が書かれている。

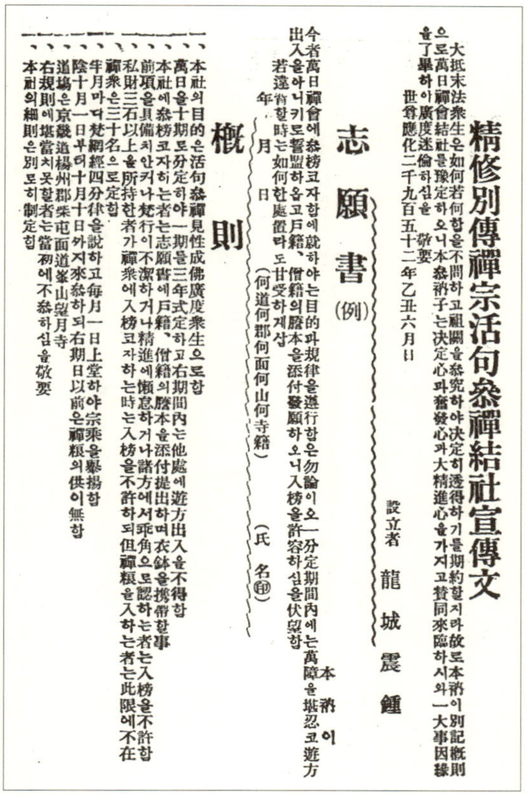

精修別傳禪宗活句叅禪結社宣傳文

大抵末法衆生은如何若何함을不問하고祖關을叅究하야決定히透得하기를期約할지라故로本衲이別記概則으로萬日禪會結社를豫定하오니本叅衲子는決定心과奮發心과大精進心을가지고賛同來臨하시와一大事因緣을了畢하야廣度迷倫하심을敬要

世尊應化二千九百五十二年乙丑六月日

設立者 龍城震鍾

志願書(例)

今者萬日禪會에叅榜코자함에就하야는目的과規律을遵行함은勿論이오一分定期間內에는萬障을堪忍코遊方出入을아니키로誓盟하옵고戶籍、僧籍의謄本을添付發願하오니入榜을許容하심을伏望함 本衲이

若違背할時는如何한處置라도甘受하겟삽

年 月 日 (何道何郡何面何山何寺籍) (氏 名㊞)

概則

一、本社의目的은活句叅禪見性成佛廣度衆生으로함
一、萬日을十期로分定하야一期를三年式定하고右期間內는他處에遊方出入을不得함
一、本社에叅榜코자하는者는志願書에戶籍、僧籍의謄本을添付提出하며衣鉢을携帶할事
一、前項을具備치안커나梵行이不潔하거나精進에懶怠하거나諸方에서乖角으로認하는者는入榜을不許함
一、私財三石以上을所持한者가禪衆에入榜코자하는時는入榜을不許하되但禪粮을入하는者는此限에不在함
一、禪衆은三十名으로定함
一、年마다梵網經四分律을說하고每月一日上堂하야宗乘을擧揚함
一、陰十月一日부터十月十日까지來叅하되右期日以前은禪粮의供이無함
一、道場은京畿道楊州郡柴屯面道峯山望月寺
一、右規則에堪當치못할者는當初에不叅하심을敬要
一、本社의細則은別로히制定함

181. 白龍城が、1924年10月から望月寺で展開した萬日参禅結社の宣伝文および申込書、概則。白龍城は禅律の均衡的自立を標榜したが、しばらくして望月寺の保安林問題で結社地を通度寺内院庵に移転した。

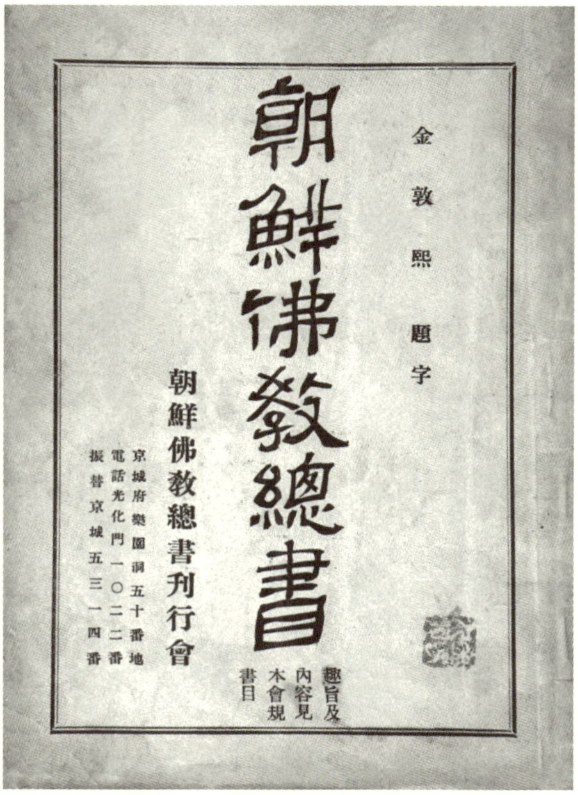

182.『朝鮮仏教総書』目録(1925年7月15日)。朝鮮仏教総書刊行会が構成され、当時の朝鮮に現存していた木版本を複製出版するために作成した全目録。この目録には、珍しい本も数冊含まれていたが、当時の仏教界が一致協力して出発した仏書復刊事業が原稿収集の段階で中断されてしまった。

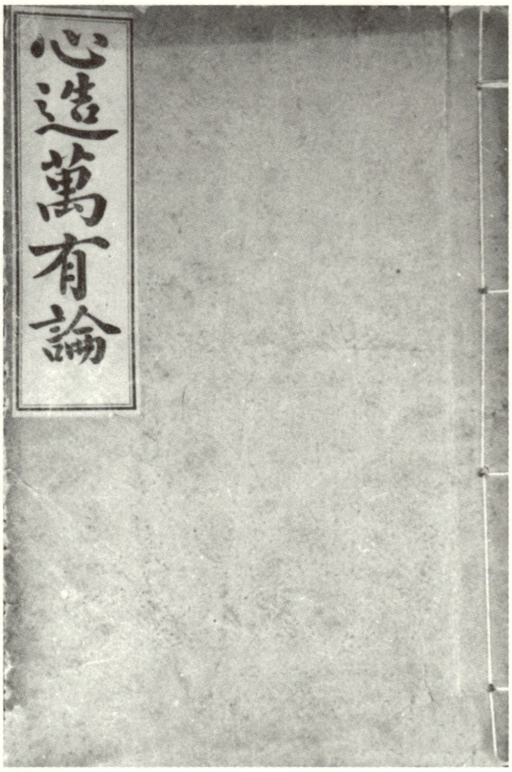

183. 3·1独立運動後、白龍城の最初の著作である『心造万有論』(三蔵訳会、1921年9月)。

184. 白龍城の著作『修心論』(大覚教中央本部、1936年4月)。

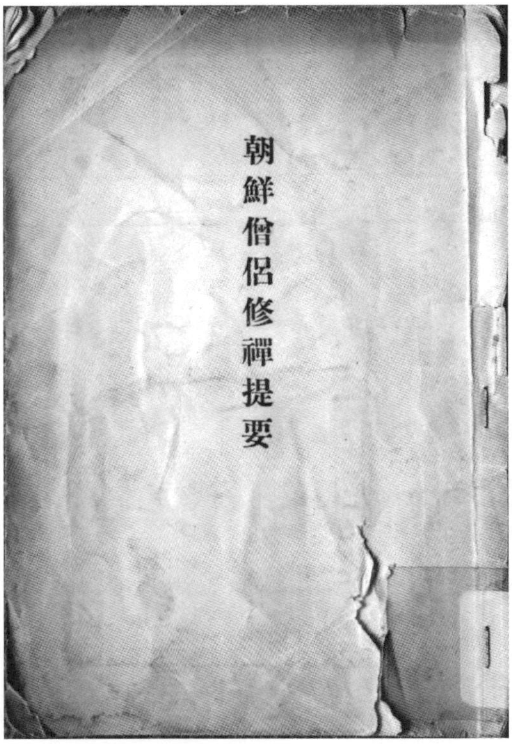

185. 朝鮮総督府が発行した『朝鮮僧侶修禅提要』。1928年9月に刊行されたこの本には、当時の禅院の組織と内容、現状などが詳しく載っている。

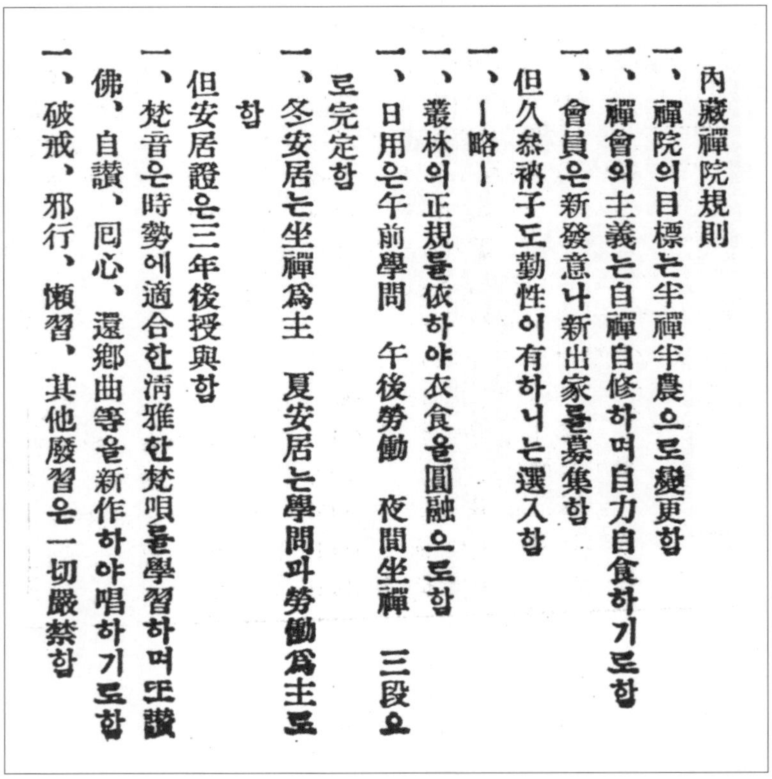

內藏禪院規則
一、禪院의目標는半禪半農으로變更함
一、禪會의主義는自禪自修하며自力自食하기로함
一、會員은新發意나新出家를募集함
但久叅衲子도勤性이有하니는選入함
一、一略一
一、叢林의正規를依하야衣食을圓融으로함
一、日用은午前學問 午後勞働 夜間坐禪 三段으로完定함
一、冬安居는坐禪爲主 夏安居는學問과勞働爲主로함
但安居證은三年後授與함
一、梵音은時勢에適合한淸雅한梵唄를學習하며또讃佛、自讃、回心、還鄕曲等을新作하야唱하기로함
一、破戒、邪行、懶習、其他廢習은一切嚴禁함

186. 白鶴鳴を実践に移した内蔵禅院の規則（『仏教』第46号と第47号の合併号、1928年7月）。

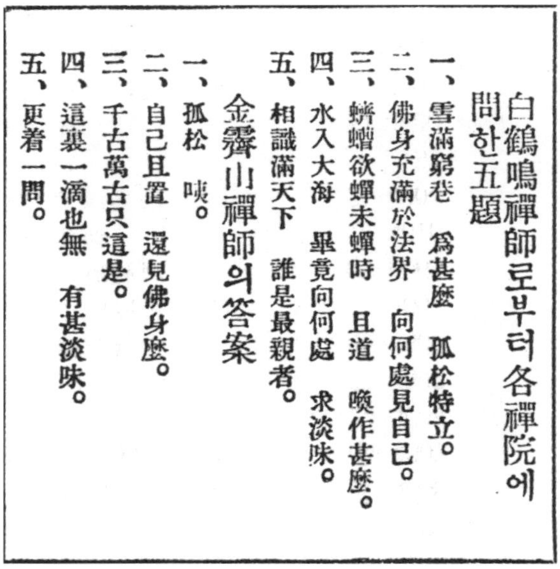

白鶴鳴禪師로부터各禪院에
問한五題
一、雪滿窮巷 爲甚麽 孤松特立。
二、佛身充滿於法界 向何處見自己。
三、蠐螬欲蟬未蟬時 且道 喚作甚麽。
四、水入大海 畢竟向何處 求淡味。
五、相識滿天下 誰是最親者。
金霽山禪師의答案
一、孤松 咦。
二、自己且置 還見佛身麽。
三、千古萬古只這是。
四、這裏一滴也無 有甚淡味。
五、更着一問。

187. 白鶴鳴が各禅院の首座に質問した5項目と金霽山による解答（『仏教』第60号、1929年6月）。

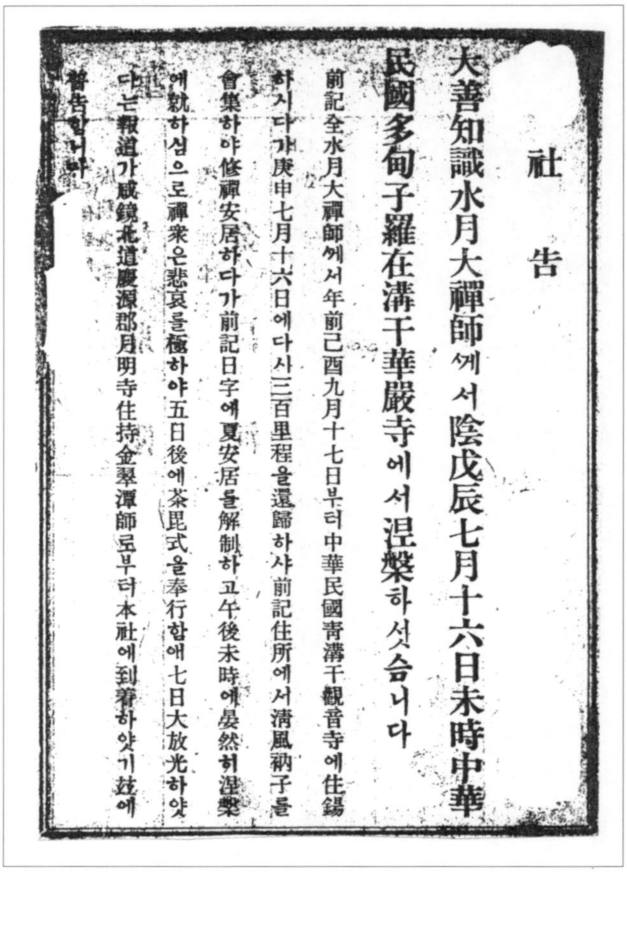

社告
大善知識水月大禪師께서陰戊辰七月十六日未時中華民國多句子羅在溝千華嚴寺에서涅槃하셧슴니다
前記全水月大禪師께서年前己酉九月十七日부터中華民國靑溝千觀音寺에住錫하시다가庚申七月十六日에다사三百里程을還歸하샤前記住所에서淸風衲子를會集하야修禪安居하다가前記日字에夏安居를解制하고午後未時에晏然히涅槃에就하심으로禪衆은悲哀를極하야五日後에茶毘式을奉行함애七日大放光하얏다는報道가咸鏡北道慶源郡月明寺住持金翠潭師로부터本社에到着하얏기玆에普告함니다

188. 水月僧侶の涅槃を通知する社告。水月は鏡虚の弟子として広く知られている近代の高僧である（『仏教』第55号、1929年1月）。

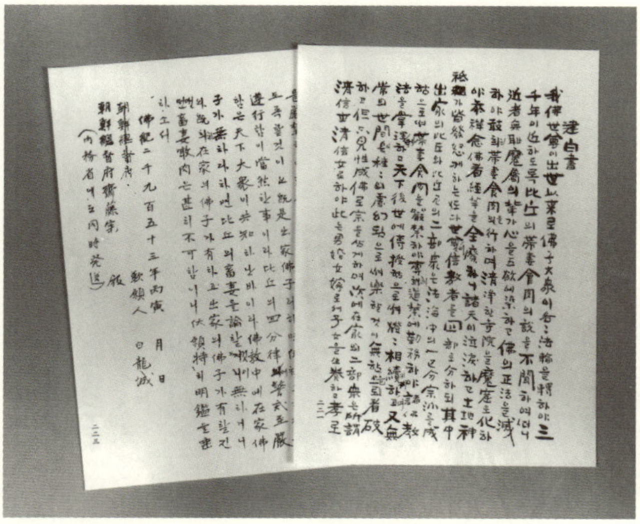

189. 白龍城が僧侶の肉食妻帯禁止を日帝当局に要請していた建白書（1926年）。白龍城は、その重要性に共感する僧侶126人の同意を得て、僧侶の妻帯が仏教における矛盾の根源であることを指摘して、仏教発展のための対案を促した。

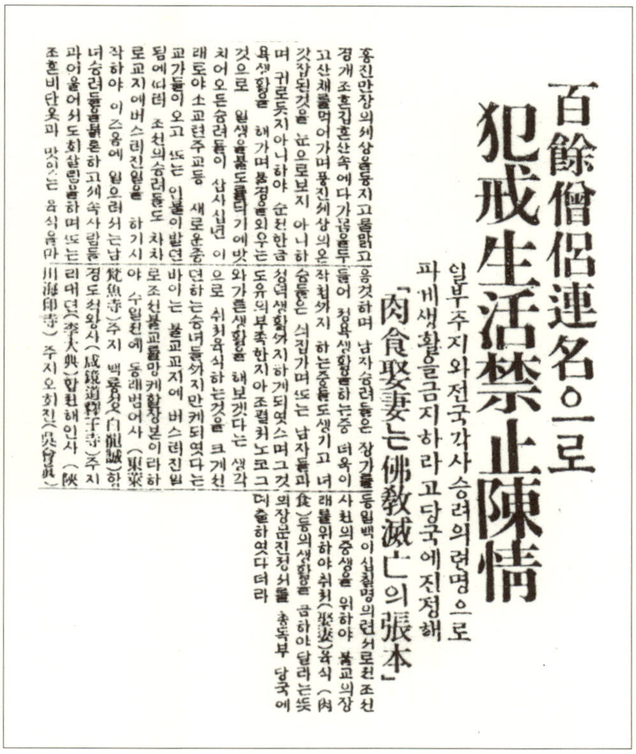

百餘僧侶連名으로
犯戒生活禁止陳情
일부주지와 전국각사 승려의련명으로
파계생활을금지하라고당국에진정해
「肉食娶妻는佛敎滅亡의張本」

홍진만장의세상을등지고를맑고옹것하며 남자승려들은 장가를들둥일백이십칠명의련서로된조선
경개조흔집흔산속에다가람을두들어 청욕생활을하는중 며욱이 사천의중생을 위하야 불교의장
고산채를먹어가며풍진세상의온작칙까지 하는중들도생기고 녀래를위하야취처(娶妻)육식(肉
갓잡된것을 눈으로보지 아니하승들은 싀집가며또는 남자들과食)등의생활을 금하야달라는뜻
며 귀로듯지아니하야 순천한금청덕생활까지하게되엿스며그것의장문진정서를 총독부 당국에
욕생활을 해가며불경을외우는도유의부족한지아조렵커노코그더출하엿다더라
것으로 일생을불도를닥기에밧와가튼생활을 해보겟다는 생각
치어오든승려들이 삽사십년 이으로 쉬처육식하는것을 크게천
래토야 소교련주교등 새로운종던하는승녀들까지만케되엿다는
교가들이오고 또는 인불이발뎐바이는 불교교지에 버스러진비
됨에따러 조천의승려들도 차차로조선불교를망케할장본이라하
로교지에버스러진일을 하기시야 수일전에 동래범어사(東萊
작하야 이즈음에 일으러서는남梵魚寺)주지 백룡성(白龍城)한
녀승려들을권하고세속사람들정도척왕사(咸鏡道釋王寺)주지
과이울어서도회살림을하며또는리대뎐(李大典)합천해인사(陜
조흔비단옷과 맛잇는 음식을마川海印寺)주지오회진(吳會眞)

190. 白龍城が日帝当局に送った建白書に関連する記事（『東亜日報』1926年5月19日）。

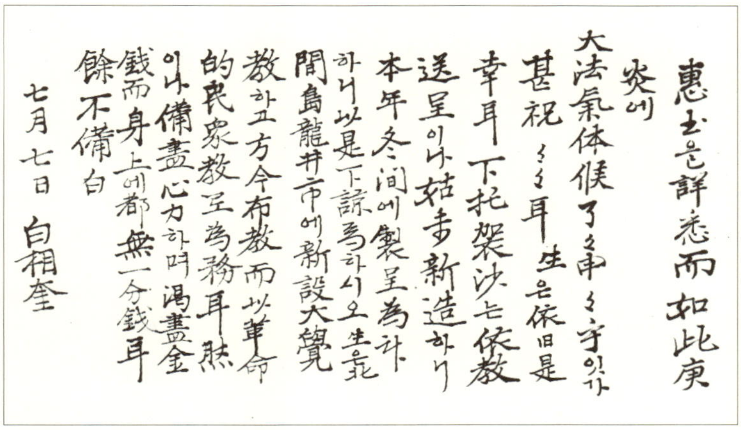

惠玉은 評悉而 如此庚
炎에
大法氣体候 [illegible]
甚祝々々耳 生은 依旧是
幸耳 下托袈裟는 依教
送呈이나 姑未新造하니
本年冬间에 製呈為計
하니 以是下諒焉하시오 生은
間島龍井市에 新設大覺
教하고 方今布教而 以革命
的民衆教로 為務耳 然
이나 備盡心力하며 渴盡金
錢而 身上에 都無一分錢耳
餘不備白
七月七日 白相奎

191. 白龍城が金鏡峰に送った手紙。この手紙の中で白龍城は、自分が進めている大覚教運動を革命的な民衆教として自評した。

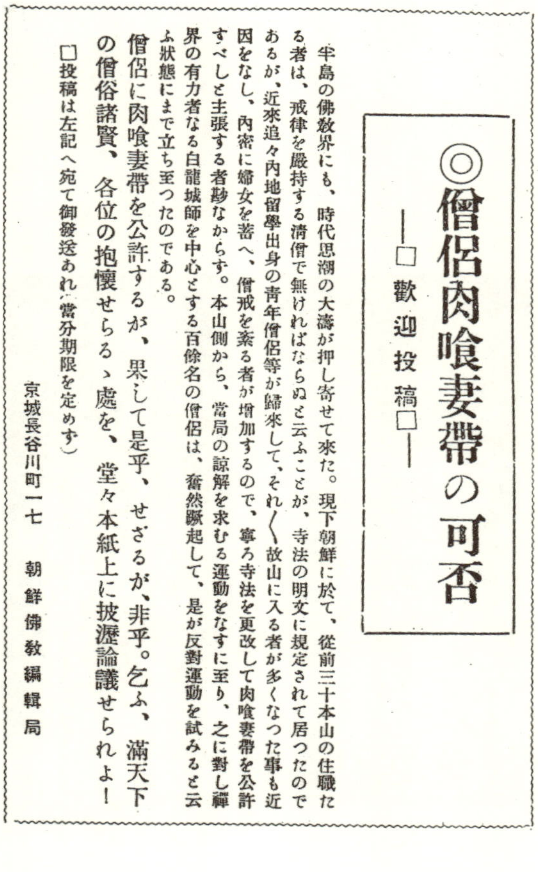

◎僧侶肉喰妻帯の可否
—□歡迎投稿□—

半島の佛教界にも、時代思潮の大濤が押し寄せて來た。現下朝鮮に於て、從前三十本山の住職たる者は、戒律を嚴持する淸僧で無ければならぬと云ふことが、寺法の明文に規定されて居つたのであるが、近來追々內地留學出身の靑年僧侶等が歸來して、それ〲故山に入る者が多くなつた事も近因をなし、內密に婦女を蓄へ、僧戒を紊る者が增加するので、寧ろ寺法を更改して肉喰妻帯を公許すべしと主張する者尠なからず。本山側から、當局の諒解を求むる運動をなすに至り、之に對し禪界の有力者なる白龍城師を中心とする百餘名の僧侶は、奮然蹶起して、是が反對運動を試みると云ふ狀態にまで立ち至つたのである。

僧侶に肉喰妻帯を公許するが、果して是乎、せざるが、非乎。乞ふ、滿天下の僧俗諸賢、各位の抱懷せらるゝ處を、堂々本紙上に披瀝論議せられよ！

□投稿は左記へ宛て御發送あれ（當分期限を定めず）

京城長谷川町一七　朝鮮佛教編輯局

192.「僧侶肉食妻帯」の可否に関連する投稿公告文。『朝鮮仏教』第26号（1926年6月）に掲載されたこの公告文と見ると、当時の仏教界では僧侶の肉食妻帯についての論争が激しく起こったことがわかる。

193. 朝鮮仏教女子青年会で運営した能仁女性学院の職員と学生たち。この学院は、女性仏教徒たちの教養教育を実施した（『朝鮮仏教』第12号、1925年11月）。

一 能仁女子學院
右學院は同佛教女子青年會敎
育部の經營するもので現下敎育
機關の不足と無知に泣く家庭婦
人の爲めに多少でも便宜を與へ
やうとして會館の一部を敎室に
し始めは二三十名の家庭婦人を
集めて幹部の五六人が名
つて熱心に敎へて來たが
るに從つて段々と經濟の
も立ち又學年も增へて來
は四年級までの生徒數が
近くもある。今春新學期
敎室を擴大し諸般の設備

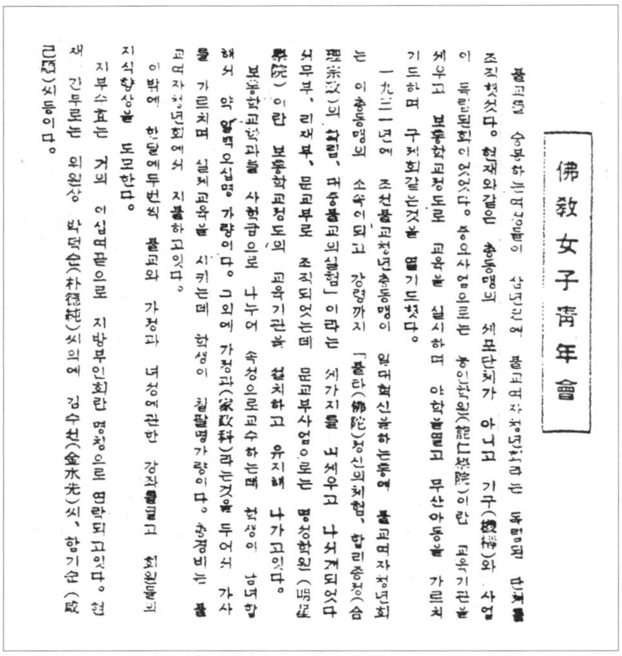

佛教女子青年會

불교여성 운동하는여성들이 삼년전에 불교여자청년회라는 독립된 단체를 조직했었다。현재와같은 총동맹의 세포단체가 아니고 기구(機構)와 사업이 독립된회이었다。종아사업으로는 능인학원(能仁學院)이란 교육기관을 세우고 보통학교정도로 교육을 실시하며 야학을열고 무산아동을 가르치기도하며 구제회같은것을 열기도했다。

一九三一년에 조선불교청년총동맹이 일대혁신을하는통에 불교여자청년회는 이총동맹의 소속이되고 강령까지 「불타(佛陀)정신의체험, 합리종정(合理宗政)의 확립, 대중불교의실현」이라는 세가지를 내세우고 나서게되었다 서무부, 리재부, 문교부로 조직되었는데 문교부사업으로는 명성학원(明星學院)이란 보통학교정도의 교육기관을 설치하고 유지해 나가고있다。

보통학교학과를 사학급으로 나누어 속성으로교수하는데 학생이 남녀합해서 약 일백오십명 가량이다。그외에 가정과(家政科)라는것을 두어서 가사를 가르치며 실제교육을 시키는데 학생이 칠팔명가량이다。총경비는 불교여자청년회에서 지불하고있다。

이밖에 한달에두번씩 불교와 가정과 녀성에관한 강좌를열고 회원들의 지식향상을 도모한다。

지부수효는 거의 이십여곳으로 지방부인회란 명칭으로 련락되고있다。현재 간부로는 위원장 박덕순(朴德純)씨외에 김수선(金水先)씨, 함기순(咸己順)씨등이다。

194. 朝鮮仏教女子青年会の組織と活動内容を伝える『新家庭』の内容文書。

195. 塞北鐘城仏教婦人会の創立記念。

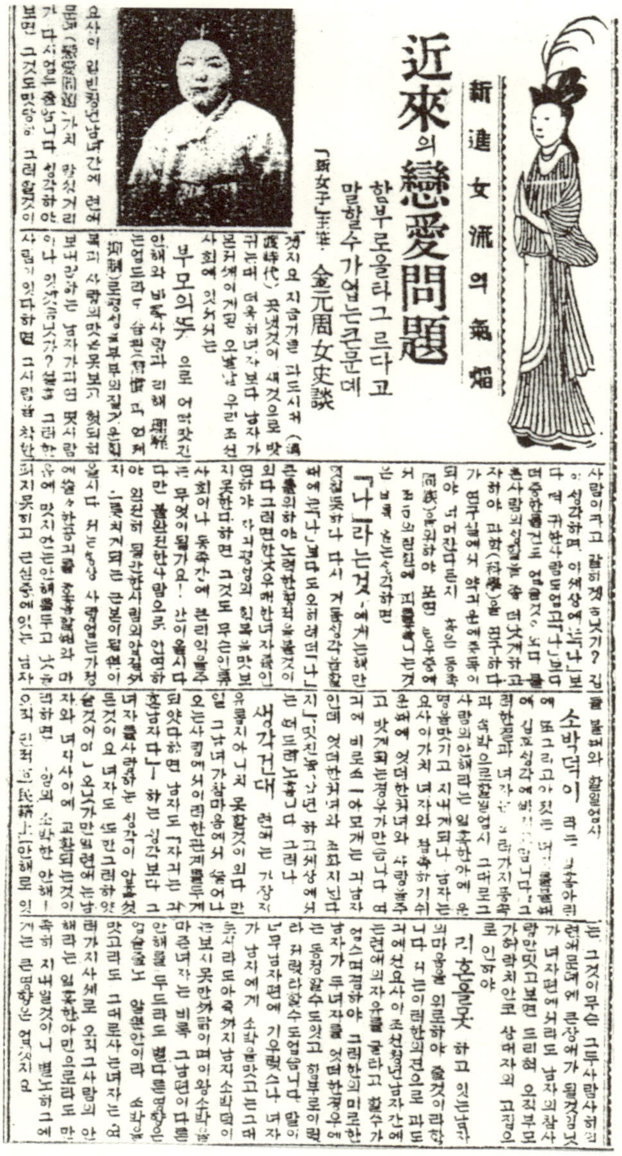

新進女流의氣焰

近來의戀愛問題

함부로올타그르다고
말할수가업는큰문데

「新女子」主筆 金元周女史談

196. 金一葉の恋愛観。金一葉が出家する前の俗名、金元周という名前で『東亜日報』(1921年2月24日)に寄稿した文章。新女性としての彼女の自由な意識を示している。

197. 金剛山のある庵子の尼僧（1925年6月)。尼僧の衣装が変わっている。

198. 入山前の金一葉。『仏教』文芸部記者と仏教女子青年会の庶務部幹事として活動した当時の写真(1920年代)。彼女はその後、修徳寺見性庵に入山し、出家する。1962年にベストセラー『青春を燃やし』を刊行した。

199. 金一葉と女性記者の懇談会。新女性を主題に開催された女性記者懇談会。この集まりに金一葉も参加した。

要求는時期問題
중앙학림의승격운동문데
각본산주지도취지는찬성

삼십본산

實力不及은虛言
전국의츄수만
하생편의주장

昇格은既定事實
학생의요구는

200. 中央学林の昇格運動。3·1独立運動直後、中央学林学生たちは、中央学林を仏教専門学校に昇格させてくれるよう要求した(『東亜日報』1921年10月21日)。中央学林のこのような要求と財政的な問題、そして、3・1万歳運動に参加した中央学林学生たちの傾向を把握した日帝は、中央学林を休校にした。その名分は、より堅実な専門学校を建てるということだった。

201. 京城（現在のソウル）で卒業した仏教留学生（1926年1月）。地方寺院からソウルの高等普通学校に学びに来た仏教青年たちの卒業記念撮影（二段目が卒業生）。当時はソウルで学ぶことも留学と呼んだ。

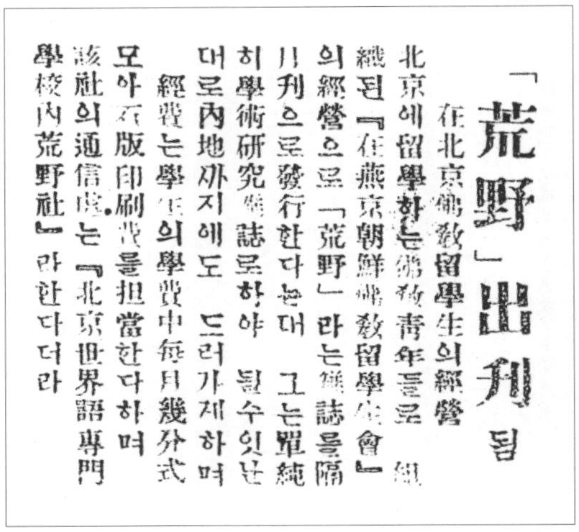
「荒野」出刊됨
在北京佛教留學生의經營

北京에留學하는佛教青年들로組織된『在燕京朝鮮佛教留學生會』의經營으로「荒野」라는雜誌를隔月刊으로發行한다는대 그는單純히學術研究雜誌로하야 될수잇난대로內地까지에도 드러가게하며
經費는學生의學費中每月幾分式모아石版印刷費를担當한다하며該社의通信處는『北京世界語專門學校內荒野社』라한다더라

202. 北京に留学した仏教青年たちが刊行した雑誌『荒野』の出版についての報道（『独立新聞』1924年3月21日）。

203. 中央仏教学友卒業生記念（1927年1月）。前列右から鄭基煥（法住寺）、朱太淳（法住寺）、金鉄（鳴鳳寺）、李覚日（亀岩寺）、閔東宣（南長寺）、朴奉石（表忠寺）、李水鳳（表忠寺）、朴允進（開運寺）。

204. 総務院が天道教から引き継いだ普成高普の全景（右側の木が、現在の曹渓寺の境内にある木）。

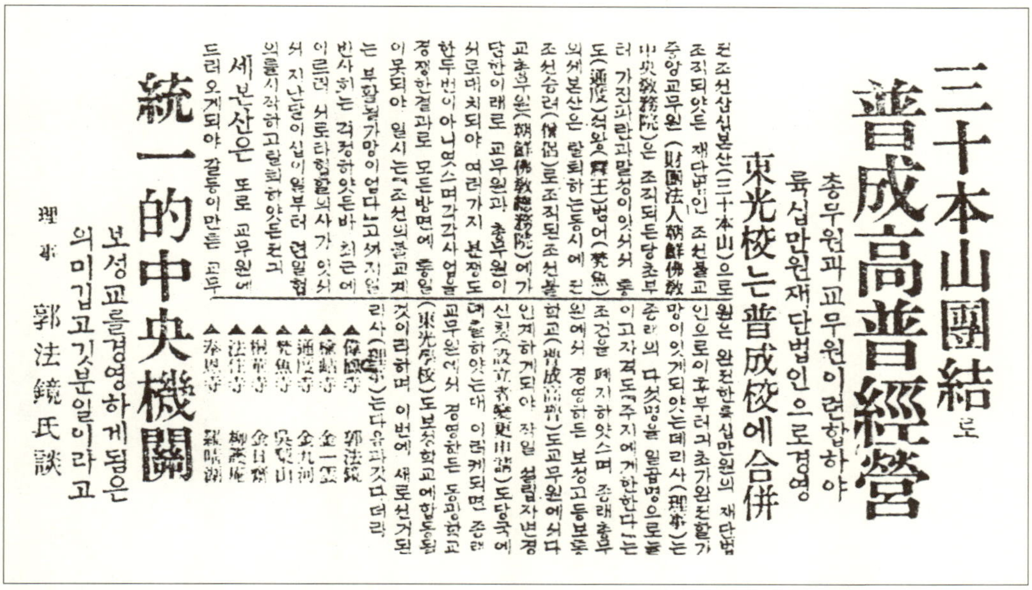

三十本山團結로
普成高普經營
총무원과교무원이련합하야
륙십만원재단법인으로경영
東光校는普成校에合倂

전조선삼십본산(三十本山)으로 조직되얏든 재단법인 조선불교 중앙교무원(財團法人朝鮮佛敎中央敎務院)은 조직되든당초부터 가진파란과말성이잇서서 통도(通度)석왕(釋王)범어(梵魚)의세본산은 탈퇴하는동시에 전조선승려(僧侶)로조직된조선불교총무원(朝鮮佛敎總務院)에가담한이래로 교무원과 총무원이 서로대치되야 여러가지 분쟁도 한두번이아니엿스며각각사업을 경쟁한결과로 모든방면에 통일이못되야 일시는조선의불교계는 부활될가망이업다고까지일반사회는 걱정하얏든바 최근에 이르러 서로타협할뢰사가 잇서서 지난달이십이일부터 련일협의를시작하고탈퇴하얏든전기세본산은 도로 교무원에 드러오게되야 갈등이만튼 교무원은 완전한륙십만원의 재단법인으로이후부터기초가완전할가망이잇게되얏는데리사(理事)는 종래의 다섯명을 일곱명으로늘이고자격도「주지에게한한다」는 조건을 폐지하얏스며 종래총무원에서 경영하든 보성고등보통학교(普成高普)도교무원에서다 인계하게되야 작일 설립자변경신청(設立者變更申請)도당국에 제출하얏는대 이럿케되면 종래 교무원에서 경영하든 동광학교(東光學校)도보성학교에합동될 것이라하며 이번에 새로선거된 리사(理事)는다음과갓다더라

▲威鳳寺 郭法鏡
▲楡岾寺 金一雲
▲通度寺 金九河
▲梵魚寺 吳惺月
▲桐華寺 金日然
▲法住寺 柳[illegible]庵
▲奉恩寺 羅晴湖

統一的中央機關
보성교를경영하게됨은
의미깁고깃분일이라고
理事 郭法鏡氏談

205. 総務院と教務院が連合して普成高普を正常に運営するという意志を伝える『東亜日報』の記事（1924年4月3日）。

206. 仏教界の資金で恵化洞に新しく建てられた（1927年5月）普成高普校舎の全景。

207. 1928年5月1日開校した、仏教専修学校の校舎。この学校は、今の明倫洞1街（日帝下の崇一洞）にあった。しかし、学生たちが専門学校昇格運動を激しく展開した結果、1930年4月、ついに中央仏教専門学校という名称で昇格・認可された。

208. 中央仏専学生たちの第1回の巡回講演団（1929年7月3日）。

209. 中央仏専の夏期巡回講演に出た学生たち。晋州仏教青年会での記念撮影(1929年8月1日)。

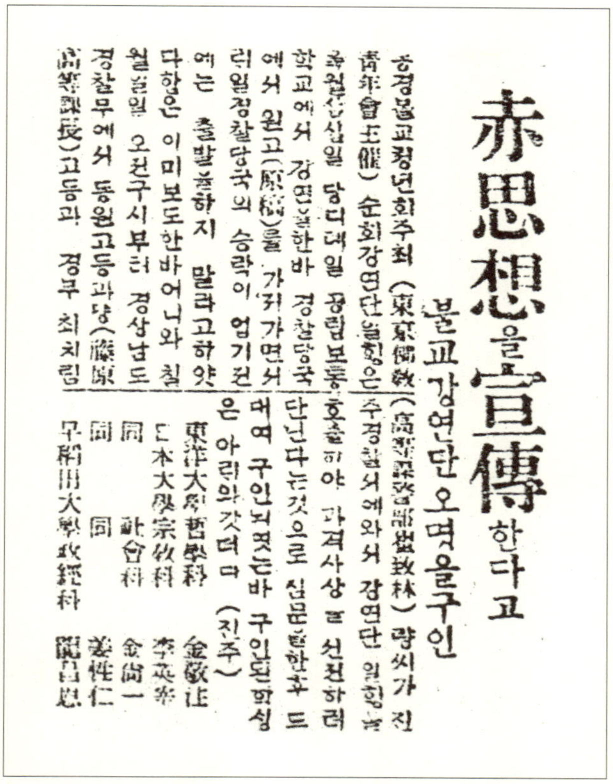
赤思想을宣傳한다고
불교강연단오명을구인

동경불교청년회주최(東京佛教青年會主催) 순회강연단일행은 륙월이십일 당디뎨일 공립보통학교에서 강연을한바 경찰당국에서 원고(原稿)를 가지가면서 리일경찰당국의 승락이 업기전에는 출발을하지 말라고하얏다함은 이미보도한바어니와 칠월오일 오전구시부터 경상남도경찰부에서 동원고등과장(藤原高等課長)고등과 경부 최치림(崔致林)광씨가 진주경찰서에와서 강연단 일행을 호출하야 과격사상을 선전하려 단닌다는것으로 심문한후 드대여 구인되엿는바 구인된 학생은 아래와갓더라 (진주)

東洋大學哲學科 金敬注
日本大學宗教科 李英宰
同 社會科 金尚一
同 同 姜性仁
早稻田大學政經科 閔昌植

210. 在日仏教留学生たちが夏期休暇を利用し全国巡回講演をしたが、日帝は彼らが社会主義を宣伝するという口実で警察に拘引させた（『東亜日報』、1921年7月5日）。

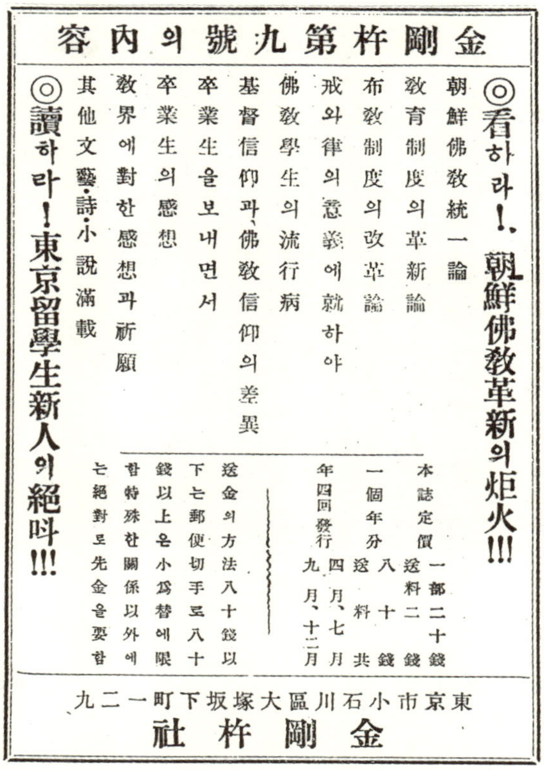
金剛杵第九號의內容

◎看하라!、朝鮮佛教革新의炬火!!!

朝鮮佛教統一論
教育制度의革新論
布教制度의改革論
戒와律의意義에就하야
佛教學生의流行病
基督信仰과佛教信仰의差異
卒業生을보내면서
卒業生의感想
教界에對한感想과祈願
其他文藝・詩・小說滿載

本誌定價 一部二十錢
送料二錢
一個年分 八十錢
送料共
年四回發行 四月、七月
九月、十二月

送金의方法八十錢以下는郵便切手로八十錢以上은小爲替에限함特殊한關係以外에는絕對로先金을要함

◎讀하라!東京留學生新人의絕叫!!!

東京市小石川區大塚坂下町一二九
金剛杵社

211. 在日仏教青年たちの団体である在日朝鮮仏教青年会の機関誌『金剛杵』第9号の内容広告（『仏教』第21号、1926年3月）。

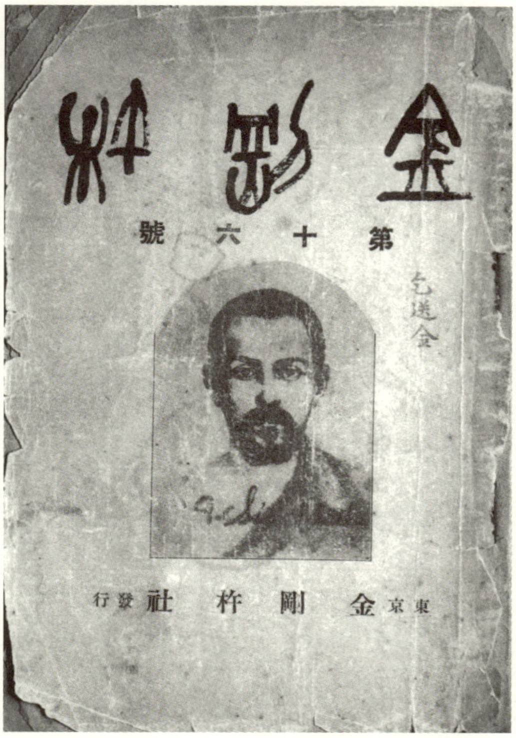

212.『金剛杵』第16号。『金剛杵』は1924年5月に創刊され、43年1月に26号で終刊。1～14号までは謄写版で、15号以降から活字版であるが、現在は15～26号だけが残っている。創刊～20号までの目次が21号に載っている。参考になるだろう（口絵32ページ）。

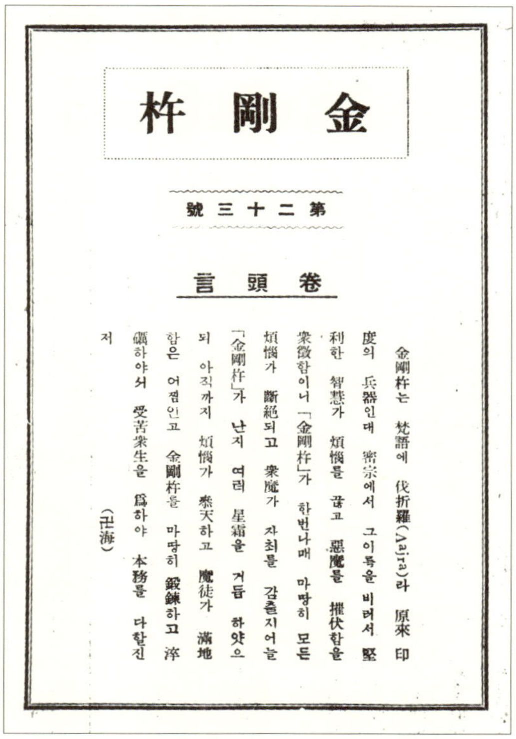
金剛杵

第二十三號

卷頭言

金剛杵는 梵語에 伐折羅(Vajra)라 原來 印度의 兵器인대 密宗에서 그이름을 비러서 堅利한 智慧가 煩惱를 끊고 惡魔를 摧伏함을 象徵함이니 「金剛杵」가 한번나매 마땅히 모든 煩惱가 斷絕되고 衆魔가 자최를 감추지어늘 「金剛杵」가 난지 여러 星霜을 거듭 하얏으되 아직까지 煩惱가 漆天하고 魔徒가 滿地함은 어찜인고 金剛杵를 마땅히 鍛鍊하고 淬礪하야서 受苦衆生을 爲하야 本務를 다할진저

（卍海）

213.『金剛杵』第23号の巻頭言。金剛杵の意味と、それについての韓龍雲による断想を記している。

214. 東京の朝鮮仏教留学生の近況（1926年3月）。最後列右から姜正龍、張曇現、崔英煥、姜在源、徐元出、趙殷沢、卞善乳。中段右側から金相哲、金明教、李英宰、李徳珍、金泰洽であり、最前列は李智永、劉性翫、姜在浩、朴墨斗。仏教思想および新文明を学ぶため日本に留学した仏教青年たちは、親睦を図るため団体を結成した。彼らは所属寺院の公費留学生の資格で、あるいは苦学生として勉強をした。留学生たちは、朝鮮仏教留学生学友会（1920年4月設立）、在日本朝鮮仏教青年会（21年4月創立）を組織し、国内仏教の発展のため苦悩した。20年代半ばには、日本への留学生は約50人に達した。

215. 東京朝鮮仏教留学生の卒業生送別記念（1927年3月）。前列右側から李智永、金信敏、趙殷沢、金昌雲、徐元出、朴昌斗であり、後列右側から金泰洽、金東鎭、姜正龍、張曇現、卞善乳、金莇石。

216. 東京留学生の卒業記念（1928年3月）。

217. 日本仏教視察団。住職および職員で構成された日本仏教視察団が、東京の大正大学で留学生たちと記念撮影（1928年4月3日）。

218. 日本・東京の増上寺で開催された（1925年11月1日）第2回東亜仏教大会の発会式の様子。当時、朝鮮仏教教務院では羅晴湖、権相老、李混惺が参加し、親日性格の在朝仏教団体であった朝鮮仏教団からも代表が出席した。

219. 東亜仏教大会に参加した李混惺。当時、彼は中央教務院の理事であり、楡岾寺住職を務めた。

220. 東亜仏教大会の歓迎式。

221. 1926年11月6日、朝鮮仏教少年会が主催した全朝鮮少年弁論大会（円内の人物は、幹事の韓永錫）。

222. 朝鮮仏教少年会主催の歌劇大会（1927年2月11日）。約1,000名の観客が参加し、新春音楽童謡を主に歌った。

223. 朝鮮仏教少年会が釈尊生誕日に貧困者を救済するために小豆粥を提供した様子（1927年2月）。

224. 1923年3月24日から1週間、天道教会館で開かれた全朝鮮青年党大会。全国約90の青年団体が参加したこの大会は、急進的な青年団体らの民族運動団結を模索した集まりであった。この大会には朝鮮仏教青年会と朝鮮仏教女子青年会が参加し、韓龍雲も祝辞を述べた。

青年黨大會는禁止

리유는 [illegible] 색체가잇다고

던일경칭에 열니는 청년당대회
에대하야 종로경찰서에서는 대
회의간부리종헌(李鍾天)외세사
람을불러서집회금지(集會禁止)
를명령하고 경긔도 경찰부에서
금지한리유를발표하얏는데그발
표한리유는 청년당대회에서 결
의한것이모다 [illegible]
[illegible]
가 다ㅣ븕은과격한사상에 의
지아니할이업고 더구나 큰일그
들의언농은 모다현커히 과격하
야조금도 청의를 인뎡할만한지
가업슴으로 이들대회에 부의하
야공회석상에서 론의함은 다만
안녕질서를 방해할 념려가잇슬
뿐아니라 일반사상계에 밋치는
악한영향이 매우클것으로 인뎡
하는고로 종로경찰서낭은 그회
에대하야 보안법데이조의 규뎡
에의지하야그집회를금지하얏다
더다

225. 日本の警察は、全朝鮮青年党大会を「不穏」であるとの理由で禁止させた。この大会で鐘路警察署に連行された人物は、通度寺出身の僧侶・李鐘天だった。

訃告

印度留學生梵鸞
李英宰君은十月
十一日下后二時
錫蘭島古倫母에
서涅槃하얏더라

佛紀二千九百五十四年十月十五日
古倫母發特電

226. 李英宰、インド求法巡礼中に夭折。在日仏教青年だった李英宰が、インドの求法巡礼のためにスリランカで修行中の1927年10月11日に夭折したことを知らせた『仏教』第41号の訃報。

227. 日本留学生時代の李英宰。出家は法住寺だったが、泉隠寺公費生で日本に留学した彼は『金剛杵』編集を担当するなど、在日朝鮮仏教青年会の幹部であった。そして1922年11～12月、『朝鮮日報』に「朝鮮仏教革新論」を寄稿したりもした。

故李英宰君遺骨安厝發起文

佛敎東傳以來로 法을西天에求還한 古哲이何
限이리오마는 身을印度의聖地에葬한者도不少하
얏스니 焚經臺詩에「去人成百歸無十」의一句가此
를明證하는바이라 朝鮮近古에絕無僅有한 李英
宰君一人이不幸히또한不歸의人이되야 오즉遺骸
만이 荒凉하나마故土라하야 도라오게되엿슴니
다 古昔三藏들에는比할바아니지마는 未來의求
法者를 勸奬하기爲하야 一塊의石鐘이나마 우
리손으로樹立하자하와 敢히議를發起하고 僉尊
의法慈를비나이다

佛紀二千九百五十四年十月三十一日

發起者 權相老
金正完
姜在源

寄贈芳啣

金壹圓也 金泰洽
金參圓也 李智光
金貳圓也 羅鏡華
金壹圓也 安錫淵

（以下는次號에）

228. 李英宰の求法遺志を継承する遺骨安置塔を立てようという発起文（『仏教』第43号）。

229. 金法麟がフランスで留学生活をしながら組織した在仏韓人会の会員たち。金法麟（前列右二番目）は中央学林学生で、3·1独立運動に参加した後、中国を経てフランスに留学した。彼は抗日運動もしており、朝鮮独立後には曹渓宗総務院長（1946年）、文教部大臣（52年）、東国大学校総長（63年）を歴任した。

常設機關으로大聯盟創立
亞細亞民族會도設置
◇본부는불란서파리에다두어◇
被壓民族反帝國主義大會

中國儉學會後援으로
巴里大學出身
朝鮮側委員金法麟氏略歷

230. 金法麟、ベルギーのブリュッセルで開催された被圧迫民族反帝国主義大会（1927年2月）に出席する（『東亜日報』1927年3月23日）。

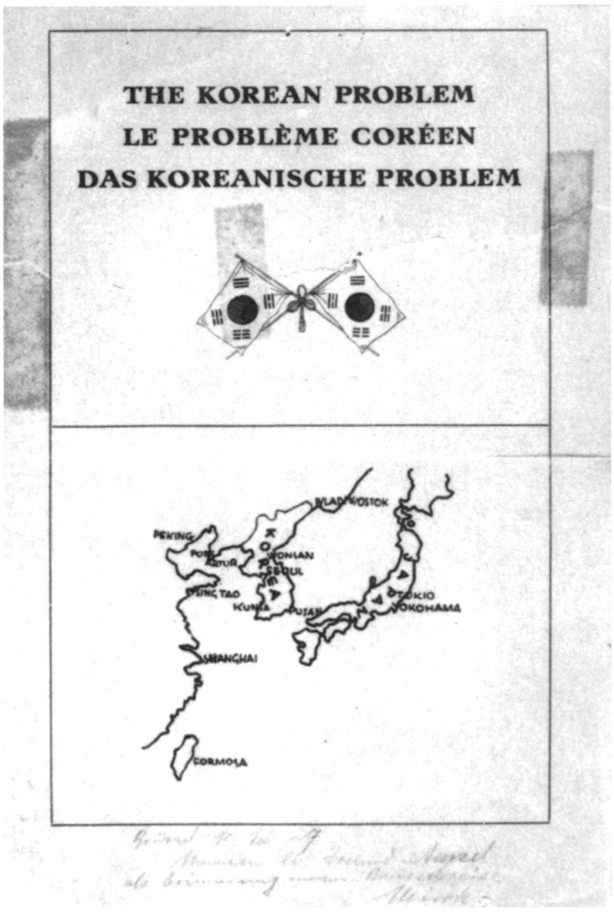

231. 金法麟などの朝鮮代表が当時の大会に提出した報告書。英語、フランス語、ドイツ語など3カ国語で書かれたこの文書のタイトルは『韓国の問題』。1910～26年までの日本による植民地侵略の実態を要約している。

232. ベルギーのブリュッセルで開催された、被圧迫民族反帝国主義大会に参加した朝鮮代表たち。右から李克魯、許憲、金法麟、李儀景（『鴨緑江は流れる』の作家としての名は李弥勒）である。

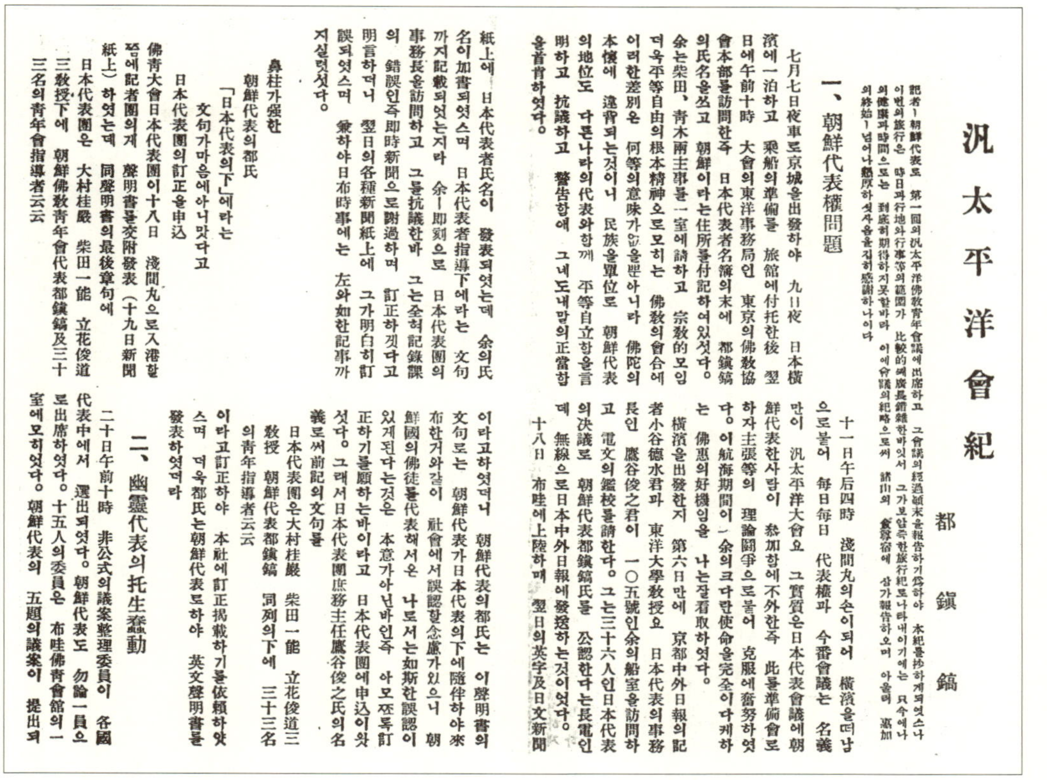

汎太平洋會紀

都鎭鎬

記者ㅣ朝鮮代表로 第一回의汎太平洋佛教青年會議에出席하고 그會議의經過顚末을報告하기爲하야 本紀를抄하게되엿스나 이번의旅行은 時日과行地와行事等의範圍가 比較的廣長錯雜한바잇서 그가보압즉한旅行紀로나타내이기에는 只今에나의健康과時間으로는 到底히期得하지못할바라 이에會議의紀略으로써 諸山의 僉尊宿에 삼가報告하오며 아울러 遲加의終始ㅣ넘어나懸隔하섯사옴을깁히感謝하나이다

一、朝鮮代表權問題

七月七日夜車로京城을出發하야 九日夜 日本横濱에一泊하고 乘船의準備를 旅館에付托한後 翌日에午前十時 大會의東洋事務局인 東京의佛教協會本部를訪問한즉 日本代表者名簿의末에 都鎭鎬의氏名을쓰고 朝鮮이라는住所를付記하여잇섯다。余는柴田、靑木兩主事를一室에請하고 宗教的모임더욱平等自由의根本精神으로모히는 佛教의會合에 이러한差別은 何等의意味가없을뿐아니라 佛陀의本懷에 違背되는것이니 民族을單位로 朝鮮代表의地位도 다른나라의代表와함께 平等自立함을言明하고 抗議하고 警告함에 그네도내말의正當함을首肯하엿다。

十一日午后四時 淺間丸의손이되어 横濱을떠남으로붙어 每日每日 代表權과 今番會議는 名義만이 汎太平洋大會요 그實質은日本代表會議에朝鮮代表한사람이 參加함에不外한즉 此를準備會로하자主張等의 理論鬪爭으로붙어 克服에奮努하엿다。이航海期間이 余의크다란使命을完全이다케하는 佛惠의好機임을 나는잘看取하엿다。

橫濱을出發한지 第六日만에 京都中外日報의記者小谷德水君과 東洋大學教授요 日本代表의事務長인 鷹谷俊之君이 一〇五號인余의船室을訪問하고 電文의鑑校를請한다。그는三十六人인日本代表의決議로 朝鮮代表都鎭鎬氏를 公認한다는長電인데 無線으로日本中外日報에發送하는것이엇다。

十八日 布哇에上陸하매 翌日의英字及日文新聞紙上에 日本代表者氏名이 發表되엿는데 余의氏名이加書되엿스며 日本代表者指導下에라는 文句까지記載되엇는지라 余ㅣ即刻으로 日本代表團의事務長을訪問하고 그를抗議한바 그는全혀記錄課의 錯誤인즉即時新聞으로謝過하며 訂正하겟다고明言하더니 翌日의各種新聞紙上에 그가明白히訂誤되엿스며 兼하야日布時事에는 左와如한記事까지실렷섯다。

鼻柱가强한
朝鮮代表의都氏
「日本代表의下」에라는
文句가마음에아니맛다고
日本代表團의訂正을申込

佛青大會日本代表團이十八日 淺間丸으로入港할쯤에記者團의게 聲明書를交附發表 (十九日新聞紙上) 하엿는데 同聲明書의最後章句에

日本代表團은 大村桂巖 柴田一能 立花俊道三教授下에 朝鮮佛教青年會代表都鎭鎬及三十三名의青年會指導者云云

이라고하엿더니 朝鮮代表의都氏는 이聲明書의文句로는 朝鮮代表가日本代表의下에隨伴하야來布한거와갈이 社會에서誤認할念慮가있으니 朝鮮國의佛徒를代表해서온 나로서는如斯한誤認이잇게된다는것은 本意가아닌바인즉 아모쪼록訂正하기를願하는바이라고 日本代表團에申込이왓섯다。그래서日本代表團庶務主任鷹谷俊之氏의名義로써前記의文句를

日本代表團은大村桂巖 柴田一能 立花俊道三教授 朝鮮代表都鎭鎬 同列의下에 三十三名의青年指導者云云

이라고訂正하야 本社에訂正揭載하기를依賴하얏스며 더욱都氏는朝鮮代表로하야 英文聲明書를發表하엿더라

二、幽靈代表의托生蠢動

二十日午前十時 非公式의議案整理委員이 各國代表中에서 選出되엿다。朝鮮代表도 勿論一員으로出席하엿다。十五人의委員은 布哇佛青會館의一室에모히엿다。朝鮮代表의 五題의議案이 提出되

233. 1930年7月、ハワイで開催された汎太平洋仏教青年大会に参加した仏教青年都鎮鎬の大会参観記（『仏教』第7号）。当時、都鎮鎬は日本の懐柔を振り払って「朝鮮代表権」を確保した。この大会参加は、仏教青年運動の再組織運動の促進剤となった。朝鮮仏教青年会は、28年からこの大会参加の準備を始めた。

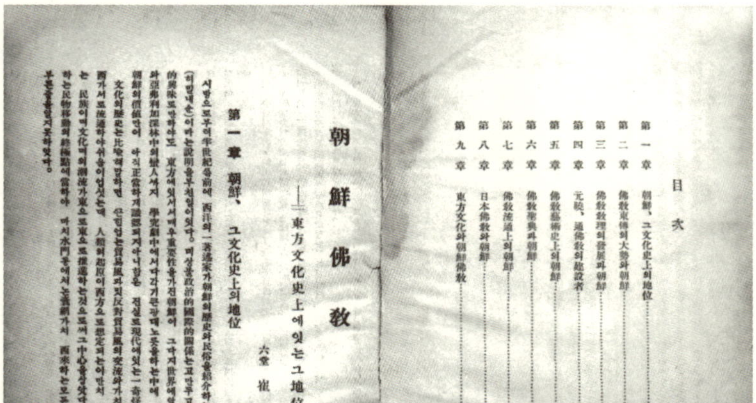

234. 崔南善の『朝鮮仏教』。崔南善が著したパンフレットサイズの『朝鮮仏教』は仏教青年だった崔鳳秀によって英語に訳され、1930年7月、汎太平洋仏教青年大会に提出された。英文タイトルは「Korean Buddhism and her position in the cultural history of the Orient」で、英語で紹介された初の朝鮮仏教入門書である（関連写真331）。

235. 京城師範学校の仏教研究会座談会の記念撮影（1928年3月10日）。

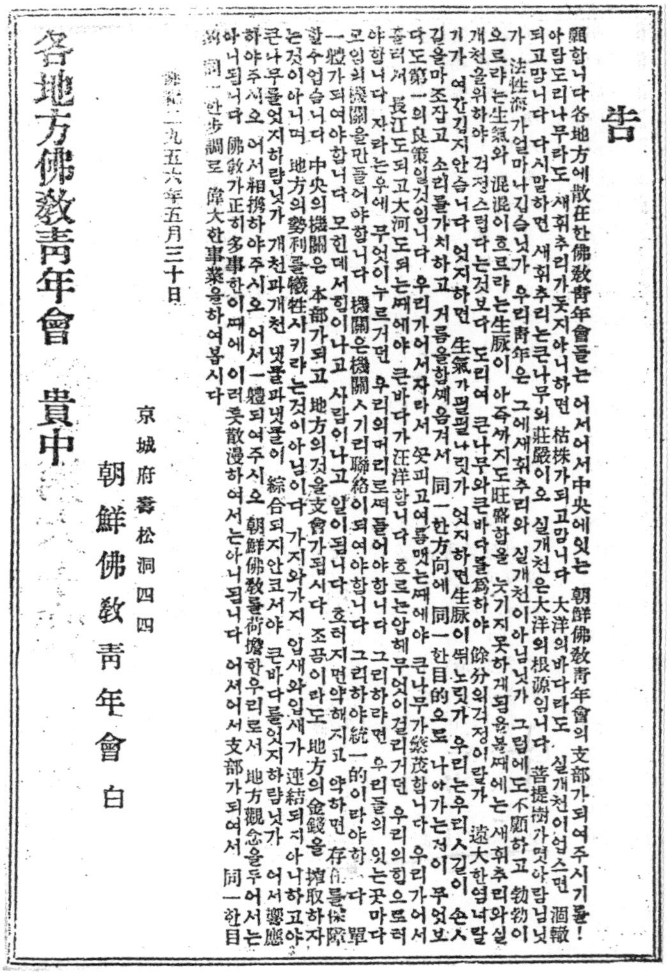

告

願합니다各地方에散在한佛敎靑年會들는 어서어서中央에잇는 朝鮮佛敎靑年會의支部가되여주시기를!
아람도리나무라도 새휘추리가돗지아니하면 枯株가되고맘니다 大洋의바다라도 실개천이업스면 涸轍
되고맘니다 다시말하면 새휘추리는큰나무의莊嚴이오 실개천은大洋의根源임니다 菩提樹가몃아람님넛
가 法性海가얼마나깁슴닛가 우리靑年은 그에새휘추리와 실개천이아님닛가 그럼에도不顧하고 勃勃이
오르라는生氣와 混混이흐르라는生脈이 아즉싸지도旺盛함을 늣기지못하재됨을볼때에는 새휘추리와실
개천을위하야 걱정스럽다는것보다 도리여 큰나무와큰바다를爲하야 餘分의걱정이랍가 遠大한엽녀랄
가 여간깁지안슴니다 엇지하면 生氣가펄펄나릿가 엇지하면生脈이뛰노릿가 우리는우리ㅅ길이손ㅅ
길을마조잡고 소리를가치하고 거름을함께옴겨서 同一한方向에 同一한目的으로 나아가는것이 무엇보
다도第一의良策일것임니다 우리가어서자라서 꽃피고여름맷는때에야 큰나무가繁茂함니다 우리가어서
흘러서 長江도되고大河도되는때에야 큰바다가汪洋함니다 흐르는압헤무엇이걸리거던 우리의힘으로터
야함니다 자라는우에 무엇이누르거던 우리의머리로떠들어야함니다 그리하랴면 우리들의 잇는곳마다
코인의機關을만들어야함니다 機關은機關ㅅ기리聯絡이되여야함니다 그리하야統一的이라야하、다單
一體가되여야함니다 모힌데서힘이나고 사람이나고 일이됨니다 흐러지면약해지고 약하면存在를保障
할수업슴니다 中央의機關은 本部가되고 地方의것을支會가됩시다 조곰이라도 地方의金錢을搾取하자
는것이아니며 地方의勢利를犧牲시키랴는것이아님이다 가지와가지 입새와입새가連結되지아니하고야
큰나무를엇지하랍닛가 개천파개천 냇물파냇물이 綜合되지안코서야 큰바다를엇지하랍닛가 어서響應
하야주시오 어서相携하야주시오 어서一體되여주시오 朝鮮佛敎를荷擔한우리로서 地方觀念을두어서는
아니됨니다 佛敎가正히多事한이때에 이러훗散漫하여서는아니됨니다 어서어서支部가되여서 同一한目
的同一한步調로 偉大한事業을하여봅시다

佛紀二九五六年五月三十日

京城府壽松洞四四
朝鮮佛敎靑年會 白

各地方佛敎靑年會 貴中

236. 朝鮮仏教青年会が、各地方の仏教青年会に送った公告文（1929年5月31日）。仏教青年運動の単一化を促して、仏教青年運動の再組織を推進する計画と意図を明らかにした文章（『仏教』第60号）。

237. 日本の大学で修士号を取得して帰国した当時の金泰治。金泰治は朝鮮仏教青年会の文教部専務を務め、後に『仏教時報』を発行した。一方、彼は仏教に関連する多くの文章や著書を発表したが、その中には親日的な内容も含まれる。晩年には、京畿道の華雲寺で講師を務めた。

238. 3·1独立運動直後にドイツに留学し、哲学博士の学位を取得（1924年10月）して帰国した白性郁。彼は中央学林出身で朝鮮仏教青年会の庶務部専務を務めたが、朝鮮仏教青年会を総同盟に移行させて僧侶大会を主導するなど、仏教運動の第一線に立っていた。仏教界の外国留学博士第1号でもあった彼は、朝鮮独立後は内務大臣（50年）と東国大学校総長（53～61年）を歴任した。

239. 東国大学校総長時代（1960年代）の白性郁。

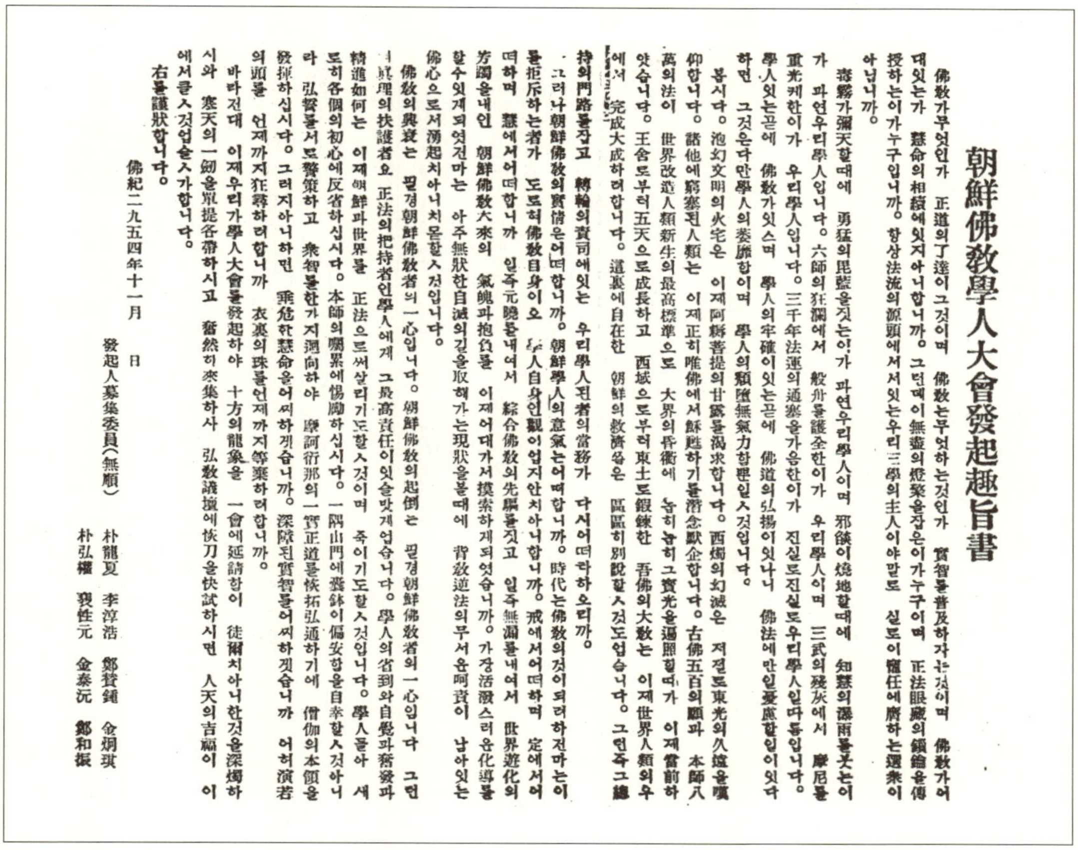

朝鮮佛敎學人大會發起趣旨書

佛敎가무엇인가 正道의了達이그것이며 佛敎는무엇하는것인가 實智를普及하자는것이며 佛敎가어대잇는가 慧命의相續에잇지아니합니까。그런데이無盡의燈燊을잡은이가누구이며 正法眼藏의鎖鑰을傳授하는이가누구입니까。항상法流의源頭에서서잇는우리三學의主人이야말로 실로이寵任에膺하는選衆이아닙니까。

毒霧가彌天할때에 勇猛의毘嵐을짓는이가 파연우리學人이며 邪燄이燒地할때에 知慧의澍雨를굿는이가 파연우리學人입니다。六師의狂瀾에서 般弁를護全한이가 우리學人이며 三武의殘灰에서 摩尼를重光케한이가 우리學人입니다。三千年法運의通塞을가음한이가 진실로진실로우리學人일따름입니다。學人잇는곧에 佛敎가잇스며 學人의牢確이잇는곧에 佛道의弘揚이잇나니 佛法에만일憂慮할일이잇다하면 그것은다만學人의萎靡함이며 學人의頹墮無氣力함뿐일ㅅ것입니다。

봅시다。泡幻文明의火宅은 이제阿耨菩提의甘露를渴求합니다。西燭의幻滅은 저절로東光의久燄을曠仰합니다。諸他에窮塞된人類는 이제正히唯佛에서蘇甦하기를潛念默企합니다。古佛五百의願과 本師八萬의法이 世界改造人類新生의最高標準으로 大界의昏衢에 놉히놉히그寶光을遍照할때가 이제當前하얏습니다。王舍로부터五天으로成長하고 西域으로부터東土로鍛鍊한 吾佛의大敎는 이제世界人類의우에서 完成大成하려합니다。這裏에自在한 朝鮮의敎濟策은 區區히別說할ㅅ것도업습니다。그런즉그總持의門路를잡고 轉輪의責司에잇는 우리學人된者의當務가 다시어떠라하오리까。

그러나朝鮮佛敎의實情은어떠합니까。朝鮮學人의意氣는어떠합니까。時代는佛敎의것이되려하전마는이를拒斥하는者가 도로혀佛敎自身이오 [illegible]人自身인觀이업지안치아니합니까。戒에서어떠하며 定에서어떠하며 慧에서어떠합니까 일즉元曉를내여서 綜合佛敎의先驅를짓고 일즉無漏를내여서 世界遊化의芳躅을내인 朝鮮佛敎大來의 氣魄과抱負를 이제어대가서摸索하게되엿습니까。가장活潑스러운化導를할수잇게되엿전마는 아주無狀한自滅의길을取해가는現狀을볼때에 背敎逆法의무서운呵責이 남아잇는佛心으로서湧起치아니치몯할ㅅ것입니다。

佛敎의興衰는 필경朝鮮佛敎者의一心입니다。朝鮮佛敎의起倒는 필경朝鮮佛敎者의一心입니다 그런[illegible]眞理의扶護者요 正法의把持者인學人에게 그最高責任이잇슬밧게업습니다。學人의省到와自覺과奮發과精進如何는 이제朝鮮과世界를 正法으로써살리기도할ㅅ것이며 죽이기도할ㅅ것입니다。學人들아 새로히各個의初心에反省하십시다。本師의囑累에惕勵하십시다。一隅山門에甕鉢이偏安함을自幸할ㅅ것아니라 弘誓를서로贊策하고 衆智를한가지廻向하야 摩訶衍那의一實正道를恢拓弘通하기에 僧伽의本領을發揮하십시다。그러지아니하면 垂危한慧命을어찌하게습니까。深障된實智를어찌하겟습니까 어허演若의頭를 언제까지狂尋하려합니까 衣裏의珠를언제까지等棄하려합니까。

바라전대 이제우리가學人大會를發起하야 十方의龍象을 一會에延請함이 徒爾치아니한것을深燭하시와 寒天의一劍을單提各帶하시고 奮然히來集하사 弘敎議壇에恢刀을快試하시면 人天의吉福이 이에서클ㅅ것업슬ㅅ가합니다。

右를謹狀합니다。

佛紀二九五四年十一月　日

發起人募集委員(無順)

朴龍夏　李淳浩　鄭贊鏞　金炯琪

朴弘權　郭性元　金泰沅　鄭和振

240. 李耘虚、李青潭、鄭指月が主導した朝鮮仏教学人大会の発起趣旨書（1927年11月）。発起委員の最初の名前である朴龍夏は、李耘虚僧侶である。偽名を書いた理由は、この時すでに独立運動で追われている身だったからである（『仏教』第42号 1927年2月1日）。

241. 朝鮮仏教学人大会の参加者。1928年3月16日、覚皇寺（朝鮮仏教の中央教務院）で開催された朝鮮仏教学人大会では、講院の復興と教育の改善を通じた仏教の発展を討議した。

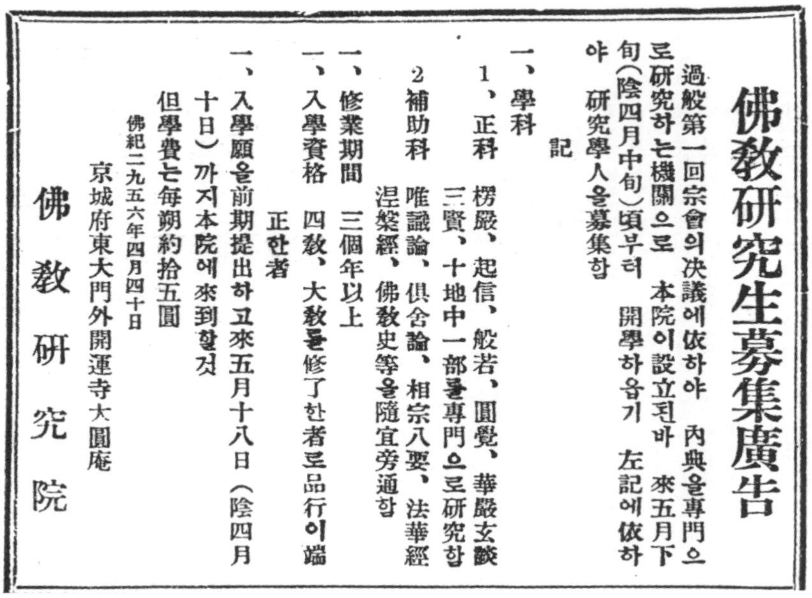

佛教研究生募集廣告

過般第一回宗會의決議에依하야 內典을專門으로研究하는機關으로 本院이設立된바 來五月下旬(陰四月中旬)頃부터 開學하옵기 左記에依하야 研究學人을募集함

記

一、學科
1、正科 楞嚴、起信、般若、圓覺、華嚴玄談三賢、十地中一部를專門으로研究함
2 補助科 唯識論、倶舍論、相宗八要、法華經涅槃經、佛教史等을隨宜旁通함
一、修業期間 三個年以上
一、入學資格 四教、大教를修了한者로品行이端正한者
一、入學願을前期提出하고來五月十八日(陰四月十日)까지本院에來到할것
但學費는每朔約拾五圓

佛紀二九五六年四月四十日
京城府東大門外開運寺大圓庵
佛教研究院

242. 開運寺に設立された仏教研究院の研究生募集広告（1929年4月14日）。学人たちの講院改善案の中で提起した内容が、当時の宗会に反映されて新たに登場した3年課程の大学院水準の仏教研究院。当時の講師や責任者は、朴漢永僧侶であった（『仏教』第59号）。

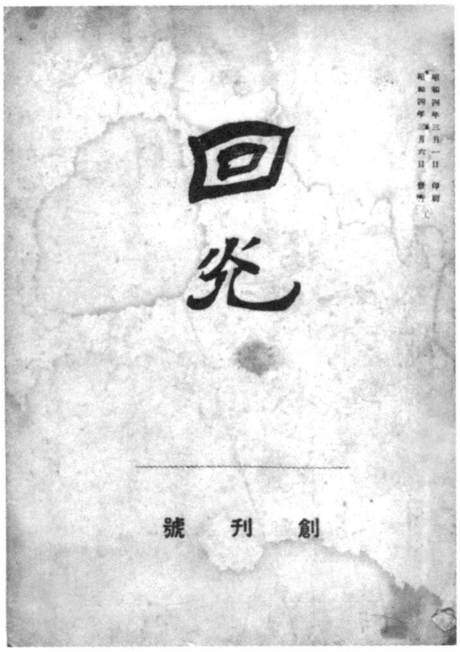

243. 朝鮮仏教学人連盟の機関紙『回光』創刊号（1929年3月）。学人大会の終了後、学人たちは、全国講院の学人組織体を会員とする学人連盟を結成した。1929年3月6日創刊、32年3月16日通巻2号で終刊。

244. 開運寺の大円庵。1929年はじめに新築したこの大円庵で仏教研究院が開院されており、朴漢永僧侶が註釈しながら、多くの学人を指導した。

245. 1928年（戊辰）は龍の年であった。『仏教』第43号では、名前に龍の字が付いている禅師の3人を挙げたが、左から韓龍雲、白龍城、河龍華である。

246. 守国寺の開山碑前の洪月初。洪月初僧侶は奉恩寺を中興させ、奉先寺講院設立にも大きく貢献した。

247. 1926年11月15～17日、全南道庁で開催された全羅南道僧侶講習会の参加者たち。

248. 金南泉僧侶。釈王寺と梵魚寺京城布教堂の布教僧、禅学院発起人、禅友共済会の専務委員などを歴任した首座であった。

249. 霽山（1862 ～ 1930 年）僧侶。近代の直指寺の中興祖と呼ばれている禅僧。

250. 徐震河。1909 年に明進学校を卒業し、法住寺住職を務めた彼は、26 年 8 月 6 日（旧暦）、済州島の布教堂で涅槃に入った。

251. 申恵月僧侶。鏡虚僧侶の弟子の禅僧たちから大いに尊敬を受けた。1861 年に生まれ、1937 年に釜山安養庵で入寂した。

252. 1924年6月、漢拏山の白鹿潭で行われた灌仏会。李晦光、大興寺の住職をはじめ、済州島の僧侶約30名と数百名の信者が参加した。

253. 済州仏教布教堂で挙げた仏式の結婚式。寺院で結婚式を挙げた例は多い。この写真は、現在、私たちが見ることができる最初の仏式結婚記念写真である（1927年旧暦3月8日）。

254. 済州仏教婦人会および仏教少年会の4月初8日行事の記念（1926年）。

255. 純宗の逝去を哀悼する奉悼式の様子（朝鮮仏教団会館、1926年5月15日）。

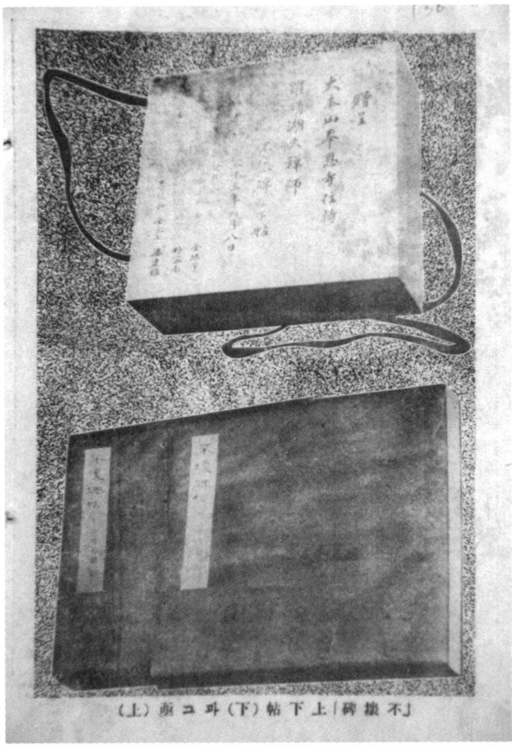

256. 奉恩寺住職・羅晴湖僧侶が1925年7月、乙丑年大洪水の時に708名の人命を救ったことを記念した不壊碑帖と函（関連写真98）。なお、不壊碑帖とは、美談や功徳をほめ称える歌や絵を集めた物。

257. 龍珠寺の住職・姜大蓮が羅晴湖僧侶の功徳を称える偈扁式（扁額を懸ける式）をつかさどる様子と、行事終了後に名士たちの記念揮毫の様子（1929年6月2日）。

258. 上海にいる朝鮮人仏教徒たちが、中国太虚法師を招請して歓迎する様子（1926年11月24日）。太虚法師は近代中国の高僧だった。

259. 1929年9月2日、朝鮮を訪問するためにソウル駅に到着し、歓迎されている日本仏教の大谷派本願寺の法主・大谷光暢とその妻。彼らの朝鮮訪問は、本願寺の「朝鮮開教五十年」を記念するために行われたもので、当時の官民の有力者たちが大挙して参加した。

260. 日本仏教の臨済宗妙心寺僧侶の吉川太航（前列右二番目）と在朝日本仏教界の人士たち。後列右の最初が、当時『仏教』誌で働いていた金法龍である。

261. 朝鮮仏教大会後援の記念撮影（1924年9月18日）。朝鮮仏教大会は朝鮮仏教団の前身、在朝日本仏教徒たちの仏教布教団体で、1920年に発足した。この日、後援会に参加したのは野中清・朝鮮銀行総裁（左端）、宮尾舜治・東洋拓殖会社総裁、第一銀行総裁（前列右二番目）など。財界人たちが大挙参加した。

262. 1924年8月15日（旧暦）、朝鮮仏教大会が主催した野外伝道会（光熙門外の共同墓地）。

263. 朝鮮仏教団の財団法人設立を祝う披露会（1925年6月8日、京城ホテル）。朝鮮仏教団は、1925年、従来の朝鮮仏教大会が転換した団体で、朝鮮で活動している日本の仏教各派の後援を受け、日本仏教各派の幹部、総督府など、官庁の人士および親日人士たちが中心だった。植民地政策と朝鮮仏教の日本化の先頭に立ったこの団体は、朝鮮総督府の積極的な支援を受けた。27年頃には全国的な支部組織を持つほどに機構が拡張され、日帝植民地仏教政策を擁護・実行する代表的な団体であった。

264. 1927年4月7日、京城ホテルで開催された朝鮮仏教団の評議員会。

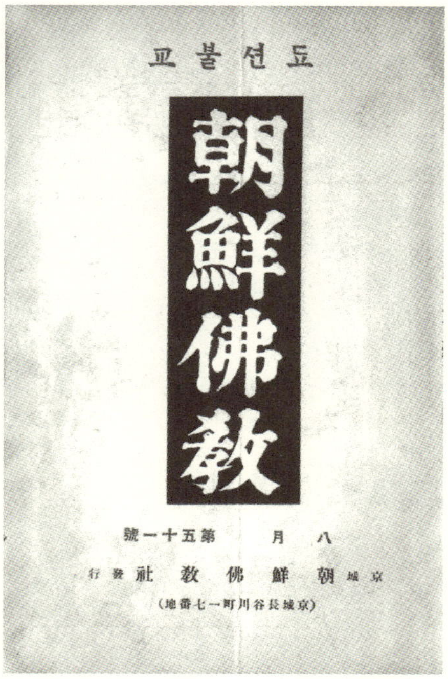

265. 1924年5月に創刊された朝鮮仏教団の機関誌『朝鮮仏教』。朝鮮仏教団の機関誌であった『朝鮮仏教』は時折ハングルを使用したが、ほとんど日本語で書かれた雑誌だった。出版人をはじめとする幹部、筆者もほとんど日本人であったこの雑誌は、朝鮮総督府の植民地政策を宣伝・代弁し、日本の仏教が韓国で発行した雑誌としては『東洋教報』に続き、二番目のものだった。『朝鮮仏教』が正確に何号まで発行されたかわからないが、少なくとも130号以上は発行された（関連写真294）。

266. 朝鮮仏教団の機関誌『朝鮮仏教』を出版した朝鮮仏教社と、社長の中村健太郎（中央）。

267. 朝鮮仏教団第１回卒業布教生一同（1928年３月）。朝鮮仏教団は、朝鮮人学生を選抜し、日本の大学に留学させた。名分は仏教中興だったが実際には、朝鮮仏教団の広報と組織強化の意図があった。最前列右側から李寛承、佐藤稠松（留学生監督）、金鳳性、後列右から劉龍孫、李東熙、權寧甲、金応珍、右上枠内は金孝敬、左上枠内は張景模。

268. 朝鮮仏教団第２回甲種布教留学生たち（1926年）。日本に留学した彼らは親睦団体を結成した。前列右から高淳文、権寧甲、崔巨徳、兪鉉濬、後列右側から李九性、文暢晏、金孝敬、金台漢。

269. 朝鮮仏教団および朝鮮仏教社事務所の前で記念撮影をしている第３回（1927年）の甲種布教留学生。右側から崔景相、孫桓均、李東熙、朴承勲、元大謙、円内は劉龍孫。

270. ソウルの朝鮮仏教団本部前で、日本へ出発する直前に記念撮影した朝鮮仏教団第1回布教留学生会（『朝鮮仏教』第14号、1925年6月）。

271. 第4回朝鮮仏教団日本派遣布教学生。前列右から安鍾浩、李龍雲、沈斗変、後列右から任喆宰、朴升禄。

272. 朝鮮仏教団春川支部の発会式（1927年）。

273. 覚皇寺で開催された、朝鮮仏教禅教両宗僧侶大会の宗憲宣誓式。1929年1月4日の僧侶大会で、制定・頒布した宗憲を誓って守るという宣誓式があった。この大会は仏教界の統一運動の一環として開催された。仏教の宗憲と宗法を制定するなど、日帝下ではじめて成功し、そして自主仏教を目指す民族的な意味を持っていた。

274. 1929年1月3～5日、覚皇寺で開催された朝鮮仏教禅教両宗僧侶大会に参加した仏教界の代表者たちの記念撮影。右の木が、現在の曹渓寺前庭の欅である。

宣 誓 文

仰惟我
本師釋迦牟尼世尊과
宗祖太古國師ㅣ爲首하사十方三世一切
如來와西天東土歷代
祖師는均廻　慈鑑하사特垂　明證하옵소서竊念
正法本體는逈絕興衰언마는衆生이異機하야或見汚
隆이나然하나危急에瀕함이今日朝鮮佛敎와如한者
ㅣ未有하다하노이다朝鮮佛敎는寺刹이九百에過하
니建設이不爲不多하며僧尼는七千을數하니法類ㅣ
不爲不衆이며一千五百有餘年의歷史도不爲不久언
마는奈之何百弊가俱生할새弟子等이此를匡救하며
挽回코자함이二十餘星霜을積하엿스나現著한功勳
이無多함은團結의力이弱하고進取의道를失함에實
在함을切感하노이다更念호니
如來의禁戒가條章이井然하야不備가無한것마는百丈
和尙은淸規를制하고雲棲法師는共住規約을定하얏
스니隨方毘尼로因時制宜함이不得不然일새弟子等
도今에朝鮮佛敎禪敎兩宗宗憲을制定頒布하야大衆
을統率하고萬般을維新코자하오니伏願
佛祖는加被하시고神祇는擁護하소서弟子等은心肝을
瀝하야敬虔히誓言을仰宣하오니異日他時에此盟을
渝하는者ㅣ或有하거던
聖賢이齊擯하시고人天이共誅하소서恭宣하노이다。
本師世尊應化二千九百五十六年一月四日
奉佛弟子嗣祖沙門今番僧侶大會出席者等

275. 朝鮮仏教禅教両宗僧侶大会に参加した仏教界の代表者たちが署名・捺印した宣誓文（1929年1月4日）。僧侶大会の意義と大会で制定された宗憲を守るという意志が込められている。

朝鮮佛敎禪敎兩宗宗憲

第一章　宗　名
第一條　朝鮮佛敎는禪敎兩宗이라함
第二章　宗　旨
第二條　本兩宗은佛祖正傳의心法(禪)과敎理(敎)로써宗旨라함
第三章　本　尊
第三條　本兩宗은釋迦牟尼를本尊으로하고太古（普愚）國師를宗祖라함
但各寺院에奉安하는本尊佛은從來의慣例에依함
第四章　儀　式
第四條　本兩宗의儀式은佛祖의示訓과宗旨에依함
第五章　寺　刹
第五條　本兩宗은左에揭한寺刹을本山이라하고其外을寺刹을末寺라함
京　畿　道廣州郡　奉恩寺　慶尙北道聞慶郡　金龍寺
同　水原郡　龍珠寺　同　慶州郡　祇林寺
同　楊州郡　奉先寺　慶尙南道陜川郡　海印寺
同　江華郡　傳燈寺　同　梁山郡　通度寺
忠淸北道報恩郡　法住寺　同　東萊郡　梵魚寺
忠淸南道公州郡　麻谷寺　黃　海　道信川郡　貝葉寺
全羅北道全州郡　威鳳寺　同　黃州郡　成佛寺
同　錦山郡　寶石寺　平安南道平壤府　永明寺
全羅南道海南郡　大興寺　同　平原郡　法興寺
同　長城郡　白羊寺　平安北道寧邊郡　普賢寺
同　順天郡　松廣寺　江　原　道高城郡　乾鳳寺
同　同　仙巖寺　同　同　楡岾寺
同　求禮郡　華嚴寺　同　平昌郡　月精寺
慶尙北道達城郡　桐華寺　咸鏡南道安邊郡　釋王寺
同　永川郡　銀海寺　同　咸興郡　歸州寺
同　義城郡　孤雲寺
第六條　本兩宗은三十一本山이一體로하야朝鮮佛敎를統理함
第七條　本兩宗의各寺刹은改敎轉宗함을不得함
第六章　僧尼及信徒
第八條　本兩宗의僧尼及信徒되는要件은法規의定한바에依함
第九條　本兩宗의僧尼及信徒는法規에定한바資格에應하야分限에相當한敎職이나其他의法務에就함을得함
第十條　本兩宗의僧尼及信徒는法規의所定에從하야捐財弘法의義務를負함
第七章　宗　會
第十一條　本兩宗은宗門의萬機를公決하기爲하야宗會를設함
第十二條　宗會의組織은法規에依함
第十三條　宗會는敎正會에서每年三月又는必要로認할時는此를召集함
第十四條　宗會員은宗會員五分之三以上으로부터敎正會에對하야宗會의召集을要求함을得함
第八章　敎務院
第十五條　本兩宗은敎務와諸般事業을統辦하기하야三十一本山의單一機關으로中央敎務院을設함
第十六條　敎務院의組織은所定法規에依함
第九章　敎　正
第十七條　本兩宗은重要한敎務를裁正하기爲하야敎正을置함
第十八條　敎正은本兩宗在籍僧侶中으로부터行解가具足하야佛敎에貢獻이잇는者로함
第十九條　敎正은人數와任期를定치아니하고敎務院各部長及此와同數의宗會銓衡員으로부터此를銓衡하야宗會의協贊을要함
第二十條　敎正은規定에依하야敎正會를組織함
第二十一條　敎正會는宗會로부터本兩宗에危害를及할만한議案을議決할虞가잇다고認할時는本兩宗을[illegible]하야宗會를停會又는解散케함을得함
第十章　法規委員會
第二十二條　本兩宗은諸般法規를制定하며宗門의一切를審理하기爲하야法規委員會를置함
第二十三條　諸般法規는敎正會에서此를頒布하되但重要한法規는宗會의協贊을經함
第二十四條　前條의重要로認하는法規는別로定한바에依함
第十一章　財　政
第二十五條　法規委員會는所定의法規에依함
第二十六條　各本末寺의所有인一切財政을朝鮮佛敎禪敎兩宗所有財產이라함
第二十七條　本兩宗僧尼의所有財產은此를二種에分하야師僧의傳遺物을甲種財產이라하고僧尼의自辦物을乙種財產이라함
第二十八條　僧尼의甲種財產은法規의所定에依하야僧尼의在籍한該本末寺로부터此를監督함
第十二章　補　則
第二十九條　本宗憲은敎正會及法規委員會의提案에依하야宗會에通過를經하야此를改正함을得함
第三十條　設立에際한敎正은朝鮮佛敎兩禪敎宗僧侶大會에서此를銓衡함
第三十一條　、宗憲은頒布日로부터此를施行함

276. 朝鮮仏教禅教両宗僧侶大会で制定された宗憲。12章31条で構成されたこの宗憲は日帝下で仏教界が自ら定めた最初の宗憲として、仏教の自主・自立を通じた民族仏教を目指したことに歴史的意義がある。韓龍雲は、この宗憲を仏教の憲法と規定した。しかし、この宗憲は寺刹令と寺法など日帝が定めた法との対応関係を持っていたために、後の実行に多くの難関が続いた。

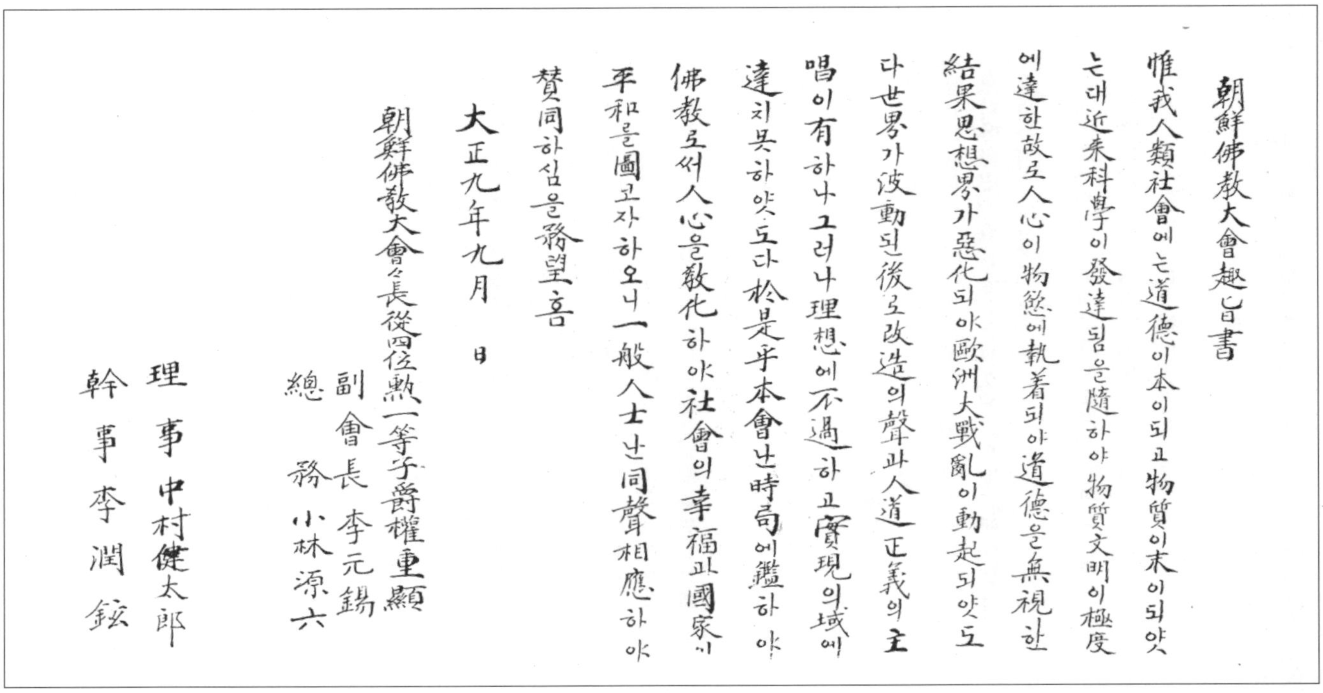

朝鮮佛教大會趣旨書

惟我人類社會에는道德이本이되고物質이末이되얏는대近來科學이發達됨을隨하야物質文明이極度에達한故로人心이物慾에執着되야道德을無視한結果思想界가悪化되야歐洲大戰亂이動起되얏도다世界가波動된後로改造의聲과人道正義의主唱이有하나그러나理想에不過하고實現의域에達치못하얏도다於是乎本會난時局에鑑하야佛教로써人心을教化하야社會의幸福과國家의平和를圖코자하오니一般人士난同聲相應하야贊同하심을務望喜

大正九年九月　日

朝鮮佛教大會々長從四位勲一等子爵權重顯
副會長 李元錫
總務 小林源六
理事 中村健太郎
幹事 李潤鉉

277. 朝鮮仏教大会の趣旨書（1920 年 9 月）。朝鮮仏教大会は朝鮮仏教団の前身で、1920 年 9 月に設立された親日的な仏教界の外郭団体である。3·1 独立運動直後、日帝は仏教界が民族運動に参加できないようにするために親日仏教団体を組織し、統制する仏教政策を推進した。この団体は、そのうちの最大の代表的な団体として、朝鮮総督府と日本仏教界の積極的な支援を受けた。朝鮮仏教大会の会長は子爵の権重顕、副会長は李元錫であり、総務は日本人の小林源六が担当した。

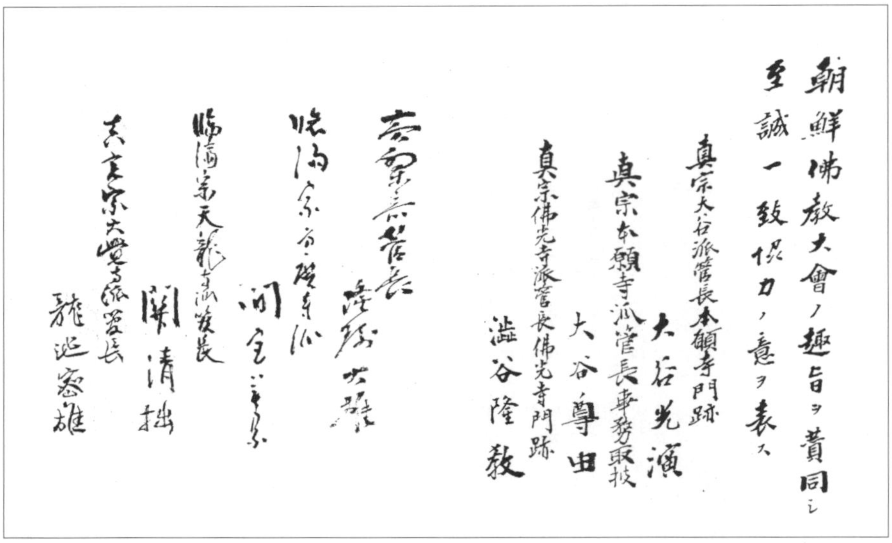

朝鮮佛教大會ノ趣旨ヲ贊同シ
至誠一致協力ノ意ヲ表ス
真宗大谷派管長本願寺門跡 大谷光演
真宗本願寺派管長事務取扱 大谷尊由
真宗佛光寺派管長佛光寺門跡 澁谷隆教
曹洞宗管長
臨済宗天龍寺派管長 関清拙
真言宗大覚寺派管長 龍池密雄

278. 朝鮮仏教大会創立当時（1920 年 9 月）に参加した人物たちの芳名録。この団体には親日朝鮮人たちも参加したが、日本の政界と軍部、そして日本仏教の各宗派が主軸となって積極的に参加・後援した。

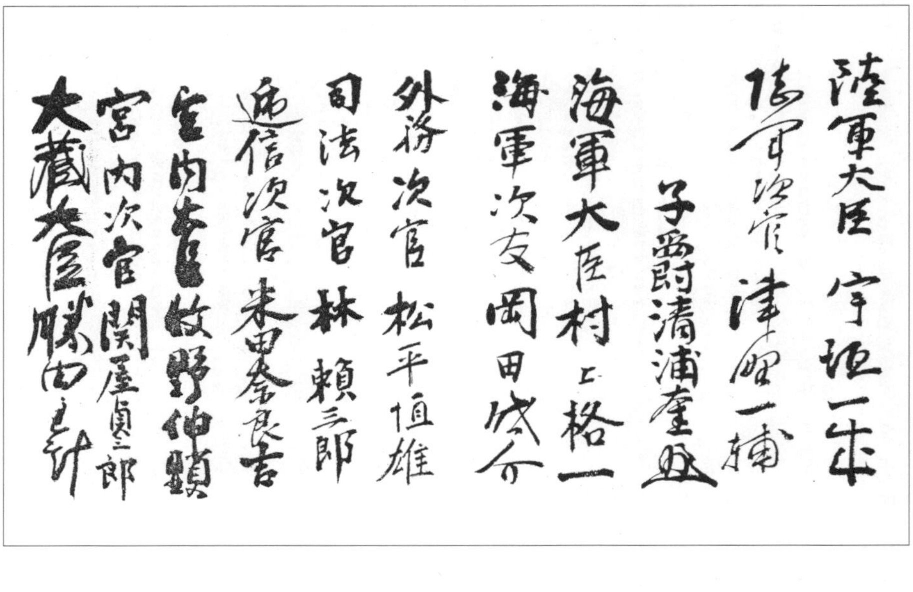

陸軍大臣 宇垣一成
陸軍次官 津野一輔
子爵清浦奎吾
海軍大臣 村上格一
海軍次官 岡田啓介
外務次官 松平恒雄
司法次官 林頼三郎
逓信次官 米田奈良吉
宮内大臣 牧野伸顕
宮内次官 関屋貞三郎
大蔵大臣 勝田主計

279. 朝鮮総督府（旧中央庁の建物）の屋内ホールで開かれた、朝鮮仏教大会発会式の様子。1929年10月11～13日のこの大会の目的は、朝鮮総督府と日本仏教の実質的な支援を受けていた朝鮮仏教団の組織活性化と植民地における仏教政策強化にあった。この席には、朝鮮総督をはじめ、当時の軍部や政治、社会、経済界、仏教界の有名人たちが大挙して参席した。前面中央の椅子に座っている人が朝鮮総督·斉藤実である。この写真は、10月11日に撮影された。

280. 朝鮮総督府の御用団体である朝鮮仏教団主催の朝鮮仏教大会に先立ち、勤政殿（景福宮内にある正殿）の仏像の前で礼拝する様子。正面中央御座に仏像が見える。

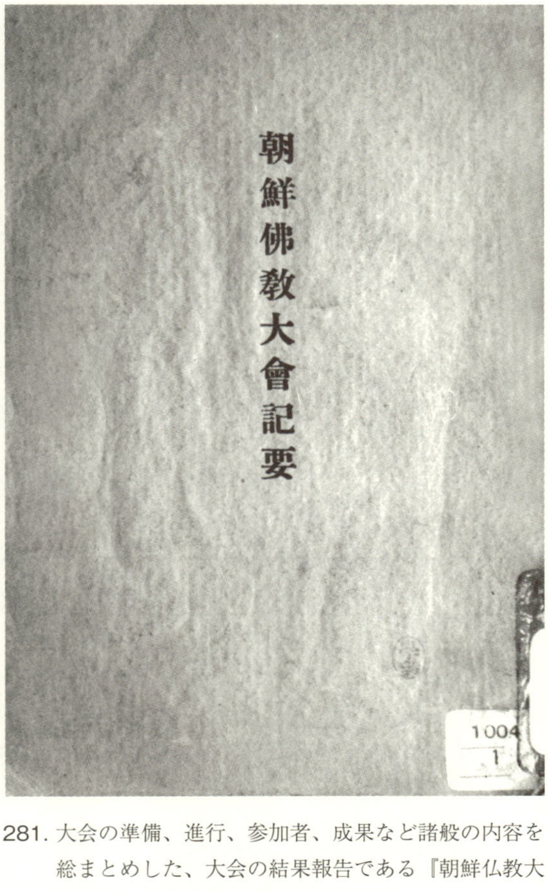

281. 大会の準備、進行、参加者、成果など諸般の内容を総まとめした、大会の結果報告である『朝鮮仏教大会紀要』（1929年11月刊）。

282. 朝鮮仏教団が主催した朝鮮仏教大会２日目（1929 年 10 月 12 日）の殉難横死無縁者追弔法要式で、日本仏教各宗派の管長級僧侶たちが読経する様子。場所は訓練院で、現在は東大門デザインプラザ＆パーク（前・東大門運動場）。

283. 朝鮮仏教団が主催した朝鮮仏教大会２日目（1929 年 10 月 12 日）、殉難横死無縁者追弔法要式に参加した 31 本山住職たちの読経の様子。この法要式を主導した朝鮮仏教団では、朝鮮側の重要僧侶と本山住職たちに招待状を送り、本山住職と親日的な僧侶はほとんど参加していたが、抗日的で民族仏教を目指していた僧侶や仏教青年たちは参加しなかった。

284. 朝鮮仏教大会が終了した後、朝鮮総督府庁舎前で記念撮影（1929年10月13日）。朝鮮仏教団の団長と、この大会の会長は男爵・李允用であり、副団長・副会長は男爵・韓昌洙であった。この大会がいかに重要であり、大規模な組織であったかは、朝鮮総督府の建物を会場として使用したという点からも十分に知ることができる。

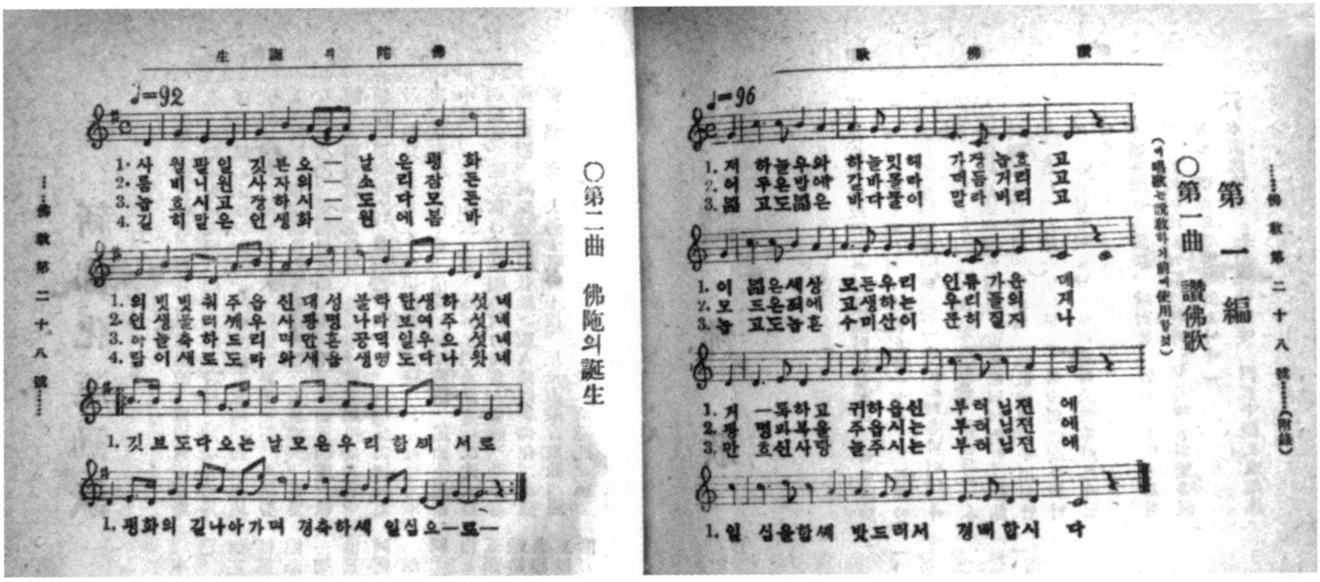

285.『仏教』第28号（1926年10月）に掲載された「讃仏歌」と「仏陀の誕生」。曹学乳が編曲。

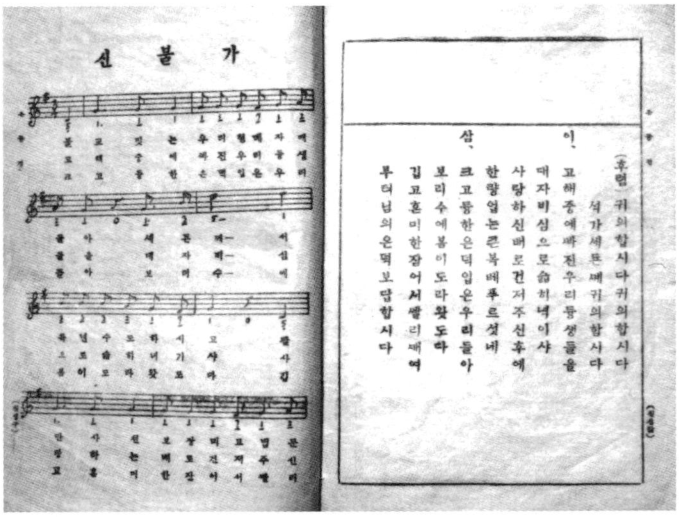

286.「信仏歌」（権相老が発行した『恩重経』に収録）。

287.『仏教』第29号（1926年11月）に掲載された「讃仏歌」の中の第1編第3曲「仏陀の成道」。曹学乳が編曲。

288.「讃仏歌」（権相老が編者の『恩重経』に収録）。

大正十五年八月 日第三種郵便物認可
大正十五年八月一日發行(每月一回一日)

平凡

八月創刊號

重要目次

灰色의窓에서…………(二)
獨身人…………(七)
人間宗教…………(九)
街路의말…………(一四)
人造太陽…………(一九)
文壇漫步…………(二六)
밤의散步…………(四〇)
離婚한뒤…………(四四)
中學生時代…………(三二)

第一卷 第一號

東萊 平凡社 發行

289. 仏教雑誌『平凡』創刊号。1926年8月に創刊されたこの雑誌は、通巻3号（1926年10月）まで発行された。大衆的な文芸誌で、発行人は梵魚寺出身の仏教青年・許永鎬だった（口絵29ページ）。

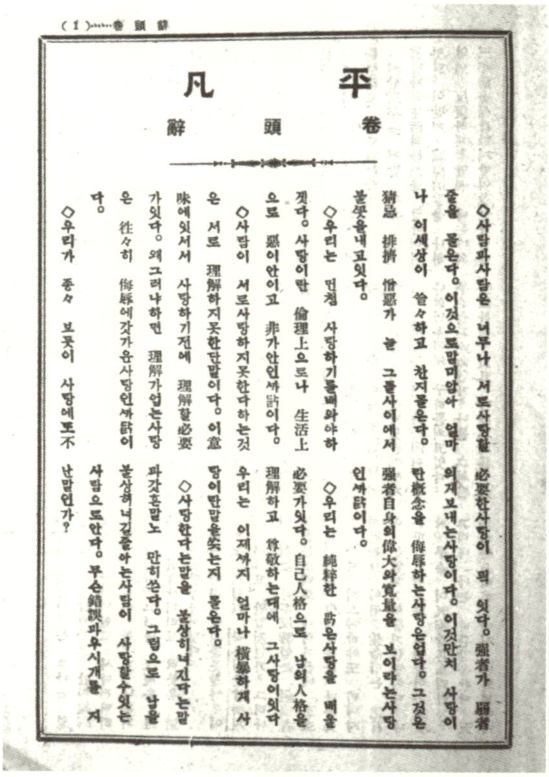
卷頭辭……(1)

平凡

卷頭辭

◇사람과사람은 너무나 서로사랑할 줄을 몰은다。이것으로말미암아 얼마나 이세상이 쓸々하고 찬지몰은다。猜忌 排擠 憎惡가 늘 그들사이에서 불꼿을내고잇다。

◇우리는 먼첨 사랑하기를배와야하겟다。사랑이란 倫理上으로나 生活上으로 惡이안이고 非가안인쌔닭이다。

◇사람이 서로사랑하지못한다하는것은 서로 理解하지못한단말이다。이意味에잇서서 사랑하기전에 理解할必要가잇다。왜그러냐하면 理解가업는사랑은 往々히 侮辱에갓가운사랑인쌔닭이다。

◇우리가 종々 보듯이 사랑에도不必要한사랑이 퍽 잇다。强者가 弱者의게보내는사랑이다。이것만치 사랑이란槪念을 侮辱하는사랑은업다。그것은 强者自身의偉大와寬量을 보이라는사랑인쌔닭이다。

◇우리는 純粹한 참운사랑을 배울必要가잇다。自己人格으로 남의人格을 理解하고 尊敬하는대에 그사랑이잇다 우리는 이제까지 얼마나 橫暴하게 사랑이란말을썻는지 몰은다。

◇사랑한다는말을 불상히너긴다는말과갓흔말노 만히쓴다。그럼으로 남을 불상히너길줄아는사람이 사랑할수잇는사람으로 안다。무순錯誤파우시개를 지난말인가?

290. 仏教雑誌『平凡』の巻頭辞。

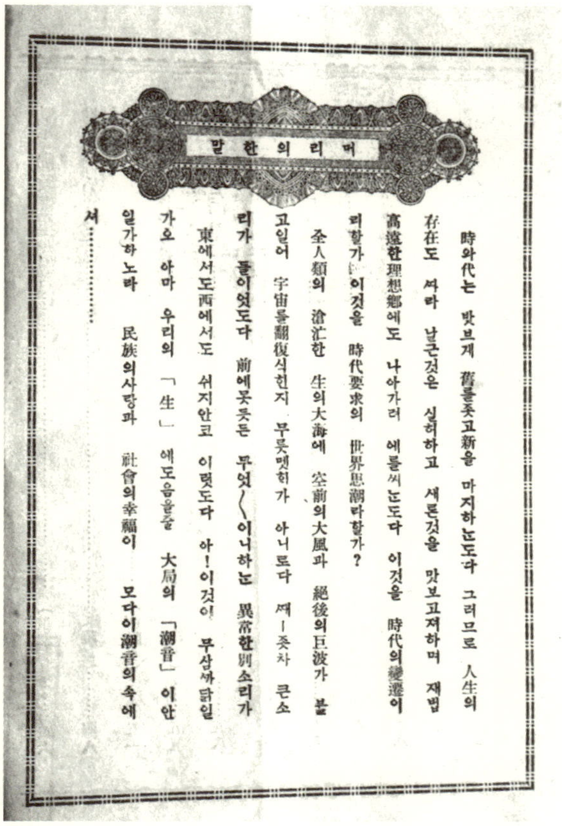
머리의한말

時와代는 밧브게 舊를쫏고新을 마지하는도다 그러므로 人生의 存在도 싸라 낡은것은 실혀하고 새론것을 맛보고져하며 재법 高遠한理想鄕에도 나아가려 애를써는도다 이것을 時代의變遷이라할가? 이것을 時代要求의 世界思潮라할가?

全人類의 滄汒한 生의大海에 空前의大風과 絶後의巨波가 불고일어 宇宙를翻復식힌지 무릇몟히가 아니로다 째ㅣ좃차 큰소리가 들이엿도다 前에못듯든 무엇〱이니하는 異常한別소리가 東에서도西에서도 쉬지안코 이럿도다 아!이것이 무삼쌔닭일가오 아마 우리의 「生」에도음을줄 大局의 「潮音」이안일가하노라 民族의사랑과 社會의幸福이 모다이潮音의속에서…………

291.『潮音』の序文。

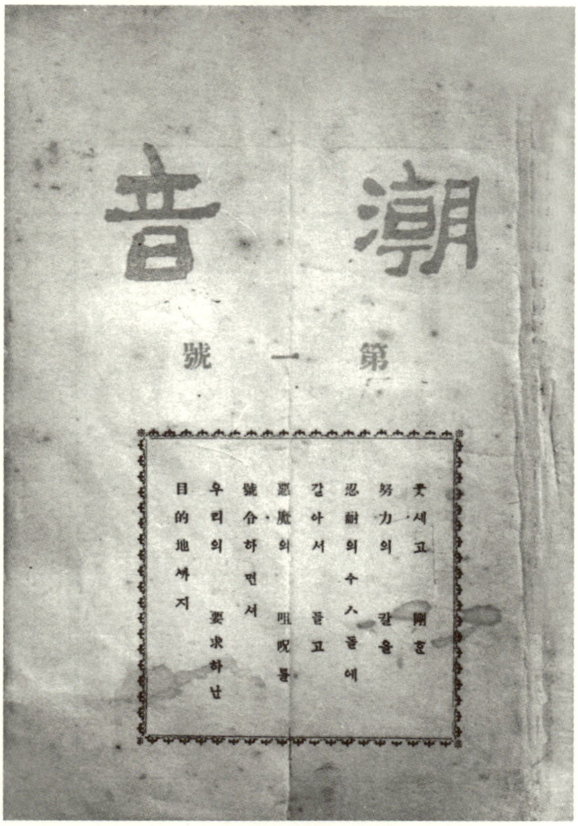
潮音

第一號

굿세고 闊호
努力의 칼을
忍耐의수ㅅ돌에
갈아서 들고
惡魔의 咀呪를
號令하면서
우리의 要求하난
目的地까지

292. 仏教雑誌『潮音』創刊第1号。1920年12月に創刊された『潮音』は、通度寺の仏教青年会が発行した。出版人は、通度寺仏教青年会の会長だった李鍾天で、創刊号以後、継続して出版されたかどうかは、現在のところ確認できない。

創刊辭

「淨法界身、本無出沒、大悲願力、示現受生」

이것이如來出世의本旨와 無邊한佛教의要義를 簡明하게道破한것이다 淨法界身을除하고는 出沒이업슬수업고 大悲願力이아니면 受生할싸닭이웨잇스랴 時間的으로는過去에도 無量佛이受生을示現하섯고 未來에도無量佛이受生을示現하겟스며 空間的으로는現在無量世界에도無量한佛이受生을示現하엿스니 釋迦牟尼佛께서만 호올로出世하신것이아니며 또는釋迦牟尼佛한분뿐이야 出世하시지아니하실지라도 世界는本來부터淸淨하고 衆生은本來부터圓覺하엿슬것이다 그러타하면 釋迦牟尼의受生하신것도 事實上無風起浪이엇슬뿐이며「唯我獨尊」이라하심도靑天白日下에讒人語됨을免치못할것이다

그러나그런것은아니다 過去佛은벌서過去가되엿고 未來佛은아즉未來에잇스며 現在佛도各々他方世界인 自己의佛土에現身하섯스니 우리의娑婆世界는 佛前佛後卽無佛世界를現成케되엿다 그時期를當하신釋迦牟尼佛께서야 아모리出沒이업스신淨法界身일지라도 無上한大悲願力으로 受生하심을示現치아니치못할것은

創刊辭　一

293.『仏教』の創刊の辞（1924年7月）。

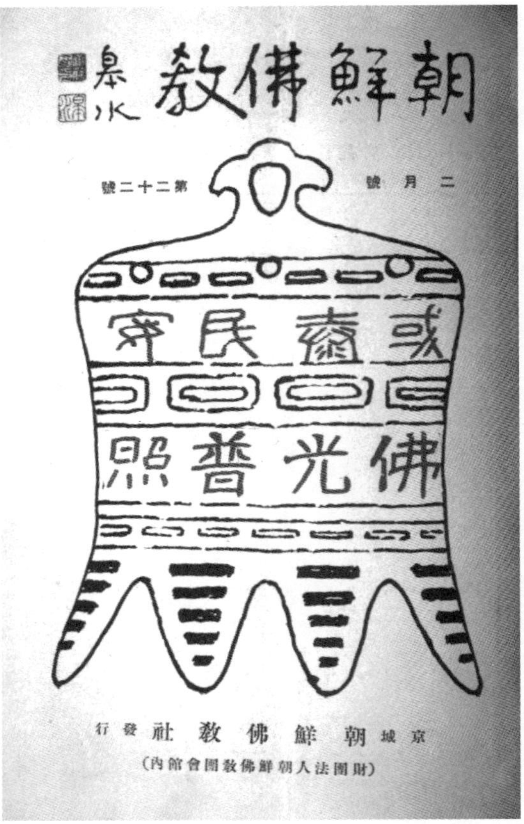

294. 朝鮮仏教団から発行された『朝鮮仏教』第22号（1926年2月、関連写真265）。

295.『仏日』創刊号。1924年7月に創刊され、通巻2号で終刊。『仏日』は、仏教研究講習録を持っていた。

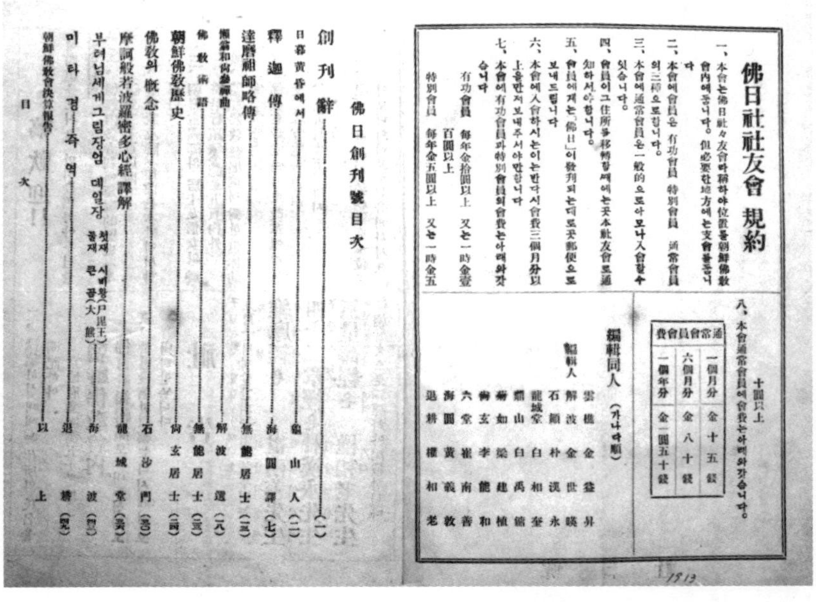

佛日創刊號目次

創刊辭……(一)
日暮黃昏에서……鼎山人(二)
釋迦傳……海圓譯(七)
達磨祖師略傳……無能居士
懶翁和尚參禪曲……解波選
佛教術語……無能居士
朝鮮佛教歷史……尚玄居士
佛教의槪念……石沙門
摩訶般若波羅密多心經譯解……龍城堂
부텨님세게그림장엽 데일장 첫재 시비왕(尸毘王) 둘재 큰곰(大熊)……海波
미타경주역……退耕
朝鮮佛教會決算報告……以上

佛日社社友會 規約

一、本會는佛日社々友會라稱하야位置를朝鮮佛教會內에둡니다。但必要한地方에는支會를둡니다
二、本會에會員은 有功會員 特別會員 通常會員의三種으로함니다。
三、本會에通常會員은一般的으로아모나入會할수잇슴니다。
四、會員이그住所를移轉할때에는곳本社友會로通知하서야함니다。
五、會員에게는「佛日」이發刊되는대로곳郵便으로보내드림니다
六、本會에入會하시는이는반다시會費三個月分以上을만저보내주서야만함니다
七、本會에有功會員과特別會員의會費는아래와갓슴니다
　有功會員　每年金拾圓以上　又는一時金壹百圓以上
　特別會員　每年金五圓以上　又는一時金五十圓以上
八、本會通常會員에會費는아래와갓슴니다。

通常會員會費	
一個月分	金十五錢
六個月分	金八十錢
一個年分	金一圓五十錢

編輯同人 （가나다順）

雲樵 金益昇
解波 金世曉
編輯人 石顚 朴漢永
龍城堂 白相奎
鼎山 白禹鏞
菊如 梁建植
尚玄 李能和
六堂 崔南善
海圓 黃義敦
退耕 權相老

296.『仏日』誌の目次と仏日社友会の規約。『仏日』の編集者は、朴漢永、白龍城、李能和、梁建植、崔南善、権相老、黄義敦などだった。

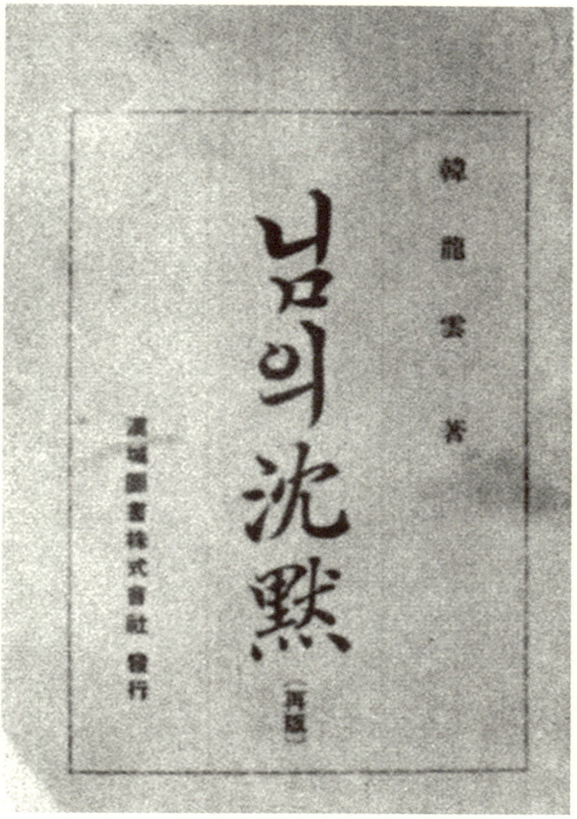

297. 韓龍雲の思想と文学精神の真髄を見せてくれた『あなたの沈黙』初刊本の表題紙。1926年5月20日にソウル匯東書館から初版本が発刊された（写真は、漢城図書が発行した再版本）。韓龍雲はその前年8月29日に雪岳山の五歳庵で『あなたの沈黙』の原稿を脱稿し、この詩集が発刊された15日後には、6・10万歳運動の「臨時検束」で検挙された(関連写真104、106、108、口絵28ページ)。

298. 韓龍雲。1939年7月12日ソウルで還暦を過ごし、3日後、多率寺に行った時に同志たちに囲まれて撮った写真。

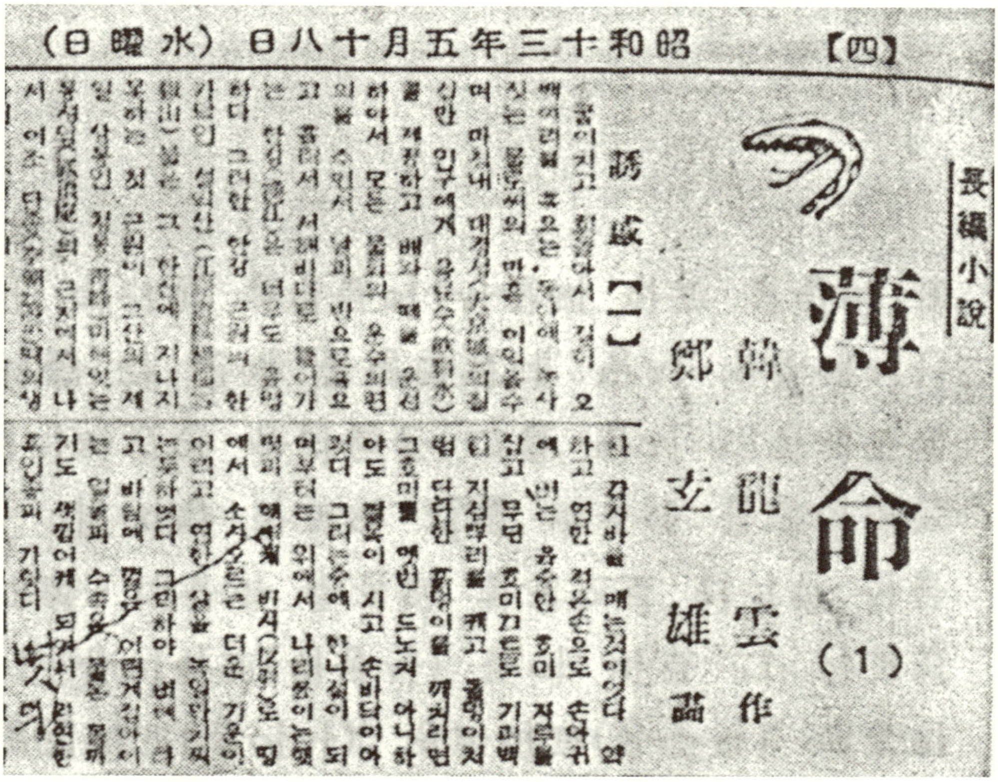

昭和十三年五月十八日（水曜日）　【四】

長編小說

薄命 （1）

韓龍雲 作

鄭玄雄 畵

誘惑【一】

[illegible]

299. 1938年5月18日から『朝鮮日報』に連載された韓龍雲の小説「薄命」。

300. 白龍城が畢生の情熱で出版した『朝鮮文華厳経』。白龍城の華厳経翻訳は近代仏教の最初の仕事であり、純ハングルで出版したことは、さらに意義深いことであった（1928 年 3 月）。

三藏譯會에서

朝鮮文華嚴經刊行

白龍城禪師의後半生
必死的努力의結晶體

朝鮮佛教의經典은漢文藏經뿐임으로 佛教眞理를研究하랴는義學之徒에게는 難澁汪洋의嘆이不無하고發展또는向上에莫大한支障이不無한故로 이에김히늑기고痛嘆히역인（市內鳳翼洞二番地에居住）白龍城禪師는 六旬有四의高齡임도不顧하고老當益壯의那羅延力으로 모든周圍에難關과環境의複雜한것을勇敢하게突破하고 丙寅四月十七日부터華嚴經飜譯에着手하야 爾來一年八個月동안幾多의魔障을무릅쓰고 不斷의誠力을專注한結果去十一月十三日에飜譯의終畢을告하게되엿스며因하야 即時一面으로印刷에着手하야 적어도陰曆今年歲前으로는全部가完成이되리라는대 支那佛教가朝鮮에輸入된以來에朝鮮文으로 華嚴經을飜譯하기는禪師가처음인것만큼 將來朝鮮佛教界에잇서 無價의寶藏인것만은一般이한가지깁버하게되엿더라

301. 華厳経刊行の意義を報道する『仏教』第 43 号（1928 年 1 月）の記事。

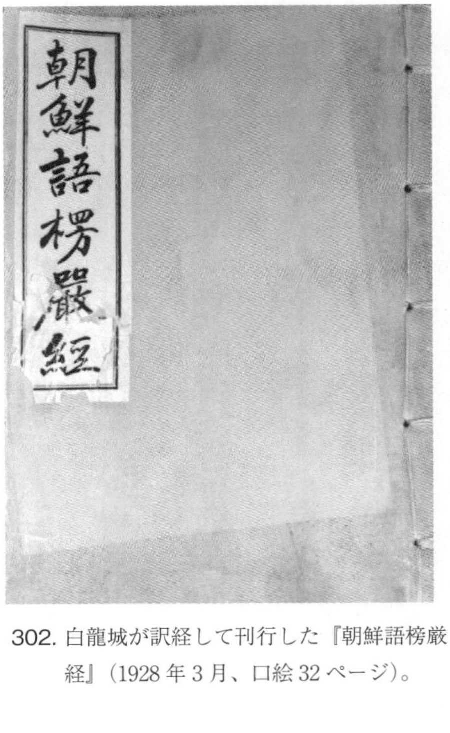

302. 白龍城が訳経して刊行した『朝鮮語楞厳経』（1928 年 3 月、口絵 32 ページ）。

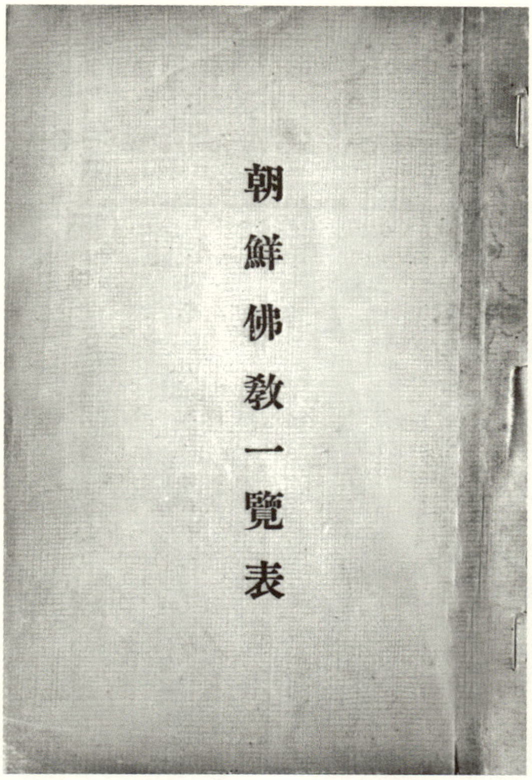

303. 朝鮮仏教教務院が 1928 年 3 月に刊行した仏教界の現状紹介書『朝鮮仏教一覧表』。この一覧表の著作兼発行者は、権相老だった。

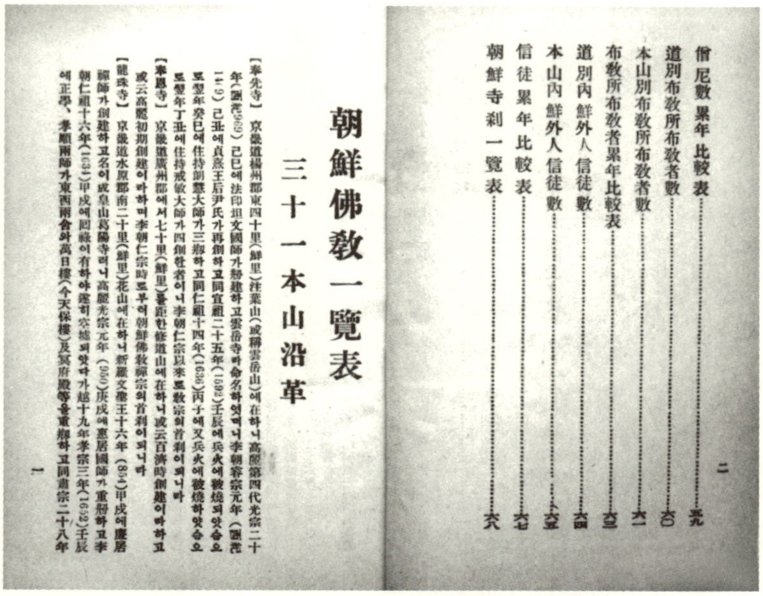

僧尼數累年比較表……五九
道別布教所布教者數……六〇
本山別布教所布教者數……六一
布教所布教者累年比較表……六三
道別內鮮外人信徒數……六四
本山內鮮外人信徒數……六五
信徒累年比較表……六七
朝鮮寺刹一覽表……六八

二

朝鮮佛教一覽表

三十一本山沿革

【奉先寺】京畿道楊州郡東四十里(鮮里)注葉山(或稱雲岳山)에在하니高麗第四代光宗二十年(西紀969)己巳에法印坦文國師가刱建하고雲岳寺라命名하엿더니李朝睿宗元年(西紀1469)己丑에貞熹王后尹氏가再刱하고同宣祖二十五年(1592)壬辰에兵火에被燒되얏슴으로翌年癸巳에住持朗慧大師가三刱하고同仁祖十四年(1636)丙子에又兵火에被燒하얏슴으로翌年丁丑에住持戒敏大師가四刱한者이니李朝仁宗以來로敎宗의首刹이되니라

【奉恩寺】京畿道廣州郡에서七十里(鮮里)를距한修道山에在하니或云百濟時創建이라하고或云高麗初期創建이라하며李朝仁宗時로부터朝鮮佛教禪宗의首刹이되니라

【龍珠寺】京畿道水原郡南二十里(鮮里)花山에在하니新羅文聖王十六年(854)甲戌에廉居禪師가創建하고名이葛陽寺러니高麗光宗元年(950)庚戌에惠居國師가重刱하고李朝仁祖十六年(1634)甲戌에回祿이有하야遂히空墟되얏다가越十九年孝宗三年(1652)壬辰에正學、孝順兩師가東西兩舍와萬日樓(今天保樓)及冥府殿等을重刱하고同肅宗二十八年

一

304.『朝鮮仏教一覧表』の目次と内容の一部。

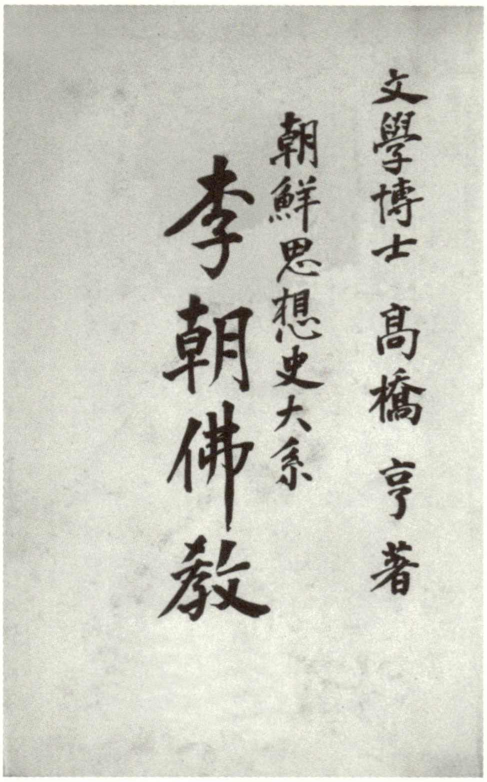

305. 日帝時代、朝鮮に居住しながら朝鮮仏教に関連する多くの文章を残した高橋亨の著作『李朝仏教』。1929 年 10 月 15 日に発行されたこの本は、朝鮮時代の仏教史研究の参考資料である。

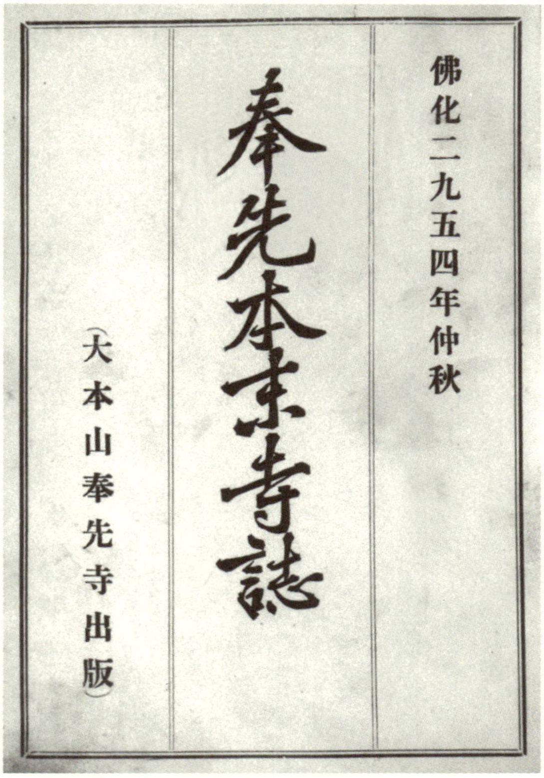

306. 安震湖が編纂し、1927 年秋に発行された『奉先本末寺誌』の表紙。

307. 日帝時代の華厳寺の全景。華厳寺は 1911 年寺刹令が制定され本山から脱落したが、粘り強く本山昇格運動を展開し、24 年には本山に指定された。そのため、華厳寺が含まれる以前は 30 本山であり、それ以降は 31 本山になった。

308. 李鍾郁（前列左から 2 人目）と仏教界の人士。李鍾郁僧侶は日帝時代に月精寺住職、朝鮮仏教曹渓宗の総務総長を務め、解放後は総務院長と東国大学の理事長を務めていた。1920 年代には上海臨時政府を中心に熾烈な抗日運動を展開したが、日帝末期にはいくつもの親日文と業績が残っており、親日と抗日の間で彼の評価は交錯している。写真は、月精寺の負債整理の記念撮影。前列右から金大羽、キム・ヨンウ、李鍾郁、黄金峰 、後列は洪錫謨、ソン・ナッフォン、キム・ソンフォン、イ・スンウ、李甲得、韓性勲。

309. 1928年2月30日に竣工した覚皇教堂の鐘閣の梵鐘（2600斤。現在の重さに換算すると、1500kg程度と思われる）。

310. 朝鮮仏教教務院の広場に建立された七層塔。スリランカの僧侶ダマバラが持って来た釈尊の真身舎利を奉安したこの塔の持主は、李瓊湖（雅号:允根、覚皇教堂院主）であり、「釈迦世尊眞身舎利塔碑銘」の碑文は権相老がつくり、文字は金敦熙が書いた。この七層塔は1929年から工事を開始したと推定されており、竣工式は翌年9月14日に行われた。

311. 1920年代の感恩寺跡の東西両塔。

312. 扶余皐蘭寺の絵葉書。郵便葉書に朝鮮の寺院の写真が載せられるのははじめてだった。これらの絵葉書は紙や印刷などの技術的な面から見ると、当時の日本で直接作成されたようだ。絵葉書の上部に日本語の文が見える。

313. 扶安月明庵の絵葉書（1920年代末）。

314. 扶余無量寺の絵葉書。

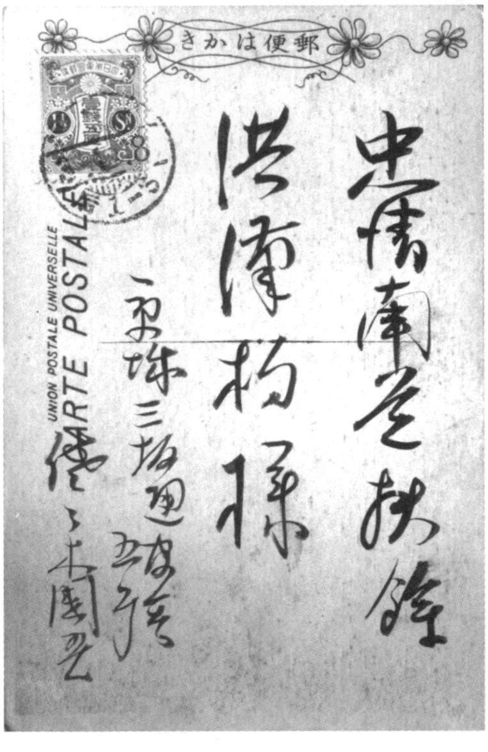

315. 寺院の絵葉書の表面。この裏には、寺院全景、仏教文化財などが印刷されている。

316. 仏国寺多宝塔のカラー絵葉書。補修をしようと積み上げた材料が、管理不良の断面を示している（口絵30ページ）。

317. カラーでの芬皇寺塔の絵葉書。塔上の草と周辺の石が無心に位置している。左上には英語の文字も見える（口絵30ページ）。

318. 金剛山表訓寺の全景。撮影年不詳。

319. 首座たちの修行先と評判が広まった金剛山摩訶衍。撮影年不詳。

320. 金剛山長安寺の全景。撮影年不詳。

1930年代

1930年代

1930年代の仏教史は、自主的な宗憲体制を実行している構図が最も目立つ。しかしその実行は、日本の弾圧と親日住職たちの非協力などによって、34年頃に入ってからは消滅してしまった。だが、30年代初頭には、一時的に仏教の中興と教団革新の気運が強く現れたのは事実だった。これは、31本山で分裂した仏教界を統一することができる性格を担保するもので、さらには自主的な教団運営ができる宗憲と宗法という内部的な規律を備えたから出てきた理解であった。韓龍雲もこの宗憲を、仏教の憲法と命名した。

一方日帝は、その宗憲体制に対して反対でもなく、賛成でもない立場であったが、これは既存の寺刹令体制への挑戦は座視するに忍びないというものだった。日帝当局の立場がこのようだったので、親日的な住職たちの歩みは火を見るよりも明らかな事実だった。彼らは、宗憲に定められた諸義務と当然実行すべき秩序に協力しなかった。ついに仏教界は、宗憲実行勢力と反宗憲勢力に分かれた。それを克服するために宗憲認可説、寺法改正の動きなどが登場したが、宗憲体制は挫折してしまう。

以来、仏教界は一時的に挫折の時期を送ったが、35年から別の宗団の建設を主導する。これが総本山建設運動である。この運動は当時、心田開発運動を推進した日本当局の意図と偶然一致して徐々に加速した。その結果、37年から本格的な運動が行われ、最初は覚皇寺を総本山として移転の新築工事を開始した。しかし、覚皇寺の移転・新築の具体的な対象は、現在の曹渓寺大雄殿の工事だった。そして、現在の曹渓寺大雄殿工事に使われた木材は、全北井邑にあった普天教の十日殿の建物の木材を鉄道で輸送して再利用したものである。

一方、この時期には、教育の問題が重要な懸案として浮上した。まず中央仏専と普成高普の廃校、休校、譲渡の議論がそれである。この原因は財政の貧弱さだったが、根本的な問題は、当時の仏教界の教育問題についての劣悪な認識だった。その議論は中央仏専の継続経営、普成高普の譲渡に帰結された。その問題で表面化した各本山間の異なる認識は、教団の分権化を意味する。そして、仏教青年たちが継続的に主張した講院教育制度の改善案の内容が一部収容され、開運寺に高等仏教研究が開設されたりもした。また、講院規則が制定されたことも意義深い出来事である。

そして禅学院が回復され、禅の大衆化を強調しながら、その基盤の構築に留意した。禅学院の努力は34年12月に財団法人朝鮮仏教禅理参求院という組織体に変更・具現された。そして禅学院系の首座たちは、禅仏教の伝統を守護するために朝鮮仏教禅宗の宗憲を制定・公布した。彼らはその宗憲に基づいて宗務院を作るなど、独自に歩みかけたのである。

この時期にあった事実の中で留意すべきことは、日帝の軍国主義体制に埋没する様相が現れ始めたことである。心田開発運動に積極的に賛同した仏教界は、37年に日帝が日中戦争を起こすと、それに協力した。時局講演会の開催、出陣部隊の送迎、戦争死傷者の慰労、創氏改名への参与、国防献金提供など、当時の仏教界の挫折と犠牲は多様な形で現れた。このような強圧的な植民地支配の構図は、仏教界全体の活動に制約を加えるものであった。仏教青年運動を主導した朝鮮仏教青年総同盟と朝鮮仏教学人連盟は、35年頃になってから内部的な限界で不振に苦しむが、37年以降は、ほぼうやむやの状況に陥る。さらに問題となったのは、総同盟も、明らかに日帝の植民地体制に協力する様相を示していたということである。

321. 1930年代の財団法人朝鮮仏教中央教務院の全景。30年代初頭の教務院は立ち上げ時、財団の資金60万円に40万円を追加増資し、100万円の財団となった。しかし、各本山ではその増資のための分担金が納付できず、仏教界の葛藤要因となった。写真右の欅が、現在の曹渓寺の前庭の木である。

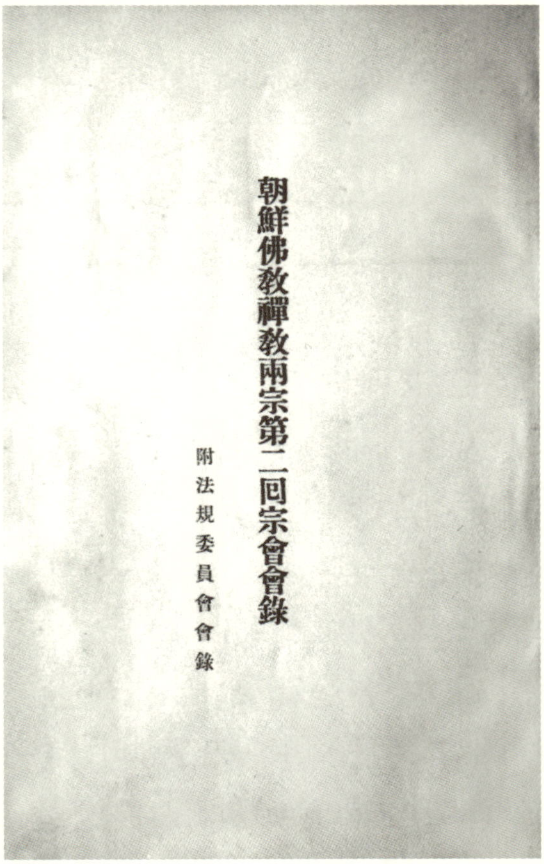

朝鮮佛教禪教兩宗第二回宗會會錄

附法規委員會會錄

322. 朝鮮仏教禅教両宗宗会の会議録。宗会は、僧侶大会で制定した宗憲によって設立された仏教界立法の代表機関である（1930年3月）。

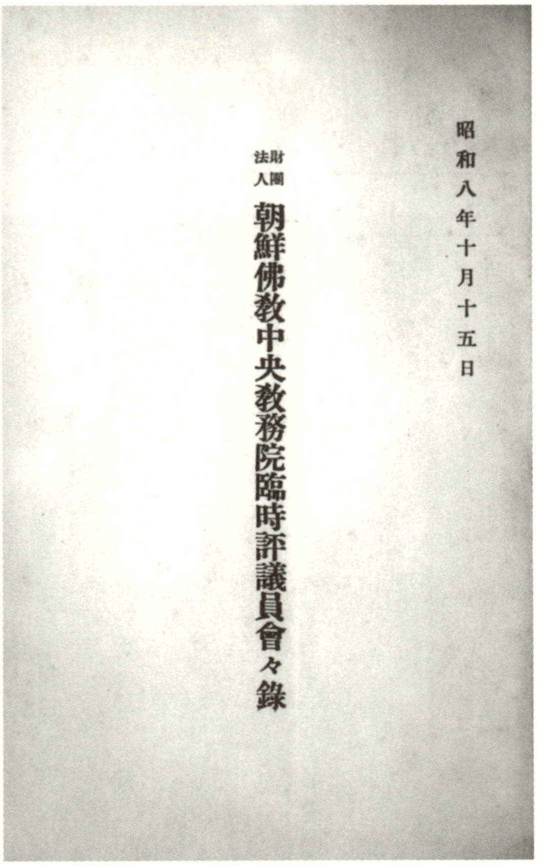

昭和八年十月十五日

財團法人 朝鮮佛教中央教務院臨時評議員會々錄

323. 1933年10月15日に開催された、教務院臨時評議員会の会議録。

寺法改正에對한意見

宋 宗 憲

朝鮮佛敎를爲하는當路한智識階級에每向寺法統一을云謂하나諸賢의主眼은何를意味함인지想像키難호대 現制度를超越치못하난限에난已往朝鮮刹寺은 太古宗祖의一門下法孫이 護持하야온지라吾佛의慧命을其中에禪이며敎念佛이며持呪等으로奉行하난方式에난多少差別이有하나究竟그正法眼藏을悟得케함에난其揆一也라所以運用하난方法이可及的同一하여야効力을得키容易할줄自信함으로左記數項의愚見을陳述하노라

記

一、各本山은太古宗祖下에 派祖를別立치말고 人法融通의旨를 達하야宗祖法孫된이는 何寺를勿論하고住持됨을得할事

一、各本末의宗務를 該本末에만限하야 討議하는것이 너무狹窄한感이 不無할뿐더러 非難과排斥이 此를由하야紛起함으로 아모쪼록圓滿한方法을 實現케할事

一、現在中央評議員으로 但中央財團이나 此에關한事業에만 討議하난것이 同機關이神聖치못함으로 各本末寺에實行하난共同事業꺼지討議함이可함

朴 漢 永

一、總本山을京城內에設置하야 總本山代表一人만朝鮮總督府에 認許를須할것

一、總本山制가尙早하다면 現各本寺住持候補에對하야師佐相續과 法類相續等을廢止하고 普通公選法으로하되 宗會에다付하야 考試委員을定하야 住持候補者의 履歷及資格을嚴重調査하야 圈點位에入한後에此圈點位로써 宗會員이重選擧하고 選擧總代가 當局에手續을提起承認케할것。

324. 寺法改正についての宋宗憲（曼庵）と朴漢永の意見。『仏教』第91号（1932年1月）では、主な仏教界の人士から、当時、問題になっていた寺法改正についての意見の寄稿を受けた。

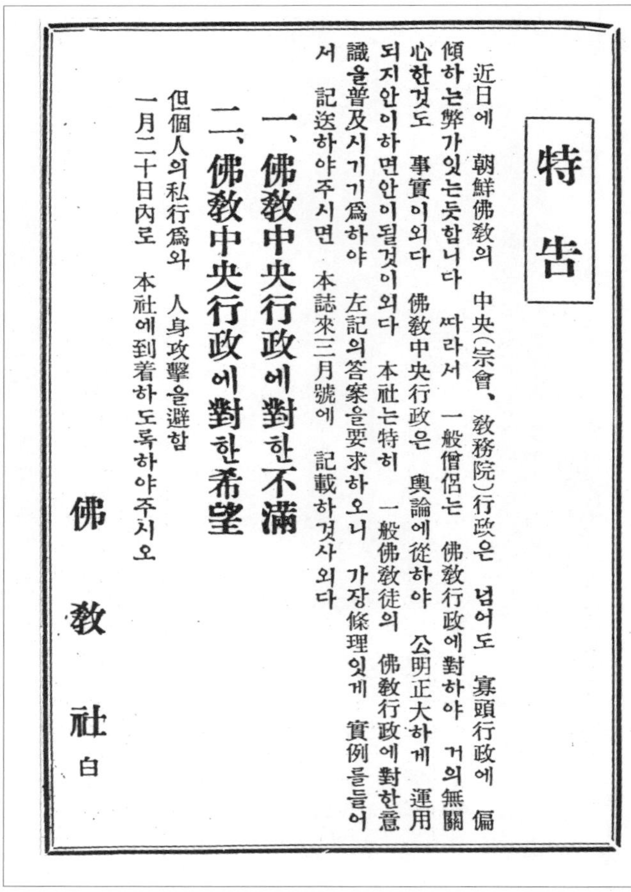

特告

近日에 朝鮮佛敎의 中央(宗會、敎務院)行政은 넘어도 寡頭行政에 偏傾하는弊가잇는듯합니다 짜라서 一般僧侶는 佛敎行政에對하야 거의無關心한것도 事實이외다 佛敎中央行政은 輿論에從하야 公明正大하게 運用되지안이하면안이될것이외다 本社는特히 一般佛敎徒의 佛敎行政에對한意識을普及시기기爲하야 左記의答案을要求하오니 가장條理잇게 實例를들어서 記送하야주시면 本誌來三月號에 記載하것사외다

一、佛敎中央行政에對한不滿

二、佛敎中央行政에對한希望

但個人의私行爲와 人身攻擊을避함

一月二十日內로 本社에到着하도록하야주시오

佛 敎 社 白

325.『仏教』第92号（1932年2月）が、仏教中央行政についての不満と希望の寄稿を要請する特告文。

326. 宗憲発布4周年記念式（1933年1月4日）。1929年僧侶大会で制定された宗憲を履行することは仏教界の課題であり、使命であった。しかし仏教界では、宗憲の移行を巡って熾烈な葛藤と対立が展開されると、教団では宗憲精神を讃えるために宗憲発布記念式を覚皇寺（朝鮮仏教中央教務院）で開催した。金包光は、この式で記念講演を行った。

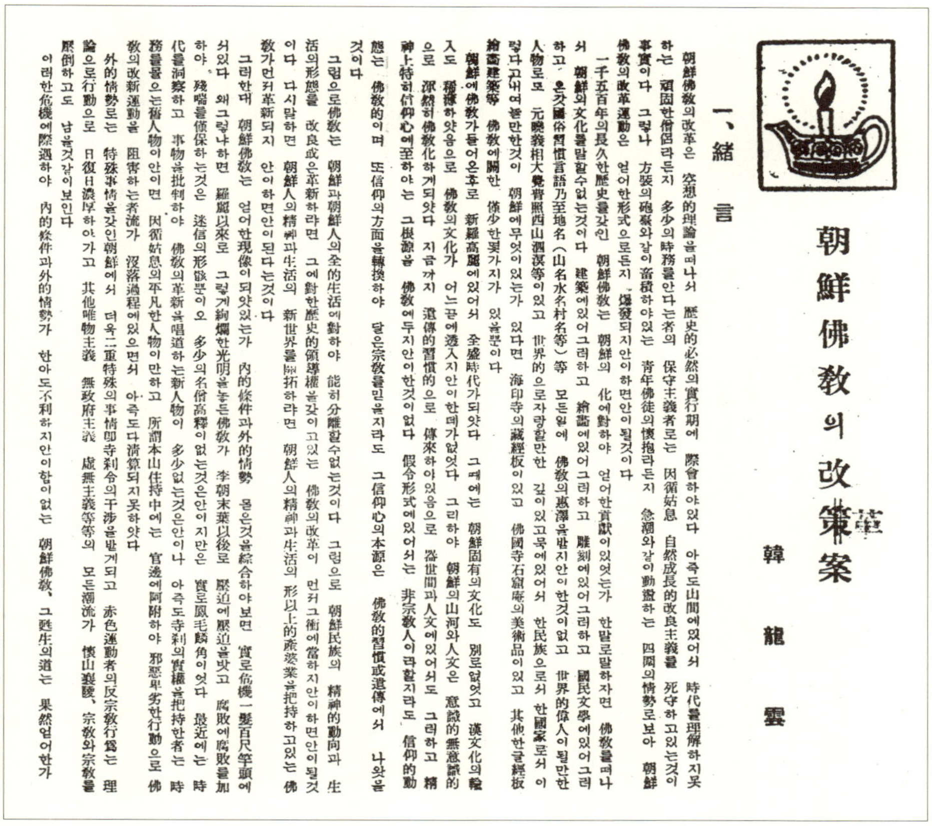

朝鮮佛敎의 改革案

韓 龍 雲

一、緖 言

朝鮮佛敎의改革은 空想的理論을떠나서 歷史的必然의實行期에 際會하야있다 아즉도山間에있어서 時代를理解하지못하는 頑固한僧侶라든지 多少의時務를안다는者의 保守主義者로는 因循姑息 自然成長的改良主義를 死守하고있는것이 事實이다 그렇나 方裝의砲聲와같이蓄積하야있는 青年佛徒의懷抱라든지 急潮와같이動盪하는 四圍의情勢로보아 朝鮮佛敎의改革運動은 얼어한形式으로든지 爆發되지안이하면안이될것이다

一千五百年의長久한歷史를갖인 朝鮮佛敎는 朝鮮의 化에對하야 얼어한貢獻이있엇는가 한말로말하자면 佛敎를떠나서 朝鮮의文化를말할수없는것이다 建築에있어그러하고 繪畵에있어그러하고 雕刻에있어그러하고 國民文學에있어그러하고 온갖國俗習慣言語乃至地名(山名水名村名等)等 모든일에 佛敎의惠澤을받지안이한것이없고 世界的偉人이될만한人物로도 元曉義相大覺普照西山泗溟等이있고 世界的으로자랑할만한 갚이있고목에있어서 한民族으로서 한國家로서 이렇다고내여놓만한것이 朝鮮에무엇이있는가 있다면 海印寺의藏經板이있고 佛國寺石窟庵의美術品이있고 其他한글經板繪畵建築等 佛敎에關한 僅少한몇가지가 있을뿐이다

朝鮮에佛敎가들어온후로 新羅高麗에있어서 全盛時代가되얏다 그때에는 朝鮮固有의文化도 別로없엇고 漢文化의輸入도 稀薄하얏음으로 佛敎의文化가 어느끝에透入지안이한데가없엇다 그리하야 朝鮮의山河와人文은 意識的無意識的으로 渾然히佛敎化하게되얏다 지금까지 遺傳的習慣的으로 傳來하야있음으로 器世間과人文에있어서도 그러하고 精神上特히信仰心에至하야는 그根源을 佛敎에두지안이한것이없다 假令形式에있어서는 非宗敎人이라할지라도 信仰的動態는 佛敎的이며 또信仰의方面을轉換하야 달은宗敎를믿을지라도 그信仰心의本源은 佛敎的習慣或遺傳에서 나왓을것이다

그럼으로佛敎는 朝鮮과朝鮮人의全的生活에對하야 能히分離할수없는것이다 그럼으로 朝鮮民族의 精神的動向과 生活의形態를 改良或은革新하랴면 그에對한歷史的領導權을갖이고있는 佛敎의改革이 먼저그衛에當하지안이하면안이될것이다 다시말하면 朝鮮人의精神과生活의 新世界를開拓하랴면 朝鮮人의精神과生活의 形以上的産婆業을把持하고있는 佛敎가먼저革新되지 안이하면안이된다는것이다

그러한대 朝鮮佛敎는 얼어한現像이되얏있는가 內的條件과外的情勢 몯은것을綜合하야보면 實로危機一髮百尺竿頭에서있다 왜그렇냐하면 羅麗以來로 그렇게絢爛한光明을놓든佛敎가 李朝末葉以後로 壓迫에壓迫을맞고 腐敗에腐敗를加하야 殘喘를僅保하는것은 迷信의形骸뿐이오 多少의名僧高釋이없는것은안이지만은 實로鳳毛麟角이엇다 最近에는 時代를洞察하고 事物을批判하야 佛敎의革新을唱道하는新人物이 多少없는것은안이나 아즉도寺刹의實權을把持한者는 時務를몰으는舊人物이안이면 因循姑息의平凡한人物이만하고 所謂本山住持中에는 官邊에阿附하야 邪惡卑劣한行動으로 佛敎의改新運動을 阻害하는者流가 沒落過程에있으면서 아즉도다淸算되지못하얏다

外的情勢로는 特殊事情을갖인朝鮮에서 더욱二重特殊의事情卽寺刹令의干涉을받게되고 赤色運動者의反宗敎行爲는 理論으로行動으로 日復日濃厚하야가고 其他唯物主義 無政府主義 虛無主義等等의 모든潮流가 懷山襄陵、宗敎와宗敎를壓倒하고도 남을것같이보인다

이러한危機에際遇하야 內的條件과外的情勢가 한아도不利하지안이함이없는 朝鮮佛敎、그甦生의道는 果然얼어한가

327.『仏教』第88号（1931年11月）に寄稿された韓龍雲の朝鮮仏教改革案。韓龍雲が仏教改革の典型を見せてくれた『朝鮮仏教維新論』の精神を継承しながらも、改革を継続せざるを得ない苦悩が込められている。

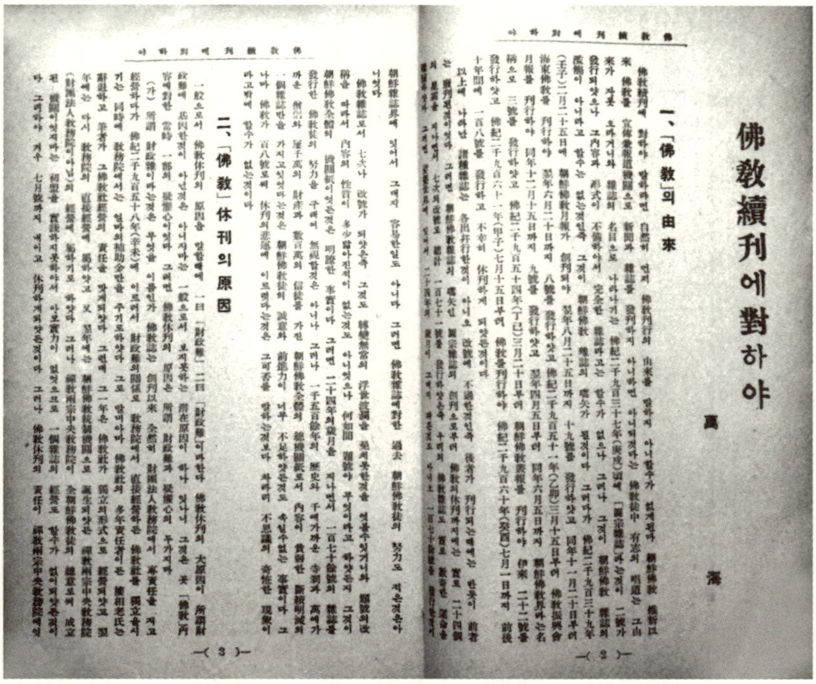

佛敎續刊에 對하야

萬 海

一、「佛敎」의 由來

二、「佛敎」休刊의 原因

—(2)—

—(3)—

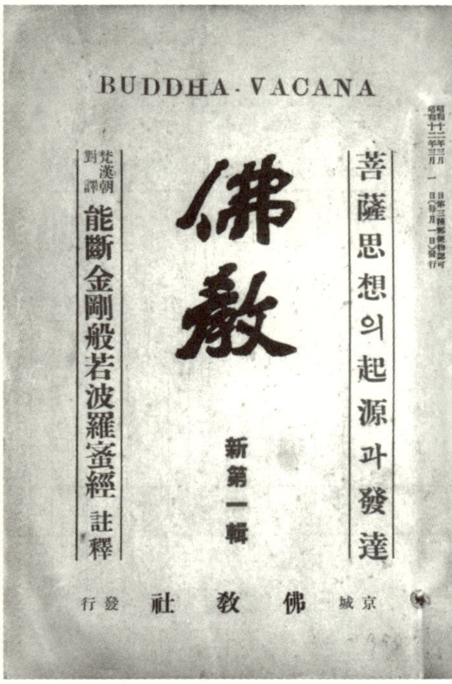

328.『万海』。韓龍雲が『仏教』の続刊についての経過と意義を明らかにした寄稿文。『仏教』は本山間の葛藤と資金不足などにより、1933年7月に108号を刊行し休刊したが、37年3月、慶尚南道3本山会議（海印寺、通度寺、梵魚寺）で『仏教』誌発刊の資金を負担することが決まり、続刊された。この仏教誌を『仏教（新）』とした。

329. 続刊された『仏教（新）』第1集（1937年3月）。

330. 仏教青年運動の重要な中心人物たち。彼らは仏教青年運動を通して仏教の発展、さらには民族運動を追求したが、抗日秘密結社卍党（1930年5月）を組織し、その勢いで朝鮮仏教青年総同盟を結成した。後列右二番目から崔凡述、金法麟、許永鎬、最前列右側最初が金尚昊、四番目が姜裕文。

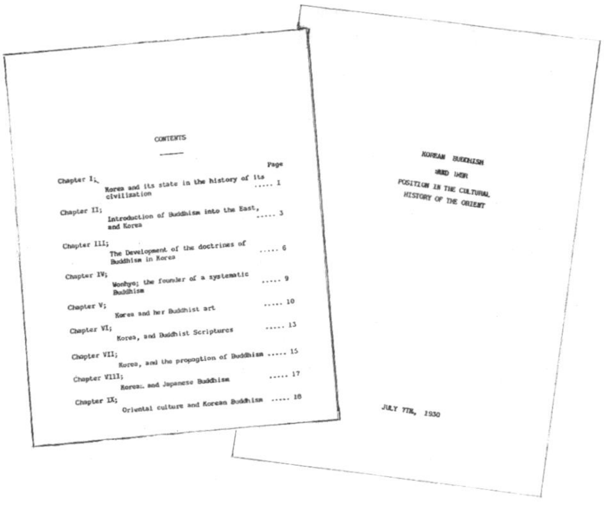

CONTENTS

Page

Chapter I; Korea and its state in the history of its civilization 1

Chapter II; Introduction of Buddhism into the East, and Korea 3

Chapter III; The Development of the doctrines of Buddhism in Korea 6

Chapter IV; Wonhyo; the founder of a systematic Buddhism 9

Chapter V; Korea and her Buddhist art 10

Chapter VI; Korea, and Buddhist Scriptures 13

Chapter VII; Korea, and the propogtion of Buddhism 15

Chapter VIII; Korea, and Japanese Buddhism 17

Chapter IX; Oriental culture and Korean Buddhism 18

KOREAN BUDDHISM
AND HER
POSITION IN THE CULTURAL
HISTORY OF THE ORIENT

JULY 7TH, 1930

331. 朝鮮仏教青年会の代表として汎太平洋仏教青年大会に参加した都鎮鎬が大会に提出したパンフレット（崔南善著、崔鳳秀英訳）の表紙と目次（1930年7月、関連写真234）。

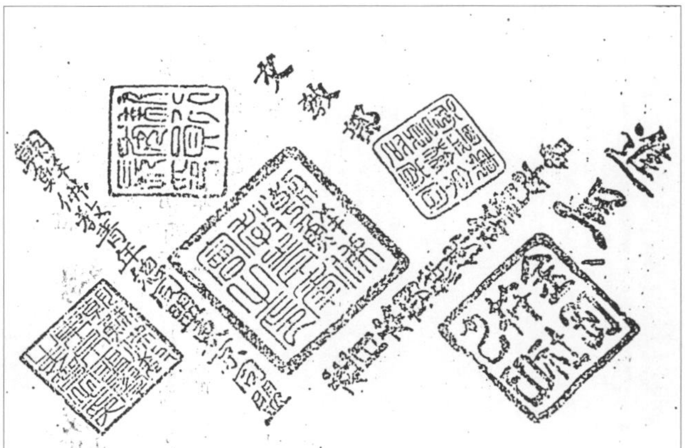

332. 在日朝鮮仏教青年会の各印影（『金剛杵』第25号）。

333. 朝鮮仏教青年総同盟の創立大会の記念撮影（1931年3月22日）。朝鮮仏教中央教務院で開催された朝鮮仏教青年総同盟は、1920年に組織された朝鮮仏教青年会が31年改称して再出発した仏教青年団体である。本来の目的は、寺刹令廃止運動を含む朝鮮仏教の革新運動を目的に組織された団体だった。

祝佛教發展

『佛靑運動』第九・十號目次

卷頭言 ……
統一機關의總決算과來頭 …… 根秀
靑年運動의總決算과來頭 …… 張道煥
宗教人의制度에對한訓練의缺陷 …… 隕星生
佛教誌上南溟氏의辯明을再駁함 …… 憤慨生
新年과希望 …… 蘇根

佛靑詩壇

弔曺學乳師 …… 유무
낡은骸骨(外一篇) …… 趙靈出
새해를마즈며 …… 金一葉
떠날때 …… 韓鐵筆
同志 …… 金永煥
넷놀던곳을차저 …… 尹漢星
雪中松竹(外一篇) …… 禹永基
새해를向하야 …… 申尙寶

佛教詩壇SOS……詩家總評을보고 …… 春皐
故曹學乳師追悼辭 ……
某寺院의無智와某當局의親切過度를駁함 …… 一棒
佛教의女性運動 …… 一女靑盟員
宗憲反對寺院交涉報告를보고 …… 韓鐵筆
紙上懇談會 ……
大圓鏡 …… 一記者
盟員銘心誌 …… 一盟員
開拓者 …… 金素荷
宗憲實行運動欄 ……
寺院狀況調查報告 ……
總同盟消息 ……
同盟消息 ……
螢窓消息 ……
同盟狀況 ……

定價拾錢

京城府壽松洞四四 佛靑運動社 振替京城一三六四七

334. 朝鮮仏教青年総同盟の機関誌『仏青運動』第9・10号の内容を伝える目次（『仏教』第105号、1933年3月）。

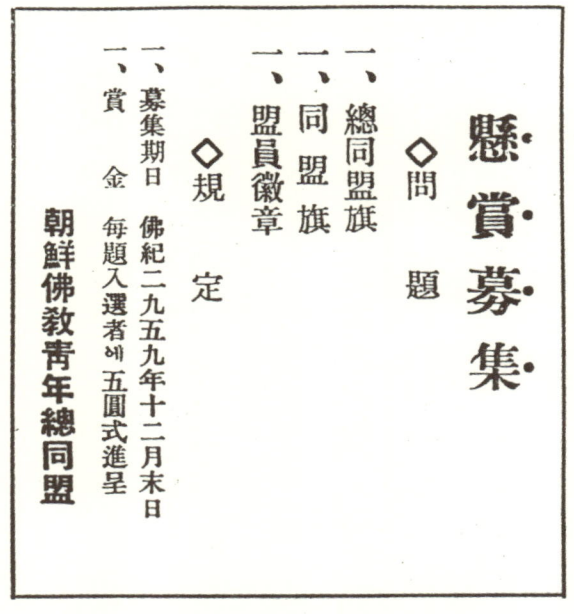

懸賞募集

◇問題

一、總同盟旗
一、同盟旗
一、盟員徽章

◇規定

一、募集期日 佛紀二九五九年十二月末日
一、賞金 每題入選者에 五圓式進呈

朝鮮佛教靑年總同盟

335. 朝鮮仏教青年総同盟の総同盟旗、盟員の徽章などを募集する公告文（『仏教』第100号、1932年10月）。

336. 中央仏専第1回卒業生。彼らは1931年2月の卒業式直前に会議を開き、朝鮮仏教の前衛になることを誓って二九五八会を結成した。二九五八とは、結成当時のその年が仏記で2958年だったからである。前列右から鄭在琪、金龍鶴、崔文錫、洪孝成、李致雨、陳相一、朴根燮、朴允進、二列目右から姜裕文、金末鳳、李ビョン穆、李在元、鄭斗石、金鍾出、朴暎熙、朴成熙、後列右から韓性勲、李覚日、文奇錫、金海潤、韓英錫、趙明基、朴奉石、黃性敏。

二九五八會趣旨書

吾人은 서로期치안코 近世朝鮮佛教史上에 잇서 큼직한 業績인中央佛教專門學校의 第一回卒業生이라는 勝緣을멧게되얏다 이한가지事實만으로라도 三年동안苦樂을가치하든 紀念으로 무슨 모임의機關이 잇슬법하거늘 하믈며 모이기前에 各各朝鮮佛教에對하야 切實한責任을늣기든 마음이 모이여 한뭉테이가 되엿슴이랴 살피건대・朝鮮佛教의多難함이 今日과가튼예업는지라 吾人이엇지 漫然坐觀로써 各個人혼자만이 걱정함에止하랴 이에吾人은 一、우리는理想的朝鮮佛教教政을建設하자 一、우리는互相親睦과連絡團結을盟約하자 라는綱領을세우고 中央佛教專門學校第一回卒業生二十四人이會員이되야 지난三月에 「二九五八會」를創立하고 이것을佛前에宣誓한것이다 吾人은 스사로 朝鮮佛教運動에잇서서 前衛가되려한다 朝鮮佛教에 法難이잇슬때는 吾人이 스사로 몸을 바치려한다 吾人은 佛陀의根本精神알에서 本會綱領을 貫徹코저하니 吾人의向하는바 正義그것이매 當然히 발버야 할人[illegible]잇는同時에 滿天下法侶의 만흔後援이잇기를바란다

佛紀二九五八年八月六日

二九五八會

會員 (順다나가)

姜裕文 金龍鶴 金末鳳 金鍾出 金海潤 趙明基 李覺日 李秉穆
李在元 李致雨 文奇錫 朴根燮 朴奉石 朴成熙 朴暎熙 朴允進
鄭斗石 鄭栽긔 陳相一 崔文錫 韓性勳 韓英錫 洪孝成 黃性敏

337. 二九五八会の趣旨書(『金剛杵』第19号、1931年11月)。

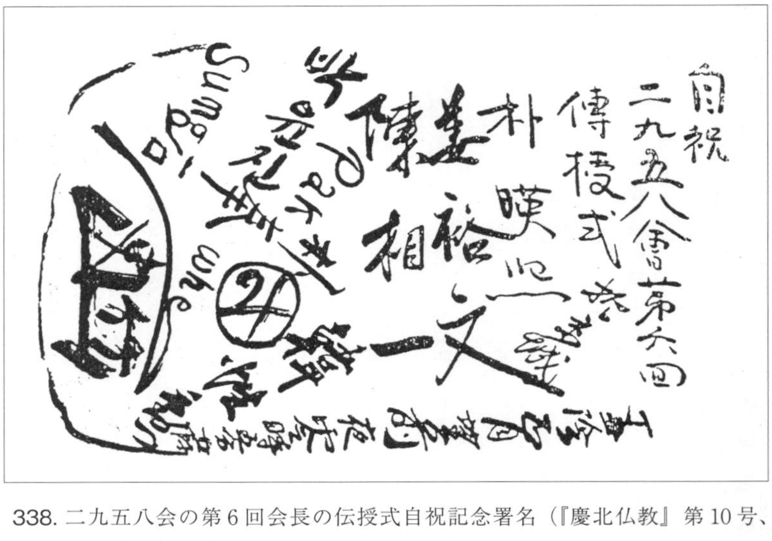

338. 二九五八会の第6回会長の伝授式自祝記念署名(『慶北仏教』第10号、1937年2月23日)。

339. 1933年の4月初8日、乾鳳寺で開催された関東サッカー大会に参加した仏教青年たち。

340. 乾鳳寺の鳳棲少年会創立記念写真。1935年に結成されたこの会の会員はすべて若い僧侶だった。

341. 南海仏教少年サッカー団。在東京南海留学生会が主催した南海サッカー大会（1939年8月）で優勝した南海仏教少年サッカー団は、優勝賞金の一部を国防献金として南海警察署に寄付した。

342. 乾鳳寺の４月初８日仮装行列に参加した人たち（1936年４月８日）。

343. 1934年、乾鳳寺の釈迦誕誕日の仮装行列記念。

344. 乾鳳寺の仏教青年たち。彼らは地域住民のための演劇に出演した俳優たちである（1936年４月８日、乾鳳寺で）。

345. 多率寺の光明学院第1回卒業記念（1931年3月28日）。前列左から四番目が崔凡述であり、その左は金東里（左側の女性は金東里の妻）。

346. 梵魚寺で学生たちを教えている金法麟。

347. 多率寺の仏教界人士。後列一番左が崔凡述で、最前列右が、金東里の兄で東洋哲学を勉強していた金凡夫。

348. 中央仏専の全景。1930年代初頭の中央仏専は、仏教界の厳しい財政によって一時的に閉校の論争に巻き込まれた。

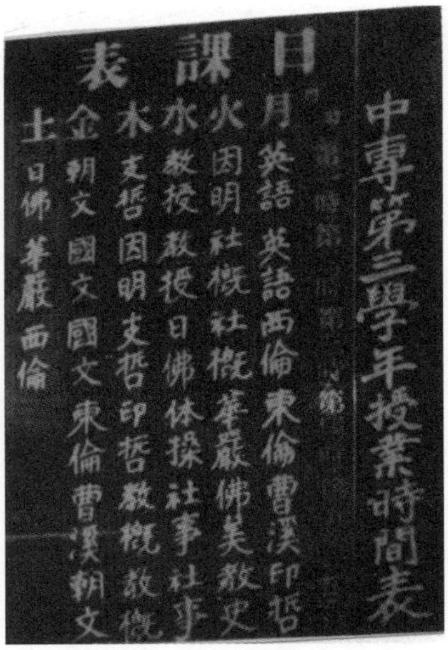

349. 中央仏専第3学年の授業時間割表。

350. 1932年9月24日の夜、公会堂で開催された中央仏専の仲秋音楽大演奏会の記念撮影。

351. 中央仏専学生の農村勤労報国隊（1939年）。日帝は、農村奉仕という名分で学生たちも軍国主義体制に追いたてた。

352. 中央仏専学生会幹部たちの会議の様子（1936年）。

353. 中央仏専学生たちが全国巡回講演に出発する直前の記念撮影（1935年7月5日）。

354. 中央仏専校友会が発行した機関誌『一光』。中央仏専校友会は中央仏専の在学生、卒業生、教職員たちを会員とする親睦団体であった。ところが、1931年2月、校友会内の中央仏専学生会を分離したので、第4号（1933年12月）からは発行主体が変更になった。28年12月に創刊号を出して以来、40年1月の通巻10号まで発行された。

355. 朝鮮仏教禅宗第1回首座大会。禅風振興と衲子（禅僧）たちの結束のために禅学院（中央禅院）で開かれた首座大会（1931年3月14日）。伝統朝鮮禅の復興のために建立された禅学院は、財政難などにより1926年には梵魚寺布教堂に転じたが、31年1月、金寂音僧侶によって引き継がれ再建された。この首座大会は、再建された禅学院で開催された最初の首座会である。

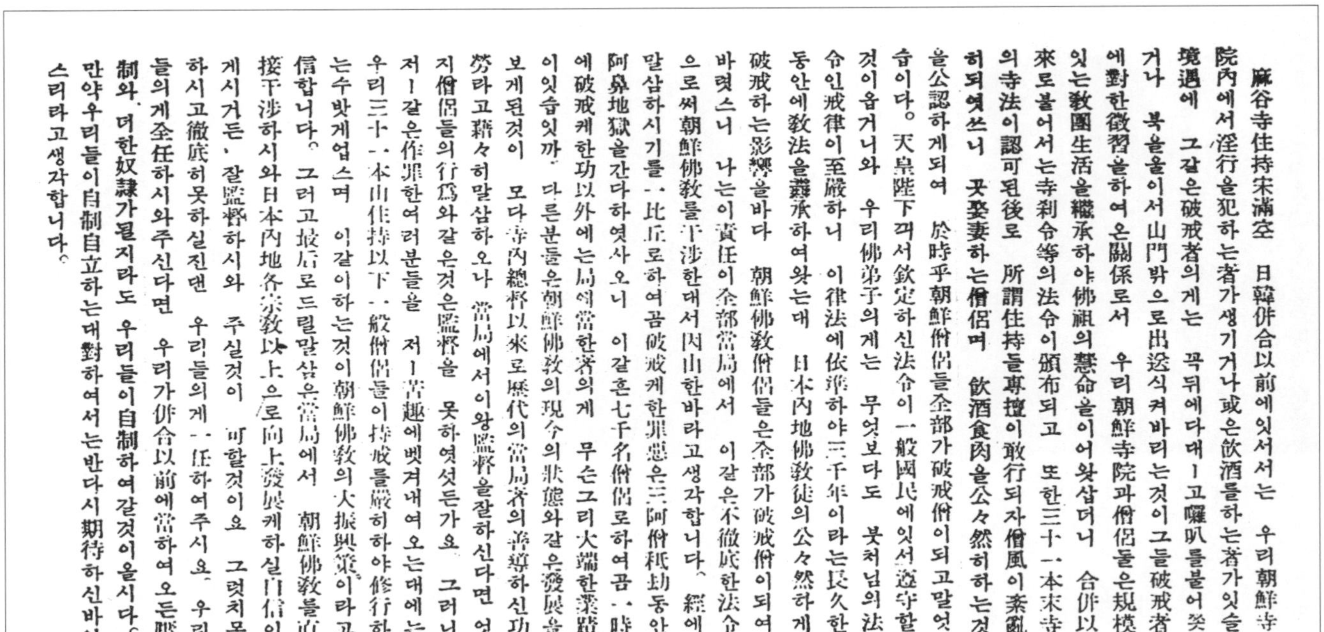
麻谷寺住持宋滿空　日韓倂合以前에잇서서는　우리朝鮮寺
院內에서淫行을犯하는者가생기거나或은飮酒를하는者가잇슬
境遇에　그갈은破戒者의게는　꼭뒤에다대ㅣ고囉叭를불어쫏
거나　북을올이서山門밖으로出送식켜바리는것이그들破戒者
에對한徵習을하여온關係로서　우리朝鮮寺院과僧侶들은規模
잇는教團生活을繼承하야佛祖의慧命을이어왓삽더니　合倂以
來로불어서는寺刹令等의法令이頒布되고　또한三十一本末寺
의寺法이認可된後로　所謂住持들專擅이敢行되자僧風이紊亂
히되엿쓰니　곳娶妻하는僧侶며　飮酒食肉을公々然히하는것
을公認하게되여　於時乎朝鮮僧侶들全部가破戒僧이되고말엇
습이다。天皇陛下끠서欽定하신法令이一般國民에잇서遵守할
것이옵거니와　우리佛弟子의게는　무엇보다도　붓처님의法
令인戒律이至嚴하니　이律法에依準하야三千年이라는長久한
동안에教法을繼承하여왓는대　日本內地佛教徒의公々然하게
破戒하는影響을바다　朝鮮佛教僧侶들은全部가破戒僧이되여
바렷스니　나는이責任이全部當局에서　이갈은不徹底한法令
으로써朝鮮佛教를干涉한대서因由한바라고생각합니다。經에
말삼하시기를一比丘로하여곰破戒케한罪惡은三阿僧秖劫동안
阿鼻地獄을간다하엿사오니　이갈흔七千名僧侶로하여곰一時
에破戒케한功以外에는局에當한者의게　무슨그리大端한業蹟
이잇슴잇까。다른분들은朝鮮佛教의現今의狀態와갈은發展을
보게된것이　모다寺內總督以來로歷代의當局者의善導하신功
勞라고籍々히말삼하오나　當局에서이왕監督을잘하신다면　엇
지僧侶들의行爲와갈은것은監督을　못하엿섯든가요　그러니
저ㅣ갈은作罪한여러분들을　저ㅣ苦趣에벗겨내여오는대에는
우리三十一本山住持以下一般僧侶들이持戒를嚴히하야修行하
는수밧게업스며　이갈이하는것이朝鮮佛教의大振興策이라고
信합니다。그러고最后로드릴말삼은當局에서　朝鮮佛教를直
接干涉하시와日本內地各宗教以上으로向上發展케하실自信이
게시거든、잘監督하시와　주실것이　可할것이요　그렷치못
하시고徹底히못하실진댄　우리들의게一任하여주시요。우리
들의게全任하시와주신다면　우리가倂合以前에當하여오든壓
制와、더한奴隸가될지라도　우리들이自制하여갈것이올시다。
만약우리들이自制自立하는대對하여서는반다시期待하신바잇
스리라고생각합니다。

356. 朝鮮総督を叱責する宋満空の発言内容。1937年2月、総督府の会議室で開催された31本山住職会議に宋満空は麻谷寺住職の資格で参加し、植民地仏教の堕落像を指摘し、朝鮮仏教の自立を強調した（『仏教（新）』第3集、1937年5月）。

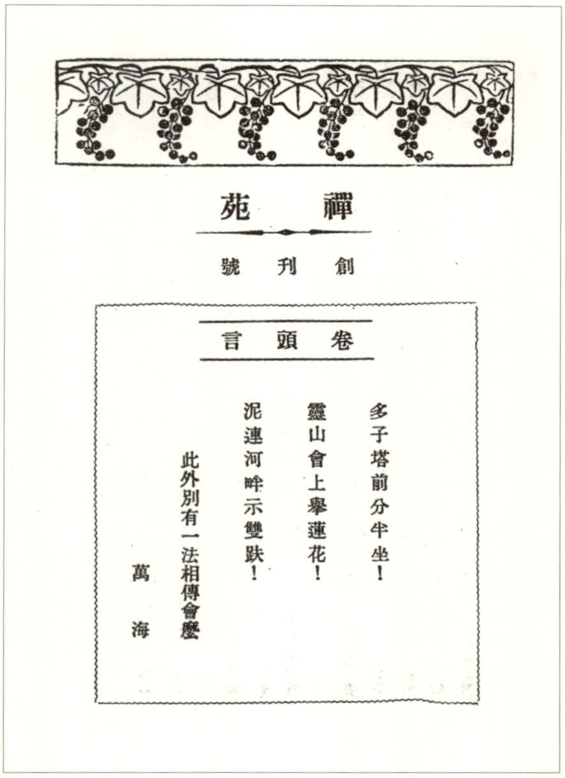

禪苑

創刊號

卷頭言

多子塔前分半坐!

靈山會上擧蓮花!

泥連河畔示雙趺!

此外別有一法相傳會麼

萬海

357. 再建された禅学院が発行した『禅苑』創刊号。韓龍雲の巻頭言が見える。『禅苑』は 31 年 10 月に創刊され、1935 年 10 月 15 日通巻 4 号で終刊（関連写真 411）。

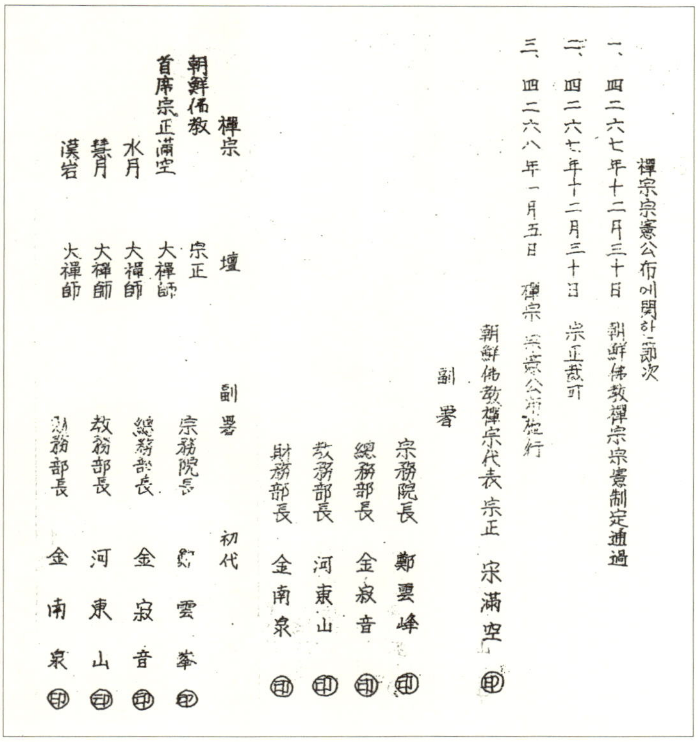

禅宗宗憲公布에関한節次

一、四二六七年十二月三十日 朝鮮佛教禅宗宗憲制定通過

二、四二六七年十二月三十日 宗正裁可

三、四二六八年一月五日 禅宗 宗憲公布施行

朝鮮佛教禅宗代表 宗正 宋満空 ㊞

副署

宗務院長 鄭雲峰 ㊞

總務部長 金寂音 ㊞

教務部長 河東山 ㊞

財務部長 金南泉 ㊞

禅宗 壇

朝鮮佛教 首席宗正満空 宗正 大禅師

水月 大禅師

慧月 大禅師

漢岩 大禅師

副署 初代

宗務院長 鄭雲峰 ㊞

總務部長 金寂音 ㊞

教務部長 河東山 ㊞

財務部長 金南泉 ㊞

358. 朝鮮仏教禅宗の宗憲の公布に関する手続き書類。1934 年 12 月、禅学院は財団法人禅理参究院に変わったが、組織の転換直後の同年同月 30 日に禅学院系の衲子たちは、朝鮮仏教禅宗の宗憲を制定・可決した。

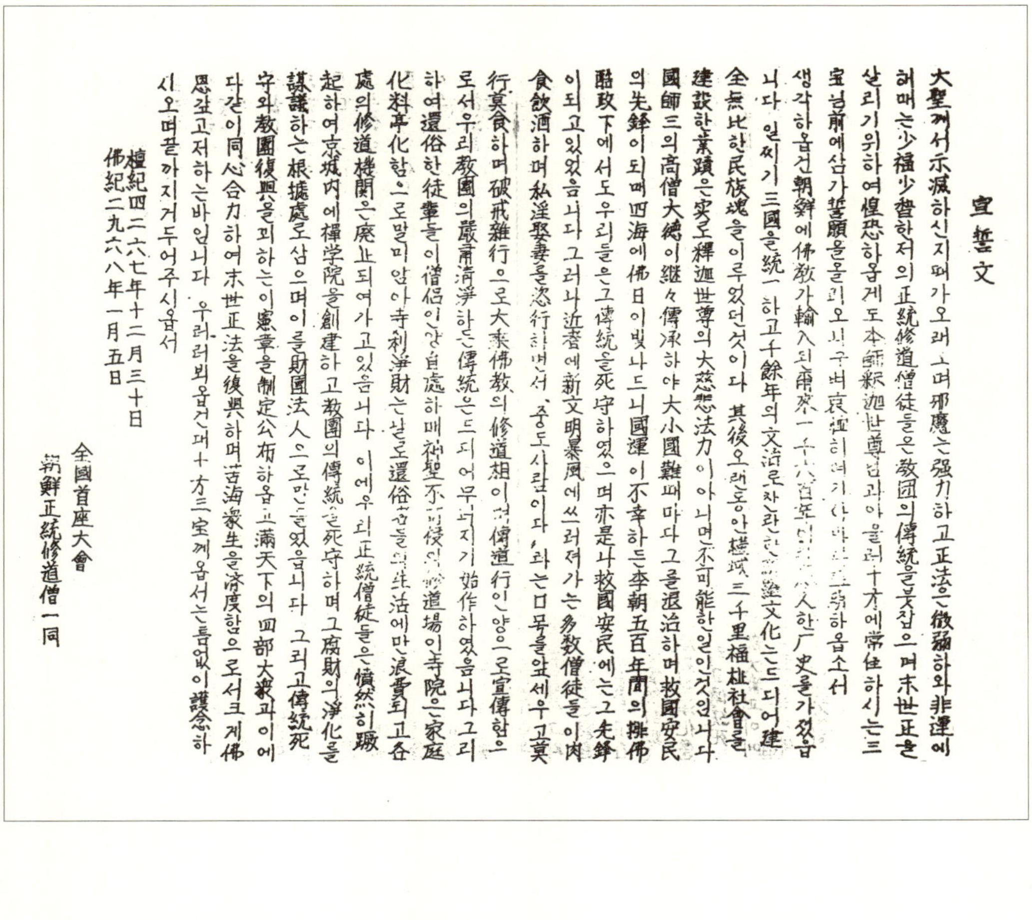

宣誓文

大聖께서示滅하신지때가오래되며邪魔는強力하고正法은微弱하와非運에
허매는少福少智한저의正統修道僧徒들은教団의傳統을붓잡으며末世正을
살리기위하여惶恐하옵게도本師釈迦世尊님과아울러十方에常住하시는三
宝님前에삼가誓願을올리오니구버哀憐히녀기시와 [illegible] 하옵소서
생각하옵건朝鮮에佛教가輸入되옵든一千六百年이 [illegible] 人한歴史를가졌읍
니다 일찌기三國을統一하고千餘年의文治로찬란한 [illegible] 文化는드디어建
全無比한民族魂을이루었던것이다 其後오랜동안槿域三千里福祉社會를
建設한業蹟은実로釋迦世尊의大慈悲法力이아니면不可能한일인것입니다
國師三의高僧大徳이継々傳承하야大小國難때마다그를退治하며救國安民
의先鋒이되매四海에佛日이빛나드니國運이不幸하든李朝五百年間의排佛
酷政下에서도우리들은그傳統을死守하였으며亦是나救國安民에는그先鋒
이되고있었읍니다 그러나近者에新文明暴風에쓰러져가는多数僧徒들이肉
食飲酒하며私淫娶妻를恣行하면서, 중도사람이다, 라는口号를앞세우고莫
行莫食하며破戒雑行으로大乗佛教의修道相이며傳道行인양으로宣傳함으
로서우리教團의厳肅清浄한傳統은드되어무너지기始作하였읍니다 그리
하여還俗한徒輩들이僧侶인양自處하매神聖不可侵의修道場인寺院은家庭
化料亭化함으로말미암아寺刹浄財는살로還俗한者들의生活에만浪費되고各
處의修道機関은廃止되여가고있읍니다 이에우리正統僧徒들은憤然히蹶
起하여京城内에禅学院을創建하고教團의傳統을死守하며그腐敗의浄化를
謀議하는根據處로삼으며이를財團法人으로만들었읍니다 그리고傳統死
守와教團復興을꾀하는이憲章을制定公布하옵고滿天下의四部大衆과이에
다같이同心合力하여末世正法을復興하며苦海衆生을済度함으로서크게佛
恩갚고저하는바입니다 우러러뵈옵건대十方三宝께옵서는틈없이護念하
시오며끝까지거두어주시옵서

檀紀四二六七年十二月三十日
佛紀二九六八年一月五日

全國首座大會
朝鮮正統修道僧一同

359. 1934 年 12 月 30 日に制定され、翌年 1 月 5 日に公布された朝鮮仏教禅宗宗憲の宣誓文。全国首座大会の朝鮮正統修道僧一同の名前で明らかにしたこの宣言文は、朝鮮仏教の禅伝統を日本仏教の侵奪から守るためのものであることを明らかにしている。

360. 奉先寺の弘法講院（1936 ～ 43 年）の学人たち。皆で肉体労働をした直後の様子。左に立つのが講主の李耘虚僧侶である。

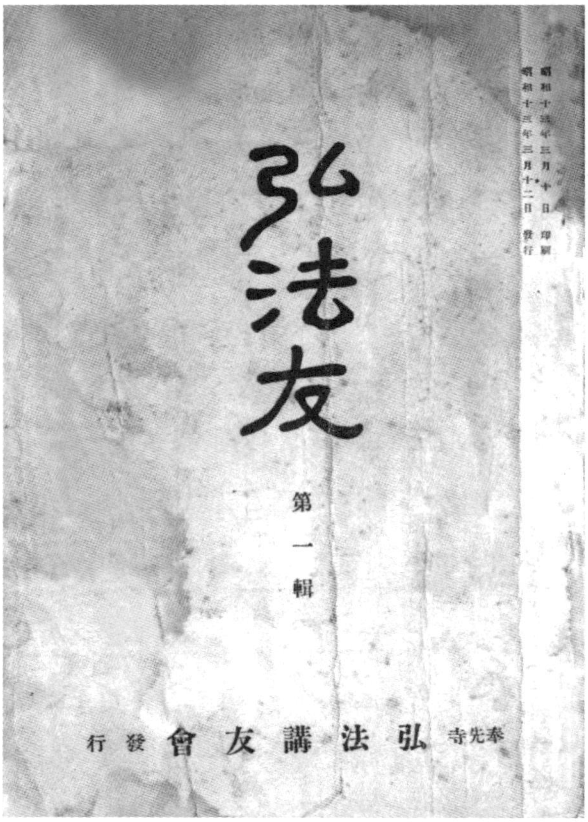

昭和十三年三月十日 印刷
昭和十三年三月十二日 發行

弘法友

第一輯

奉先寺 弘法講友會 發行

361. 弘法講院の学人たちが集まる弘法講友会の機関誌『弘法友』創刊号（1938 年 3 月）。創刊されて以来、何号まで発行されたかは、現在のところ不明である。

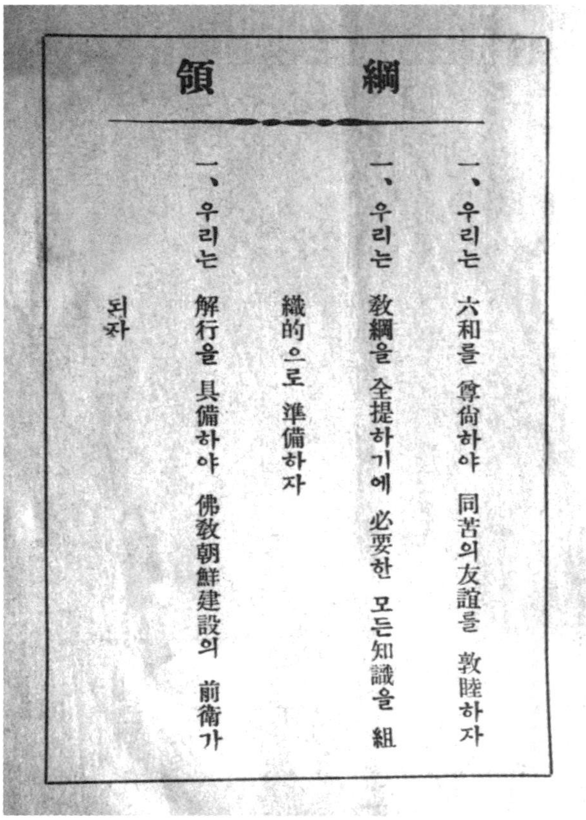

綱領

一、우리는 六和를 尊尙하야 同苦의友誼를 敦睦하자
一、우리는 敎綱을 全提하기에 必要한 모든知識을 組織的으로 準備하자
一、우리는 解行을 具備하야 佛敎朝鮮建設의 前衛가 되자

362. 弘法講友会議の綱領が『弘法友』第 1 集に収録されている。

佛教時報

創刊辭

心田開發과 教化運動

金泰治

364. 仏教界の新聞や雑誌の表題蒐集。『金剛杵』、『一光』、『仏教時報』、『慶北仏教』、『ルンビニ』(Lumbini)、『仏教(新)』(第20号、1940年)。

363. 『仏教時報』創刊号。1935年8月に創刊されて以来、105号(1944月4日)まで刊行された『仏教時報』は、日帝下の仏教界で月刊新聞の役割を忠実に果した。発行人は金泰治であった。

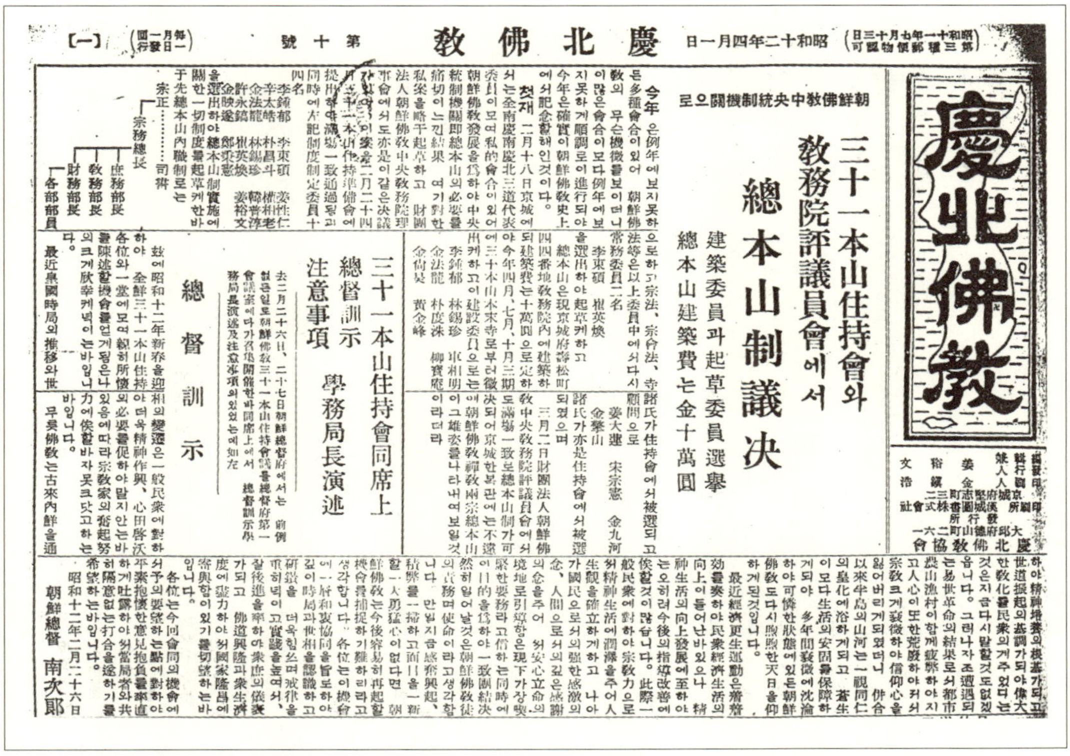

慶北佛教

昭和十二年四月一日

第十號

朝鮮佛教中央統制機關으로

三十一本山住持會와 教務院評議員會에서

總本山制議決

建築委員과 起草委員選擧

總本山建築費는 金十萬圓

三十一本山住持會同席上

總督訓示 學務局長演述

注意事項

總督訓示

365. 慶北5本山(桐華寺、銀海寺、祇林寺、孤雲寺、金龍寺)の協議体の慶北仏教協会が刊行した『慶北仏教』第10号(1937年4月1日)。1936年7月に創刊され、41年7月の48号まで伝えられている。

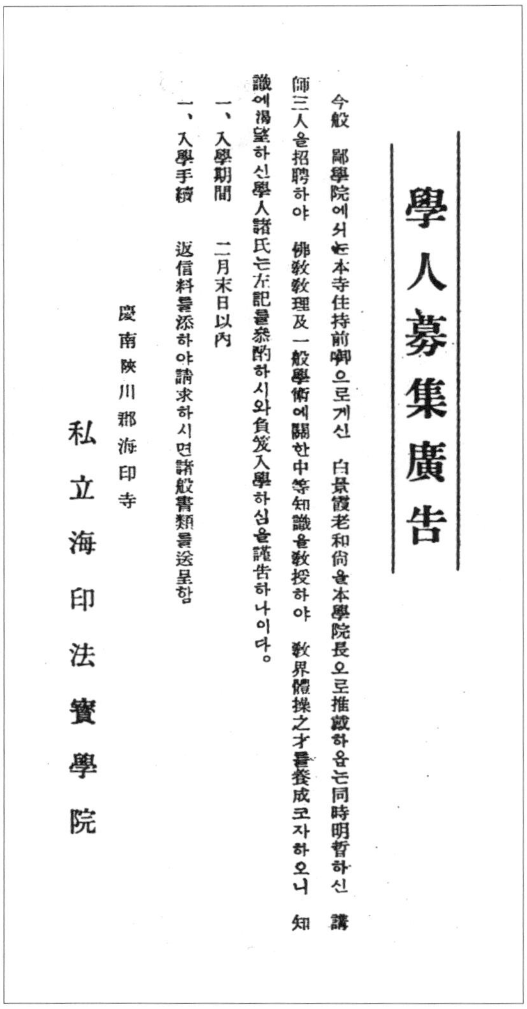
學人募集廣告

今般 鄙學院에서는本寺住持前啣으로계신 白景霞老和尙을本學院長으로推戴하옵는同時明哲하신 講師三人을招聘하야 佛敎敎理及一般學術에關한中等知識을敎授하야 敎界體操之才를養成코자하오니 知識에渴望하신學人諸氏는左記를叅酌하시와負笈入學하심을謹告하나이다。

一、入學期間 二月末日以內

一、入學手續 返信料를添하야請求하시면諸般書類를送呈함

慶南陜川郡海印寺

私立海印法寶學院

366. 海印寺の講院である法宝学院の学人募集の広告文。

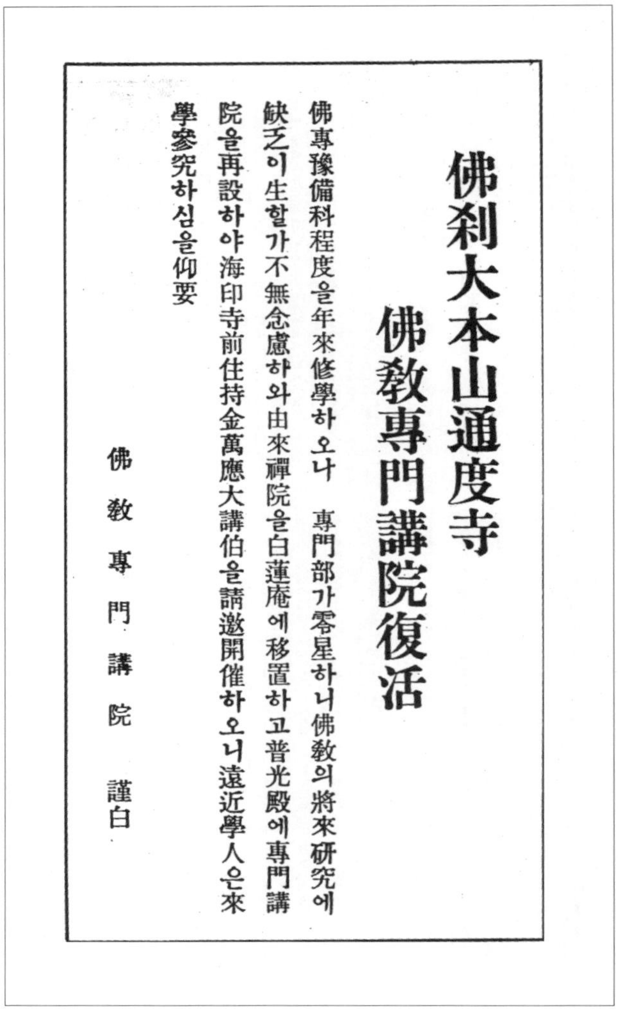
佛刹大本山通度寺

佛敎專門講院復活

佛專豫備科程度을年來修學하오나 專門部가零星하니佛敎의將來研究에缺乏이生할가不無念慮하와由來禪院을白蓮庵에移置하고普光殿에專門講院을再設하야海印寺前住持金萬應大講伯을請邀開催하오니遠近學人은來學參究하심을仰要

佛敎專門講院 謹白

367. 通度寺の仏教専門講院の復活公告文。

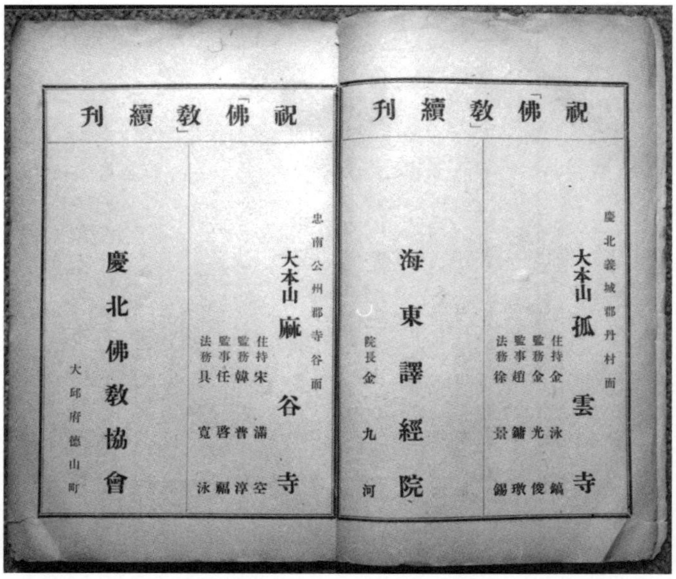

368.『仏教』続刊を祝う広告。1933 年 7 月に 108 号で終刊になった『仏教』を継ぎ、『仏教（新）』は 37 年 3 月に創刊された。

369.『仏教』(第103号、1933年)に掲載された新年の祝賀広告。

內鮮一體와佛教徒

史學者들의 考證에依하면 大和民族과 朝鮮民族은 同祖同根으로서 一串不離의 血緣的聯繫가있다。그리하야 兩民族은 地理的環境이 다른故로 自然히 風俗文物이 달랐지만은 併合以來 一視同仁의 御仁政에 因하야 內鮮融和가 日進統合하야 本來의 一體不離한 原狀에 還元하고있는것이다。特히 今次事變을 契機로하야 半島民衆은 帝國의 確乎不動의 大陸政策中、共同의理想 共同의使命 共同의 運命을 感得하고 皇國臣民으로써의 國民意識이 燃炎하야 眞實한 內鮮一體를 欲望하는 思想動向과 生活態度를 變化進展하여왔다。따라서 佛教徒도 皇國臣民된 信念下에 內的으로 外的으로 思想善導에 많은裨益을 주었으며 同祖同根의 內鮮兩民族의 渾然一體의 意識을 培發하여온 無形的功績이 참으로 두텁하였든것이다。

我佛教가 東來한以來 社會文化에 貢獻을 끼친點에 對하야 여기 새삼스리 말할것이 없지만은 그時代時代의 思想動向의 機軸이된것은 佛教이며 指導者가 佛教徒이였다。聖戰四歲에 新東亞建設의 曙光이 四海에 빛나는 此際에 佛教徒의 任務와 使命이 큰것은 말할것도 없지만은 視野를 넓히면 全世界를 佛教國化로 맨들고 좁합히면 東亞一帶를 帝國의 新東亞建設의 大理想에 應하야 佛陀의 精神에 醇化케하는것이 우리의 일일것이다。이 大理想을 目標로하고 邁進함에는 于先 銃後의 國民으로서 堅忍不拔의精神을 確固하고 皇國精神을 宣揚할것이며 朝鮮에 있어서는 半島民族이 一層 皇國精神을 體得하고 內鮮一體의 原理를 周知하는것이 重要問題이다。

따라서 我佛教徒는 이 모든問題의 要件中의 要件인 民衆의 意識을 陶冶하고 思想을 整齊하는 重大한 課題를 負擔하여야한다。

이 課題를 實踐함에는 第一로 民衆과 親密히 接觸할 機會를많이 맨들것이며 그機會마다 大理想의 精神을 納得케하고 第二로는 그納得한 精神을 表現케할 方法을 講究하는것이다。그리하야 名實이 附合하도록 實踐하는것이 우리佛教徒 할일의 捷徑의하나이다。

宗教報國으로써 할일은 참으로 넓다。더욱 國教인 我佛教로서는 그範圍가 廣汎하고 重且大하다。그우에 朝鮮佛教徒는「內鮮一體」의 重荷를 加添하였으니 再三倍 覺悟가 必要함은 더 말한것이 없을것이다。

370.『仏教（新）』第20集（1940年1月）に掲載された「内鮮一体と仏教徒」。親日傾向のこの記事を皮切りに、『仏教（新）』と『仏教時報』などには、記名、無記名の多くの親日文章が載せられた。植民地時代、親日でない人が何人いただろうか？　しかし、本人の名前で掲載された親日的な文章に対しては責任を負わなければならない。それが歴史の教訓である。

皇國臣民ノ誓詞（其一）

一、私共ハ大日本帝國ノ臣民デアリマス
二、私共ハ心ヲ合セテ天皇陛下ニ忠義ヲ盡シマス
三、私共ハ忍苦鍛錬シテ立派ナ強イ國民トナリマス

皇國臣民ノ誓詞（其二）

一、我等ハ皇國臣民ナリ忠誠以テ君國ニ報ゼン
二、我等皇國臣民ハ互ニ信愛協力シ以テ團結ヲ固クセン
三、我等皇國臣民ハ忍苦鍛錬力ヲ養ヒ以テ皇道ヲ宣揚セン

371.『仏教時報』第66号（1941年1月）に掲載された皇国臣民の誓詞。

社說

國民精神總動員과各種愛國班에對하야

支那事變이 勃發한後우리나라의 忠勇無雙한 皇軍將兵은 空、陸、海의 三方面으로 赫赫한 戰果를거두어 支那의 重要한 地域을 거진다 占據하고 更生新支那의 建設이 着着進行하는途中에잇다 그러나 極東問題를 둘러싸고잇는 國際間의動向은 決코放心할수가업는바이니 現下歐洲戰爭이 長期로걸처서 十年乃至二十年、이와가치오래걸니게되야 極東方面에손을빼칠겨를이 업게되면모르거니와 利害打算이 强하며 豹變無雙의行動이 甚한白人들이라 今日이라도서로和平을主張하고 시지부지하게 戰爭을끄치게되다면 그들은반드시 極東問題即東洋政策에對하야 視線을 集中하고 東洋人의共存共榮을 目的하는우리日本帝國의興亞聖業에對하야 妨害하지아니하리라고斷言할수도업는바이다더구나今日에잇서서 米國과蘇聯이支那에對하야 妄動하고잇슴이랴 그럼으로 우리國民은歐洲戰爭이 設使短期日에끄칠지라도 支那事變處理에對하야 짜른期間內에 速戰速決하야 蔣介石의殘黨을 餘地업시빨리粉碎하고 新東亞建設一路에만 邁進하게되여야할지니 그럼으로더욱 時局에對한 國民의決意를다시한번새롭게할必要가잇다고생각한다

이때를當하야 半島의二千三百萬民衆은 참으로內鮮一體가되야 物質精神兩方面으로協力一致하야 더욱더욱不動의信念으로써國策에 順應하며 東亞의新秩序建設을爲하야 奮鬪하지안으면 아니될것이다國民精神總動員聯盟을 結成하고 國民의總力을合하야長期建設에 對應할 큰運動을이르킨것도 이까닭이니 그럼으로도 半島民衆은各道、郡、邑面、町洞里部落聯盟을 비롯하야各種團體聯盟의愛國班에 參加하고 愛國班의實踐網을確立하야 이運動의趣旨貫徹에邁進함이 當然한國民의義務라하겠다 그러면愛國班의趣旨는무엇인가 此는愛國的國家奉公을爲한細胞團體의組織이니 이細胞組織이잇서야 國家總力의一大團結의힘을 보게되는것이다 古語에도 「遠族보다近隣이낫다」는말이잇거니와「이웃四寸」이라는 俚言이이잇지안아는가 各其家庭의急한患難을 相救함은 곳隣家人에더지내가는者가업스니國民精神總動員의精神과 愛國班의趣旨는 곳 隣保相助의精神으로써 老少男女의隣家同志인 少數人의細胞團體를組織하야 各其自家와町洞部落을 相救하되이것으로써 國家事業을爲하야 奉公하자는것이다

그런고로 地方의各寺院이나 佛教團體도 이愛國班에參加하야 만은活動이잇기를바라는바이다

372.『仏教時報』の親日社説（第52号、1939年11月）。日帝の植民地政策に協力する親日的な内容が出ている。

373. 大覚教の教理体系と覚りを明らかにした著作『吾道の真理』(三蔵訳会、1937 年 6 月)。

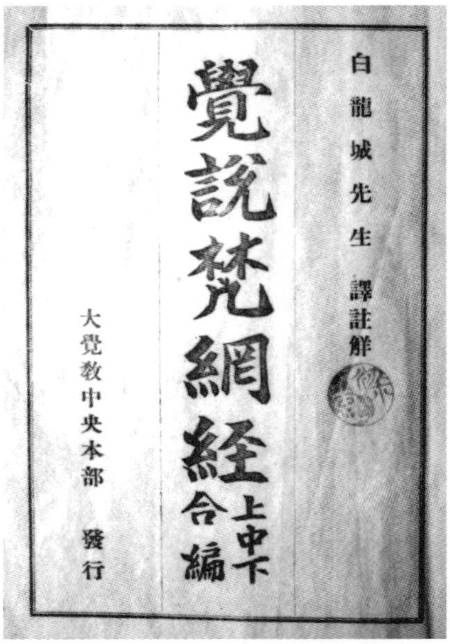

374. 白龍城が僧侶たちの戒律破壊を懸念し著した『覚説梵網経』の表紙。大覚教中央本部が 1933 年 1 月に発行。

375. 大覚教中央本部の扁額。白龍城は既存の仏教との差別化をねらって仏教の革新を期すため、大覚教を宣言した。この扁額は現在の大覚寺に保管されている。

376. 白龍城が釈迦の一代記を話すように叙述した『釈迦史』(大覚教中央本部、1936 年 7 月)。

377. 白龍城が 1930 年 3 月 15 日に発行した著作である『覚海日輪』。内容は仏と衆生、唯心の道理、修心正路、六祖壇経の概要で構成されている。

378. 1936 年 9 月、白龍城が著して三蔵訳会が発行した『臨終訣』。

379. 楡岾寺の京城布教堂。

380. 乾鳳寺の明徳青年会が主催した敬老宴（1935年）。後ろに掛かった万国旗は、学生たちの運動会などの祝う場所に装飾として掛けられた。

381. 松広寺の僧侶・金大愚の表彰式記念（1938年3月）。金大愚は15年間、松広寺に註釈しながら、伽藍守護、僧風発展に貢献した功労が非常に大きかったため、松広寺が表彰をしたという。

382. 比丘尼学人として評判を得た鄭守玉（後列の一番左側）僧侶の、日本臨済宗尼衆学林で行われた修学時の記念撮影（1939年5月）。

383. 北漢山の文殊庵の婦人会員。婦人会員は文殊庵改築落成記念として500日同参祈祷を行い、逍遥山自在庵に参拝して、記念撮影をした（1939年10月）。

384. 慶北道庁の学務課職員である徐允錫の送別会。慶北道庁学務課に勤務していた徐允錫が転勤すると、慶北地域の仏教界関係者が送別会を開いて記念撮影した（1936年11月）。徐允錫は寺院の管理を担当した時に、慶北仏教の発展に多くの支援と協力をしたという（『慶北仏教』第6号）。

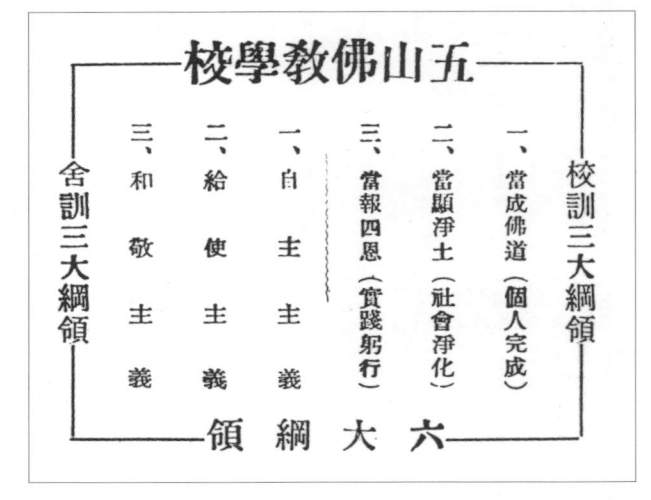

五山佛教學校

校訓三大綱領
一、當成佛道（個人完成）
二、當顯淨土（社會淨化）
三、當報四恩（實踐躬行）

舍訓三大綱領
一、自主主義
二、給使主義
三、和敬主義

六大綱領

385. 慶北5本山が建てた五山仏教学校の綱領（『慶北仏教』第37号、1940年8月1日）。

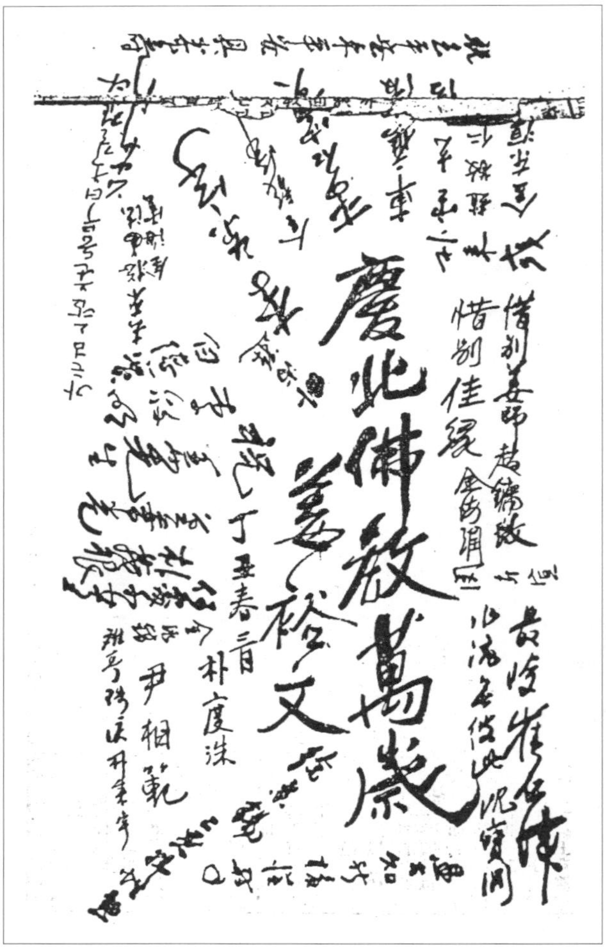

386. 姜裕文の送別会の寄せ書き。『慶北仏教』編集者と慶北仏教協会庶務部委員として勤務していた姜裕文が中央仏専講師として出向くため、慶北仏教協会の関係者たちが送別会で作成した記念のもの（1937年4月）。

387. 慶北5本山寺刹林保護の指導委員会（1937年5月）。

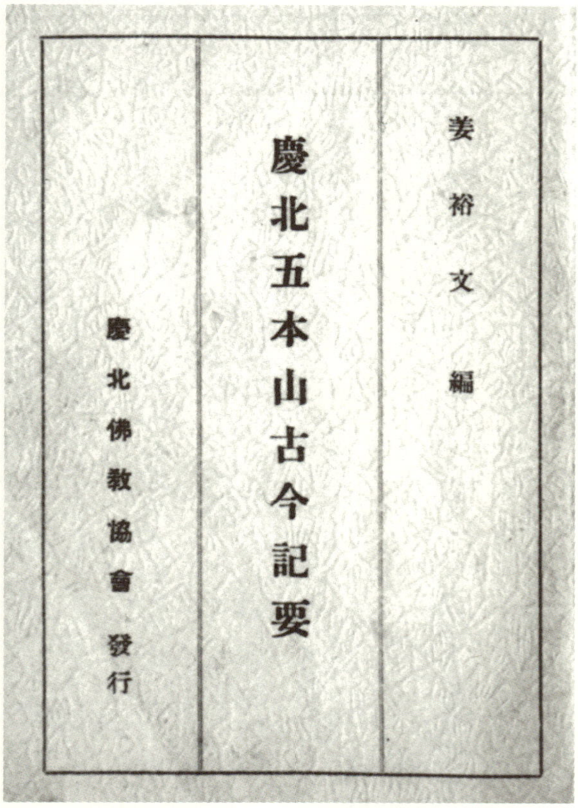

388.『慶北五本山古今紀要』。慶北5本山、すなわち桐華寺、銀海寺、祇林寺、孤雲寺、金龍寺の歴史と現状をまとめた本（1937年3月）。

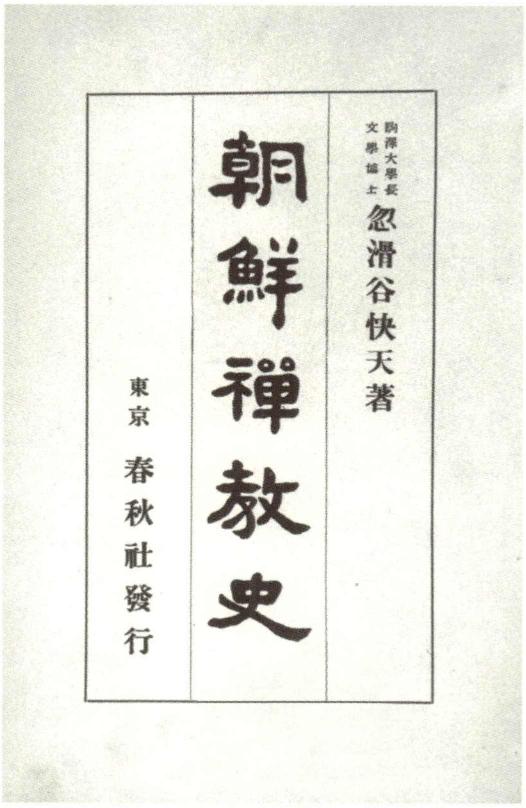

389. 忽滑谷快天が著した『朝鮮禅教史』。1930年に刊行されたこの本は、朝鮮仏教史の研究において非常に重要である。

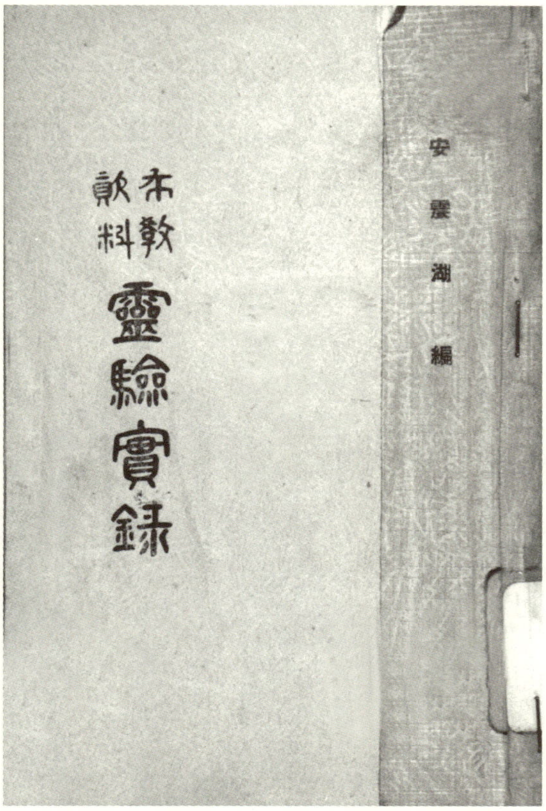

390. 安震湖の著作『霊験実録』（1937年）。安震湖は、この本を布教資料として活用させるために執筆した。

391. 安震湖の『釈門儀範』（1935年4月）。この本は従来の様々な仏教儀式集を統合・再編したもので、1970年代までの全国の寺院ではこの『釈門儀範』を使った（口絵32ページ）。

392. 正統禅の確立に尽力した禅僧・方漢岩。

393.「朝鮮仏教代表人物」の投票光景。この投票では韓龍雲が422票の最多得票、その次に方漢岩18票、朴漢永13票、金泰治8票、李混惺6票、白龍城4票、宋曼庵3票、白性郁3票を得た。しかし、この投票をいつ、誰が、どのような方法で行ったのかについてはわからない（『仏教』第93号、1932年3月）。

394. 方漢岩と彼の筆跡（『朝鮮仏教』第101号、1934年8月1日）。

395. 日帝時代の代表的な講伯であり、博学だった朴漢永。

396. 仏教教育事業に情熱的だった宋曼庵。

397. 白龍城の晩年の姿。

398. 奉先寺の講主時代（1930年代半ば）の李耘虚。朴龍夏としても知られた。日帝下では独立運動を展開しており、解放後は仏教経典のハングル化に一生を捧げた。朴龍夏という名前は、主に独立運動をする時に使った名前である。

399. 河東山の雲水衲子（雲や水のように遂行先を渡り歩きながら遂行する僧侶）の時。白龍城から戒律を授け、浄化の一線で活躍した（39歳の時、楡岾寺で）。

400. 近代の禅僧・宋満空。禅学院系比丘たちが主導した朝鮮仏教禅宗の代表である宗正に選出された。彼は鏡虚の弟子として、当時、方漢岩とともに韓国禅院の代表的禅僧だった。なお、比丘とは、妻帯していない男性僧侶を指す。

401. さまざまな著述作業と出版に邁進していた安震湖。彼は特に卍商会を作って講院教材である『緇門』、『書状』、『都序』、『節要』、『禅要』などを懸吐（漢文の読み下し）・出版しており、他の多くの経典を新しい活字で出版・配布した。いまも全国の講院では、卍商会本の教材を使っているところが多い。写真は晩年の姿。

402. 時調詩（朝鮮民族伝統詩）人として有名な趙宗玄の若い頃。仙岩寺出身の彼は、『仏教』に起信論講義を連載した。

403. 1938年2月に卒業した中央仏専の学生たち。

404. 松広寺三日庵の僧侶たち。

405. 1939年2月に卒業した中央仏専の学生たち。後列左から金達鎭、次が白碩基、中段左から三番目が金魚水。

406. 1938年2月に卒業した東京朝鮮仏教留学生。上の左から金再雄、金三道、崔性観であり、下は金永成、尹二祚、李康灊である。

407. 梵魚寺の仏教専門講院の4教科卒業記念（1930年1月3日）。二列目左端が、禅学院で註釈しながら近現代仏教史の主役だった姜昔珠僧侶であり、その横は詩人として名を馳せた金魚水。

408. 性月堂永訣式の場面。性月堂は新村安養庵の創建主だが、梵魚寺の呉惺月僧侶とは同名異人であるようだ。しかし、誰なのかは正確にはわからない。

409. 僧侶の告別式の様子（1933年7月）。

THE YOUNG BUDDHIST MOVEMENT

佛青運動

第十一號

朝鮮佛教青年總同盟發行

410. 朝鮮仏教総青年同盟の機関誌『仏青運動』第 11 号（1933 年 8 月）。この『仏青運動』は 1931 年 8 月に創刊されたが、何号まで出たのかはわからない。

禪苑

第二號

京城　禪學院　發行

411. 禅学院が出版した『禅苑』2 号。『禅苑』は 1931 年 10 月 6 日に創刊され、35 年 10 月 15 日、通巻 4 号で終刊（関連写真 357）。

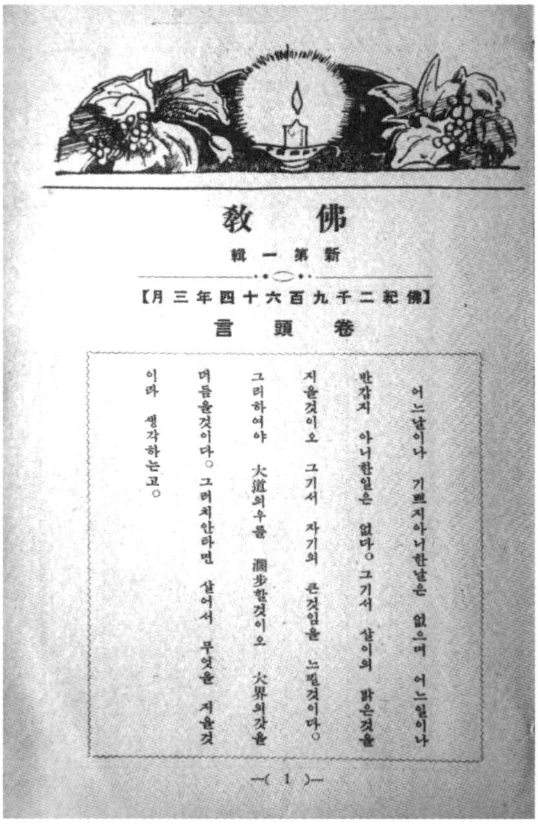
佛教

新第一輯

【佛紀二千九百六十四年三月】

卷頭言

어느날이나 기쁘지아니한날은 없으며 어느일이나 반갑지 아니한일은 없다。 그기서 살이의 밝은것을 지을것이오 그기서 자기의 큰것임을 느낄것이다。 그리하여야 大道의우를 濶步할것이오 大界의갓을 머믈을것이다。 그러치안타면 살어서 무엇을 지을것이라 생각하는고。

—（1）—

412.『仏教（新）』第 1 集の巻頭言。1937 年 3 月 1 日に創刊され、44 年 12 月 1 日、通巻 67 集で終刊となった。その後、46 年 3 月 1 日、『新生』が創刊された時まで 1 年以上、仏教界は新聞も雑誌もない暗黒の時代だった。この間、仏教界の消息はほとんど伝わっていない。一方『仏教（新）』は、親日を強要されていた時期（37 ～ 44 年）に生まれ、「やむを得ず親日の道」を歩かなければならなかった「悲運の仏教誌」である。

413. 仏教雑誌『金剛山』。表訓寺と金剛山の仏教会が金剛山を広く紹介して仏教を宣伝する目的で刊行した『金剛山』第4号（1935年12月1日）。編集兼発行者は権相老。『金剛山』は、翌年9月5日創刊、翌年6月5日、通巻10号で終刊（口絵32ページ）。

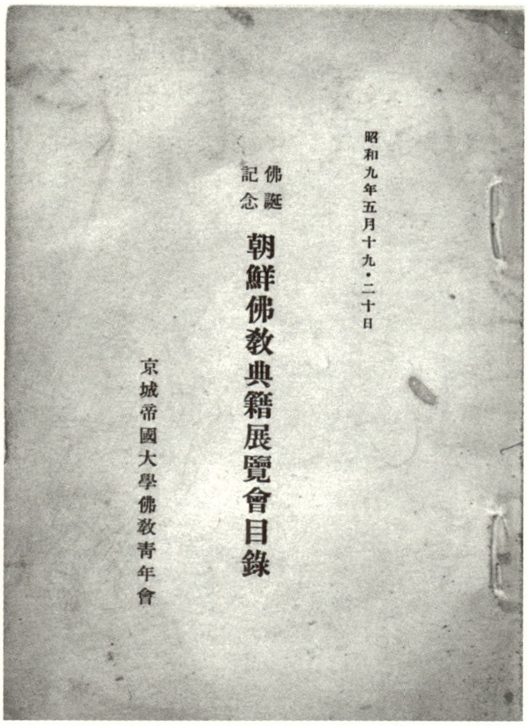

414. 京城帝大仏教青年会主催の、仏誕日記念図書展示会目録『朝鮮仏教典籍展覧会目録』。1934年5月19～20日の2日間にわたり、京城帝大（現・ソウル大）仏教青年会主催の仏誕日記念仏教図書展が開かれた。

415. 中央仏専学生会で出版した学生会誌『LUMBINI ロムビニ』。1937年5月7日に創刊され、40年3月の通巻4集まで出された。第2集から誌名表記を『ルンビニ』に変えた。

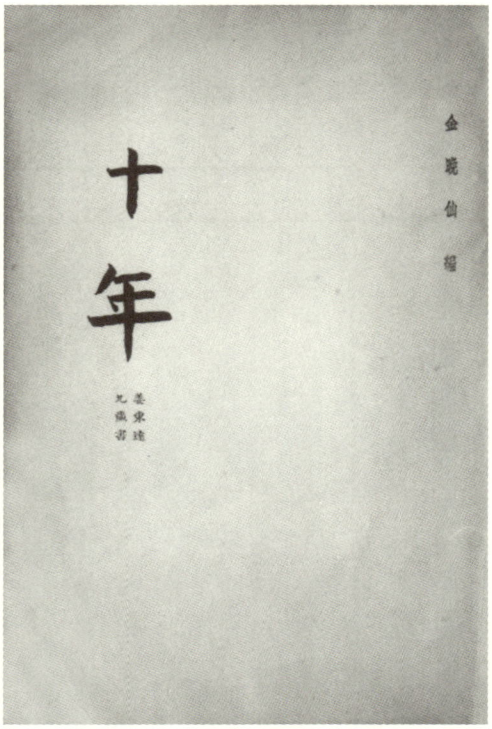

416. 孤雲寺出身である姜裕文と彼の夫人・金晩仙が、結婚10周年を記念して出した時調集（1939年発行）。

417. ソウル南山（奨忠壇）にあった博文寺の全景（カラー絵葉書）。1931年6月5日起工し、伊藤博文の24回忌である翌年10月26日に落成式を挙行した。この博文寺は、斉藤実朝鮮総督時代に「伊藤博文の『業績を永久に記念』して『ご冥福をお祈り』、『仏教の振興を図る』とともに『日本人と朝鮮人の固い精神的結合を図る』ため」という名目で建てられた寺院で、宗旨は伊藤博文が帰依していた曹洞宗とした。博文寺の名称も伊藤博文の名前からとったもので、現在の新羅ホテル迎賓館がまさに博文寺の跡地で、ホテルの正門が博文寺の正門だといわれている（口絵33ページ）。

418. 博文寺の入仏式（上）と祝う群衆（1932年10月26日）。

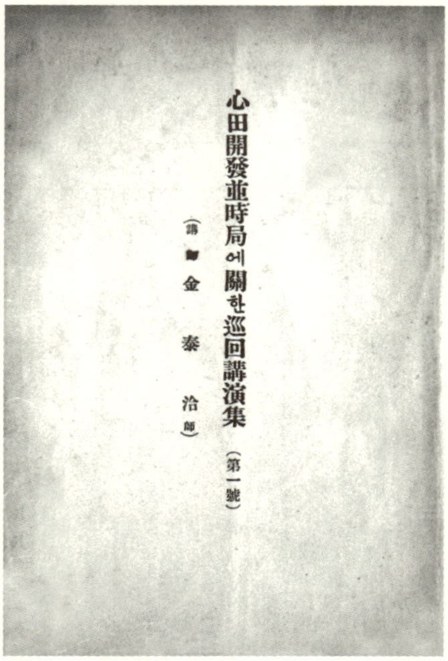
心田開發並時局에關한巡回講演集（第一號）
（講師 金 泰 治 師）

419. 金泰治（金大隠）の心田開発運動講演集（1938年3月20日出版）。心田開発運動とは、戦時期総動員体制直前に植民地朝鮮の精神的な改革・統合を図って日中戦争を行うために企図された政策の一つとして、朝鮮総督府の宗教政策の一翼を担った運動である。金泰治は全国を回りながら講演を行った。

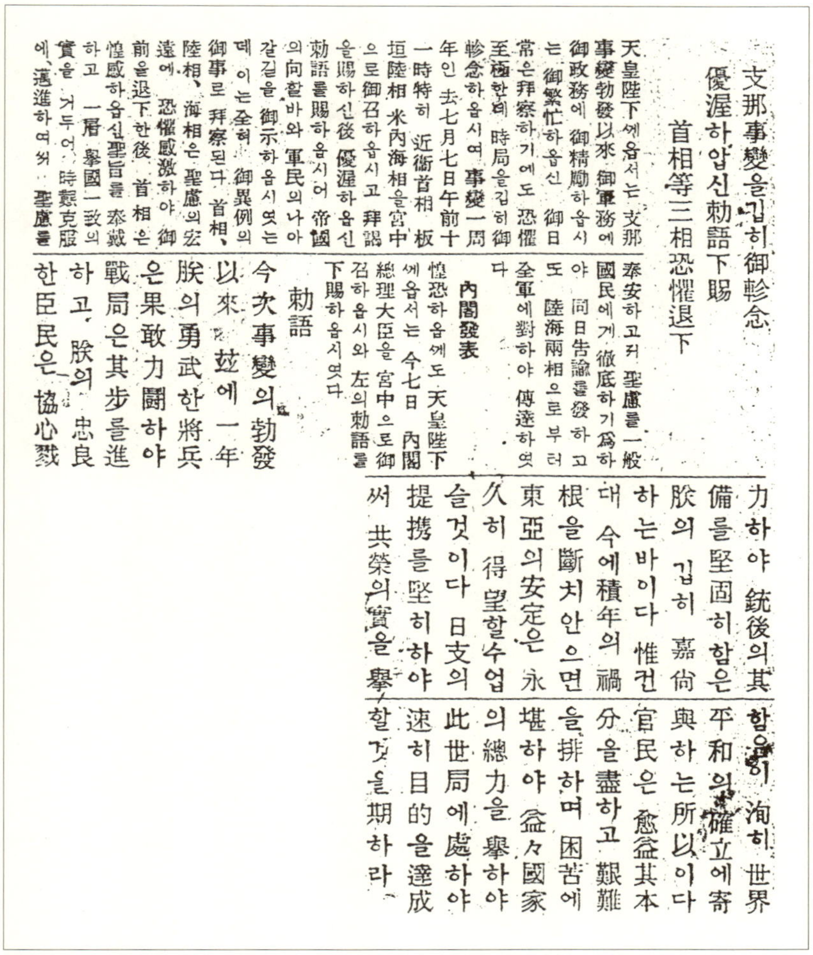
支那事變을깁히御軫念
優渥하압신勅語下賜
首相等三相恐懼退下

天皇陛下께옵서는支那事變勃發以來御軍務에御政務에御精勵하옵시는御繁忙하옵신御日常은拜察하기에도恐懼至極한데時局을깁히御軫念하옵시여事變一周年인去七月七日午前十一時特히近衛首相板垣陸相米內海相을宮中으로御召하옵시고拜謁을賜하신後優渥하옵신勅語를賜하옵시어帝國의向할바와軍民의나아갈길을御示하옵시엿는데이는全혀御異例의御事로拜察된다首相、陸相、海相은聖慮의宏遠에恐懼感激하야御前을退下한後首相은惶感하옵신聖旨를奉戴하고一層擧國一致의實을거두어時艱克服에邁進하여써聖慮를奉安하고저聖慮를一般國民에게徹底하기爲하야同日告諭를發하고도陸海兩相으로부터全軍에對하야傳達하엿다

內閣發表

惶恐하옵게도天皇陛下께옵서는今七日內閣總理大臣을宮中으로御召하옵시와左의勅語를下賜하옵시엿다

勅語

今次事變의勃發以來玆에一年朕의勇武한將兵은果敢力鬪하야戰局은其步를進하고朕의忠良한臣民은協心戮力하야銃後의其備를堅固히함은朕의깁히嘉尙하는바이다惟컨대今에積年의禍根을斷치안으면東亞의安定은永久히得望할수업슬것이다日支의提携를堅히하야써共榮의實을擧함은洵히世界平和의確立에寄與하는所以이다官民은愈益其本分을盡하고艱難을排하며困苦에堪하야益々國家의總力을擧하야此世局에處하야速히目的을達成할것을期하라

420. 心田開発講演集の内容。講演の題目と日程が出ている。

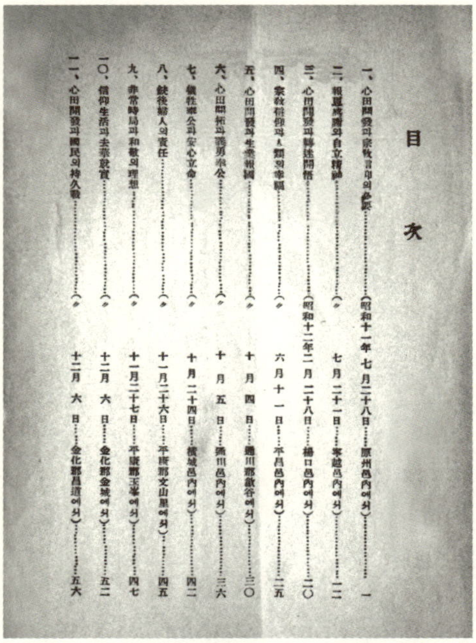
目次

一、心田開發과宗教信仰의必要……（昭和十一年七月二十八日……原州邑內에서）……一
二、報恩感謝와自立精神……（〃 七月二十一日……寧越邑內에서）……一三
三、心田開發과轉迷開悟……（昭和十二年二月二十八日……楊口邑內에서）……二〇
四、宗教信仰과人類의幸福……（〃 六月十一日……平昌邑內에서）……二五
五、心田開發과生命擁護……（〃 十月四日……麟川郡歡谷에서）……三〇
六、心田開拓과義勇奉公……（〃 十月五日……洪川邑內에서）……三六
七、犧牲奉公과安心立命……（〃 十月二十四日……橫城邑內에서）……四二
八、銃後婦人의責任……（〃 十一月二十六日……平康郡文山里에서）……四五
九、非常時局과和親의理想……（〃 十一月二十七日……平康郡玉峯에서）……四七
一〇、信仰生活과去華就實……（〃 十二月六日……金化郡金城에서）……五二
一一、心田開發과國民의持久戰……（〃 十二月六日……金化郡昌道에서）……五六

421.『仏教時報』第37号（1938年8月）に掲載された日本の内閣の発表文と勅語。日帝の大東亜共栄圏建設と総力動員の意志が確実に表れている。

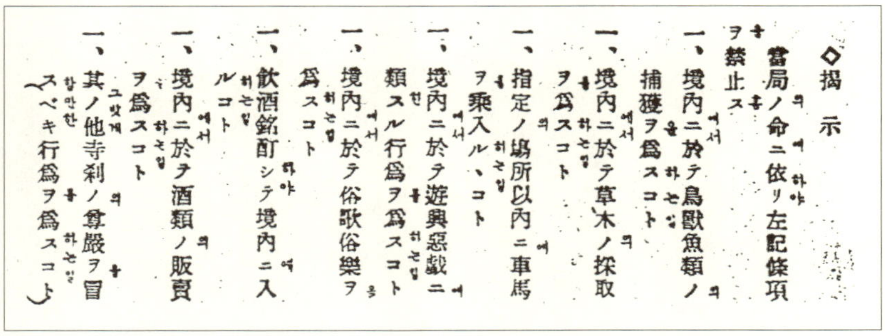
◇掲示

當局ノ命ニ依リ左記條項ヲ禁止ス

一、境內ニ於テ鳥獸魚類ノ捕獲ヲ爲スコト
一、境內ニ於テ草木ノ採取ヲ爲スコト
一、指定ノ場所以內ニ車馬ヲ乘入ルヽコト
一、境內ニ於テ遊興惡戲ニ類スル行爲ヲ爲スコト
一、境內ニ於テ俗歌俗樂ヲ爲スコト
一、飲酒酩酊シテ境內ニ入ルコト
一、境內ニ於テ酒類ノ販賣ヲ爲スコト
一、其ノ他寺刹ノ尊嚴ヲ冒スベキ行爲ヲ爲スコト

422. 日帝が心田開発運動を推進しながら、寺院浄化のため禁止した内容の掲示。①寺院境内では、鳥、獣、魚を捕らないこと、②境内では、木を採取しないこと、③境内では、酒を売ってはならないことなど、8項目。ほとんどの寺院境内では殺生、歌、飲酒などを禁止する内容である（『仏教時報』第1号、1935年8月号）。

423. 朝鮮仏教団が主催した仏教講習会員の歓迎茶話会。最前列右端が『朝鮮仏教』主幹兼社長である中村健太郎、最前列四番目から朝鮮仏教団団長の李允用男爵、講師、副団長、日蓮宗朝鮮布教使。三列目右側から講習員であるチョン・ヘゴン、辛太晧、白碩基、車相明、李能和、金宝蓮、鄭賛鐘、呉錦海、金水貞、李漢圭、金承法である。

424. 朝鮮学生仏教青年会連盟の結成式（1938年12月8日）。京城帝大、京城帝大予科、京城医学専門学校の仏教学生会が加入し、財団法人朝鮮仏教協会が後援したこの連盟は、日帝の政策に積極的に協力するための団体であった。最前列の左側の最初が朝鮮総督府の宗務課長・金大羽で、その次からは、すべて日本の要人である。三列目、四列目が学生である。

425. 開院寺（咸鏡北道穏城郡）の国威宣揚武運長久百日祈祷回向式に参加した信徒たち（1938年2月26日）。この祈りは、すなわち日本の国威発揚と日本軍隊の勝利のためである。「武運長久」という言葉づかいは、植民地の下で日本の勝利を願うために始まったが、今でもたまに寺院の祝願文では使うところがある。一度考えてみるべきだろう。

426. 日本曹洞宗の慶州布教所。

427. 日本本願寺の慶州布教所。

428. 奨忠壇で行われた仏誕記念奉賛式。1934年4月初8日（5月20日）に雨が降って京城公会堂で官民合同祝賀会のみ行い、他の行事ができなかったため、翌日、奨忠壇で巨大な行事を行った。この行事には宇垣一成朝鮮総督と政務総監、軍参謀長、憲兵司令官、日本および朝鮮仏教各宗派の代表など、主要公職者、官吏などが大挙参加した。

429. 金剛山内金剛の三仏庵の絵葉書（カラー）、1930年代。

430. 金剛山内金剛の普徳庵の絵葉書（カラー）、1930年代（口絵31ページ）。

431. 金剛山摩訶衍の絵葉書（カラー）、1930 年代。ここで多くの雲水衲子（禅僧）が修行した（口絵 31 ページ）。

432. 扶余の無量寺掛仏の絵葉書（白黒）、掛仏を作業員が広げている（1930 年代）。

433. 1934年頃の実相寺の全景。

434. 1930年代の無量寺全景の絵葉書（白黒）。

435. 1930年代の通度寺一柱門の絵葉書（白黒）。

436. 祇林寺の僧侶と信徒たち（1930年代）。

437. 俗離山福泉庵の絵葉書（1930年、白黒）。

438. 大興寺枕渓楼の絵葉書。上側に「賀正一月一日」と書かれているので、郵便年賀状のようである（1930年代）。

439. 金剛山普徳窟の絵葉書
（カラー）。

440. 開城の観音寺本堂（大
雄殿）の絵葉書(白黒)。

441. 仏国寺全景の絵葉書（白黒）。

442. 1932年に建立された博文寺全景の絵葉書（カラー）。博文寺は、現在の新羅ホテルの場所にあった。

443. 石窟庵の絵葉書、1930年代。石窟庵を見ている観光客。石窟庵は1911年に発見され、一般に知られるようになった。

444. 1930年代の金山寺の弥勒殿。

445. 扶余の定林寺跡にある五層石塔の絵葉書。

446. 扶余大鳥寺石仏の絵葉書。横に僧侶が見える。これも石仏の大きさを示すため、僧侶を横に立たせたのである。

447. 慶州浄恵寺の十三層石塔の絵葉書。

448. 金剛山正陽寺の薬師殿と三層石塔。そのまわりには僧侶、日本人、作業員などがいる(撮影年不明)。

449. 奉恩寺一柱門。奉恩寺の内の真如門と天王門の中間地点にあった。

450. 朝鮮戦争で全焼する前の五台山月精寺の七仏宝殿と十三層宝塔。この塔は、今は八角九層石塔と呼ばれる。

451. 総本山太古寺の建立工事の光景（現・曹渓寺大雄殿）。曹渓寺大雄殿は1937年5月に着手して翌年10月に竣工(落成）した。工事費は10万円かかっており、総本山太古寺を建立し、朝鮮仏教の象徴にした。工事監督は李鍾郁、林錫珍、金九河、金擎山僧侶であった。この大雄殿は、以後の総本山寺名取得の動きと太古普愚国師の継承意識に基づき、北漢山の太古寺を移転する形式をとって太古寺と命名された。

452. 現在の曹渓寺大雄殿の移築工事現場。大雄殿の木材などの材料は、井邑普天教十一殿の建物の資材を購入して使用したが、購入費は当時100円で格安に購入して移転した。

453. 竣工された総本山太古寺(現・曹渓寺）の大雄殿（1939年）。

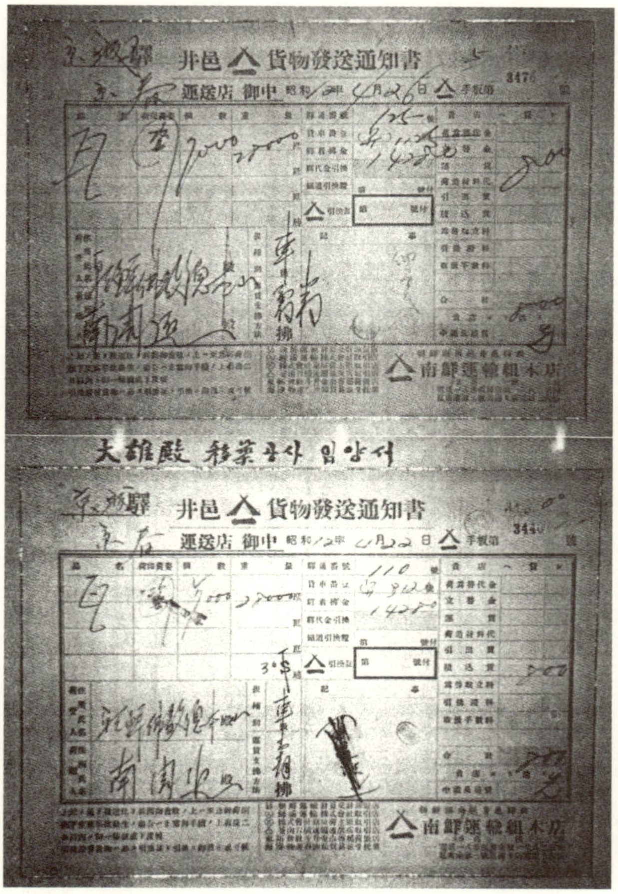

井邑 貨物發送通知書

大雄殿 移築공사 입양서

井邑 貨物發送通知書

南鮮運輸組本店

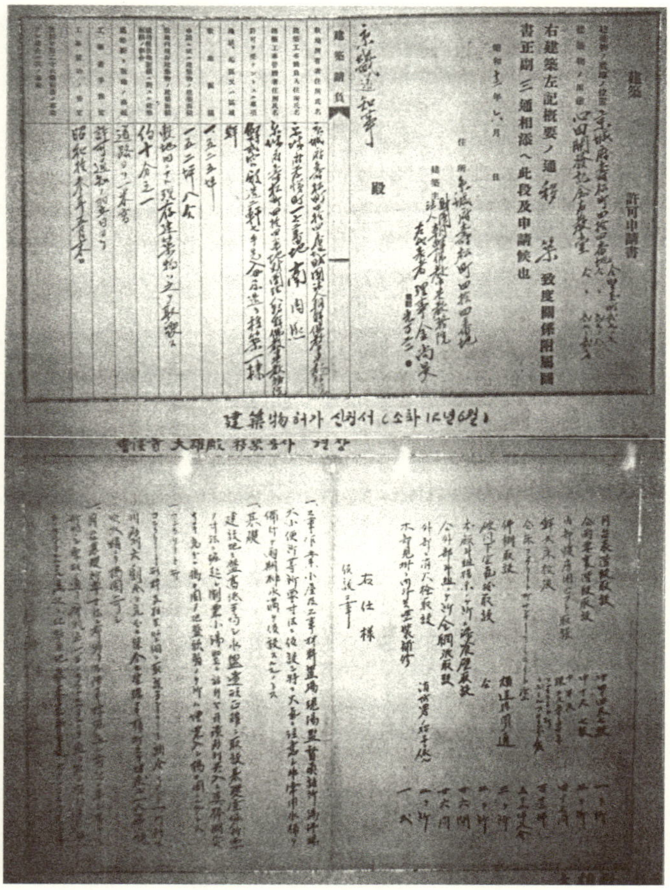

建築許可申請書

建築物허가 신청서(소화 12년 6월)

454. 曹渓寺大雄殿の移築工事関連書類で、井邑からソウルに持ってきた資材を貨物で発送したことがわかる通知書（1937年4月22日と26日発送）。

455. 曹渓寺大雄殿の建築許可申請書（1937年6月）。

456. 曹渓寺大雄殿の工事現場責任者。

457. 梵魚寺仏教専門講院の4教科の卒業記念（1938年、最前列左から二番目が金法麟）。

1940 年代～解放前

1940年代～解放前

1940年代は、仏教界にとっては汚辱と歓喜が交差した、すなわち、明暗がはっきりと対比された時期であった。要するに、日帝の強圧的な軍国主義体制に挫折したが、8・15解放により自主的な教団を設立する喜びを味わったのである。1930年代半ばから本格化した総本山の建設運動は、41年4月の寺刹令施行規則の改正で登場した総本山太古寺法で完結した。これにより、曹渓宗と太古寺が登場した。仏教界は、以前の宗名であった朝鮮仏教・禅教両宗が朝鮮仏教の伝統からはずれるという世論に支えられて、その歴史性が込められた曹渓宗に移行させた。そして総本山の寺格のためにも太古普愚国師継承意識に基づき、北漢山太古寺を移転する形式をとり、太古寺が総本山の寺院として登場した。

しかし、曹渓宗と太古寺は一面で、巧妙な日本の寺院政策によって台頭したため、実際の運用においては植民地支配構図に陥いることとなった。したがって曹渓宗は、発足直後から日本の軍国主義戦争に一定部分で協力せざるを得ない現実に直面した。たとえば、曹渓宗の献金納付、戦争物資の提供、戦闘機の献納など、挫折と屈辱の行績を残すことになったのである。

一方、その時期の禅学院も完全に自由ではなかった。つまり、禅学院も植民地統治に協力したのである。しかし、禅学院系の首座たちは、伝統禅を守るための努力をやめなかった。その端的な実例は、41年2月に開催された遺教法会の開催であった。当時、有門の傑出のような首座たちが禅学院に集まって梵網経と曹渓宗旨などを説法し、比丘僧だけの梵行壇を組織した。さらに、近代禅仏教の中興祖である鏡虚の文集『鏡虚集』を発刊したのも、伝統守護心の発露から出てきたものである。

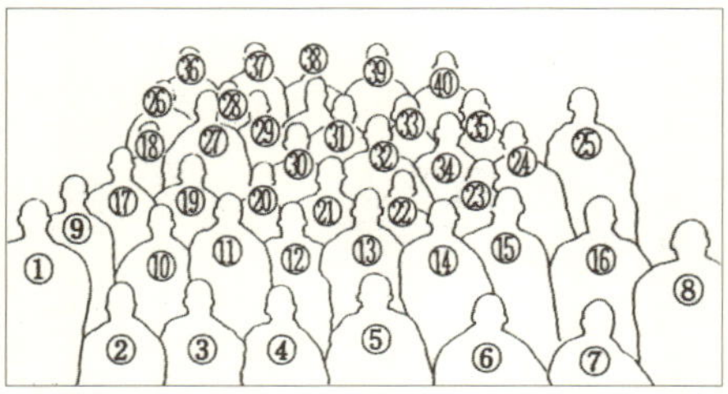

458. 1941年2月26日から10日間、禅学院で開催された高僧遺教法会の参加者。朝鮮の伝統禅を広く知らせるために開催されたこの法会には、宋満空、朴漢永、河東山、張石霜、蔡瑞応など、当時の有名な清浄比丘が出席した。法会終了後には比丘僧で結成された梵行団を組織して、禅学と戒律の宗旨を宣揚するための努力も傾けた（3月13日撮影）。

1）李耘虚僧侶
2）姜永明僧侶
3）張石霜僧侶
4）朴漢永僧侶
5）宋満空僧侶
6）蔡瑞応僧侶
7）金霜月僧侶
8）金寂音僧侶
9）キム・キョンクォン僧侶
10）金錫夏僧侶
11）元宝山僧侶
12）河東山僧侶
13）郭？　僧侶
14）鞠黙潭僧侶
15）河浄光僧侶
16）？
17）李青潭僧侶
18）姜昔珠僧侶
19）朴石頭僧侶
20）南無仏僧侶
21）朴鍾賢僧侶
22）辺月周僧侶
23）ジョ・ソンダム
24）道明僧侶
25）李華応僧侶
26）華応僧侶侍者
27）鄭金烏僧侶
28）金知福
29）朴奉和
30）尹古岩僧侶
31）帰庵僧侶
32）金慈雲僧侶
33）？　首座
34）閔清湖首座
35）清眼僧侶
36）朴在雲僧侶
37）朴永敦僧侶
38）直指寺首座
39）朴本空僧侶
40）寂音僧侶侍者？

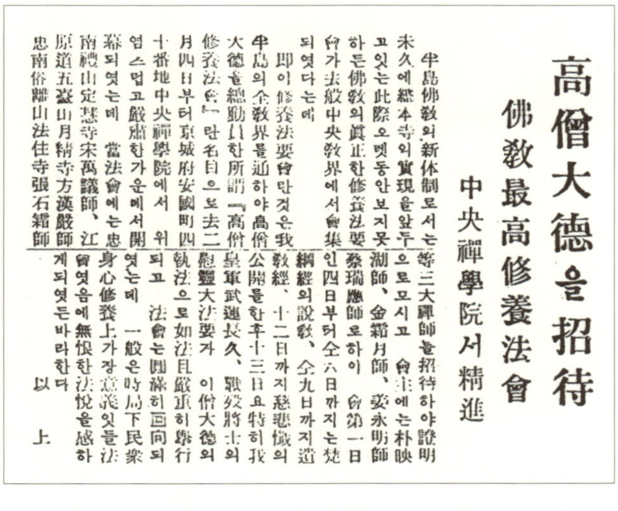

高僧大德을招待
佛敎最高修養法會
中央禪學院서精進

半島佛敎의新体制로서는未久에総本寺의實現을앞두고잇는此際오렛동안보지못하든佛敎의眞正한修養法要會가去般中央敎界에서會集되엿다는데

即이修養法要會란것은我半島의全敎界를通하야高僧大德을總動員한所謂『高僧修養法會』란名目으로去二月四日부터京城府安國町四十番地中央禪學院에서 위엄스럽고嚴肅한가운데서開幕되엿는데 當法會에는忠南禮山定慧寺宋萬議師、江原道五臺山月精寺方漢巖師忠南俗離山法住寺張石霜師等三大禪師를招待하야證明으로모시고 會主에는朴映湖師、金霜月師、姜永明師蔡瑞應師로하이 會第一日인四日부터全六日까지는梵網經의說敎、全九日까지遺敎經、十二日까지慈悲懺의公開를한후十三日요特히我皇軍武運長久、戰殁將士의慰靈大法要가 이僧大德의執法으로如法且嚴重히擧行되고 法會는圓滿히回向되엿는데 一般은時局下民衆身心修養上가장意義잇는法會엿음에無限한法悦을感하게되엿든바라한다

以上

459. 高僧遺教法会を報道した『慶北仏教』第46号（1941年5月）。

460. 満空と比丘尼僧たち（1943 年）。中央が満空僧侶で、左側が法喜僧侶である。

461.『仏教』の編集者だった金三道。

462. 朝鮮語学会事件で日帝警察に連れていかれ苦難に遭った金法麟（後列右から三番目）。
後列左一人目は崔鉉培、三人目は鄭寅承、前列一番左は金允経、三人目は鄭智泳である。

朝鮮佛教曹溪宗總本寺太古寺法

[illegible]則

第一條 [illegible]鮮佛教[illegible]宗(以下單ニ本宗ト稱ス)ヲ奉ズ
第二條 [illegible]成佛ノ本旨ニ[illegible]世度衆ノ行願ヲ修ムルヲ以テ宗旨トス
第三條 [illegible]佛ヲ本尊ト[illegible]但シ他ノ佛像ヲ勸請シテ本尊ト定メタル寺刹ニ在リテハ仍從前ノ例ニ[illegible]
第四條 [illegible]國師ヲ宗祖トス
第五條 [illegible]サレバ宗門ヲ和績スルコトヲ得ズ
第六條 [illegible]天皇陛下聖壽萬歲ノ尊牌ヲ奉安シ聖壽ノ無窮ヲ祝禱スベシ

第二章 寺格

第七條 寺格ヲ分チテ總本寺、本寺及末寺ノ三種トス
寺刹ノ本末關係及順位ハ別表ノ定ムル所ニ依ル
末寺ニ付テハ古規又ハ慣例ニ依リ各本末寺法(以下單ニ本末寺法ト稱ス)ヲ以テ寺格ヲ分ツコトヲ得
第八條 太古寺ヲ以テ總本寺トス
第九條 總本寺ハ本寺及末寺ヲ統轄シ之ヲ指揮監督ス
第十條 本寺及末寺ハ總本寺維持ノ義務ヲ負フ

第三章 住持

第十一條 寺刹ニ住持ヲ置ク其ノ任期ハ三年トス
住持ハ候補者ヲ定メ行政官廳ノ認可ヲ受ケテ就任スルモノトス
第十二條 總本寺住持ハ左ノ各號ニ該當スル者ノ中ヨリ本寺住持之ヲ選擧ス
一 年齡滿五十五歲以上ナルコト
二 僧臘滿四十年以上ナルコト
三 安居十夏以上ナルコト
四 法階一級ナルコト
第十三條 總本寺住持ハ選擧期日前日現在ニ依リ第十二條ニ定ムル資格ヲ有スル者ノ名簿ヲ作成シ選擧人ノ閲覽ニ供スベシ

463. 曹渓宗太古寺の寺法。1941 年 4 月 23 日、総督府令 125 号によって寺刹令施行規則を改正して制定された。太古寺（現・曹渓寺）が、朝鮮仏教の総本山の寺格と権限を持つことを規定した。

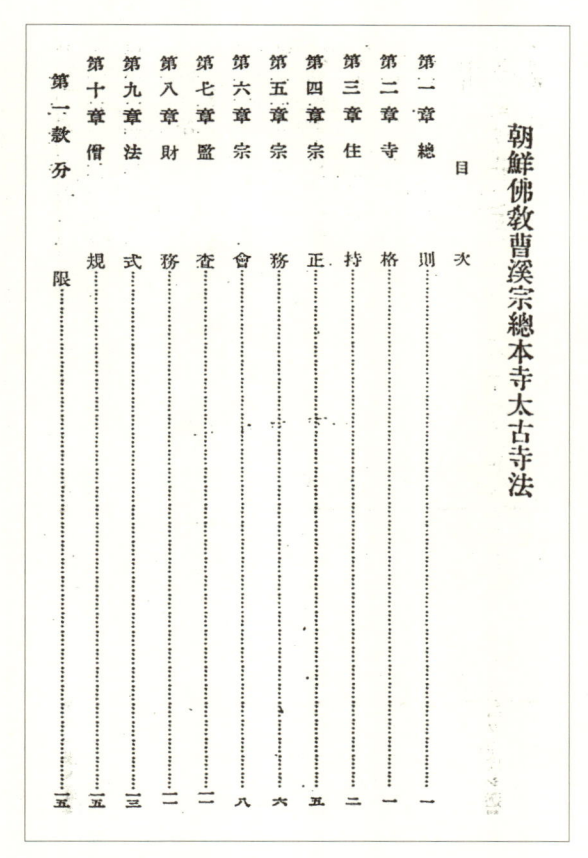

朝鮮佛教曹溪宗總本寺太古寺法

目次

第一章 總則……一
第二章 寺格……一
第三章 住持……二
第四章 宗正……五
第五章 宗務……六
第六章 宗會……八
第七章 監査……一一
第八章 財務……一一
第九章 法式……一三
第十章 僧規……一五
第一款 分限……一五

464. 太古寺寺法の目次。

寺刹ノ本末關係及順位表

◉總本寺
太古寺 京畿道京城府壽松町・堅志町

◎本寺
奉恩寺 京畿道廣州郡彥州面

○末寺
地藏庵 京畿道京城府延禧町
奉元寺 同 同 奉元町
極樂庵 同 同 天然町
少林寺 同 同 弘智町
奉國寺 同 同 三淸町
青龍庵 同 同 城北町
興天寺 同 同 敦岩町
法輪寺 同 同 昌信町
安養庵 京畿道京城府昌信町
開運寺 同 同 安岩町
大乘庵 同 同 同
七星庵 同 同 同
蓮花寺 同 同 回基町
青蓮寺 同 同 下往十里町
彌陀寺 同 同 玉水町
華藏寺 同 同 銅雀町
獅子庵 同 同 上道町
藥水庵 同 同 同
青蓮庵 同 同 番大方町
龍華寺 同 同 堂山町
僧伽寺 同 高陽郡恩平面
文殊庵 同 同 同
玉泉庵 同 同 同
津寬寺 同 同 神道面

二五

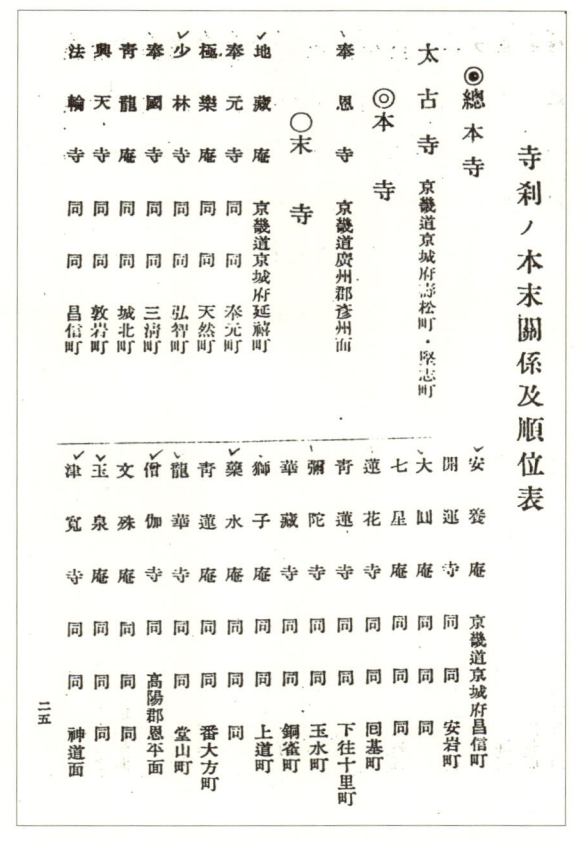

465. 太古寺寺法の付録である寺院本末関係の順位表。

◆1941年、朝鮮仏教の曹渓宗発足当時の重要人物たち

466. 初代教務部長・林錫珍。

467. 朝鮮仏教曹渓宗の初代総務総長・李鍾郁。

468. 朝鮮仏教曹渓宗初代宗正・方漢岩。

469. 初代庶務部長・金法龍。

470.　宗正秘書・許永鎬。

471. 初代財務部長・朴円賛。

472. 中央仏専の学監と恵化専門の校長を務めた金敬注。

473. 金凡父。1934 年頃、崔凡述の計らいにより、多率寺で東洋哲学を教えた。

474. 金寂音。寂音僧侶は、禅学院の財政と運営を担当した僧侶だった。解放後（1947 年）、宗団の正式な訳経院である海東訳経院の院長も務めた。

475. 解放直後、復校された恵化専門の学長に推され許永鎬。許允とも呼ばれた彼は、1948 年、制憲議会の国会議員であったが、50 年からの朝鮮戦争の時に北朝鮮に拉致された。41 年、曹渓宗発足当時は宗正司書だった。

476. 退耕権相老。東国大学の大学院長および初代総長を務め、多くの論文や著作を残した。近現代韓国仏教学の泰斗ともいえる彼は、『仏教』と『朝鮮仏教叢報』などの仏教雑誌に多くの論文を発表した。1990 年、『退耕全集』が出版された。

477. 金東華。慶北五山学校出身で、日帝末期と解放後、恵化専門の教授を務めた彼は、その後は東国大学大学院長、仏教文化研究所長などを歴任しており、韓国仏教学の発展に多くの業績を残した。

478. 在日仏教留学生の仏教界人士招請懇談会。在日仏教留学生たちが教界の名士を招いて、教育問題について討論した（1941 年 9 月 12 日、ソウル雅叙園）。参加者は、左から朴允進、権相老、朴大輪、許永鎬、徐元出、金泰洽、右から張祥鳳、郭西淳などであった。

479. 朝鮮仏教東京留学生会館設置の記念撮影（1941 年 12 月）。

480. 朝鮮仏教東京留学生会の卒業生送別記念（1941 年 12 月）。

481. 1943 年 9 月、日本に留学していた仏教青年たちの卒業記念撮影。前列左から方英植、朴春海、洪映真、鄭斗石、文東漢、張祥鳳、金尚泳、郭西淳、申知正、金東轍。

482. 奉恩寺全景。奉恩寺は1939年、大規模な火災に見舞われたが、この写真は火災後に復元された姿である。

483. 奉恩寺大雄殿の上棟式。奉恩寺は、1939年の火災後に大変な苦労をして復旧工事に着手したが、この写真は大雄殿上棟式を挙行した後の記念撮影である（1940年12月）。

484. 壊れた海印寺四溟大師碑。この碑は日帝末期、日本警察と親日僧侶である卞雪湖が協力して破壊したが、解放後に原状回復させたもの（1942年12月）。

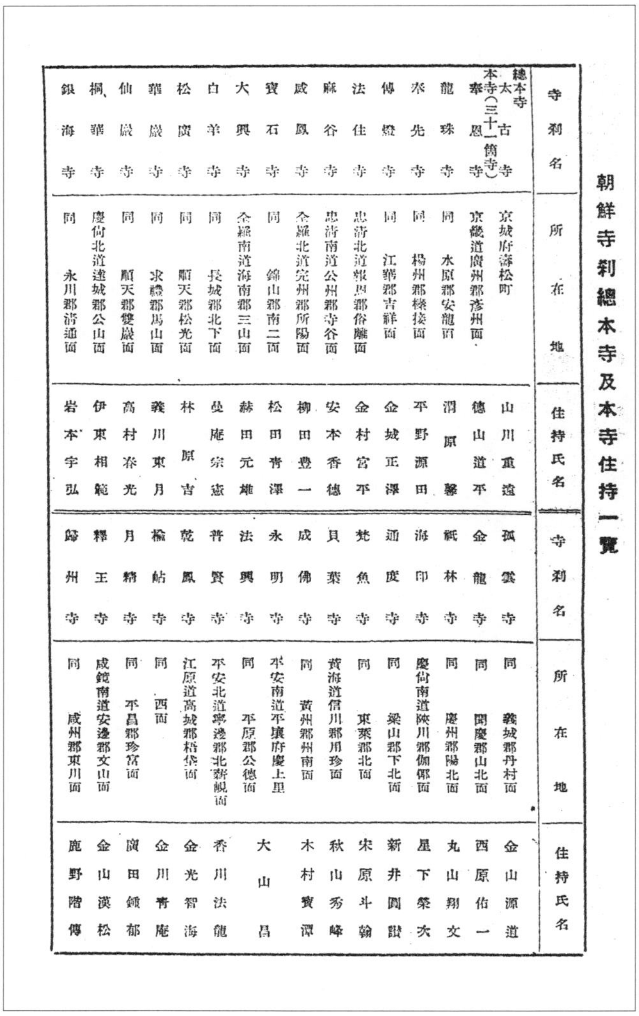

朝鮮寺刹總本寺及本寺住持一覽

寺刹名	所在地	住持氏名
總本寺 太古寺	京城府壽松町	山川重遠
本寺（三十一箇寺） 奉恩寺	京畿道廣州郡彥州面	德山道平
龍珠寺	同 水原郡安龍面	渭原馨
奉先寺	同 楊州郡榛接面	平野源田
傳燈寺	同 江華郡吉祥面	金城正澤
法住寺	忠淸北道報恩郡俗離面	金村宮平
麻谷寺	忠淸南道公州郡寺谷面	安本香德
威鳳寺	全羅北道完州郡所陽面	柳田豊一
寶石寺	同 錦山郡南二面	松田青澤
大興寺	全羅南道海南郡三山面	赫田元雄
白羊寺	同 長城郡北下面	曼庵宗憲
松廣寺	同 順天郡松光面	林原吉
華嚴寺	同 求禮郡馬山面	義川東月
仙巖寺	同 順天郡雙巖面	高村泰光
桐華寺	慶尙北道達城郡公山面	伊東相範
銀海寺	同 永川郡淸通面	岩本宇弘
孤雲寺	同 義城郡丹村面	金山源道
金龍寺	同 聞慶郡山北面	西原佑一
祇林寺	同 慶州郡陽北面	丸山翔文
海印寺	慶尙南道陜川郡伽倻面	星下榮次
通度寺	同 梁山郡下北面	新井圓讃
梵魚寺	同 東萊郡北面	宋原斗翰
貝葉寺	黃海道信川郡用珍面	秋山秀峰
成佛寺	同 黃州郡州南面	木村寶潭
永明寺	平安南道平壤府慶上里	大山昌
法興寺	同 平原郡公德面	
普賢寺	平安北道寧邊郡北薪峴面	香川法龍
乾鳳寺	江原道高城郡梧岱面	金光智海
楡岾寺	同 西面	金川青庵
月精寺	同 平昌郡珍富面	廣田鍾郁
釋王寺	咸鏡南道安邊郡文山面	金山漢松
歸州寺	同 咸州郡東川面	鹿野階傳

485.『仏教（新）』第30集（1941年9月）に掲載された総本寺（太古寺）と31本山の所在地と住職の一覧表。すべてが創氏改名した名前である。

時事

新年을마지하는戰時의覺悟

皇紀二千五百九十八年七月七日 北支의 一隅에 戰端이發生한以後로 遮莫이 南支와및西蜀天險地帶를 넘어 新疆一帶까지를 戰禍에넣어 獨獅干戈가 第五年을마지하게되고 滿洲벌에처음 말굽을굴린 때를 아우리면 四十八年의긴歷史를 가진 이 歷史的武步가 南으로 阿育王과 北으로鐵木眞이소리친 以後 그야말로아시아 大陸에있어 史空無間의 큰戰端이였던것은 틀림이없다

外形의量的으로 보아 陣幅이 그러하였다는것보다 質的으로 보아 西歐文化와 西人全幅을 對峙해서 黃色人種의奴隷化를 건지고 나아가 西禍北禍의 가지가지를모라처내는 이神劍이야 말로 黃人種의福音뿐만아니라 亞細亞大陸의主人됨이 오래約束되여 있음을 뉘否認하랴 그러나 外敵이 너무 廣範圍여서 西으로 英米北으로 蘇聯을相對로 戰徵이一時는 變質과犧牲까지를 말하게되야 蘇와 英米와의 直接干戈를 사귀지않을가를 念慮하는 한두事實 곧北으로 노몽한 長鼓峯事件이있었으며 南으로佛印蘭印의 海洋地帶關係자못勢急을말하더니 獨蘇의急激한火端이 北禍를 모러가고 英米、獨伊의 關係가 南禍를 아서가서 亞細亞의風雲은 자못 半熄의階梯로 들게 되였던남어지

이에 外交의 一端만으로 世界를 能히左右한다는것은 第一大戰에 米洲의 그것보다는 日支關係로因해서 平易하지않다하여도 平和使者의 第一人으로 大日本帝國이 絕好의機會이던 것만은 아직도 남음이있다고 생각하였던것이다 다시말하면 地球上에 있어 石油ゴム를 除한外 天然의富가亞細亞가 앞함이 그하나이요 五億大衆이漢

486.「新年を迎える戦時の覚悟」。時事面にこのような文章を書きたい人はいなかったであろう。しかし、いったん活字になり歴史に残っている限り、著者に責任を免れる道はない。（『仏教（新）』第32集、1942年1月）。

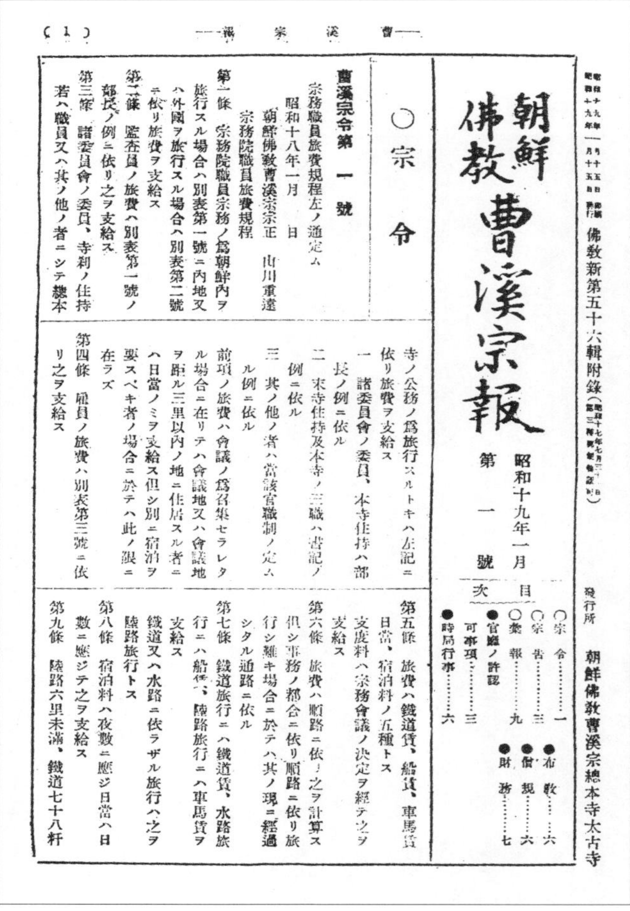

昭和十九年一月十五日印刷 昭和十九年一月十五日發行 佛教新第五十六輯附錄（昭和十七年七月三十日第三種郵便物認可）

朝鮮佛教曹溪宗報

昭和十九年一月 第一號

目次

○宗令……一
○宗告……三
○彙報……九
●官廳ノ許認可事項……三
●時局行事……六
●布教……六
●僧規……六
●財務……七

發行所 朝鮮佛敎曹溪宗總本寺太古寺

一曹 溪 宗 報一 （1）

○宗令

曹溪宗令第一號

宗務職員旅費規程左ノ通定ム

昭和十八年一月 日

朝鮮佛敎曹溪宗宗正 山川重遠

宗務院職員旅費規程

第一條 宗務院職員宗務ノ爲朝鮮內ヲ旅行スル場合ハ別表第一號ニ內地又ハ外國ヲ旅行スル場合ハ別表第二號ニ依リ旅費ヲ支給ス

第二條 監査員ノ旅費ハ別表第一號ノ部長ノ例ニ依リ之ヲ支給ス

第三條 諸委員會ノ委員、寺刹ノ住持若ハ職員又ハ其ノ他ノ者ニシテ總本寺ノ公務ノ爲旅行スルトキハ左記ニ依リ旅費ヲ支給ス

一 諸委員會ノ委員、本寺住持ハ部長ノ例ニ依ル

二 末寺住持及本寺ノ三職ハ書記ノ例ニ依ル

三 其ノ他ノ者ハ當該官職制ノ定ムル例ニ依ル

前項ノ旅費ハ會議ノ爲召集セラレタル場合ニ在リテハ會議地又ハ會議地ヲ距ル三里以內ノ地ニ住居スル者ニハ日當ノミヲ支給ス但シ別ニ宿泊ヲ要スベキ者ノ場合ニ於テハ此ノ限ニ在ラズ

第四條 雇員ノ旅費ハ別表第三號ニ依リ之ヲ支給ス

第五條 旅費ハ鐵道賃、船賃、車馬賃日當、宿泊料ノ五種トス

支度料ハ宗務會議ノ決定ヲ經テ之ヲ支給ス

第六條 旅費ハ順路ニ依リ之ヲ計算ス但シ事務ノ都合ニ依リ順路ニ依リ旅行シ難キ場合ニ於テハ其ノ現ニ經過シタル通路ニ依ル

第七條 鐵道旅行ニハ鐵道賃、水路旅行ニハ船賃、陸路旅行ニハ車馬賃ヲ支給ス

鐵道又ハ水路ニ依ラザル旅行ハ之ヲ陸路旅行トス

第八條 宿泊料ハ夜數ニ應ジ日當ハ日數ニ應ジテ之ヲ支給ス

第九條 陸路六里未滿、鐵道七十八粁

487.『朝鮮仏教曹渓宗報』第1号。1944年1月から、当時曹渓宗の機関誌である『仏教（新）』（第56集）の付録として発行され始めた『曹渓宗報』は、当時の宗団の諸般の業務内容、仏教界の各宗公式文書、行事を告知した官報であった。

△朝鮮佛敎曹溪宗第二回中央宗會開催

（昭和十六年十一月十七日於總本寺太古寺大雄殿）

順序

一、國民儀禮
　一、宮城遙拜
　二、默禱
　三、皇國臣民ノ誓詞齊唱
一、開會（三歸依）　宗務總長
一、桂社會敎育課長演述
一、役員選擧
一、宗正宣示
一、宗務總長宗務方針指示
一、各部長ノ部務狀況報告
一、皇軍ニ對スル感謝決議並ニ戰歿將兵ニ對スル敬弔決議案
一、軍用飛行機獻納ニ關スル決議案
一、討議スベキ議案
　一、宗法案
　　1、宗會法
　　2、僧規法案
　　3、賞罰法案
　二、昭和十七年度總本寺太古寺收支豫算
一、其ノ他事項
一、閉會

▲皇軍將兵に關する感謝決議案

聖戰正に四年有半、我が忠勇無比なる陸海空の將兵諸位は寒暑を冒し風雨を凌ぎ奮戰勇鬪克く未曾有の戰果を收め御稜威の下國威を中外に顯揚す　是我等の感激する所なり　今や世局多端情勢愈重大を加ふ此の時艱を克服して　興亞の聖業を完遂し以て　世界永久の平和に寄與するは　皇國の使命にして　一に諸位の努力に待つもの多く其の苦勞愈大なるべし
玆に感謝の誠を表し　併せて　將兵諸位の勇健を祈る
右決議す

目的

戰歿將兵に對する敬弔決議案
我等朝鮮佛敎曹溪宗會員一同は今次の聖戰に從ひ　勇戰敢鬪命を君國に致したる皇軍將士の英靈に對し　深厚なる敬弔の意を表す
右決議す

488. 曹溪宗第2回宗会（1941年11月17日）の式次第および案件を伝える文書。皇軍将兵に関する感謝決議案が上程され、式次第の「宮城遥拝」「皇国臣民ノ誓詞斉唱」「軍用飛行機献納決議案」などから、日帝の植民地政策に屈服させられたことを示している（『仏教（新）』第32集）。

軍用飛行機獻納に關する決議案

目的

軍用爆擊機一臺　昭和十七年二月末限り軍部に獻納せんとす

理由

我が朝鮮佛敎曹溪宗徒は　現下我が國超非常時局に際し皇恩に報答し奉り　併せて　皇軍將兵に感謝の爲赤誠の一端を示さんとす

方法

一、獻納機基金　五萬三千圓とす
二、醵出方法
右基金五萬圓を各本末寺の法定地價に基き別表の通割當てたるが　之が徵收に付ては　當該本寺をして先づ本末僧尼、職員及信徒より次項負擔率に依り　醵出を受けたる後不足のものは　之を寺有土地法定地價に分賦し　徵收せしめんとす。
三、醵出金種類及其の負擔率
一、僧尼の獻納金　一人に付最低一圓以上十圓迄
二、寺務職員及附屬機關職員の義務獻金　月俸の一割以上
三、信徒の獻納金　一人に付十錢以上
四、寺刹經費より補助　前記三項の收入差引不足額は各寺法定地價に割當て分賦す
四、基金受付場所　總本寺太古寺宗務院
五、醵出金受付期間　昭和十六年二月末日限り
以上
右決議を求む

489. 軍用飛行機献納の決議案（『仏教（新）』第35集、1942年1月）。当時の仏教界は、日帝の侵略戦争に複数の軍用機を献納した。

懸賞論文

論題　大東亞聖戰完遂ト
朝鮮佛敎ノ進路

朝鮮佛敎庶政一般ニ亘リ更新向上ヲ圖リ以テ大東亞聖戰ノ完遂ニ寄與スル所アラシメルベキ宗策ノ樹立

懸賞程度
　一等　三百圓　一人
　二等　百　圓　一人
　三等　五十圓　二人
期限　六月三十日까지
用語　隨意
審査委員　追後發表
枚數　三百枚以上（一枚二百五十字綴）

490.『仏教（新）』第58集（1944年3月）に掲載された、「大東亜聖戦完遂と朝鮮仏教の進路」の懸賞論文公告文。1等は300円、2等は100円、3等は50円だった。どれほど多くの人が応募し、誰が当選したのかはわからない。

銃後報國에對해서

支那事變의發生已來로 銃後報國에대한 一般國民의理解와協力은 能히 大陸長期建設의目的達成을期케하나 그러나 이겨서 투구의끈을 더욱 조르는것과같이 時局의現階段에있어서와 瀰漫할國民의覺悟와決意에 조금만한 緩弛라도있어서는 千仞의功을 一簣의欠으로 바뜨지못할憂慮도 없지아니하나 一般國民은 加一層 時局의重大와事變의長期에대한認識을 새로히하여 보다큰覺悟와決意를 굳게하지아니하면아니될것이다。더욱히 第三國의策動이 어떠한形態를 둘러쓰고 나타날것인지 豫測하기어려운方今에있어서 더욱 그感을 깊게하는바이 있다고하지안을수없다。

漢口 廣東도 陷落되여 事變은 第四段階에 들어가는同時에 國民政府도 四川奧地로 다라났으나 아즉도 抗日을 豪語하고 容共을持續하여 그게따하 膺懲의擧戰도 언제 그結末이 있을지 어또한 豫測하기어려운今日 더욱 生活을 刷新하고 物資를節約하고 貯蓄을實行하여 銃後에 偏치아니하면아니될것이다。

當局에서도 事變의發生以來로 强調해온 銃後報國에關한國民運動을 다시 强調實施하고 [illegible]以後의 內外의情勢에鑑하야 年末 年始를期하야 더욱더욱 長期建設의體制를 整備하고 [illegible]所期의目的을 達成코저 年末 年始銃後에 [illegible]强調週間實施要綱을 發表하바도 있으나 一般國民은 時局의現段階에있어서와 國內經濟界의實情과 政府의 實明하는 政策에 充分한理解와 可能한協力을 아끼지마어서 이 [illegible]과 國家飛躍의秋에 [illegible]할것이다。

어쩨 무엇보다도 生活內容의刷新이니 어느때라生活內容의刷新이 必要하지안을바이아니지마는 오늘에있어서는 그 日常生活로하여곰 戰時國家에處한國民으로서의生活의確立을 目標로하여 勤儉 質素 [illegible]을 잃어서는 될수없다。肉體의鍛鍊 精神의健全生活의緊張을 恒常 念頭에두어 그生活에 空隙이 없게 注意하여야할것이다。

다음으로 物資의節約이니 支那事變을通한 物資의消費는 實로巨額에達할뿐아니라 大陸長期建設에伴하는所要의經費로 오늘에있어서는 國民各自가負擔하지안으면안될情勢에있는것을 充分히認識하야 國防資材의確保 生產力의擴充 輸

491.『仏教（新）』第20集（1940年1月）に載った親日の文章「銃後報国に対して」。

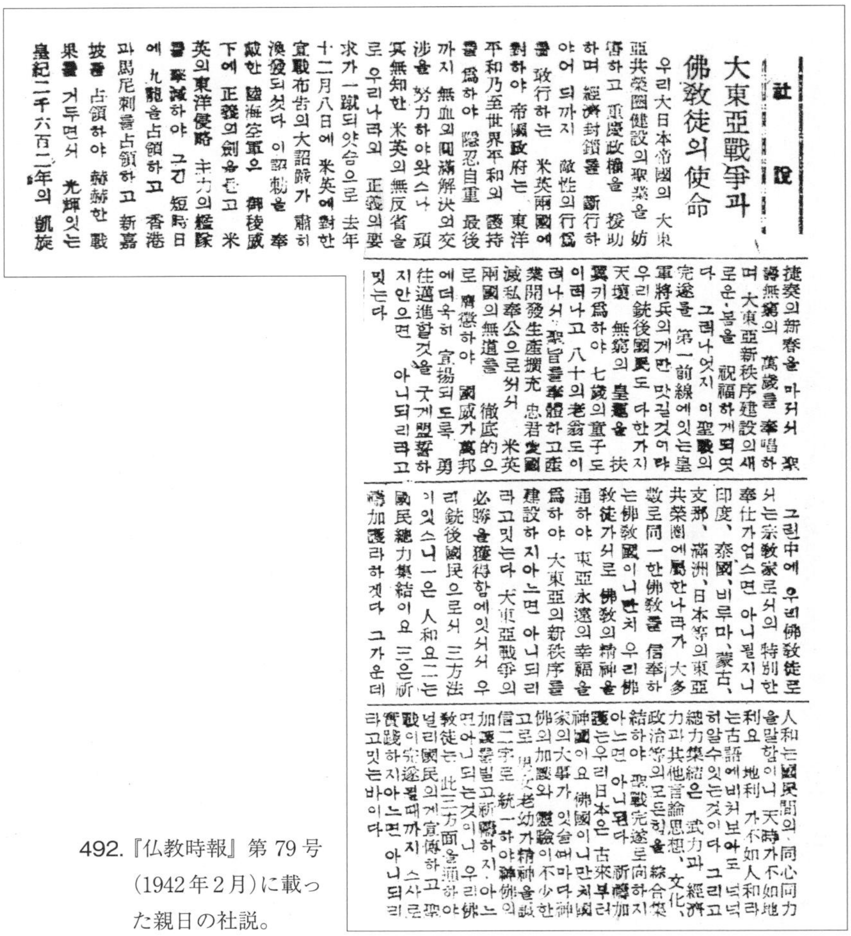

社說

大東亞戰爭과 佛教徒의使命

우리大日本帝國의 大東亞共榮圈建設의聖業을 妨害하고 重慶政權을 援助하며 經濟封鎖를 斷行하야어 되까지 敵性의行爲를 敢行하는 米英兩國에 對하야 帝國政府는 東洋平和乃至世界平和의 護持를 爲하야 隱忍自重 最後까지 無血의圓滿解決의交涉을 努力하야왓스나 頑冥無知한 米英의無反省으로 우리나라의 正義의要求가 一蹴되얏슴으로 去年十二月八日에 米英에對한 宣戰布告의大詔가 肅히 渙發되셧다 이詔勅을 奉戴한 陸海空軍은 稜威下에 正義의劍을들고 米英의東洋侵略 主力의艦隊를 擊滅하야 그긴 短時日에 九龍을占領하고 香港과馬尼刺를占領하고 新嘉坡를 占領하야 赫赫한 戰果를 거두면서 光輝잇는 皇紀二千六百二年의 凱旋

捷奏의新春을 마지서 聖壽無窮의 萬歲를 奉唱하며 大東亞新秩序建設의새로운·봄을 祝福하게되엿다 그러나엇지 이聖戰의 完遂를 第一前線에잇는皇軍將兵의게만 맛길것이랴 우리銃後國民도 다한가지 天壤無窮의 皇運을 扶翼키爲하야 七歲의童子도 이러나고 八十의老翁도이러나서 聖旨를奉體하고産業開發生産擴充 忠君愛國 滅私奉公으로써 米英兩國의無道를 徹底的으로膺懲하야 國威가萬邦에더욱히 宣揚되도록 勇往邁進할것을 굿게盟誓하지안으면 아니되리라고 밋는다

그런中에 우리佛敎徒로서는宗敎家로서의 特別한 奉仕가업스면 아니될지니 印度、泰國、비루마、蒙古、支那、滿洲、日本等의東亞共榮圈에屬한나라가 大多數로同一한佛敎를 信奉하는佛敎國이니만치 우리佛敎徒가서로 佛敎의精神을 通하야 東亞永遠의幸福을 爲하야 大東亞의新秩序를 建設하지아느면 아니되리라고밋는다 大東亞戰爭의 必勝을獲得함에잇서서 우리銃後國民으로서 三方法이잇스니 一은 人和요二는 國民總力集結이요 三은祈禱加護라하겟다 그가운데

人和는國民間의 同心同力을말함이니 天時가不如地利요 地利가不如人和라는古語에비처보아도 넉넉히알수잇는것이다 그리고 總力集結은 武力과 經濟力과其他言論思想、文化、政治等의모든힘을綜合集結하야 聖戰完遂로向하지아느면 아니될것이다 祈加護는우리日本은 古來부터 神國이요 佛國이니만치神家의大事가잇슴이며마다神佛의 加護와靈驗이不少한고로 男女老幼가精神을 信二字로 統一하야 精神의 加護를빌고 祈禱하지 아니면아니되는것이니 우리佛敎徒는 此三方面을 通하야 널리國民의게宣傳하고 聖戰이 完遂될때까지 스사로 實踐하지아느면 아니되리라고밋는바이다

492.『仏教時報』第79号（1942年2月）に載った親日の社説。

社說

半島僧侶學兵의決戰訓

朝鮮佛敎曹溪宗 半島僧侶靑年 學徒로서 鮮內專門大學及內地各處 專門大學에 在籍하야 出陣하는者로서 昭和十九年부터 適齡의徵兵으로나가는 者와도는 特別志願兵으로 志願하고 出陣하는者가 相當히多數일것을 想像하게된다 諸君은임의 生死岩頭에서서 盡忠報國의精誠을다하야 一死報國 聖戰必勝의 決心으로나가게되바이나 諸君은 一個兵士로서 軍務의責任을 極盡히할것은勿論이지마는 朝鮮佛敎曹溪宗의 僧徒로서 戰陣에 處하야 破邪顯正의 銃劍을들고 戰鬪生活을하는 中에라도 從軍布敎師나다름업는 態度로서戰友를化導하야 決戰 決勝의 劍勝負의信念을보이며 死生超越의 意氣를培養하야 敵米英을 擊殺後에已라는 信仰을갓도록 하지아느면 아니될것이다

예컨에 深廣禪師는大虎窟中에드러가서 平然히虎前에나가며 恐怖업시大虎를[illegible] 大虎는그만머리를숙이고 獅子와가치 合伏하엿다고하다 그러으로 恐怖업시 突進하는者의게는 彈丸도부딪야 避해가고 毒蛇猛獸도 스사로 물러가고 疾病도敢히이러나지못하고 敵兵도 魂飛魄散하야 다러나거나 降伏하게되는것이다 皇軍이 世界無比의 敵前上陸을 成功함도이外에다 阿野田大尉가 支那事變에出征하야 某地에서戰鬪할때에 敵軍오로[illegible]에싸커서 二三日間[illegible] 不食하야 全軍이困境에[illegible]커잇섯다 그러나 作戰上에 敵軍의某陣地를 即刻으로 今夜에 奪取하지아니할수가 업게되엿다 그러나 敵陣을 突擊함에는 決死隊를 悟치안을수업고 決死를覺悟하고서라도 突擊을하자면은이라도 마시어야조금이라도元氣를 돋우지안을수가업다 그러나 그地方에는우리구의물에는 敵軍이 잠을부사 지부스의病菌을 부려노코가기때문에 머지서는 아니된다는 上官의 嚴命이잇섯다 그러나 阿野田大尉는 部下의게命令을 나렷다 何如間今夜에 突擊을하면 모다죽을 우리다 그런하자면 물이라도마니 마시고 突擊의效果를내서 天皇陛下의게 목숨을바치자 이몸을마시면 지부스의菌이잇다고한다 그러나 우리의 決死突進의우리게가텔것이무에나 힘것 마시고 突擊하자하고 大尉는部下와가치 死決하고 恐怖업시 그물을마시고 敵陣에 殺到하엿드니 敵軍은 殺崩壞되야 陣地를 奪還하엿다 그런데 그다신戰友는 한사람도 [illegible]스에걸닌 사람이업섯다한다 이것이 곳死生을[illegible] 不死術이오 佛敎에서이르는大死一番後에大活이잇다는 長生術이다 그러한 決戰訓을가지고 諸君의本領을發揮하야 戰友의게 精神的信念으로서 肉體的實踐으로써 示範하기를바라는바이다

493.『仏教時報』第101号（1943年12月）に載った親日の社説。

494. 朝鮮仏教曹渓宗の宗務院から全国の寺院分担金と献金53,000円を集めて日帝に献納（1942年1月31日）した戦闘機・愛国第974号である「朝鮮仏教号」の姿。このように献金で日本陸軍と海軍に献納した戦闘機は、全部で5機あった（『仏教（新）』第45集、1943年2月号）。

495. 朝鮮仏教界が日本に献納した戦闘機「朝鮮仏教号」の威容。

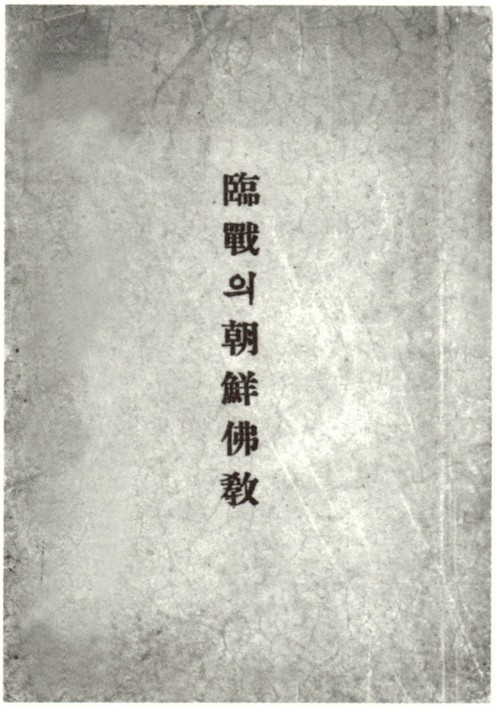

496. 権相老の親日の著作『臨戦の朝鮮仏教』(1943年1月、卍商会発行)。権相老はこの本で、仏教界は日帝の軍国主義侵略戦争に協力しなければならないと力説した。権相老はこの本以外にも『仏教の壮行』など、さまざまな親日の文書を発表した。

解放後～ *1949* 年

解放後〜 1949 年

8・15 解放以後には、既存の教団執行部が退陣する中で、新しい教団の建設のために邁進した。日帝末期に教団の要職にあった僧侶たちが解放を迎えてその地位を喜んで譲ったのは、特筆すべきことである。仏教界は僧侶大会の開催を通して、新しい教団の建設に力を合わせて植民地仏教の克服と仏教革新のため努力を傾けた。しかし、その革新の対象および方法などをめぐって、教団と革新団体の間に一定の葛藤が露呈した。

その革新団体として仏教革命党、朝鮮仏教革新会などの様々な団体が挙げられる。ところが、革新団体は教団の執行部が目指す革新について、多くの異見を持っていた。たとえば、妻帯僧の問題と寺院の土地改革が主な内容であった。とりわけ妻帯僧問題については、教団執行部と意見の相違が大きかった。革新系では妻帯僧を植民地支配の残滓として受け止めたが、教団執行部は妻帯僧を認めたうえ、諸問題に取りかかろうとしたのである。ここで双方の立場がはっきり分かれた。当時の比丘僧系の禅学院は、自然と革新団体に加入することになった。

このような教団と革新団体の対立は、結局、教団分裂へと展開する。仏教革新総連盟、全国仏教徒総連盟、仏教総本院などは、その構図から出てきた革新系の団体であった。また、当時の革新系の僧侶たちは金九といっしょに北朝鮮に行った。このことは彼らの透徹した現実認識を語ってくれるが、北朝鮮行きは後に、彼らの思想とその背後を疑わせる災いを招く決定的な火種になってしまった。

その時期、一団の比丘たち（李清潭、李性徹）の根本仏教を目指した鳳厳寺の結社が、教団内部の改革が挫折した当時に試みた点では注目すべきである。さらに、鳳厳寺の結社に参加した者たちが以後に曹渓宗団の宗正と総務院長を務めたという点においても、その結社の志向は比丘宗団の理念と展開に照らしてみても、留意すべき事実であった。

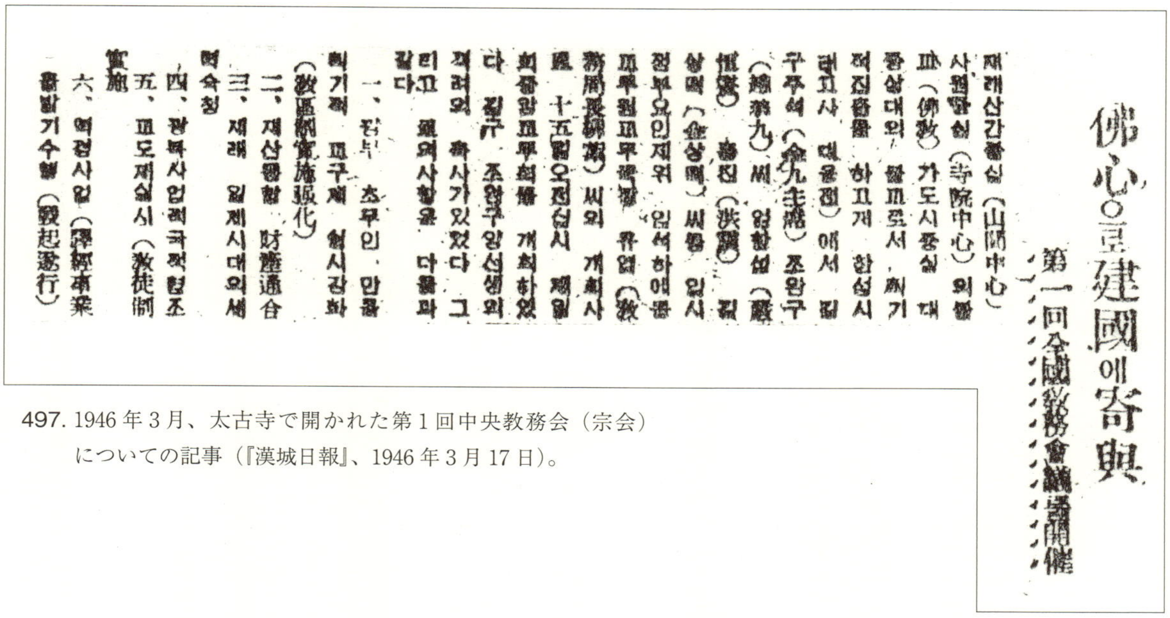
佛心으로建國에寄與
第一回全國教務會議開催

497. 1946 年 3 月、太古寺で開かれた第 1 回中央教務会（宗会）についての記事（『漢城日報』、1946 年 3 月 17 日）。

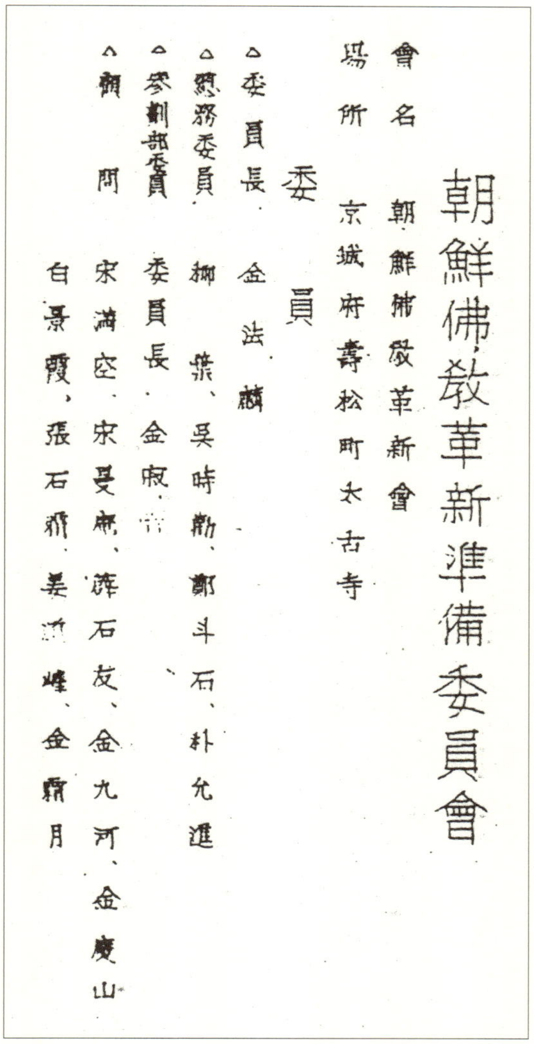
朝鮮佛教革新準備委員會

會名　朝鮮佛教革新會
場所　京城府壽松町太古寺

委員

△委員長　金法麟
△總務委員　柳葉、吳時勸、鄭斗石、朴允進
△參劃部委員　委員長、金寂[illegible]
△顧問　宋滿空、宋曼庵、薛石友、金九河、金慶山
白景霞、張石霜、姜[illegible]峰、金霜月

498. 朝鮮仏教革新準備委員会の概要文書。日帝の敗北で迎えた 8・15 解放直後、日帝の植民地仏教を克服して自主的な教団を建設するために結成された、朝鮮仏教革新準備委員会の組織概要を示した文書。

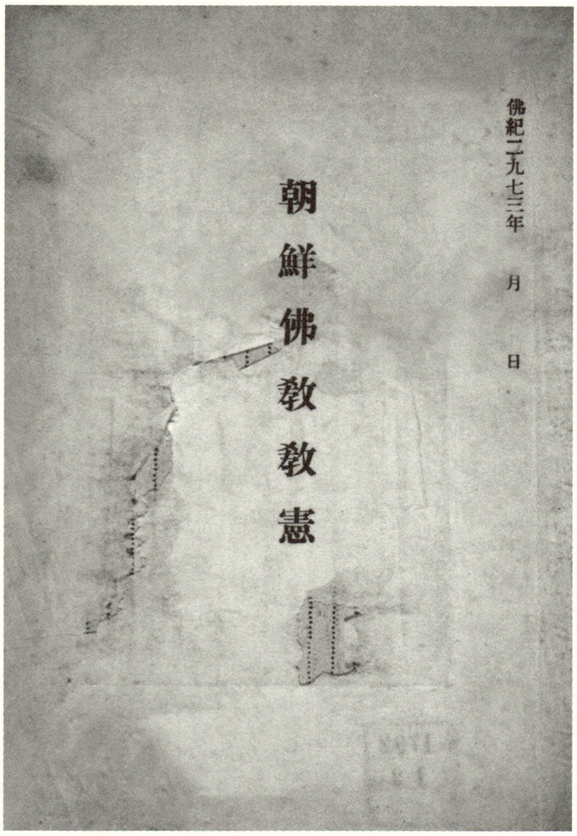

499.『朝鮮仏教教憲』。この教憲は 8・15 解放後の 1946 年、自主教団建設の一環として制定された。

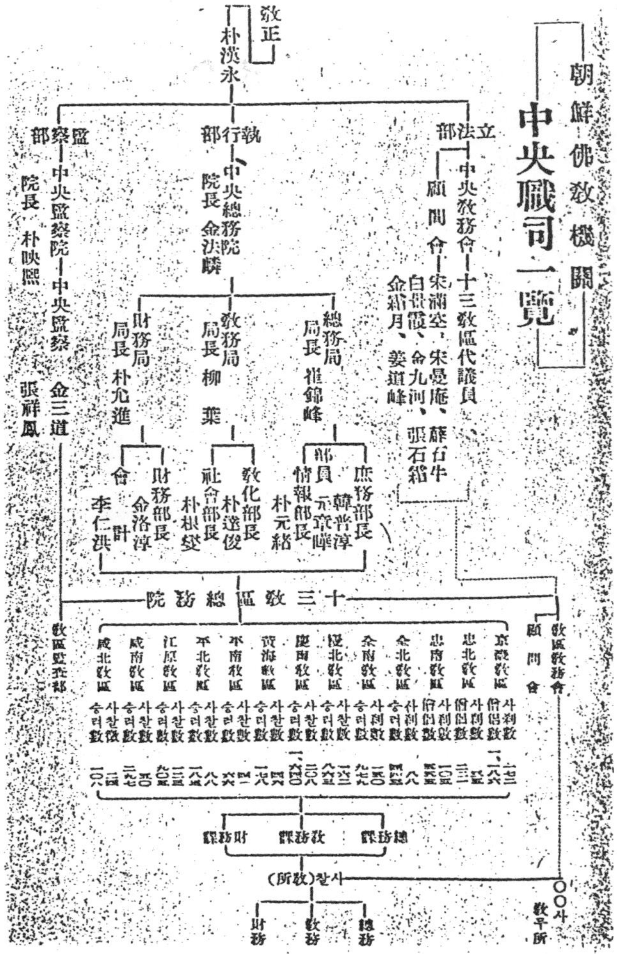
朝鮮佛教機關 中央職司一覽

500. 解放直後の仏教教団の機構および幹部名簿。教正・朴漢永、総務院長・金法麟、監察院長・朴暎熙（『新生』、1946 年 4 月号）

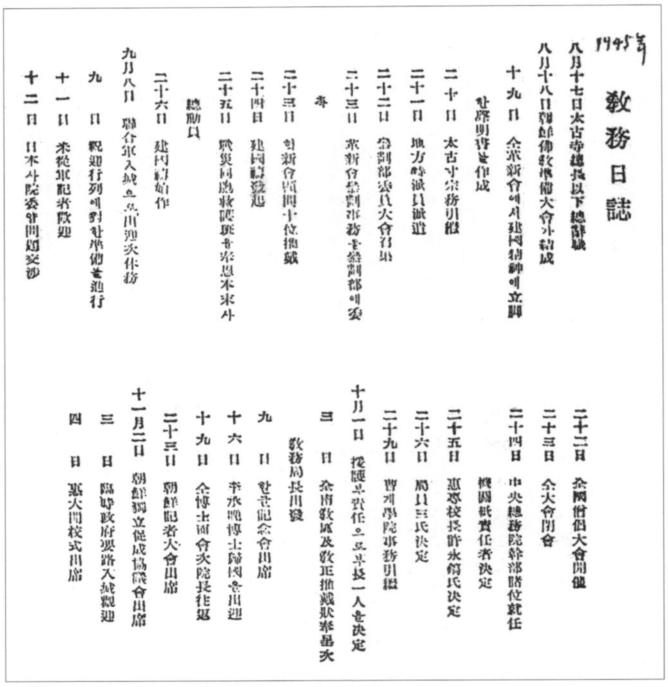
教務日誌

501. 8・15 解放直後の仏教教団の状況を伝える教務日誌（『新生』、第 2 集）。

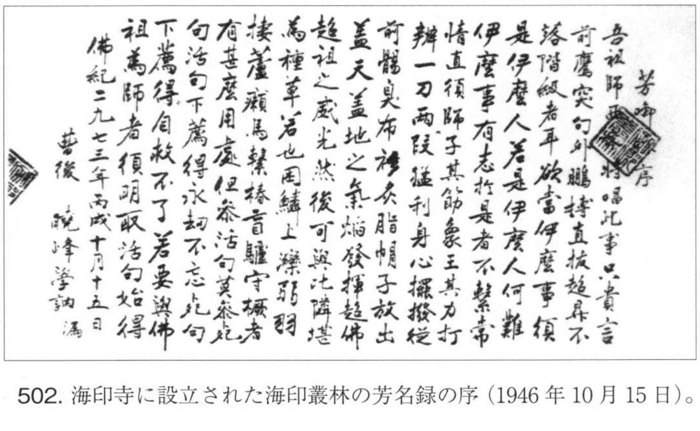

502. 海印寺に設立された海印叢林の芳名録の序（1946 年 10 月 15 日）。

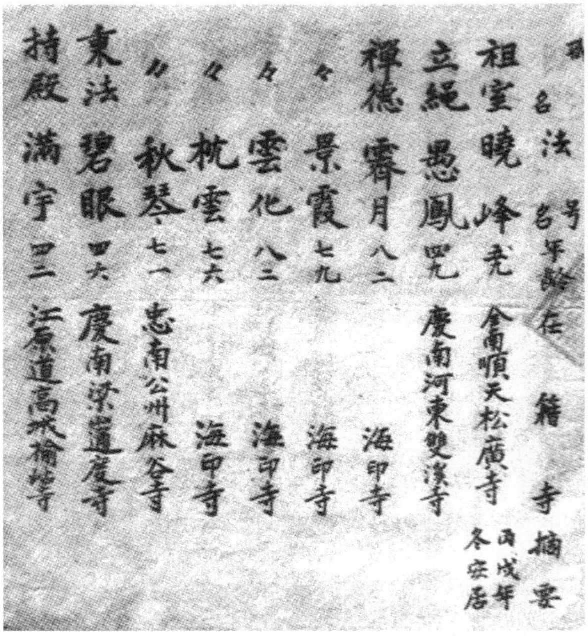

法名	号名	年齢	在籍寺	摘要
祖室	曉峰	五九	全南順天松廣寺	丙戌年冬安居
立繩	愚鳳	四九	慶南河東雙溪寺	
禪德	霽月	八二	海印寺	
々	景霞	七九	海印寺	
々	雲化	八三	海印寺	
々	杭雲	七六	海印寺	
々	秋琴	七一	忠南公州麻谷寺	
東法	碧眼	四六	慶南梁山通度寺	
持殿	滿宇	四二	江原道高城榆岾寺	

503. 伽耶叢林の龍象榜（重要な行事での役割を示した名簿）。

504. 植民地支配からの解放後、仏教執行部（総務院）が発行した仏教雑誌『新生』。1946 年 3 月 1 日創刊、同年 10 月 4 号で終刊（口絵 33 ページ）。

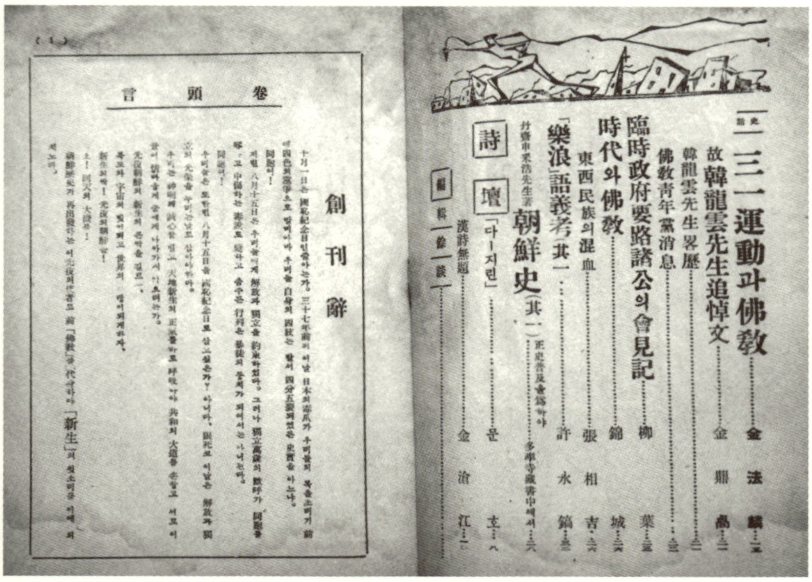
卷頭言

創刊辭

三一運動과佛教……金法麟

故韓龍雲先生追悼文……金鼎卨

韓龍雲先生略歷

佛教青年黨消息

臨時政府要路諸公의會見記……柳葉

時代와佛教……錦城

東西民族의混血……張相吉

「樂浪」語義考（其一）……許永鎬

丹齋申采浩先生著 朝鮮史（其一）

詩壇

漢詩無題……金滄江

編輯餘談

505.『新生』の目次と創刊の辞。『新生』は当時の曹渓宗の機関誌であり、1944 年 10 月に終刊した『仏教（新）』の後継として創刊された。『仏教（新）』以後は『新生』が創刊されるまでの 1 年ほどの間、仏教界では新聞も雑誌もなかった。『新生』創刊号 9 面に、解散後の 8 月 17 日から仏教界の日誌が載っている。

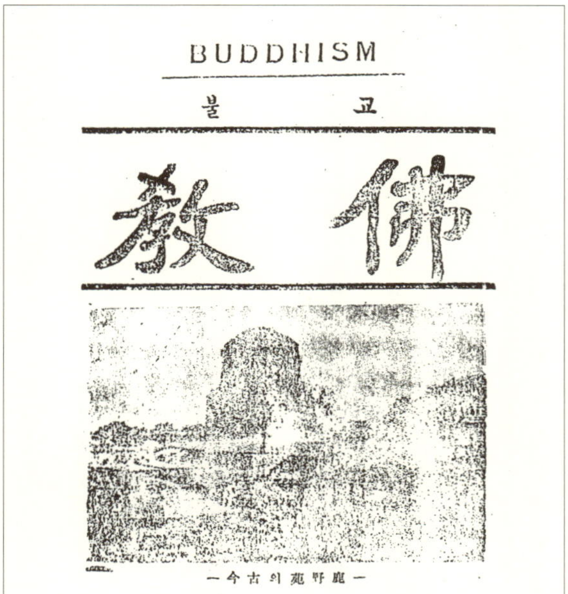

506.『仏教』1947 年新年号。『新生』の後継であるこの雑誌は、総務院の機関誌であった。

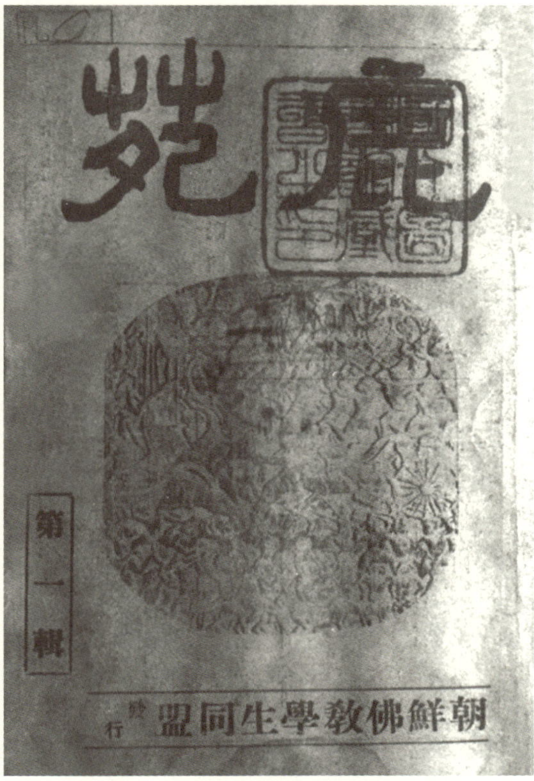

507. 1946 年 5 月 28 日に結成された朝鮮仏教学生同盟の機関誌である『鹿苑』第 1 集（1947 年 9 月 15 日）。

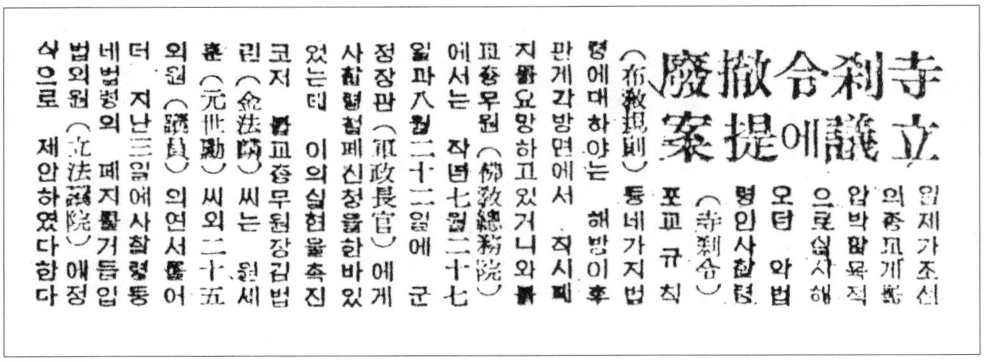

寺刹令撤廢
立議에 提案

일제가조선의종교계를압박말살직으로실시해오던 악법령인사찰령(寺刹令) 포교규칙(布敎規則) 등네가지법령에대하야는 해방이후관계각방면에서 직시폐지를요망하고있거니와불교총무원(佛敎總務院)에서는 작년七월二十七일과八월二十二일에 군정장관(軍政長官)에게사찰령철폐신청을한바있었는데 이의실현을촉진코저 불교총무원장김법린(金法麟)씨는 원세훈(元世勳)씨외二十五의원(議員)의연서로어더 지난三일에사찰령등네법령의 폐지를거듭입법의원(立法議院)에정식으로 제안하였다한다

508. 総務院が寺刹令撤廃のために尽力したことを伝える『漢城日報』の記事（1947年3月5日）。

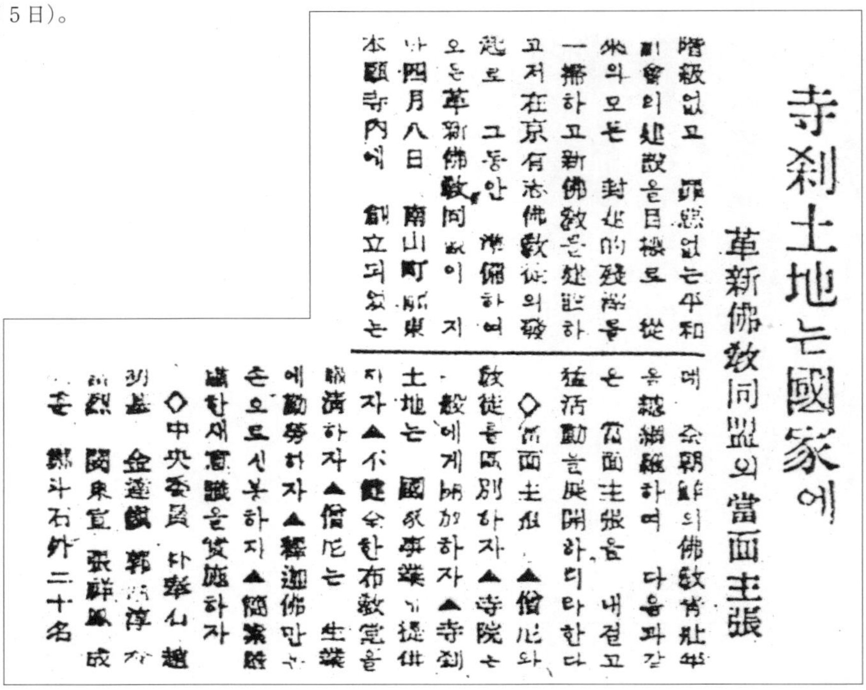

寺刹土地는國家에
革新佛敎同盟의當面主張

階級없고 罪惡없는平和社會의建設을目標로 從來의모든 封建的殘滓를一掃하고新佛敎를建設하고저在京有志佛敎徒의發起로 그동안 準備하여오든革新佛敎同盟이 지난四月八日 南山町府東本願寺內에 創立되었는데 全朝鮮의佛敎靑壯年을總網羅하여 다음과같은 當面主張을 내걸고 猛活動을展開하리라한다

◇當面主張 ▲僧尼와敎徒를區別하자 ▲寺院은一般에게開放하자 ▲寺刹土地는 國家事業에提供하자 ▲不健全한布敎堂을廢止하자 ▲僧尼는 生業에勤勞하자 ▲釋迦佛만을 [illegible]

◇中央委員 朴奉石 趙明基 金達鎭 郭西淳 [illegible] 閔東宣 張祥鳳 成 [illegible] 鄭斗石外二十名

509. 革新仏教同盟の革新的な当面の主張と中央委員名簿を紹介した『朝鮮人民報』の記事（1946年5月7日）。中央委員に朴奉石、趙明基、金達鎮、張祥鳳、鄭斗石などの名前が見える。

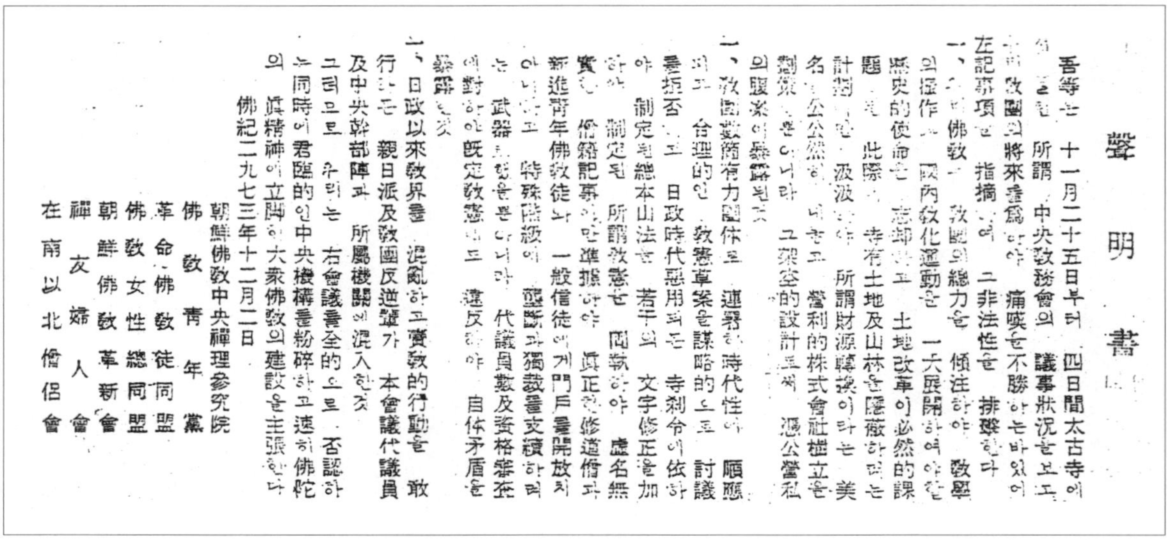

聲明書

吾等은 十一月二十五日부터 四日間太古寺에서 열린 所謂 中央敎務會의 議事狀況을보고 敎團의將來를爲하야 痛嘆을不勝하는바있어 左記事項을 指摘하여 그非法性을 排擊한다

一、今日佛敎는 敎團의總力을 傾注하야 敎學의振作과 國內敎化運動을 一大展開하여야할 歷史的使命을 忘却하고 土地改革이必然的課題로된 此際에 寺有土地及山林을隱蔽하려는 計劃으로 汲汲하야 所謂財源轉換이라는 美名으로公公然히 내걸고 營利的株式會社樹立을 劃策할뿐아니라 그架空的設計로써 憑公營私의腹案이暴露된것

一、敎團數個有力團体로 連署한 時代性에 順應하고 合理的인 敎憲革案을謀略的으로 討議를拒否하고 日政時代惡用되든 寺刹令에依하야 制定된總本山法을 若干의 文字修正을加하야 制定된 所謂敎憲은 固執하야 虛名無實한 僧籍記事에만準據하야 眞正한修道僧과 新進靑年佛敎徒와 一般信徒에게門戶를開放치아니하고 特殊階級에 壟斷과獨裁를支續하려는 武器로한것뿐아니라 代議員數及資格審査에對하야既定敎憲에도 違反하야 自体矛盾을暴露한것

一、日政以來敎界를 混亂하고實敎的行動을 敢行하든 親日派及敎團反逆者가 本會議代議員及中央幹部陣과 所屬機關에混入한것

그럼으로 우리는 右會議를全的으로 否認하는同時에君臨的인中央機構를粉碎하고速히佛陀의 眞精神에立脚한大衆佛敎의建設을主張한다

佛紀二九七三年十二月二日

朝鮮佛敎中央禪理參究院
佛敎靑年黨
革命佛敎徒同盟
佛敎女性總同盟
朝鮮佛敎革新會
禪友婦人會
在南以北僧侶會

510. 仏教革新団体の声明書。総務院の仏教革新が中途半端という見解を持っていた禅理参究院、仏教青年党、革命仏教徒同盟など、仏教革新団体の声明書（1946年12月2日）。この6団体は仏教革新総連盟という団体を結成し、既存の教団との対応関係を維持した（『大衆仏教』第1号、1947年1月1日）。

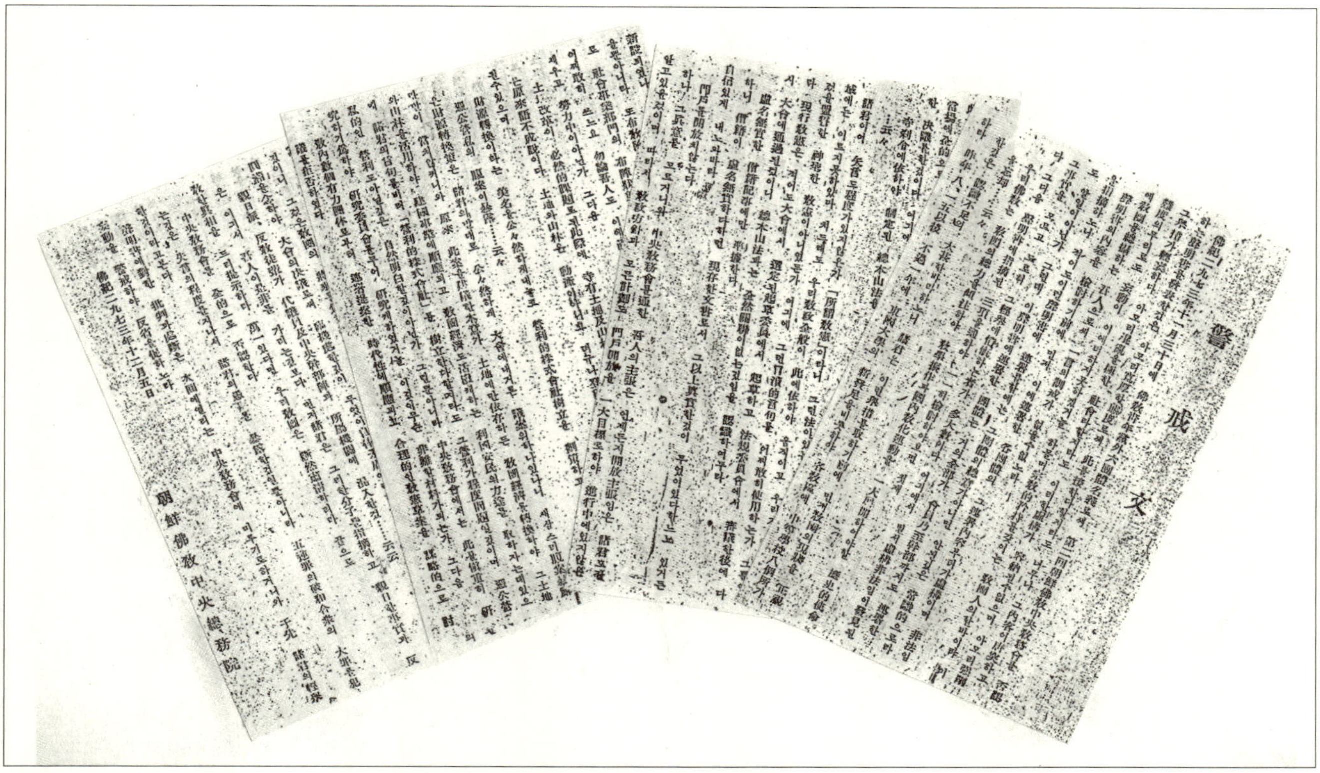

511. 革新団体についての朝鮮仏教総務院の声明書。仏教革新総連盟が本質的で急激な仏教改革を主張していることについて、当時、教団執行部である朝鮮仏教中央総務院の立場を明らかにした警戒文（1946 年 12 月 5 日）。教団は革新連盟の思想を社会主義に傾倒したものと見なして警戒を促した。

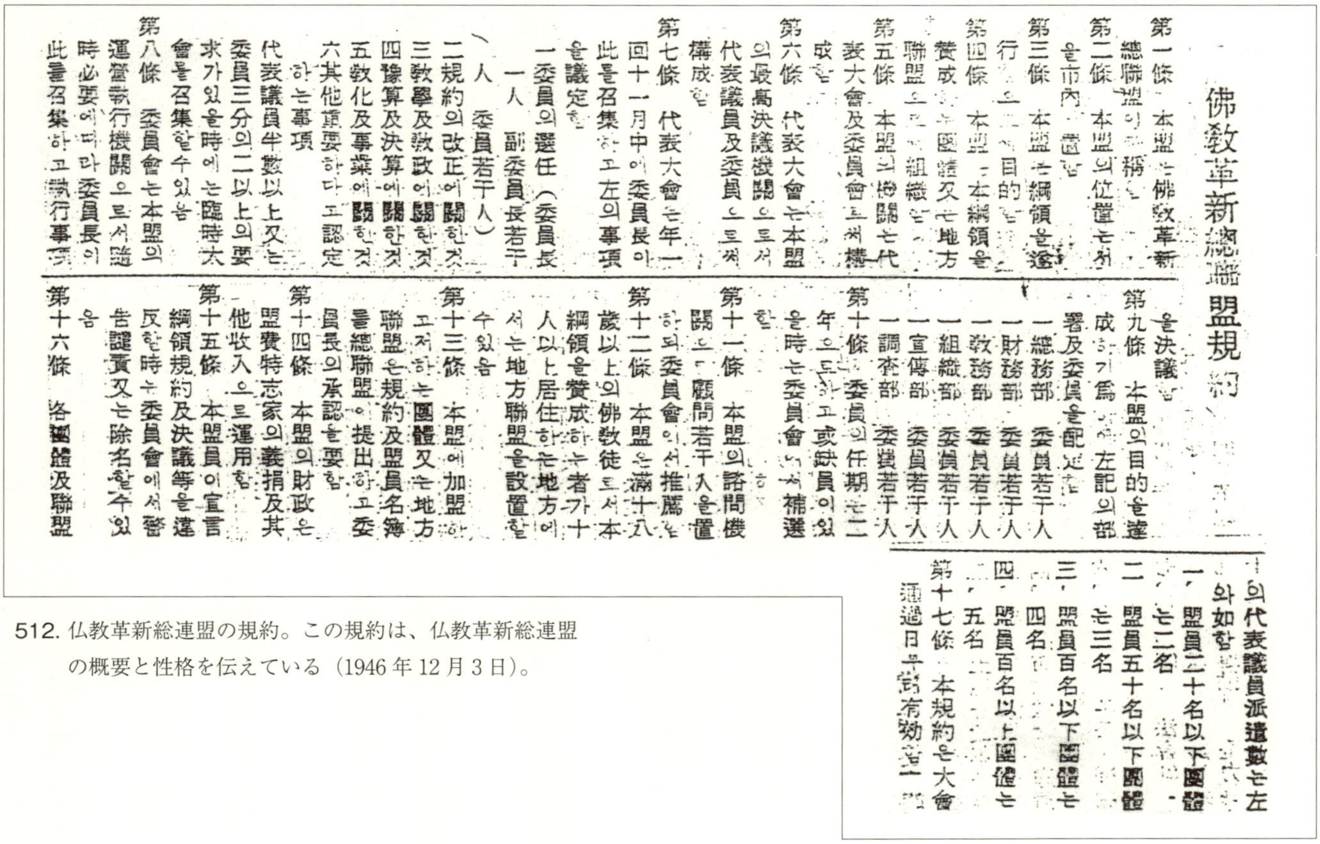

佛敎革新總聯盟規約

第一條 本盟은佛敎革新總聯盟이라稱함
第二條 本盟의位置는서울市內에置함
第三條 本盟은綱領을遂行으로써目的함
第四條 本盟은本綱領을贊成하는團體又는地方聯盟으로써組織함
第五條 本盟의機關은代表大會及委員會로써構成함
第六條 代表大會는本盟의最高決議機關으로서代表議員及委員으로써構成함
第七條 代表大會는年一回十一月中에委員長이此를召集하고左의事項을議定함
一委員의選任（委員長一人 副委員長若干人 委員若干人）
二規約의改正에關한것
三敎學及敎政에關한것
四豫算及決算에關한것
五敎化及事業에關한것
六其他重要하다고認定하는事項
代表議員半數以上又는委員三分의二以上의要求가있을時에는臨時大會를召集할수있음
第八條 委員會는本盟의運營執行機關으로서隨時必要에따라委員長이此를召集하고執行事項을決議함
第九條 本盟의目的을達成하기爲하야左記의部署及委員을配定함
一總務部 委員若干人
一財務部 委員若干人
一敎務部 委員若干人
一組織部 委員若干人
一宣傳部 委員若干人
一調査部 委員若干人
第十條 委員의任期는二年으로하고或缺員이있을時는委員會에서補選함
第十一條 本盟의諮問機關으로顧問若干人을置하되委員會에서推薦함
第十二條 本盟은滿十八歲以上의佛敎徒로서本綱領을贊成하는者가十人以上居住하는地方에서는地方聯盟을設置할수있음
第十三條 本盟에加盟하고저하는團體又는地方聯盟은規約及盟員名簿를總聯盟에提出하고委員長의承認을要함
第十四條 本盟의財政은盟費特志家의義捐及其他收入으로運用함
第十五條 本盟員이宣言綱領規約及決議等을違反할時는委員會에서警告譴責又는除名할수있음
第十六條 各團體及聯盟의代表議員派遣數는左와如함
一、盟員二十名以下團體는二名
二、盟員五十名以下團體는三名
三、盟員百名以下團體는四名
四、盟員百名以上團體는五名
第十七條 本規約은大會通過日부터有效함

512. 仏教革新総連盟の規約。この規約は、仏教革新総連盟の概要と性格を伝えている（1946 年 12 月 3 日）。

大衆佛教

새로운佛教를建設하자

全國佛教徒大會를보고

全國佛教徒는 佛總으로!

513. 革新団体の連合体である仏教革新総連盟の宣伝部が発行した新聞『大衆仏教』第２号（1947 年６月１日）。

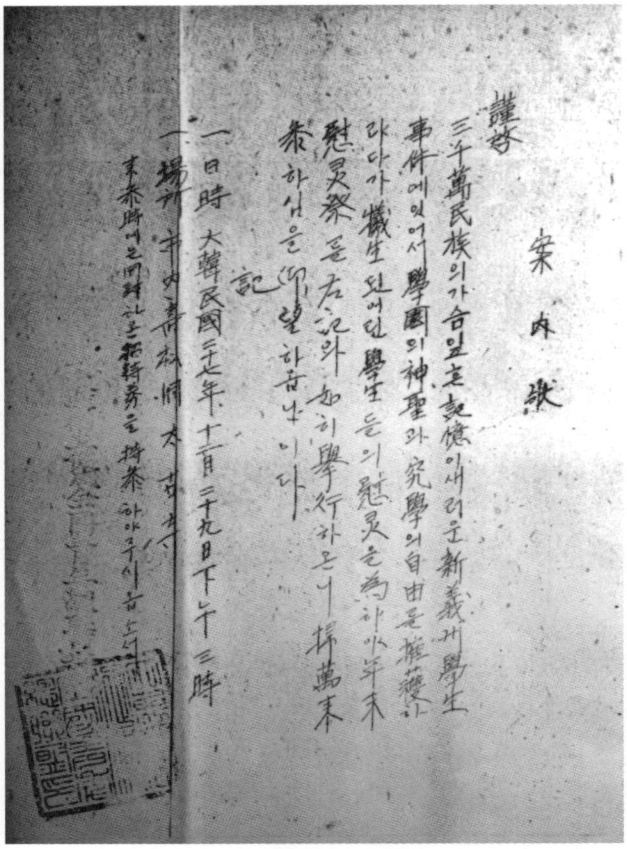

案內狀

謹啓

三千萬民族의 가슴일로 記憶이 새로운 新義州學生事件에 있어서 學園의 神聖과 究學의 自由를 擁護하다가 犧牲되어진 學生들의 慰靈을 爲하야 年末 慰靈祭를 左記와 如히 擧行하오니 掃萬來參하심을 仰望하옵나이다

記

一、日時 大韓民國三十年十一月二十九日下午三時

一、場所 市內壽松洞 太古寺

來參時에는 同封한 徽章을 持參하야 주시옵소서

514. 太古寺で開催された、新義州学生義挙で犠牲になった学生の追悼式の案内状。

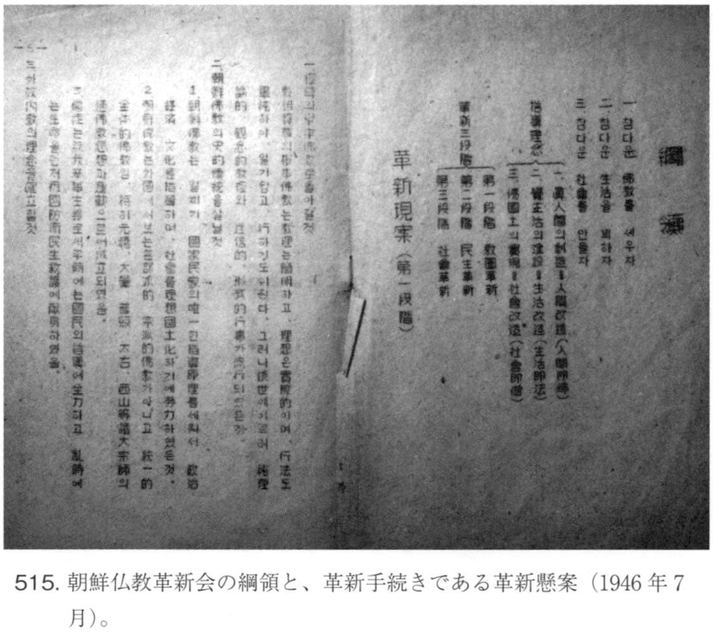

綱領

革新懸案（第一段階）

515. 朝鮮仏教革新会の綱領と、革新手続きである革新懸案（1946 年７月）。

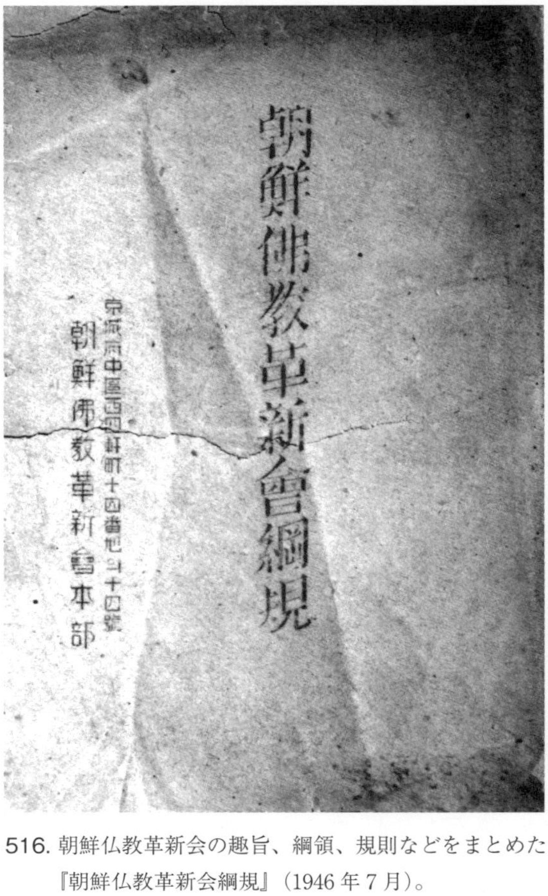

朝鮮佛教革新會綱規

朝鮮佛教革新會本部

516. 朝鮮仏教革新会の趣旨、綱領、規則などをまとめた『朝鮮仏教革新会綱規』（1946 年７月）。

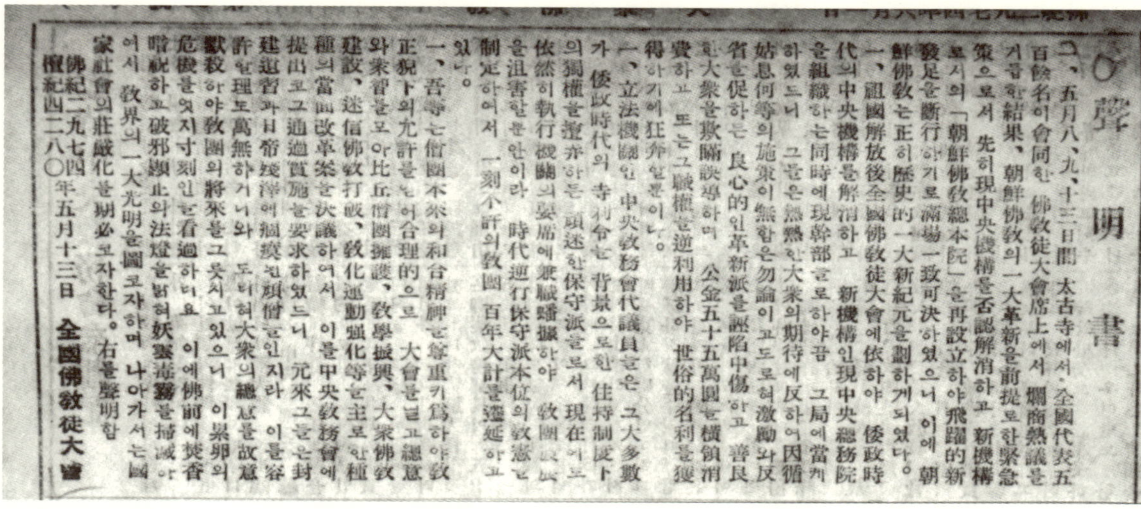

聲明書

一、五月八、九、十三日間 太古寺에서 全國代表五百餘名이會同한 佛教徒大會席上에서 爛商熟議를거듭한結果、朝鮮佛教의一大革新을前提로한緊急策으로서 先히現中央機構를否認解消하고 新機構로서의「朝鮮佛教總本院」을再設立하야飛躍的新發足을斷行하기로滿場一致可決하였으니 이에 朝鮮佛教는正히歷史的一大新紀元을劃하게되였다。

一、祖國解放後全國佛教徒大會에依하야 倭政時代의中央機構를解消하고 新機構인現中央總務院을組織하는同時에現幹部로하야금 그局에當케하였드니 그들은熱烈한大衆의期待에反하여因循姑息何等의施策이無함은勿論이고도로혀激勵와反省을促하는 良心的인革新派를誣陷中傷하고 善良한大衆을欺瞞誤導하며 公金五十五萬圓을橫領消費하고 또는그職權을逆利用하야 世俗的名利를獲得하기에狂奔할뿐이다。

一、立法機關인 中央教務會代議員등은 그大多數가 倭政時代의 寺刹令을 背景으로한 住持制度下의獨權을壟斷하든 頑迷한保守派로서 現在에도依然히執行機關의要席에兼職蟠據하야 教團發展을沮害할뿐안이라 時代逆行保守派本位의教憲을制定하여서 一刻不許의教團 百年大計를遷延하고있다。

一、吾等은僧團本來의和合精神을尊重키爲하야教正猊下의允許를받어合理的으로 大會를열고總意와衆智를모아比丘僧團擁護、教學振興、大衆佛教建設、迷信佛教打破、教化運動强化等을主로한 種種의當面改革案을決議하여서 이를中央教務會에提出코그通過實施를要求하였드니 元來그들은封建遺習과日帝殘滓에[illegible]된頑僧들인지라 이를容許할理도萬無하거니와 도리혀大衆의總意를故意默殺하야教團의將來를그릇치고있으니 이累卵의危機를엇지寸刻인들看過하리요 이에佛前에焚香暗祝하고破邪顯正의法燈을밝혀妖雲毒霧를掃滅하야어서 教界의一大光明을圖코자하며 나아가서는國家社會의莊嚴化를期必코자한다。右를聲明함

佛紀二九七四年
檀紀四二八〇年 五月十三日 全國佛教徒大會

517. 全国仏教徒大会（1947年5月13日）の声明書。総務院に不満を持っていた仏教革新総連盟が主導した全国仏教徒大会で、教団を否定して独自に仏教革新を推進するという意思を公表した宣言書。

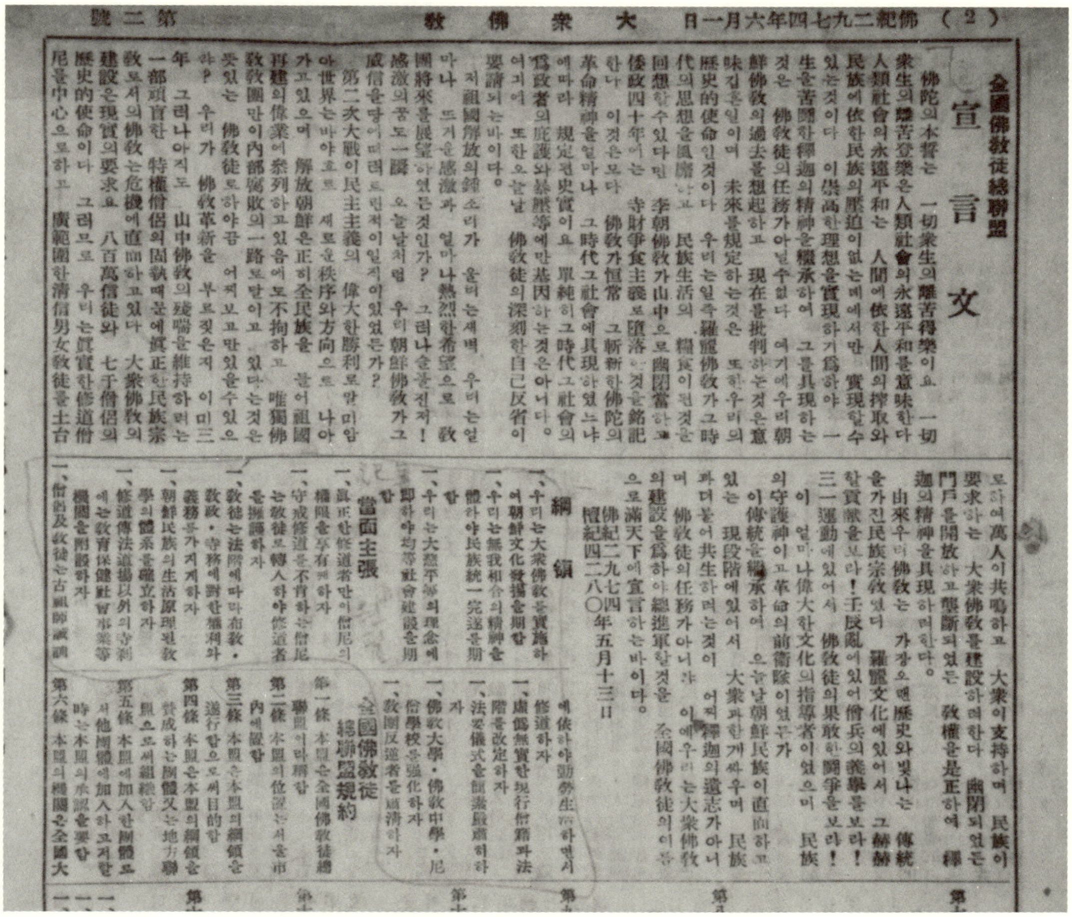

（2） 佛紀二九七四年六月一日 大衆佛教 第二號

全國佛教徒總聯盟

宣言文

佛陀의本誓는 一切衆生의離苦得樂이요 一切衆生의離苦登樂은人類社會의永遠平和를意味한다 人類社會의永遠平和는 人間에依한人間의搾取와民族에依한民族의壓迫이없는데에서만 實現할수있는것이다 이崇高한理想을實現하기爲하야 一生을苦鬪한釋迦의精神을繼承하여 그를具現하는것은 佛教徒의任務가아닐수없다 여기에우리朝鮮佛教의過去를想起하고 現在를批判하는것은意味깊은일이며 未來를規定하는것은 또한우리의歷史的使命인것이다 우리는일즉羅麗佛教가그時代의思想을風靡하고 民族生活의糧食이된것을回想할수있다면 李朝佛教가山中으로幽閉當하고倭政四十年에는 寺財爭奪主義로墮落한것을銘記한다 이것은모다 佛教가恒常 그新新한佛陀의革命精神을얼마나 그時代그社會에具現하였느냐에따라 規定된史實이요 單純히그時代그社會의爲政者의庇護와暴壓等에만基因하는것은아니다。어기에 또한오늘날 佛教徒의深刻한自己反省이要請되는바이다。

지금祖國解放의鐘소리가 울리는새벽 우리는얼마나 뜨거운感激과 얼마나熱烈한希望으로 教團將來를展望하였든것인가? 그러나슬플진저! 感激의꿈도一瞬 오늘날처럼 우리朝鮮佛教가그威信을땅에떠러트린적이일직이있었든가?

第二次大戰이民主主義의 偉大한勝利로말미암아世界는바야흐로 새로운秩序와方向으로 나아가고있으며 解放朝鮮은正히全民族을 불어祖國再建의偉業에參列하고있음에도不拘하고 唯獨佛教教團만이內部腐敗의一路로만이끄러있다는것은뜻있는 佛教徒로하야금 어찌보고만있을수있으랴? 우리가 佛教革新을 부르짖은지 이미三年 그러나아직도 山中佛教의殘喘을維持하려는一部頑盲한 特權僧侶의固執때문에眞正한民族宗教로서의佛教는危機에直面하고있다 大衆佛教의建設은現實의要求요 八百萬信徒와 七千僧侶의歷史的使命이다 그러므로 우리는眞實한修道僧尼를中心으로하고 廣範圍한淸信男女教徒를土台로하여萬人이共鳴하고 大衆이支持하며 民族이要求하는 大衆佛教를建設하려한다 幽閉되였든門戶를開放하고 壟斷되였든 教權을是正하여 釋迦의精神을具現하려한다。

由來우리佛教는 가장오랜歷史와빛나는 傳統을가진民族宗教였더 羅麗文化에있어서 그赫赫한貢獻을보라! 壬辰亂에있어僧兵의義擧를보라! 三一運動에있어서 佛教徒의果敢한鬪爭을보라! 이 얼마나偉大한文化의指導者이였으며 民族의守護神이고革命의前衛隊이였든가

이傳統을繼承하여 오늘날朝鮮民族이直面하고있는 現段階에있어서 大衆과한게싸우며 民族과더불어共生하려는것이 어찌釋迦의遺志가아니며 佛教徒의任務가아니랴 이에우리는大衆佛教의建設을爲하야總進軍할것을 全國佛教徒의이름으로滿天下에宣言하는바이다。

佛紀二九七四年
檀紀四二八〇年 五月十三日

綱領

一、우리는大衆佛教를實踐하여朝鮮文化發揚을期함

一、우리는無我相合의精神을體하야民族統一完遂를期함

一、우리는大慈平等의理念에即하야均等社會建設을期함

當面主張

一、眞正한修道者만이僧尼의權限을享有케하자

一、守戒修道를不肯하는僧尼는教徒로轉入하야修道者를擁護하자

一、教徒는法階에따라布教・教政・寺務에對한權利와義務를가지게하자

一、朝鮮民族의生活原理된教學의體系를確立하자

一、修道傳法道場以外의寺刹에는教育保健社會事業等機關을附設하자

一、僧尼及教徒는古風師承[illegible]에依하야勤勞生活하면서修道하자

一、虛僞無實한現行僧階와法階를改定하자

一、法要儀式을簡素嚴肅히하자

一、佛教大學・佛教中學・尼僧學校를强化하자

一、教團反逆者를肅淸하자

全國佛教徒總聯盟規約

第一條 本盟은全國佛教徒總聯盟이라稱함

第二條 本盟의位置는서울市內에置함

第三條 本盟은本盟의綱領을遂行함으로써目的함

第四條 本盟은本盟의綱領을贊成하는團體又는地方聯盟으로써組織함

第五條 本盟에加入한團體또는他團體에加入하고저할時는本盟의承認을要함

第六條 本盟의機關은全國大

518. 全国仏教徒大会で発足した全国仏教徒総連盟の宣言文と綱領（『大衆仏教』第2号、1947年6月1日）。

佛敎中央總務院非常對策委員會

聲明書

519. 仏教中央総務院非常対策委員会の声明書（1949 年 10 月 5 日）。解放直後、教団執行部の一員であった対策委員会が教団からいったん退陣した後に教団の問題点を指摘した文書。委員には崔凡述、金法麟、許永鎬、李龍祚、徐元出、張道煥などが入っている。

敎徒會組織에關하여

敎徒會組織에 對하여는 地方의 誤解가 자못 많은모양인데 이것은 一部에서 旣成敎團解消를 劃策해서 부르짓던 그런性質의것이 아니다。敎徒의組織化로서 佛敎의 外部團体의 有機的組織化이며 信徒와 敎團의 一如의立場 即 四部衆의 和合、協力、相助、提携、相發訓錬의 意味에서 敎化網의堅實과 敎化能率의 增進을爲함이다。一時로 敎團의負擔만을 지우자는것만도 아니며 時急한 敎團解放으로 北鮮佛敎와같은 悲慘에 對備코저함도 아니다。事는 順序가있고 物은 順理가있는것이라 길을조차 家家佛 人人作祖의 佛陀의理想에로 總體的 總進的 組織的動容을 꾀함이다。李朝年間 오래 僻性은 佛敎信家되기를 躊躇하였고 侮蔑이 聽法의 귀를 가루막었던 因習을 完然히 淸算한 信家로써 眞理와 法과 高尙한 人格에 머리숙어서 赤裸裸한 그대로요 虛心坦懷 그대로 宇宙的 創造의一路와 人類文化의 보다나은 向進을爲해서 眞理人、哲人、賢子、聖種이모여 集團的修錬과 硏磨도 제하자는外 다른邪意가 內包됨이없다。

生命없는物件이 그自體의陳腐를 막을道理가없고 眞理있는말을 물어바칠수가 없는것이니 敎의 理念、法의隆替는 時代因緣에 맛길것이나 人으로서할 일、진、努力만은 힘써야할것이다。挽近 佛敎에의 信界動容은 敎徒會組織의 時急에까지 發進케하였고 那스리운 修行과 眞理人 眞理行의 步步前進은 우리敎團人으로서 慶賀 자못 禁치못하는바 없지않은것이다。全國民衆의 散亂한 思想을 佛敎로서 전져기까지 더욱 精進하기를 바라는 意味에서 一日速히 敎徒會의 全國的結成과 發展이며 나아가 그實効收穫에 힘쓰기를 바라는바이다。구지 思想善導라는말은 쓰지안노라。

520. 教団側が教徒会の組織の原則を明らかにした文書。ここの教徒制は信徒の組織化を意味するが、解放後の革新団体にとっては、妻帯僧侶の身分と地位に関する制度を指した。つまり、妻帯僧侶を僧侶として認めるのか、それとも在家の身分へ変えるのかという問題であった。この問題は、当時の大多数を占めていた妻帯僧中心の教団と、比丘僧中心の教団を作ろうとする革新団体との間の核心的な議論の要素であった（『仏教』1946 年 4 月）。

淨財는어디로?

不動産 피해더욱 크고

大企業體등도全部잃어

해방후 十여년간이나끌어온 소위 비구·대처불교분쟁은 불교종단에 재산상의막대한 피해를 초래했다。

六二년 통합종단이 구성되기 이전까지 현통합종단이탈인사들이 운영하는동안 밭·논·임야·동산등에 끼친 손실은별표에서보는 바와같이 막대한량에 달하고있다。

이와같은 재산상의피해는 물론 농지개혁등에도 기인된바 크지만 이보다는 근본적으로 분쟁에기인한것이 더욱막중한것으로 나타나고있다。통합종단이구성된 현재도 많은 사찰이등록을 거부하고있어 그들자의대로 손실되는 불교재산을 막을수없는 딱한실정에있다。

農地改革后

企業投資로

또한 불교종단에서 운영권을가지고있던 忠北旅客·全南旅客·韓國베아링工業·大光油肉脂·江原旅客등 유수한 기업체들역시 운영상의미스와 무성의로말미암아 현재는 전부 남의것이되고만 실정이다。

한국베아링공업에는 아직도 상당량의 佛教宗團株式을갖고있으나 통합종단에 반기를들고있는 인사들이 개인소유화하고있다。불교재산은 불재관리법에의하여 마땅히 宗團에서 所有權을 行事해야함에도불구하고 이들은자기들소유인체하고있다。

불교재산의관리는 종단이나 관계당국인 문교부에서 앞으로 철저한대책을 세우지못하는한 유명무실 유실될우려가크다。

총무원은 종단재산손해에대한 상세한 보고를문교부에제출한것으로 알려졌는데 앞으로의 귀추가 주목된다。

해방당시 宗團所有土地와 現在를 比較한 統計表

	田	畓	垈地	社寺地	其他
解放當時	坪 5,558,574	坪 16,293,428	坪 371,896	坪 445,380	坪 101,862
現在	1,689,019	3,079,913	334,780	00,793	8,049
減損	3,869,555	13,213,515	37,116	344,587	93,813

현재 미등록 사찰의 所有財産

.	田	畓	垈地	社寺寺	林野	其他
未登錄寺刹의當時財産統計	坪 505,875	坪 1.007.044	坪 35,677	坪 37,145	町 步 97,329,537	坪 16,225

해방당시불교종단所有林野와現在所有分

解放當時林野	現在	減損
89.852町7.130步	77.250町9.607步	12.601町7.496步

521. 農地改革以後、仏教界の財産が縮小したことを伝える記事（『大韓仏教』、1965 年 12 月 24 日）。解放後の仏教界でも焦眉の関心事だった土地改革は、1949 年 6 月 21 日に農地改革法として公布された。この法律が公布・施行されることによって、仏教徒は自耕できる土地以外は一切所有することができなくなった。しかし、その地価補償で受け取った地価証券や文教証券は、効率的な管理不在でなくなった。

522. 仏教女性総同盟の宣言と綱領。仏教女性総同盟は、解放空間における仏教女性団体の連合体だったが、仏教革新団体に加入した。

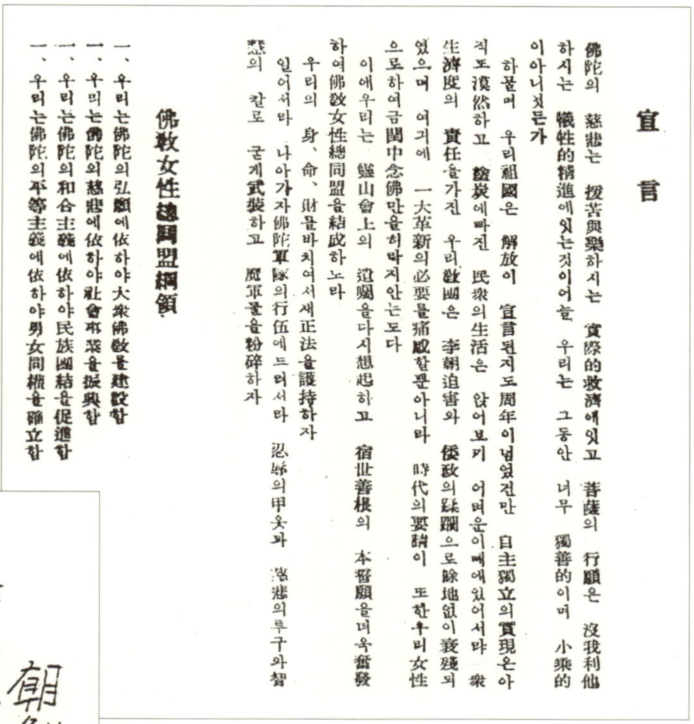

宣言

佛陀의 慈悲는 拔苦與樂하시는 實際的救濟에있고 菩薩의 行願은 沒我利他하시는 犧牲的精進에있는것이어늘 우리는 그동안 너무 獨善的이며 小乘的이아니었든가

하물며 우리祖國은 解放이 宣言된지도周年이넘었건만 自主獨立의實現은아직도 漠然하고 塗炭에빠진 民衆의生活은 앉어보기 어려운이때에있어서랴 衆生濟度의 責任을가진 우리敎團은 李朝迫害와 倭政의蹂躪으로餘地없이衰殘되었으며 여기에 一大革新의必要를痛感할뿐아니라 時代의要請이 또한우리女性으로하여금閨中念佛만을허락지안는도다

이에우리는 靈山會上의 遺囑을다시想起하고 宿世善根의 本誓願을더욱奮發하여佛敎女性總同盟을結成하노라

우리의 身、命、財물바치여서새正法을護持하자

일어서라 나아가자佛陀軍隊의行伍에드러서라 忍辱의甲옷과 慈悲의투구와智慧의 칼로 굳게武裝하고 魔軍들을粉碎하자

佛敎女性總同盟綱領

一、우리는佛陀의弘願에依하야大衆佛敎를建設함
一、우리는佛陀의慈悲에依하야社會事業을振興함
一、우리는佛陀의和合主義에依하야民族團結을促進함
一、우리는佛陀의平等主義에依하야男女同權을確立함

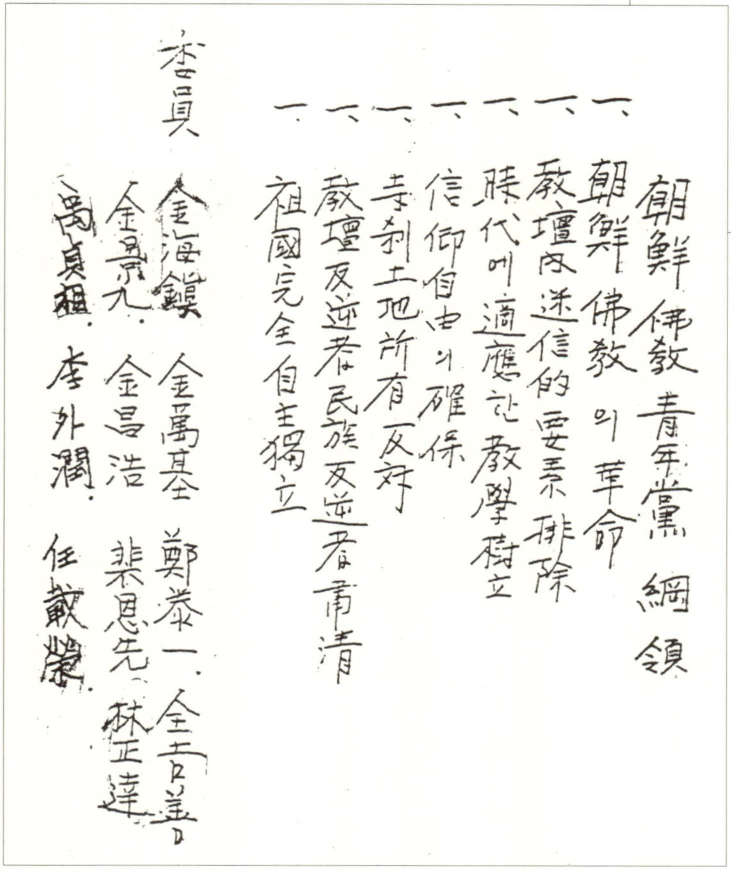

朝鮮佛教青年黨 綱領

一、朝鮮佛教의 革命
一、教壇內 迷信的要素排除
一、時代에 適應한 教學樹立
一、信仰自由의 確保
一、寺刹土地所有 反對
一、教壇反逆者 民族反逆者 肅清
一、祖國完全自主獨立

委員 金海鎮 金萬基 鄭泰一、金吉善
金景九、金昌浩 裵恩先、林正達
高貞植、李外潤、任載燮、

523. 仏教青年党の綱領と委員。解放後、仏教青年党を主導した金海鎮の名前が見える。金海鎮は北朝鮮に渡って活動をしていたが、1950年に朝鮮戦争が勃発してソウルが陥落すると、総務院を接収した人物。彼は50年代後半にはインドに留学して学位を受けたが、おそらくインドでは韓国人初の学位取得だろう。

524. 解放後、仏教青年党員だった仏教青年たち（1948年12月31日、通度寺の無風橋前）。右から二番目が華山僧侶である。

聲明書

佛教青年黨

525. 仏教青年党の進路と路線についての立場を明らかにした声明書（1948 年 2 月）。

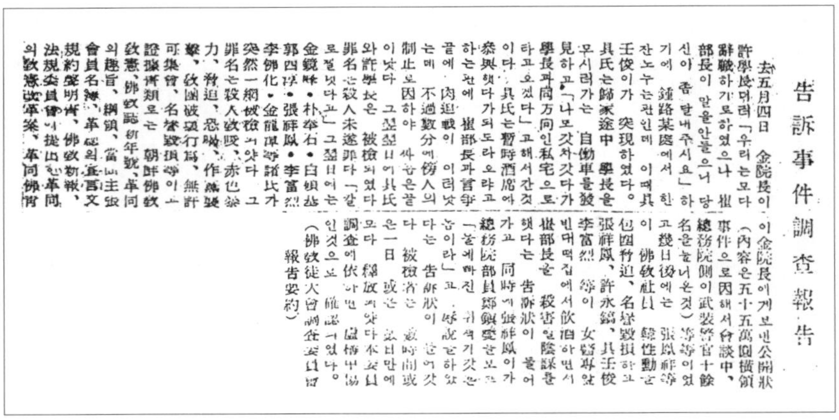

告訴事件調査報告

526. 1947 年 5 月 6 日、禅学院で仏教革新を推進するための会議を持った革新人士の金鏡峰、郭西淳、張祥鳳、金龍潭など、約 10 名を警察が拘引した事件の報告書。（『大衆仏教』第 2 号、1947 年 6 月）。これは、教団幹部が革新人士を教団破壊、赤色暴力などで告訴して警察に検挙させた事件だが、すぐに釈放された。

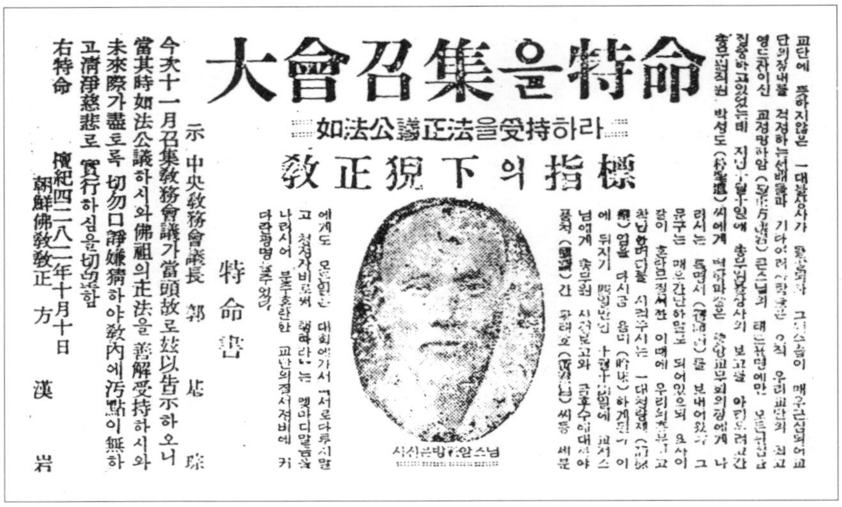

大會召集을特命

如法公議正法을受持하라

教正猊下의指標

特命書

527. 方漢岩教正の特命書。1949 年 10 月 10 日に方漢岩教正が、総務院の暴力事件の解決のために郭基琮、当時の中央教務会議長に下した特命書（『仏教公報』創刊号、1949 年 10 月）。特命書を下した理由は、解放直後の教団の幹部だった柳葉、韓普淳、張道煥、李徳珍などが青年学生約 40 名を率いて教団事務所を襲撃したからである。柳葉などは教団幹部のうち不純分子（社会主義者）がいるため、それを浄化しようと襲撃したものと主張したが、実際には教団運営への不満からだった。

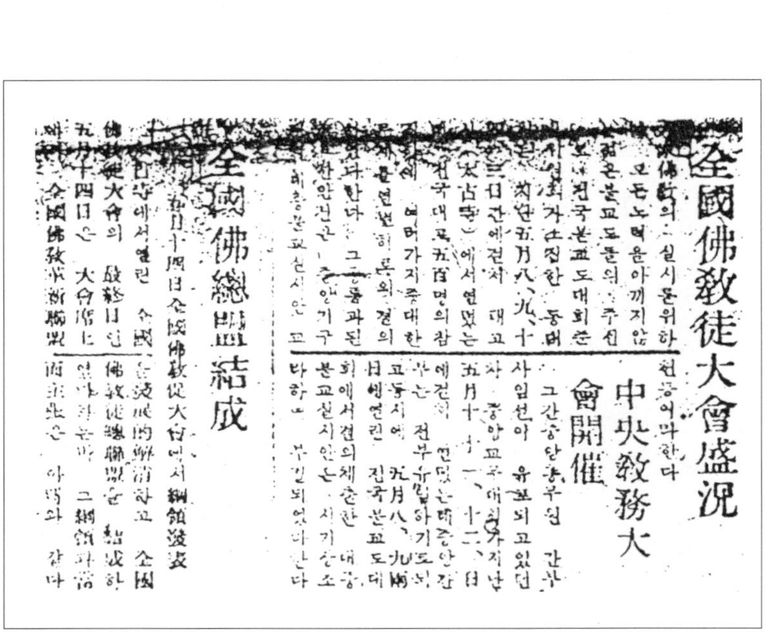

全國佛教徒大會盛況

中央教務大會開催

全國佛總盟結成

528. 1947 年 5 月 8 ～ 14 日、太古寺で開催された全国仏教徒大会の記事（『仏教新譜』第 13・14 号合併号）。全国仏教徒大会では、既存の教団執行部の穏健な改革が批判されたが、新しい教団である朝鮮仏教総本院と、その外郭団体である全国仏教徒総連盟が誕生した。

海東譯經院의創立總會

(光復元年十二月十七日午前十時期成會開催)

開會辭

그동안他文化의억압알에서우리말사지라도使用치못하엿스니 하믈미譯經事業같은것이發足할수잇엇겟습니
까 顯宗으로나려오면譯經事業의 發足도이建國의初頭에光復의大運을넘어 그創立大會를보게된것입니다
六百年前高麗大藏인海印藏板이목은그대로 漢文原典의原形이요 우리文化의成形이世宗以後그完成을보게
되엿지만아즉 한글 譯經이全幅的으로 되여본적이없다 이것이 우리文化의옷으로 우리佛經典이 가다
입지못한것은 우리自身이 우리文化에充實하지못하고 우리自身이우리經典을時代에살어가지못한탓입니
다 人有更衣物有更新하는미것과차가지로文亦時衣이라 失舊更新이그必然입니다 그러나그보다도 우리
는한글運動의一時요 우리國文學의一助로 이러한거룩한事業을猥濫히發足하기된것입니다라는悲壯한式辭
가있엇다

第一章 總則

第一條 本院은海東譯經院이라稱함
第二條 本院은佛敎의三藏을編譯出版하야我國文化向上에寄與함으로써目的함
第三條 本院의位置는서울市內에置함

第二章 職制

第四條 本院은院務를執行하기爲하야庶務部、企劃部、번譯部、出판部、販賣部、財務部를置함
一、庶務部 一般庶務를擔當함
二、企劃部 本院에서經營할諸般事業을企劃함
三、번譯部 校本、번譯、證義、潤文、校正五科에分하야各科所定의事務를分擔함
四、出판部 本院事業으로서出版될諸般出版事務를擔當함
五、販賣部 本院에서出版된諸種出版物販賣에關한事務를擔當함
六、財務部 本院의財務一般을處理함

第三章 任員及任命

第五條 本院의事業을執行하기爲하야左記의任員을置함
一、院 長 一人　　五、評議員 若干人
二、副院長 二人　　但本院에는顧問若干人을置함을得함
三、部 長 六人
四、書 記 若干人
第六條 院長副院長은評議員會에서推薦함
第七條 顧問은院長副院長이此를推戴하고評議員은院長이選定委囑함
第八條 部長及書記는院長이任命함

529. 1945年12月17日に創立された海東訳経院の船出を伝える文書(『新生』第2集、1946年4月)。院長は金寂音であった。

元曉聖師의映畵不遠誕世

元曉聖師는 大乘佛敎의眞髓를 如實히開顯
하여서 度濟衆生・淨佛國土의 大理想을實現
하신 東方佛敎의 高僧이신聖師의 嚴肅하면
서 明朗하시고 多彩하면서도 聖스러운一生
은 우리들의 자랑이며 敎訓이다。聖
聖師의行狀을 한조각이라도 더널리 大衆
에宣傳普及하는것이 敎團人의責任일뿐아니라
布敎로서 最大의成果를얻을것이라고 思料하
고 社會部에서 映畵製作을 別紙와如히 企
劃하고 이에對한費用을 融通키로되어 十六
미리發聲映畵 天然色 三千六百尺大作을 經
營하게되었다。
劇作 趙鳴岩 律作 張陣
場所 海印 智異山 서울 慶州
事務所 茶洞一二三
總指揮 朴社會部長
映畵完成期 一九四八年二月末
總費用 一百六拾萬圓이라한다。

530. 仏教映画『元暁聖師』が制作中であることを伝える記事(『仏教』、1947年新年号)。この映画は中央教務院の決議によって製作・進行したが、うまくいかず、途中から教団直属の社会事業団体である和光教園が引き継いだ。

訃告

朝鮮佛敎敎正映湖堂、石顚朴漢永 大宗師世緣已
盡四月八日(陰二月二十九日 入寂玆以告訃
一、永訣式 四月十四日(陰三月六日)午前十
時於全北井邑郡內藏寺
一、茶毘 同日午後一時右寺火葬場
佛紀二九七五年四月八日
故映湖(朴漢永)大宗師佛敎葬葬儀委員會
委員長 金 法 麟
서울市壽松洞四四
護喪所 朝鮮佛敎中央總務院

531. 朴漢永僧侶の涅槃訃告。解放後に第1代教正だった朴漢永が1948年4月8日、内蔵寺で入寂すると、当時の葬儀委員会委員長であった金法麟(総務院長)名義で訃告文が出された(『仏教』、4月号)。

戰災同胞의救護는

우리의義務다

戰災同胞援護會佛敎班

朝鮮佛敎中央總務院　戰災同胞援護部

京城驛救護所 • 龍山驛救護所

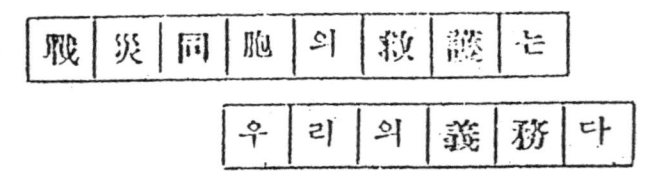

532. 朝鮮仏教中央総務院による戦災同胞救済の意志を示した広告（『新生』第１集）。8.・15 解放直後、中国、日本、ロシアなどから帰国した大勢の同胞たちを助けるための仏教界の社会事業の内容が示されている。

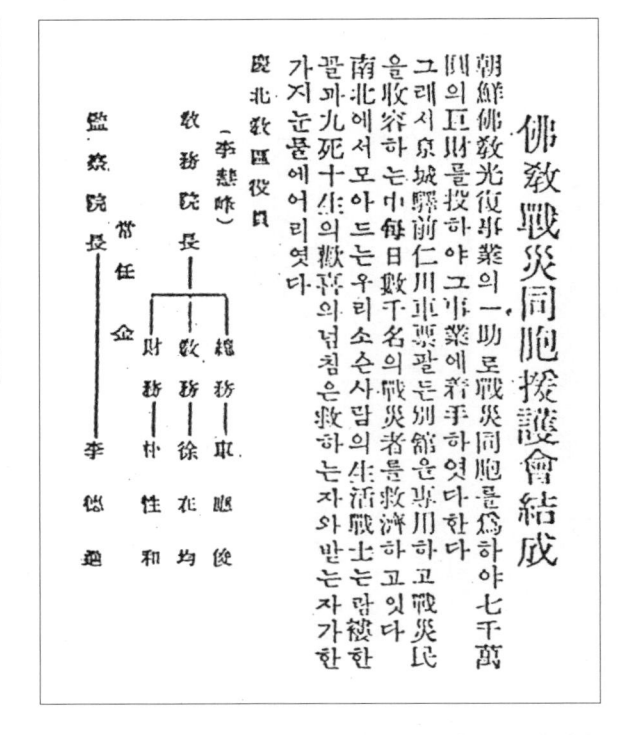

佛敎戰災同胞援護會結成

朝鮮佛敎光復事業의一助로戰災同胞를爲하야七千萬圓의巨財를投하야그事業에着手하엿다한다

그래서京城驛前仁川車票팔는別館은專用하고戰災民을收容하는中每日數千名의戰災者를救濟하고잇다

南北에서모아드는우리소순사람의生活戰士는람褸한꼴과九死十生의艱苦의넘침은救하는자와받는자가한가지눈물에어리엿다

慶北敎區役員

（李[illegible]昨）

敎務院長 ─ 總務 ─ 車聰俊

敎務院長 ─ 敎務 ─ 徐在均

敎務院長 ─ 財務 ─ 朴性和

常任企

監察院長 ─ 李[illegible]

533. 仏教戦災同胞援護会結成の報道内容（『新生』第２集）。

光復事業

首題에關하야現下建國初頭에臨하야吾佛敎徒의使命은重且大함으로　먼저全國僧侶大會決議에依하야火急히本光復事業에邁進치안흐면안됨으로別紙本事業豫算과如히運行코저하오니來十一月末日以內로該配當額을無遺納付하야주심을企望

追（가）別紙配當表는各敎區制로配當하여야할것이나　아즉各敎區制別로中央이나地方을莫論하고數字計算이不徹底한關係上不得已當分間從來本末寺制別로計算하엿사오니諒察하시기바람

（나）同表中僧尼數割及信徒數割에對하야僧尼一人十圓式　信徒一人五圓式計算하엿사오나信徒一人은五圓이라고局限하여서는總額에缺損이生할念慮가有하오니信徒又는特志者에게는五圓을最少限度로巨額을目標하시고特히國家事業인안큼萬般協力을不辭하시기企待함

光復事業協助費收入支出豫算

（一）收入

一、三十一本末寺土地割當額	二〇〇、〇〇〇圓
二、三十一本末寺林野割當額	四〇〇、〇〇〇圓
三、三十一本末寺僧尼數割當額	七四、九〇〇圓
四、三十一本末寺信徒數割當額	一、二〇〇、〇〇〇圓
合計	一、八七四、九〇〇圓

（二）支出

一、戰災同胞救護費	七〇〇、〇〇〇圓
가、京城	一〇〇、〇〇〇圓
나、淸凉里	五〇、〇〇〇圓
다、麗水	一〇〇、〇〇〇圓
라、釜山	一五〇、〇〇〇圓

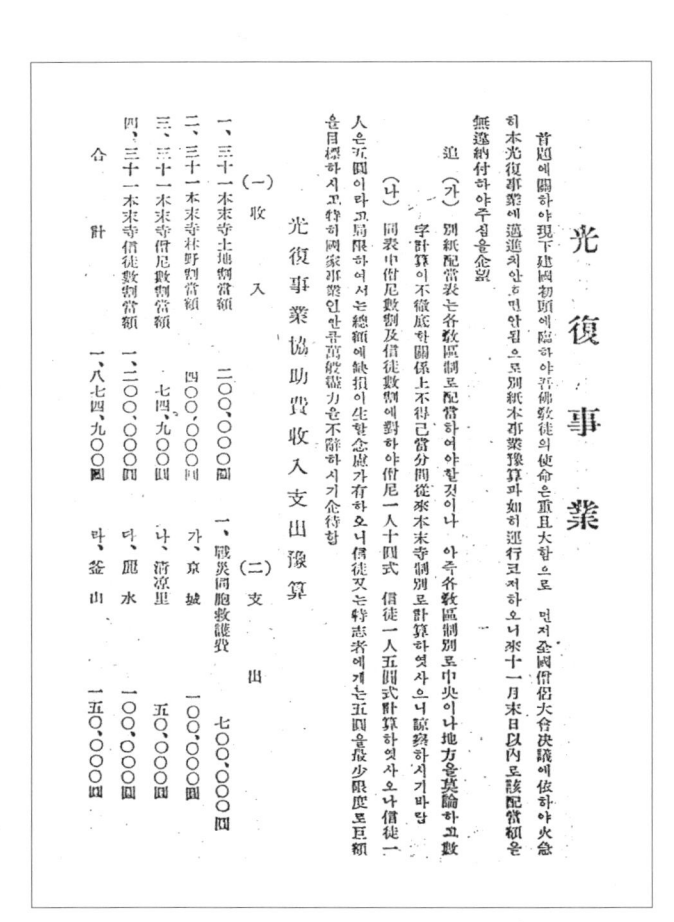

534. 解放後の教団における光復事業の概要を示す文書（『新生』第２集）。

土地改革法案의將來

土地改革法案은 그간 一年間 美軍經濟顧問과 立法院産業勞農委員과의 連續會議로서 組織하여오다가 今般「하지」中將의 特別要請에 依하여 立議本會議에 上程되었는데 此의通過實施도 決定的인것으로 思料되거니와 此에伴하여 今後寺刹及 其他佛敎團體의 維持經濟에도 重大한提革이 招來될것이니 此에對한 將來對策은 深深히 研究하기를 切望하며 本法一部를 提示하는 마이다。

一、寺刹도 自耕農地를 保有할수있음

1、學校、病院、敎會、寺刹、政府가認定하는 厚生機關及 其他公共團體의所有한 農地로서 그 耕作能力을 超過하는部分은 中央土地改革行政處가 現所有者로부터 買收함

2、個人의 耕作能力은 一戶當 三町步以內로하여（第五條一項 一、二號 十一條三項）共團體의 耕作能力은 그團體員의 多少에따라 認定된것이니 必히 三町步만을 制定된것이아니다。그保有面積은 相當한 伸縮性을가지고있다。

3、寺刹附近에 所有農地를가진 寺刹은 在住法侶로서 集團農家를構成하여 土地所有地部落을 中心으로 相當規模의農場도 經營이必要하다。

二、寺刹保有할 農地의耕作權은 寺刹이 優先取得함

1、耕作權의順位는（十一條三項）土地行政處가取得한 農地를 分配할規過에 適用되고 買收

535. 土地改革法案についての教団の立場をまとめた寄稿文（『仏教』、1948 年新年号）。土地改革は当時の仏教界の焦眉の関心事だったが、寄稿文の内容は、米軍政期の過渡立法議院に提出された内容の中で仏教に関連することを要約したものである。

佛紀二九七三年六月一日發行　불　교　신　보　제이호　(每月一日發行)　(一)

佛敎新報

社說

新國家建設에際한 朝鮮佛敎의使命과새機構

耘虛沙門

發行所　佛敎新報社

印刷所　秀英社印刷所

536. 解放後に京畿教務院長に就いた李耘虚が、『仏教新報』第2号（1946年6月）に寄稿した社説。李耘虚は中立な立場から様々な活動をし、その後は教育と訳経事業に専念した。

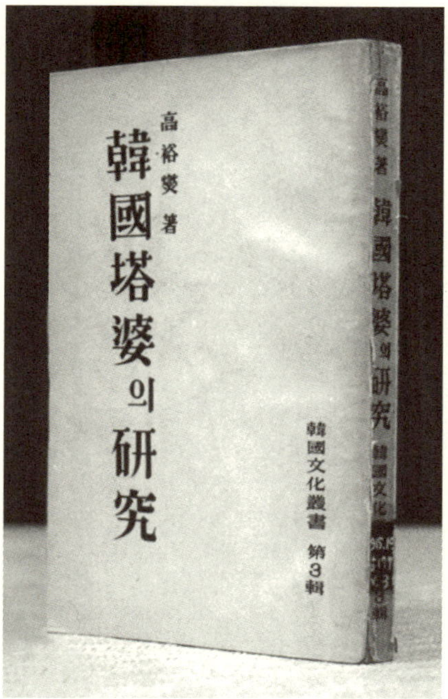

538. 高裕燮の『朝鮮塔婆の研究』。韓国の学者としてはじめて全国を回りながら韓国の塔を調査研究し、1947年、乙酉文化社から出版された。写真の表題は朝鮮戦争以後の状況を判断して、「朝鮮」を「韓国」に変えている。

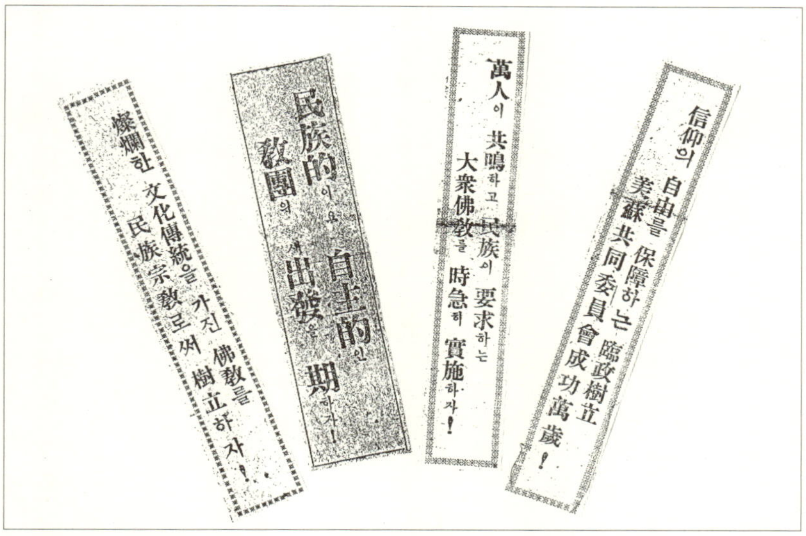

537. 解放後の次期における仏教革新の内容を表す標語など（『仏教新報』掲載）。

539.『朝鮮塔婆の研究』著者・高裕燮。

540.『仏教新報』第13・14号合併号（1947年5月27日）に掲載された仏誕日（釈尊生誕日）の広報文。

「라디오」佛教放送

現下 建國大業을 가로놓고 간팡질광하는政界의動向에따라 職場에充實하고 生活에 安堵하여야할 大衆의 心理조차 달뜬듯한感이 적지않다 이重要한 時局에處하야 佛教團體로서는 到底히 이것을傍觀할수없을뿐만아니라 解放後 우리國民精神의 振作指導에 發心焦燥하는 念願에서 每週水曜日에 在京佛教諸師들이,佛教精神에 立脚한 修養講話를하고있으니 朝鮮民族은 無漏聽講하기를 바라는바이다
그런데 每月第四水曜日만은 特히(佛法研究會)에서도 放

543. ラジオ仏教放送。仏教学者たちが、毎週水曜日のラジオ番組に出演して教理講座をした（『新生』第2集、1946年4月）。

541. 解放後の言論紙『仏教新報』第2号（1946年6月1日）。

544. 解放後の仏教機関紙『仏教公報』創刊号（1949年4月）。

「教界通信」의發行

朝鮮佛教中央總務院 總務局에서는 今般 情報部를 設置하고 教界의 連絡과 情報를 迅速히하기爲하야 中央과地方을 勿論하고 새로운行事와 聞見이있을때마다 教界一般에 알니기로되였는데 建國途上에있어서 企待하는바 莫大함이있다하겟다한다

542. 時事情報誌『教界通信』。解放後、中央総務院は時事情報誌である『教界通信』を発行した（『新生』第2集、1946年4月）。

涅槃界

卍海龍雲大宗師는去六月二十九日於城北町尋牛莊自宅에서入寂하시였다

545. 韓龍雲の入寂（1944年6月29日）を発表した『仏教（新）』第64集（1944年9月）の涅槃界。

卍海韓龍雲先生
가신지於焉五週年!

고만해 한용운(韓卍海龍雲) 선생께서 열반에 드신지도 어느듯 五주년! 민족의 지도자들이 한분 두분씩 [illegible] 가시는이지음 또한 우리가밤낮으로바라고비는 남북통일의 애끓는소원이 [illegible] 우워지려라는 빛조차보이지안는이때에 가신선생님을 추모하는 우리의 마음은더욱간절한바있다 한선생께서는 단기四二七七년六월 태평양전쟁(太平洋戰爭)이 무르녹아서 우리나라곳곳에서도 가끔 B二十九폭격기의 폭음소리가들려와서 당시의 왜병이 울리는 공습경보의 요란한 싸이렌소리가자 조용한무렵인 六월二十八일(음력으로는 五월八일)에 성북동(城北町) 심우장(尋牛莊)자택 [illegible]에서 一생을 조국독립에 받쳐 가진고생을 남모르게하시던 한많은 심회를 [illegible] 이 마음속에 간직하시고 그만 영원히 다시 돌아오실기약없는 길을 떠나시었다

그후 一년이지난 을유년(乙酉年) 八월十五일에 왜군의 항복으로 우리나라는 해방이되고 뒤이어 미소양군의 점령밑에 남북이갈리어 [illegible]히 一비로지내나가 작년 八월十五일에는 UN의 승인밑에 남한은 독립이되어 지금 민주자유국가로서 나날이발전하고있다 이같이 [illegible] 는 무척 기쁘고 또한 동안은 몹시도 괴로워 그리길지못한동안에 고락이 자심하였는데 이럴때마다 우리는 가신 한선생님의 그위엄스런 얼굴과 그철석같은기개가 뼈에사모치도록 그리웠고 뵈입고싶었었다

아! 선생님이시여! 님은 지금어데 계시나이까? 제사날인 음오월八일에는 미망인께서 따님을 데리시고 성북동심우장자택에서 간소한몫제사가 게시었다하고 그날역시 서울[illegible]로([illegible]) [illegible]에서는 동지 김법린(金法麟)씨와 권상로(權相老)씨외 몇몇분이 모이어 가장간단하고 청초한 설단봉청(說壇奉請)의 영반법회(靈飯法會)가 있었다 六월二十八일(음력 五월八일)! 이날우리 불교인으로서는 기리기념해야하고 슬퍼해야하고 애닯은 마음으로서 잊어서는 안될날이다

(사진은고만해선생)

546. 韓龍雲入寂五周忌を報道した『仏教公報』第2号（1949年5月）。

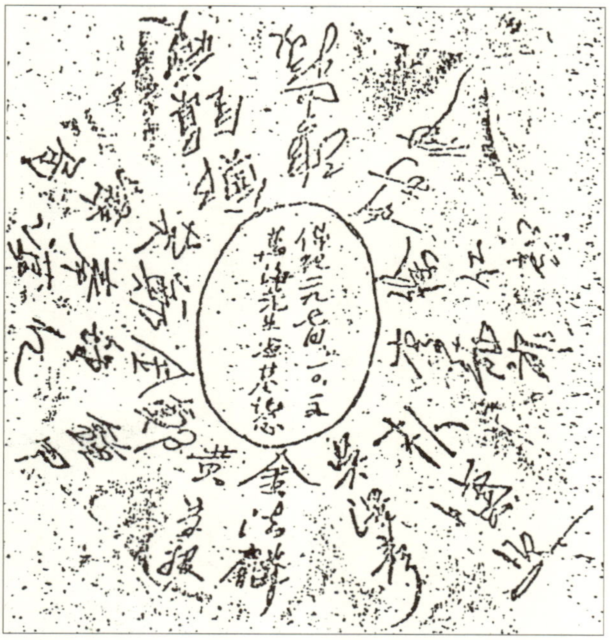

547. 1947年10月15日に韓龍雲の墓所を参拝した教団幹部の記念署名。金法麟、呉沢彦の名前が見える（『仏教』、1948年新年号）。

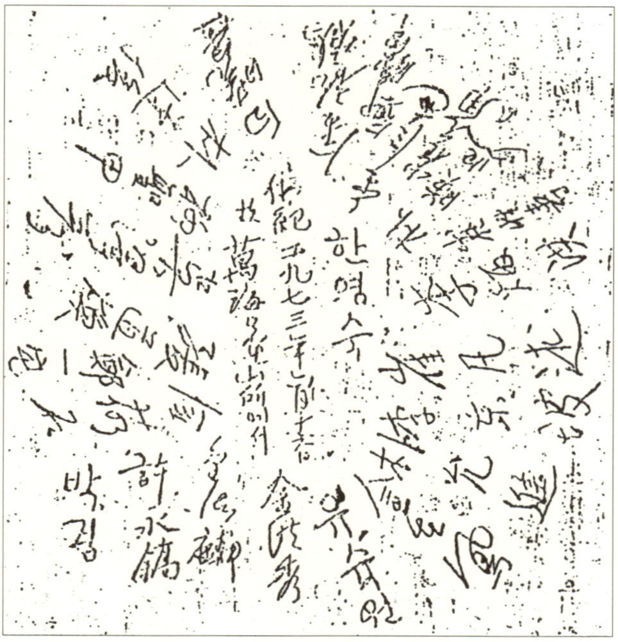

548. 韓龍雲を慕っていた人たちが解放後初の会合を持って韓龍雲の墓所を参拝した記念署名。許永鎬、朴允進、崔凡述、朴暎熙、柳聖甲、呉沢彦、張道煥、韓龍雲の娘・韓英淑などの名がある（『新生』、1946年7月号）。

549. 大覚寺を訪問した金九一行（李始栄、黄学秀など）。金九一行は、白龍城が咸陽の華果院（果樹院経営などの共同体）から出た余剰資金を上海臨時政府に送ったので、これに対する感謝の意味で大覚寺を訪問したという（1945年12月12日）。

550. 解放後、祖国に戻ってきて麻谷寺を訪問した金九一行。金九は若い頃の一時期（約6カ月）、麻谷寺で出家して仏教と縁を結んだ。

551. 神勒寺を訪問した金九一行（1947年9月23日）。

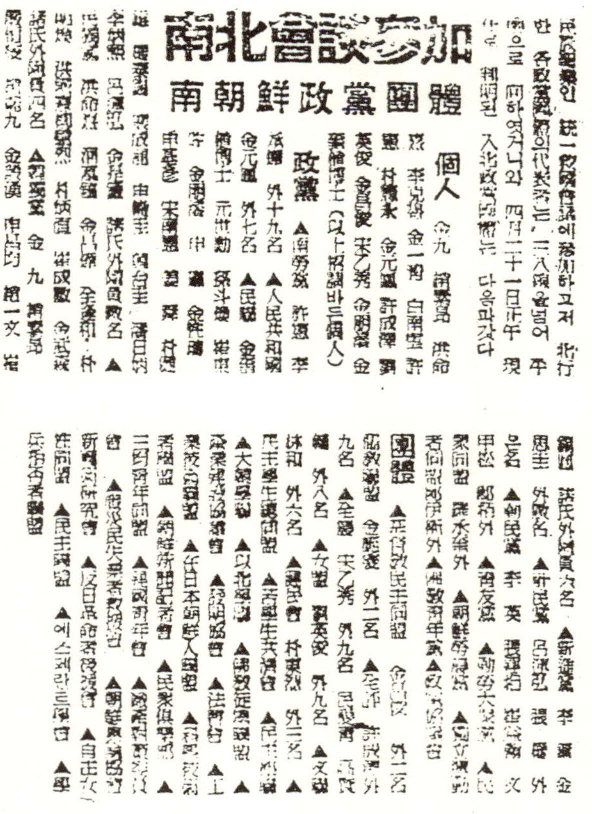
南北會談參加
南朝鮮政黨團體
個人
政黨
團體

552. 南北会談参加の支持と仏教徒総連盟。国土と民族の永久分断を防ぐため、北朝鮮行に乗り出した金九の南北会談に参加した政党、団体、個人の名簿。この名簿には仏教徒総連盟の名前も含まれているが、当時参加した仏教徒は、金龍潭、張祥鳳、金海鎮など、約 10 人になるといわれている。

嗚呼！民族의巨星
白凡金九先生
萬古恨품은채兇彈에急逝

553. 金九の逝去を報じる『仏教公報』第 2 号の特大記事（1949 年 7 月 15 日）。

554. 金九の 49 日法要、麻谷寺で挙行（1949 年 8 月 13 日）。

555. 安震湖の『新編八相録』。1941 年に卍商会から出版された八相録はお釈迦様の一代記で、多くの仏教徒などに愛読された。『八相録』としては、1913 年の李交倓の『八相録』と、22 年に白龍城が翻訳出版した『八相録』がある。この写真は、安震湖の『新編八相録』である。

556. 解放直後の東国大学の校門である皇建門。

557. 恵化専門学校が 4 年制大学として正式に認可されて（1946 年 9 月 20 日）東国大学に昇格した際、それを知らせる張り紙を見ようと集まった学生たち。

558. 白羊寺のハングル講習会。ハングル講習会が終わった後（1945 年 12 月 10 日）、白羊寺の僧侶たちと教師・学生たちが記念撮影をした。前列左から五番目が講師・金敏洙であり、その次が曇庵僧侶。

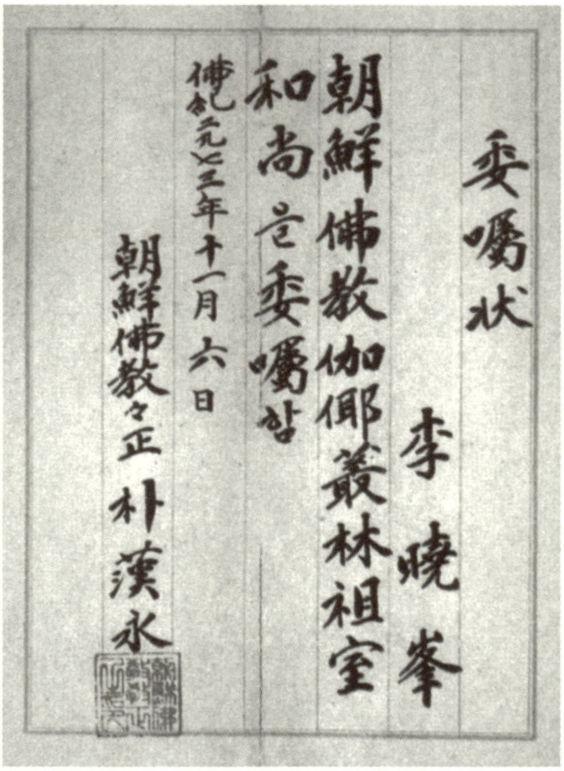

委嘱状
李曉峰
朝鮮佛教伽倻叢林祖室
和尚을委嘱함
佛紀二九七三年十一月六日
朝鮮佛教々正 朴漢永

559. 解放後、初代教正だった朴漢永が、李曉峰を伽耶叢林の祖室に任命した委嘱状（1946 年 11 月 6 日）。

560. 無量寺の広済孤児院（1949 年 9 月）。無量寺住職・朴栄植の発起に対して扶余の近隣の住民たちが支援した。

561. 鳳厳寺の結社（1947 ～ 49 年）を主導した李青潭と李性徹。鳳厳寺結社は、根本仏教と禅農仏教志向などの仏教再建精神の基礎を提供した（1968 年、清平寺で撮影）。

562. 方漢岩と黄寿永。解放後も、朴漢永の後任として教正に上がった方漢岩僧侶の姿（1949年）。これは、黄寿永（写真左）が江原道の禅林院跡から出土した銅鐘を月精寺に提供した際の記念撮影である。写真右は当時の月精寺総務・朴暎岩（淇宗）僧侶である。

563. 仏教界の代表的な抗日僧侶の金星淑。奉先寺で3・1独立運動を主導した彼は、朝鮮仏教青年会、朝鮮無産者同盟会などに参加した。後に中国民国大学に留学、朝鮮義烈団朝鮮民族解放同盟、朝鮮義勇隊など独立運動に専念した。彼はニム・ウェールズの著作『アリランの歌』に登場する「金剛山の赤い僧侶金忠昌」として描かれた人物だった。

564. 近代仏教学を開拓した金包光。本名が金映遂の彼は、実相寺住職、中央学林講師、中央仏専教授、学監、校長、金山寺講院祖室などを歴任しながら、仏教史研究において記念碑的な論文を多数残した。

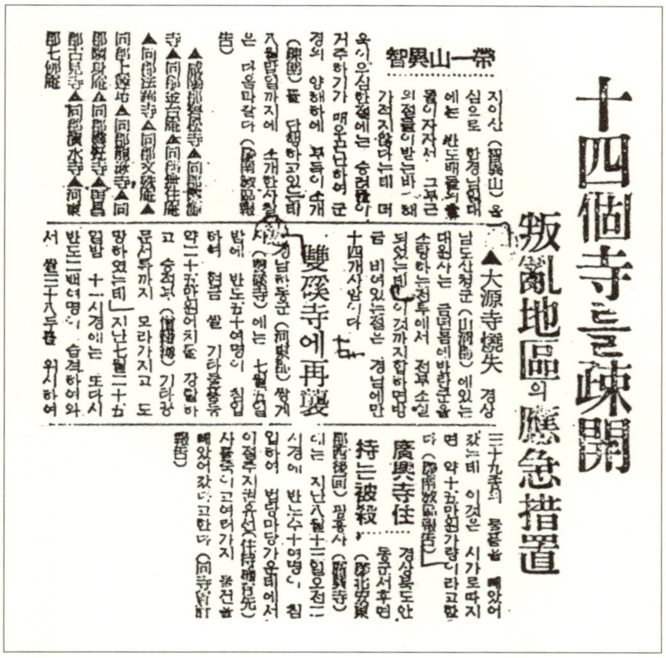

565. パルチザン討伐作戦によって、智異山一帯の 14 の寺院が疎開させられた（『仏教新報』第 36 号、1949 年 9 月）。

566. パルチザン活動で智異山一帯の寺院が荒廃したことを伝えた文章。智異山一帯で活動したパルチザンによって寺院が荒廃すると、当時の総務院は当局に保護を要請した（『仏教公報』第 2 号、1949 年 7 月 30 日）。

1950 年代

卍자 기를 선두로 불법에 대처승없다.

1950年代

この時期の仏教史は、朝鮮戦争（6・25戦争）の被害と朝鮮戦争直後に可視化された仏教浄化に要約される。朝鮮戦争の勃発により、全国の寺院は甚大な被害を被った。とりわけ38度線近くの寺院の被害は言うまでもなく、主要な寺院の文化財も多く毀損された。そして、韓国の仏教界の主要人物が北朝鮮に拉致されたりした。また、ソウルにあった教団は、釜山などに避難しなければならなかった。一方、38度線を越えて北朝鮮側からソウルに下ってきた仏教徒たちが南朝鮮仏教徒連盟を組織するなど、一時的に社会主義体制の管轄に仏教が隷属させられた。その仏教徒の中には、解放後の社会状況において革新運動の中心になった人物もいた。

この時期の仏教界を大きく動かしたのは、農地改革であった。解放直後から議論が重ねられた土地改革は農地改革法という名で1949年6月に公布されたが、施行は朝鮮戦争の勃発によって52〜53年頃から本格化した。この農地改革法により寺院は、自耕できる土地を除くすべてをその農民たちに返す必要があった。有償没収、有償分配原則の下で実施されたその法により、寺院は既存の土地の大部分を喪失した。しかし問題は、土地補償で受け取った地価証券が、その後ほとんど失われたことだ。地価証券を持って企業経営、旅行会社買収、劇場経営など、様々な事業に活用したものの、結局、経験不足などによりまともに維持された場合はほとんどなかった。

このような萎縮した寺院経済は、禅房と比丘僧たちの活動を低下させた。その問題を解消するための比丘僧たちの建議があった。当時、その建議を受け取った宋曼庵教正は問題の解消を指示し、さらには比丘僧と妻帯僧の合法化を試みた。しかし、仏教界内部のこのような独自の解決努力は、所期の成果を達成することにはつながらなかった。通度寺と仏国寺でその解決のための方法を見つけたものの、残念だが、実行はされなかった。

1954年5月、当時の李承晩大統領の仏教浄化諭示は、仏教の浄化において爆弾のような威力を発揮した。この諭示に支えられた比丘側は、これまでのつらい思いを解消し、比丘中心の教団を再建するために本格的な教団浄化へ乗り出した。しかし、教団を主導した妻帯側は、比丘僧たちに寺院割り振りと修行僧と教化僧の存続を介して、比丘と妻帯間の問題を解決しようとしたが、このような異なる立場は、決して調和できなかった。比丘側は教団浄化の発起、比丘僧代表者大会の開催、宗憲制定、太古寺への入居の試行などを通じて教団浄化を期そうとした。しかし、妻帯側は既得権を維持しながら、徐々に浄化に応えようとした。

双方の立場は僧侶の資格問題が合意される中で、寺院の浄化対策委員会が構成されるまで近づいたが、完全な合意はできなかった。しかし55年8月、全国の僧侶大会で別定された比丘側の宗憲を政府が認めたため、その後の全国の寺院は比丘側に主導された。一方、それに反発した妻帯側はその問題を裁判所に持ち込み、訴訟を起こし続けた。

このような対立構図は、結果的に仏教の地位と名誉を汚す結果を生んでしまった。全国の寺院では、寺院の占拠、入居、再奪還などの事件が起きた。比丘側は公権力の助けを借りて寺院入居に乗り出したが、空っぽの寺院に実利はなかった。そこには妻帯側の傍観と非協力があったから、なおさらであった。

比丘側の論理と行動はある面において、公権力と一般社会から支援を受けた。そして、その表面には李承晩大統領の寺院の土地一部だけでも返却させるという意志が結合され、ほぼ絶対的な基準として作用した側面を排除することはできない。ただし、これは仏教の自主化に致命的な傷を与えた。

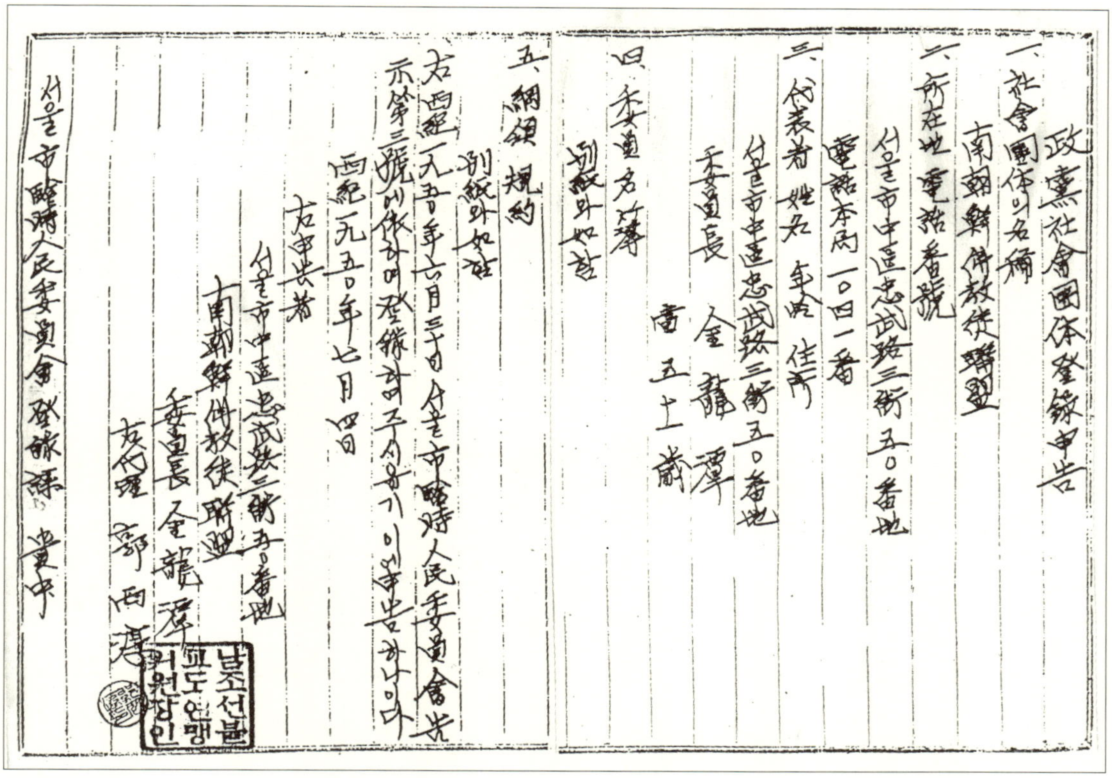

政黨社會團体登錄申告

一、社會團体의名稱
南朝鮮佛教徒聯盟
二、所在地 電話番號
서울市中區忠武路三街五〇番地
電話本局 一〇四一番
三、代表者 姓名 年齡 住所
서울市中區忠武路三街五〇番地
委員長 金龍潭
當 五十歲
四、委員名簿
別紙와如함
五、綱領 規約
別紙와如함

右西紀一九五〇年六月三十日 서울市臨時人民委員會告示第三號에依하여 登錄하여주시옵기 이에申告하나이다

西紀一九五〇年七月四日

右申告者
서울市中區忠武路三街五〇番地
南朝鮮佛教徒聯盟
委員長 金龍潭
右代理 郭西淳

서울市臨時人民委員會 登錄課 貴中

567. 6·25戦争（朝鮮戦争）時、南朝鮮仏教徒連盟がソウル市人民委員会に提出した登録届出書（1950年7月4日）。委員長の金龍譚はハングル禅学刊行会名で『禅家亀鑑』を翻訳している。

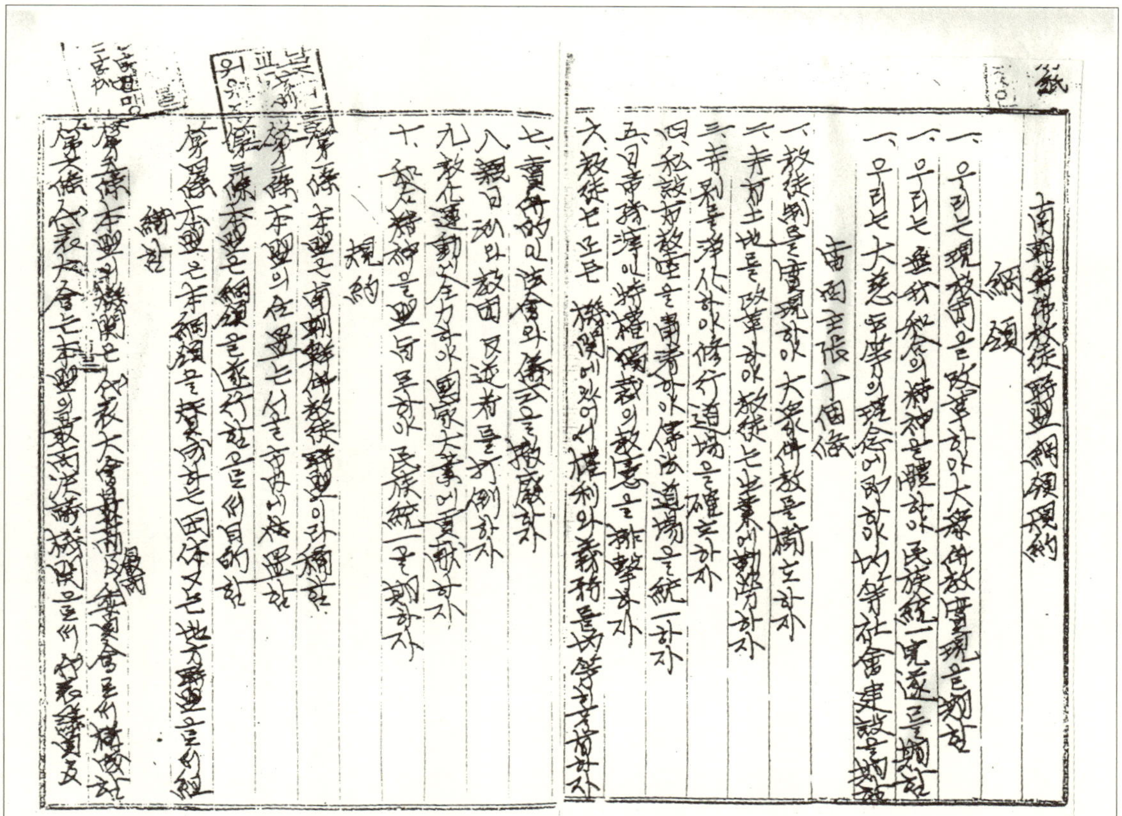

南朝鮮佛教徒聯盟綱領規約

綱領

一、우리는現教團을改革하야大衆佛教實現을期함
一、우리는無我和合의精神을體하야民族統一完遂를期함
一、우리는大慈平等의理念에則하야新社會建設을期함

當面主張十個條

一、教徒制度를實現하야大衆佛教를樹立하자
二、寺有土地를改革하야教徒는生業에勤勞하자
三、寺刹을淨化하야修行道場을確立하자
四、私設布教堂을肅清하야佛法道場을統一하자
五、日帝時의特權獨裁의殘惡을排擊하자
六、教徒는모든機關에있어서權利와義務를均等히享有하자
七、寺刹의法會와儀式을改革하자
八、親日派와教團反逆者를打倒하자
九、教化運動에全力하야國家大業에貢獻하자
十、教徒精神을顯示하야民族統一을期하자

規約

第一條 本盟은南朝鮮佛教徒聯盟이라稱함
第二條 本盟의住所는서울市에置함
第三條 本盟은綱領을遂行함으로써目的함
第四條 本盟은本綱領을贊同하는團体又는地方聯盟으로써組織함
第五條 本盟의機關은代表大會、中央委員會로써構成함
第六條 代表大會는本盟의最高決議機關으로써代表委員

568. 南朝鮮仏教徒連盟の綱領と規約。

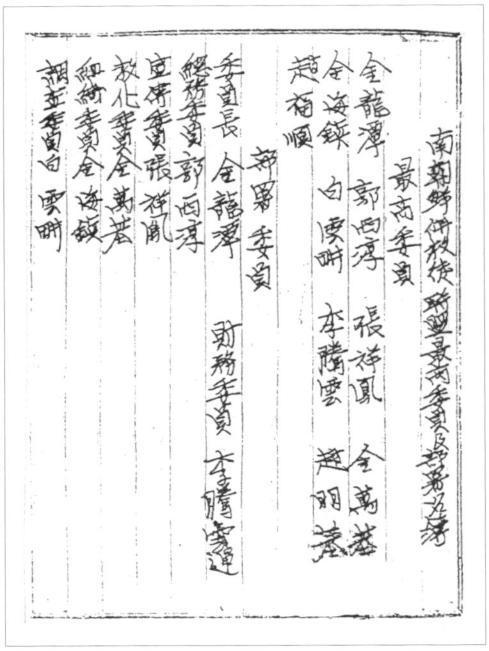

南朝鮮佛教徒聯盟最高委員及部署名簿

最高委員

金龍潭　郭西淳　張祥鳳　金萬基

金海鉉　白雲明　李隱雲　趙明基

趙福順

部署委員

委員長　金龍潭　　財務委員　李隱雲

總務委員　郭西淳

宣傳委員　張祥鳳

教化委員　金萬基

組織委員　金海鉉

調査委員　白雲明

569. 南朝鮮仏教徒連盟の最高委員と部署委員。

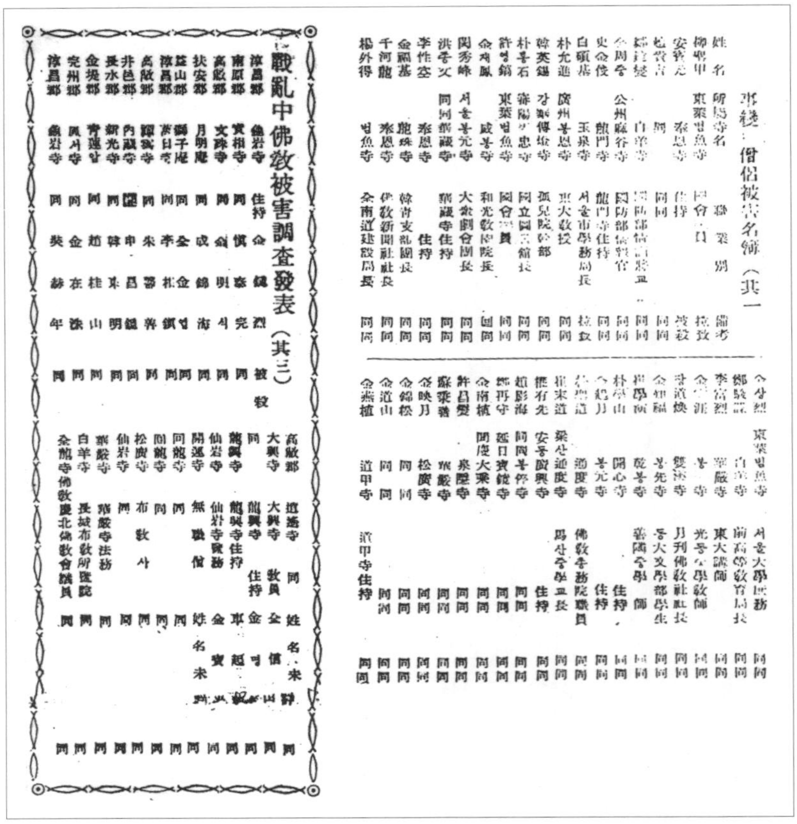

戰亂中佛教被害調査發表（其三）

寺院・僧侶被害名簿（其一）

570. 6・25 戦争時の僧侶と寺院の被害をまとめた集計表（『仏教新聞』続刊第 1 号と第 3 号、1951 年 11 月と 12 月掲載）。北朝鮮に拉致された被害者は朴允進（東国大教授）、白碩基（玉泉社出身、当時はソウル市学務局長）、朴奉石（表忠寺出身、国立図書館長）、許永鎬（前宗正司書室長、東国大学長、当時は国会議員）、李成功（奉恩寺住職）、千河龍（仏教新聞社社長）、金相烈（梵魚寺出身、ソウル大学庶務）、張道煥（雙渓寺、月刊『仏教』社長）など、39 名である。

571. 朝鮮戦争で釜山に避難した東国大学校学生たちの卒業記念（1951 年 8 月 18 日 、釜山大覚寺）。1951 年 1 月 2 日、文教部は戦時下教育特別措置要綱を発表したが、この措置に基づき、東国大学生たちは、釜山、全州、光州などの戦時連合大学で、同年 4 月から授業を受けた。

572. 東国大学校の仏教大学生たちが卒業生送別会で記念撮影（1953 年 2 月 28 日）。東国大学は、1952 年 2 月頃に釜山新昌洞（慶南教務院のところ）で臨時に開校し、翌年 2 月 1 日、総合大学に昇格した。当時、初代総長には権相老が就任した。

李大統領

順理로 解決하라

帶妻僧은 물러가고 住持를 投票로

李大統領 佛敎淨化에 訓令

573. 李承晩大統領の浄化諭示「順理で解決しろ」(『ソウル新聞』、1954年12月18日)。李承晩大統領の仏教浄化諭示は1954年5月21日にはじめて始まった。諭示以前、比丘側は妻帯側の威勢に及ばなかったが、諭示の力を得て本格的に浄化に乗り出した。しかし、李承晩の諭示は公権力の介入という先例を残し、以後の仏教自主化に否定的な影響を及ぼした。

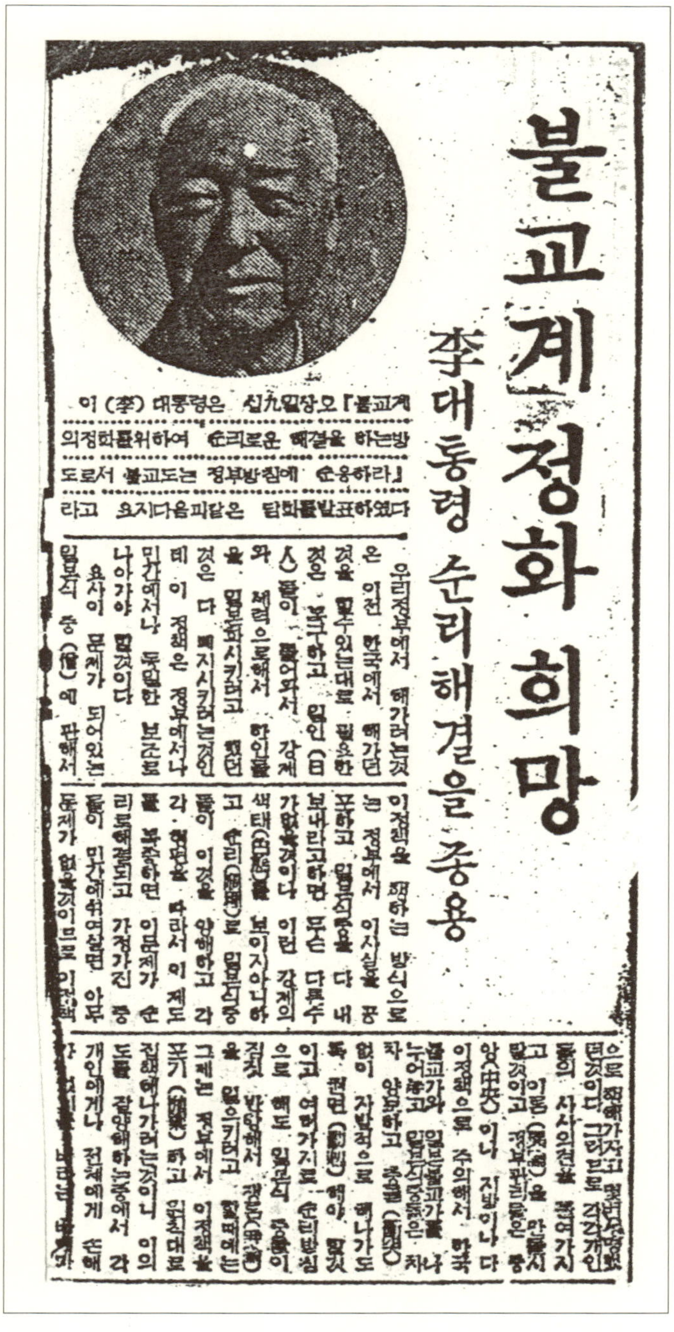

불교계 정화 희망

李대통령 순리해결을 종용

이(李) 대통령은 십九일상오『불교계의정화를위하여 순리로운 해결을 하는방도로서 불교도는 정부방침에 순응하라』라고 요지다음과같은 담화를발표하였다

574. 李承晩大統領が仏教界浄化を望む、という記事(『ソウル新聞』、1954年11月20日)。最初は順理に解決することを勧めたが、1955年8月5日の談話では「倭色僧(妻帯僧)は出て行け」と表明することにより、比丘側の本格的な浄化運動への起爆剤となった。

倭色僧侶는 물러가라

李大統領 佛教問題에言明

575. 李承晩大統領の浄化諭示「倭色僧は出て行け」についての『東亜日報』記事（1955年8月5日）。順理的解決を望んでいた李大統領の突然の「倭色僧は、退け」という諭示に支えられ、比丘と妻帯間の浄化運動が全国的にいっそう熾烈に展開された。

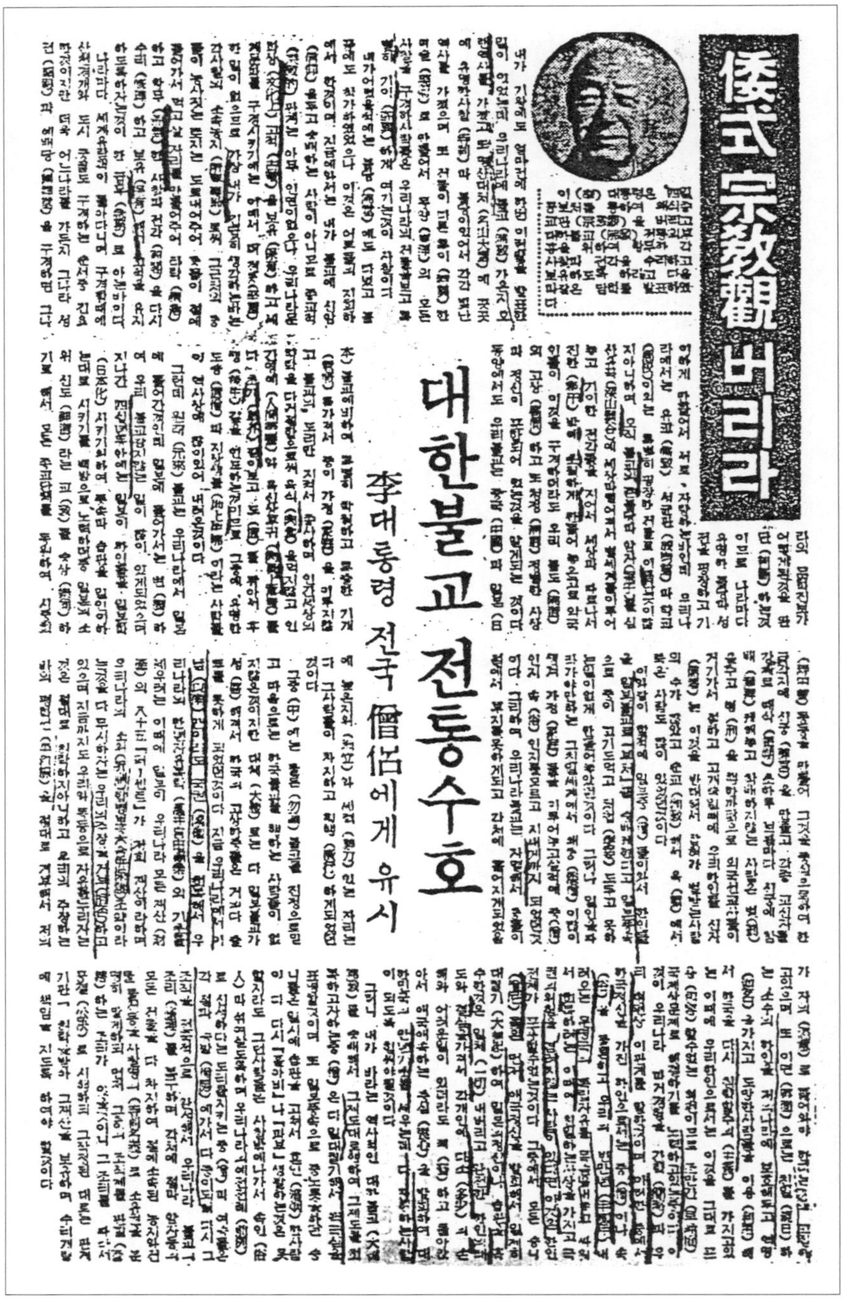

倭式宗教観 버리라

대한불교 전통수호

李대통령 전국 僧侶에게 유시

576. 李承晩大統領の諭示「倭式宗教観を捨てろ」（『ソウル新聞』、1954年11月6日）。倭式宗教観と倭式僧侶とは、妻帯僧を指す表現である。この仏教浄化は、教団内で妻帯僧追放を意味する方向に進んだ。

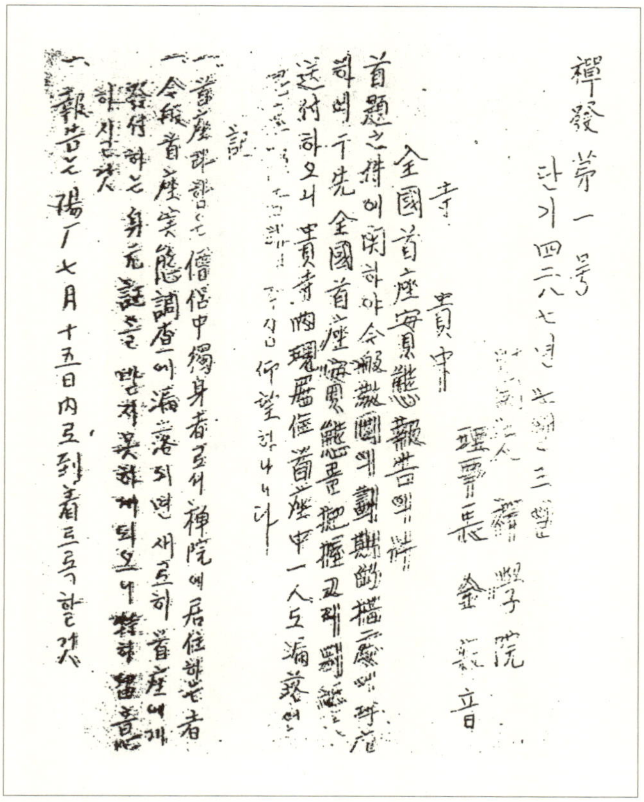
禪發 第一號
단기 四二八七년 七月三十一日
財團法人 禪學院
理事長 金寂音
寺 貴中
全國首座實態報告의 件
首題之件에 關하야 今般 [illegible] 于先 全國首座實態를 把握코저 別紙를 送付하오니 貴寺內 現居住 首座中 一人도 漏落없이 [illegible] 仰望하나이다
記
一、首座라 함은 僧侶中 獨身者로서 禪院에 居住하는 者
一、今般 首座實態調查에 漏落되면 새로히 首座에게 發付하는 身分證을 받지 못하게 되오니 特히 留意하실 것
一、報告는 陽 七月 十五日內로 到着토록 할 것

577. 禅学院が全国の禅院に、首座実態調査を報告するように要求した文書（1954年7月31日）。李承晩大統領のいわゆる初の浄化諭示が発表されると、禅学院では、まず全国の禅院の首座が何人いるか、実態調査に着手したことを示す文書である。

聲明書
全國比丘僧大會
佛敎敎團淨化推進委員會

578. 比丘側の浄化推進の立場を明らかにした声明書（1954年10月14日）。この声明書から、比丘側の目的と立場を知ることができる（『東亜日報』、1954年10月18日）。

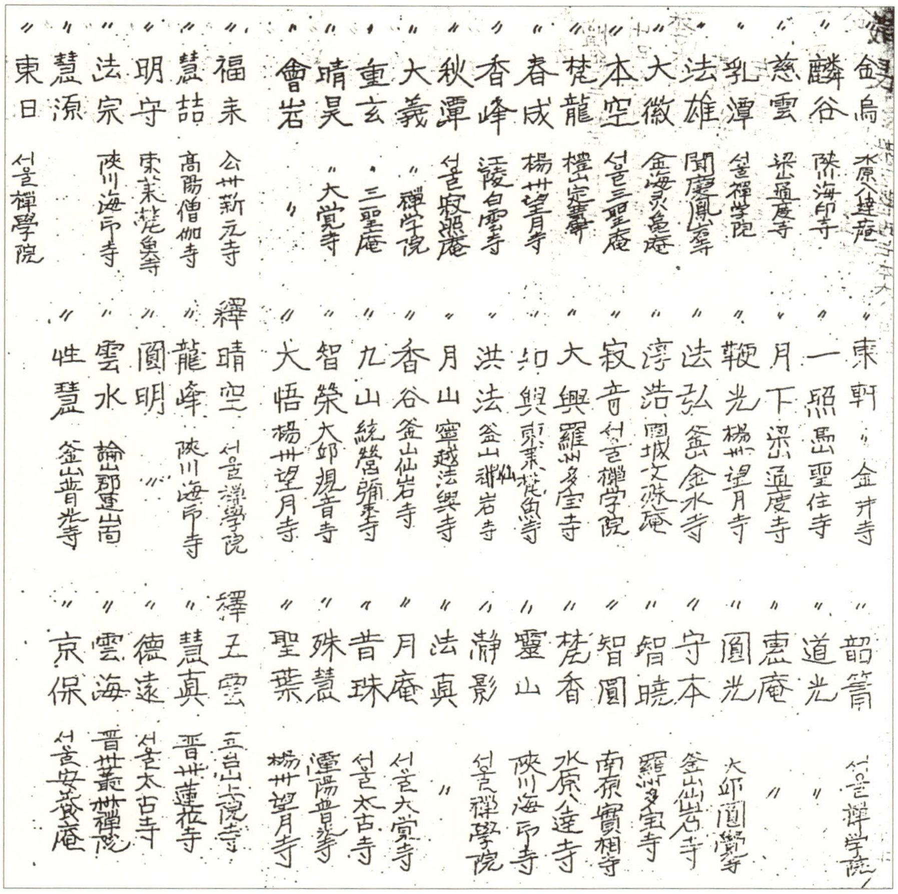
金烏 水原八達庵
麟谷 〃 陜川海印寺
慈雲 〃 梁山通度寺
乳潭 〃 서울禪學院
法雄 〃 聞慶鳳巖寺
大徹 〃 金海靈龜庵
本空 〃 서울三聖庵
梵龍 〃 禮山定慧寺
春成 〃 楊州望月寺
香峰 〃 陵白雲寺
秋潭 〃 서울寂照庵
大義 〃 〃禪學院
重玄 〃 〃三聖庵
晴昊 〃 〃大覺寺
會岩 〃 〃
福來 公州新元寺
慧喆 高陽僧伽寺
明守 〃 東萊梵魚寺
法宗 〃 陜川海印寺
慧源 〃
東日 〃 서울禪學院
東軒 〃 〃金井寺
一照 〃 馬山聖住寺
月下 〃 梁山通度寺
鞭光 〃 楊州望月寺
法弘 〃 釜山金水寺
淳浩 〃 固城文殊庵
寂音 〃 서울禪學院
大興 〃 羅州多寶寺
知興 〃 東萊梵魚寺
洪法 〃 釜山仙岩寺
月山 〃 寧越法興寺
香谷 〃 釜山仙岩寺
九山 〃 統營彌來寺
智榮 〃 大邱觀音寺
大悟 〃 楊州望月寺
晴空 禪 서울禪學院
龍峰 〃 陜川海印寺
圓明 〃 〃
雲水 〃 論山郡[illegible]
性慧 〃 釜山普光寺
韶箭 〃 서울禪學院
道光 〃 〃
憲庵 〃 〃
圓光 〃 大邱圓覺寺
守本 〃 釜山仙岩寺
智曉 〃 羅州多寶寺
智圓 〃 南原實相寺
梵香 〃 水原八達寺
靈山 〃 陜川海印寺
靜影 〃 서울禪學院
法眞 〃 〃
月庵 〃 서울大覺寺
普珠 〃 서울太古寺
殊慧 〃 潭陽普賢寺
聖葉 〃 楊州望月寺
五雲 禪 五台山上院寺
慧眞 〃 晋州蓮花寺
德遠 〃 서울太古寺
雲海 〃 晋州義林禪院
京保 〃 서울安養庵

579. 比丘側が主導した仏教浄化の最初の大会、全国比丘僧代表者大会の参加者名簿（1954年8月24日）。李承晩大統領の仏教浄化諭示が発表されると、比丘側僧侶たちは絶好の機会が来たと判断した。禅学院で会議を持った比丘たちは鄭金烏を中心に仏教教団浄化推進委員会を組織して、本格的に浄化に取りかかることにした。

580. 禅学院で開催された第1回全国比丘僧代表者大会。1954年8月24～25日、浄化のために開催されたこの大会では、教団浄化の原則を定めて推進のための各分野別対策委員を選出した。最前列左から清青、仁谷、寂音、金峰、東山、金烏、暁峰、香谷、慈雲の各僧侶。

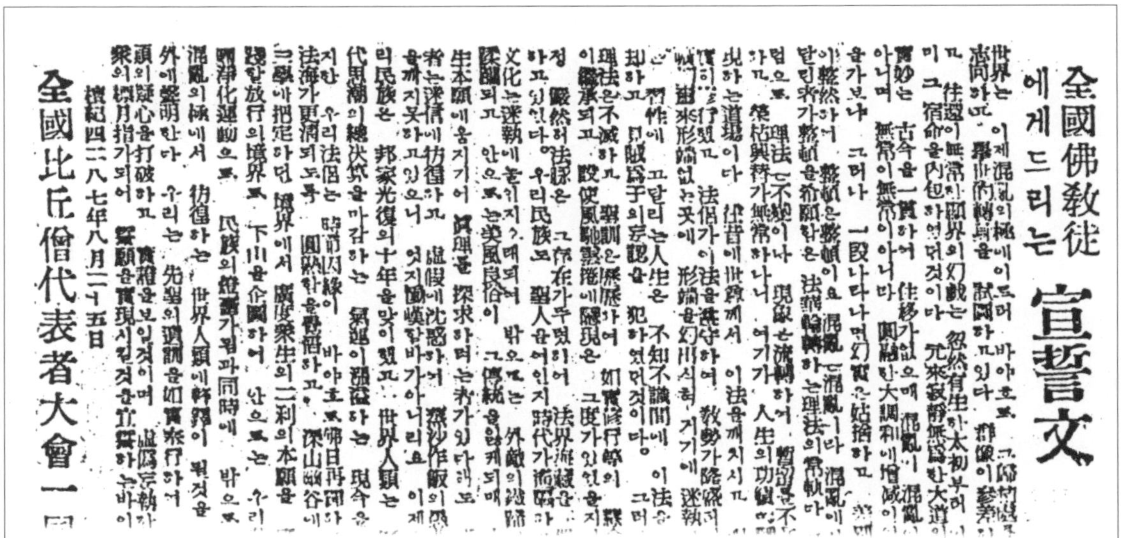

全國佛敎徒에게드리는 宣誓文

檀紀四二八七年八月二十五日

全國比丘僧代表者大會一

581. 全国比丘僧代表たちが浄化運動を推進するため、1954年8月25日、禅学院で開催された第1回全国比丘僧代表者大会で採択した、仏教徒に差し出す宣誓文（『朝鮮日報』、1954年9月3日）。

582. 全国比丘僧大会に参加した四部大衆（1954年9月27日）。禅学院で開催されたこの大会では、比丘側中心の教団を目指す宗憲を制定・宣言した。ここで、妻帯僧は教団から出なければならないということを明確に定めた原則が確立された。大会で宗正に宋曼庵、副宗正に河東山、都摠摂には李青潭が選出された。前列左から二番目が香谷僧侶、三番目が青潭僧侶、五番目が河東山僧侶、七番目が暁峰僧侶、八番目が金烏僧侶、二列目の左から三番目が大義僧侶、六番目が月山僧侶、七番目が慶山僧侶、八番目が大徽僧侶、十番目が九山僧侶、三列目の左から一番目が月下僧侶、五番目が瑞雲僧侶。なお、四部大衆とは「比丘・比丘尼・男性信者・女性信者」を指す。また、仏教用語としての大衆は「だいしゅ」と読み、教団におけるすべての構成員を意味する。

583. 全国比丘僧大会に参加した比丘僧の記念撮影（1954年9月29日）。

聲明書

檀紀四二八七年十一月十日

韓國佛教曹溪宗

宗正 河東山

副宗正 鄭金烏

都總攝 李靑潭

584. 比丘側の主役である河東山、鄭金烏、李清潭の声明（1954 年 11 月 10 日）。『ソウル新聞』1954 年 11 月 13 日に掲載されたこの声明では、比丘中心の教団浄化原理を明確にして、妻帯僧は「護法衆」、すなわち信徒として扱うという意志を明らかにした。

佛教의傳統을살리라

李大統領 寺刹農地返還을强調

585. 李承晩大統領の論示「仏教の伝統を生かせ」（『朝鮮日報』、1954 年 11 月 6 日）。仏教の伝統を生かすためには、農地改革で失われる寺院の土地を返す必要があることを強調した。

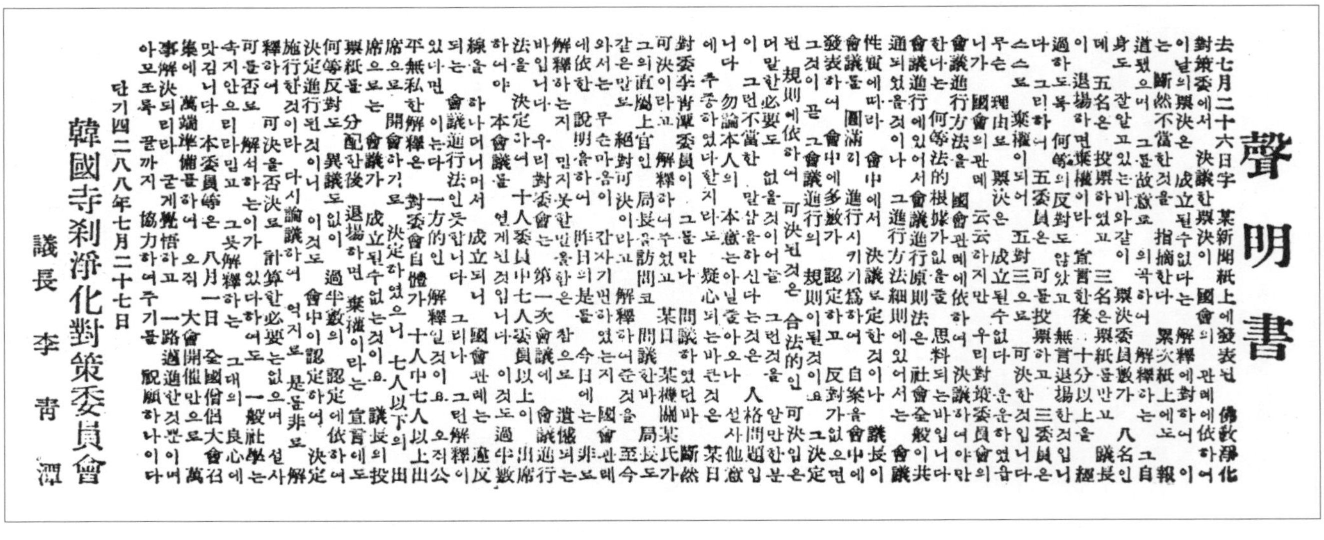

聲明書

檀紀四二八八年七月二十七日

韓國寺刹淨化對策委員會

議長 李 靑 潭

586. 寺院の浄化対策委員会の議長･李青潭の声明書（1955 年 7 月 27 日）。全国僧侶大会を通じて事態を解決すべき、と強調している（『東亜日報』、1955 年 7 月 29 日）。

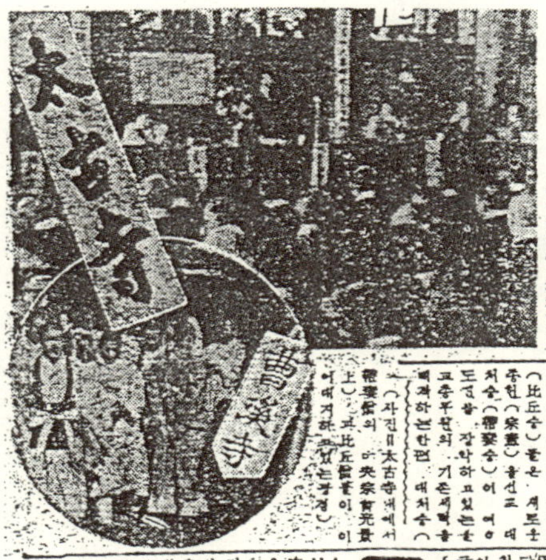

나날이深刻해지는佛教界波動

이번엔看板떼기싸움

比丘僧,帶妻僧紛爭이제最高潮

587. 比丘僧と妻帯僧間の看板取りはずしの戦い（『連合ニュース』、1954年11月22日）。比丘側は曹渓寺の看板を、妻帯側は太古寺の看板を掛けるため、激しくせめぎ合った。

"佛像"앞에서"流血格鬪"

太古寺서比丘僧六名重輕傷

588.「仏像の前で流血格闘」。現曹渓寺仏像の前で比丘僧と妻帯僧は流血格闘を繰り広げた（『朝鮮日報』、1954年11月19日）。

比丘僧·太古寺철수

이번엔 帶妻僧이 점령

589.「妻帯僧、再び太古寺を占拠」。太古寺を占拠していた比丘僧が撤退し、再び妻帯僧が太古寺を占拠した（『ソウル新聞』、1955年2月21日）。

590. 仏教浄化運動の主役たち（1955年8月24日、曹渓寺から）。前列左から李大義、李青潭、鄭金烏、河東山、李暁峰、金瑞雲僧侶、後列右から二番目が孫慶山僧侶である。

591. 妻帯側の反撃（1958年7月）で寺院の外に追い出された比丘僧（上）と、警察に連行された妻帯僧（下）。

592. 第3回全国比丘・比丘尼大会記念（1954年12月13日）。比丘側は、1954年11月5日には太古寺に入居して浄化実践の具体的な歩みを始めた。そして、すでに同年10月15日、宗正に河東山、副宗正に鄭金烏を選出したが、これは宗祖変更（換父易祖）に不満を表した宋曼庵の排除を意味する。

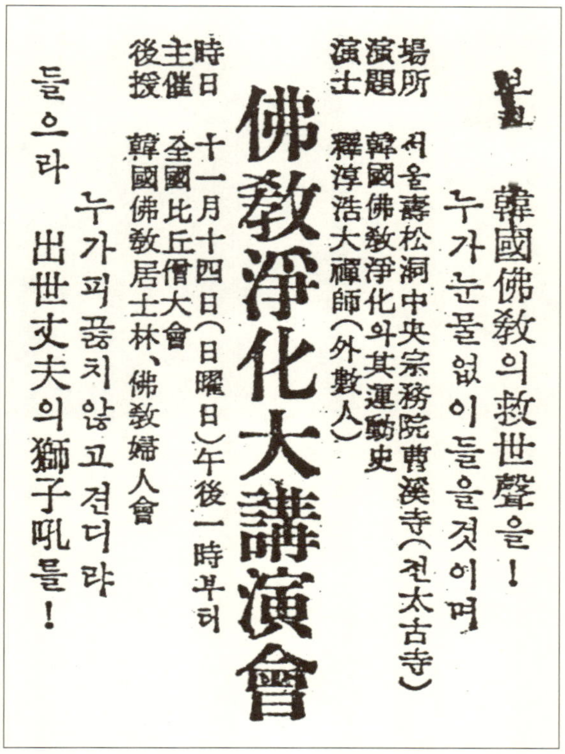
보라

韓國佛敎의 救世聲을!

누가 눈물 없이 들을 것이며

場所 서울 壽松洞 中央宗務院 曹溪寺(전太古寺)
演題 韓國佛敎淨化와 其運動史
演士 釋淳浩大禪師(外數人)

佛敎淨化大講演會

時日 十一月十四日(日曜日)午後一時부터
主催 全國比丘僧大會
後援 韓國佛敎居士林、佛敎婦人會

누가 피 끓치 않고 견디랴

들으라 出世丈夫의 獅子吼를!

593. 仏教浄化大講演会（1954 年 11 月 14 日）公告文（『東亜日報』、1954 年 11 年 13 月）。2 行目の「誰が涙なくして聞くことができようか」のヘッドコピーが異彩を放つ。

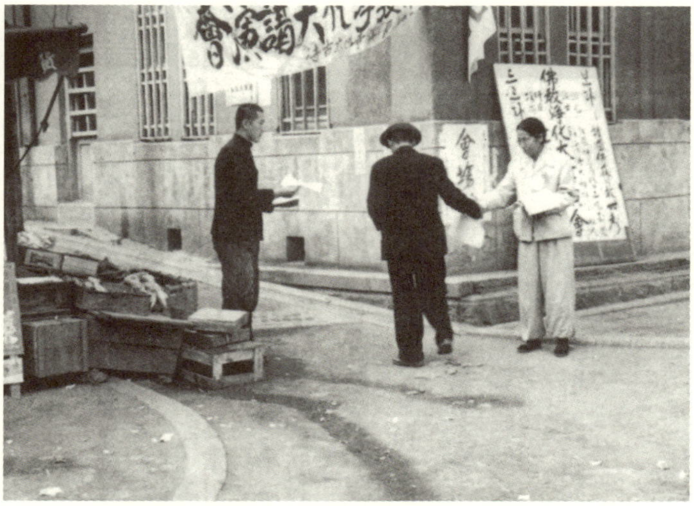

594. 仏教浄化講演会のチラシを配る様子（1954 年 11 月 13 日）。

595. 仏教浄化講演会で開会の挨拶をする李暁峰僧侶。

596. 講演をしている李青潭僧侶。「弁士釈淳浩」という文字が見える。

比丘側、
いよいよ卍の旗を掲げ
通りを行進。

597. 禅学院にいた大衆約 80 名が、安国洞ロータリーを通って曹渓寺入口へ行進する様子(1954 年 11 月 5 日)。青潭、暁峰、東山の各僧侶が先頭に立っている。

598. 吹雪に打たれながらも仏教浄化を主張しながら、世宗路で行進している比丘側僧侶たち(1954 年 12 月 13 日)。

599. 比丘側で卍の旗を掲げパレードしている。「大韓民国万歳」という垂れ幕が興味深い。

600. 曹渓寺で第 4 回比丘僧尼大会を終えた 532 人全員が鐘路を経て、景武台(大統領府)まで行進している(1954 年 12 月 13 日)。比丘側僧侶は、スピーカーを装着した自動車 1 台を前に出して行進した。当時、スピーカーを通して流されたものには、「仏教浄化は国土の浄化である。妻帯僧は罪を悔い改めて真の仏教徒になれ」という表現もあった。

601. 仏教浄化を訴えるため、中央庁に向かって歩いている全国の比丘僧たち。

602. 中央庁の前を通り過ぎる比丘側僧侶たち。

603. 警察と対峙している比丘側僧侶たち。比丘側僧侶たちは景武台前の孝子洞終点を占拠して、僧侶の代表7人が景武台を訪問した。当時、李承晩大統領は内務部、文教部に詳しく指示したので、浄化の趣旨に不当な点があれば再度訪ねて陳情しろ、と言った。このような内容を僧侶代表者から聞いた参加僧侶たちは、一斉に万歳を言ったという。

604. 全国比丘僧尼大会の旗を持って行進する直前の様子。一番前が蔡碧巌僧侶。

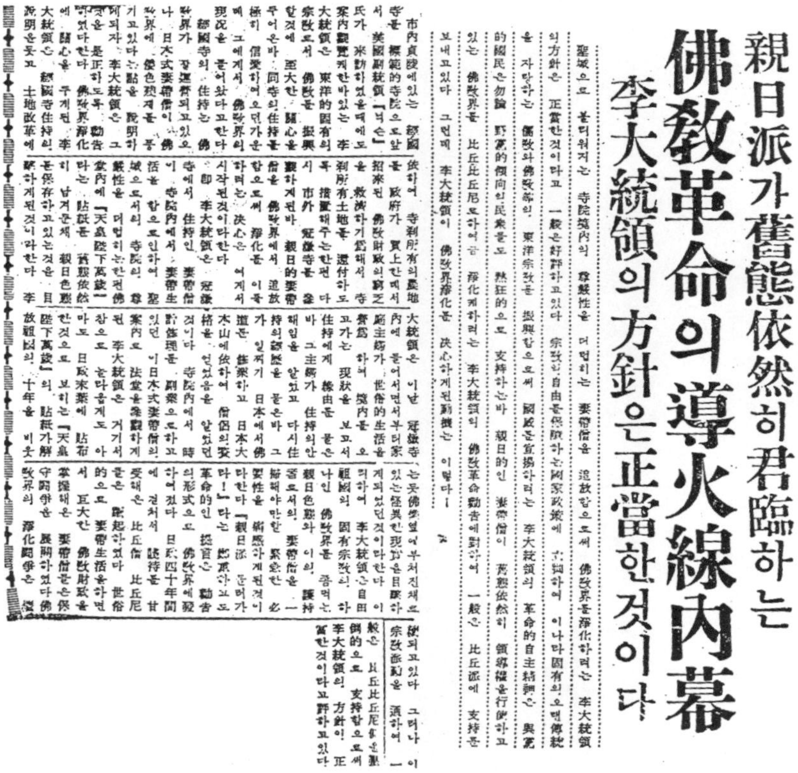

605. 李承晩大統領の仏教浄化のための方針に賛同した『新聞の新聞』記事（1954年12月29日）。仏教浄化を「仏教革命」と表現した点が印象深い。

606. 比丘中心の浄化を擁護した新聞漫画（1954年5月22日）。

607. 比丘僧の断食を題材にした漫画（1954年）。

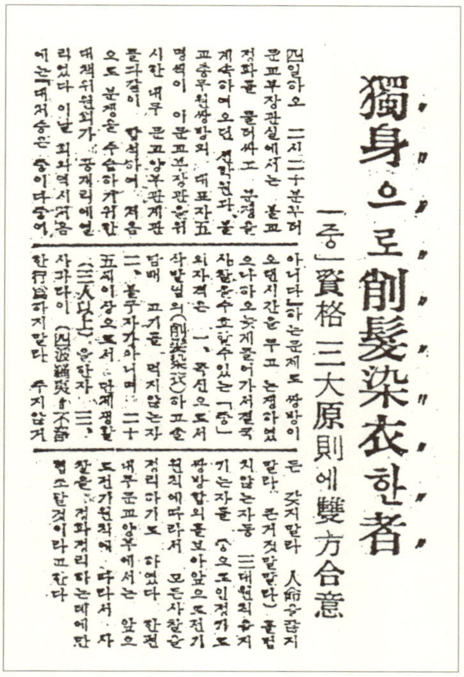
"獨身"으로 削髮染衣한者

一중一資格 三大原則에 雙方合意

608.「僧侶の資格は、独身で断髪染衣する者」。比丘と妻帯僧間の合意の結果、僧侶の資格を「独身で断髪染衣した者」に決定した（『朝鮮日報』、1955年2月5日）。当時、文教部は比丘·妻帯間の紛争を解消するために、双方の代表が出席する寺浄化収拾対策委員会を開催した。ここで決めた僧侶の資格3大原則は、独身者で断髪染衣して、酒や肉を食べない者、障害者でなく、25歳以上で3人以上の僧侶団体生活をした者、四波羅夷（出家者が守るべき4つの戒め）を犯していない者などであった。この3大原則はその後細分されて、8大原則に整備された。

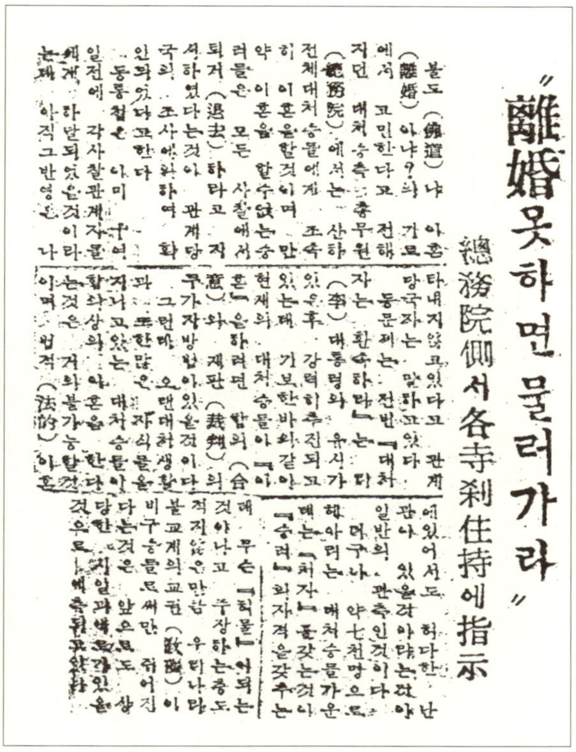
"離婚못하면 물러가라"

總務院側서 各寺刹住持에 指示

609.「離婚できなければ出て行け」。妻帯側が主導する既存の宗団である総務院で、全国の寺院住職に指示した文書の要旨は「離婚できなければ還俗せよ」という内容であった（『平和新聞』、1955年7月2日）。

평화신문 (水曜日)

佛道냐? 離婚이냐?

岐路에 선 帶妻僧들

總務院側서 自家淨化의 氣運

610.「仏道か？　離婚か？」。比丘と妻帯間の話し合いの結果、僧侶資格について合意し、この合意書が政府に認められると、妻を持っていた僧侶たちは離婚をするか、それができない場合は還俗せざるを得なかった。これらの問題は、妻帯側としては困った問題に違いはなかった。（『平和新聞』、1955年6月29日）。

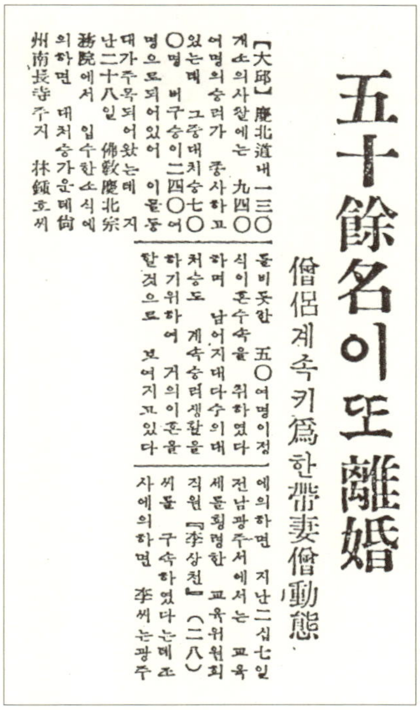
五十餘名이 또 離婚

僧侶계속키爲한帶妻僧動態

611.「50余名がまた離婚？」。比丘と妻帯双方の合意の結果によって「独身で断髪染衣する者」と僧侶の資格を規定することになると、約50名もの妻帯僧が一度に集団離婚する事態になった（『東亜日報』、1955年7月30日）。

612. 仏教浄化のための断食・黙言の回向法会に参加した四部大衆たち（1955年5月18日）。当時の比丘側は全国僧侶大会の開催を準備していたが、当局によって開催できなくなるとこれに憤慨し、曹渓寺で断食・座り込みに突入した。当局は比丘と妻帯間での寺院浄化原則が合意されていなかったので、中止させた。今日の韓国仏教界は、断食と黙言で浄化に臨んだ澄んだ清らかな精神は形もなく、権力闘争と住職の座をめぐる争いが跡を絶たない状況である。浄化という美名の下に、昔の泥棒と新しい泥棒が席の交替をしたのである。

佛教界淨化에「新讀經」

斷食하고殉教決意

比丘僧들「솥」떼고南無阿彌陀佛

(寫眞)仏教淨化를爲해 非常한決意로斷食祈禱하는比丘僧들

613. 仏教浄化のため、固い決意で絶食している比丘側僧侶たち（『連合新聞』、1955 年 5 月 17 日）。最初から台所の釜をはずして出てきた。

614. 断食突入を知らせる張り紙（曹渓寺正門）。比丘側僧侶が断食をした理由は、当局が全国の僧侶大会を阻止したことから始まった。しかし、断食が行われている中でも比丘と妻帯側は、各 5 名で構成される仏教浄化対策委員会を構成し、解決の糸口を見つけ出す努力をした。

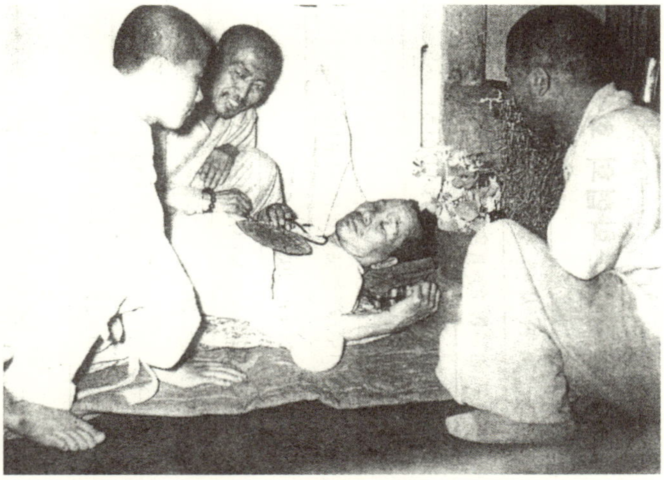

615. 断食の祈り中、妻帯側の攻撃を受けて横になっている比丘側の金瑞雲僧侶。

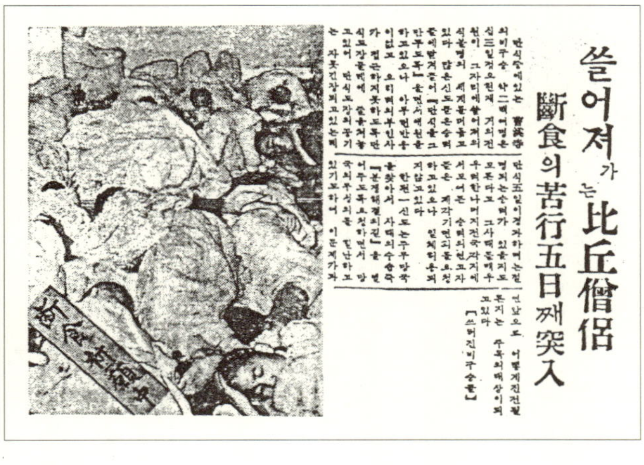

쓸어져가는比丘僧侶

斷食의苦行五日째突入

【쓰러진비구승들】

616. 第 2 次断食 5 日目の状況を報道した『東亜日報』（1955 年 6 月 14 日）。断食 5 日目になると、比丘側僧侶で、一人二人と倒れる人が続出した。

檀紀四二八八年六月十一日　第9931號

새벽의曹溪寺에流血劇

帶妻僧、比丘僧을襲擊

30名重輕傷、二百餘警官出動으로鎭壓

主謀者50名連行問招

文敎部、紛爭早速解決을言明

THE NEWS OF NEWS　檀紀4288年3月3日（木曜日）（週刊）

新聞의新聞

REUITERS 世界通信

民族을저바리고地上極樂을누린

帶妻僧下의積極親日

佛敎淨化는이루어저야한다!

618. 比丘側の浄化論理を擁護した『新聞の新聞』の記事（1955年3月3日）。

617. 夜明けの曹渓寺で流血劇。30人が重軽傷を負った比丘と妻帯間の曹渓寺掌握は、双方が総務院の建物を占めようとしたことでもわかるとおり、重要な鍵だった。当時、妻帯側の僧侶約370名は、曹渓寺で断食している比丘僧たちを夜明けに奇襲し、流血事件が発生した（『東亜日報』、1955年6月11日）。

619. 全国僧侶大会に参加した信徒たちの記念撮影（1955年8月3日）。仏教浄化が起きると比丘側信徒たちは浄化を推進する僧侶たちに、飲食支援などを惜しまなかった。

620.「離婚しても資格がない」。僧侶資格（独身）を維持するために法律上だけで離婚をするようになると、今度は、「寺院を渡さないことが目的なので、離婚しても僧侶の資格がない」との声が出始めた（『連合新聞』、1955年8月1日）。

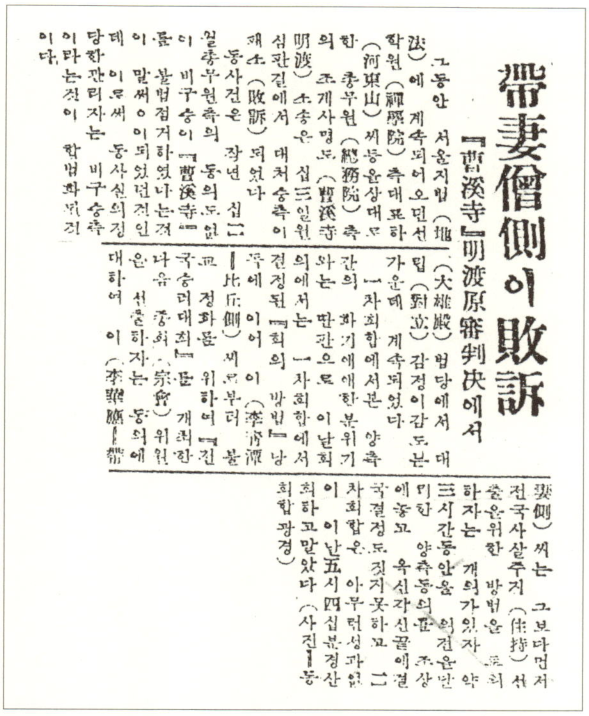

621. 曹渓寺明け渡し訴訟で、妻帯側が敗訴（『平和新聞』、1955年7月15日）。比丘側は、すでに1954年12月に妻帯側の同意なしに曹渓寺を占領し、入居している。

622.「仏教界の紛争終幕」。1955年8月1～5日の全国僧侶大会が合法的に認められたことで、仏教界の紛争が終焉を迎えたという内容を報道した『東亜日報』の記事（1955年8月13日）。しかし、この僧侶大会開催の正当性を保証してくれるのは寺院浄化対策委員会であった。この委員会では、大会開催の正当性を（5：3）に決定したが、妻帯側が異議を申し立てたため、当時の文教部としては僧侶大会の諸決定を認めることができなかった。したがって文教部は、委員会を再度開催して新たな決定、すなわち大会妥当性の決議（7：1）を変更するよう誘導した。これにより同年8月12日の僧侶大会は、前回決定したことを再確認した。この僧侶大会では宗憲を制定し、新しい執行部を発足させた。この僧侶大会が当時、政府が認めた最初の僧侶大会だった。

623. 全国僧侶大会の参加記念撮影（1955 年 8 月 3 日）。現在の曹渓寺大雄殿であるが、後ろに掛かっているプラカードの文字などが、当時の雰囲気を物語っている。仏教浄化は文教部が仲介した寺院浄化対策委員会を開催し、その委員会で浄化のすべての問題を解決することにした。しかし、全国僧侶大会開催案が可決されたが（5：3）、妻帯側の異議申し立てに難航した。最初は、当局の反対で大会が開催されなかったが、委員会の再開催を通して大会の承認を期したので、1954 年 8 月 12 ～ 15 日の僧侶大会は正式に開催された。この大会では、政府が認めた宗憲が公布された。

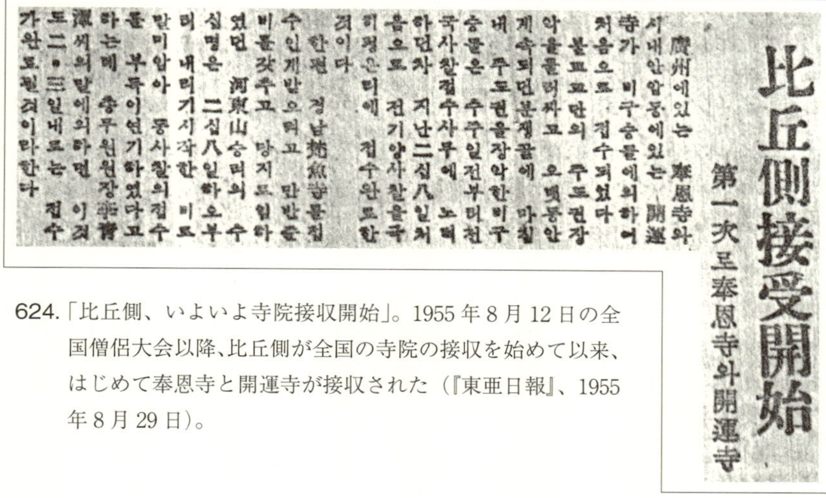

比丘側接受開始

第一次로奉恩寺와開運寺

廣州에있는 奉恩寺와
시내안암동에있는 開運
寺가 비구승들에의하여
처음으로 접수되었다
불교교단의 주도권장
악을둘러싸고 오랫동안
계속되던분쟁끝에 마침
내 주도권을장악한비구
승들은 수주일전부터전
국사찰접수사무에 노력
하던차 지난二십八일처
음으로 전기양사찰을극
히평온리에 접수완료한
것이다
한편 경남梵魚寺를접
수인계받으려고 만반준
비를갖추고 당지로입하
였던 河東山승려의수
십명은 二십八일하오부
터 내리기시작한 비로
말미암아 동사찰의접수
를 부득이연기하였다고
하는데 종무원원장 李靑
潭씨의말에의하면 이것
도 二·三일내로는 접수
가완료될것이라한다

624.「比丘側、いよいよ寺院接収開始」。1955 年 8 月 12 日の全国僧侶大会以降、比丘側が全国の寺院の接収を始めて以来、はじめて奉恩寺と開運寺が接収された（『東亜日報』、1955 年 8 月 29 日）。

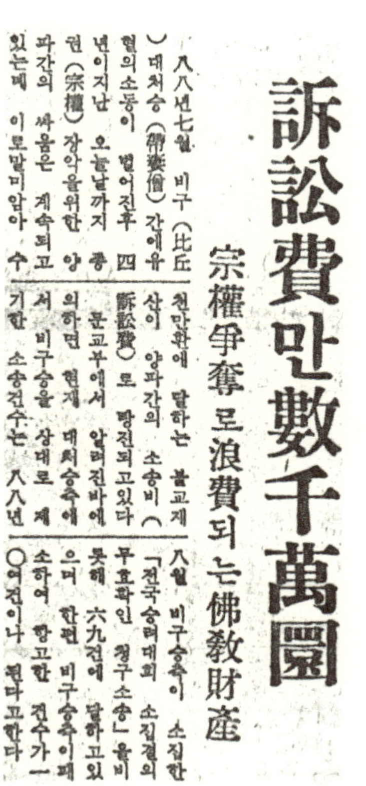

訴訟費만數千萬圜

宗權爭奪로浪費되는佛敎財産

八八년七월 비구(比丘
)대처승(帶妻僧)간에유
혈의소동이 벌어진후 四
년이지난 오늘날까지 종
권(宗權)장악을위한 양
파간의 싸움은 계속되고
있는데 이로말미암아 수
천만환에 달하는 불교재
산이 양파간의 소송비(
訴訟費)로 탕진되고있다
문교부에서 알려진바에
의하면 현재 대처승측에
서 비구승을 상대로 제
기한 소송건수는 八八년
八월 비구승측이 소집한
「전국승려대회 소집결의
무효확인 청구소송」을비
롯해 六九건에 달하고있
으며 한편 비구승측이패
소하여 항고한 건수가 一
○여건이나 된다고한다

625.「訴訟費だけで数千万ウォン」。比丘側と妻帯側の戦いは、最終的に裁判所の判決によって左右されるようになった。そのため、寺院ごとに莫大な訴訟費用で寺院の全財産を無駄にする結果を招いた（『東亜日報』、1959 年 7 月 13 日）。

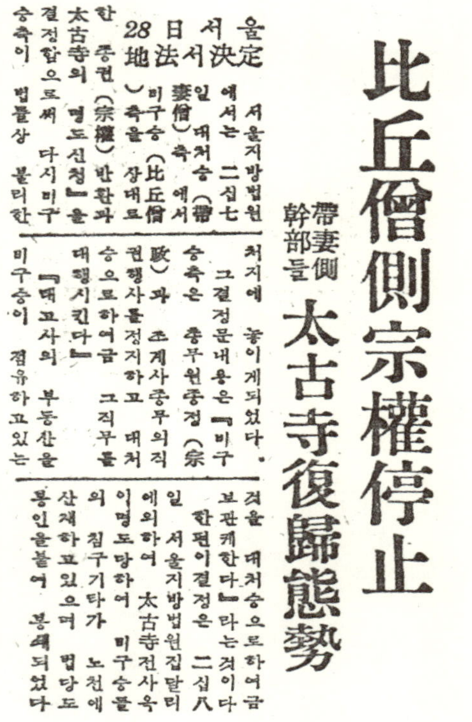

比丘僧側宗權停止

帶妻側幹部들 太古寺復歸態勢

28日 서울地法서決定

서울지방법원
에서는 二십七
일 대처승(帶
妻僧)측에서
)비구승(比丘僧
)측을 상대로
한 종권(宗權)반환과
太古寺의 명도신청』을
결정함으로써 다시비구
승측이 법률상 불리한
처지에 놓이게되었다·
그결정문내용은『비구
승측은 종무원종정(宗
政)과 조계사종무의직
권행사를정지하고 대처
승으로하여금 그직무를
대행시킨다』
『대고사의 부동산을
비구승이 점유하고있는
것을 대처승으로하여금
보관케한다』라는것이다
한편이결정은 二십八
일 서울지방법원집달리
에의하여 太古寺전사옥
이명도당하여 비구승들
의집구기타가 노천에
산재하고있으며 법당도
봉인을붙여 봉쇄되었다

626. 宗権返還訴訟で妻帯側、勝訴。比丘側の宗権掌握について妻帯側は、宗権停止訴訟を裁判所に提出した。裁判所は、妻帯側の主張を妥当なものとして受け入れた（『東亜日報』、1956 年 7 月 30 日）。

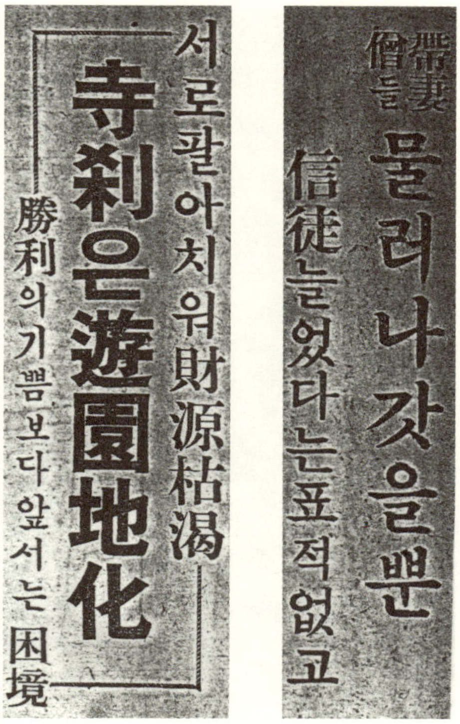

帶妻僧들 물러나갔을뿐
信徒늘었다는표적없고

서로괄아치워財源枯渇
寺刹은遊園地化
勝利의기쁨보다앞서는困境

627. 浄化の後遺症の報道。1955 年 8 月 12 日、全国僧侶大会で宗憲が制定された以後は、その宗憲による比丘側中心の浄化が推進されたが、結果は非常に不十分だった。このような当時の状況を『東亜日報』は「寺院遊園地化」などの見出しで大きく報道した（1968 年 7 月 17 日）。

628. 仏教曹渓宗中央総務院の看板を取り付けている僧侶たち。その当時は比丘と妻帯双方が、互いに自分たちの看板を取り付けるための競争が熾烈だった。

629. 曹渓寺の看板を取り付けている僧侶たち。看板は呑虚僧侶の文字である。妻帯側は太古寺の看板を取り付けようとしたため、その渦中で時折、衝突が生じることもあった。

630. 梵魚寺の浄化が終わった後、梵魚寺を引き継いでいる河東山僧侶（1955 年 9 月 1 日）。1955 年 8 月 12 日、全国僧侶大会の開催を通じて、政府が認めた宗憲が公布された。その宗憲には、妻帯僧の追放が核心内容として含まれていた。大会直後、比丘側は奉恩寺、開運寺など全国の主要な寺院を接収し始めた。当時、警察は比丘側の寺院接収を支援した。

631. 仏教問題の主務大臣である李瑄根文教部大臣と対話をしている比丘側の李青潭、鄭金烏、尹月下の各僧侶。

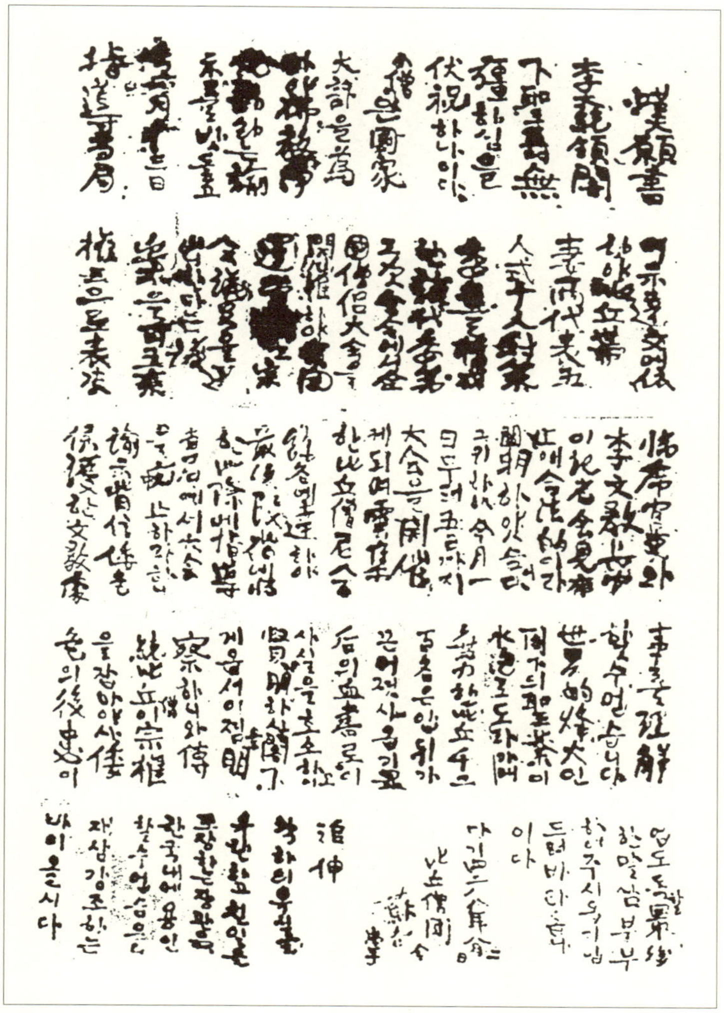

632. 蘇九山僧侶の血書。浄化に対する熱烈な意志を持っていた蘇九山僧侶は、浄化が盛んに進められた1955年8月2日、曹溪寺で指を切り、その流れる血で李大統領に送る書簡を書いた。

633. 換父易祖に憤慨した宋曼庵と鞠黙潭。比丘側と妻帯側の対立が激しく展開される中で、比丘側が宗祖を太古普愚から普照知訥に変えると、当時の宗正である宋曼庵僧侶（前列右）と監察院長・鞠黙潭僧侶（前列左）は、比丘側の「換父易祖」に嘆きながら、北漢山太古寺の太古普愚を参拝し、号哭した。

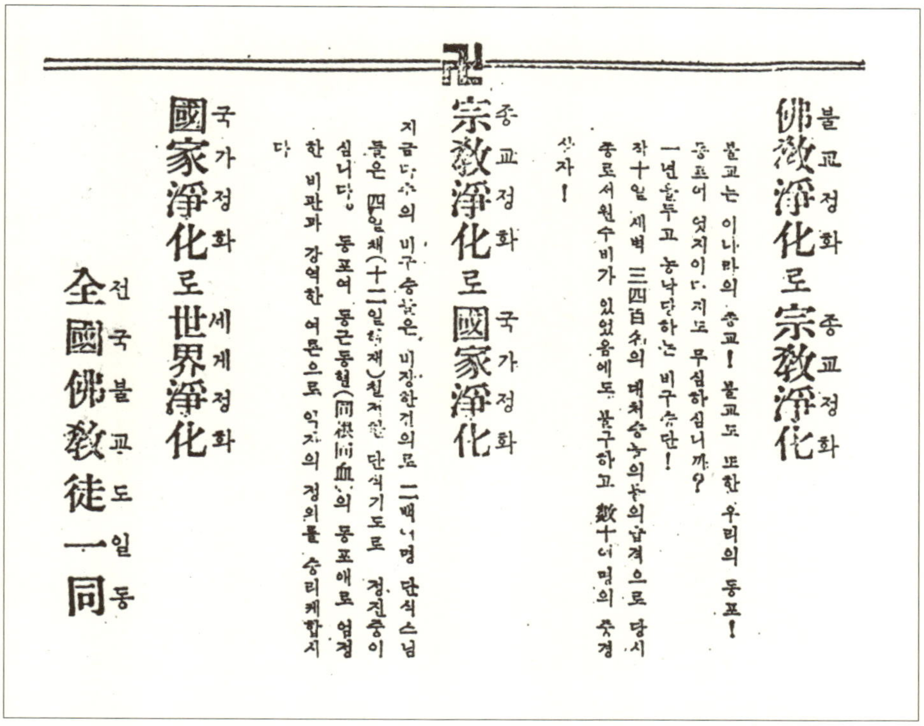

佛敎淨化《불교정화》로 宗敎淨化《종교정화》

불교는 이나라의 종교! 불교도 또한 우리의 동포!
동포여 엇지이다지도 무심하십니까?
一년을두고 농낙당하는 비구승단!
작十일 새벽 三四百名의 대처승들의 습격으로 당시 종로서원수비가 있었음에도 불구하고 數十여명의 중경상자!

宗敎淨化《종교정화》로 國家淨化《국가정화》

지금다수의 비구승들은 비장한결의로 二백여명 단식스님들은 四일채(十二일현재)철저한 단식기도로 정진중이십니다. 동포여 동근동혈(同根同血)의 동포애로 엄정한 비판과 강력한 여론으로 약자의 정의를 승리케합시다

國家淨化《국가정화》로 世界淨化《세계정화》

全國佛敎徒一同《전국불교도일동》

634. 碑石仏教浄化を支持する仏教徒たちの文書。

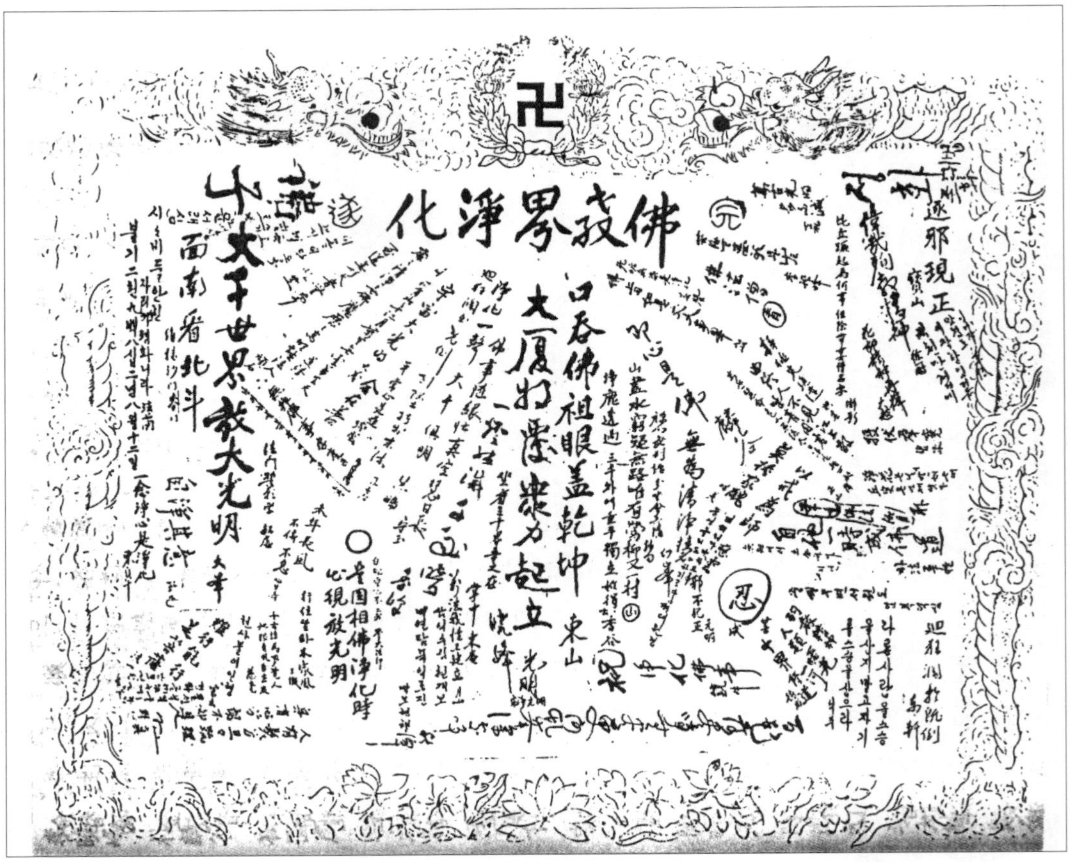

635. 仏教界が浄化されなければならないことを強調した署名簿。浄化に対する比丘側の念願が込められている。

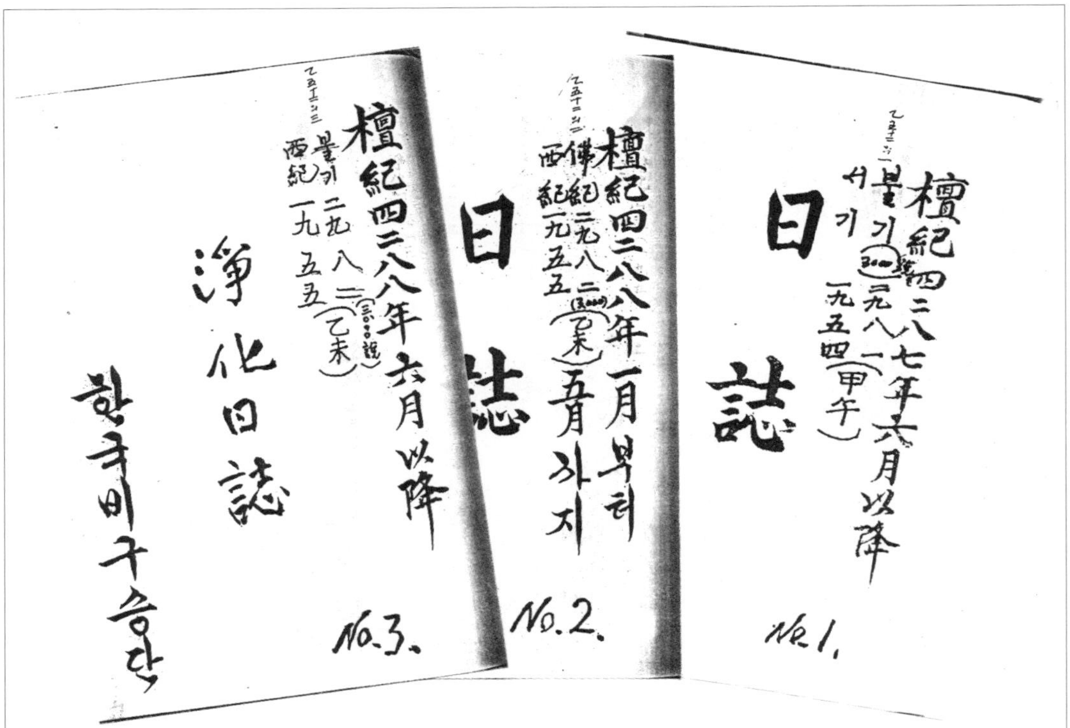

636. 比丘側の浄化活動を日記形式で記録した閔道光僧侶の浄化日誌表紙（1954、55 年頃）。閔道光僧侶は浄化当時、比丘側総務院にいて（54 ～ 55 年）、毎日のように浄化日誌を書いたが、これを 96 年 10 月『韓国仏教僧団浄化史』という本として出版した。浄化に関する資料としては、非常に重要である。

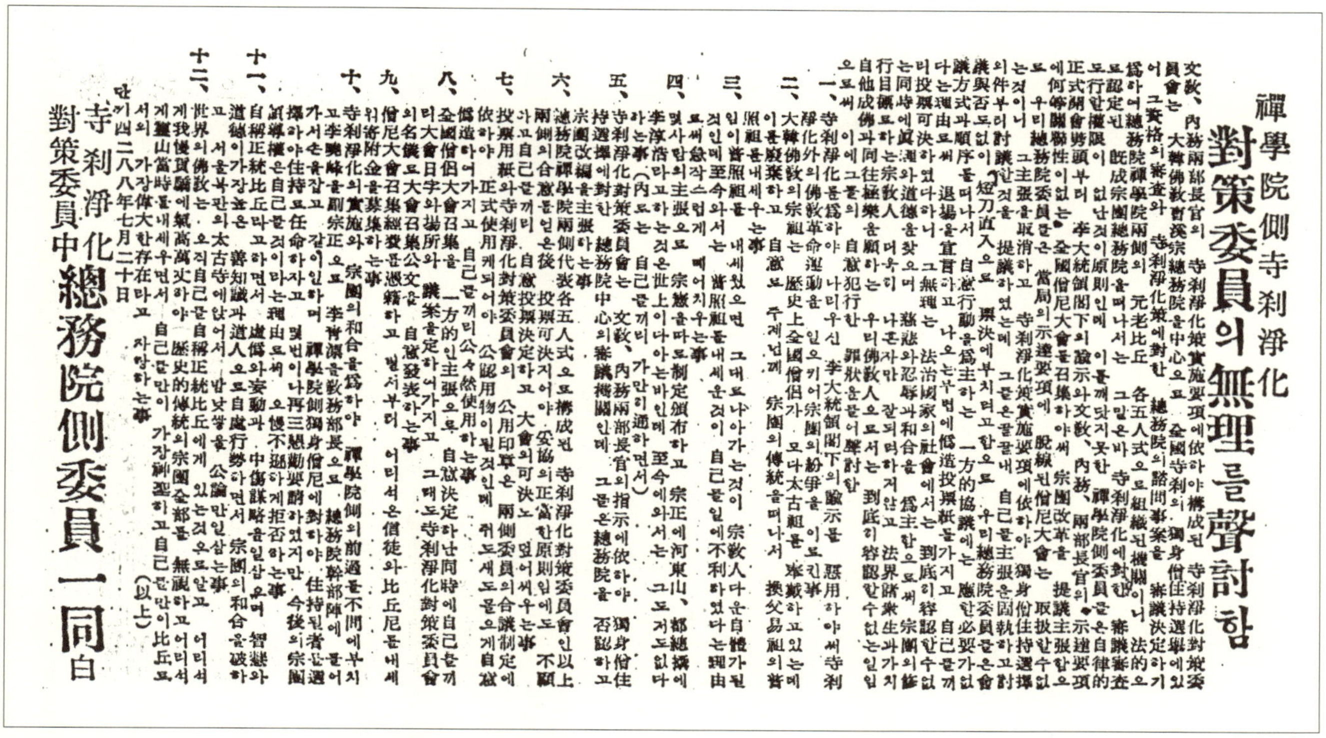
禪學院側寺刹淨化

對策委員의 無理를 聲討함

檀紀四二八八年七月二十日

寺刹淨化

對策委員中 總務院側委員一同 白

637. 当時の教団執行部である総務院（妻帯側）が、仏教浄化を推進しようとする禅学院側の僧侶たちの問題を指摘した声明書（1955 年 7 月 20 日）。

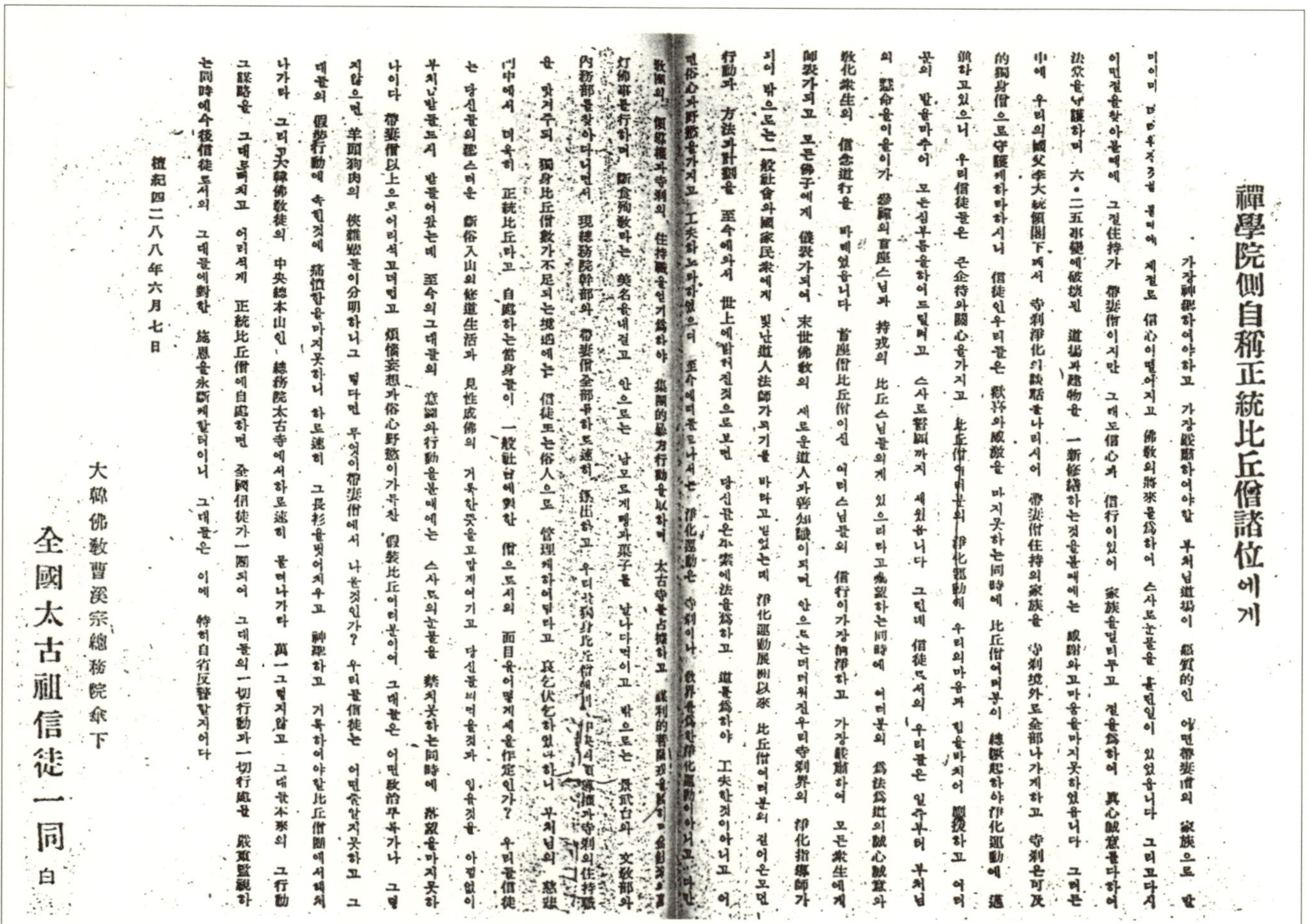
禪學院側自稱正統比丘僧諸位에게

檀紀四二八八年六月七日

大韓佛教曹溪宗總務院傘下

全國太古祖信徒一同 白

638. 妻帯側の信徒たちが禅学院側僧侶たちに送った声明文書（1955 年 6 月 7 日）。

대비제 호
단기四二八八년十二월八일
내무부장관
문교부장관 귀하
불교에 관한 건
수제의건에 관한 대통령각하의 분부를 다음과 같이
전달합니다
기
내가 기왕에도 말하였지만 대처승과 비구승의 구별을 엄시해서
차차 우리나라 정신을 주장함으로서 일본중이 주장하든 바를 번
경해서 우리나라 불교의 대지를 행해 나가기를 뜻하고 있던 것이다
정부에서는 일본과 평화로이 살수 있을 희망을 가지고 여러가지로
교섭해왔으나 아직도 일본은 우리나라 재산의 八十五%가 저의 것
막자면 비구
내가 설명할적에 친일이나
아러드려서 화의적으로 되도록 도모했으나
을 고집해서 화의적으로 하기 이려운 형편을 보고 승여간에서
가 생기게된다면 도리어 전국에 불리하겟스므로 부득히 갈려노을
적에 일본중의 일본교리와 정신이 본국중의 교리와 정신 사이에
다소간 차별이 잇는것을 교정해서 이전과 같이 우리 중도 다 일원
화해서 가치 나가도록 만들자는 계획으로 한것인데 그결과로는
지기사
하도록 노력하기를 비라는
파 비구승이 갈리잇든지 그것은 더 문제를 삼자 말고
해서 지금부터는 우리 한인의 혈족으로 한국정신을 가진 사람은
다 같은 주장으로 서로 화동해서 지내가기를 우리가 도모하는 중인데
지금 보고된것을 보면 전국에 암자등을 합해서 사찰이 총 一七○○이
잇다면 또 토지는 사찰의 원사유 토지와 농지개혁때 분양된 토지와
반환바든 토지등이 잇다하니 절에 소속된 토지는 사찰에 부쳐주
어 이러케 해서 절마다 암자마다 중이 드러가 잇서서 그 재산을 지
발전되어 그 지의 문교부에서 도웁고
고 자랑할만치 만드는것이 목적이니 이 어 만든다는데는 수선해가도록 해야
간이 협동해서 성공하도록 만든다는 데는 보호하고
내무부 경찰이 각지방에 지시해서
될것이다
이상
대통령비서관 구본준

639. 李承晩大統領秘書官が、内務·文教部大臣に仏教問題に関する大統領の指示を伝達した文書（1955年12月8日）。

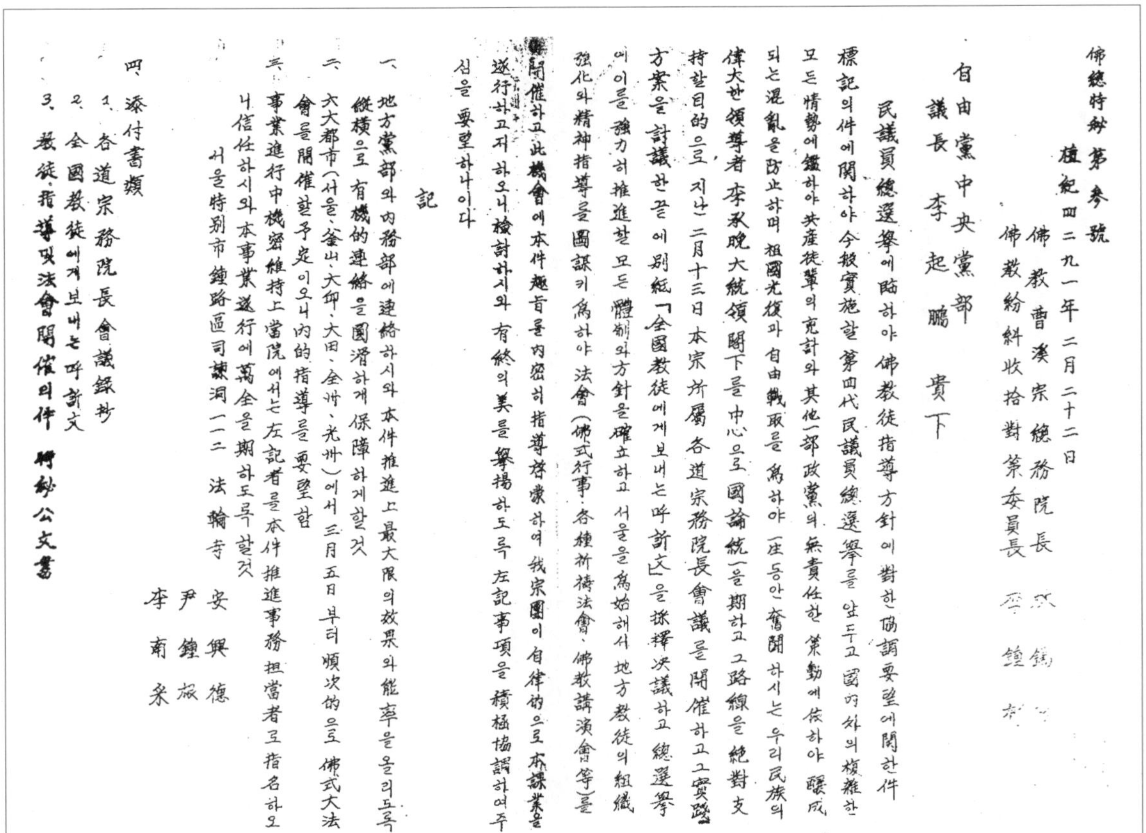
佛總特秘第參號
檀紀四二九一年二月二十二日
佛教曹溪宗總務院長 林錫珍
佛教紛糾收拾對策委員長 李鍾郁
自由黨中央黨部
議長 李起鵬 貴下
民議員總選擧에臨하야 佛教徒指導方針에對한協調要望에關한件
標記의件에關하야 今般實施할 第四代民議員總選擧를 앞두고 國內外의 複雜한
모든 情勢에 鑑하야 共産徒輩의 宄計와 其他一部政黨의 無責任한 策動에 依하야 釀成
되는 混亂을 防止하며 祖國光復과 自由戰取를 爲하야 一生동안 奮鬪하시는 우리民族의
偉大한 領導者 李承晩大統領閣下를 中心으로 國論統一을 期하고 그路線을 絶對支
持할目的으로 지난 二月十三日 本宗所屬 各道宗務院長會議를 開催하고 그實踐
方案을 討議한 끝에 別紙「全國教徒에게 보내는 呼訴文」을 採擇決議하고 總選擧
에 이를 強力히 推進할 모든 體制와 方針을 確立하고 서울을 爲始해서 地方教徒의 組織
強化와 精神指導를 圖謀키 爲하야 法會(佛式行事·各種祈禱法會·佛教講演會等)를
開催하고 此機會에 本件趣旨를 內密히 指導啓蒙하여 我宗團이 自律的으로 本議業을
遂行하고저 하오니 檢討하시와 有終의 美를 擧揚하도록 左記事項을 積極協調하여주
심을 要望하나이다
記
一、地方黨部와 內務部에 連絡하시와 本件推進上 最大限의 效果와 能率을 올리도록
縱橫으로 有機的連絡을 圓滑하게 保障하게 할것
二、六大都市(서울、釜山、大邱、大田、全州、光州)에서 三月五日 부터 順次的으로 佛式大法
會를 開催할 予定이오니 內的指導를 要望함
三、事業進行中 機密維持上 當院에서는 左記者를 本件推進事務担當者로 指名하오
니 信任하시와 本事業遂行에 萬全을 期하도록 할것
서울特別市 鍾路區司諫洞 一一二 法輪寺 安興德
尹鍾旅
李南采
四、添付書類
1、各道宗務院長會議錄抄
2、全國教徒에게 보내는 呼訴文
3、教徒指導및法會開催의件 特秘公文書

640. 妻帯側の林錫珍と李鍾郁が、自由党議長である李起鵬に送った公文書（1958年3月22日）。林錫珍僧侶は当時の総務院長であり、李鍾郁僧侶は仏教紛糾収拾対策委員長だった。

比丘中心으로淨化

崔文教長官、佛教紛爭에闡明

작보॥지난二십七일서울지방법원에서 판결이 내려진대한불교조계종종무원및 조계사와 그소속재산에대한 서울지법의가처분결정(대처승으로하여금 관리케하는)이내려짐으로써 종식된듯하던 불교계의분쟁은다시일어날기세를보이고있는때 三십일崔문교부장관은『지법의판결은 어째되었던간에 문교부의대묘는종전과하등변함이없을것이고 바라서한국의불교는앞오로도계속비구승들의손에의하여 정화되어야할것이라』고 말하였다

崔장관은이어『불교의정화는계속추진이되어야하는봉시종권은비구승들이 장악하여야한다는원칙에 친봉한대처승들이이제와서새삼스럽게문제를삼아물의를일으키고있다는것은알수없는일이마』고 말하고『하여간지법의 관결이최후의것이아닌만큼법원칙의판결은별도로하고문교부의대도만은계속비구승들을중심으로일을진행토록할것이라고부언하였다』

학제품(化學製品)의종별을나누어『음료수』(쥬ー스・사이다)『정제(錠劑)약품』『주사약품』등같은종류의 약품을만드는 업자를꺼리협회를만들고 그곳에서약품이 시중에판매되기전에 검사를실시한후 합격품에한하여 판매를허락할것이라고한다『약품협회』의 이와같은계획은 당국에서 실시하여야할『약품검사』를거의않고있어 당국의일을대신하려는것이나 이것이앞으로 부정약품방지에 얼마나한 도움을줄것인지의여부는 아직숙제로 남아있다

641. 仏教浄化に対する政府の方針（『東亜日報』、1956年7月31日）。

불교정화기념회관건축취지

이번의 승단정화는 한국불교의 정법을 멸회하려는 위경에서 만회한 비상한 성공입니다.

아무리한 순비도 배경도 없이 다만 정법을 수호하기위하여서는 신명도 도라보지 아니하리라는 비장한 념원과 열열한 성혈로 궐기되였든것이 안으로 법석제천의 가호가 있고 밖으로 행경 당국의 정당한 조치와 사회각층의 호의적 성원으로 인하여 이만한 형식적 정화나마 획득한것이니!

생각하면 아슬아슬한 과정이라. 아니할수 없나이다

그러나 이것만으로 능사필이라할수없고 앞으로 실질적 정화를 철저하게 실천하지 아니하면 아니됩니다 우리승여자신의 수양이라던가 재래의 적패를 개선하는것이라던가 신중층의 식육을 청소하는것이라던가 정화정신의 영항적지속이라던가 목하에 시급히 실행하여야할것이 손가락을 이로꼽을수없나이다

인천의 경각을위하여는 사자후가 필요하고 자신의 수련을 위하여는 도장이 필요하고 민중의 화도를위하여는 키의탑이 필요하고 정화본의의 지속을위하여는 기념목표가 필요하고 마외의 항복을 위하여는 대법당이필요함니다 이 여러가지의 요구에 순응하기위하여 이에 우리는 정화기념관의 건축을 발기합니다 공비의조달은 이천의출가오중이 노소를물논하고 일제히 가방화주가 되여 가가문전의 탁발성금으로 충당하기로 선적 책임을지고 당사의 각부서는 소유의 역양을 다하여 공사의 추진에 심역을 신주하기로 한것입니다

이것은 우리의 자체의 시련인동시에 일반사회에 대하여 비구들의 실역을 표현하는 시금석이 아닐수없음니다

종하 여러법여들 자신의 분발을 굳게 서원함이있기를 바라오며 아울러 전국의 선남신여의 적극적인 원호가 게시기를 비나이다

단기四二九○년三월 일

불교정화기념회관건축위원회

위원장 이 효봉

642. 浄化記念会館の建設趣旨書（1957年3月）。

643. 仏教浄化記念会館。曹渓寺の境内にあったこの記念館は、1957年に発起して59年に竣工した。曹渓寺聖域化事業の一環として現在は撤去され、こうして写真だけが残り、当時を伝える。

젊은學徒들이佛敎革新運動

比丘·帶妻僧紛爭,敎壇의內紛淨化

시들어가는「불교」를 부흥시키려고 불교의 혁신운동을 일으키려는 三一명의 젊은 불교학도의 모임이있다 그들은 비구·대처승간의 분쟁과 교단의 내분을 증오하며그리하여 불교의 혁신적의 첫「스타—트」로서 金海평야에 우뚝솟아있는 봉화산(烽火山)에다 새로운 불교혁신운동의「심볼」로서「烽火臺」를 쌓고서「관음상」을 건립하여 오는 四월五일「식목일」을 계기로 제막식을 거행하기로하여 불교계의 화제가되고있다 과연 그들의 열성이 보답될 것인지?…젊은 불교학도들의 불타는 부흥운동의 성격과 첫사업

烽火臺를 쌓고 觀音像」建立

植木日에除幕式하기로

644. 草取り鎌を持つ観音像を造った若い学徒たちの仏教革新運動（『東亜日報』、1959年3月13日）。当時、東国大学生会長だった宣晋圭、朴完一、金知見、金煐泰、金基業、金仁徳など31名は衆生救済の願力で観音像を造り（パク・イルホン作）、これを仏教の革新運動に昇華させようとした。この観音像はその後、風寒により多く毀損されたために、1999年10月31日、再度築造された。

佛敎正化의緊急問題

우리들자신이깨닫자

(中) 金一葉

佛敎正化의緊急問題

공정한판결을바란다

(下) 金一葉

645. 仏教浄化の金一葉の見解。文人としても筆名をふるった尼僧・金一葉が、仏教浄化の立場を『東亜日報』に寄稿した文章。金一葉尼僧の寄稿文「仏教浄化の緊急問題」は、1959年3月23～25日に3回（上、中、下）に分けて連載された。

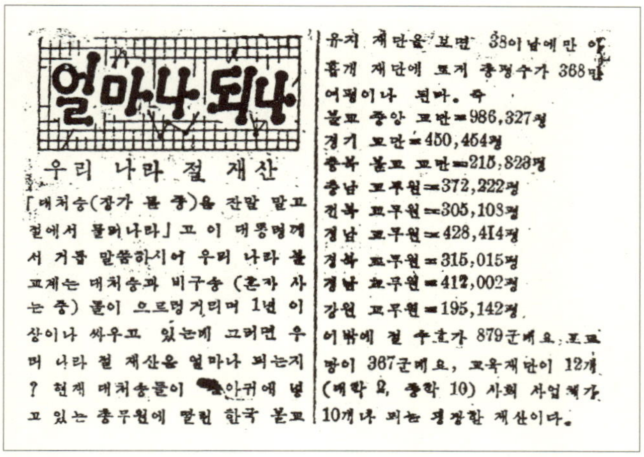
얼마나 되나
우리 나라 절 재산
「대처승(장가 든 중)을 잔말 말고 절에서 물러나라」고 이 대통령께서 거듭 말씀하시어 우리 나라 불교계는 대처승과 비구승(혼자 사는 중)들이 으르렁거리며 1년 이상이나 싸우고 있는데 그러면 우리 나라 절 재산을 얼마나 되는지? 현재 대처승들이 안귀에 넣고 있는 총무원에 딸린 한국 불교 유지 재단을 보면 38이남에만 아홉개 재단에 토지 총평수가 368만 여평이나 된다. 즉
불교 중앙 교단=986,327평
경기 교단=450,454평
충북 불교 교단=215,823평
충남 교무원=372,222평
전북 교무원=305,103평
경남 교무원=428,414평
경북 교무원=315,015평
경남 교무원=412,002평
강원 교무원=195,142평
이밖에 절 수효가 879군데요, 포교망이 367군데요, 교육재단이 12개(대학 2, 중학 10) 사회 사업체가 10개나 되는 굉장한 재산이다.

646.『少年朝鮮日報』（1955 年 6 月 26 日）に報道された寺院財産の統計。

話題의焦点
佛教紛爭은왜解決안되나？
莫大한財産의管理權掌握이重要原因
土地事業體等 天文學的巨財
뺏기느냐…뺏느냐…에決死的鬪爭
農繁期勞力補充 學校等集團動員

647.「仏教紛争はなぜ解決できないか？」。『連合新聞』（1955 年 6 月 21 日）は、「莫大な財産掌握が重要原因」と指摘している。

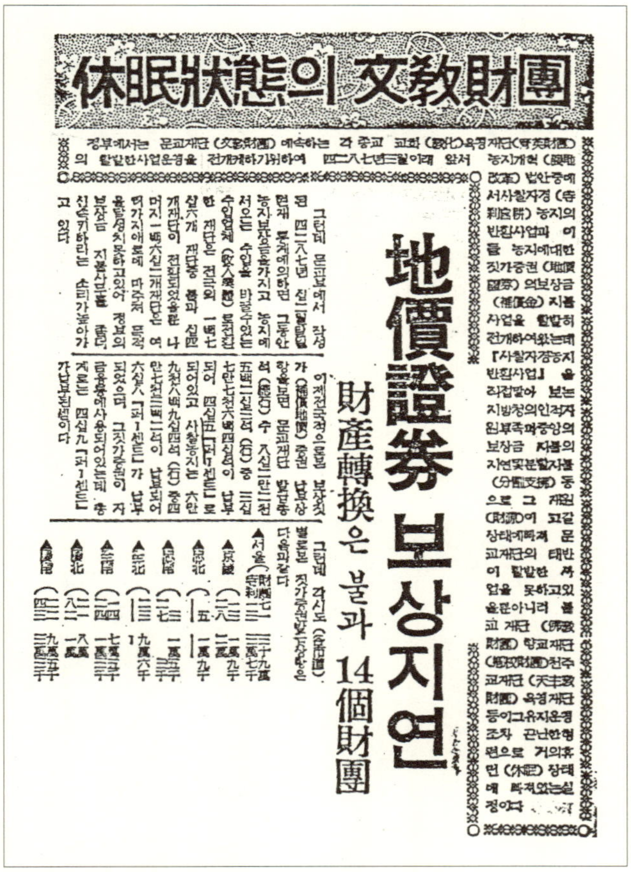
休眠狀態의 文敎財團
地價證券 보상지연
財産轉換은 불과 14個財團

648. 仏教界の土地問題を報道した『ソウル新聞』（1955 年 1 月 10 日）。農地改革で自耕することができない土地を喪失した仏教界は、経済的に大きな打撃を受けた。ところが、その喪失土地に対する補償は地価証券、あるいは文教証券で受けた。この記事は、その証券の補償作業の遅延を指摘している。

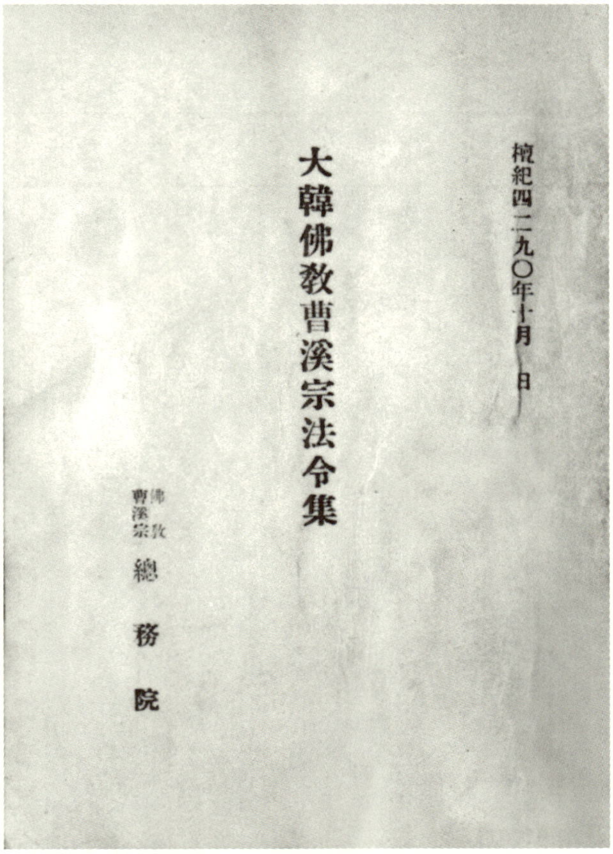
檀紀四二九〇年十月 日
大韓佛教曹溪宗法令集
佛教曹溪宗 總務院

649.『曹溪宗法令集』（1957 年 10 月）。

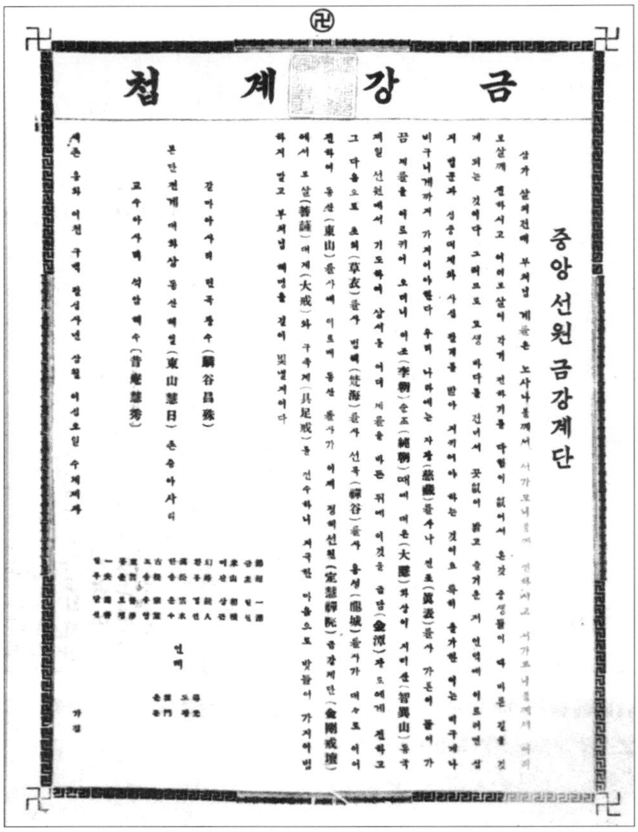

650. 中央禅院金剛戒壇の金剛戒牒（1957 年 3 月 25 日の受戒帖）。

651.『仏教新聞』続刊第 1 号。1951 年 11 月末に創刊された週刊新聞。発行元は週刊仏教新聞社、発行人は張龍瑞、編集者は金正默。釜山で創刊したが、朝鮮戦争のために環都後はソウル（鍾路区寿松洞 44）に発行所を移した。しかし、「続刊第 2 号」と記載したものを見ると、46 ～ 49 年の月刊新聞である『仏教新報』を継承したものと推測できる。

652. 東国大学仏教学会と哲学会が発行した『東国思想』創刊号。46 倍判（B5）の半洋装で、現在も毎年発行されている。

653. 白性郁博士頌寿記念『仏教学論文集』（1959 年 7 月 25 日）。仏教学界最初の記念論叢で、仏教学の発展に多くの役割を果たした。46 倍判、洋装、約 1,200 ページ。

654. 1957年4月に創刊された月刊『仏教世界』。

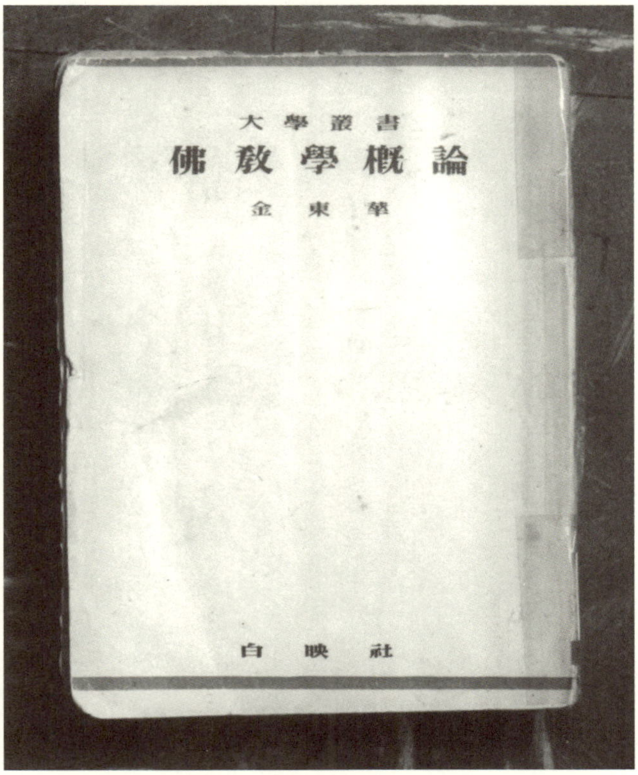

655. 金東華の『仏教学概論』。1955年に出版されたこの本は、70年代まで仏教学研究の入門、概論書で仏教研究者の必読書となった。

656. 隔月刊仏教雑誌『鹿苑』創刊号（1957年2月5日）。発行人は鄭泰赫だった。

657. 李法弘が発行人で出版した『浄土文化』。1961年に廃刊になった。

1960年代

1960年代

1960年代の出発は、4・19革命と5・16クーデターで始まった。韓国仏教史も、これらから直接的・間接的に影響を及ばされるしかなかった。4・19革命の勃発は李承晩の退陣をもたらし、それまで比丘側を後援していた李承晩大統領の退陣は、守勢に追い込まれた妻帯僧側には再起の機会を呼び込んだ。これを機に妻帯僧側は「比丘僧は出て行け」という声を高めながら、全国の主要な寺院で再び比丘僧の退陣と妻帯僧の進出が行われ、無法地帯と化した。

このような葛藤と対立は、1960年11月の最高裁判決を控え、さらに激しくなった。比丘側は裁判所から比丘側に不利な内容に帰結されれば座視しない、と言いながら全国の僧侶大会を開催した。当時、比丘側はソウル市内を行進し、彼らの主張をアピールした。比丘側は殉教団も結成し、血書を書いた僧侶もいたので、彼らの心情はいかにも熱情的であった。

しかし、最高裁判決は結局、外形的に比丘側には不利なものであった。これに不満を抱いた比丘たちが最高裁判所に乱入して切腹するという、前代未聞の事件が起こった。また、この報道に接した比丘側僧侶と信徒が最高裁判所に集まり、大きな騒動が起こった。もちろん関係者は警察に連行され、一部は法により措置されたが、その影響は尋常ではなかった。

比丘側と妻帯僧側の対立は、その後もなかなか収まらなかった。5・16クーデターが勃発して以来、軍事政権は比丘・妻帯僧間の葛藤を社会矛盾の解消という次元でとらえ、仏教の自主的な解決を期待した。特に朴正熙大統領は、自主的な解決がない場合には国家権力を動員するという通告もした。このような雰囲気に驚いた双方はついに対話し、妥協した。その結果出てきたのが、いわゆる1962年の統合宗団であった。

統合宗団は緊急宗会を構成し、宗憲の制定宣言を経て宗正に李暁峰を、総務院長に林錫珍を選出するなど、正常に出発した。しかし、その進路に癌のような存在として作用したのが、妻帯僧の既得権の問題であった。この問題は主務官庁の文化教育部の解釈に委任して一応宗団は発足したが、宗会議員の割合（32：18）の問題で、再び両者は決別した。以来、双方は自己の主張に固執してまったく妥協の余地を残さなかった。もちろん妥協を試みた双方の努力は「和同」と称され、妻帯側の一部の人が比丘側に加入したが、その大勢は徐々に分裂し、分宗に進んでいった。

一方、このような政勢の下で当時、公権力は比丘側に擁護的な政策を続けた。これに妻帯側は反発し、政教分離に反するという立場を述べたが、力不足だった。特に当時の文化教育部は、日帝植民地下の寺刹院令の遺習として仏教界を管理してきた論理を当時の現実に合わせて調整し、法人仏教財産管理法を制定・公布した。これは仏教財産、つまり寺院、文化財、農地、森林などは仏教の財産でもあるが、それ自体が文化財であり、社会の公共性を帯びたものという認識から出てきた考え方である。したがって仏教財産は、仏教界のみの管理に置くことはできないという名分の下で、政府が寺院財産管理を監督する権利を持つようになった。それにより、寺院財産管理人（宗団代表、住職など）は、政府による認可・登録をしなければならないという論理で進んだのだ。これは、政権による仏教界の掌握として変質させることができる要素であった。公権力が妻帯側を排除することができた要因も、ここから直ちに導き出されたのである。

その後、比丘側宗団は妻帯側との対立が一段落すると、少しずつ安定を取り戻しながら、仏教発展に乗り出した。しかし、宗団内部の派閥意識や宗権の運営方向などを巡って徐々に内的な対立が露呈し始めた。これは、浄化の後遺症と、門中・門徒の負の側面が現れたことを意味していた。

政變契機로佛敎界싸움再燃
帶妻僧들이反擊
寺刹運營權내노라고暴行까지

자유당정권하에서 불교재단을 둘러싸고「비구」·「대처」승간에 벌어졌던 불교계의 분쟁이「四·二六민주혁명」이후 재연되기시작하였다 당초관권의비호아래 비구승측의승리로 돌아간채 그법적해결이 아직도 대법원에 계속되어 판결을보지못하고있던중 이번 정변을계기로 전국각지의대처승들은 일제히 반격에나오고있는것이다 이제釜山·大邱지방에서 벌어진대표적인 분쟁상은다음과같다

【釜山發】지난 一일상오 一○시경 東萊군北面 梵魚寺에「대처승」七○여명이 몰려와서 이절간을지켜온「비구승」들에게 물러가던지 물러가기싫으면 선방에가서공부나하고 사찰운영권을내놓으라고 요구하여 사찰분쟁이 재발되었다 비구승측에서는 대처승들이만약폭력행위로 나오면 이에대항하기위하여「죽창」을 준비하는등 험악한공기까지 양성되었으나 이날하오六시현재는 아무런충돌도없이 쌍방간에마합이계속되고있다

【大邱發】지난달二七일상오九시를 기하여 대처승측인 시내能仁중학교교장 金永燦씨이하 학생五○여명은 시내에있는 三개사찰(大安寺·大城寺·普賢寺)을 습격하여 李承晩부패정권하에서 점유한사찰을 환원하라고 외치면서 그양도서에 서명날인하라고 협박강요한끝에비구승 金鎭元씨(25)외수명을구타 폭행을 가한사건이 발생하였다 또한대처승들의 근거지인 시내南山동소재 應圓寺에서도 대처승들이 회의를열고신도들과 오는四월초八일「성만절」을기하여 비구니들을 모라내기위하여 그들의 실력을 감행할것이라고한다

한편 비구승측은 一일상오 여사한폭력사태를우려하여 경찰당국에 경비를 호소하고있다

658. 妻帯僧たちの反撃。4・19革命が勃発すると、これまで李承晩大統領の諭示(「倭色僧は出て行け」)に押されて活動に困難を経験していた妻帯側が、宗権掌握や寺院運営権を取り戻すため、再び反撃に出た(『東亜日報』、1960年5月3日)。

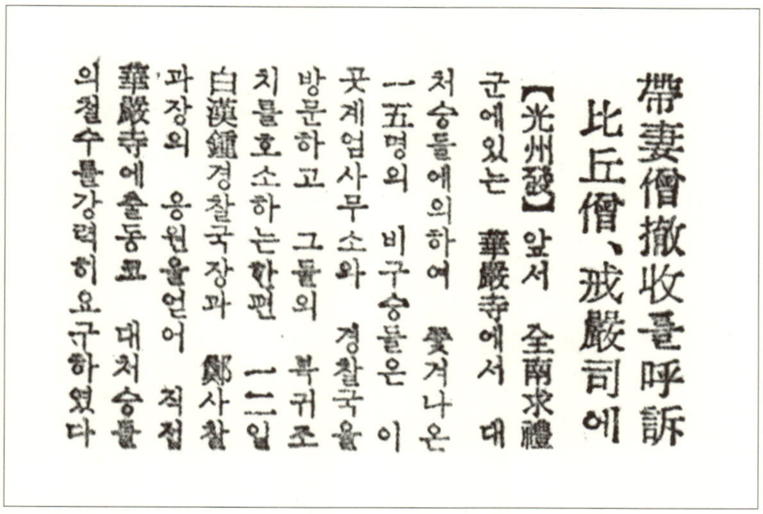
帶妻僧撤收를呼訴
比丘僧、戒嚴司에

【光州發】앞서 全南求禮군에있는 華嚴寺에서 대처승들에의하여 쫓겨나온 一五명의 비구승들은 이곳계엄사무소와 경찰국을 방문하고 그들의 복귀조치를호소하는한편 一二일 白漢鏞경찰국장과 鄭사찰과장의 응원을얻어 직접 華嚴寺에출동코 대처승들의철수를강력히요구하였다

659. 比丘僧たちの訴え。妻帯側により華厳寺から追い出された比丘僧たちが、戒厳司令部を訪問して訴えたことを報道した『東亜日報』の記事(1960年5月14日)。

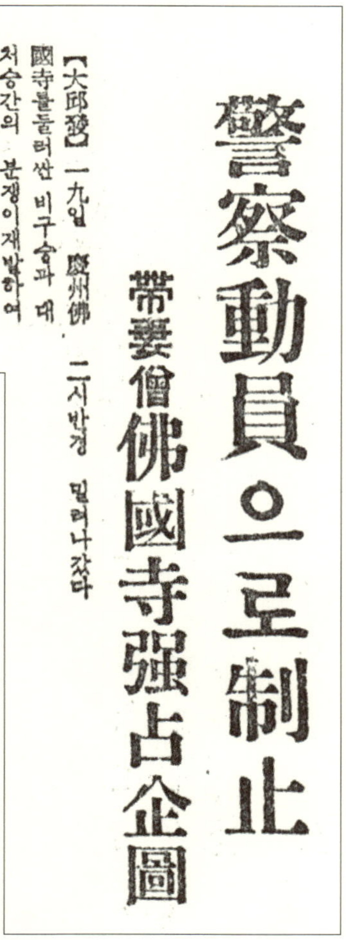
警察動員으로制止
帶妻僧佛國寺强占企圖
二시반경 밀려나갔다

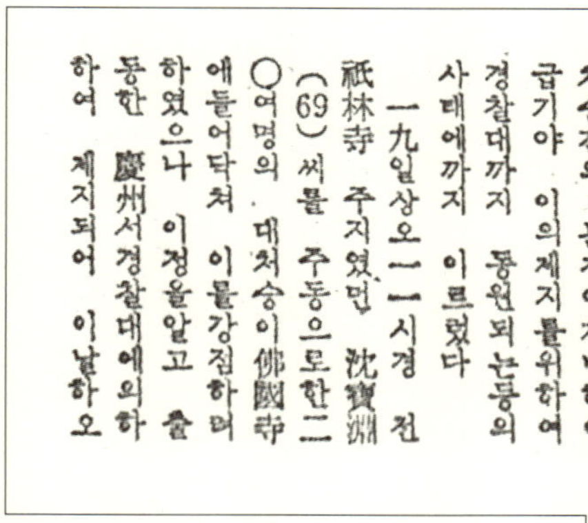
【大邱發】一九일 慶州佛國寺를둘러싼 비구승과 대처승간의 분쟁이재발하여 급기야 이의제지를위하여 경찰대까지 동원되는등의 사태에까지 이르렀다

一九일상오一一시경 전祇林寺 주지였던 沈寶淵(69)씨를 주동으로한二○여명의 대처승이佛國寺에들어닥쳐 이를강점하려 하였으나 이정을알고 출동한 慶州서경찰대에의하여 제지되어 이날하오

660. 仏国寺で行われた比丘僧と妻帯僧間の衝突(『東亜日報』、1961年2月21日)。

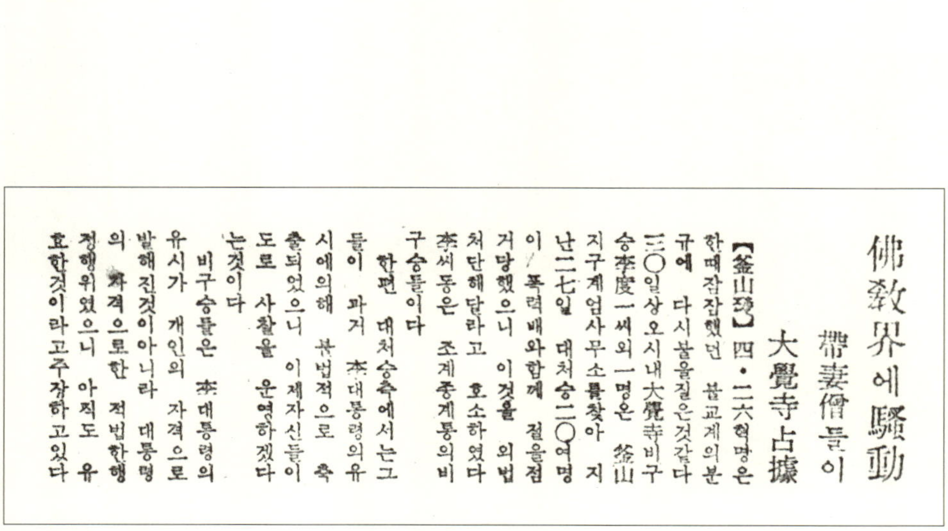
佛敎界에騷動
帶妻僧들이
大覺寺占據

【釜山發】四·二六혁명은 한때잠잠했던 불교계의분규에 다시불을질은것같다 三○일상오시내大覺寺비구승李度一씨외一명은 釜山지구계엄사무소를찾아 지난二七일 대처승二○여명이 폭력배와합께 절을점거당했으니 이것을 외법처단해달라고 호소하였다 李씨동은 조계종계통의비구승들이다

한편 대처승측에서는그들이 과거 李대통령의유시에의해 불법적으로 축출되었으니 이제자신들이도로 사찰을 운영하겠다는것이다

비구승들은 李대통령의 유시가 개인의 자격으로발해진것이아니라 대통령의 자격으로한 적법한행정위였으니 아직도 유효한것이라고주장하고있다

661. 4·19革命以後、妻帯僧たちは再び釜山大覚寺を占拠・奪還した(『東亜日報』、1960年5月1日)。

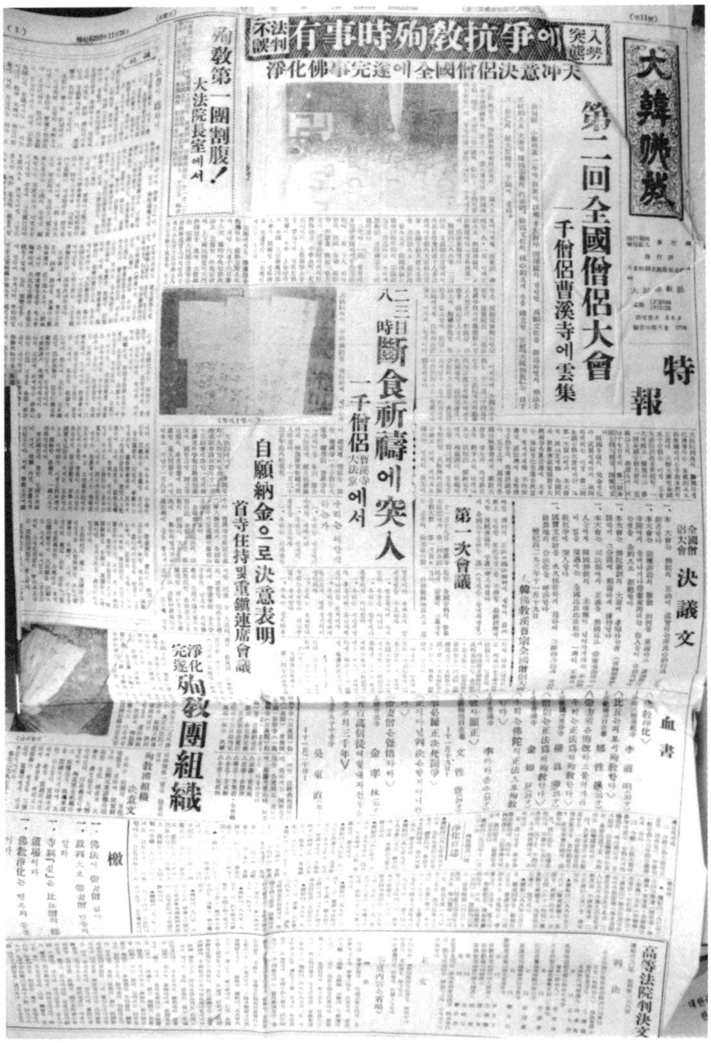

不法誤判 有事時殉教抗爭에 突入態勢

淨化佛事完遂에全國僧侶決意冲天

大韓佛敎

特報

第二回全國僧侶大會

一千僧侶曹溪寺에雲集

殉敎第一團割腹!

大法院長室에서

二三日八時 斷食祈禱에突入

一千僧侶 曹溪寺大法堂에서

自願納金으로決意表明

首寺住持및重鎭連席會議

淨化完遂 殉敎團組織

第一次會議

全國僧侶大會 決議文

血書

檄

高等法院判決文

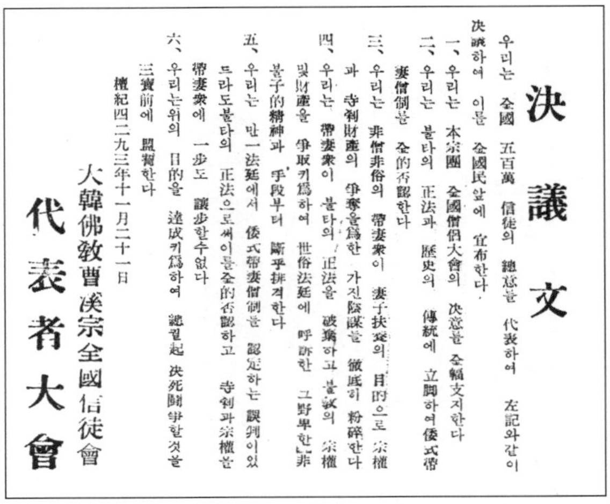

決議文

우리는 全國 五百萬 信徒의 總意를 代表하여 左記와같이
決議하여 이를 全國民앞에 宣布한다.

一、우리는 本宗團 全國僧侶大會의 決意를 全幅支지한다

二、우리는 불타의 正法과 歷史의 傳統에 立脚하여倭式帶
妻僧側을 全的否認한다

三、우리는 非僧非俗의 帶妻衆이 妻子扶養의 目的으로 宗權
과 寺刹財產의 爭奪을爲한 가진陰謀를 徹底히 粉碎한다

四、우리는 帶妻衆이 불타의 正法을 破壞하고 불敎의 宗權
및財產을 爭取키爲하여 世俗法廷에 呼訴한 그野卑한「非
불子的精神과 手段부터 斷乎排격한다

五、우리는 만一法廷에서 倭式帶妻僧側을 認定하는 誤判이있
드라도불타의 正法으로써이를全的否認하고 寺刹과宗權은
帶妻衆에 一步도 讓步할수없다

六、우리는위의 目的을 達成키爲하여 總궐起 決死鬪爭할것을
三寶前에 盟誓한다

檀紀四二九三年十一月二十一日

大韓佛敎曹溪宗全國信徒會

代表者大會

663. 全国僧侶大会に対する信徒会の支持決議文。1960年11月19日、曹渓寺で開催された全国僧侶大会にあたり、全国信徒会では全国僧侶大会を全面支持するという決議文を発表した。

662. 第2回全国僧侶大会の全容を報道した『大韓仏教』特報（1960年11月24日）。1960年4月19日、いわゆる4・19革命が起きると小康状態を見せていた比丘・妻帯僧間の紛争が再び激しくなった。その理由は、李承晩大統領の浄化諭示は、妻帯側としては非常に不利な論旨であった。しかし、4・19革命が起きて自由党政権が崩れると、これまで諭示に押されて活動できなかった妻帯側としてはとても幸いなことであった。

665. 比丘側僧侶たちの血書文。4・19革命直後に妻帯側がソウル地方裁判所に宗正、総務院長の職務停止仮処分申請を出したことで、その判決の前に妻帯側が勝訴した場合に備えた比丘側の立場表明である。

664. 比丘側殉教団の血書。浄化の完遂を期すために組織された比丘側殉教団のある僧侶が血書を書いている。

全國僧侶大會 決議文

本 大會는 佛陀의 正法에 違背하는非良心的行爲 一切을 拒否한다
本大會는 宗權訴訟의 勝敗 如何를 莫論하고 淸淨僧侶가 寺院에서 물러나거나帶妻食肉하는 俗人들이 寺刹에侵入하는것을 全的으로 拒絶한다
本大會는 佛陀敎訓의 大意에 孝順하는者 (世稱帶妻僧)에 限하여 그分限에 相當하게 優待한다
本大會는 司法部에서 正義를 無視하고 帶妻食肉하는 俗人들에게 韓國佛敎의 主導權이 넘어가게하는 不法誤判이 있을 境遇에는 全國比丘比丘尼는 一齊히 正義의 殉敎抗爭에 突入한다
國寶文化財를 永久保存하기 爲하여 그維持方法과 寺刹自耕農地의 合法化를 呼訴한다

檀紀四二九三年十一月十九日

大韓佛敎曹溪宗全國僧侶大會

666. 全国僧侶大会の決議文（1960年11月19日）。大会を推進した主な僧侶たちが、大会に臨む立場と姿勢を克明に表明した決議内容。

殉教第一團割腹！ 大法院長室에서

『至急』＝大法院의 原審破棄・高法에 再審判決 言渡直後인 十一月二十四日下午三前二十分、全國五千僧侶의 正法死守前衛ㅣ 十三名 殉教團은 大法院長室에서 集團殉教 割腹하였다ㅣ入院위독

668.「殉教第一団割腹！」。僧侶大会直後の1960年11月24日、最高裁判所の判決があった。その当日、比丘側殉教団所属の僧侶たちが、最高裁判所で切腹する大事件が起こった。これを特報した『大韓仏教』の記事（1960年11月24日）。

淨化完遂 殉敎團組織

全國승려가 雲集한曹寺에 佛陀正法을 死하려는 護法精神이冲한 가운데 十一月二日 張精月 金曉林・性覺 金道憲 金知足 性愚 柳月誕 李摩訶 秋朴孝性 權眞靜 李道明申正來等十二名의淸정比丘는 萬若大法院이 佛陀正法과 韓國正統佛敎를 抹殺하려는 誤判을 내릴경우 護法殉敎할것을 決意코 殉敎團을 組織하고 다음과같이 殉敎團組織決意文및 建議案第一號를 發表하였다

(단지혈서

殉敎團組織 決意文

우리는 宗團의 정化完遂를 위하여 宗正猊下와 宗團元老諸德의崇高한 정化 理念과 大衆의 淸정信念에 大悟한바있어 同志幾名이 규합하여 殉敎團을組織하고 指導部의 決議事項을 實踐하기위하여 또한 小승들이 實踐코저하여 此를 實踐하기위하여 身命을 버리고그 前衛隊가 될것을 三寶前에 盟誓하면서 이를 決意하나이다

應化二九八七年十一月二十一日

第一號建議案

우리 殉敎團員은 左記事項의 實踐을 現宗團執行部인 中央幹部諸位및 宗團元老諸德에建議한다

一 今般승侶大會에正當한 理由없이 不參한 各首末寺주지는 直刻罷

667. 殉教団の組織に関連する記事。殉教団の名簿と決議文などを伝えている。

血書

〈佛教淨化〉
－全南求禮華嚴寺 李 道 明(33才)
〈比丘는피로서殉教한다〉
－京畿楊州自在菴 鄭 性 愚(35才)
〈帶妻衆은悔改하고물러가라
우리는正法爲해殉教한다〉
－京畿驪州舊谷寺 權 眞 瀞(25才)
〈僧侶는正法爲해殉教한다〉
－서울曹溪寺 金 知 足(25才)
〈우리는佛陀의正法으로殉教한다〉
－서울曹溪寺 李마하춘주(33才)
〈破사顯正〉
－京畿楊州自在菴 文 性 覺(29才)
～十一月十九日～
〈事必歸正決死鬪爭〉
〈正이아닌判決은받지아니한다〉
〈帶妻僧은覺悟하라〉
－全南普光寺 金 孝 林(35才)
〈五百萬信徒여빛내자전통을불교의三千年〉
－서울종로구수송동 吳 東 直(處士)
－十一月二十日－

669. 比丘側僧侶たちの浄化に対する意志をうかがうことができる血書の内容（1960年11月20日）。この精神を復活させたなら、繰り返し起こる今日のような曹渓宗の紛争は終息するのだろうが、絶え間ない争いは仏教徒たちを途方に暮れさせる。

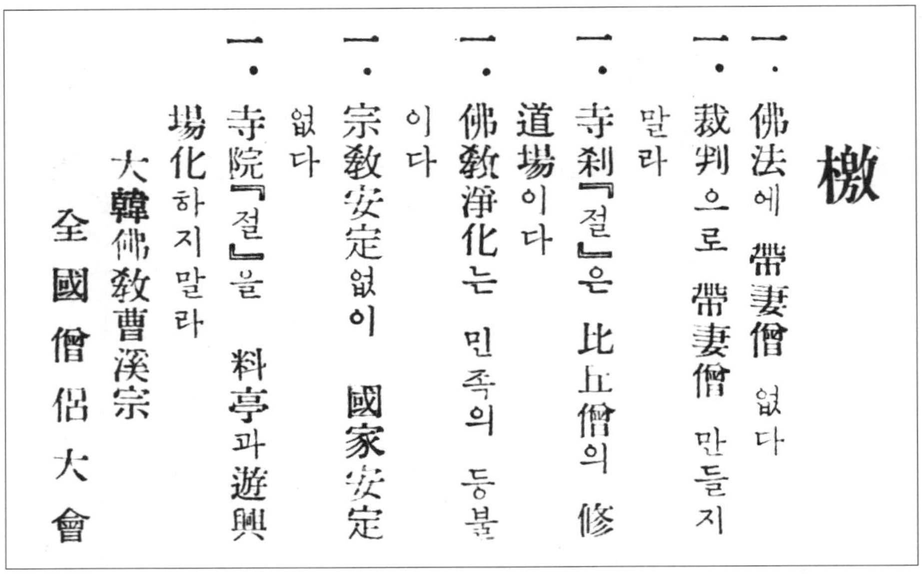

檄

一．佛法에 帶妻僧 없다

一．裁判으로 帶妻僧 만들지 말라

一．寺刹『절』은 比丘僧의 修道場이다

一．佛敎淨化는 민족의 등불이다

一．宗敎安定없이 國家安定 없다

一．寺院『절』을 料亭과 遊興場化하지 말라

大韓佛敎曹溪宗

全國僧侶大會

670. 比丘側僧侶大会の檄文。浄化に対する意志と方向が鮮明である。

671. 比丘側の立場が表明された檄文。比丘側の仏教浄化推進委員会、非常事態収拾委員会、全国信徒会、総務院などは大会に臨んで立場を表明したが、檄文の最初の「妻子を連れて家庭を持てば僧でない」という内容が鮮明である。いま曹渓宗は、家庭暮らしをしている僧侶（隠妻僧）はいないのか？ いるのであれば、「仏法に妻帯僧なし」と標榜した比丘側の浄化運動は、無意味な財産争いとなるのである。

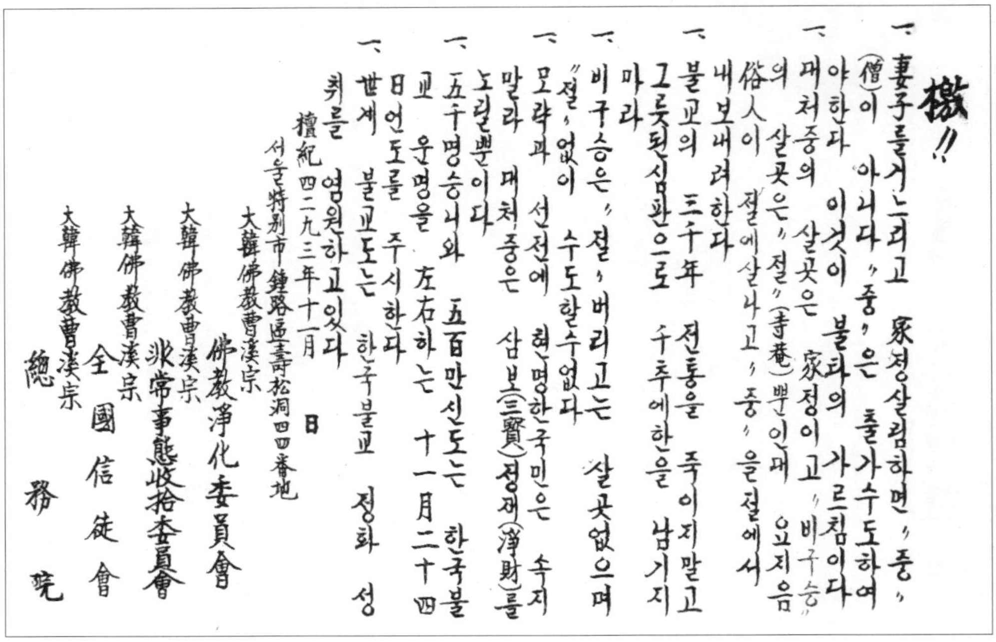

檄!!

一、妻子를거느리고 家정살림하면 〃중〃(僧)이 아니다 〃중〃은 출가수도하여야한다 이것이 불타의 가르침이다

一、대처중의 살곳은 家정이고 〃비구승〃의 살곳은 〃절〃(寺菴)뿐인대 요지음 俗人이 절에살나고 〃중〃을절에서 내보내려한다

一、불교의 三千年 전통을 죽이지말고 그릇된심판으로 千추에한을 남기지 마라

一、비구승은 〃절〃버리고는 살곳없으며 〃절〃없이 수도할수없다

一、모략과 선전에 현명한국민은 속지 말라 대처중은 삼보(三寶)정재(淨財)를 노릴뿐이다

一、五千명승니와 五百만신도는 한국불교 운명을 左右하는 十一月二十四日언도를 주시한다

一、世계 불교도는 한국불교 정화 성취를 염원하고있다

檀紀四二九三年十一月 日

서울特別市鍾路區壽松洞四四番地

大韓佛敎曹溪宗 佛敎淨化委員會

大韓佛敎曹溪宗 非常事態收拾委員會

大韓佛敎曹溪宗 全國信徒會

大韓佛敎曹溪宗 總務院

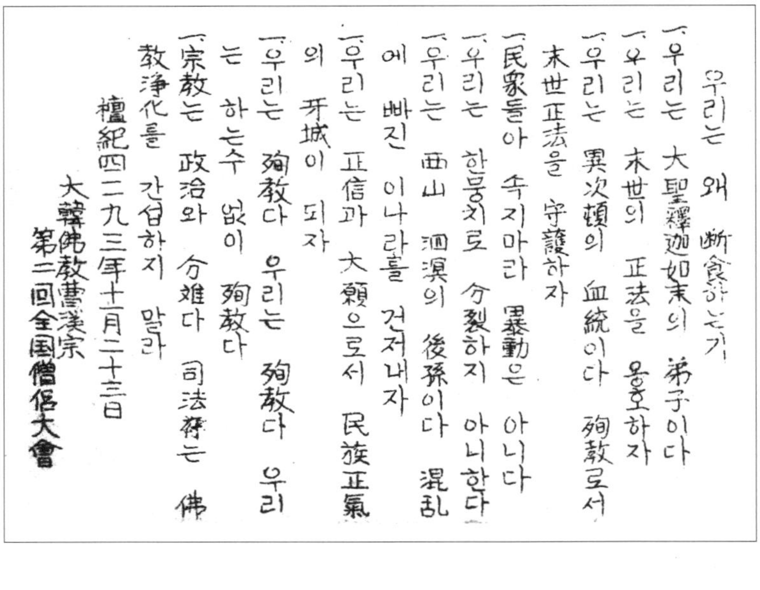

우리는 왜 斷食하는가

一. 우리는 大聖釋迦如來의 弟子이다

一. 우리는 末世의 正法을 옹호하자

一. 우리는 異次頓의 血統이다 殉敎로서 末世正法을 守護하자

一. 民家들아 속지마라 暴動은 아니다

一. 우리는 한뭉치로 分裂하지 아니한다

一. 우리는 西山 泗溟의 後孫이다 混乱에 빠진 이나라를 건저내자

一. 우리는 正信과 大願으로서 民族正氣의 牙城이 되자

一. 우리는 殉敎다 우리는 殉敎다 우리는 하는수 없이 殉敎다

一. 宗敎는 政治와 分離다 司法府는 佛敎淨化를 간섭하지 말라

檀紀四二九三年十一月二十三日

大韓佛敎曹溪宗

第二回全国僧侶大會

672.「私たちはなぜ断食するのか」。第２回全国僧侶大会に参加した僧侶の中には11月24日に予定されている大法院（日本の最高裁判所）の判決が比丘側に不利な場合、断食闘争もいとわないという意志を明らかにした文書。

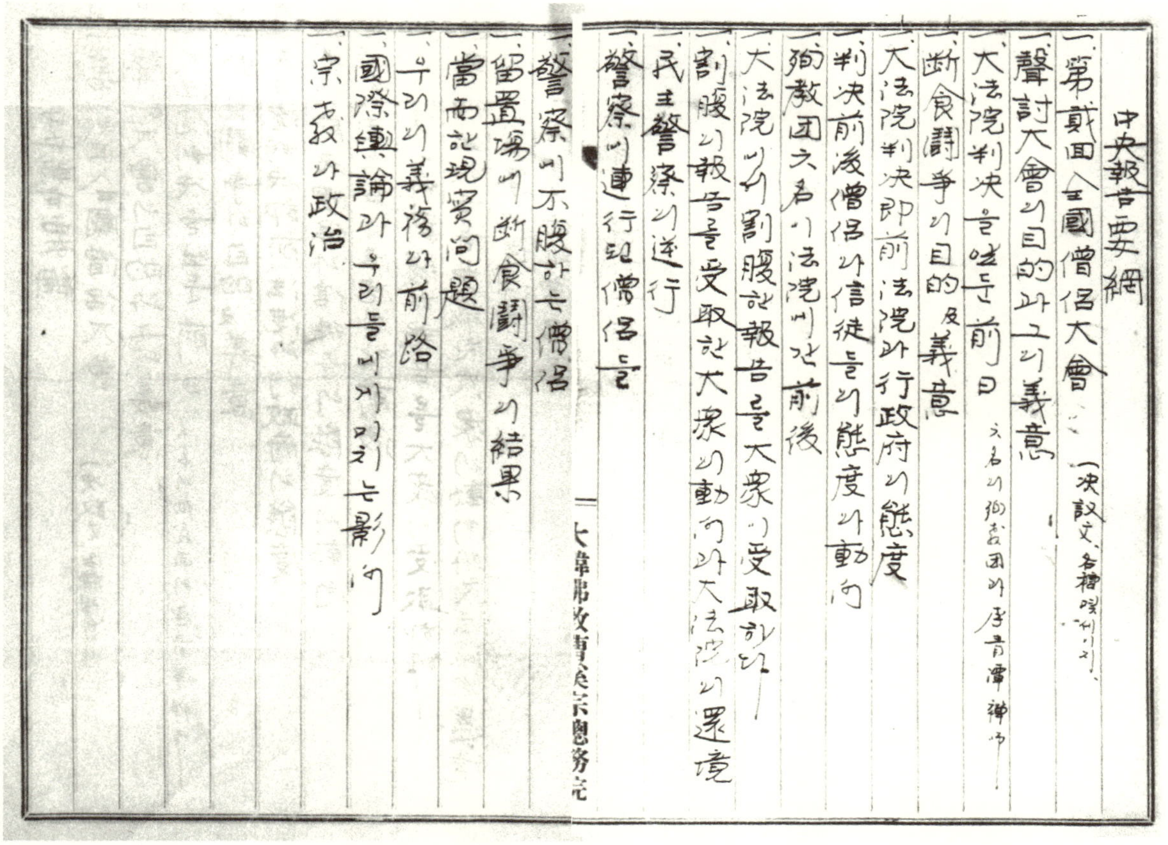

中央報告要綱

一、第貳回全國僧侶大會

一、聲討大會의目的과그의義意

一、大法院判決을앞둔前日

一、斷食鬪爭의目的及義意

一、大法院判決卽前法院과行政府의態度

一、判決前後僧侶와信徒들의態度와動向

一、猶敎団文名의法院에서前後

一、大法院에서割腹한報告를大衆의受取하고

一、割腹의報告를受取한大衆의動向과大法院의還境

一、民主警察의逆行

一、警察에連行된僧侶들

一、警察에不服하는僧侶

一、留置場에서斷食鬪爭의結果

一、當面한現實問題

一、우리의義務와前路

一、國際輿論과우리들에게미치는影向

一、宗敎와政治

大韓佛敎曹溪宗總務院

673. 1960年11月19日の第2回全国僧侶大会の進行と原則をまとめた文書。

674. 比丘約500名が曹渓寺大雄殿の断食に突入し、必要ないと捨てた釜。この釜は曹渓寺、禅学院、大覚寺で使用していたのもの（1960年11月23日）。

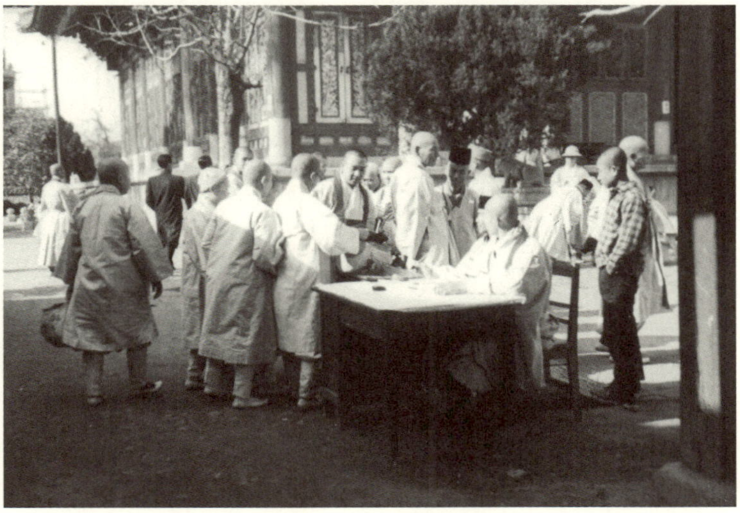

675. 曹渓寺境内で第2回全国僧侶大会の準備に没頭している僧侶たち。

676. 禅学院入口から安国洞ロータリーに向かっている比丘側僧侶たち。

677. 安国洞入口からデモを開始している比丘たち（1960年11月19日）。

678. 曹渓寺大雄殿の前で、デモの概要を聞いている信徒たち（1960年11月19日）。

679. 市庁近くを歩いているデモの隊列（1960年11月19日）。

680. デモの隊列に参加している信徒たち（1960年11月19日）。

681. 中央庁の前を歩いているデモ隊列（1960年11月19日）。

682. 卍の旗を持って行進している様子（1960年11月19日）。

683. 全国信徒会の仏教徒たちもデモに参加した（1960年11月19日）。

684.「仏法に妻帯僧なし」という浄化標語が鮮明に見える（1960年11月19日）。

685. 最高裁判所の前に集結し、決議文を朗読する比丘側。比丘側僧侶と信徒たちは、1960年11月24日に予定された最高裁判所の判決に対して多くの疑問を持ち、最高裁判所庁舎前で、浄化に対する立場を繰り返し表明している（1960年11月19日）。

686. ソウル市内を行進しているデモ隊（1960年11月19日）。

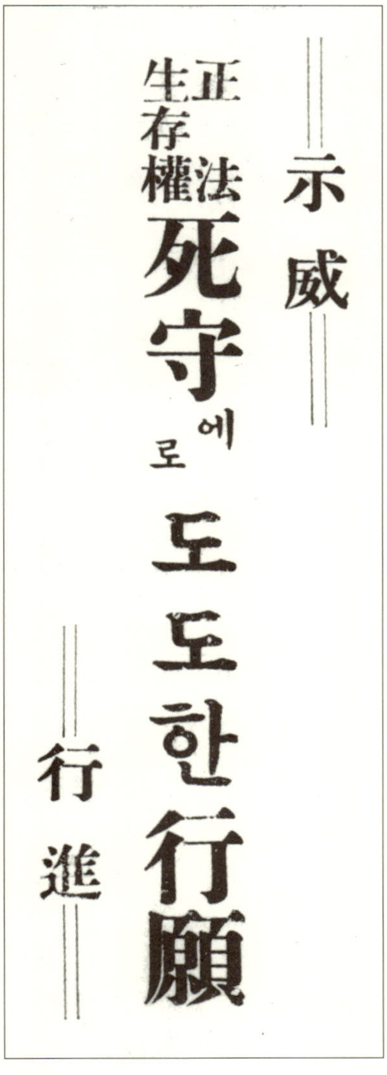

示威行進

正法死守에
生存權死守로
도도한 行願

687. 僧侶大会のデモ行進を報道した『大韓仏教』新聞の記事（1960年11月24日）。

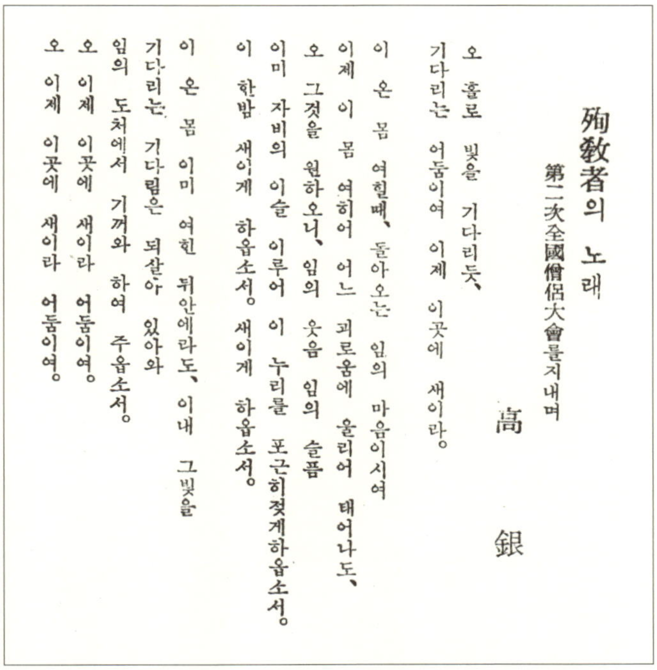

殉教者의 노래

第二次全國僧侶大會를지내며

高 銀

오 홀로 빛을 기다리듯、
기다리는 어둠이여 이제 이곳에 새이라。

이 온 몸 여힐때、돌아오는 임의 마음이시여
이제 이 몸 여히어 어느 괴로움에 울리어 태어나도、
오 그것을 원하오니、임의 웃음 임의 슬픔
이미 자비의 이슬 이루어 이 누리를 포근히젖게하옵소서。
이 한밤 새이게 하옵소서。새이게 하옵소서。

이 온 몸 이미 여힌 뒤안에라도、이내 그빛을
기다리는 기다림은 되살아 있아와
임의 도처에서 기꺼와 하여 주옵소서。
오 이제 이곳에 새이라 어둠이여。
오 이제 이곳에 새이라 어둠이여。

688. 高銀の「殉教者の歌」。詩人・高銀が、僧侶大会を見守りながら書いた。当時、高銀は、僧侶として『大韓仏教』に社説・詩などを発表し、特に『彼岸感性』（青羽出版社）を1960年に出版した時は大きな反響を呼んだ。

689. 最高裁判所での切腹事件。最高裁判所の判決について、比丘側は大きな不満を持つようになった。これによって、仏教浄化のための新たな精神で切腹する直前の緊迫した状況（1960年11月24日、左側の立っている人物が柳月誕僧侶）。

690. 比丘僧が切腹したという知らせを聞いて、最高裁判所の構内に集まった比丘側僧侶と信徒。

691. 最高裁判所構内に集まってきた比丘僧たちを警察が連行している。

十一月二十五日 金曜日　동아일보

比丘僧大法院廳舍에闖入

司法史上 前代未聞의混亂惹起

四百餘名이마구亂動

20名 負傷 警察、衝突끝에모조리連行

여섯名이割腹劇

얼마후比丘尼·信徒도몰려들어

嚴處할방침

情狀참작여지없다

判決에 不滿품고

692. 比丘僧たちの最高裁判所乱入を報道した『東亜日報』の記事（1960 年 11 月 25 日）。最高裁判所は、11 月 24 日、「宗憲など決議無効に関する判決」（民商、第 27 号）を通じて原判決（被告比丘側勝訴）を破棄し、ソウル高等裁判所に差し戻すと判示した。これに怒った比丘側僧侶約 400 名が最高裁判所の判決に抗議し、最高裁判所庁舎に乱入した。この時、最高裁判所庁舎では、比丘側僧侶 6 人（文性覚、鄭性愚、柳月誕、権鎮静、李道明、金道憲）が切腹するという大きな事件が起きた。

693. 最高裁に乱入した僧侶たちが、清涼里署に拘束されている。

694. 最高裁乱入事件に関連する僧侶たちの公判の様子。

695. 警察に連れていかれる最高裁判所に乱入した僧侶たち。

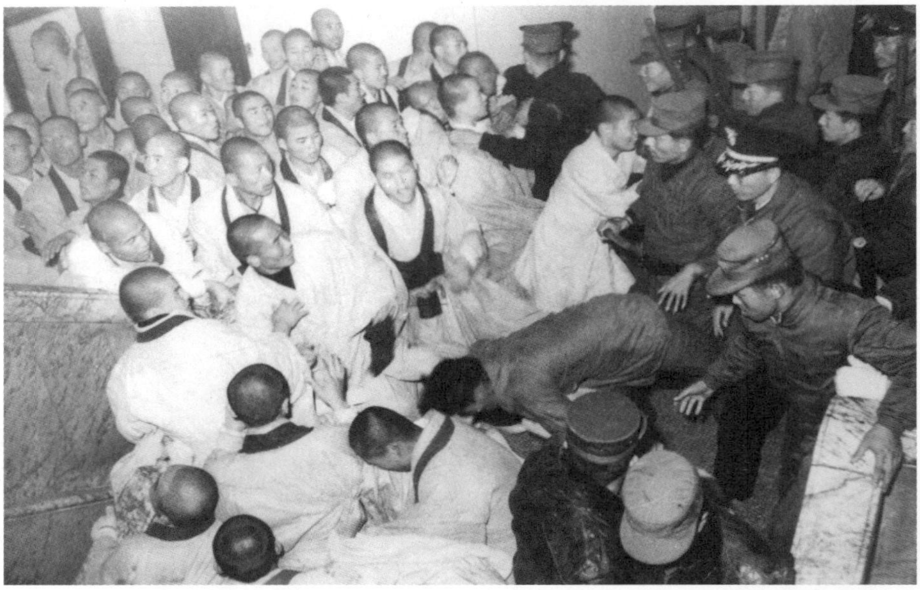

696. 最高裁判所で警察と対峙しているデモ僧侶たち。

697. 裁判所内で、警察・裁判所側と論争している僧侶たち。

聲明書

지난 11月24日 大法院의 比丘僧割腹 呼訴事件은 7年間 帶妻衆을 淨化하는紛爭과 그 裁判으로 苦초를 겪은 比丘僧은 이번 大法院 判決이 종결되지 않코高法으로 환송되여 또 지연 되는 裁判으로 佛教紛爭이 계속되고 正義가 말살 되는 의분에 못이겨 割腹으로 淨化를 呼訴한 것이다

이 순간 단식을 거듭하여 쇠약한 比丘僧은 돌연 法院에서 割腹하였다는 그 義분에 분발되여 殉教精神으로 法院에 모여 呼訴한 것이다

이것은 결코 法을 無視하거나 폭행할 난동 데모가 않이었다 어데 까지나 宗教人으로서 단식 쇠약한 무저항 殉教精神으로 社會 正義에 呼訴하여 裁判의 신속 正當한 判決을 主張하는 呼訴였다

當局은 宗教人의 法服을 입은 무저항 呼訴를 경찰의 완력으로 마구 구타하여 도리여 난동으로 악화 시켰으며 數十名의 환자를 發生시키고 全員 人身구속을 하였다

當局은 民主的 社會安全을 생각지 않고 法의 獨制性을 아직도 편용하여 宗教人의 무저항 呼訴를 武力으로 對抗하여 數十名의 부상된 人命과 人身구속 等으로 國際的인 宗教의 치명상과 社會惡을 빚여낸 行政責任을 저야할것을 全國民앞에 呼訴하는 바이다

698. 最高裁判所乱入事件に関する、比丘側僧侶たちの立場を明らかにした声明文。

우리의決議

1. 우리는 當局의 非人道的인 行爲로 지난11月 24日 割腹呼訴하는 僧侶 구타 人身구속 等의 非民主的인 處事를 天下에 呼訴한다

2. 帶妻한 중을 認定하는 세칭 帶妻僧을 淨化 原則에서 決死 反對한다

3. 帶妻한 중이 寺院을 점영 하거나 佛教의 主導權을 잡겠다는 세칭 帶妻僧 측을 결사 反對한다

4. 帶妻한 중은 이미 佛教의 戒律에 違脫된 俗人이다
僧侶가 아닌 帶妻衆은 佛教의 行政을 간섭할 權利가 없다

5. 우리는 民族文化 전통을 빛내는 愛國心에서 佛教의 淨化완수를 決議한다

大韓佛教非常事態收拾對策委員會

大韓佛教青年會

699. 最高裁判所乱入事件後、大韓仏教青年会の非常事態収拾対策委員会の立場を述べた決議文。

"自律的機會준다"

朴議長、佛敎界紛糾收拾촉구

朴 議 長

最高會議 朴正熙議長은
十三日上午 佛敎界紛爭에
對한 談話를發表하고「政
府는 佛敎界의 紛糾問題
에關하여 冷靜한檢討를加
해 佛敎界의再建을 助成
할수있는方向으로 懸案을
解決코자 佛敎再建委員會
를組織하고 國民의 公正
한輿論에따라 이를再建하
려고努力하였으나 成果를
거두지못하고있음은 遺憾
된일」이라고 指摘하면서
紛爭關係者들의 大同團結
을종용하고 이들에對한一
大發心을 促求하였다
이어朴議長은「政府는인
단 佛敎界自體의 自律的
인 再建의機會를 賦與하
나 이와같은 政府의誠意
가 無視되고 紛爭이계속
된다면 우리나라 佛敎界
의앞날은 暗澹한것이므로
政府는그와같은 事態의發
展을 斷然코黙過하지는않
겠다는것을 確實히說明한
다」고 强調하였다
그는계속하여「이問題의

700. 朴正熙国家再建最高会議議長の仏教の紛糾に対する立場を開陳した報道記事（『東亜日報』、1962年11月4日）。5·16軍事クーデター以後、朴正熙は、仏教紛糾の自主的な解決を数回要望した。これが紛糾解消に決定的に作用して、以後、比丘側と妻帯側は数回の会議を経て、1962年4月、ついに統合宗団の発足となった。

701. 比丘・妻帯双方の合意で誕生した統合宗団の非常宗会で、非常宗会の会則を検討している双方の代表。

非常宗會代表결정

佛敎再建委、比丘・帶妻兩派

불교재건위원회는 三一
일상오회합에서 비상종회
를구성할 의원명단을 교
환하였다
비구・대처양측에서 一
五명씩선출된 이의원들은
오는二월一二일 비상종회
를소집하고 새종헌을 심
의결정한다
이날교환된 의원명단은
다음과같다

◇比丘側

李靑潭 朴秋潭 孫慶山
李行願 文瀞影 蔡東日
李能嘉 崔月山 吳綠園
尹月下 朴汶星 金瑞雲
朴梵龍 金日陀 金智曉

◇帶妻側

權漢鏡 曺龍溟 邊峰庵
劉東山 尹錦松 宋靜岩
李月河 崔茶泉 安德庵
李南虛 朴瑞峰 李龍峰
尹奇峰 李臥雲 黃杲峰

702. 統合宗団を誕生させた、非常宗会の代表名簿の記事（『東亜日報』、1962年2月1日）。

佛敎紛糾에終幕?

1日下午 非常宗會서새宗團幹部選出

불교재건 비상종회는1
일하오3시반 문교부에서
제八차 회합을갖고 종정
(宗正) 중앙총무원장및각
부부장등 새종단의 간부
를선출할 예정이다
동 비상종회는 대처측
이 참석하지않은 가운데
비구측과 사회인사측 위
원들만으로 진행、지금까
지 새종헌의 성립을 재
확인공포하고 종법을심의
통과 시켰다
오늘 임원선출만 끝나
면 불교분규는 외형적으
로는 일단 끝을맺고 통
일신종단이 구성될것인데
문교부는 그최후의 노력
으로 비구・대처 양측에
임원후보자의 명단을 각
각내게하고 절충을 시도
하고있는것으로 알려졌다

703. 統合宗団を誕生させた非常宗会で、新しい宗団幹部を選出し、仏教紛争の終結を意味すると報道した『東亜日報』の記事（1962年4月1日）。5·16軍事クーデターの発生以後、軍部側から積極的な紛糾解消への要請と自主的に解決できなかった場合は国家が介入する、という通報などがあった。仏教界は対話の場を持ち、自主的に問題解決の方向を決めた。その内容は比丘・妻帯双方の代表が参加した非常宗会ですべての問題を解決し、新しい宗憲によって宗団を運営することになった。

704. 統合宗団の非常宗会の開会式で儀礼をしている比丘側と妻帯側。

705. 比丘・妻帯双方の代表たち（1962年1月22日）。彼らは紛糾が起きてから8年ぶりの仏教再建委員会の会議を控え、会議の手続きと仏教再建公約制定などの問題を相談するため、文化教育部ではじめて笑いを浮かべながら公式に対座した（『東亜日報』、1962年1月23日）。左から李青潭、崔円虚、孫慶山、李行願（以上、比丘側）、李南采、崔聖谷、朴承龍、朴大輪（以上、妻帯側）、朴秋潭僧侶（比丘）。右下の『東亜日報』の記事も参照。

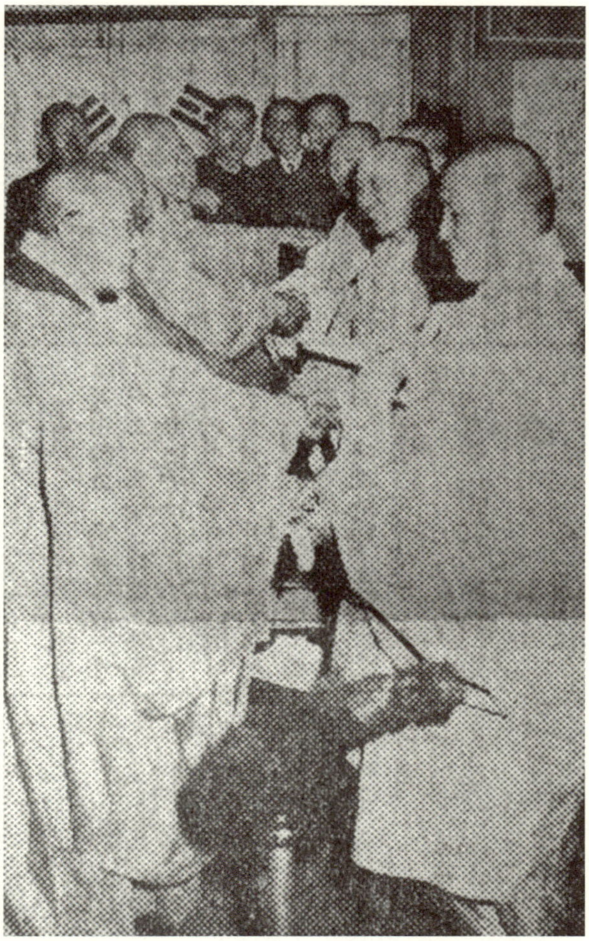

706. 比丘・妻帯間の紛争を終息させた仏教再建委員会の初の会議で握手する比丘側と妻帯側。

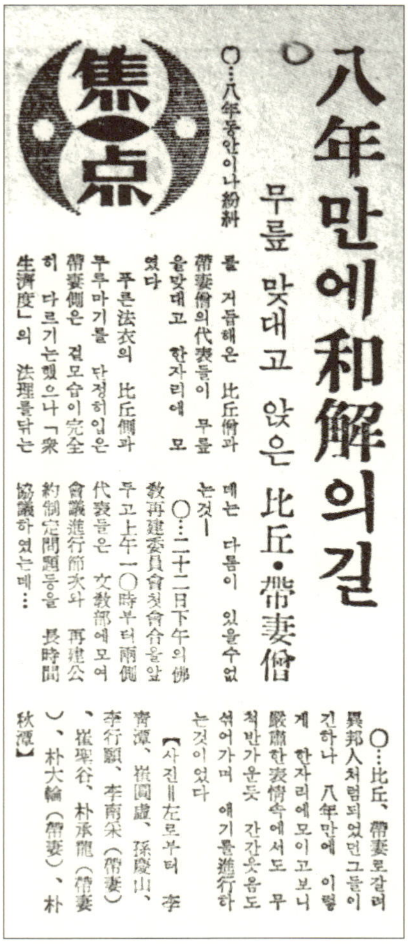

焦点

八年만에和解의길

무릎 맞대고 앉은 比丘·帶妻僧

○…八年동안이나紛糾를 거듭해온 比丘僧과 帶妻僧의代表들이 무릎을맞대고 한자리에 모였다

푸른法衣의 比丘側과 두루마기를 단정히입은 帶妻側은 겉모습이完全히 다르기는했으나「衆生濟度」의 法理를닦는데는 다름이 있을수없는것—

○…二十二日下午의佛敎再建委員會첫會合을앞두고上午一○時부터兩側代表들은 文敎部에모여 會議進行節次와 再建公約制定問題등을 長時間協議하였는데…

○…比丘、帶妻로갈려異邦人처럼되었던그들이긴하나 八年만에 이렇게 한자리에모이고보니 嚴肅한表情속에서도 무척반가운듯 간간웃음도 섞어가며 얘기를進行하는것이었다

【사진‖左로부터 李靑潭、崔圓虛、孫慶山、李行願、李南采(帶妻)、崔聖谷、朴承龍(帶妻)、朴大輪(帶妻)、朴秋潭】

707.「8年ぶりに和解の道」。比丘僧と妻帯僧のふれあいを報道した『東亜日報』の記事（1962年1月23日）。

(1) 71　西紀1962年4月1日發行　대한불교 THE KOREAN BUDDHISM　(第三種郵便物認可4293.3.18)　第25號

드디어! 宗團은 淨化되다

出家獨身으로 如法修道敎化에 專力하는者만이 僧侶

劃期的新宗憲宣布

一八年間이나 끌어오든 宗團淨化佛事도 去二月二十八日의 非常宗會 本會議에서 全文一一六條로된 新宗憲이 通過되고 三月六日字로 宣布하였으나 帶妻側의 異議로 決裂狀態에 놓여있다가 三月二十五日 再개전된 宗會에서 確定通過되어 午後二時에 公布되었다

708. 統合宗団の発足。1962年3月25日、比丘側と妻帯側は数回の会議を終えていよいよ新しい宗憲を制定し、統合宗団を発足させた。これにより、8年間の激しかった双方の戦いは終息した。しかし、9月18日、統合宗団の総務院長・林錫珍（妻帯側代表）の「統合宗団無効宣言」で、両者は再び紛争の渦に突入することになる（『大韓仏教』、1962年4月1日）。

大韓佛教曹溪宗 宗団 事務引継引受書

一、日　時　西紀一九六二年四月十三日
一、場　所　서울特別市鍾路區壽松洞四四番地
一、引継者　舊종正　鞠　聲　佑(默潭)
一、引受者　新종正　李　曉　峰

今般單一宗團構成에 際하여 新舊宗正間의 別冊과 如한 宗團一切事務引継引受에 對하여 副署함

西紀一九六二年四月十三日

舊總務院長　朴大輪　印
〃宗會議長　崔在順　印
〃監察院長　朴本空　印
〃總務部長　曺龍溟　印
〃教務部長代　曺龍溟　印
〃財務部長代　曺龍溟　印
〃社會部長代　曺龍溟　印

新總務院長　林錫珍　印
非常宗會議長　李行願　印
〃監察院長　朴汶星　印
〃總務部長　尹月下　印
〃教務部長　文淨影　印
〃財務部長　朴洪宗
〃社會部長　李南采　印

709. 1962年4月13日に行われた、統合宗団事務引き継ぎ文書。同年3月25日、双方の合意下に新たに発足した統合宗団に宗権（妻帯側が中心とした総務院長で）が引き継がれたことを物語る文書である。新しい宗団の宗正は李暁峰（比丘側）、総務院長は林錫珍（妻帯側）、宗会議長には李行願、監察院長は朴汶星僧侶などであった。

八年만의 佛教團合 다시危機에

總務院長辭退로 커지는 꼬투리

비구・대처 양측의통합 단체인 불교중앙총회에서 대한불교조계종 총무원장으로선출된 林錫珍(대처승) 씨가 20일하오 성명서를내고 『앞으로 도저히 단합의희망이없다』 고주장 동직을사퇴함으로써 불교분쟁은재연기세에놓였다. 林씨는 『그동안만합의방도를 기대하고 참았으나 문교당국의처사도 공정치 못하였고 책임모면에만 급급할뿐 단합은커녕 도호책에만 시종하고있어 앞으로 도저히단합될 가망이없다』고 성명했는데 이밖에四명의 대처측간부들도 탈퇴할기세를 보이고 있어 오는11월에열릴 중앙총회 정기총회에 암영을던지고있다.

類似宗教統合 文教部서 實態調査

문교부는 전국각지에흩어져 난립상태에있는 유사종교단체를 통합정비할 방침을 세우고 실태조사에착수했다.

710. 8年ぶりの統合宗団が再び危機に。比丘・妻帯間が再び決裂したことを報道した『東亜日報』（1962年9月21日）。当時、妻帯側統合宗団の宗会議員の割合が（32：18）であることに不満を持ち、統合宗団離脱を宣言した。

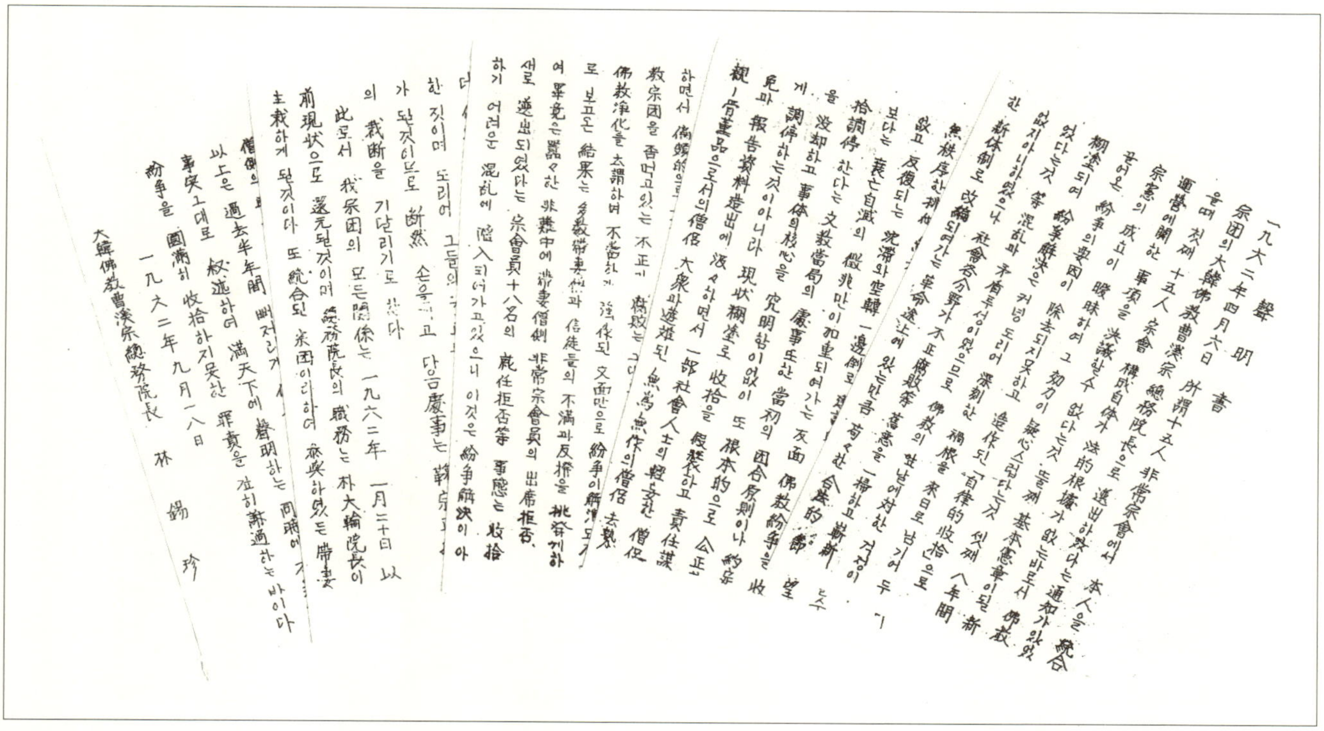

聲明書

一九六二年九月一八日

大韓佛教曹溪宗總務院長 林錫珍

711. 林錫珍総務院長の統合宗団無効声明（1962年9月18日）。この声明で林錫珍は統合宗団の総務院長を辞職し、比丘・妻帯間の統合を完全に否定した。妻帯側を代表する林錫珍は、「8年間の紛争の問題も解決しないまま、政府や社会的要求等で統合に合意したが、実際には多くの矛盾を内包しており、また、比丘側の専横で結局は決断した」と明らかにした。妻帯側の統合宗団無効声明により、比丘・妻帯間の合意の下に成り立った統合宗団は幕を閉じ、再び熾烈な比丘・妻帯間の紛争が繰り広げられた。

韓國佛教를 살리는 길

(上)

主로 宗團紛糾 解決에 대하여

双方에 讓步와 誠意促求

我執과獨善은 自滅로 이끈다

當局은 公正한 調整있길

712. 仏教界の紛糾に対する趙芝薫の寄稿文。「韓国仏教を生かす道」（『東亜日報』、1963年8月13日）。趙芝薫は、比丘側の論理が正当性を持っているが、無条件に妻帯側を排斥した場合に生じる仏教の社会的問題を考慮する、というのが基本的な立場だった。趙芝薫は、双方が妥協するものの、「浄化」と「統合」の原則の下に、教団内に修行僧団と教化僧団を置く二元化を提示した。

하나의 誤解

(上)

趙芝薫씨의「韓國佛教를 살리는길」을읽고

破邪顯正의 法戰에는

主張의 正當與否만이

眞理는妥協으로 成立될수없다

李青潭

713. 趙芝薫の寄稿文に対する李青潭僧侶の反駁寄稿文「一つの誤解」（『東亜日報』、1963年8月21日）。趙芝薫と李青潭は、紛糾に対する異なる立場で激しい議論をしたが、さらにその後も趙芝薫は「独善心の障壁」という文章を、李青潭僧侶は「有問有答」という文章を、それぞれ『東亜日報』に寄稿した。

714. 妻帯側の中心人物、朴大輪（一番左）と鞠黙潭僧侶（中央）。

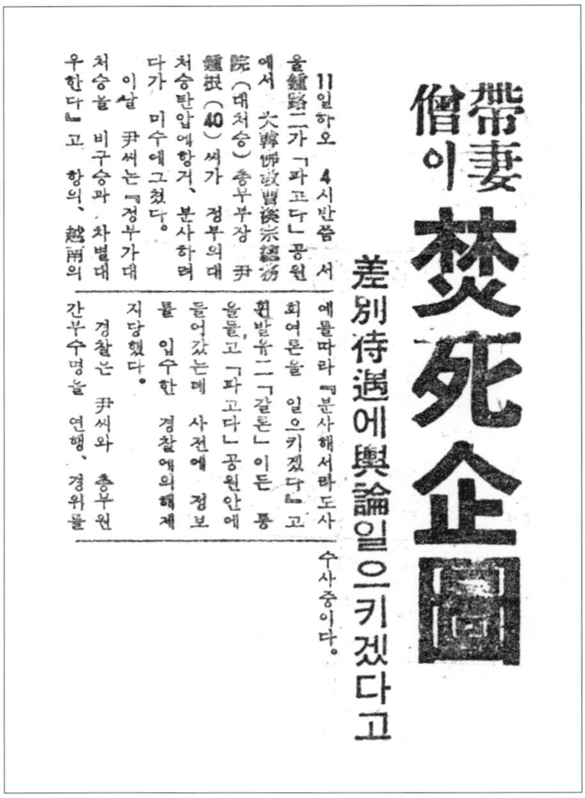

帶妻僧이 焚死企圖

差別待遇에輿論일으키겠다고

11일하오 4시반쯤 서울鍾路二가「파고다」공원에서 大韓佛敎曹溪宗總務院(대처승)총무부장 尹鍾鼓(40)씨가 정부의대처승탄압에항거, 분사하려다가 미수에그쳤다.

이날 尹씨는『정부가대처승을 비구승과 차별대우한다』고 항의, 越南의 예를따라『분사해서라도사회여론을 일으키겠다』고 휘발유二一「갈론」이든 통을들고「파고다」공원안에 들어갔는데 사전에 정보를 입수한 경찰에의해제지당했다.

경찰은 尹씨와 총무원간부수명을 연행, 경위를 수사중이다.

715. 妻帯側が焚死を企画。妻帯僧を差別して待遇する政府の政策に抗議した妻帯僧が焼死を図った（『東亜日報』、1963年10月12日）。

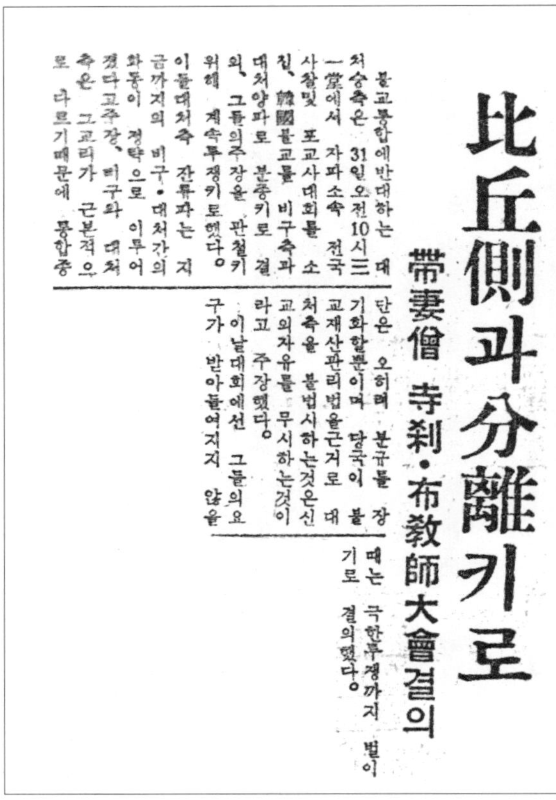

比丘側과分離키로

帶妻僧 寺刹·布教師大會결의

불교통합에반대하는 대처승측은 31일오전10시三一堂에서 자파소속 전국사찰및 포교사대회를 소집, 韓國불교를 비구측과 대처양파로 분종키로 결의, 그들의주장을 관철키위해 계속투쟁키로했다.

이들대처측 잔류파는 지금까지의 비구·대처간의 화동이 정략으로 이루어졌다고주장, 비구와 대처측은 그교리가 근본적으로 다르기때문에 통합종단은 오히려 분규를 장기화할뿐이며 당국이 불교재산관리법을근거로 대처측을 불법시하는것은신교의자유를 무시하는것이라고 주장했다.

이날대회에선 그들의요구가 받아들여지지 않을때는 극한투쟁까지 벌이기로 결의했다.

716. 妻帯側の寺院布教師大会（1967年3月31日）。この大会で決議されたのは、比丘側と分宗して闘争する内容だった（『東亜日報』、1967年4月1日）。当時の妻帯側は政府が仏教財産管理法に基いて妻帯側を弾圧しようとしていると認識した。実際、妻帯側には不利な点が多かった。

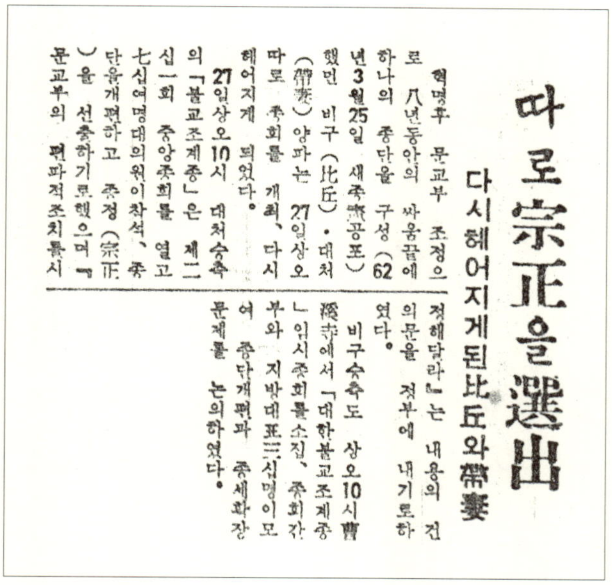

따로宗正을選出

다시헤어지게된比丘와帶妻

혁명후 문교부 조정의
로 八년동안의 싸움끝에
하나의 종단을 구성(62
년3월25일 새종헌공포)
했던 비구(比丘)·대처
(帶妻)양파는 27일상오
따로 종회를 개최, 다시
헤어지게 되었다.
27일상오10시 대처승측
의「불교조계종」은 제二
십一회 중앙종회를 열고
七십여명대의원이착석, 종
단을개편하고 종정(宗正
)을 선출하기로했으며「
문교부의 편파적조치를시
정해달라」는 내용의 건
의문을 정부에 내기로하
였다.
비구승측도 상오10시曹
溪寺에서「대한불교조계종
」임시종회를소집, 종회간
부와 지방대표三십명이모
여 종단개편과 종세확장
문제를 논의하였다.

717. 妻帯側は別々に宗正を選出した。比丘·妻帯双方は、最終的に別々に宗正を選出した。多分これは、曹渓宗と太古宗に分宗される決定的な信号弾であった(『東亜日報』、1963年2月27日)。

1967年6月30日 金曜日 (陰曆5月23日 乙

«동아»

內藏寺管理權다툼

總務院의比丘主持任命에불씨

帶妻側서 크게反撥

【井邑】한동안잠잠하면 이곳內藏寺의比丘·帶妻승 분규는 요즘주지(住持)가 바뀌지는바람에 이절의관리권을 둘러싸고 또다시 험악한움직임을 보이고있다.

大韓佛敎曹溪宗總務院에 의해 전주지 林東哲(錦山·寶石寺)씨후임으로새로 임명된 비구승 黃公善(34=全州시中央동)씨는 지난26일 오후20여명외비구승을 대동하고 동사찰에 입주하려했으나, 현재 주지격으로있는 崔仁傑(55)씨등 대처승에의해 좌절되는 바람에분규가 벌어지게됐다.

지난 26일 비구승측이 밤늦게까지 大雄殿앞뜰에 연좌, 절을비워달라고 강경한태도를보여 한때 험악한분위기가 감돌았으나 다행히 경찰의만류로 협상을갖기로한 이들은 28일 井州읍水城동 忠烈祠에서 양측대표 각8명씩 모여 회합을가졌으나 타협점을 찾지못했다.

비구승측은 총무원의임명에따라 권리를 이행할뿐이라고 주장하고있는가 하면 대처승측은 6·25동란때 폐허화한 동사찰을 지금까지 심혈을 기울여 복원시켰으며 이제 국립공원후보지로 결정되어 각광을받자 절을비워달라고 강요하는것은 부당한 처사라고 맞서고있어 쉽사리 타협의 실마리가 풀리지않을것같다.

718. 妻帯側は統合宗団設立以後、妻帯側が管轄する寺院が縮小されると、残りの寺院に対する管理権を大幅に強化した。これによりその対象寺院では比丘側と熾烈な対立が起きたが、内蔵寺もその一つであった(『東亜日報』、1967年6月30日)。

比丘·帶妻또確執

代表者大會따로열고分宗主張

불교분쟁이 계속되는가운데 25일오전10시 大韓佛敎曹溪宗총무원은 서울시민회관에서 전국불교도대표자대회를열었으며 이에맞서 대처승측인 佛敎曹溪宗총무원은 서울西大門구 第一예식장에서 전국종단기관장및 서울京畿지구 각사암(寺庵)주지자대회를열었다.

大韓佛敎曹溪宗총무원이 주관한 전국불교도대회는 약3천명의 전국교직자와 신도대표들이 참석, 역경(譯經)·포교(布敎)도제육성·의식등의현대화와 군승제(軍僧制)의 실현촉구·신도조직강화와 釋誕일의 공휴일제정및 불교회관건립등 6개항목에 걸친결의문을 채택하고 낮1시폐회했다.

이날 불교도대회는 특히 불교의 미신적요소인 각사찰의칠성각(七星閣)·산신각(山神閣)의철거와 불전공양에향화(香花)·다과및쌀을바치는 현행불교의식을 조속히폐지하고 포교의 현대화를위해 각사찰은 ①매주1회이상정기법회를 개최할것 ②불교방송국과 승가(僧伽)대학신설 ③승려법의를현대화한다는 결의문을채택했다.

한편 대처승이 주관한 종단기관장및 서울京畿지구사암주지대회에는 약5백명의 산하승려들이 참석, ①비구·대처를 조속히분종할것 ②전국사찰에대한 관할권귀속은 각사찰의 주지승려가 자유선택토록할것 ③전국사찰과 종립학교의 경리부정을철저히색출엄단할것 ④정부는 비구승만을 일방적으로 비호하는 행동을즉각 중지할것등 4개항목의대정부건의문을 채택했다.

719. 分宗の道へ。比丘·妻帯双方は対話と妥協を持つことができず、結局、それぞれ独自の道を行くための手順を踏む(『東亜日報』、1967年5月26日)。

720. 統合宗団が霧散（1962年9月18日）した翌年5月29日、曹渓寺内総務院の会議室で開催された僧侶会議。この集まりは、李瑄根文化教育部長官が妻帯側の既得権を擁護すると考えた比丘側僧侶たちが、決起大会を準備するための会議だった。

721. 李耘虚、蔡碧庵など、約40名の重鎮僧侶たちは、1969年9月1日、全国比丘僧大会を開き、宗団の問題を解決しようとした。写真は、全国僧侶大会準備委員会の記念撮影（69年8月11日、梵魚寺）。この会議は、李青潭が曹渓宗の脱退を宣言し、浮上した宗団内の葛藤を解消することを目的として開催された。

722. 李青潭僧侶の曹渓宗脱退声明に宗団が再び揺れることになり、曹渓宗は第21回非常宗会を招集した。この写真は、宗会に先立って秘密会議が開かれる中、その結果を懸命に待っている群衆（1969年9月）。当時の宗団では、禅学院派、通度寺派など、徐々に門中間の葛藤が芽生え始めていた。

佛教界代表
靑潭禪師宗團脱退

淨化理念찾을길없어
領導者의 길버리고萬行길로

■……한국불교의 영도자로 추앙해오는 조계종 長老院長 靑潭大宗師가 돌연 대한불교 조계종단을 탈퇴하여 불……■
■……교계는 새로운문제가 일어나고있다。조계종 탈퇴성명이 지난12일 신문지상을통해 세상에 보도되자 불교계는……■
■……물론、각계서 靑潭스님하면 불교계 代表人物인데 어찌 종단을 물러나게 되었는지 그내막에 귀를 기울이고……■
■……놀라움을 금치못하고있다。

靑潭선사는 본사기자회견에서 탈퇴하게된 소신을다음과같이 밝혔다。

『이번에 조계종을탈퇴하게된것은 오래전부터 원성이 높아져가는 현 종단에 더 이상 기대할수없어 조계종단을 탈퇴할 결심을가지고 조용한 기회를 기다리다가 이번에 탈퇴성명을 내게되었다、 과거 대처승과 싸울때는 명분이나 섰지만 정화이후 비구승단에서 권모술책의파벌로 종단의 3대과업의불사가 제대로 되지않고 승려비행이 날로 늘어나고도처에서 승려난동이 무법천지로 일어나 승풍이 무너저 上下의 계통이없는 무질서한 종단을 바로 잡기가 어렵고 또 앞으로도어떠한 사태가 일어날지 모르는 현종단은 정화이전으로 돌아가는 實情에 불교정화에 선두에선 나자신으로서는 정화이전으로 돌아갈바에는 차라리 不德한나자신의 책임을 느끼고 종단을 탈퇴할 밖에없고 종단을떠나 대처 비구를초월하여 새로운 불교운동에여생을 보낼결심이다。

<宗團을떠나 萬行길로 나선 靑潭禪師>

脱退解明書

小僧의 不德한 所致로 佛教淨化理念과 諸般佛事가 如意不進하므로 懺悔心을 감당할수 없어서 마침내 大韓佛教曹溪宗(比丘僧團)의 脱退를 解明하는 바이다

一九六九、八、十二

右解明人 李 靑 潭 合掌

723. 李青潭僧侶の曹渓宗脱退（1969年8月12日）。李青潭僧侶は、比丘側の浄化を実質的に主導した人物だった。李青潭僧侶の脱宗声明は、仏教界の内外に大きな反響を呼んだ（『大韓仏教』新聞、1969年8月17日）。青潭僧侶は脱退声明で、「過去、妻帯僧と戦う時には名分も立ったが、浄化以降、比丘僧団は権謀術数と門中派閥、宗権争い、僧侶の修行と僧風が崩れ無法地帯となっているため、脱退して新しい仏教運動に残りの人生を送ることになるだろう」と、明らかにしている。

大韓佛教曹溪宗 和同約定書

一、本宗은 新羅道義國師가 創樹한 迦知山門에서 起源하여 太古普愚國師의諸宗包攝으로 曹溪宗이라 公稱하고그宗脈이 綿綿不絶하여 오다가 一九四六年五月二八日朝鮮佛教 教憲이制定頒布됨으로써 一時中絶되자 當時 教正이신 曼庵大宗師께서 一九五三年四月에 通度사에 全國僧侶代表및 高僧大會를 開催하여 本宗의 再興으로 論議하였고 一九五四年四月에 再次佛國사에다 會議를召集하여 同問題를論議한결과로 一九五四年 六月二十日 中央教務議員大會에서 教憲을廢하고 本宗憲을 制定公布實施케 되었으므로 如上史實로보아 本宗의中興을 提唱하신 曼庵大宗師를 本宗의中興祖로 推戴하고 太古宗祖의 浮屠및俳가 安置되어있는 北漢山사址에 太古사根本道場을 復建하는同時에 曼庵中興祖의 舍利塔을 建立奉安키로한다

二、本宗의 儀式과衣制는 現時代에如法適應토록 研究改制키로한다。

三、本宗은 圓融無碍의 大乘精神에 立脚하여 僧風振作은 燥急을 避하고漸進的으로 遂行하며宗會와中央機構를 和同과同時改編키로한다。

但 改編의事務는 推進委員五名을 選出하여委任하고 六和大法會를 開催하여 推進결과를 發表通過키로한다

四、本和同은 自律的精神에 立脚하여 兩側代表가 署名날인과同時에公布實施키로한다

一九六五年 三月 一六日

大韓佛教曹溪宗和同委員會

和同委員
孫慶山 申鍾元
朴西角 李龍祚
李石虎 韓湖應
李行願 崔泰鍾

詮衡委員
孫慶山 申鍾元

724. 比丘と妻帯の和同約定書（1965年3月）。1962年に統合宗団が決裂した後も、比丘・妻帯間の対話は続いた。比丘・妻帯間の統合と和解を主導した僧侶が、その結果として比丘側宗団に編入された僧侶たちを和同派と呼んだ。

725. 1967年5月、全国の仏教徒代表者大会（市民会館）。妻帯側が開催した集会で、妻帯側主導の宗団再建が決議された。

726. 法住寺を訪れた尹潽善大統領（1961年）。前列右から四番目が大統領であり、五番目が法住寺住職・李青潭僧侶である。

727. 全国信徒会。1955年9月13日に設立された大韓仏教曹渓宗信徒会。第10回代議員大会（1969年4月）の様子。

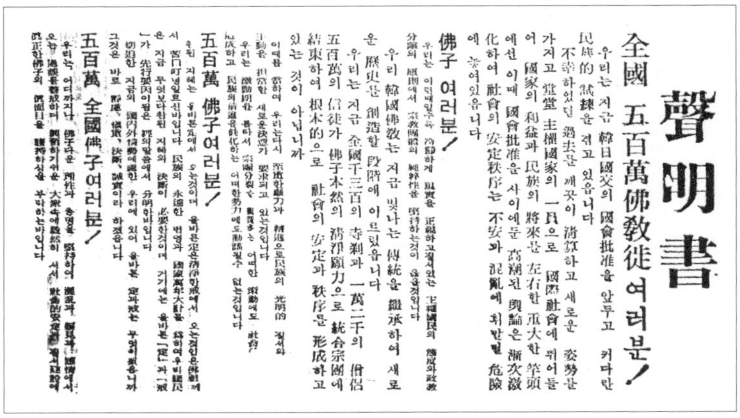

聲明書

全國 五百萬佛教徒 여러분!

우리는 지금 韓日國交의 國會批准을 앞두고 커다란 民族的 試鍊을 겪고 있읍니다

不幸하였던 過去를 깨끗이 淸算하고 새로운 姿勢를 가지고 堂堂 主權國家의 一員으로 國際社會에 뛰어들어 國家의 利益과 民族의 將來를 左右할 重大한 [illegible]에선 이때 國會批准을 사이에둔 高潮된 輿論은 漸次激化하여 社會의 安定秩序는 不安과 混亂에 휘말릴 危險에 놓여있읍니다

佛子 여러분!

[illegible]

우리 韓國佛教는 지금 빛나는 傳統을 繼承하여 새로운 歷史를 創造할 段階에 이르렀읍니다

우리는 지금 全國千三百의 寺刹과 一萬二千의 僧侶 五百萬의 信徒가 佛子本然의 淸淨願力으로 統合宗團에 結束하여 根本的으로 社會의 安定과 秩序를 形成하고 있는 것이 아닙니까

[illegible]

五百萬 佛子여러분!

[illegible]

五百萬 全國佛子여러분!

[illegible]

728. 日韓国交正常化に際して現れた社会混乱について、仏教界の立場を明らかにした声明書。当時の総務院長・金法龍と信徒会長・金相峰の共同の立場を述べたものである（『大韓仏教』100号、1965年7月11日）。

729. 比丘側と妻帯側の和同会合の様子（中華料理店・雅叙園、1967年2月6日）。

青潭・大輪

兩大宗師頂上會談

理、事判으로 大同團合

형식적인 명분에 差異點있을뿐

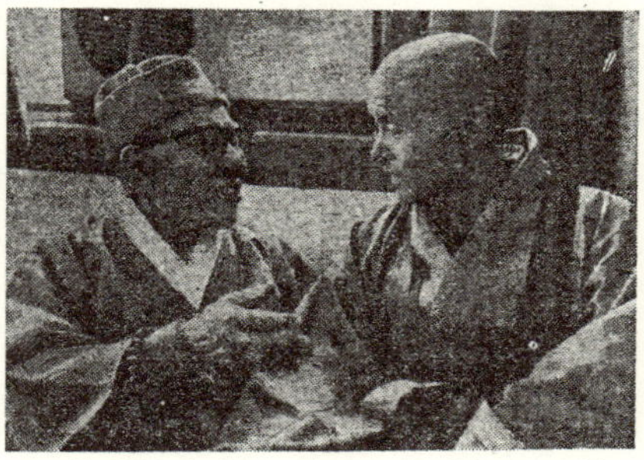

대처 비구의 불교분쟁이 15년간 계속되는 동안 5·16혁명후 불교분쟁을 수습하기위해 문교부당국의 주선으로 비구·대처양측 대표가 화동의 모임을 수차가졌다. 한때 비구·대처간 악수가 이루어져 통합종단까지 되고 화동추진위원회까지 있었으나 실질적인 분쟁은 계속되어 이번에는 양측의 최고지도자 靑潭·大輪 두長老가 화동을위해 만나고있다.

731. 比丘・妻帯間の象徴的な人物である李青潭僧侶（右）と朴大輪僧侶（左）の会合を報道した『大韓仏教』の記事（1969年12月4日）。二人は、太古宗登録以前に紛争解消を通じた最後の交渉を行ったが、合意することはできなかった。

帶妻比丘15年間 분규 일소하고

大同團合으로

佛教中興모색

兩側중진 수차 모임

18일 新興寺서 "이젠단합하자"

<지난18일 6시 시내 성북동 신흥사에서 회담하고있는 양측 중진들。左側맨앞에서부터 基元스님, 南采스님, 鏡牛스님, 淨岩스님, 眞경스님, 元宗스님, 一波스님, 法眼스님>

730. 1969年11月18日、ソウルの新興寺で紛争を解消するために協議している比丘側と妻帯側の中堅僧侶たち（左側先頭から基元、南采、鏡牛、淨岩、真景、円宗、一破、法眼の各僧侶）。

732. 妻帯側の宗団幹部およびソウル・京畿地域教育者大会（1967年5月25日）。妻帯側はこの大会で、比丘・妻帯を早急に分宗することなど、4項目の政府に対する建議文を採択した。

733. 妻帯側の宗権守護委員と全国各道の宗務院長の連席会議。

734. 1969年3月26日、市民会館で開催された宗権守護全国仏教徒大会兼第8回全国代議員大会（妻帯側）。宗権守護の性格を持つこの大会で妻帯側は、62年の統合宗団を白紙化し、比丘・妻帯の分離を正式に宣言した。

735. 妻帯側の仏教徒大会。1967年2月27日、ソウル市民会館で開催された韓国仏教教徒会第7回全国代議員大会で、妻帯側は曹渓宗からの脱宗を公式に宣言した。妻帯側が曹渓宗から脱退して登録・発足されることにより、54年から始まった比丘・妻帯間の熾烈な争いは、正式に終息した。その後も寺院ごとに断続的な紛争が継続したが、表面上に現れた大きな紛争はなかった。

736. 東国大第1回宗費生卒業記念（1966年2月26日）。二列目中央に、1回宗費生の一人である月誕僧侶がいて、その左側が玄海僧侶、右側が恵性僧侶。前列左から性寿、瑞雲、青潭、碧眼、行願の各僧侶。

737. 大韓仏教青年会の会議場面。大韓仏教青年会の前身は、1920年代の中央学林学生たちが集まって作った朝鮮仏教青年会で、大韓仏教青年会に名前を変えて正式に文公部（文化広報部）に登録したのは62年6月20日である。写真は大韓仏教青年会に名前を変えた後の第8回全国代議員大会（1969年12月13日）の様子。

738. 大韓仏教新聞社主催のセミナー「韓国仏教のいく道」の発表場面（1969年9月）。

「佛緣親睦」
維摩會創立
新聞會舘에서 盛大히

【新聞 회관에서 유마회創立】

과거 出家得度하여 佛敎에 因緣이있는 在家居士가 모여 오늘의 社會생활에서 더욱 佛心을 베풀고 상호 친목을 목적으로 維摩會를 창립하였다。

지난 28일 오전11시 新聞회관에서 발기인 80명이 참석한 가운데 유마회가성대히 창립되었다。

이날 金漢千 (全國信徒會부회장) 씨의 축사와 회칙통과、이어 50명의 理事와 임원선출등으로 창립총회를 마치고 新興寺별장에가서창립친목파티를갖고 이자리에서회비를 지출하여 우선생활이어려운 法환法友에 양복한벌을 맞추어주었다。

이날 선출된 임원명단은 다음과 같다。

▲會長＝朴完一 (一觀) ～松廣寺 常任부회장 崔仁浩 (唯心) ～月精寺 부회장 崔鍾和～月精寺 부회장 申貞均 (晳淨) ～海印寺 總務幹事 朴來先～白羊寺 組織幹事 崔東洙 ～法住寺 教化幹事 朴仁奎 (圓機) ～修德寺 事業幹事 韓基詳 (白雲) ～把溪寺 企劃幹事 朴先榮 (最一) ～修德寺 弘報幹事 鄭判奎 (慧文) ～海印寺 涉外幹事 林貞辰 (眞休) ～法興寺 財務幹事 裵照雄 (性雲) ～梵魚寺 연락처 東國大學校理事長室

739. 出家経験のある在家仏教徒の集まりである維摩会の創立(1968年7月27日)。80名が参加し、会長に朴完一、常任副会長に崔仁浩（唯心）などが選出された（『大韓仏教』、1968年8月4日)。

"海印學園 官選理事 任命不當"
設立者인 海印寺、各界에 陳情

海印寺住持 朴瑱宗스님은 지난1월29일자 문교부에의한 海印學園假理事選任이宗團淨財로 設立된 海印學園의 建學理念을 살릴수없을뿐만아니라 동학원산하 각급학교의 균등한 발전을저해할가능성을 지적、적절한 시정을 촉구하는 호소문을 3월31일 문교부등 관계요로에 제출하였다 동호소문요지는 다음과같다

1、문교부가 선임한 假理事7명중 佛敎界人事가한사람도 끼이지않았다는것은 海印寺淨財로 세워진 동학원으로하여금 붓다精神에입각한 建學理念을 말살시킬 우려가있다

2、동학원산하에는 마산대학 (馬山市內) 海印綜合高等學校 (晉州市) 海印中學校 (陜川) 등이있는바 假理事7명 모두가 마산출신으로된것은 지역을 고려치않은처사다 마산출신만으로된假理事陣으로는 마산대학 정상화에만 치중하는 나머지 晉州、陜川等地에있는 海印學園산하 교육기관을 희생시킬우려가있다 특히 도청이전문제로 晉州와馬山간에첨예한 대립이 계속되고있는 현실정은 더욱 전기우려의 타당함을 뒷받침해주고있다

3、전기7명의 假理事중4명이마산공업고등학교를경영하는 [illegible]理事로 되었다는것은 理事選任制限의 뜻에 위배된 처사다

4、非宗團人事로 채워진 동假理事로서는 佛敎宗立學園으로서의 특수성을 살릴수없다

5、이상을 참작 宗立學園의 正常的인발전을 위해 宗團人事로하여금 동학원을 경영할수있도록 조처함이요망되며 이의실현을 위하여 각계의 적극적인 협조를바란다

742. 仏教界が経営していた海印学院（海印大学、海印中、海印高）に関する公選理事任命の不当性を報道した記事。1967年12月22日から海印大学は、仏教系の管理から分離された。

740. 仏教界主導で海外の韓国人に国旗を送る運動本部が掲げたプラカード（1967年2月)。

741. 韓国の大学生仏教連合会(略称：大仏連)の創立式(東国大、1963年9月22日)。仏教の大衆化に貢献した大仏連の創立は、李青潭、朴秋潭、李漢相などの後援で可能になった。写真は、創立式で挨拶をしている初代会長・申豪徹氏。

743. ベトナム戦争に参戦した兵士たちの武運長久を祈願する法会（1966年7月3日)。

744. 1967年、浄化後に海印叢林が設置され、比丘戒受戒の記念撮影（1967年旧暦10月21日）。前列中央が性徹僧侶、右側に古庵僧侶、慈雲僧侶、指月僧侶、一陀僧侶などが見える。

745. 1967年、海印叢林が設置された後の最初の冬安居（冬期修行）の記念撮影。

746. 大韓仏教新聞社の看板（明洞2街104番地、鉄鋼ビル）。

747. 三宝学会の「三宝の日」法会の様子。三宝学会は、実直な仏教徒である李漢相（徳山）居士の純粋な願力で、仏教教化事業を推進している団体であった。この学会では大韓仏教新聞社、近代仏教100年史編纂部、三宝奨学会などを運営している。円内は、李漢相居士。

748. 三宝奨学生の受恵者は、奉恩寺に寝泊まりして修練生活をしながら勉強した。最前列の中央が高光徳僧侶である。

749. 近代仏教100年史編纂指導委員会（1966年5月）。李漢相氏の願力で三宝学会が設立され、『韓国仏教最新百年史資料集』をまとめてプリント版（全4巻）として出版した。近世仏教研究の貴重なこの本の編纂整理は、主に鄭珖鎬、徐景洙、朴性焙、安晋吾などが担当した。

750. 三宝奨学会が主催した奨学生選抜試験。

751. 三宝奨学金の受恵者の集まりである、三宝研修会創立総会（奉恩寺）。当時の会長は、睦哲宇（別名：睦楨培）であった。

第589号(陰暦 甲寅年12月29日) 大

◇… 一九六三年一月 文教部長官이 總務院의建議를 받아드릴수 없다는 回信을 보내오자 宗團에서는 三月一日에 宗會와本寺住持會議의 合同連席會議를 召集했다。이會議는「부처님 오신날」公休日制定推進運動을 擧國的國民運動으로 하기로 決議하고 推進委員長에 當時 宗會議長이던 故 青潭大宗師를 選出했다。그리고 다음과같은 要綱을 채택했다。…◇

「부처님 오신날」公休日制定

宿願의成就顚末 〈2〉

첫 推進委員會 결성

委員長에 青潭大宗師

5百萬名 서명운동 전개

◇青潭스님

◇서명첩

752. 1963年の仏誕節を祝日に制定するための教団としての取り組みをまとめた記事。1963年1月、4月初8日を休日に指定してほしいという仏教界の要請に対して当時の文化教育部長官から拒否の返信がくると、直ちに曹渓宗団は仏誕節祝日制定推進汎国民運動を展開した。

753. 1963年4月初8日、東国大学の学生寮である祈願学士（旧・唯新高速バス会社）前の学生たち（左が睦楨培）。右側の入り口に書かれた「釈尊誕生日」が異彩を放っている。戦後には、釈尊生誕日を仏誕節や釈迦誕節と呼んだ。しかし、睦楨培教授の回顧によると、同年初8日行事を彼の提案によって最初に「釈迦の日」と命名したという。そして、この写真の「お釈迦様」の文字は、金仁徳教授が書いたものである。

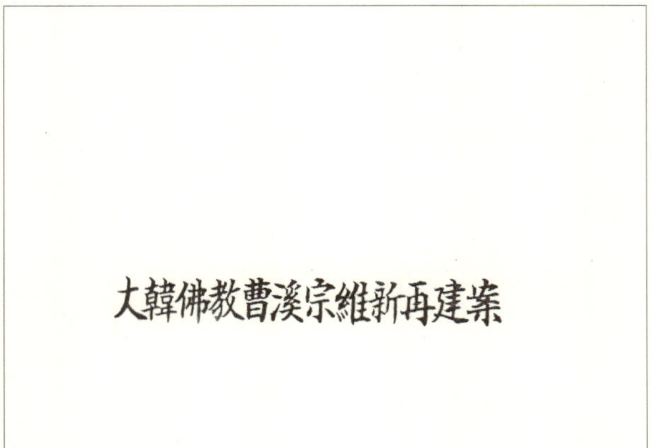
大韓佛教曹溪宗維新再建案

大韓佛教曹溪宗維新再建委員會

754.『大韓仏教曹渓宗維新再建案』(1969年)。この再建案は、李鍾益が曹渓宗団を維新するための諸分野、すなわち宗旨、宗祖、教育、教化などの問題点と、その代案を提示した文書である。李鍾益は解放後、仏教革新の第一線で活躍しており、浄化仏事の際には、比丘側の論理と方法について大きな助言を与えた。しかし、浄化の結果、教団と僧侶の衰弱、矛盾、腐敗などが進んだので、このような再建案を作ったのである。この再建案は、李青潭が曹渓宗脱退の名分とした曹渓宗革新の内容であった。

비구니총림건립

「우담바라회」서 비구니 총력기울여

教役院、菩提院、大衆院등

13개 부설기구로 비구니道場

755. 優曇鉢羅会で、比丘尼叢林を建設するという内容を報道した大韓仏教の記事（『大韓仏教』、1969年9月14日）。

佛國寺復元

千年前엣모습으로

新羅의 護國信仰 다시 찾아

2億원들여 國內財閥들의施主로

無說殿, 비로殿, 觀音殿등 千年前 莊嚴한道場으로

756. 仏国寺の復元が完了（1969年11月14日）した（『大韓仏教』、1969年11月28日）。

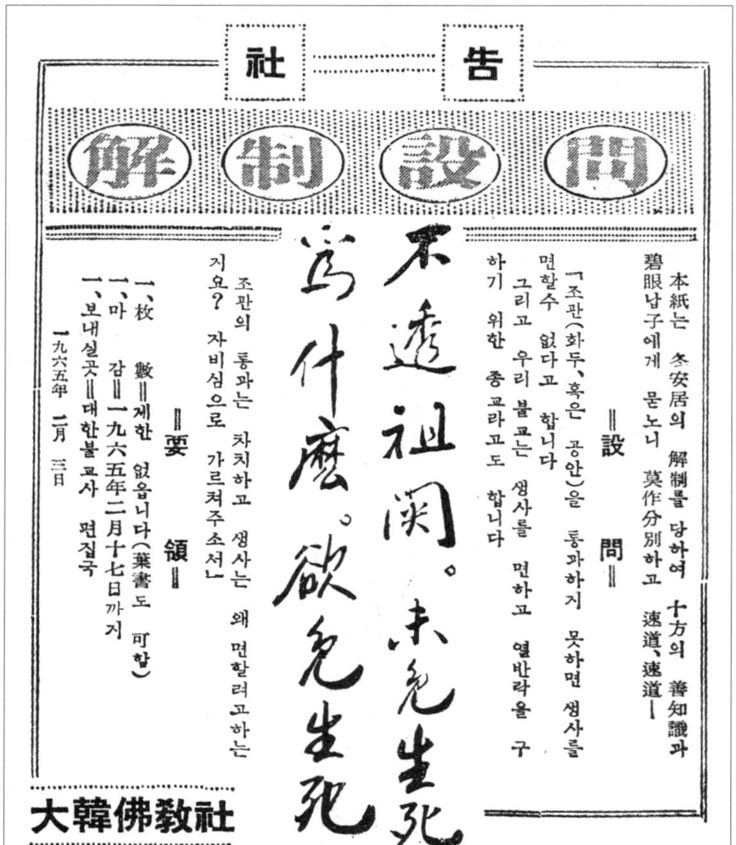

社 告

解制設問

本紙는 冬安居의 解制를 당하여 十方의 善知識과 碧眼납子에게 묻노니 莫作分別하고 速道、速道ー

‖設 問‖

「조관(화두、혹은 공안)을 통과하지 못하면 생사를 면할수 없다고 합니다

그리고 우리 불교는 생사를 면하고 열반락을 구하기 위한 종교라고도 합니다

不透祖関。未免生死。爲什麽。欲免生死

조관의 통과는 차치하고 생사는 왜 면할려고하는지요? 자비심으로 가르처주소서」

‖要 領‖

一、枚 數‖제한 없읍니다(葉書도 可합)

一、마 감‖一九六五年二月十七日까지

一、보내실곳‖대한불교사 편집국

一九六五年 二月 三日

大韓佛教社

757. 冬安居解制に際しての法挙揚（修行者の悟境を確かめる問答）。

758. 仏教紛争を諷刺した絵（『東亜日報』、1963年1月17日）。

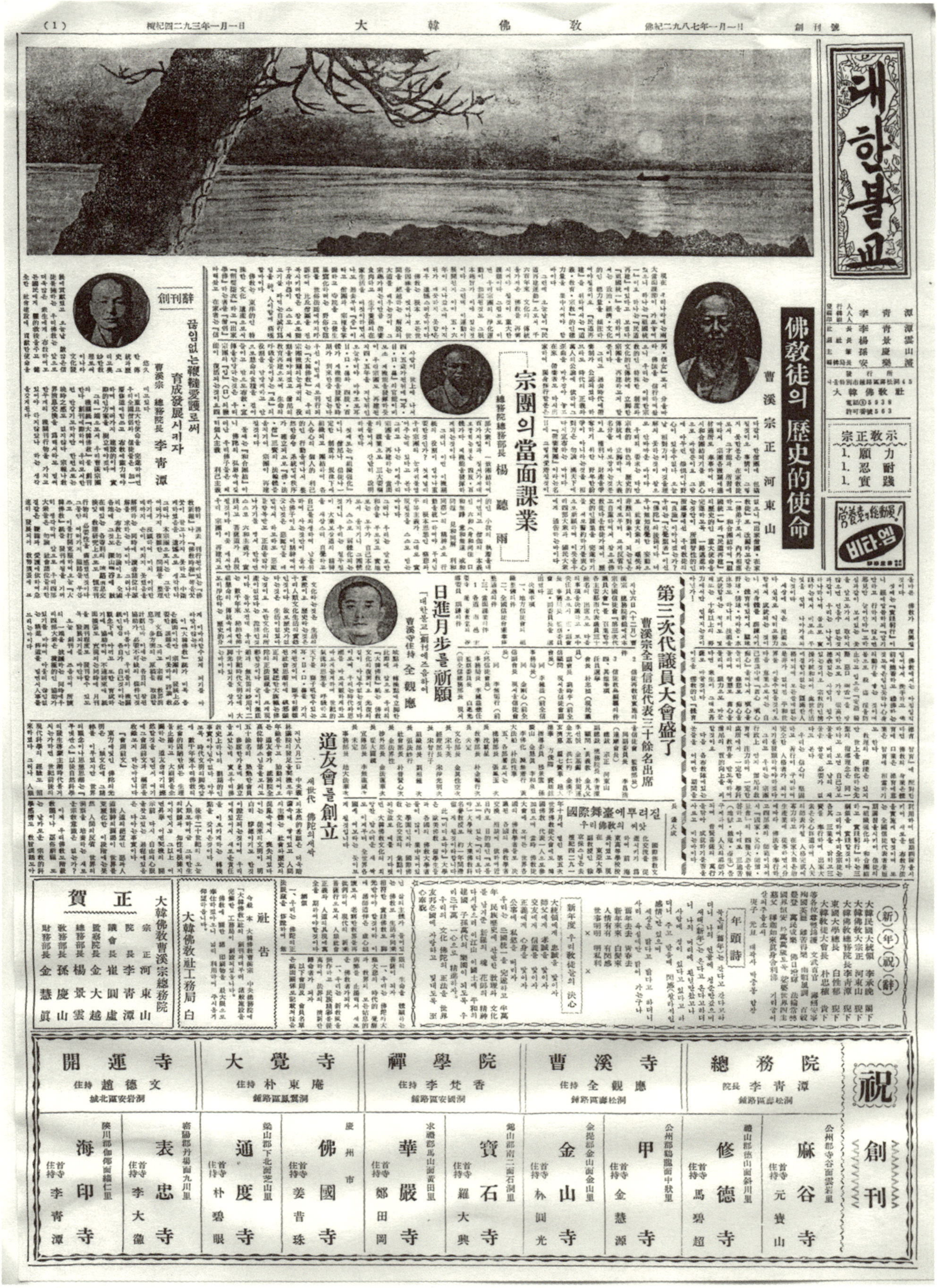
(1) 檀紀四二九三年一月一日　大韓佛教　佛紀二九八七年一月一日　創刊號

대한불교

發行人 編輯人 印刷人 李青潭
社長 李青潭
副社長 楊景雲
主筆 孫慶山
編輯局長 安樂濩
發行所 서울特別市鍾路區壽松洞45 大韓佛教社
電話⑤5938
許可番號563

宗正教示
1. 願力
1. 忍耐
1. 實踐

佛教徒의 歷史的使命
曹溪宗正 河東山

創刊辭
끊임없는 覆護愛護로써 育成發展시키자
曹溪宗 總務院長 李青潭

宗團의 當面課業
總務院總務部長 楊景雲

日進月步를 祈願
「대한불교」創刊에 즈음하여
曹溪寺住持 全觀應

第三次代議員大會盛了
曹溪宗全國信徒代表三十餘名出席

國際舞臺에 뿌려질 우리佛教의 씨앗

道友會를 創立
새世代 佛陀의 새싹

(新)(年)(祝)(辭)
大韓民國大統領 李承晩 閣下
大韓佛教大宗正 河東山 猊下
大韓佛教總務院長 李青潭 猊下
東國大學總長 白性郁 博士
大韓教徒大會長 朴忠植 閣下

年頭詩

新年度 우리敎徒들의 決心

社告
大韓佛教社工務局 白

賀正
大韓佛教曹溪宗總務院
宗正 河東山
院長 李青潭
議會長 崔圓虛
監察院長 金大越
總務部長 楊景雲
教務部長 孫慶山
財務部長 金慧眞

祝創刊
總務院 院長 李青潭 鍾路區壽松洞
曹溪寺 住持 全觀應 鍾路區壽松洞
禪學院 住持 李梵香 鍾路區安國洞
大覺寺 住持 朴東庵 鍾路區鳳翼洞
開運寺 住持 趙德文 城北區安岩洞
麻谷寺 公州郡寺谷面雲岩里 首寺住持 元寶山
修德寺 禮山郡德山面斜川里 首寺住持 馬碧超
甲寺 公州郡鷄龍面中壯里 首寺住持 金慧源
金山寺 金堤郡金山面金山里 首寺住持 朴圓光
寶石寺 錦山郡南二面石洞里 首寺住持 羅大典
華嚴寺 求禮郡馬山面黃田里 首寺住持 鄭田岡
佛國寺 慶州市 首寺住持 姜昔珠
通度寺 梁山郡下北面芝山里 首寺住持 朴碧眼
表忠寺 密陽郡丹場面九川里 首寺住持 李大徹
海印寺 陜川郡伽倻面緇仁里 首寺住持 李青潭

759.『大韓仏教』創刊号（1960年1月1日）。曹渓宗の機関紙として月刊でスタートしたが、しばらくして週刊に転換し、紙名が『大韓仏教新聞』に変更され、再び『大韓仏教』に戻された。現在の『仏教新聞』の前身である。

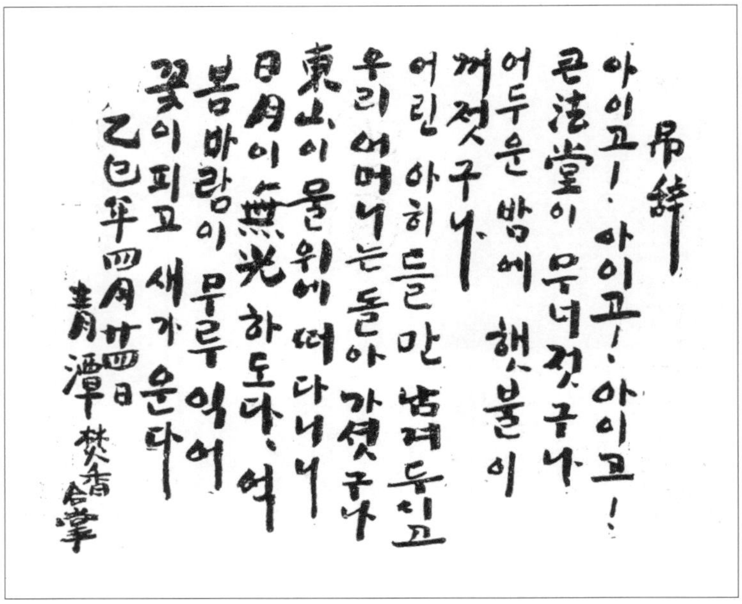

760. 河東山僧侶が入寂した時に詠んだ、李青潭僧侶の弔辞（1965 年 4 月 24 日）。

761. 李青潭僧侶が 1968 年の新年を迎えた時に描いた『仏教新聞』掲載のお祝い戯画（1968 年 1 月 11 日）。

762. 呑虚僧侶による『大韓仏教』200 号記念の揮毫（1967 年 6 月 11 日）。

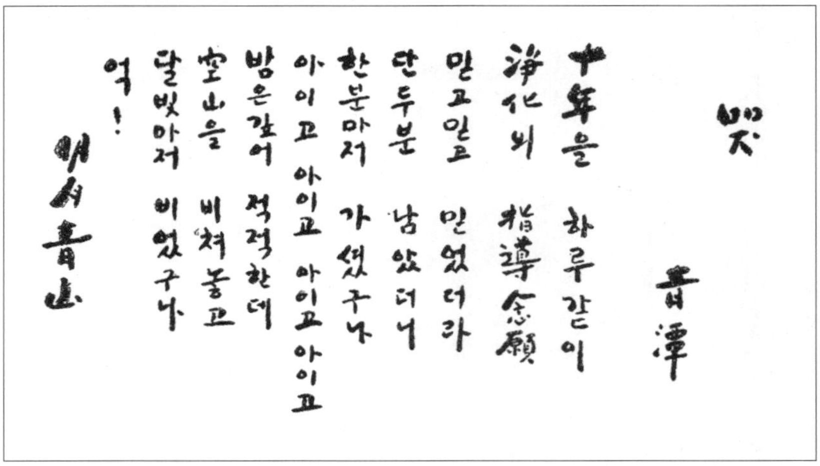

763. 暁峰僧侶の入寂に際しての李青潭僧侶による「哭」（『大韓仏教』166 号、1966 年 10 月 16 日）。

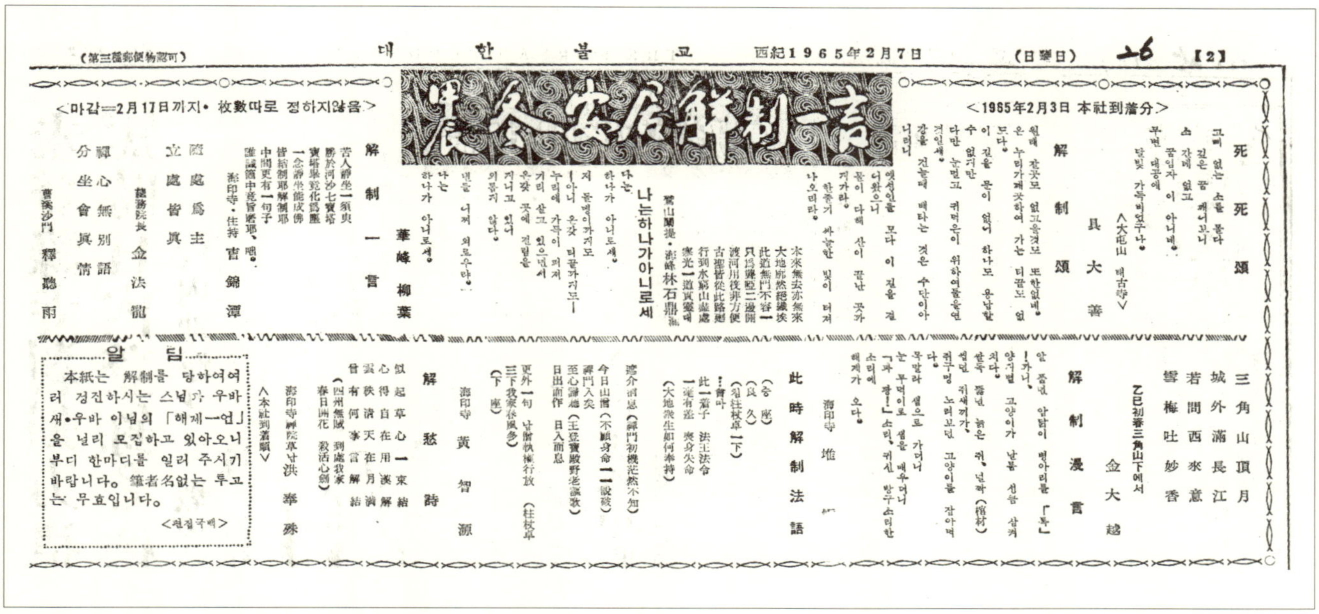
(第三種郵便物認可) 대한불교 西紀1965年2月7日 (日曜日) 【2】

冬安居解制一言

<1965年2月3日 本社到着分>

<마감=2月17日까지・ 枚數따로 정하지않음>

死死頌 <大屯山 태고사>

그때 없는 소를 몰다
깊은 꿈 깨어꼬니
소 간데 없고
꿈임자 이 아니네.
무변 대공에
달빛 가득비었구나.

解制頌 具大善

원래 잘곳도 없고올것도 또한없네.
온 누리가깨끗하여 가는 티끌도 없도다.
이 길을 문이 없어 하나도 용납할 수 없거만
다만 눈멀고 귀먹은이 위하여물을연 것이네.
강을 건널때 배타는 것은 수단이아니러니
옛선인들 모다 이 길을 걸어왔으니
꽃이 다해 산이 끝난 곳까지가라.
한줄기 싸늘한 빛이 터져나오리라.

나는하나가아니로세 鷲山關提・涵峰林石鼎

本來無去亦無來
大地廓然絶纖埃
此道無門不容一
只爲聾啞二邊開
渡河用筏非方便
古聖皆從此路廻
行到水窮山盡處
寒光一道眞靈[illegible]

다는 하나가 아니로세.
지 돌멩이까지도
一아니 온갖 티끌까지도一
누리에 가득이 퍼져
기리 살고 있으면서
온갖 곳에 진립을
지니고 있어
외롭지 않다.
낸들 너찌 외로우랴.
나는
하나가 아니로세.

華峰 柳葉

解制一言

苦人靜坐一須臾
勝於河沙七寶塔
寶塔畢竟化爲塵
一念靜坐能成佛
皆縮制耶解制耶
中間更有一句子
誰識箇中竟旨趣耶、咄。
海印寺・住持 吉錦潭

隨處爲主
立處皆眞
總務院長 金法龍

禪心無別語
分坐會眞情
曹溪沙門 釋聽雨

三角山頂月
城外滿長江
若問西來意
雪梅吐妙香
乙巳初春三角山下에서 金大越

解制漫言

알 품던 암탉이 병아리를 「톡」!까니, 양지볕 고양이가 날름 선뜻 삼켜치다. 쌀독 뚫던 늙은 쥐, 널짝(棺材) 썩던 쥐새끼가, 쥐구멍 노려보던 고양이를 잡아먹다. 목말라 샘으로 가더니 눈 무덤이로 샘을 메우더니 「파 광!」 소리, 귀신 방구소리만한 소리에 해제가 오다.
海印寺 堆[illegible]

此時解制法語

(송 座)
(良 久)
(拄杖卓 一下)
…會마
此一着子 法王法令
一毫有差 喪身失命
(大地衆生如何奉持)
遮介消息 (禪門初機茫然不知)
今日山僧 (不顧身命一一說破)
禪門入矣
至心諦聽 (王登寶殿野老謳歌)
日出而作 日入而息
更外一句 남當執權行放 (拄杖卓三下我家春風多)
(下 座)
海印寺 黃智源

解愁詩

似起草心一束結
心得自在用湊解
雲秋清天在月滿
皆有何事言解結
(四州無賊 到處我家 春日開花 殺活心劍)
海印寺禪院草남洪奉殊

<本社到着順>

알림

本紙는 解制를 당하여여러 정진하시는 스님과 우바새・우바 이님의 「해제一언」을 널리 모집하고 있아오니 부디 한마디를 일러 주시기 바랍니다。筆者名없는 투고는 무효입니다。
<편집국백>

764. 冬安居解制法挙揚。大韓仏教新聞社が1965年2月、冬安居解制に際して衲子（僧侶）、優婆塞（男性信者）、優婆夷（女性信者）たちに解制一言を要請すると、これに応募した解制法挙揚（『大韓仏教』、1965年2月7日）。

第80號 (第三種郵便物認可) 대한불교

解制設問

「不透祖關未免生死爲什麽欲免生死」

▼特別寄稿▲

왜、生死는 免하려노?

海印寺 堆雪

偈三禪

夜夜抱佛眠 朝朝還共起
欲識居佛處 語默動靜止

밤마다 부처와 자고
아침마다 부처와함께 일어나네。
부처 있는 곳 알려는 이여、
부처는 말과 행동、일상생활속에 있네。
<失名>

朝來共喫粥 粥了洗鉢盂
且問諸禪客 還會會也無

아침에 와서 함께 죽먹고
죽먹고 나서 바루 씻고
묻노니 참선하는 이들아、
이 소식 알고 있는고?
<元鑑國師>

古佛未生前 凝然猶未會
釋迦猶未會 迦葉豈能傳

옛부처 나기 전에
두렷한 그 무엇은
석가도 몰랐거니
가섭이 어이 전하랴。
<龍城禪師>
石昇吟

解制設問有感

社長 李漢相

내가 우리 佛教新聞을 經營해온 以來 이번解制設問 應答을 읽고 서아비로소그 보람을 느꼈다.

錦衣夜行格인 우리敎界의 發展相을 찾아볼진이 없었더니 이제 이紙面을通하여 百花爭姸의 盛을보게되어 우리敎界의將來를내다볼때 나는 歡喜心의 發動을 禁할길이없다. 佛子의 한사람으로 感激하여마지않는다.

應答의論評은 勿論 내 分上에 앉아서도 나 내로 그優劣을가리지 못할것은아니다. 그러나 그것은나의領分이 아닌만큼省略하거니와 다만道伴들끼리 탁마의功이이紙面을通하여 이루어졌다는事實만으로도 커지아니한收獲이라고 믿는바이다. 他日에 碧眼子의論評이 加해질것을 침을삼켜가며 고대한다.

設問答 2月24日到着分(其一)

湖西 天藏寺 鄭東山

本無生死如何免生死
庭前雪裡梅自紅

765. 冬安居解制法挙揚。大韓仏教新聞社が冬安居解制に際し、設問したことに対する回答（『大韓仏教』1965年2月28日）。特別寄稿した海印寺堆雪とは、一陀僧侶である。

766. 東国訳経院の開院。訳経院は 1964 年 7 月 21 日開院し、66 年から政府の補助を受け、ハングル（韓国語）大蔵経の出版を開始した。70 年に入ってからは政府の補助が不十分で、最終的に止まってしまった。その後、94 年に政府補助が再開され、現在までに出版された本は、合計 283 冊である。2000 年に 30 冊が追加で出版されると、ハングル大蔵経仏事は 313 冊で「有終の美」を収めた。初代訳経院院長は李耘虚僧侶であり、今はその弟子の月雲僧侶が精進している。

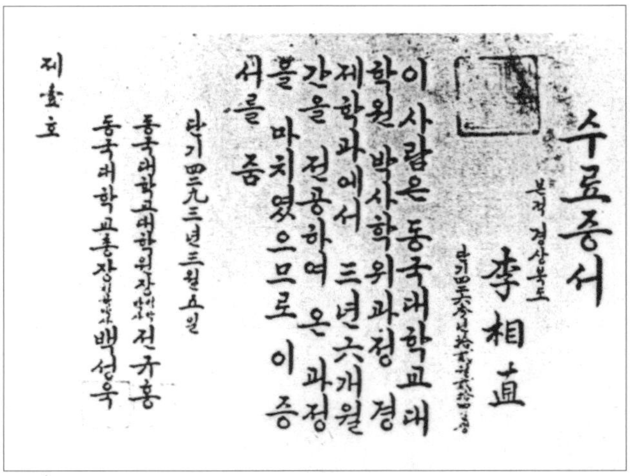

수료증서

본적 경상북도

李相直

이 사람은 동국대학교 대학원 박사학위과정 경제학과에서 三년六개월간을 전공하여 온 과정을 마치였으므로 이 증서를 줌

단기四二九三년三월五일

동국대학교대학원장 전규홍

동국대학교총장 백성욱

제壹호

767. 東国大学初の博士課程修了証書（1960 年 3 月 5 日）。

768. 訳経院で発行した、ハングル大蔵経の一部。

769. 1963 ～ 64 年頃の東国大学と財団役員。李青潭、金法麟、孫慶山、李行願僧侶などが見える。金法麟総長は、63 年 7 月 20 日に東国大学第 4 代総長に就任したが、過労のため、翌年 3 月 14 日に死去した。

770.『ウリマル（わが国の言葉＝韓国語）八万大蔵経』の編集会議の様子（1962年10月）。『ウリマル八万大蔵経』は、大韓仏教青年会で1962年4月から推進し、翌年6月に出版された。李耘虚の指導と、金達鎮、李鍾益、朴法頂の3人が編集・校正を担当した（関連写真778）。

771. 仏教近代化のためのシンポジウムは、「今日を生きる僧伽」というテーマで発表された（1968年5月2日）。

772. 龍珠寺で開催された訳経委員会懇談会（1965年10月17日）。訳経委員は李耘虚、金呑虚、趙芝薫、徐廷柱、禹貞相、洪庭植など、15人だった。

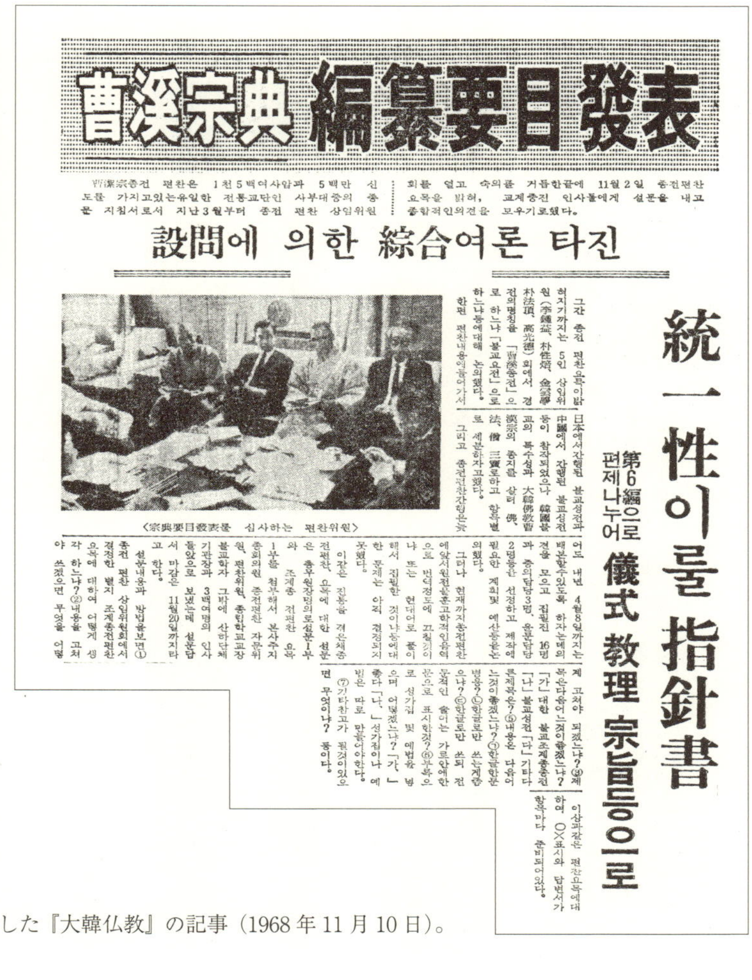

曹溪宗典 編纂要目發表

曹溪宗종전 편찬은 1천5백여사암과 5백만 신도를 가지고있는유일한 전통교단인 사부대중의 종문 지침서로서 지난3월부터 종전 편찬 상임위원회를 열고 숙의를 거듭한끝에 11월2일 종전편찬 요목을 밝혀, 교계중진 인사들에게 설문을 내고 종합적인의견을 모우기로했다。

設問에 의한 綜合여론 타진

統一性이룰 指針書

第6編으로 편제나누어 儀式 教理 宗旨등으로

〈宗典要目發表를 심사하는 편찬위원〉

그간 종전 편찬요목이 밝혀지기까지는 5인 상임위원(李鍾益, 朴性焕, 金雲學, 朴法頂, 高光德)회에서 경전의명칭을 「曹溪宗전」으로 하느냐 「불교요전」으로 하느냐등에 대해 논의했다。

한편 편찬내용이 들어가서 日本에서 간행된 불교성전과 中國에서 간행된 불교성전등이 참작되었으나 韓國불교의 특수성과 大韓佛教曹溪宗의 종지를 살려 佛, 法, 僧 三寶로하고 항목별로 세분하자고했다。

그리고 종전편찬간행은늦어도 내년 4월8일까지는 배본할수있도록 하자는데의견을 모으고 집필진 16명과 증의담당3명, 윤문담당 2명등을 선정하고 제작에 필요한 계획및 예산등을 논의했다。

그러나 현재까지 종전편찬에 앞서 원전을 훈고학적인 음역으로 번역정도에 그칠것이나 또는 현대어로 풀이해서 집필한 것이나 등에 대한 문제는 아직 결정되지 못했다。

이같은 진통을 겪은채 종전편찬, 요목에 대한 설문은 총무원장명의로 설문1부와 조계종 전편찬 요목 1부를 첨부해서 본사주지 중회의원 종전편찬 자문위원, 편찬위원, 종립학교교장 불교학자 그밖에 산하단체 기관장과 3백여명의 인사들앞으로 보냈는데 설문답서 마감은 11월20일까지라고 한다。

설문내용과 방법을 보면① 종전 편찬 상임위원회에서 결정한 별지 조계종전편찬 요목에 대하여 어떻게 생각하느냐? ②내용을 고쳐야 쓰겠으면 무엇을 어떻게 고쳐야 되겠느냐? ③제목은다음어느것이좋겠느냐? 「가」 대한 불교조계종종전 「나」 불교성전 「다」 기타다른제목은? ⑤내용은 다음어느것이좋겠느냐? ㉠한글한문병용? ㉡한글로만 쓰는게좋으냐? ㉢한글로만 쓰되 전문적인 술어는 가로안에한문으로 표시할것? ⑥부록으로 성가집 및 예법을 병으며 어떻겠느냐? 「가, ㄴ」 좋다 「나, ㄴ」 성가집이나 예법은 따로 만들어야한다。 ⑦기타참고가 될것이있으면 무엇이냐? 등이다。

이상과같은 편찬요목에 대하여 ○×표시와 답변서가 항목마다 준비되어있다。

773. 曹渓宗宗典の編纂進行を報告した『大韓仏教』の記事（1968年11月10日）。

韓國佛教近代百年 史編纂部新設

本社姉妹機關으로 教界協助緊要

最近1世紀 佛教史料集大成

教界主要事件, 高僧, 寺刹, 塔, 등자료수집

近代에없던一大事業

774. 三宝学会の傘下で運営された「韓国仏教近代百年史編纂部」新設を知らせる公告文。この編纂部では、1865 ～ 1965 年までの仏教史の整理・復元のための編纂事業を推進した（『大韓仏教』、1965年12月12日）。編纂部は65年10月から作業に入って資料収集・分類・整理などを経て、近代仏教百年史編纂作業に臨んだが、当初の目的を果たせないまま、69年頃に解体した。

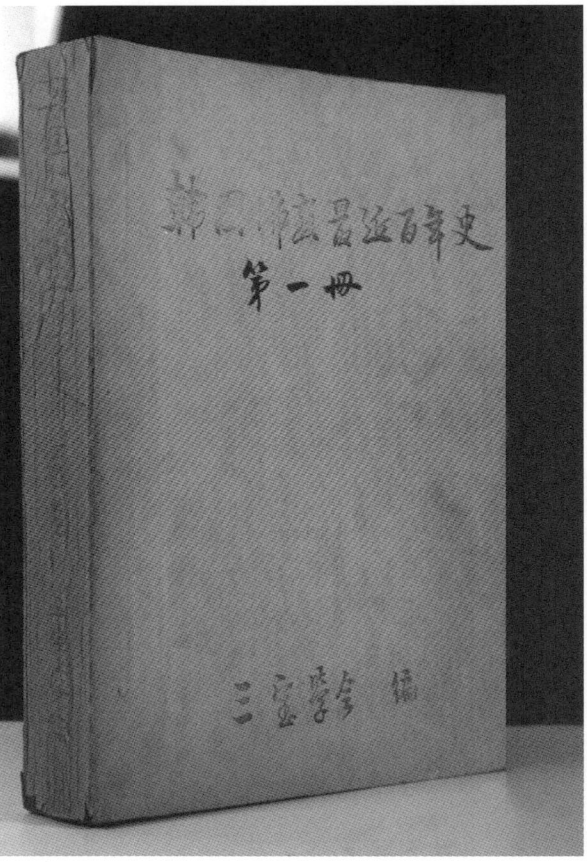

775. 三宝学会で編纂した『韓国仏教最近百年史』第１冊目。三宝学会を主導した李漢相の絶対的な後援により始まったこの仏教最近百年史編纂事業は、1965 年 10 月頃から編纂部を組織して本格化した。このため編纂部は全国的な資料収集を行い、それを下に事業を進めている。当初は歴史叙述を目指していたが、現実的に難関があるため、資料集の方向に転換した。編纂作業は、第１段階で開港から 30 年までを対象に設定し、68 年 7 月頃には作業を完了した。この１次対象の成果は、約 100 部を謄写（ガリ版）で製本し、専門家、寺院、関係機関に配布した。その後、第２作業の 30 ～ 60 年代の作業も編纂を完了し、その原稿による諮問会議も持ったが、仏教界に配布はされなかった。また、この事業を主導した李漢相が一身上の都合で米国に移住し、この編纂事業は完成されなかった。80 年代に入って、その１次対象の部分を民族社が販売することで、より広く知られるようになった。

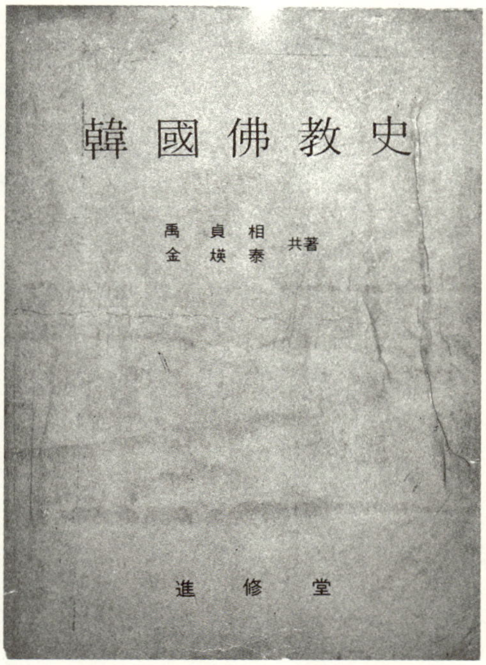

776. 禹貞相・金煐泰教授が刊行した『韓国仏教史』(1968年)。戦後、最初に刊行された韓国仏教史概論書として大学の教科書として用いられた。

777. 李耘虚僧侶の『仏教辞典』。李耘虚僧侶が情熱を傾けて刊行した(1961年5月)。朝鮮における初の仏教辞典(口絵34ページ)。

778.『ウリマル(韓国語)八万大蔵経』。大韓仏教青年会経典編纂委員会から出版された『ウリマル八万大蔵経』(1963年6月8日、法通寺刊)は、『仏教経典』(訳経院)が作られる以前、大衆仏教徒たちのために作られたもので、編纂委員は権相老、李耘虚、金東華、金達鎮、金呑虚、趙明基など、23人であった(関連記事770)。

779. 金一葉の随筆集『青春を燃やし』。女流文人として名を馳せた金一葉僧侶の人生回顧録の性格を帯びたこの本は、1962年に文選閣から出版された。金一葉僧侶は修徳寺で修行し、幾多の人々の心の琴線に触れる宝石のような文章を発表した(口絵34ページ)。

780. 徐景洙教授の随筆集『世俗の道、涅槃の道』（円音閣、1966年）。仏教の真理を落ち着いた筆致で描写して、当時の仏教徒から大反響を呼んだ。写真は弘法院から再発行された本である。

781. 李洪舟僧侶の自伝的小説、『下山』（教育文教社、1967年6月15日）。求道者の理想と現実的な苦悩を描いた小説だが、この作家が突然、板門店近くの非武装地帯で地雷を踏んで死亡した。これに当局は、李洪舟が北朝鮮に行こうとして事故で死亡したものと推定して、普段住んでいた寺院や僧侶たちを捜索・調査を行った（写真は、1994年、仏智寺、再刊行本）。

782. 李箕永教授の『元暁思想』。元暁の代表的著述『大乗起信論疏別記』を現代的に訳注・解説した本として、当時多くの学人たちの大きな手助けとなった。特に彼の該博な解説と意訳は、漢文仏典を見る見識と視野を新たにした。この本は、1967年9月、円音閣から発行された。

783. 1965年4月、社団法人法施舍から出版された仏教教養雑誌『法施』第1号。『法施』は、91年10月に通巻272号で終刊。

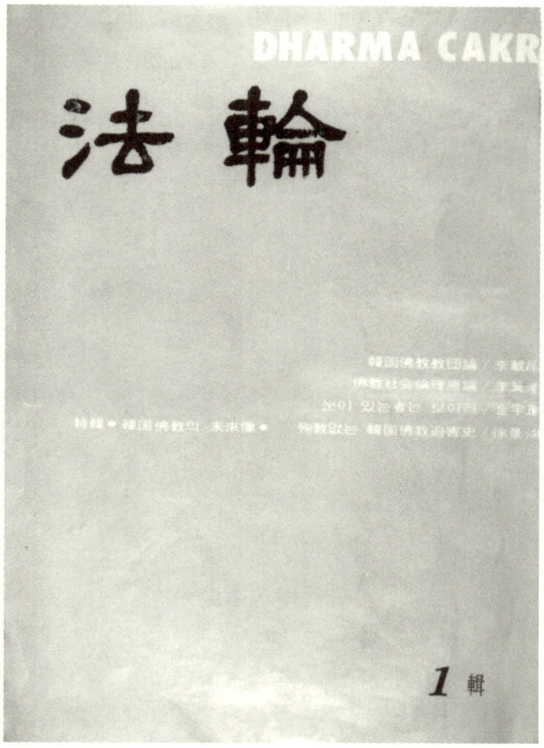

784. 仏教の大衆雑誌『法輪』第1集。1968年2月、全国信徒会が発行した『法輪』(発行人は金判錫)は、93年6月に通巻291号で終刊。

785. 『釈林』創刊号。1968年7月に創刊された『釈林』は、東国大釈林会(白象院)から発行され、98年までに32号まで発行された。

786. 『見星』創刊号。この雑誌は、いつ、何号で終刊されたかわからない。創刊号だけ発行してやめたようだ。

787. 仏教思想研究会で出版した月刊誌『仏教生活』創刊号。発行人は、黄晟起であった。『仏教生活』は、仏教の現代化、大衆化、生活化を打ち出した仏教思想研究会の機関誌として出版された。1964年12月創刊、翌年9月、通巻7号で終刊。

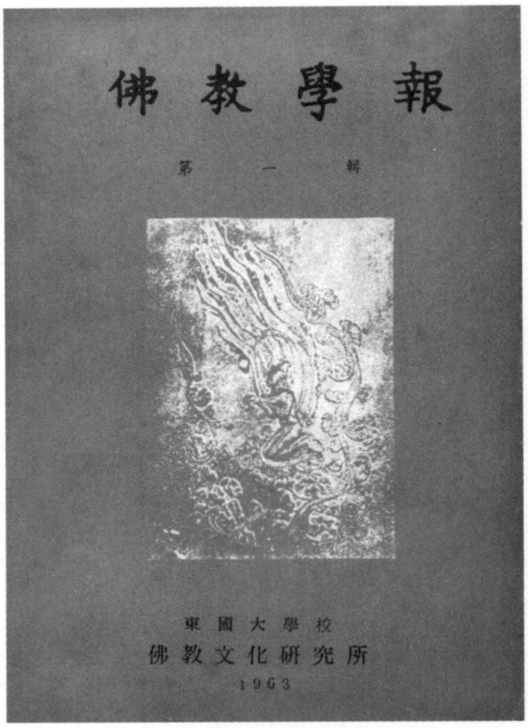

788. 1963年東国大仏教文化研究所から刊行された論文集、『仏教学報』創刊第1集。98年8月まで35集が出ており、毎年1集ずつ発行されていた『仏教学報』は、仏教学界最高の学術誌である。

789. 1966年3月、法華宗総務院が発行した雑誌『白蓮』創刊号。同年5月通巻3号で終刊。

790. 妻帯側の朴大輪が発行人として発刊した『仏教界』創刊号（1967年7月）。妻帯側の論理と資料を多数伝えている史料的価値が高い雑誌で、70年3月、通巻29号で終刊。

791. 統合宗団の初代宗正を務めた李暁峰僧侶。浄化当時には、「大きな家が崩れようとしているので、多くの人の力でつかんでいなさい」と述べ、浄化を現場から後援した。

792. 曹渓宗宗正を歴任した河東山。河東山僧侶は浄化仏事の主役だったが、宋曼庵が宗祖問題で比丘側と距離をおくことで、1954 年 11 月、宗正に推戴された。

793. 浄化仏事の最前線で陣頭指揮した李青潭。李清青僧侶は忍辱菩薩と呼ばれ、特に心の法問を多く話したことで有名である。曹渓宗の宗正と総務院長を歴任した。

794. 創始期、浄化仏事を主導した鄭金烏。鄭金烏僧侶は、浄化推進本部の発起と推進で実質的な活動に力を尽くし、曹渓宗の副宗正を務めた。

795. 仏経翻訳に尽力した李耘虚。李耘虚僧侶は、日本の植民地時代には独立運動に身を投じたが、1960 ～ 70 年代には仏教教育と訳経に専念して、仏教大衆化の基礎を提供した。

796. 比丘·妻帯間の葛藤・対立時に、妻帯側を実質的に主導した朴大輪僧侶。

797. 太古宗宗正を歴任した鞠黙潭。鞠黙潭僧侶は清浄律師で、教学にも明るかった。

798. 東国大教授と東国大総長を歴任した仏教学者·趙明基。

799. 仏教学者・金芿石。金芿石は東国大教授を務め、『華厳学概論』、『僧亮研究』などの様々な研究を行った。

800. 様々な仏教事業と三宝学会を設立主導した李漢相。李漢相は個人事業をしながらも、仏教普及と社会事業に大きな貢献をした。大韓仏教新聞社、三宝奨学会、韓国仏教最近百年史編纂部などはすべて、彼の主導の下に運営された。

1970年代

1970年代

比丘・妻帯間の激しい葛藤を露呈させた浄化（紛糾）は1970年5月、太古宗の登録で一段落した。しかし、仏教界の根深い紛糾は内部に潜んでいた。そして、それはそれぞれの宗団間の善意の競争を意味するものであった。

その名分と論理は仏教の現代化と呼ばれ、布教、訳経、教育など各分野の活動を一新しようとする多角的な悩みと歩みが始まった。李西翁宗正が標榜した仏教の中興のための維新宣言が、それを物語っている。しかし、それを推進するためには、まず各宗団の内部の安定が急務であったが、諸般の状況はそうではなかった。

曹渓宗団は仏教の現代化を宗団の3つの指標として定義したが、その実施に当たっては問題が少なくなかった。問題は、現代化推進勢力だった。しかし、言い換えればそれは教団主導勢力をいうのであって、それは宗正中心制と総務院長中心制の葛藤にも現れた。李青潭の入寂後の顕著な対立は、尹古岩宗正と孫慶山総務院長の間で明確に現れた。宗権守護会、宗会機能留保、全国教区本寺住職協議会などは、当時、その状況を端的に物語っている。

以来、その葛藤は、李西翁宗正の就任後にさらに強まった。李西翁宗正は、実質的な権限を行使しようとしたが、その半面で在野住職層は、総務院長の中心の宗団運営を優先した。その渦中で総務院に金大心という暴力団が乱入する事件が起き、世人の耳目を集めた。宗団運営方法をおいて始まった葛藤は、徐々に宗権掌握および主導権争いの性格に変質した。それが、いわゆる曹渓寺派と開運寺派という分権の構図である。当時の双方は自分の論理と正統性を信保したいがため、俗世の法に期待を寄せた。一進一退する裁判の判決によって、仏教界は一喜一憂する悲しい状況に直面した。これについて、当時の政府、宗教界元老、信徒など、様々な人物が双方の仲裁と和合を勧めたが、所期の成果を収めることができなかった。これは基本的には、仏教の名誉と位相を脱ぎ捨てた反仏教的な行動であった。

一方、その頃の現象の中に民衆仏教論の登場が注目される。1976年、全州松広寺で開催された大仏連大会で民衆仏教論と関連している論文が発表された。特に全在盛の民衆仏教論は、韓龍雲の民衆仏教の論理を借用して被支配層である民衆のための仏教を強調した。

そして、その当時の護国仏教の論理は仏教界内外で盛んに提唱された。これは50年代以来、仏教界に自然に受容された産物である。李承晩、朴正煕政権そのものが反共産主義を優先的な政権の名分にしたので、当時の社会の流れが、それと無関係にはできないことだった。特に仏教界は寺刹令の遺習と仏教財産管理法の登場により、政権に従属された状況が多く露呈された。

さらに曹渓宗団には、仏教浄化を比丘側中心に成就させた政権に対する友好論理が介在したので、護国仏教の勢力拡大は当然のことと理解された。そのため、政権に友好的ないくつかの措置が施されたのである。反共決起大会、護国僧軍団組職、北朝鮮糾弾大会参加、維新憲法支持などはその端的な実例である。

このように教団周辺では、名誉や利益の追求と宗団主導権をめぐる対立が露呈されて、実質的な仏教の現代化は追求されなかった。しかし、宗団外郭では釈迦誕生日の祝日指定、仏教経典編纂、仏教雑誌発刊、大韓仏教振興院発足など、様々な事業が具体化された。これらの諸事業は、仏教の現代化のための基礎作業だったという点で特記すべき内容であった。

801. 妻帯側宗団である太古宗が、文化公報部から正式承認されたことを伝えた報道記事（『東亜日報』、1970年5月12日）。妻帯側は5月8日、文化公報部で登録が受理された。宗正は朴大輪であった。

帶妻側宗團 정식認定

文公部,「太古」등록接受

佛教紛争에 새局面

比丘側 無效化투쟁 별러

불교의 대동단결을 위해 비구 대처를 통합종단으로 화합시켜 오랜 불교분쟁을 종식시키려던 문공부는 八일 대처측이낸한국「태고(太古)종단」의등록을정식으로 받아들임으로써 十六년간끌어오던 불교분쟁은 앞으로 더 노골화할것같다.

문공부는 지금까지의 태도를 바꿔, 그동안 불법종교단체로보고 공인하지않았던 대처측의 이른바「태고종단」을 八일 정식 인정함으로써 불교계는 또다시 비구승이 주축이된 한국불교조계종과 대처측이세운 한국태고종단의 두파로 분열, 분쟁은 더욱 치열해질것으로 보인다.

이에대해 대처측은 정부의대처종단인정은 지금까지의 끊임없는 분규를 회개토록하는 기틀이되어 불교계의 내분요인행위를 지양, 분쟁이 일단락된것이라고 주장했으며 비구측은문공부가 불교분쟁을 더욱부채질했다고 비난하고 앞으로 이태고종단의 무효화투쟁을 벌이겠다고 주장했다.

문공부는 비구 대처간의 분규로인해 우리불교계가 오히려 침체했었다고지적, 이번등록을계기로 종단간의 상호견제를통해 발전의욕을높이고 자율적인 기풍을 불어넣을수있는 기틀을마련했다고 해명했다.

帶妻僧宗團을 合法化

文公部…登録수리

佛教紛争 再燃할듯

정부는 9일 대처승측에서 신청한「한국불교태고종단」(대표종정 박대륜)의 등록을 수리, 지금까지 불법시 해오던 대처승단체를 합법화했다.

이로써 정부가 불교의 대동단결을 내세우고 비구·대처를 통합종단으로 묶어 16년 끈 불교분쟁을 종식하려던 계획은 백지화, 앞으로 더한 분쟁을 일으킬것같다.

문공부는 이조처가 불교계의 새기풍을마련하고종단자의상호견제로발전의욕을배양하기위한것이라고밝혔다.

한국불교태고종단(서울西大門區忠正路1街)의 임원은 종정 박대륜, 총무원장 박남륙, 총무부장 송병수, 교무부장 윤종근, 재무부장 지규서씨등이며 종주는 태고보우국사, 경전은 금강경등으로 돼있다.

이로써 우리 불교계는 대한불교조계종과 한국태고종의2개합법종단이있게된다.

802. 太古宗が合法化されたことを伝える報道記事（『中央日報』、1970年5月9日）。妻帯側の新しい宗団である太古宗が登録・受理（この記事と同じ日）されることで太古宗は、曹渓宗とは別に正式な新しい宗団として発足した。これにより、16年間の長い長い紛争は公式的な終焉を告げた。比丘側（曹渓宗）は無効化闘争を展開したいという意思を表明したが、本格的な闘争は行われなかった。妻帯側はすでに1970年4月16日、第9回全国代表大会から独自路線を宣言していた。

조용한『鎭火』

青潭스님에 안긴總務院長. 曹溪宗 임시宗會의閉幕

林野不正 못캐고
會館建立엔 찬동
部長留任에 失望
現代化귀추 주목

제23차 조계종 임시 중앙종회.

803. 李青潭僧侶、再び総務院長に就任。李青潭僧侶が総務院長に昇格した前後の事情を報告した『東亜日報』の記事（1970年7月20日）。宗正まで歴任した李青潭僧侶は、仏教浄化過程に現れた数々の問題点と宗団改革を直接主導するため、総務院長職を受諾したと伝えられている。

『우리나라佛教는 바로서있는가』
조계宗信徒會심포지움

불교개혁이 논의되고있는 심포지움.

本然의姿勢 되찾을때
「祈福」지양「作福」佛教돼야

804. 浄化が完了されると、今度は曹渓宗で内紛が起こり始めた。宗権の戦いにすぎない内紛が続くと、曹渓宗全国信徒会が「わが国の仏教は、きちんと役割を果たしているのか」というテーマでシンポジウムを開催した。このセミナーは、1970年7月24日、タワーホテルで開催されたが、主題発表者は『東亜日報』論説委員・安在準であり、パネリストは李青潭、洪庭植、李炳注などであった。

805. 曹渓宗企画委員会の最初の会議場面。曹渓宗は、宗務会議で提案した企画委員25名を委嘱した（1971年4月）。この写真はその最初の会議である。委員長は李青潭僧侶であり、毎月2週目の水曜日に定期的な会議を持つことにした。

宗團의 총화와 秩序 확립위해

"中央宗會기능잠정적으로 留保"

宗正古岩大宗師談話 "全宗徒맡은職分에충실"

宗正 古岩大宗師는 지난5日 談話를 발표하고「宗團의 총화와 질서를 확립하기 위하여 부득이 宗會의 기능을 잠정적으로 留保한다」고 밝혔다。

古岩大宗師는 이어「全宗徒는 이 취지를 십분 이해하고 각기 맡은바 직분에 충실하기를 바란다」고 말했다。이날 發表된 宗正 古岩大宗師의 談話文 全文은 다음과 같다。

談話文全文

親愛하는 四部大衆 여러분、本人은 宗團의 總和와 秩序를 確立하기 爲하여 不得已 宗會의 機能을 잠정적으로 留保할것을 決斷하였으니 各級宗務職員、市鎭、그리고 全宗徒는 이 趣旨를 十分 理解하고 各其 맡은바 職分에 充實하기 바랍니다。

1973年 12月5日

大韓佛敎曹溪宗 宗正 尹古岩

806. 尹古岩宗正（第4代）の宗会機能留保についての談話（1973年12月）。太古宗の登録で妻帯側との対立がなくなった後、曹渓宗団には宗権争い、門中間のせめぎ合いなど、様々な葛藤が絶えず続いていた。特に李青潭が1971年11月15日、入寂した以後からは、宗権をめぐる紛糾はさらに深刻になった。当時世間では、李青潭僧侶の入寂にも宗権の葛藤が介在されたという噂が入り乱れていた。

流會로 끝난 48회宗會…방청객 만원

카메라散策

이번 48회 임시 중앙종회는 「성원미달」로 流會가 되었다。재적의원 47명중 23명이 참석한 이번 종회는 일부의원들이 종헌개정을 들고나와 비상한 관심을 끌었는데 이에 찬의를 표하지 않은 의원들의 불참으로 流會가 된것이다。이에 대해 집행부측은 和合을 해칠 우려가 없지않았기 때문에 不參했다고 그이유를 밝혔다。이날 회의를 보기위해 모여든 방청객들의 방청석은 근래에 드물게 만원을 이루었다。

【사진 金海南기자】

807. 宗会議の流会場面（1977年9月）。宗会議の流会は、昔も今も仏教界の一断面である。

韓 佛 敎 西紀1973年12月16日 (日曜日)

中央宗會기능 留保시킨것은

僧團淨化위해 불가피한 措置

古岩宗正·慶山총무원장·碧岩종회의장·智曉감찰원장 談話

새해豫算은 過年度豫算답습

총무·감찰원 간부 決議 多數宗會議員도 서명

808. 尹古岩宗正が僧団浄化を目的とし、中央宗会の機能を留保した内容を報道した『大韓仏教』の記事（1973年12月16日）。尹古岩宗正は、僧団浄化のための避けられない措置と説明したが、その裏には、総務院社会部局長の解任権で突出した宗正と総務院の行政実務者間の対立があった。

"現今事態에 책임 痛感"

古岩大宗師 宗正辭任

제35회 中央宗會

73年度決算승인·四部長사임도

36회 宗會 8月3日에 열기로

◇宗正사임을 발표하는 古岩大宗師

◇제35회 中央宗會

809. 尹古岩宗正が宗団事件に責任を痛感して、宗正を辞任したという内容を報道した『大韓仏教』の記事（1974年7月28日）。尹古岩宗正が辞退して、その後任に李西翁僧侶が就任した。しかし、尹古岩の宗正辞任には、1974年初頭から可視化された総務院執行部と宗権守護会の葛藤が内在していた。宗団批判勢力である宗権守護会（呉緑園）は、当時のふくらんだ仏国寺住職紛糾と東国大公選理事就任などの宗団の運営が問題にされると、同年7月16日、全国僧侶代表者大会（大会の代表は尹月下）を開催し、当時の執行部を圧迫した。

大 韓 佛 敎 西紀1976年1月4日 (日曜日)

宗正예하등 百여명 監禁 만행

佛敎會館에서, 폭력배 30여명 난입

칼·몽둥이로 위협 구타… 14시간

"간첩 색출하러왔다"… 옷벗겨 포승으로 묶고

宗正예하·총무원장등 간부스님 入院

810. 僧侶を装った暴力団の金大心（本名：金炳学）などによって宗正と宗団幹部が襲撃を受けた衝撃的な事実を報告した『大韓仏教』の記事（1976年1月4日）。1975年12月23日、暴力団は総務院を急襲して宗正、総務院長、宗務員などに暴力を行使して金品を強奪した。当時の李西翁宗正は宗正中心で宗憲改正を通じて宗務を主管しようとしたが、この事件により、地位に損傷を受けることになった。

(宗正예하) 11日字로 中央宗會 해산

中興宗會구성…기능代行

14일 17名 中興宗會의원위촉

宗令37호發布

宗正 西翁大宗師는 지난 11일 오전 宗令37호를 發布하고 本宗 최고 의결기구인 中央宗會를 해산조치했다. 이와 함께 종단원로및 중진 15~21名으로 中興종회를 구성, 中央종회의 기능을 대행한 것이라고 밝혔다. 종정예하는 이러한 조치를 취하면서 敎示와 談話를 통해 「佛敎淨化이래 不和와 이기적인갈등으로 반목 시기 질투등의 폐습이 오랜시간에 걸처 만연되어 본연의 사명은 忘却되고 승엄한 敎權은 실추되었다」고 밝히고 「근간 종단일부에서 야기되는 일말의 事態는 승려이전의 인간이성을 상실한 처사가 책임과 비판없이 자행되고 있어 유감스러움을 금할수 없었다」고 말했다. 종정예하는 이어 「본분을 忘却하고 권위를 상실한 현종회를 그대로 두고서는 도저히 해결할길이 없다는 판정아래 만부득이 비상조치를 취하여 正法을 수호하고 본연의 사명을 완수해야겠다는 生覺에서 제37호 종령을 선포했다」고 밝혔다.

"宗會는 본분 망각하고 反對위한反對만 자행"

談話·教示

◇宗正예하가 종령을 공포하고 宗會 해산 조치를 발표하고 있다.

811. 李西翁宗正の宗会の解散発表（1977年11月）。1970年代半ば以降には、教団の運営権を巡って宗正と総務院長、または宗会の間の葛藤・対立が深刻になった。仏法では解決が不可能であったのか、結局、世法で解決するために訴訟する事態まで起こった。

긴급명령제1호 공 고

종단 정상화를위한 7월31일 공동 성명을 계기로 세속적 시비를 지양하고 출세간적 차원에서 종단 불화의 모든 문제점을 이해와 설득, 그리고 화합을 통하여 원만히 해결하려고 최선을 다하여 시도한바 있으나 지난 9월5일 선거관리위원회 단독명의로 선거를 실시한바 원만한 총선거가 실시되지 못하고 양분된 실정임으로 또다시 불화의 원점으로 되돌아갈 우려가 농후할뿐 아니라 국민 총화로 국가안보를 다짐하는 이 시점에서 호국불교의 빛나는 전통을 지닌 종단에 기대한 국민과 전사부대중의 소망을 더 이상 외면할수 없으므로, 만부득이 별첨과 같이 긴급 명령 제1호를 발하여 비상종회를 구성하는 바이다.

1978년 9월 6일

대한불교조계종

종정직무대행 윤 고 암

812. 宗正緊急命令第1号公告文（1978年9月）。曹渓宗第4代宗正を務めた尹古岩僧侶が、1978年7月31日に再び宗正職務代行を務め、曹渓宗内紛を終息させるために緊急命令第1号を発表した。70年代中盤、教団紛糾は宗正と総務院の実務者間の対立から始まった。この対立は、徐々に執行部と宗権守護会の対決構図で展開された。この中で、中立的な人物に見えた李西翁を宗正に推戴した。しかし、李西翁が予想に反して宗正中心制の教正を推進すると、それに反発した宗会に基盤を持つ勢力との対決が跡を絶たなかった。

813. 華渓寺で開かれた全国首座大会（1977年10月）。曹渓宗反宗会派の僧侶たちが海印寺で臨時中央宗会を持っている李西翁宗正不信任を決議して紛糾が再燃すると、首座の会はこれを憂慮した。

「紛糾2年」… 宗徒들은 방황한다

名分없는 싸움에 厭症… 허탈느껴

"1千6百年 法統먹칠"

宗徒들은 이제 지처버렸다。 무려 2년동안이나 끌어온 분규의 소용돌이 속에서 그들은 고삐를 잃고 방황하고있다。 자랑스러워야할 1천6백년전통에 먹칠을 하고있는 현실을 그누가 책임질것이냐고 발을구른다。 그저 부처님이 좋아 부처님을 믿은 죄밖에는 없다고 항변하는 그들에게 과연무엇이라고 대답할것인가?

"마지막 期待" 總選마저 깨서야

요즘 유행어가 되다시피 한 가처분이라는 법률용어를 비롯하여 再抗告니 即時抗告니 取下다 棄却이다 異議申請 改任申請、原審破棄還送등 동원할수 있는모든 용어들 총동원하여도모자란 밑도 끝도 없는 법정싸움에 이제는 신물이난다고 종도들은 입을 모으고 있다。 그렇다고 뚜렷한 理念이 제시된것도 아니고 꼬집어 내세울만한 명분이 있는것도 아니다。 그저 싸우고 있을뿐이다、 진흙바다에 나뒹구는 슬픈 싸움은 좀처럼 그 실마리가 풀릴 기미조차 보이지 않고 있다。 法理를 금과옥조처럼 내세우고 있는 일부 법만능주의자들의 초췌한 몰골에서、 차라리 인생의 환멸을 느낀다고 한신도는 개탄했다。

이처럼 어둡고지루한 한여름밤에 섬광처럼 나타난 한줄기빛 총선에 거는 기대는 어둠의 농도가 짙으면 짙을수록 그에 비례하듯 엄청난것이었다。 모든것을 백지로 돌리고 총선으로 새출발 하자는 선명한 「캣치푸레이스」만으로도 2년동안 밀린 체증이 다풀린다고 기뻐들 했다。

그러나 그 기쁨도 잠시뿐 일부 법만능주의자들은 실로 모처럼만에 되찾은 종도들의 기대를 산산조각내고 만것이다。

법원이 결정한 중앙종회의원 선거공고 허가를 즉시항고라는 아주 편리한 법조문하나로 가로막고 나선것이다。 그들은 非訟사건절차법(149조2항)을 중용하여 총선저지의 방파제를 삼고있다。 그들은 법이 허용하는 최대한의 효과와 법이 지니는 맹점까지 파고들어 이른바法亂을 일삼고있다。 그들의 안중에 종도가 있을리 만무하다。

서울고법으로부터 선거공고 허가가 나온것은 지난 7월26일ㅣ 사건번호 79라217호인데 선거를 허가해서는 안된다고 바로 이틀날 소위 즉시항고(사건번호 79마257호)를 제기한 것이다。 이 사진 하나만 보더라도 종도들의여

紛糾해결을 기대한다 2年간의 종단분규는 많은 종도들의 僧團에대한 기대를 점차 잃게하고있다。 和合을 근원으로 하는 僧團인지라 종도들은 大和정신에 입각한 「和合」을 기대하고있지만 요원하기만하다。 사진은 분규해결의 「키」(?)를 쥐고있다고 볼수있는 스님들이 자리를 함께한모습。
<모출판기념회에서 金海南기자 찍음>

814. 曹渓宗紛糾に対する宗徒たちの怒りと虚脱を報告した『大韓仏教』第803号（1979年9月23日）。当時の曹渓宗は、宗正と総務院長の間で権限を巡って意見が拮抗しており、その支持勢力は、それぞれの曹渓寺（曹渓寺総務院長）と開運寺（開運寺総務院）に二分されて激しい論争を展開した。当時、曹渓寺側は尹古岩、林円光、孫慶山などであり、開運寺側は、蔡碧岩、尹月下、宋月珠、柳月誕などであった。双方は、宗権を巡って裁判所に正当性を確保するための訴訟を数度提起した。そのため、その当時の仏教界を諷刺して「仮処分時代」とも呼ばれた。

" 11月20日이전 總選실시 "

宗團 不和해결에 劇的 합의

종회의원 70명중 50명 직선… 20명은 추천

2年여에걸친 宗團분쟁이 총무원측과 개운사측이 지난12일「11월20일이전에 총선을 실시한다」는데 합의하므로써 극적 돌파구를 마련했다.

양측 간부스님들은 지난12일、文公部가 주선한 새마을 산업시찰중 종단불화사태를 和合으로서 종식시킨다는 원칙에 합의、조계사측이 현재 개운사측의 제5대중앙종회를 인정한다고 대폭 양보함으로써 이루어졌다.

양측이 합의한 내용에 따르면 5代종회를 인정하되、이를 발전적으로 임기를 단축、11월20일이전에 총선을 실시하여 종회의원은 70명으로 하여 50명은 기존本寺에서 선출하고 나머지 20명은 양측에서 추천토록했다.

또한 직할 7명은 조계사측 3명、개운사측 4명으로 하기로 했다. 또한 선거관리는 기존 선거관리위원회(위원장·吳綠園)에서 하기로 했다.

양측 집행부는 제6대 중앙종회구성과 함께 총사퇴하고 6대 종회에서 새집행부를 구성토록 했다.

〈合意條約書 全文〉

▲제1조、종단불화사태를 和合으로 종식 시키다.

▲제2조、조계사측은 현재 제5대 종회를 인정한다. 단 제5대 종회는 발전적으로 임기를 단축시키고 제6대 총선거를 종회의원 70명중 50명은 기존 本寺단위로 직선하고 남어지 20명은 10명씩 양측에서 추천한다. 단 직할교구 7명은 개운사측 4명 조계사측 3명으로하여 각각추천키로 한다. 총선거는 1979年11월20일 이전에 실시해야만 된다.

▲제3조、선거관리위원회에서 하되(위원장 吳綠園)단 자격심사는 생략하고 새로 구성된종회에위임한다.

▲제4조、제6대 종회가 구성됨과 동시에 양측 집행기구는 총사퇴하여 6대 종회에서 새로 구성한다.

▲제5조、새로운 세부문제는 양측 합의하에 처리한다.

▲제6조、상기 조약대로 이행되지 않을때는 상기 합의조항은 전부 백지화한다.

1979년12월12일

〈서명날인스님〉

▲조계사측‖蔡松園 金天藏 吳法遊 申法宗 林東哲 釋無比

▲개운사측 徐碧坡 徐義玄 柳月誕 鄭草宇

▲입회측(참여측) 金慧淨 李慧惺

" 5代 中央宗會인정 "

조계사측 대폭양보

815. 紛糾の二大勢力である総務院側と、開運寺側の紛糾合意を報道した『大韓仏教』の記事（1979年10月28日）。この合意については、開運寺側がソウル高等裁判所に対して宗正職務代行者仮処分執行取消申請を行っており、その合意には文化広報部の介入が作用している。

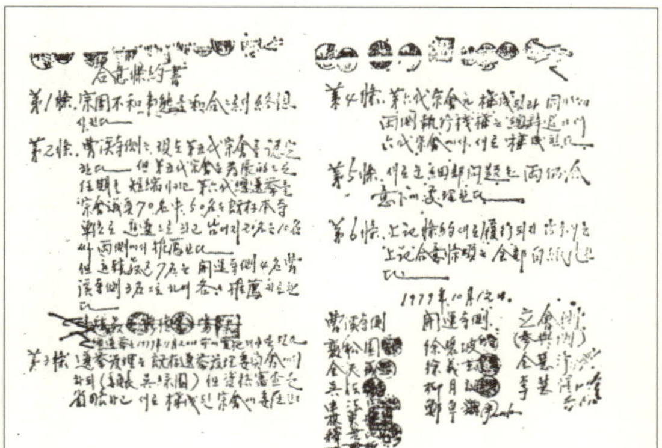

816. 曹渓寺総務院側と開運寺側が紛糾解消のために合意書に署名する瞬間とその内容、そして、署名した名簿（1979年10月12日）。しかし、この合意は、1979年12月には失敗に終わった。

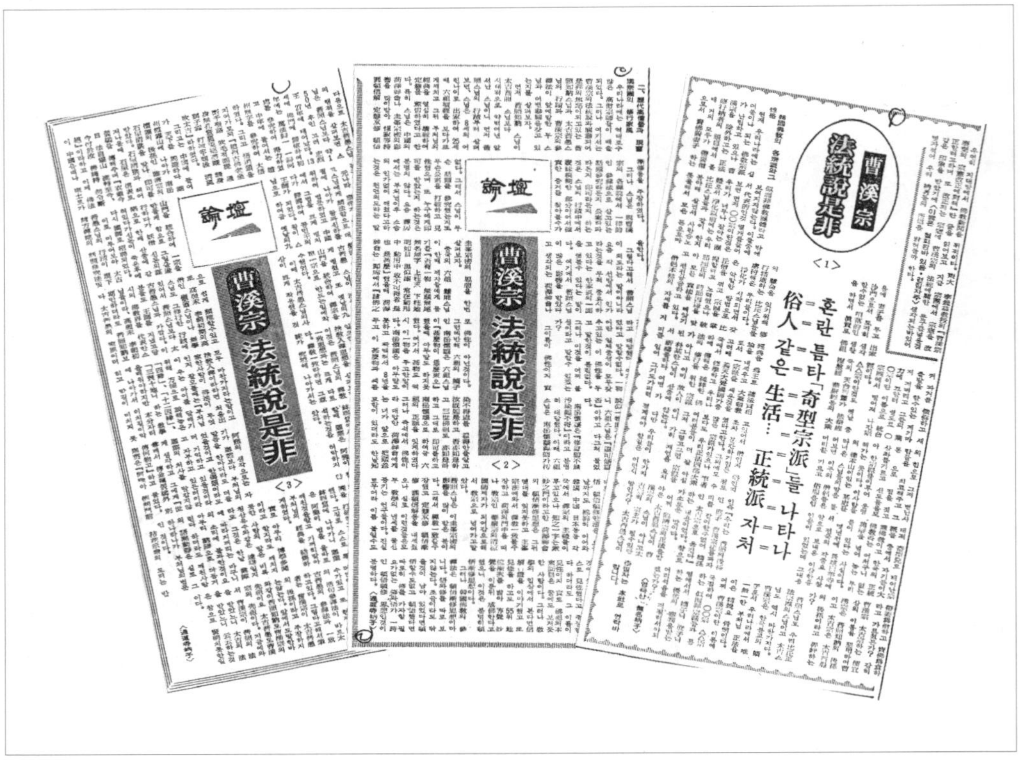

817. 曹渓宗法統説是非について意見寄稿文（『大韓仏教』、1975年3月）。この文章を寄稿した僧侶は、通度寺無名の衲子と名乗った。

819.『新修大蔵経』の複製本刊行。新修大蔵経が、大覚寺の林道文僧侶の手配と、双竜セメントの金成坤社長の妻である金美熙氏の財政支援によって複製・発刊されたことを報じた内容（1976年7月）。

818. 東国大学校曹渓宗学研究所主催、「曹渓宗祖・宗旨・宗統定立のための」セミナーの公告（1974年6月）。浄化以後、再び曹渓宗宗祖と法統の議論が始まった。

820. 釈尊生誕日の祝日制定と関連して、裁判を参観した信徒たち。釈尊生誕日の祝日指定に関連する裁判は、1973年3月、当時、弁護士会会長だった龍太暎弁護士が、総務処長官を相手にソウル高等裁判所に「釈迦誕生日公休権確認」などを求める行政訴訟から可視化された。

821. 釈尊生誕日の祝日制定と関連して、裁判を参観するために信徒たちが乗ってきた観光バスが、徳寿宮の石垣の道に並んでいる。龍太暎弁護士の行政訴訟請求は1974年10月30日、不適合という理由で却下されたが、龍弁護士はその後も継続的に仏教界の後援の下に行政訴訟をした結果、最終的に祝日制定が決定された。

822. 釈尊生誕日祝日制定訴訟の公判を終え、曹渓寺を参拝して記念撮影（1973年10月31日）。

823. 釈尊生誕日、ついに祝日に制定。釈尊生誕日４月初８日が、国が定めた祝日に制定されたことを報道した『大韓仏教』の記事（1975年１月９日）と慶祝大講演会の様子。仏教界は４月初８日を祝日と定めるために、政府と裁判所を相手に多くの努力を傾けた。1975年１月14日の閣議では、祝日に関する規則を改正し、釈迦誕生日を祝日に追加した。４月初８日を祝日として制定させた功労者は、龍太暎弁護士であった。仏教界は、63年から超宗派的に仏誕節祝日制定運動を展開したが、所期の成果を収めることができなかった。その後、龍太暎弁護士は無関心の中で忘れられた仏誕日祝日制定運動に火をともし、実を結ぶまで献身的な努力を傾けた。

824.『高麗大蔵経』の複製本ついに刊行。東国大学校開校70周年事業として1957年に開始し、76年６月、19年ぶりに刊行された高麗大蔵経の複製本（全48巻）。

우리말「불교성전」出刊

30일 회향, 온佛子의 오랜숙원 성취

通佛教的인 色彩지녀

한국불교의 實質的土着化 이뤄

<金東益회장>

<法頂스님>

불교성전의 内容과 특색

가장 순화된 우리말로 모든 경전·어록을 묶어

信·解·行에 중점두고 統一性이룩

<불 교 성 전>

825. 最初のウリマル（韓国語ハングル）『仏教成典』出版（1972年11月30日）。

宗立 東国大 佛典刊行委員會(위원장・鄭在覺총장)가 지금까지 전국각지에 散在하여 불교연구에 많은 지장을 주어오던 불교관계 저술・문헌을총망라, 학계의 오랜 숙원이던「韓國佛敎全書」중 첫권을 간행, 교계의 큰관심을 끌고있다.

東大佛典刊行委、「韓國佛敎全書」간행

佛敎 文献・資料총망라

全20巻…첫巻刊行

佛敎學界에 큰 기여 기대

불교전래이후 조선말기까지 한국인에의해 집필된 불교문헌을 국내는물론 일본등 해외의 도서관「私藏까지」광범한 자료수집기간을 거쳐 한데 묶어 낸 이佛敎全書는 오는 81년도까지 찬술부10권이 간행될 예정이며 해부、사전부의 10권등모두 20권으로 완간될 예정이다。

불교문화는 우리 민족전통사상의 주류로서 1천6백 여년을 이어내려왔으며 특히 한국인의손에 의해 지어진 佛書는 우리 선조들의 佛敎受容과정과 信行등을 직접적으로 보여주는 귀중한가치를 지닌 것이다。그러나 이 귀중한 文献들은 오랜세월동안 점차 소멸되고 또 남아 있는 것이나마 各処에 산재되어 있는실정。그래서이것들을 한곳에 모아 연구에 편의를 도모하는 일이 무엇보다 시급한 일임을절감, 동국대는 이일에 착수한지 3년만에 그 結實로서 이제 첫 권이出刊된 것이다。「韓國佛敎全書」제1권 출간을 맞아 위원장인 鄭在覺총장은「學術的인 뒷받침、그리고 헌신적인 노력의결실로서 한국불교의 思想中興에 공헌하고 내외학계의 한국학연구에 귀중한 자료로서 쓰여지기를 기대한다」고 말했다。

지난 12일 발표된 이「佛敎全書」발행계획에따르면 총8천8백여만원의 경비로 4・6배판 8백50페이지의 양장본 20권을 시대순、저자별로 편찬 간행해낼 예정이다。

本書는 신라시대부터 조선시대 (1896) 까지의 한국인들이 저술한 佛教典籍을 모두 集成하고 편저시대별로、다시 저자의 年代別로 수록했다。그리고 또한 모든 現存의 板本을 대조하여 異本이있을 경우는 最善本을 底本으로 원본대로 신고、異本의 다른내용은 脚註에 표시했다。

이렇게 방대한 작업을 실행하는데는 자금수집과 전문요원의 부족、예산상의 압박등 어려운 점이 많았다고。「조선불서간행위」등 각 단체에서도착수한바 있었으나 엄청난 경비와 학술적 뒷받침의 부족으로 실패한바 있는「佛敎全書」를 이번에宗立東国大에서 간행케됨은 東大의 건학이념에도 부응되는 쾌거이며 이로써 종립대학의 변모를 내외에 떨치게 되었다고 黄壽永박사(간행위원회 부위원장)는 말한다。이번 발간되는 佛教典書는 국내외의 한국학 연구에 중요한 자료가 될 것이며 한국불교사상사의 체계확립과 그 중흥에 크게 이바지하게 될 것으로 보인다。

鄭在覺총장

826.『韓国仏教全書』出版。東国大仏典刊行委員会が出版した『韓国仏教全書』刊行の報道内容（1979年4月）と実物の写真（下）。

827. 1976年6月10日、ついに『高麗大蔵経』複製本が発刊されて、完刊の告仏式が行われた。

828.『韓国仏教全書』。

829. 中央僧伽大学の前身である中央仏教僧伽学院（普賢寺）開院式の記事（1979年4月）。

中央佛教僧伽학원개원

14일 보현사서 연수부 42・교양부 18명入學

중앙불교승가학원 개원식

중앙불교승가학원 (원장・석성우스님) 의 역사적인개원식이 지난14일 오후2시 돈암동 보현사에서있었다。 普珠스님을 비롯 月雲、 雲学스님등과 이종익、 원의범、 오형근교수등 후학 양성에 관심있는 교계인사및 이건호전신사무총장과 본사 강찬신 주간등 하객들이성황을 이룬 이날 개원식에서는 연수부42명 교양부18명과 청강생등 60여명이입학했다。 이자리에서 석주스님은 法語를 통해 불교교육의 번천사를 살피면서인재양성의 필요성을 강조하고「중앙불교승가학원이 큰 교육기관으로 발전되어 많은 인재가 배출되길 바란다」고 말했다。

이에 앞서 초대원장에추대된 성우스님은 개원사에서「교육사업의 시급함을절감 오늘 승가학원을 개원케 됐다」면서 협찬해 준 교계인사들에게 사의를 표하고 학인들의 정진을 당부했다。

이어 동국대 불교문화연구소장 雲学스님의 치사와 전국신도회 이후락회장을대신한 이건호 사무총장의축사대독이 있었다。

특히 이날의 개원을 격려하고 치하하여 석주스님은 손수 현판글씨를 쓰고 판각비를 부담했다。 또한도윤스님은 30만원 상당의의자와 탁자를 보시했고 그밖에 지방 스님들의 많은 성원이 있었다。

830. 中央仏教僧伽学院の開院式の様子（1979年4月14日）。

831. 第3回「残った石の会」（余石会）の大僧正たち（1966年陰暦4月20日、釜山仙岩寺で）。

832. 維新体制下の、護国僧軍団の幹部入所式。この当時の仏教界の様々な新聞、雑誌、論文、挨拶の言葉、激励の辞などに多く使用された代表的な用語は、「護国仏教」だった。朴正熙殺害事件（1979年10月26日）以後、この用語は急激に姿を消した。

833. 曹渓寺で、約15,000名が参加する中で行われた護国僧軍団結団式（1975年12月17日）。

834. 世界高僧法会の記念撮影（1971年11月5日、海印寺で）。12カ国から約20名の高僧が出席した。

6年精進…修禪結社廻向

天竺寺 無門關서

28일에 廻向式

◇ 지난 28일 道峰山에 있는 天竺寺 無門關에서는우리나라 불교 사상 처음으로 6년 동안의 修禪結社를 마친 6명의 禪師님들이 同結社의 회향식을 가졌다。

天竺寺 무문관은 원래 65년12월28일 당시 天竺寺 주지 문정영 스님의 원력으로 세워진、우리나라 유일의 현대시설을갖춘 精進도량이다。이때부터 無門關에서는 부처님의6년 雪山苦行을 본받아 6년동안 杜門不出로 정진할 스님을모집、처음으로參禪정진을 시작했던 것。그리하여 이때「입방」한 스님이 끝觀應·夕影 玄球 세분이고 2년뒤에 다시 智曉·慶山 두분이 추가되어 이번에 마침내 그회향식을 갖게됐다。

다시말해서 세분은 이제 다시 衆生界로 내려와 下化衆生의 보살행을 시작하게 되는 것이다。

다섯명의苦行僧들은 그동안 안팍 2間으로 잡기고 욕실과 변소까지딸린 8평의 禪室에서 외부와의 접촉을 일체 단절、하루 겨우 3시간의 휴식을 취하면서 끄박용맹 정진을 해왔다。이동안 발생할수 있는 건강상의 문제는 대부분 修鍊으로 극복하면서 이분들은 마침내 6년을 채운 것이다。

이번에 회향 法會를가진 無門關 다섯분 禪僧의 이력은 대충 아래와 갈다。

二重八坪禪室서 杜門不出 6年

浴室·便所도 달린房서 參禪苦行

6年…觀應·夕影·玄球 4年…智曉·慶山 스님

▲觀應스님=1910년 慶北 尙州출생、29년 南長寺에서 炫翁스님을 은사로 득도、36년 一鳳스님에게 比丘·보살계수계、39년 就緣스님에게 전당、34년 유점사에서 大教科卒、38년 佛教전문학교卒 42년 日本 龍谷대학 불교과 卒、38년 金龍寺강원 강사이래 10여년 강사、44년 강릉포교사이래 10년 포교사。

▲慶山스님=1917년 생、유점사에서 東山스님 에게 比丘戒 수계、49년 大德 법계품수、40년 유점사에서 大教科 卒、55년 중회의원 피선、58년 교무부장 피임、62년 東國학원 이사장 취임、63년 총무원원장 취임、

▲智曉스님=1909년、平北 安州 출생44년 梵魚寺에서 東山스님 에게 득도、46년 비구·보살계 수계

▲玄球스님=1918년 慶南迎日 출생、55년 조계사에서 東山스님 에게 득도、65년 梵魚寺 에서 東山스님에게 비구계 수계。

부처님「雪山苦行」본받으려

835. 天竺寺の無門関で6年結社の回向（1972年4月28日）。無門関は、1965年時点では唯一の最新設備で建てられた精進道場だった。6年間の結社を終えた僧侶は観応、夕影、玄球の各僧侶であり、4年間の結社を終えた僧侶は、智暁、慶山であった（『大韓仏教』、1972年4月30日）。

836. 反共連盟仏教支部結成大会の様子（1976年8月）。

837. 無門関での修行結社回向式の様子（1972年4月28日）。

838. 曹渓宗総務院会議室で開催された、世界仏教青年指導者大会の様子（1973年9月）。

839. ベトナムに派兵された兵士たちのために建立された仏光寺法堂の竣工式と白馬寺の竣工記念および法会。

佛敎會舘「大圓精舍」준공 회향

南山에 〃全國的 平信徒운동 指向〃

通佛敎 이념아래 全國的인 不信徒운동을 전개하여 佛子들로 하여금 보살도를 실천토록해서 佛敎가 조금이나마 社會에 기여할 수 있도록 하자는 佛敎 中興의 기치를 들고 그동안건축중이던 맘모스 佛敎會舘 大圓精舍(서울 용산구 후암동358-17)가 마지막 손질을 끝내고 5月13日불상 점안식과함께 준공 회향식을 성대히 가질 예정이다。

財團法人 大圓精舍(이사장·張敬浩)에 의해 지난 70년 10월의 기공이래 3년만에 준공을본 同會舘은 반지하 1층과 지상 4층의 거대한 건물로、이미 지상1층에는 유치원을 비롯 대중방과 2층에 응접실、사무실、장의실、식당들이、3층에 선방과 개인연구실이、4층에 큰法堂과 도서실이 들어섰으며 앞으로지하에 인쇄소와 1층에 병원개설만을기다리게되었다。

도서실과 강의실은 이미 지난해 3月부터 사계의천위인 金大隱스님、金兆華박사、趙明基박사 등을초빙、매일 佛敎강의를하고 있으며 유치원은 「대원유치원」(원장·박영순)으로 이미 지난 3月에 개원을 보았었다。

특해 지난 4月에는 佛敎學院을 개설 장차 이나라의 바람직한 布敎師를양성하기위해서 大學在學生中에서 장학생을 선발 숙식까지 제공하면서 佛敎를 가르치고있다。

同會舘은 이 시설을 최대한 이용 汎佛敎的으로佛敎가 社會에 기여한수 있는 문제점을 계속발굴 연구해가면서 定規行事인 日曜法會와 常設禪院의개설、朝夕예불외에 매년 2회이상의 신앙수련대회、교리강습、학술강연회、현대인교양강좌등을 갖고 곧 차릴 인쇄소를 이용 出版物에 의한 佛書보급및 布敎、會報를 발간하며 學術활동도전개 文化財·도서전시및 도서관 개방을 준비중이다。

그리고 佛敎界에 이렇다할 병원이 없음을 통감、앞으로 개설된 병원을 이용、보살정신에 입각한 환자치료를 말길예정이다。

그리고 禪室을 개방해서 自我發見의 계기를 삼을것이며 法堂은 기도처로서 많은 사람이 이용할수 있도록 하고 있다。

한편 대원정사는 회향식은 맞아 13일 大法堂에 모실 佛像점안식에 이어17日까지 5日間 국가의 유신과업 성취와 남북통일대업완수를 위한 특별기도法會를 갖는다。

◇불교회관 大圓精舍

840. 仏教大衆化に大きく寄与した大円精舎竣工についての記事（1973年5月）。張敬浩居士は、1975年7月10日、私財30億ウォンを仏教中興のために使ってもらう目的で、朴正熙大統領に献納した。

841. ベトナムの十字星部隊に建てた、仏光寺の竣工回向式。

842. 曹渓宗布教院開院式（1977年3月6日）。初代院長は、姜昔珠僧侶であった。

843. 仏国寺の復元記念回向法会（1973 年 9 月）。

844. 釈尊出家記念全国青年弁論大会（1970 年 3 月）。写真は、垂れ幕がかかった会場入口。

845. 北傀による蛮行の糾弾大会。当時は北朝鮮を「北傀」と呼称した（曹渓寺、1970 年 2 月）。

846. 信徒会で主導した仏教教養大学の開院式（1974 年 2 月）。

847. 李行願僧侶の情熱的な外国布教活動で仏教徒になった米ニューヨークの信徒たち。

848. 禅学院の幼稚園設立についての記事（1973 年 2 月）。

849.「三帰依」と「四弘誓願」の歌。この曲は、大田市普文高校音楽教師である崔英喆の応募作品だが、当時、宗立学院連合会の公募で当選した（1971 年 1 月）。

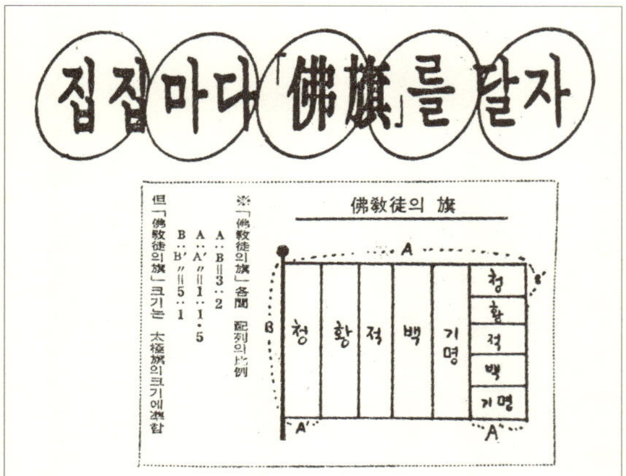

850.「仏旗を掲げよ」の広報文案（1976 年 4 月）。この時から、従来のかぎ十字の仏旗ではなく、すでに東南アジアの多くの国で使われていた青、黄、赤、白で作られた新しい仏旗が使われるようになった。また、仏記（仏教の起源）も、従来は北伝仏記の 3000 年説を使用しており、1970 年代半ばには東南アジアの仏教国との交流が始まり、仏記も南伝仏記の 2500 年説を採用し、正式に使用され始めた（注：西暦 2000 年は、今私たちが使う仏記では 2544 年になり、昔の仏記では 3027 年になる）。

851. 徳寿宮で開催された仏教美術展覧会のポスター（1974 年 10 月）。

852. 開運寺で設立された漢方病院についての記事（1974 年 12 月）。

似以非僧의 生活방편된「탁발」…뿌리 뽑아야

카메라散策

僧伽에서의「탁발」은 본래 修行의 한방편이었다。이른바「걸식」이라고 할수있는 이행위는 下心이 전제돼야 하기때문이다。반면佛子에게는 수행하는 승려에施物하므로서 보시행을 할 수 있는 좋은기회를 갖게하는 계기도되고있다。이러한 좋은「탁발」행위가 근래 승려를 가장한 자들에의해 생활방편으로 악용되고있다。그래서 종단은 일찌기 일체의 탁발행위를 금한바있다。우리는 가끔 길거리에서「구걸」을하는 사이비 승들을 흔히 볼수있는데 이런 행위는「불교」를 위해서도 하루속히 뿌리를 뽑아야하겠다。

【사진 金海南기자】

853.「托鉢を禁止しよう」という内容を伝えるカメラ散策（『大韓仏教』、1977年10月30日）。

人間心性의 개발… 自然보호운동 적극 참여

카메라散策

佛教界인사들은 진작부터 自然보호운동에 솔선해왔다。寺刹이 있는 곳을가보면 수목이 잘 가꿔져있고 道場이 청정한데，이는 佛教界 先師들이 누구보다 이러한 정신에서 산 증거이기도 하다。근래 自然보호운동이 한창이다。晩時之嘆의 감이 있으나 이는 人間心性을 계발하려는 佛教의 궁극의 목표와도 합치하기 때문에 教界에서는 적극 참여하고 있다。.

〈濟州 관음사에서〉

854.「自然保護運動に参加しよう」という内容を伝えるカメラ散策（『大韓仏教』、1977年1月18日）。

裡里 이재민 돕기에 佛子들 앞장

카메라散策

裡里이재민돕기 자선캠페인에 佛子들이 앞장서고 있다。18일 東洋방송이 벌린 가두모금에서 우리佛子들은 마이크를 들고 行人들에게「부처님의 자비정신을 발휘하여 1원이라도 좋으니 보시하자」고 권했다。이날 佛子들의 앞장으로 이날 캠페인을 벌린 다른 어느곳보다도 많은 성금이 모였다。 .〈사진・金海南기자〉

855.「裡里駅大爆発事故の罹災者を助けよう」という内容を伝えるカメラ散策（『大韓仏教』、1977年11月27日）。

法住寺 승가학원 스님들 닫체 雲水행각나서

은사를 모신 잿빛 法依의 행렬이 藹하게 내리는 가을햇살속에 지극히평화롭다。法住寺 승가학원 대교과 졸업반 스님들이 스승을 모시고 운수행각에 나섰다。졸업여행을 겸한 수학여행길에 오른 것이다。있는 그대로의 실상을 실상으로 받아들이는 저 눈빛맑은 납자들의 눈에는 속리산박 풍경이 어떻게비칠런지。처처가 修學의 도량이긴 하나 모처럼 나선나들이가 마음무겁지 않도록 앞서 사는 어른들의 배려가 있었으면…。

856. 法住寺僧伽学院の学人たちの雲水行脚を伝えるカメラ散策（『大韓仏教』、1979年10月21日）。

857. 法住寺講院の雑誌、『支注』。1977年に創刊され、79年通巻3号で終刊。

858. 冬安居を終え雲水行脚に出た衲子たち（1970年2月）。

自然보호 깃발배포

총무원 의식고취에 큰몫되게

총무원은 본사와 공동으로 지난 4일 전국적으로 이뤄진 자연보호선포 1주년 기념일을 맞아 자연보호 의식을 고취하기 위해 깃발을 제작 배포하고 있다。

녹색바탕에 「자연보호」와 「산불조심」 (흰색) 파법륜마크 위에 卍자를넣어 불교계에서벌이는 「자연보호」임을 나타내도록 했다。또한 각 사암별로 寺刹名을 써넣도록 했다。크기는 1m35cm×95cm。

한편 범국민적으로 추진하고 있는 자연보호는 그동안 많은 실적을 남기고 있는데 특히 불교계서 활발히 벌이고 있다。총무원은 이 깃발을 구입, 가람 주위에 달아 자연보호에 대한 경각심을 갖도록 하라고 당부했다。가격은 5천원。

〈연락 (73)1604 (73)6278〉

「자연보호」 깃발

859. 曹渓宗総務院で展開した自然保護運動の広告。

『新華厳経合論』、『四教』、『四集』などを完訳・出版した呑虚僧侶。

The Korean Buddhism　佛紀2519年8月31日

「新華嚴經 合論」 마침내 出刊

呑虛스님 각고17年 결실…전47권으로

원고매수 6만2천여장

"韓國佛敎史上 획기적인 일"

석가모니 부처님의 49년 설법중 最上乘法門인 華嚴經이 한글로 완역돼 出刊됐다。呑虛大禪師(東大禪院長)의 17년 각고로 懸吐 譯解된 大方廣佛華嚴經合論 1백20권은 淸凉國師의 疏鈔1백50권에 儒·道 兩家의 학설을對比하여 演義·註釋된것으로 이러한 경사는 한국불교淨化이후最大의 佛事로 기록되게 되었다。

唐 實叉難陀의 漢譯經80권(10조9만5천48字)과당 李通玄長者의 造論 40권을 당 慧與선사가 華經合論한 화엄경 합본을 번역、全47권에 담았다。원고 매수로는 6만2천여장이 들었으며 번역에 14년 潤文교정 제책등에 3년이 걸렸다。

呑虛스님은 22세에 出家 故漢岩大宗師의 화엄경 한글번역 유촉을 받아 44세시 五台山에서 수도원을개설、老莊學과 佛敎를 강의할때 수도원생 교재용으로 번역을 시작、月精寺·龍珠寺등을 전전하여 번역을했었다。

책출판을 위해 지난69년에 上京한 스님은 松岸三德寺에서 윤문·재교를 마치고 金鋼善씨(전 해운대관광호텔사장) 朴圓滿性보살등 몇몇독지가의 후원으로 사진식자기까지구입 지난해 총무원의 협조로 안암동大圓庵에서 본격적으로 출판에 들어가、드디어 出刊을 보게된것이다。

◇이번에 나온 「新華嚴經合論」

이번에 나온 화엄경은全47권인데 書體는 太明朝體 옵셋 인쇄。3백질 한정판 값은 28만2천원。이번「신화엄경합론」出刊에 즈음하여 呑虛스님은「五敎의 法門을 모두 포함 하였고우주와 인생의 진리를 나아가서는 중생의 心海와 諸佛의 果德을 총망라하였으며 佛菩薩의 妙德을 닦아 具足할 수 있는 길이 상세히 설명되었다」고 말하고 있다。

한편 이번 出刊에 즈음하여 총무원장 慶山스님은「元曉·義湘의 뒤를이어처음 있는 큰 佛事」라고말하고「이의 善緣을 잃지말고 모두 隨喜 同參하여一圓敎 화엄의 바다에 들고 나가는 海印三昧를 證得하여 모든 衆生들까의 공덕의 바다에 들게할 인연을 짓기바란다」고 말했다。

이책은 현재 화엄학 연구소사업국(서울 중구 교동 48~3 대양빌딩 3 전화 ⑯4768)

860. 呑虚僧侶が17年間の年月をかけ懸吐・完訳した『新華厳経合論』の出版についての記事（『大韓仏教』1975年8月31日）。

呑虚僧侶の『新華厳経合論』（1975年8月31日）。17年間の刻苦最後に、『新華厳経合論』48巻を完訳・出版した呑虚僧侶は、その後も講院の教材である『金剛経』、『起信論』、『楞厳経』、『円覚経』、『書状』、『都序』、『節要』、『禅要』などを翻訳・刊行し、特に『永嘉集』、『六祖壇経』、『照法語』の翻訳は有名である。一個人の訳経業績では、仏教史にまれなことだった。呑虚僧侶は近代の伝説的な禅僧・方漢岩僧侶の一番弟子であり、博学であるだけでなく、禅旨にも明るかった。

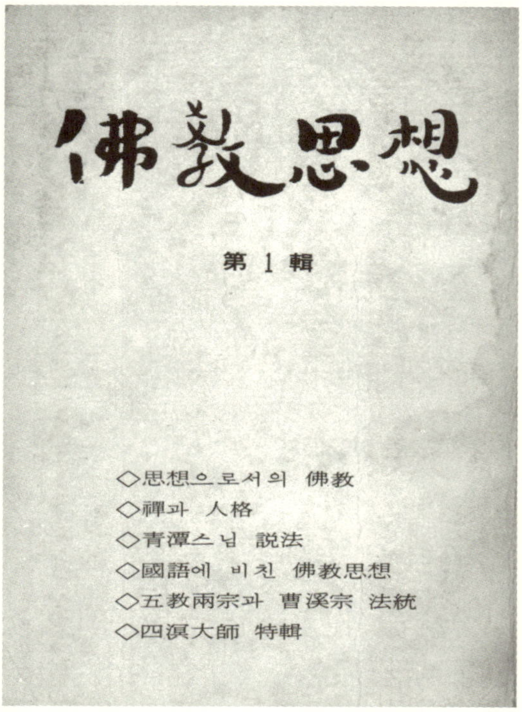

861. 宝蓮閣から出版された学術誌『仏教思想』第 1 集（1973 年 4 月 15 日）。『仏教思想』は 6 集（1974 年 10 月）まで刊行された。

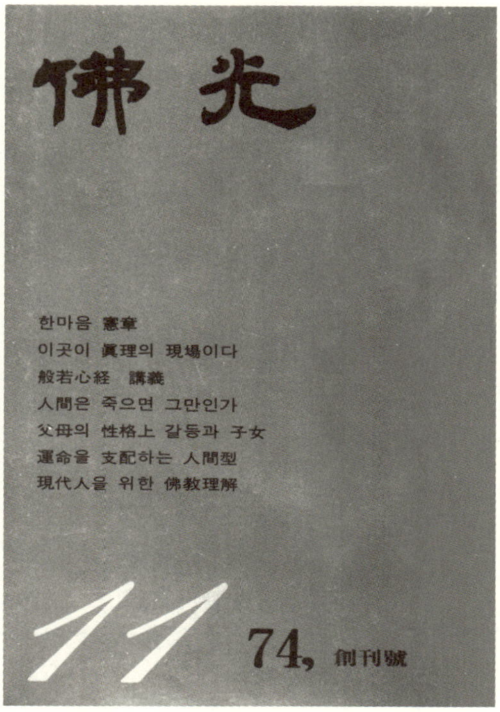

862. 文書布教に大きな役割を果たしていた『仏光』創刊号。高光徳僧侶の願力によって 1974 年 11 月に創刊された『仏光』は、月刊誌として現在まで合計 300 号が出版された。仏教界の雑誌としては最も長く発行されている雑誌である。

863. 仏入宗で発行した雑誌、『梵声』創刊号（1973 年 1 月 15 日）。1978 年 2 月、50 号で終刊。

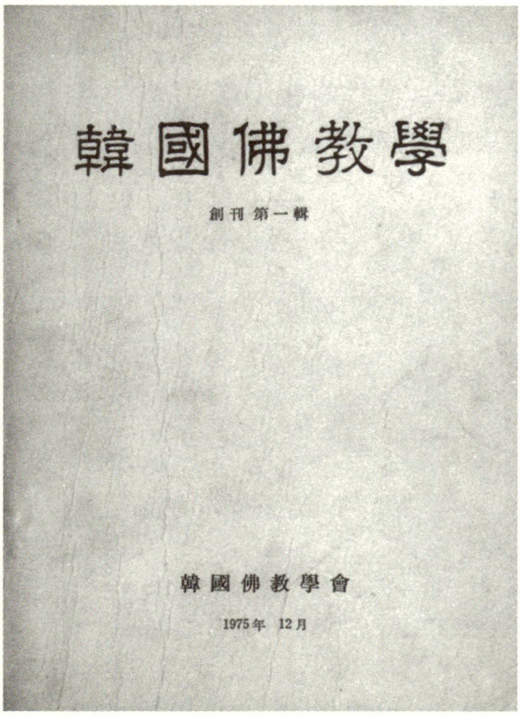

864. 韓国仏教学会の学術誌、『韓国仏教学』創刊号。1975 年 12 月に発行され始めたこの学術誌は、毎年 1 集ずつ発行され、98 年までに 24 集が発行された。

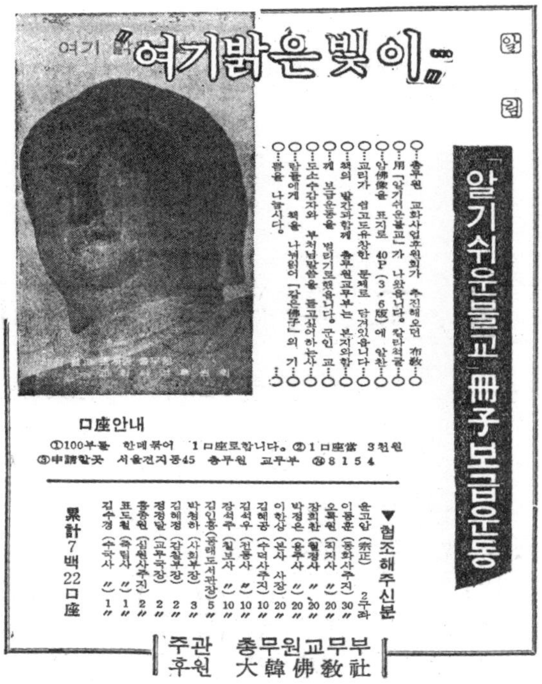

865.曹渓宗教務部と大韓仏教社が共同で展開した『わかりやすい仏教』という冊子の普及運動広告文（1971年8月）。

866.『居士仏教』第1集。1971年2月に創刊された。いつ何号で終刊されたかはわからない。

867.『仏教』創刊号。太古宗創宗とともに1970年6月に創刊された、太古宗の機関誌。『仏教』以前の太古宗機関誌は『仏教界』であった。太古宗は『仏教界』を29号で終刊させ、太古宗の正式な立ち上げとともに誌名を『仏教』と変更し、現在まで継続して発行されている。

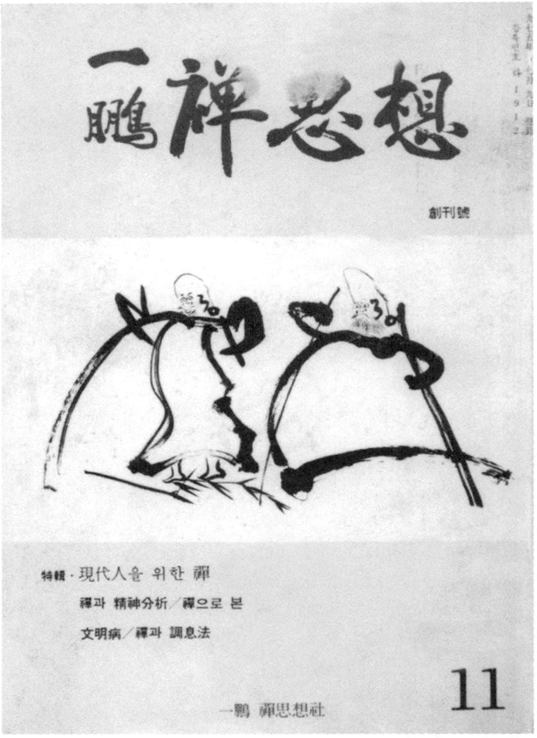

868.『禅思想』創刊号。『禅思想』は1975年11月に創刊され、94年12月までに79号が発行された。発行元は、徐京保が主導した一鵬禅宗（一鵬禅院）であった。

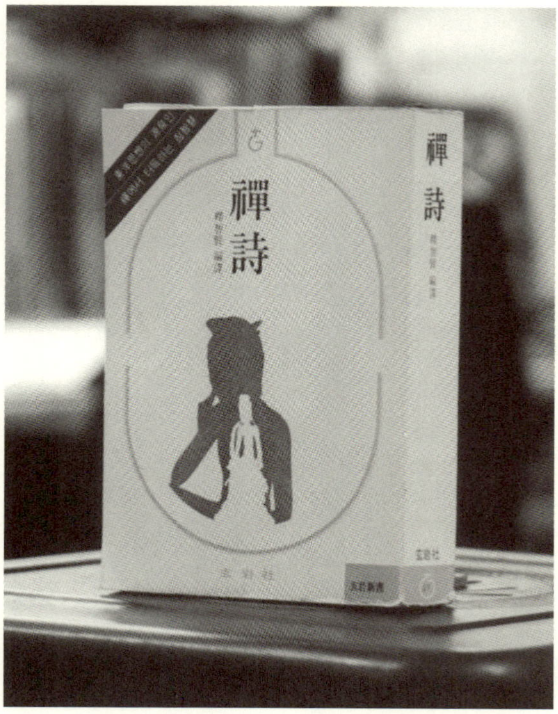

869. 釈智賢の『禅詩』。1975年、禅師たちの偈頌（仏様の功徳を賛美する歌）や詩句を集めて玄岩社から出版されたこの本は、文学の中で「禅詩」という一つのジャンルを形成する決定的な契機となった。それだけでなく「禅詩」という用語も、この本からようやく定着し始めた。

870.『女性仏教』創刊号。1979年3月24日、道詵寺で創刊・発行されたこの雑誌は、唯一の女性仏教誌として99年11月現在、通巻246号まで発行された。

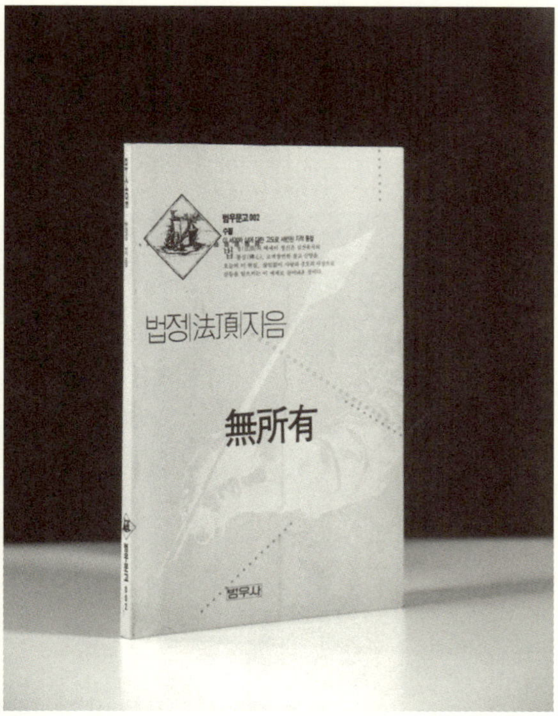

871. 法頂僧侶随筆集『無所有』。この本は1974年に出版され、現在まで何百万部も売り上げた永遠の定番である。法頂僧侶のエッセイは、淡々と自然を描写し、時代的・社会的な批判やメッセージが込められているのが特徴である。

872. 金聖東の長編小説『曼陀羅』。仏教を素材としたこの小説は、当時最高のベストセラーで、映画化もされて大ヒットするが、作家自身は仏教を卑下したとの理由で曹渓宗から出されて還俗した。作家自身の体験と苦悩の多くを形象化した作品である（口絵34ページ）。

873. 仏教映画『大石窟庵』の宣伝ポスター。申星一、厳鶯蘭、許長江、朴魯植などが出演した。

874. 姜玉珠（左）と白雲仙（右）の「悔心曲」のレコード盤（1970年代半ば、ユニバーサルレコード社、口絵34ページ）。

875.「千手経」のレコード盤（1970年代半ば、ユニバーサルレコード社）。

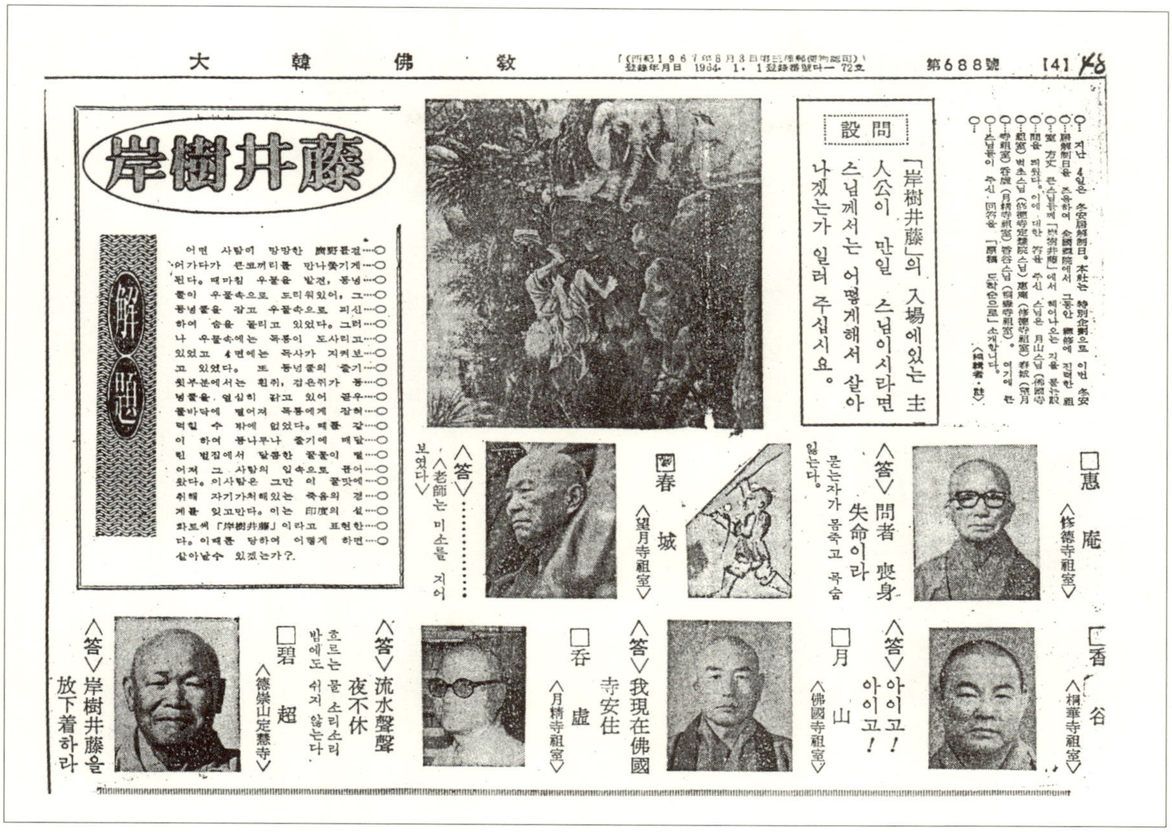

大韓佛教　「(西紀1967年8月3日第三種郵便物認可)」 登錄年月日 1964. 1. 1 登錄番號다ー72호　第688號　[4]

○…지난 4일은 冬安居解制日。本社는 特別企劃으로 이번 冬安居解制日을 즈음하여 全國叢院에서 그동안 禪修에 진력한 祖室 方丈 큰스님들께「岸樹井藤」에서 헤어나오는 길을 묻는 設問을 띄웠다。이에 대한 答을 주신 스님은 月山스님(佛國寺祖室) 벽초스님(修德寺定慧院스님) 惠庵(修德寺祖室) 春城(望月寺祖室) 呑虛(月精寺祖室) 香谷스님(桐華寺祖室)。여기에 한 스님들이 주신 回答을「原稿 도착순으로」소개합니다。

〈編輯者·註〉

設問

「岸樹井藤」의 入場에있는 主人公이 만일 스님이시라면 스님께서는 어떻게해서 살아나겠는가 일러 주십시요。

岸樹井藤

解題

어떤 사람이 망망한 曠野를걸어가다가 큰코끼리를 만나쫓기게된다。때마침 우물을 발견, 둥넝쿨이 우물속으로 드리워있어, 그 둥넝쿨을 잡고 우물속으로 피신하여 숨을 몰리고 있었다。그러나 우물속에는 독룡이 도사리고있었고 4면에는 독사가 지켜보고 있었다。 또 등넝쿨의 줄기윗부분에서는 흰쥐, 검은쥐가 등넝쿨을 열심히 갉고 있어 곧우물바닥에 떨어져 독룡에게 잡혀먹힐 수 밖에 없었다。때를 같이 하여 둥나무나 줄기에 매달린 벌집에서 달콤한 꿀물이 떨어져 그 사람의 입속으로 흘어왔다。이사람은 그만 이 꿀맛에 취해 자기가처해있는 죽음의 경계를 잊고만다。이는 印度의 설화로써「岸樹井藤」이라고 표현한다。이때를 당하여 어떻게 하면 살아날수 있겠는가?.

□惠庵〈修德寺祖室〉

〈答〉問者 喪身失命이라 묻는자가 몸죽고 목숨잃는다。

□春城〈望月寺祖室〉

〈答〉……〈老師는 미소를 지어 보였다〉

□香谷〈桐華寺祖室〉

〈答〉아이고! 아이고!

□月山〈佛國寺祖室〉

〈答〉我現在佛國寺安住

□呑虛〈月精寺祖室〉

〈答〉流水聲聲夜不休 흐르는 물 소리소리 밤에도 쉬지 않는다.

□碧超〈德崇山定慧寺〉

〈答〉岸樹井藤을 放下着하라

876. 1977年、冬安居解制法挙揚。大韓仏教新聞社が、1977年3月4日の冬安居解制に際して、各祖室・方丈にアンケートした内容およびその回答(『大韓仏教』、1977年3月13日)。

佛教中興위해 30억 헌납

大圓精舍 張敬浩이사장 朴大統領에

朴大統領

佛教界·行政府 代表로 法人設立토록 지시

◇장경호씨

재단법인 大圓精舍이사장이며 東國製鋼창업주인 張敬浩(77才)거사가 지난10일 朴正熙大統領에게 편지를 보내 자기개인 재산총30억5천3백만원을 호국불교 중흥에 써달라고 헌납했다。이 금액은 張거사의 회사주식, 임야 전답, 대지 전물등이다。

張거사는 이날 朴大統領에게 보낸 편지에서「이제 멀지않아 인생을 마칠것을 내다보고 인생 무상의 大道앞에 조용히 그리고 엄숙한 마음으로〈영원한 眞正〉을각하에게 말씀드리게 된것을 영광과 기쁨으로생각한다」고 말하고「국가와 사회 그리고 부처님의 은혜를 입은제가 그은혜에보답하는길을 곰곰생각한결과 본인 명의의 모든 사유재산을 한국불교의 중흥사업을 위해 내놓기로했다」고 밝혔다。

또한 張거사는 이편지에서「제가 불교중흥을 염원하게 된것은 그 어떤 주의나 사상보다도 불타의정신이 전전하며 국가를 사랑하고 지키는데 불교가큰 몫을 하리라고 믿기때문」이라고 말하고 또한 張거사는 이편지에서『내외의 어려운 여건속에서도 朴대통령은 조국근대화 작업을 전개하며 국가안보를 튼튼히하고 국민경제를 발전시켰으며 민족적자각을 통한 국민총화를 이룩했다』면서「역대 어느 국가 지도자보다 불교에 대한 참된 이해와 성원이 있었던 朴大統領이 이작은 충정을 中興佛事를 위한 전기로 삼게 해주기 바란다」고 말했다。

한편 朴正熙大統領은 張거사의 이같은 뜻을 높이 여겨 張거사의 뜻에 따라 불교계、학계、가족、정부、

877.「張敬浩さん　仏教中興のために30億ウォンを寄付する」。大円精舎創設者であり、東国製鋼創業者の張敬浩居士(当時77歳)は仏教中興のために、当時としては巨額の30億ウォンを寄付した。政府と仏教界は、財団法人大韓仏教振興院を設立し、仏教学術研究支援、布教教化支援、仏書出版など、仏教文化の各分野にわたって継続的に支援している。

878. 通度寺極楽禅院で首座たちを指導した、当時の代表的な禅僧だった鏡峰僧侶。

879. 曹渓宗宗正（3 代、4 代、6 代）を歴任した尹古岩僧侶。海印寺龍塔禅院の祖室、大覚会理事および祖室、新興寺の祖室などを歴任した。

880. 白羊寺の祖室と曹渓宗の宗正を務めた李西翁僧侶。

881. 曹渓宗宗正を務めた李性徹僧侶。李性徹僧侶は徹底した修行と優れた教学的知識で、多くの禅僧および仏教信者たちに大きな影響を与えた。他律的な浄化の方法を批判し、禅修行に関する彼の持論である頓悟頓修を主張して頓漸論争を引き起こした。なお、頓悟頓修とは、一度覚ったならそれ以上修行をすることはないとする立場であり、また、頓悟漸修とは、一度覚ってももっと修行しなければならないとする立場である。

1980 年代

1980年代

1980年代の手始めは、不毛な宗団紛糾の解消で出発した。以前の曹渓寺派と開運寺派は、紛糾の矛盾を切り離し、最終的に80年4月に新しい宗団を発足させた。その宗団は紛糾解消、自律浄化推進、仏教関係法改正、護国仏教批判などを掲げ、本来の仏教の姿を取り戻そうと必死になった。しかし、そのような動きは、10・27法難により水泡に帰した。

10・27法難は、当時の新軍部によって行われた、仏教に対する暴挙と蛮行であった。それにより、仏教界は精神的な打撃を受けただけでなく、社会的にも計りしれない致命傷を負った。当時、軍部は全国の寺院に兵士や警官を動員して残虐行為を行い、僧侶たちを殴打・拘束した。こうしたことによって宗団執行部は退陣するとともに、宗団のアイデンティティさえも脅威にさらされた。幸いなことに浄化中興会議を登場させて法統の混乱だけは防いだが、当時の仏教界が被った後遺症は軽くなかった。この事態により、仏教界は、護国仏教の批判と克服という厳しい課題に直面した。

しかし、その後遺症を克服しようとする途中で、宗団内部の深刻な混乱が現れるようになった。一時的には、1年の間に総務院長が4回も交代した。これは、宗団の体質改善がまだ遥遠だという反証でもあった。月精寺・仏国寺住職紛糾は、その端的な実例だった。このような現実に直面した仏教界のメンバーは徐々にその反省の深さを増していった。中央僧伽大学で開かれた青年僧伽六花大会、梵魚寺で開催された全国青年仏教徒連合大会は、その内的な悩みの産物だった。一方、一団の仏教青年たちは、改革の基盤を寺院に置こうとする動きを見せたが、これは寺院化事件と呼ばれた。

このような現実に衝撃を与えたのは、まさに神興寺僧侶の殺人事件だった。その事件により、仏教界内外から洪水のように提起された改革への願望は、宗団執行部としては耐え難いことであった。これにより当時の宗団執行部が退陣し、僧侶大会を経て、最終的に非常宗団という過渡的な執行機関が登場した。非常宗団は、仏教内外の烈火のような声援を抱いてスタートした。そして、宗団改革のための様々な活動を展開した。しかし、宗団内部の高い壁を越えられず、1年だけで中途退陣してしまった。これによって宗団改革が至難であるのが如実に確認され、また、宗団改革が重要な課題であることをあらためて確認することにもなった。

その後、仏教界では、僧侶と在家活動家が結合された民衆仏教運動連合が現れ、仏教と社会の問題を同一視する構図が登場した。東国大学史学科出身の呂益九によって本格的に始まった民衆仏教運動は、その後、仏教界の様々な在野団体の結成に決定的な理念と影響を与えた。80年前半の神興寺事件で誕生した非常宗団の理念と行動路線も、かなりの部分が民衆仏教運動のメンバーたちによって構築された。浄化後、これまで仏教界の新しい運動を挙げるならば、断然、民衆仏教運動である。この仏教界の現実意識の高まりは、すなわち、仏教と社会の問題をいっしょに解決しようという認識から出たものだった。こうした意識と動きがより具体的に現れたのは、海印寺の僧侶大会だった。その大会で出されたのは、護国仏教の概念の変更、仏教関係法の撤廃、10・27法難解明、輸入開放圧力拒否など、当時の仏教界の現実では困難な強力な主張だった。この大会では、この国の民主化と仏教の社会化が別々のものではないという明確な認識の基礎を構築した。この僧侶大会の諸内容は仏教界の内外で自然に受容され、一時的には、その実行の構図が組まれたが、宗団執行部の宗権追求と諸制限などにより、限界を見ないわけにはいかなかった。しかし、仏教の改革と民主化を追求した一団の僧侶たちは、浄土具現全国僧伽会、大乗仏教僧伽会を結成し、運動の深化を追求した。このような多角的な代案摸索は、未来を志向するものであった。

"20日內 總選" 전격 合意

兩側代表 6개항 조인
5代 中央宗會 인정

總選으로 종단불화사태를 종식시키자는 合意조약서가 3월30일 전격적으로 조인되었다。휴일인 이날 오후3시쯤 開運寺측을 대표한 具綠園스님(前持寺주지·選擧管理委員長)이 미리 작성、尹月下、宋月珠두스님이서명한 이른바 合意조약서를 제시、曹溪寺측의 尹古庵스님과 裵松園스님의 서명을 받은것이다。

宗會의원 상호 조정키로

조계종 종정실에서 있은 이날 조인식(?)에는 曹溪寺측에서 尹古庵종정스님을 비롯하여 裵松園총무원장、金梵龍재무부장、具法達감찰부장 金慧法조계사주지 李法哲불교신문편집국장 開運寺측에서 具綠園스님 박종하스님 玄光사무처장등3명이 참석、약1시간20분동안 계속되었는데 조약서본문조인후에 조계사측의 요구로「和合된 종단이 탄생한이후 양측에서 발생한民刑事간의 일체의 문제를 불문에 부친다」는 단서를삽입、다시 양측의 4대표자가 서명함으로서 모든 조인절차가 끝났다。開運寺측 증선지지파로 알려진 具綠園스님을 주축으로 10명의 주지가 발기한 전국본산주지회의를 2일 海印寺에서 개최키로 했던 당초예정과 1일 開運寺총회에서 이문제를 다루기로 했던 계획이 급선회하여 양측대표의 조인을 앞당기게된것이다。

이번에 조인된 합의조약서는 지난해10월12일 文公部주선 산업시찰여행중、양측이 일단 극적인 합의를보

뒤늦게나마 마련된 화합의 계기를 놓쳐서는 안 된다고 다짐하는 스님들。(3월31일蓮花寺에서)

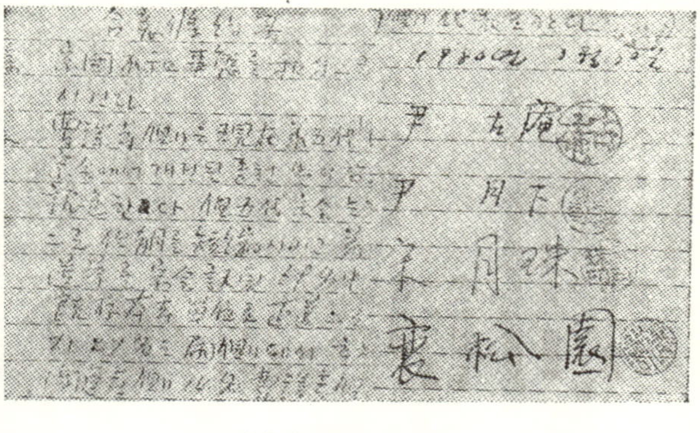

양측대표의 합의날인

882. 曹渓宗内紛終息合意文、発表記事（1980年4月）。1979年末、紛糾解消のための合意書を作成したが、適切に履行されなかった。双方は80年2月、3月に再び対話を始め、ついに同年3月30日、紛糾を終息させるための総選挙を行うことで合意した。

"2年7個月의 不和"는 끝났다…「20日內 總選합의」의 마무리 現場

○…2년7개월의 긴不和의 늪에서 허덕이던 종단도 이제 17일의 총선을 치루고 나면 힘찬 새발걸음을 내딛게됐다。22일 당선자등록、26일 중앙종회 개원의 스케줄은 한국불교 大宗다운면모의 과시였다。○…3·30합의 이후 양측은 각기 별도의 회합을 통해 원칙에는 찬동하나 몇가지 문제점들이 보완돼야한다고나서기도했다。그러나「이번기회를 놓치면 모든게허사」라는 전종도의 여망의 소리에 사소한 문제는 따지지않기로했다。3월30일이후 조계사 개운사 연화사를 숨가빼오고간 여러「의견」의 열기도 이제「17일 총선」을 위해 갈아앉아가고있다。

조계사측의 중앙종회수권위원회는 1일「20일內 총선합의」를 추인했다。

개운사측 중앙종회는 만장일치로 이를 수락했다。

양측 대표들이 연화사에서 최종 마무리작업을 했다。(3월31일)

883. 曹渓寺と開運寺に両断された宗団の紛糾を終息させた事件現場を要約した『仏教新聞』特集記事（1980 年 4 月）。

宗團發展·敎化앞장

해방동이 스님들「一柱門」발족

○…日帝의 압제에서해방되던 1945년 이세상에 태어난 스님들이모여 佛徒弘布이 기반을더욱 굳히자고 굳게 다짐하고 나섰다。이들 젊은 스님들은암울했던 時代를 벗어났던인연을 모아 부처님의가르침과「젊음」을 힘으로 안으로 法界眞如세계를 추구하고 밖으로 衆生敎化의 횃불을 밝힐것을 굳게 서원했다。○…泰觀스님(총무원사회국장)、元成스님(총무원재정국장)、香山스님(홍국사주지)、東熙스님(자인사주지)、法長스님(수덕사총무국장) 등이 앞장서 최근「一柱門」을 발족한 것이다。현재「一柱門」회원은45년도에 출생하여 70年이전에 出家한 조계종스님들로 모두 1백50여명이다。임원진은 총명법사(약간명) 명예회장 회장(1명)부회장 간사(3명)을두고 총무 교화 재정부를 두고있다。이 회는 대별하여 수행정진 교화 친목을 크게하여 종단발전에 기여하고 도반상호의 친목 우의를 도모함을 목적으로한다。

○…「一柱門」의 회장은泰觀스님이맡고있다。발기인의 한사람 이기도한 스님은『젊은 도반들이 서로 격의없는 마음자리를 갈이해 종단의 미래를설계하고 이에 기여하기위해 우리모두 전진할것』이라고 다짐하고있다。「一柱門」의 임원진은다음과 같다。

▲證明=古庵 月山 慈雲 碧岩 性徹▲회장=朴泰觀▲부회장=金法長 宗香山 韓東熙▲총무간사=閔道明▲간사=曹性德 根一願

《자기수행과 종단발전에 기여하겠다》고 다짐하는 一柱門회장 泰觀스님

話題

884. 1945 年に生まれた僧侶たちの集まりである「一柱門」の発足についての記事（1980 年 1 月）。

885. 宗会が開かれている曹渓寺総務院の前に、無条件団結を促す東国大学人僧侶たち（1980 年 5 月）。

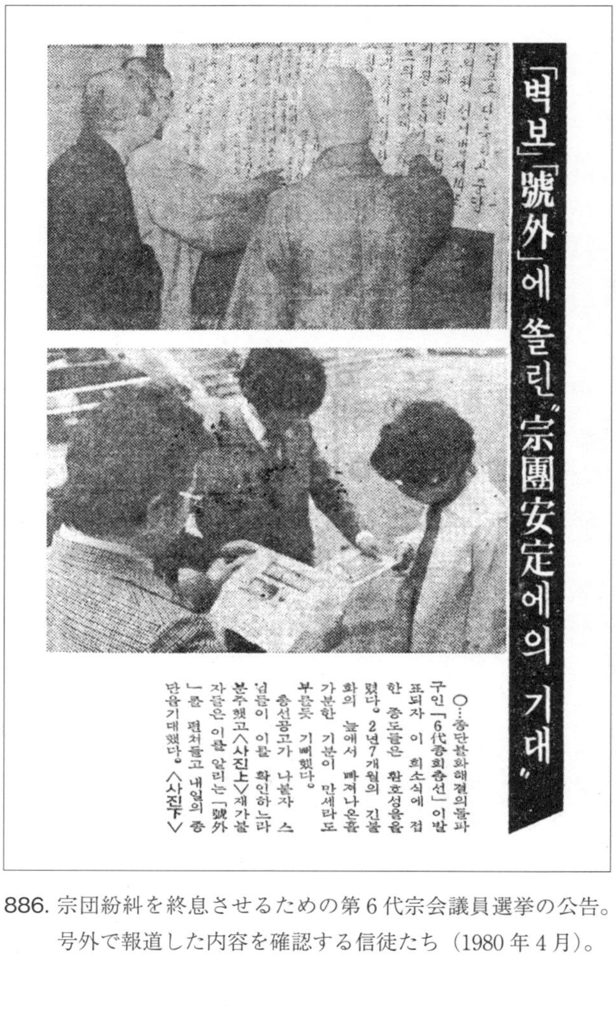

「벽보」「號外」에 쏠린 "宗團安定에의 기대"

○…종단분화해결의돌파구인「6代종회총선」이발표되자 이 희소식에 접한 종도들은 환호성을울렸다。2년7개월의 긴불화의 늪에서 빠져나온홀가분한 기분이 만세라도부를듯 기뻐했다。

총선공고가 나붙자 스님들이 이를 확인하느라 분주했고〈사진上〉재가불자들은 이를 알리는「號外」를 펼쳐들고 내일의 종단을기대했다。〈사진下〉

886. 宗団紛糾を終息させるための第 6 代宗会議員選挙の公告。号外で報道した内容を確認する信徒たち（1980 年 4 月）。

2年7個月의 "陣痛" 딛고 開院한 中央宗會…

제6대中央宗會이모저모 畫報

종회의장단 선거 양측의 보이지않는 경쟁속에서 많은 방청객이 모인가운데 엄숙히 진행됐다. 도견스님이 의장으로 당선되자 모두 놀라움을 금치못했다.

宗會 개원식 宗正古庵大宗師가 입석한 가운데 관음사知訥의원의 선창으로 의원선서가 있었다. 이자리에는 李厚洛회장、鄭在覺총장등도 참석 종단의 앞날을 축하했다.

집행부 선출개표 부의장 선거부터「합의」가 무너졌다고 술렁거리기 시작했다. 감표위원들이 지켜보는 가운데「한표」를 부르고 있다.

〃종단은 화합하라〃 동대종비생스님들이 회의장 앞에 몰려와 푸레카트를 들고 종단화합을 촉구했다

887. 内紛を終息させた第6代宗会の登場を要約した『仏教新聞』の画報（1980年5月）。

"宗團운영 自主自律的으로 추진"

宋月珠총무원장會見 宗團당면문제에 언급

「3大事業」강력히 추진
和合定着…佛敎의社會的 기능 극대화

총무원장 宋月珠스님은 徒弟양성 布敎 譯經등 종단 淨化이래 추진해오던 3大사업을 계속 강력히 추진하겠다고말했다.

月珠스님은「이러한 종단발전의 근간이 되는 3大 사업을 펴나가면서 안으로는 화합을 도모하며 기강확립을 꾀해 종단안정의 기틀을 마련하고 밖으로는 종단이 自主 自律的으로 운영되도록 근본적인 운영체제의 확립을 다질것」이라고 밝혔다.

또한 宋月珠원장은 불교종단의 자율적인 운영을 위해서 불교재산관리법 공원법 문화재보호법 그린벨트법의등의 개정검토여부를 총무원에서 연구중이며 이를위해 정부관계부처와의 협의대화를 꾀한 개정작업을 추진하겠다고 말했다. 또한 宋月珠 원장은 불교문화재 보호에 만전을 기하도록 할것이며 불교종단의 사회적 기능을 충분히 발휘토록 추진하겠다고 밝혔다.

宋月珠총무원장

宗正추대문제 "단일후보 될때까지 관망"

총무원장 宋月珠스님은 지난달 24일 본사기자와의 단독회견을 통해 이같이 밝히고「이시점에서 모든 종도들은 지난날의 시시비비를 떠나 종단안정에 지혜를 모아야 될것」이라고말했다. 宋月珠스님은 또한「이제 和合종단이 탄생한지 얼마되지 않았으나 많은 종도의 노력으로 和合定着의 기틀이 다져지고 있다」고 말하고「이러한 염원이 이루어지는대로 元老중진스님 종회의원들과 논의, 宗正추대문제 매듭을 지을생각」이라고 밝혔다. 宋月珠원장은 또 사찰의 재산관리문제 법제고시실시, 수도 포교교육제도의 개혁, 재가불자들의 자질향상과 조직확대, 非佛敎人의 불자화, 국제불교문화교류등도 宗團安定이 조속성취되는대로 기필코 해결되어져야할 시급한 과제라고 언급했다.

다음은 記者와의 一問一答

—和合종단의 책임자로서의 감회는?

▲운영상의 문제로 3년여를 진통으로 보냈다. 이제 모든것이 가려졌으니 다행이다.

화합이 얼마나 절실한가를 뼈저리게 느꼈다. 오직 和合만이 종단발전의 大道임을 통감했다.

—앞으로 종단 시책의 기본을 어디에 둘것인가?

▲이상과 현실의 조화를 꾀해야 할것이다. 나는 언제나 律藏 정신에 입각한 종무를 펴나겠다.

—종단 당면과제가 많은데 어떻게 이를 추진할것인가?

▲종래부터 추진해오던 3大사업이다. 이를 뒷받침하기 위해서는 모든 종도의 화합심이 필요하다. 또한 수도와 교화에 力點을 두겠다. 내적으로 위계 질서를 확립하고 외적으로 自主自律정신의 확립이다. 관계부처와도 호혜상부상조하는 자세를 취하겠다.

—佛敎의 淨財가 수도와 포교에 잘 활용되지 못하고 있다는 비판이다. 어떻게 생각하나?

▲사실 사찰의 시주성금 관리는 우리종단의 숙제였다. 성금이 교화와 포교에 환원되도록 어떤 제도적인 창치를 모두 절감하고 있다. 우선 이성금이 山中에

해설

"총무원장 등록지연불구 自律운영"
宗正 추대에 신중 기해

宋月珠총무원장의 文公部종단대표 등록문제는 이제까지 지켜왔던 文公部와 종단의 협조문제가 경직될까하는 우려를낳고있다. 종단은 그동안 관계당국과의 호혜정신에 입각협조관계가 잘 돼왔으나 이번 등록문제 지연은 宋月珠원장의 말대로『부당한 처사』이기 때문에 위화감을 유발할 조짐이 없지도 않은 것이다.

宋月珠원장은 최근 기회있을때마다『종단의 自主自律운영』을 말해왔고 이문제는 불교계 전체에 대한 어떤시사도 없지는 않았으나 관계당국에 대한 나름의메시지였다는것이 이번 회견에도 나타난것이다.

총무원당국은 종헌과민법상으로도 엄연히 그권한을 행사할수 있고 이러한 대법원 판례가 있음을 지적한바 있다. 그러나 宋月珠 원장은 이러한 당국과의 경직은원하지 않음을 분명히 하고있다.

총무원 관계자도「현실 긍정적인 차원에서의 이상 구현」이 그의 총무원장으로서의 宗團시책의 기본패턴이기 때문에 그렇게되지는 않을 것이라는 풀이다.

그러나 이번에 自律종단의 기치를 내세운 새 원장의 새정신(?)은많은 종도의 지지를 받고 있음은 고무적인 사실로 받아들여지고 있다.

○…宋月珠원장은 종정 추대에도 많은 신경을 쓰고있음을 보였다. 이문제는 자칫잘못하면 종단의 사태—불교종단의 不和인상—를 유발할 소지를 안고 있기 때문. 아직까지 종정 후보의단일화 작업이 이루어 지지 않는상태에서의「투표」는 결국 어느누구도 추대위원 과반수(44표)를 자신있게 얻을수 없기 때문에 인내를 가지고 더 관망해야 할것이라는 소신이다.

그동안 어느정도의 종단 안정을 꾀한 이마당에 새로운 풍파를 불러야되겠느냐는 생각인듯하다.

그래서 스님은 최근 교계일각에서「6宗正추대」가 심심치 않게 나돌고 있음을 기발한 아이디어라고 생각한다고 했다.

말하자면 종단현실(문벌 지방색) 등을 감안해 일정기간 돌아가며「대표宗正」을 맡는 발상인듯 하다.

아무튼 오늘의 종단의 여러 어려움을 두어깨에 걸머진 宋月珠총무원장의 수완이 어떻게 발휘될지 그 귀추가 주목된다 하겠다. 〈宣〉

888. 宋月珠総務院長が明かした自律的な宗団運営方針についての報道（1980年7月）。このことから曹渓宗は自主と自律を旗印に掲げて、当時の執権勢力と一定の対応関係を維持した。これは、これまで政権に迎合していた仏教界を批判した内容を含んでいたが、この路線が10・27法難の原因になったという説もある。

宗團자율淨化추진 방안 발표

敎區本寺주지회의 새롭고 신뢰받는風土조성

蓄財 금지등 5개항 대상

精神的계도 制度的개선 역점두기로

조계종단의 자율정화 세부지침이 밝혀졌다。20일 하오2시 조계사 대법당에서 열린 본사및 직할사암주지、신행단체장 연석회의에서 발표된「정화중점방안」에 따르면 축재금지등 5개항 13개목에 이르는 부조리를 열거하고 정신적인 계도와 제도적인 개선을 통하여 새롭고 신뢰받는 종단풍토조성을 위해 노력할것을 다짐했다。

교구본사및 직할사암주지및 신행단체장회의

佛教관계법 改正문제도 논의

이날 50여주지스님과 10여신행단체장이 참석한 연석회의에서 宋月珠총무원장은 치사를 통해『국가가 지향하고 있는 사회정화작업에 호응、율장정신에 입각하여、자각적이고 자율적인 정화로 청정한 바탕을 이룩하여、이념을 결속 확산시킴으로서 종단발전의 원동력을 삼도록 할것』이라고 말하고『교단운영의 자주、자율적 의지가 성숙되고있는 현싯점에서 부당한 세속적인 간섭을 배제하기위해서 불교관계법의 개정이 시급하다』고 역설했다。

자율정화추진방안에 따라 구성되는 조계종 자체정화추진위원회는 종단원로 중진 대덕스님과 참신하고 수행을 겸비한 신진승려로하되 위원수는 20~45명선。(종단대표를 포함한 약간명의 자문위원추대) 24개 교구본사에 각각 지부를 설치키로했다。그리고 중점적인 정화방향을 ①축재금지 ②불청정행위 금지 ③폭언폭력행위금지 ④사치행위금지 ⑤상호비방금지등에 둘것이라고 한다。

배철우스님(기획국장)의 불교관계법 개정에 따른 경과보고에 이어 배포된 불교종단관계법령(불교재산관리법령등 4개법령) 개정위지문에 의하면『불교관계법령은 문화재보호와 불교재산의 횡유에방이란 좋은 뜻에서 제정되었으면서도 그 제정과정에서 재산관리를명분으로 어느덧 불교종단내지 단체관리법으로 둔갑되었다』고 전제하고『과잉보호를 빙자한 소유권부인적인 입법규제란 있을수 없는일』이라며『사찰 재산은 사찰의 규약 또는 종단의 종헌에 의하여 규범적관리와 보호를 할뿐만 아니라 그 운용과 경영에 있어서도 지난 수백년간 공인받아온 실적에 의해 자율적 자치로 해 나가야할것』이라고 밝히고 있다。

한편 이자리에서는 새로운 질서의 탄생과 새역사창조의 모태가 되는 새헌법내용을「슬라이드」로 약20분동안 상영 해설했다。

890. 宗団の浄化推進方策案を知ることができる記事（1980年10月）。仏教界が自律的な浄化を期そうとした。しかし、最終的には10・27法難という他律的な浄化で不名誉を被ることになる。

「光州事態」구호봉사단

玄光스님등 擧宗的 지원계획 수립위해

李玄光스님

조계종 총무원은 연1주일째 계속되고있는 光州지역의 소요사태진상조사 선무단을구성 24일 현지로급파했다。

이날 오후3시 총무원차량편으로 현지를향해 떠난 단장 李玄光교무부장과 李法哲사회국장、李慧仁문화국장등 세스님으로 짜여진 선무단일행은 부처님의 화합사상을 바탕으로 선무작업을 펴는 한편、불자 비불자를 가릴것없이 전시민들을 대상으로 피해상황을조사하여 거종단적인 지원을 할 계획이라고 한다。

또한 이번 사태로 발생한 희생자들의 위령제도 직접 집전하여 시민들을 자제와 대화의 길로 이끄는 길잡이 역할을 다하겠다고 선무단일행은 출발에 앞서 현지에서의 선무활동계획을 밝혔다。동조사단이 현지 피해상황을 면밀히 조사하여 돌아오는대로 총무원은 전국 각사암과 불교신도들을 대상으로 대대적인 의연금품 모집「캠페인」을 벌일 계획이다。이 운동에 뜻있는 불자의 호응을 기다리며 연락은 총무원 사회부(전화75~5863)로 해주기를 바라고 있다。

宗教지도자가 수습앞장을

大韓佛教總聯 光州사태에 결의문

대한불교총연합회는 26일 하오1시 동회의실에서 종단대표자회의(16개종단 참석)를 열고 光州지역에서 발생한 사태에 관한 결의문을 채택했다。

3개항에 이르는 결의문에 의하면 종단 대표자들은 1천4백만 불자를 대표하여 光州사태에 관하여 온 국민과 더불어 종교지도자로서의 책임을 통감하고 관민협조아래 하루빨리 사태가 수습되기를 기원한다고 전제하고 光州시민의 고통을 바로 부모형제의고통으로 생각、종교지도자가 지방유지들과 협조하여、사태수습에 앞장설것을 다짐했다。또한 光州시민은 전통적 애국심을 발휘하여 자발적인 사태수습을 위해노력할것을 호소하고 전국불교도가 앞장서 구호금품모집에 적극 호응해 줄것을 결의했다。

889. 5・18光州民主化抗争が発生すると、曹渓宗では真相調査宣撫団派遣と救援隊を結成するなど、迅速に対処した（1980年5月）。

宗教的인 차원에서 지원

光州市에 全佛子 참여를

조계종은 光州시민돕기를 적극 펴기로 했다。총무원은 지난달 30일 확대간부회의를 갖고 광주사태로인해 발생한 여러가지 피해에대한 종교인의 지원책을 논의하고 광주시민을 적극 돕기로 했다。또한 지난2일에는 총무원 회의실에서 직할사암주지및 각급 산하단체장 회의를 갖고 이같이 결정했다。종단은 지난달 30일 이러한 운동의효율화를 위해 광주시민돕기대책본부(본부장 宋月珠스님)를 설치했다。宋月珠본부장은 광주시민돕기운동에 즈음하여『이번 광주사태를 계기로 서로화합・화해를다지는 일대전기가 있어야한다』고 말하고『전불자가동체대비사상으로 한마음이되어 광주시민을 돕자』고당부했다。

이날회의는 광주시민돕기대책본부의 宋月珠본부장과 徐正大집행위원장 李玄光위원、李法哲간사장 鄭暘山간사、李至然간사를 3일 광주로파견 했다。

이들 본부임원들은 부상자들이 입원한 병원을 방문、이들을 위로했다。

총무원은 지난 2일 직할사암주지및 산하단체장회의에서 광주시민 지원에 대한 여러가지 대책을 논의하고 종교적인 차원에서지원을하되 부상자들을 위한 모금도 함께 벌이기로 했다。

이와함께 광주시민돕기 대책본부장 宋月珠스님은 1천3백만 불자들에게 호소문을 내고「이번 광주사태로 인하여 생긴 사상자와 그 유족을 위로하고 한사람도 빠짐없이 광주시민을 돕는데 앞장서자」고 말했다。스님은 이어「우리 불교인들은 호국안민의 전통을 계승하여 시대적인 사명감으로 국가와 민족에봉사 자립경제의 달성、자주국방태세의 확립、사회계발의 확충、정신문화계발을하고 국민의 화합화해를 더욱 다지는데 총력을 기울여 민족중흥과 국가발전에 이바지하자」고 말했다。

891. 曹渓宗団は、1980年5月18日に起きた光州事件に宗教的な立場で支援を決意した（1980年5月30日）。

非理·犯法僧侶등46명連行

戒嚴司 "社會淨化차원서佛教界淨化"

계엄사령부는 28일 불교계내에서 각종비리와 부패 범법행위등을 자행해온 사이비승려와 상습폭력배등 46명을 연행, 조사중이라고 발표했다。계엄사는『그동안 사회각계에 대해 숙정과 정화조치를 단행하면서 종교의 특수성과 독자성을 존중하는 입장에서 불교계자체의 자율적정화와 숙정을 기대했으나 아무런 자체정화움직임이없어부득이 사회정화차원에서 조치를취하게됐다』고말했다。<7면에 관련기사>

宗權장악 위해 派閥間의暗鬪…폭력자행 예사
寺院의 兵役기피·詐欺犯등 前科者의 隱身處로
寺刹財産 착복·僧侶생활을 致富수단으로 삼아
住持등임명에 金品收受·信徒대상으로巫俗詐欺

주요非理類型

계엄사는『이를 사이비승려및 폭력배소탕을 계기로 불교가 전통종교로서의 본연의 사명을 다하기위한 자체정비와 자세정립을 촉구한다』고 밝히고『이번조치는 불교계의 건전한 회생과 중흥을위해 취해진 것이므로 성직자와 신도들은 동요하거나 우언비어에 현혹되지 않기를 바란다』고 당부했다。

계엄사는 연행자들의 죄상과 비행은 수사가 진행되는대로 발표하겠다고 밝혔다。

계엄사 발표문

계엄사령부는 지난10월27일 불교계내에서 온갖 비리와 부패 범법행위를 자행하여 온 사이비승려및 상습적 폭력배등 총 46명을 수사당국이 연행, 조사하고 있음을 발표하는바이다。이들의 죄상과 비행은 수사가 종결되어 그 전모와 실상이 밝혀지는대로 추후발표할 예정인바 이들 사이비승려및 불교계내 폭력배에 대해 일단의 조치를취하게된 동기및 주요 비리유형은 다음과 같다。

1、동기

▲국민여러분이 주지하는 바와 같이 불교는 우리민족의 전통종교로서 민족정기와 주체의식을 함양하고 올바른 가치관을 정립하여 국민의 정신영역을 계도해야 할 역사적사명이 부여되어 있음에도 불구하고 도리어 사이비승려와 폭력배들이 난무 발호하는 비리지대로 화하여 뜻있는 僧職者와 신도들은 물론 일반국민의 지탄과 빈축의 대상이 되어왔다。이에 계엄당국은 정계를 비롯한 사회각계에 대해 과감한 숙정과 정화조치를 단행하면서도 종교가 지니는 특수성과 독자성을 존중하는 입장에서 불교계 자체의 자율적 정화와 숙정이 있기를 기대하여 왔던 것이나 상당한 기간이 경과하여도 아무런 자체정화의 움직임이나 효과를 나타내지 못할 뿐아니라 자력으로는 도저히 갱생의 힘이 없는것으로 판단, 부득이 사회정화차원에서 철퇴를 가하게 된 것이다。

▲그러나 계엄당국은 이들 사이비승려나 상습적 폭력배를 교계에서 과감하게 소탕 추방하는 조치를 계기로하여 전통종교로서의 불교 본연의 사명을 다하기 위한 자체정비와 자세의 정립이 촉진되기를 기대하며 아울러 민주복지국가건설을 향한 국민의 정신적 계도에 기여할수 있도록 최대한의 지원을 아끼지 않을 것임을 밝혀두는 바이다。

2、주요 비리유형

▲종권을장악하기위한파벌간암투와 폭력에의한강점、폭행자행▲승단내에서의 폭력상해행위 빈발 ▲사원의 병역기피자 폭력사범 사기 횡령등 전과자의도피 은신처화 ▲음주와 사음등 퇴폐행위를 자행하는 일부사이비승의 발호▲수도생활의 기피 또는 환속과 입산을 반복하면서 사찰의 생활터전화및 승려생활을 치부수단화 ▲사찰주지직등 임명시의 금품수수 ▲사찰재산의 착복(사찰소유 임야

892. 10・27法難。1980年10月28日の早朝、当時の政府（戒厳司令部）は、共産主義を容認する容共分子と犯罪者や不正僧侶などを探し出すという名目で、軍人と警官数千人を全国の寺院に乱入させた。数十人の僧侶たちが連行されたこの事件で、仏教宗団は内外的に致命的な傷を負った。10・27法難事件は、その後の第5共和国聴聞会に取り上げられたりしたが、今まで、その顛末は、詳しくは明らかにされなかった。10・27法難の後、仏教界は徐々に仏教の自主化意識に覚醒するようになり、当時までは無批判に使用された護国仏教という概念も批判を受けるようになった。

"非理僧侶 스스로淨化돼야"
——佛教信徒會 崔載九회장 會見
崔載九회장
이번事態 教化活動위축없어
尊敬받는스님엔 추호의累도 없어야

893. 10・27法難に対する全国信徒会会長・崔載九の記者会見内容（『東亜日報』、1980年10月29日）。

"宗團事態 조속히 수습"
朴香星 상위장 談話
"희생 극소화 行政공백 없게"

894. 10・27法難が起こると、宗団は危機的状況に陥ったが、浄化中興会議を結成し、非常事態に見事に対処した（『仏教新聞』、1980年11月16日）。

殺人부른 住持싸움

승려들 편싸움 1명사망 6명부상

雪嶽山 神興寺

10명 수狀신청

"宗教團體 폭력 嚴斷"

神興寺재산관리인에 東草시장 임명

文公部

895. 神興寺殺人事件。1983年8月6日、神興寺新任住職赴任の過程で起こったいわゆる「神興寺殺人事件」(『東亜日報』、1983年8月8日)。この事件はマスコミが大きく取り上げたことにより、社会的に大きな批判と物議をかもした。この事件がきっかけで、曹渓宗団内外で宗団運営と僧侶たちの体質改善を要求する改革の動きが起こり始めた。この事件が、宗団初の改革を目指した非常宗団発足の発端となった。

佛國寺住持 분규

宗團임명스님 寺刹측에서 거부

假處分신청이어 赴任싸고 충돌

896. 仏国寺住職任命を巡って展開された紛糾(『東亜日報』、1981年7月25日)。この事件も当時、世間では僧侶たちの利権追求によって起こったという評価が一般的であった。

"총무원장退陣·부패승려 自肅

宗團제도 근본是正을"

青年佛教聯 5개項성명

897. 宗団制度の抜本的な改革を主張した、韓国青年仏教連合会の声明書(『東亜日報』、1983年8月23日)。神興寺殺人事件で学人、在家信徒、青年仏教徒などの宗団体質改革を求める声が増大されていった。

898. 10・27 法難で、荒廃した寺院が少しずつ安定してきた。しかし、今度は住職争いで仏教界は再び世間の注目を集めた。仏国寺住職任命で現れた新・旧住職側の葛藤は暴力にまで飛び火した（1981 年 7 月）。

899. 住職任命権と宗団内部の利権が原因で起きた奉恩寺事件（1988 年 6 月 23 日）。新任住職就任に反対する前任住職側の僧侶と信徒たちが暴力事件を起こした。

900. 神興寺事件。神興寺住職就任過程で殺人事件が発生すると、宗団執行部の即刻辞任を要求し、曹渓寺で徹夜断食法会を行っている若手僧侶たち（1983 年 8 月）。

901. 奉恩寺街頭集会様子。特に奉寺恩の暴力事件は、徐義玄総務院長の地位を弱体化させただけでなく、宗団の改革を志向する意識のある僧侶たちが大勢関係していたため、大きな衝撃を与えた。

902. 1983年9月5日の全国僧侶大会。雪岳山神興寺僧侶殺人事件に巻き込まれながら仏教改革の声が高まる中で宗団が挫折すると、これを解決することを趣旨として曹渓寺で開催された全国僧侶大会（1983年9月5日）。当時、この大会では、仏教の改革と正法守護運動を決意し、同時に非常の宗団運営会議を設置することを決意した。この当時、登場した改革志向の宗団を「非常宗団」と称する。しかし、非常宗団は現実の高い壁を越えられず、84年8月5日、海印寺の全国僧侶代表者大会を契機に挫折してしまった。

903. 仏教正風を主張して市街行進をしている僧侶たち（1986年）。住職任命を巡って相次いで起こった仏国寺、神興寺、奉恩寺の事件に対して仏教正風を叫んだ意識のある僧侶たちも存在した。

고문없는 생명존중의 사회를 구현하자

불교의 자주화
사회의 민주화
민족의 자주화

민중불교 제1호

발행일 · 1987년 2월 25일

발행처 · 민중불교운동연합
〔110〕 서울·종로구 인사동 37 오성빌딩 601호
전화 / 735 · 8971

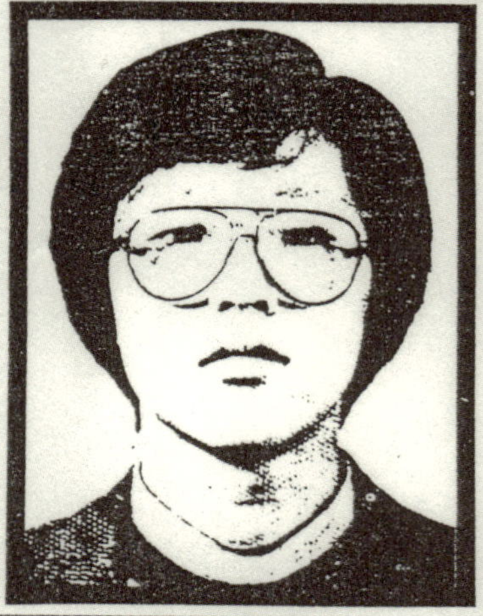

「민중불교」를 내면서

민중불교운동연합은 1985년 5월 4일 창립된 이래 이 땅의 민주화와 불교의 자주화를 위해 투쟁해 왔다.

오늘, 민불련은 민주화운동의 고양과 함께 불교내외의 점증하는 요구에 부응하여 보다 더 열심히 조직적·체계적으로 활동을 벌여 나가야 할 객관적 사명을 부여받고 있다. 더우기 고 박종철 법우 49재를 얼마 남겨놓지 않고 있는 오늘 「민중불교」를 냄으로써 불교운동의 내용을 준비하고 수립하고 확산하는 데 있어서 한 전기로 삼고자 한다.

신문은 정확하고 공정한 보도가 생명이다. 그럼에도 불구하고 현실의 언론은 민중들의 삶과 민주화운동의 본질을 왜곡·호도하기에 여념이 없다.

이에 우리는 폭압적 언론탄압을 뚫고 현정권의 본질을 폭로하여 타오르는 민중들의 반독재 민주화 투쟁을 선도하는 한편, 민족과 민중에 대한 올바른 이해와 불교의 현실적 국면에 대한 제반조류를 올바르게 비판하는 장을 마련함으로써 여러가지 논의를 통일적으로 전개하는 데 기여하고자 한다.

이제까지의 불교운동은 확고한 역할과 위상 설정이 이루어지지 않은 채 심정적이고 지차적인 연대를 해왔다. 따라서 우리는 보다 높은 연대틀을 형성하는 데 긴요한 불교운동의 중심을 건설하는 데 주력할 것이다.

독재의 법적·제도적 올가미인 불교재산관리법 등 제악법에 묶여 있는 불교의 현실은 역사적 합법칙성에 조응한 과학적 불교운동 논리와 그에 따른 조직적이고 치밀한 실천을 필요로 한다.

우리는 그러므로 한국민중, 특히 불교대중에 대한 올바른 이해에 기초하여 그들의 의사를 수렴하고 잠재역량을 조직화하는 데 기여하고자 한다. 아울러 근본적으로 지향하는바를 추상적인 구호의 나열이 아닌 보다 구체적인 관점에서 접근할 것이다.

우리는 이러한 불교내외의 과제를 해결하기 위해 다음과 같은 구체적인 임무를 수행할 것이다.

첫째, 과학적 불교운동론을 정립함으로써 불교운동의 정치노선, 투쟁노선, 조직노선의 통일을 이룩해 나갈것이다.

둘째, 불교운동의 내외에 존재하는 조직간, 지역간의 차이를 해소하고 상호연대를 강화시키는 데 기여할 것이다.

셋째, 현정권의 본질을 폭로하고 불교청년대중의 각성을 통해 건강한 불교대중조직을 건설하는 데 기여할 것이다.

넷째, 불교에 내재하는 문제를 중점적으로 분석하여 공개화시킴으로써 불교의 병폐인 관념성, 기복성을 타파하고 불교탄압의 족쇄인 불교 제악법의 철폐와 불교의 자주적 발전의 길을 열어 갈 것이다.

다섯째, 외세로부터 민족의 자주성을 쟁취하고 조국의 자주적 평화통일을 촉진할 것이다.

우리가 가야 할 길은 멀고 험난하다. 그것은 기본적으로 불교운동 자체가 자주적이고 민주적인 불교의 건설, 그리고 민족의 통일과 사회전반의 민주화를 이상으로 삼고있는 데 연유한다.

불교운동의 이상이 높을수록, 우리가 가야 할 길이 멀고 험할수록 「민중불교」는 더욱 힘차게 나아갈 것이다.

이 땅의 모순을 첨예하게 전가받고 있는 모든 한국민중들의 애정어린 비판을 바라마지 않는다.

고문추방함성 전국에…

애국시민 적극참여에 정권측 놀라

박종철법우의 고문치사 사건을 계기로 온 국민은 더 이상 인간성을 파괴하는 행위를 용납할 수 없으며 생명의 가치가 땅바닥에 곤두박질쳐지는 이 시대의 아픔을 좌시할 수 없다는 각오를 다지게 되었다.

이에 불교계를 비롯한 종교계, 재야단체에서는 박종철 법우의 사인에 대한 정확한 진상규명과 ,우종원, 신호수, 김성수 군 등 의문의 변사사건에 대한 재조사 및 고문추방, 인권옹호를 촉구하는 성명을 잇달아 발표하였으며 특히 종교계에서는 박종철법우의 죽음을 추모하는 법회·미사·기도회를 가졌다. 그러나 현정권이 진상규명을 회피함에 따라 모든 민주화 단체는 성명서 발표나 추도법회의 차원을 넘어 박군의 죽음을 참된 민주화투쟁으로 승화시킴으로써 고인의 넋을 위로하고자 하였다. 그 일환으로 각계를 대표하는 민주인사들이 모여 「고 박종철 군 범국민추도회 준비위원회」를 발족시키고, 2월 7일을 「고 박종철 군 범국민추도회의 날」로 정하여 전국 각지에서 많은 시민들이 참여하는 평화적 추도회를 거행키로 결의하였다.

그러나 현 군사독재정권은 2·7추도회를 「민중봉기를 통한 정권 탈취시도」라느니, 「체제전복을 위한 불순 정치집회」라느니 하는 등으로 왜곡·호도하면서 무려 4만여 명의 대규모 경찰력을 동원하여 폭압적 저지 작전을 폈다.

2.7 추모대회에 참석한 승가·재가 불자들. 이 날의 대회는 경찰의 저지로 제대로 치러지지 못했으나 군사독재 정권에게는 커다란 두려움을 안겨주었다.

그러나 우리의 청년·학생과 애국 시민은 폭력경찰의 야수적 공갈 협박과 무자비한 최루탄 난사에도 굴하지 않고 "박종철을 살려내라" "살인고문 자행하는 군부독재 타도하자" "평화집회 보장하라" "폭력경찰 물러가라"는 등의 구호를 힘차게 외쳤다.

한편 전국 주요도시에서도 「2·7추도대회」가 경찰의 삼엄한 봉쇄로 차단당하자 시민들은 자리를 옮겨다니면서 끈질기게 추도회 거행을 도모하였다.

2·7 오후 2시가 되자 시민·학생들은 꽃과 영정을 손에 든 채 시내 중심가 곳곳에 분산되어 동시 다발로 약식추도회를 거행하였다. 특히 을지로에서는 지선·상연·진관스님 등 정토구현전국승가회 스님과 민불련, 대불련 및 일반 불자들이 애국시민·학생들과 함께 행동을 같이하다 경찰의 최루탄 세례에 밀리면서 몇몇 스님들께서는 근처의 한약방에 들어가 박종철법우의 영정을 모신 가운데 약식추도회를 거행하였다. 이 과정에서 폭력경찰은 추도위원회의 불교대표인 진관스님을 연행·구속하는 만행을 저질렀다.

이날 집회는 명동 이외에도 시내 곳곳에서 이루어졌다. 주요한 집회를 간추리면 다음과 같다.

●남대문시장 상인과 일반시민, 학생등 5000여명이 시장골목을 메운채 7시간 동안 대중정치집회가 이루어 졌다. 상인들은 부분적인 철시만 한 채 집에 돌아갈 생각도 하지않고 그 곳에 머물러 있으면서 누군가 구호를 외치면 함성과 박수갈채로 호응해 주었다.

●종로 3가 오후 2시경 단성사 와 피카디리극장 주변에 모여있던 500여명의 애국학생들이 살인고문정권의 잔학성과 폭력경찰의 야수적 탄압에 대한 끓어오르는 분노감을 표출시키면서 돌과 화염병을 던지는 등 격렬하게 대항하였다. 몇몇 학생들은 반민중적이고 반민주적인 폭력경찰을 응징하는 표현으로 파출소에 화염병을 투척하기도 했다.

●종로4가 을지로, 명동, 종로, 등지에서 경찰의 최루탄 공격에 밀려났던 학생과 민주시민들은 오후 3시 30분경부터 종로4가의 시민공원과 세운상가 일대에서 우리의 소원은 통일 이란 노래를 하면서 자연스럽게 운집하였다. "박종철을 살려내라"는 민주시민들의 한맺힌 절규는 무차별 최루탄 난사에도 굽힘없이, 흩어졌다가 모이기를 수십번 반복하였다. 저녁 7시까지 계속된 시위는 군부독재의 퇴진과 민주화를 갈망하는 서울시민의 굳건한 의지를 유감없이 발휘하였다.

이날 시위가 벌어졌던 서울·광주·부산·대구·전북·마산·춘천 등 전국에서 모두 798명의 시민·학생들이 연행되고 이 중 34명이 구속되었다. 국민적 지지기반을 상실한 현정권은 추도회도 국민적 단결로 발전하는 것을 두려워하여 관제언론을 총동원하여 대대적인 왜곡·선전공세를 일삼고 급기야는 대량구속을 자행한 것이다.

대회준비위원회는 3월 3일까지는 국민추도기간으로 선포하고 이 땅에서 고문을 추방하는 운동을 지속적으로 전개하기로 결의하였다. 이제 우리는 2·7추모대회를 통해 나타난 국민적 열기를 바탕으로 3월 3일 고 박종철법우 49재를 전국적으로 거행하여 민주화를 외치다 사라져간 원혼을 달래고 이 땅에 다시는 이러한 불행한 사태가 발생하지 않도록 인권과 자유가 보장되는 진정한 민주화가 이루어질 수 있는 계기가 되도록 다함께 노력하여야 할 것이다.

범국민추도준비위 불교측 대표
진관스님 구속

2 · 7추도대회에 참석했던 진관스님(불교정토구현전국승가회 부의장)이 을지로 근처에서 경찰에 강제연행·구속 된데 대해 정토구현전국승가회, 민불련, 대불련 등은 항의성명을 발표하고 진관스님의 즉각 석방을 요구하였다.

904. 民衆仏教運動連合と『民衆仏教』第1号（1987年2月25日）。民衆仏教という用語は、1976年に全州市松広寺で開催された全国大学生仏教連合会の花郎（ハァラン）大会が民衆仏教実践のための前進大会と命名されたことではじめて公に議論された。その後、全在晟は、月刊誌『対話』（1977年10月）に民衆仏教論を掲載しており、81年10月の寺院化運動シンポジウムで再び表面化した。以来、仏教の社会運動、夜学、民主化運動などの民衆仏教と連携する団体が登場した。80年代の仏教運動の母体である民衆仏教運動連合は、当時の初代議長・呂益九によって作られ発足した。その後、80年代後半にこの団体が解散されるまで、彼は仏教運動圏の実質的·象徴的人物だった。彼は民衆仏教理論書である『仏教の社会思想』（民族社）、『民衆仏教哲学』（民族社）と『民衆仏教入門』を編集・著述した。

905. 釈尊生誕日の記念挿画。労使対立、紛糾停止、左右極端を仏陀の法力で打開しようという文句が目につく。

906. 仏教の最初の販禁図書である呂益九編『仏教の社会思想』(1980年、民族社)。この本は、出版直後、当局によって販売禁止された最初の仏教書籍である。

907. 4月初8日の記念挿画。仏の慈悲で分裂と葛藤を解決しようとする心がうかがえる。

908. 浄土具現全国僧伽会の修練会。1986年6月5日に設立された僧伽会は、民衆仏教運動連合が退潮し、それを継承した団体で、221名の僧侶が加わった（写真は修練会時の様子）。

909. 大乗仏教僧伽会創立総会の様子（開運寺、1988年3月25日）。大乗仏教僧伽会は、民族仏教の旗を掲げて発足し、会長は林松山僧侶であった。

910. 民族自主統一仏教運動協議会結成大会の場面（1988年12月4日）。この協議会には、浄土具現全国僧伽会、中央僧伽大学生会、大韓仏教青年会、ソウル仏教青年会など、13の団体が参加した。

911. 海印寺で開催された全国僧侶大会（1986年9月7日）。約2,000名の僧侶たちが集まったこの大会で、10・27法難解明、仏教悪法撤廃など仏教の自主化の旗を掲げた。海印寺僧侶大会は護国仏教、政権に協力する仏教という既存の概念を克服したという評価を聞いたほど、当時としては衝撃的な出来事だった。同大会以来、仏教界は仏教の自主化を仏教が指向する目的として確立した。

912. 海印寺全国僧侶大会で、血書として仏教の自主化の決意を押し固める僧侶たち。

913. 海印寺全国僧侶大会では、寺院の観光化反対と仏教発展を阻害する法律の撤廃を主張した。

914. 仏教徒の朴鍾哲（ソウル大人類学科）君が警察の拷問で死亡すると、仏教界では49日法要を行った。写真は、朴鍾哲の写真と位牌を持って行進する様子。

915. 朴鍾哲49日法要が開催された、釜山邪離庵の大雄殿（1987年3月3日）。

916. 韓国教授仏子連合会が誕生。仏教研究と菩薩道実践、そして、知性の基礎を築くために設立された、韓国教授仏子連合会の創立総会の様子（大円精舎、1988年2月27日）。

917. 1989年10月27日、10・27法難の真相糾明のための実践大会（東国大学図書館前）。大会は、浄土具現全国僧伽会など、7団体、約500名が参加した。

918. 民主憲法争取仏教共同委員会が主催した、10・27法難糾弾と軍事独裁終息決意大会。大会を終えて東国大の正門に降りてくるデモ隊（1987年10月24日）。

919. 10・27法難終息決意大会を終えたデモ隊が、東国大構内を行進している。

920. 10・27法難の主犯である国軍保安司令部（保安司）の解体を求める仏教界のデモ隊列。

921. 民族自主統一仏教運動協議会が、10・27法難に関する責任者の処罰を要求している。

922. 中央僧伽大学(開運寺)の入り口にかかった垂れ幕「仏教諸悪法を撤廃して10・27元凶を処断せよ」。

923. 10・27法難真相糾明推進委員会の記者会見（1988年11月22日、ソリンホテル）。

924. デモをしている僧侶と仏教青年たち。

925. 10・27法難の糾弾と真相糾明の要請は、1984～85年から表面化した。しかし、この問題が本格化したのは、盧泰愚政権が登場して国会で第5共和国不正調査特別委員会が構成されてからである。当時の仏教界でも、10・27法難の真相糾明と名誉回復を強く主張した。写真は、国防部陸軍会館で開催された「10・27捜査の経緯説明会」の様子。この会議で、仏教を意図的に弾圧しようとしていた事実が明らかになった。

926. 釈尊生誕日の提灯行列に警察が催涙弾を発射したことに対する抗議デモの隊列（1989 年 5 月）。

927. 警察の蛮行を暴露した宣伝広報物。

928. 光州寺庵連合会が主導した、光州円覚寺催涙弾投擲を糾弾する法会の様子（1987 年 5 月 27 日）。当時、警察は、1987 年 5 月 18 日、円覚寺の 5・18 光州英霊追悼法会を武力で鎮圧し、仏教徒の激しい抗議を受けた。

929. 海印寺僧侶たちのデモの様子。当時、彼らは寺院の入り口にバリケードを張って警察と対峙し、李智冠東国大学総長の釈放を要求した。

930. 第 6 共和国法難と呼ばれていた、いわゆる東国大不正入学事件の偏向捜査に対する汎仏教徒大会の様子（1989 年 9 月）。

931. 曹渓寺で開催された、東国大学事件に対する仏教弾圧共同対策委員会の記者会見（1989 年 9 月 4 日）。

932. 開運寺入口で、学院弾圧阻止および仏教自主を勝ち取ることを決意する僧伽大学の僧侶たち（1989 年 9 月）。

933.「慈悲無敵」という仏教の精神のもと、仏教運動の進路を模索している僧侶たち。朴鍾哲君拷問致死真相糾明と民主憲法改正を要求するプラカードが印象深い。

934. 仏教自主化と民主化のために開かれた大会の様子。

935. 民主憲法争奪仏教共同委員会で、良心囚を釈放することを決議している。1987年5月16日、曹渓宗の僧侶746人は「民主化のための私たちの見解」という声明書を通じて、4・13護憲措置の撤回と民主的憲法改正を求めた。

936. 曹渓寺の前で、民主化のための街頭行進をしている僧侶たち。

937. 仏教弾圧阻止と拘束仏子釈放を主張する、僧侶たちの記者会見。

938. 生命解放と人権守護のための仏教徒による座り込みの様子。

939. 良心囚釈放を主張するおばあさんの毅然とした姿。

940. 民族自主·統一仏教運動協議会の行進隊列。

941. 祖国の自主的平和統一のために開かれた南北仏子共同祈願法会の儀式の様子（曹渓寺、1988 年 6 月 15 日）。

942. 自主的平和統一のために開かれた南北仏子共同祈願法会の様子。共同祈願法会が終わった後、参加者たちが庭遊びをしている。

943. 南北仏子共同祈願法会に参加した大衆の行列。

944. 1988 年のソウルオリンピックを南北共同で行って、その余力で南北統一を早めようという懸垂幕。仏教団体として民衆仏教運動連合などが参加した。仏教界では、民族和合共同オリンピック推進仏教本部大会および、汎仏教徒署名運動発足式を東国大講堂で開催したが、浄土具現全国僧伽会などの約 10 の団体が参加した。

945. 5・18 光州事件時に犠牲になった、大仏連（全国大学仏教徒連合会）全南支部長キム・ドンスの墓。

946. 5・18 光州事件の犠牲者の墓地を訪れた僧侶たちの追悼黙祷。

947. 全斗煥元大統領が百潭寺に蟄居すると、これを阻止しようとして抗議する仏教徒たち（1988年12月）。

948. 全斗煥元大統領が百潭寺に蟄居すると、これを阻止しようとする僧侶と仏子が、百潭寺の入り口で警察と対峙した。

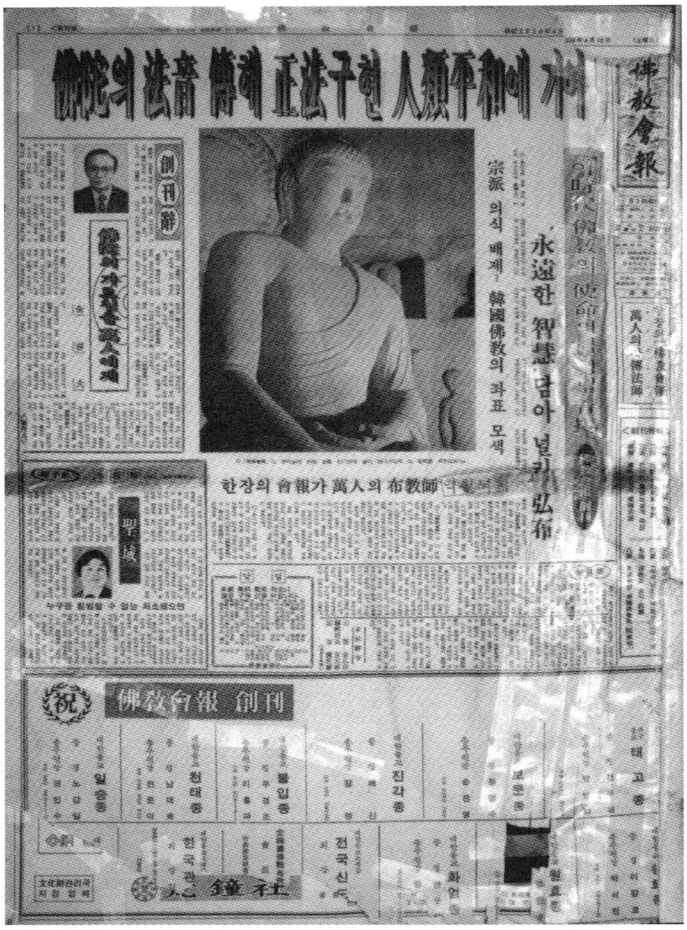

佛教會報

佛陀의 法音 傳해 正法구현 人類平和에 기여

永遠한 智慧 담아 널리 弘布

宗派 의식 배제… 韓國佛教의 좌표 모색

한장의 會報가 萬人의 布教師

聖域

佛教會報 創刊

949.『仏教会報』創刊号（1982 年 4 月 10 日）。釜山大覚寺の財政支援として発行されており、今は誌名が『週刊仏教』に変わっている。

法寶新聞

"새롭게 일어서는 佛教" 구현

轉換의 時代 佛教言論使命 추구

이땅에 獅子吼의 첫章을 열어

宗派의식 배제… 韓國佛教 좌표제시 실천

破邪顯正의 言論紙 되기를…

桐華寺

曹溪寺

大韓佛教曹溪宗

950.『法宝新聞』創刊号（1988 年 5 月 16 日）。仏国寺の仏教の発展と、真の仏教言論を志向するための目的で発行している。

951. 性徹僧侶の力作『禅門正路』。普照国師「知訥」以来、韓国禅の覚りに関する問題は、頓悟漸修思想だった。しかし、性徹僧侶は 1981 年 10 月に発刊した『禅門正路』において、頓悟頓修を主張することで、その後の覚りに関する問題は頓悟漸修と頓悟頓修の論争に発展し、今でも頓漸議論は続いている。

第1號 〈創刊號〉1982年 11月 10日　대 원 회 보　佛紀 2526年 11月 10日

自我를 發見하고
地上에 樂園을
이룩한다.

大圓會報

月 刊：(非賣品)
主 幹：金 空 徹
發行處：大 圓 會
서울용산구후암동 358-17
TEL 754-1613～4

(財團法人 大圓精舍
佛敎會館 創設者
故 張敬浩 선생)

(大圓 佛敎會館 全景)

150565

952. 布教の大衆化に貢献した、大円会議の草創期の会報誌である『大円会報』(1982年11月10日)。円内は、大円精舍創設者である張敬浩先生。

953.『大円』創刊号。『大円会報』が1985年6月号(通巻31号)から内容と形式を革新し、大衆紙として生まれ変わった。その後『大円』は、誌名を『大衆仏教』に変えて発行された。大衆仏教化に多くの役割を果たした『大衆仏教』は98年5月号をもって惜しまれつつ終刊したが、その果たした役割は永遠に残る。

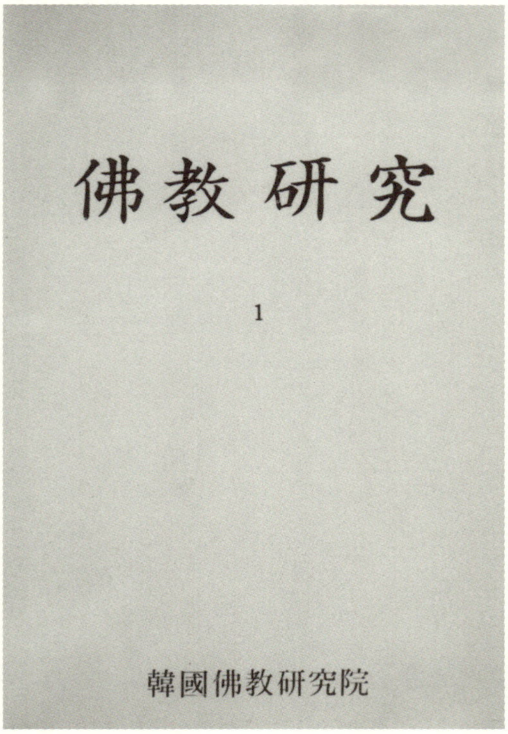

佛教研究

1

韓國佛教研究院

954. 李箕栄が率いた韓国仏教研究院から出版された学術誌『仏教研究』創刊号。1985年8月に創刊され、現在までに16集が刊行された。

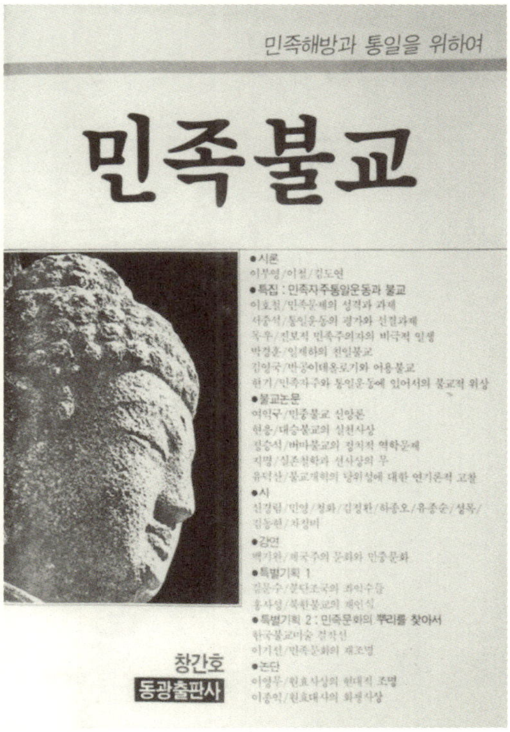

955.『実践仏教』を改題し、1989年から出版された不定期刊行『民族仏教』創刊号。編集者は牧牛だった。

956. 天台宗から出版された雑誌『金剛』創刊号。1985年1月に創刊されたこの雑誌は、全体がカラーで構成されており、仏教文化全般にわたって幅広く手がけた。仏教雑誌としては最高水準だった。廃刊されたが再続刊され、99年12月現在までに179号が発行された。

957. 海印寺で発行した『海印』創刊号（1982年3月）。『海印』は海印寺報の性格だったが、どの寺報雑誌よりも内容と編集などが優れていた。1999年12月までに、214号が発行された。

958. 文書布教院で発行した『法会』創刊準備号（1984年11月）。1988年3月、通巻37号まで発行された。

959. 布教師のための専門誌を標榜して出版された『法会』創刊号（1984年12月）。1984年12月に創刊後は、布教師のための専門誌として多くの役割を果たした。88年3月、37号で終刊。

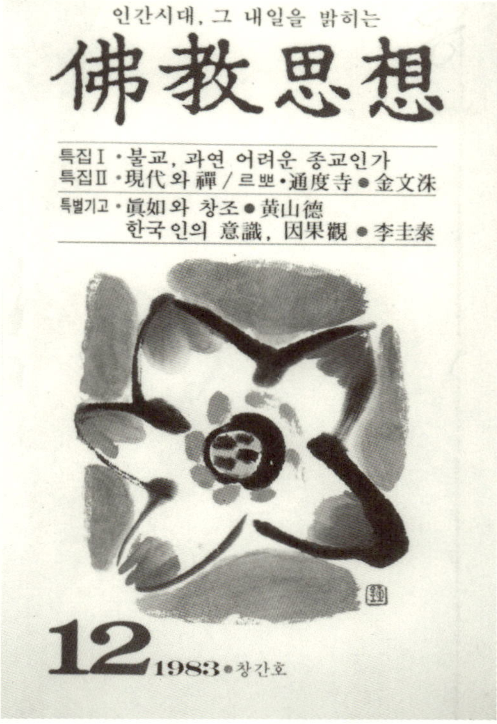

960. 人間時代、その明日を灯すという趣旨で出版された『仏教思想』創刊号。『仏教思想』は、当時としては優れた仏教雑誌として1983年12月に創刊され、87年2月、37号で終刊。

961. 南芝心の長編小説『優曇婆羅』(1988年5月)。仏教を題材にした小説として、当時のベストセラーになった。

962.『仏教文学』創刊号。専門文学誌を標榜しながら1988年3月に創刊されたこの雑誌は、この年の12月、4号で終刊。

963. 中央僧伽大学の学報誌『僧伽』創刊号。1984年4月に創刊され、99年までに16号が発行された。

1990 年代

1990年代

1980年代から本格化した仏教改革の動きは、仏教界の中心に位置した。しかし、宗団を主導する僧侶たちの意識にまで波及されていなかったのは、封建的な体質の残滓というべきものであった。当時、李性徹僧侶と崔月山僧侶を宗正に推戴しようとする梵魚門中と徳崇門中の葛藤は、その断面と言ってよいだろう。この葛藤で、結局、宗正を選べず、釈尊生誕日に宗正法語もできない状況が現れた。

その葛藤は海印寺・通度寺で自派中心の僧侶大会として続いており、さらには個々の総務院の分立に至った。このように宗団内部の矛盾は固定化されたが、漆黒の暗闇の中でその解決を模索するための動きとして登場したのが善友道場と実践僧伽会であった。善友道場は正しい像の確立を掲げて設立され、実践僧伽会は実践指向の仏教運動を自認して発足した。善友道場は、僧伽内部の矛盾の清算と志向点を樹立するための多角的な検討を重ねた。実践僧伽会は、宗団改革のための宗会議員の直接選挙制と兼職禁止の解決を優先的に掲げた。こうした新たな歩みは、当時の仏教界の注目を浴びるのに十分だった。

しかし、当時の宗団は権力との癒着、反民主的な宗団行政の実施など、教団改革を念願する宗徒たちの志に背いていた。さらに大統領選挙に際しては、特定の候補者を支持する形態が露骨化していた。これは、前の海印寺僧侶大会で批判されていたことの繰り返しに過ぎない。

ついに教団路線と宗団改革を志向していた路線が一大衝突する事件が起きたが、それを触発したのは徐義玄・総務院長の3選強行であった。これにより改革志向の団体などは、宗団改革に乗り出す汎僧伽宗団改革推進委員会（汎宗推）の結成につながった。事態は、公権力を背景にした既存の執行部と宗団改革を熱望している仏教徒たちの後援を受けた汎宗推が、曹渓寺で一大激突することで展開された。これにより宗団は麻痺し、仏教と宗団改革を要求する多数の声がこだました。その渦中で公権力が介入することになり、これを批判した多くの仏教徒たちの激しい反発の声がすぐに上がった。

結局、事態は、曹渓寺での4・10全国僧侶大会を起点に従来の執行部が退陣し、改革会議と改革宗団が登場することになった。この過程で、過去の矛盾と腐敗を正そうと制度改革が断行され、改革の正当性が明らかになってその旗を上げることができた。

しかし、改革の実践のための歩みには少なくない問題点が登場した。それは、貧弱な自主意識と省察意識の欠如に要約できるもので、この問題は1998年の宗団事件として表面化した。宋月珠総務院長の3選問題に端を発したこの事態は、自称「浄化改革会議」と既存の執行部と宗会との激しい対決となった。そして、暴力、総務院庁舎占拠、さらには、それぞれの正当性を確保するための僧侶大会の開催につながっていった。さらに問題視されたのは、世法にその解決を依頼した反自主性であった。その結果、浄化改革会議側が道徳的な打撃を受け、公権力による庁舎進入で事態が収拾されたのである。このことは教団と僧侶のアイデンティティの見直しが急務だと悟らせることになり、宗団改革がいかに難しいかを改めて痛感させることになった。

曹渓宗事件を経験した後、宗団は初発心回復運動を展開するが、はたしてその効果については疑問視されている点が相当あった。そのような批判から出てきたのかは断定できないが、99年10月に再演された曹渓宗事件は、仏教徒たちの胸に悔恨を残すのに十分であった。したがって、宗団改革が至難の技であることを痛感させながら、仏教自主化への熱望とそれを達成する教団革新が、より中心課題として浮上した。

964. 通度寺の僧侶大会（1991 年 9 月 26 日）。江南総務院を登場させた僧侶大会で、教団が江北地域と江南地域に再び両分された。通度寺の僧侶大会では、全国の僧侶や信徒約 600 名が参加したが、従来の執行部の退陣、中央宗会解散、宗団改革の実施、仏教の自主化、権益守護などを決議したものの、名分があまり立たなかった。

965. 4・19 記念塔。4・19 革命の精神を継承するための儀式を行う僧侶たち。

966. 統一念願の 8・15 記念仏教文化公演。

967. 仏教人権委員会設立法会の様子（1990 年 11 月 20 日）。

968. 12·12（1979年12月12日の軍事クーデタ）と5·18（80年5月18日の光州事件）の真相究明を要求する僧侶たちの記者会見。

969. 民族共助を主張する宗教人たちの行進隊列。1990年代に入って仏教界は、社会・民族問題に大きな関心を持つようになり、人権・環境・経済正義実践などの問題解決にも乗り出すようなった。

970. 労働法・安全企画部法の強行採決についての抗議および、民主守護のための時局法会の垂れ幕を掲げている僧侶たち（1997年1月）。

971. 善友道場の修練結社で基調講演をする休庵僧侶。韓国仏教の諸問題点を結社と修行の精神で克服するために登場した善友道場は、1990年11月14日、修徳寺で創立された。

972. 5・18（光州事件）特別法制定のための署名を集めている実践仏教僧伽会の僧侶たち。

973. 教区本寺の役割と課題について行われた第13回修練結社で、善友道場共同代表（道法）が挨拶している。

974. 1992年10月に設立された実践仏教僧伽会の街頭行進。実践僧伽会は仏教僧伽運動の単一隊伍を追求し、教団改革と社会問題に積極的に活動した。

975. 17 個の僧伽・在家団体が参加した全国仏教運動連合。「全仏連」という旗の下に市街行進をしている。

한국불교의 새로운 희망

전국불교운동연합

창 립 대 회

● 일시 : 불기2537년 7월 31일(토) 늦은 3시
● 장소 : 조계사 문화교육관 1층 강당
● 주최 : 전국불교운동연합 창립준비위원회

976. 全国仏教運動連合が 1993 年 7 月 31 日の創立式の当時に活用した大会文書。

977. 仏教自主および民族統一のための市民運動を標榜した、全国仏教運動連合の 10・27 法難真相究明のための記者会見。

978. コメ開放阻止のために運動を展開している僧侶たち（1993 年 12 月）。

979. 1994年の教団改革のきっかけになった、尚武台不正真相究明と徐義玄総務院長の3選反対のための救宗法会（パゴダ公園）。

980. 汎僧伽宗団改革推進会（略称：汎宗推）の発足式（1994年3月23日）。汎宗進はそれ以後、教団の改革を叫びながら徐義玄総務院長体制を倒し、新たな改革会議を発足させた。

981. 宗団改革を推進するための決意を固めている、汎宗推の救宗法会（曹溪寺）。宗団改革のため、この法会を契機に徐義玄総務院長体制が崩壊して「改革会議」が発足し、選挙によって宋月珠総務院長体制が誕生した。

982. 1994年3月、徐義玄総務院長の3選反対で生じた仏教界（曹渓宗）の紛争が露骨になると、知識人300人の宣言が発表された（1994年4月5日）。

983. 1994年、仏教界の紛争に対して宗団改革を要求する教授宣言の記者会見の様子。

984. 1994年4月10日、徐義玄の3選を巡って当時の金泳三政府が公権力を介入したため、責任者である大統領の謝罪と崔炯宇内務部長官の解任を要求する横断幕。

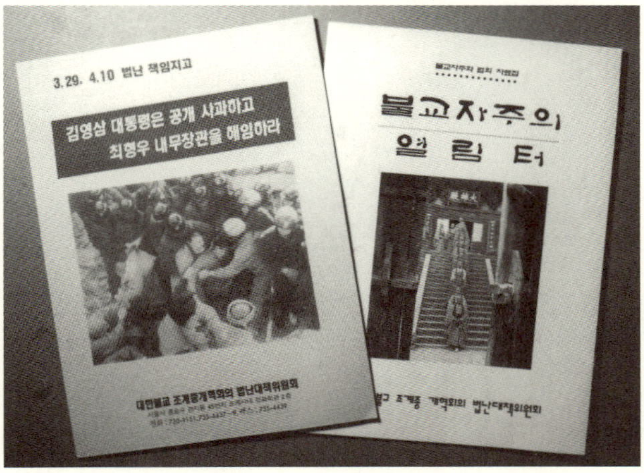

985. 1994年4月10日、公権力が介入すると、これを法難と規定して仏教者自主化を主張し、不当な公権力を糾弾する文書。

986. 上記の仏教弾圧に対する公権力を糾弾する、100万人署名運動に使用されたパンフレット。

987. 曹渓寺で開催された全国僧侶大会の様子（1994年4月10日）。仏教自主化と教団改革という大きなうねりを提示した。徐義玄総務院長体制が崩壊して、新しい改革宗団が登場した瞬間である。

988. 僧侶大会を諷刺する挿画（『ハンギョレ新聞』、1994年4月10日）。

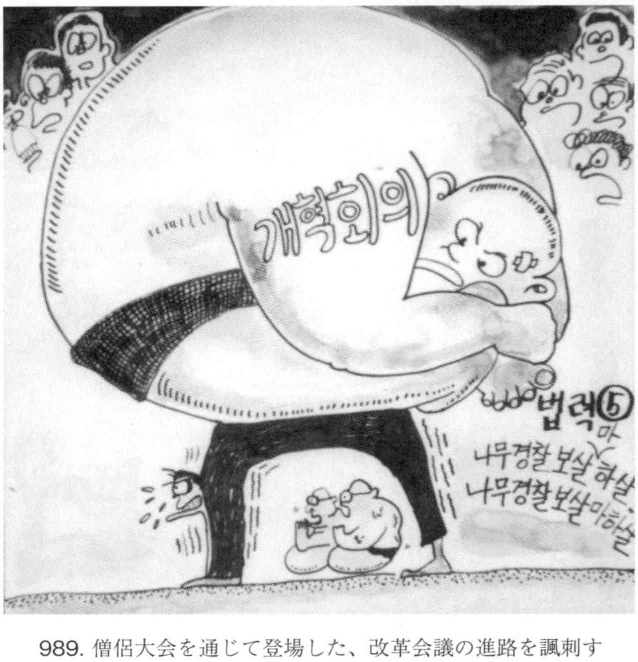

989. 僧侶大会を通じて登場した、改革会議の進路を諷刺する挿画（『ハンギョレ新聞』、1994年4月12日）。

990. 僧侶と信徒たちが宗団非常事態に際して開催した汎仏教徒大会（1994年4月13日）。既存宗会の権利を臨時の改革執行部の改革会議に移譲することを決意した。

991. 曹渓宗改革会議の懸板式。改革会議は徐義玄体制を崩し、宗団の諸問題を改革する新たな課題を抱えて出発した。

992. 改革会議が改革の対象と内容などを提示した指針書。

993. 汎宗推で主導した宗団改革の大討論会の発表文と宗団改革の内容を要約した文書。

994. 教育院の懸板式（1995年1月13日）。宗団改革が成し遂げられる基礎は教育にあることを内外に表明した意味が込められている教育院の登場。

995. 実相寺に設立された華厳学林（1995年6月20日）。

996. 第1回教育院会議の様子（1995年1月25日）。

997. 海印寺弘済庵で開かれた僧侶の基本的な教育のためのセミナー（1995年7月5〜6日）。

998. 正規大学に昇格された中央僧伽大学校の懸板式の場面（1996 年 12 月 27 日）。その後、中央僧伽大は第 2 の開校と言われる金浦市学舎の移転のための工事を推進した。現在、工事はかなり進んでいるが、多くの困難が山積している。教育の大事さはいつも強調されてきたが、実際の教育に対する支援は疎かなのが仏教教育の現状である。

999. 中央僧伽大学校懸板式直後、記念撮影をしている教学界の長老たち。

1000. 第 1 期行者教育院開院記念。任にあたる僧侶と行者たち（後列）。体系的で統一的な行者教育の指標を設定したという点で、非常に肯定的な評価を受けている。しかし、より恒久的な行者教育道場の必要性が切望されている。

1001. 仏教放送局の歴史的な開局式の様子（1990年5月1日)。仏教放送の開局は、電波媒体を通じた仏教布教という側面で、大きな歴史的意味を持っている。

1002.「円覚寺を再び起こそう」と訴える広報物。このことから、全国の寺院の文化財に対する警戒心が大きく呼び起こされ、聖宝博物館の建設が自然に浮上した。

1003. 韓龍雲が生活していた尋牛荘で追悼法会をする僧侶たちと講義する高銀先生。

1004. 環境問題に積極的に対処するために開催された、全国本末寺住職決意大会（1996 年 11 月 22 日）。

1005. 本寺住職と教界中堅僧侶の研修会（直指寺、1995 年 2 月）。改革宗団は行者教育だけでなく、既存の僧侶たちの教育にも留意した。

1006. 直轄寺庵住職研修会（新興寺、1995 年 6 月 7 ～ 9 日）。

1007.「澄んで香り豊かに」の運動本部から配布されたステッカー。

1008.「澄んで香り豊かに」運動の宣伝物。この運動は1993年8月、法頂僧侶により始められて、翌年から仏教放送局と共同で推進された。

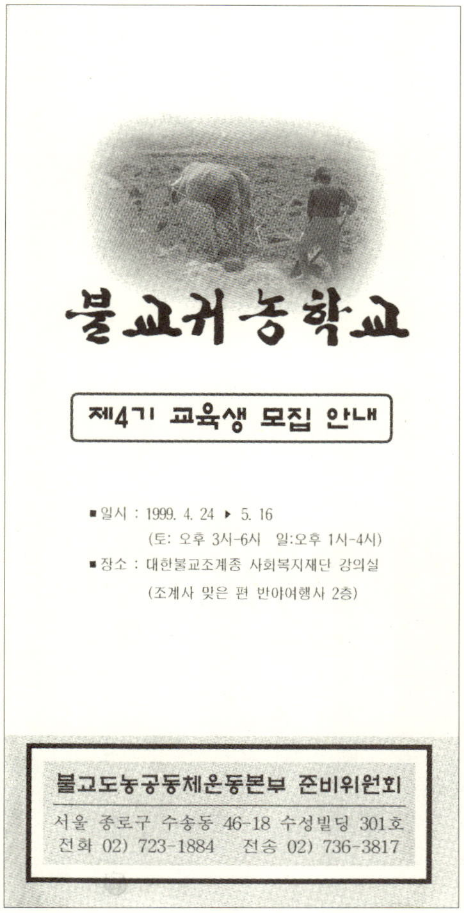

1009. 仏教帰農学校教育生募集の案内文書。仏教の生命尊重思想の下で開始され、産業と文明社会の自然破壊が激しくなることで、生命と農業に対する関心が高まっている。

1010. 仏教帰農学校の実習場である実相寺農場案内の立看板。

1011. コメ開放を阻止するため、デモの隊列に参加した僧侶たちと仏教徒。

1012. 仏教の六和精神を広く知ってもらうための大会。

1013. 監獄体験現場に参加した明真僧侶。

1014. 菩提樹の村の開院法会。僧侶たちの老後の福祉だけでなく、仏子の福祉に対する仏教の関心が要求されている。

1015. 北朝鮮の同胞の命を救う平和大行進。

1016.「お坊さん、民族医学を助けてください」。漢方学を民族医学として認められるように協力・要請している漢方医学部の学生の親たち。

1017. 伽耶山ゴルフ場建設に反対する僧侶たち。

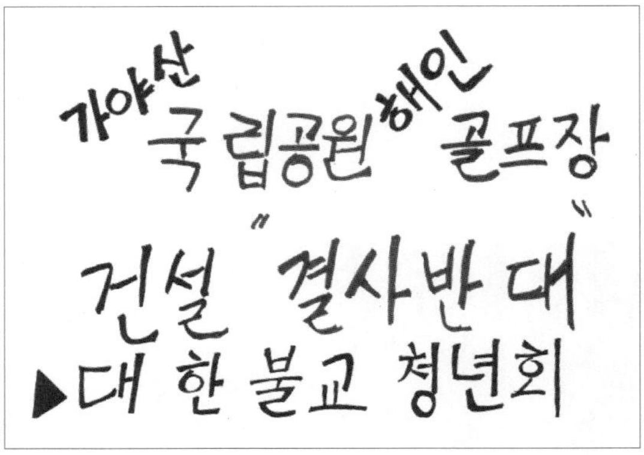

1018. 伽耶山ゴルフ場建設に反対する大韓仏教青年会の文言。

1019. 伽耶山ゴルフ場建設反対を主張するデモ隊。

1020. 講院学人僧侶たちの寺院環境保全キャンペーン。

1021. 火炎に包まれた曹渓宗総務院庁舎。この恥ずかしい歴史をどのように懺悔するのか？　1998年10月、総務院長選挙を巡って行われた曹渓宗の内紛は、浄化改革会議（月憚僧侶側）の総務院庁舎占拠と従来の執行部の間での激しい攻防として展開された。しかし、浄化改革会議側の総務院建物の占拠は不法だという裁判所の仮処分決定で一段落し、選挙を経て総務院長に呉杲山僧侶が当選し、新しい執行部を発足させた。

1022. 尹月下宗正が主導した浄化改革会議は、当時、宋月珠総務院長の3選出馬が宗憲宗法に反するという理由で結集された。写真は、浄化改革会議の懸板式（1998年11月26日）。

대한불교
조 계 종
정화개혁회의보
호외

불법승려대회 폭력으로 끝나

5백여명 동원 6차선 도로 점거, 극단적 폭력 넘어 대웅전 방화

총탄자국 9군데 발견돼

총무원 청사 5층, 경찰 현장검증 결과

종정도 원로도 필요없는 승려대회

두명의 원로의원만 참가, 종단화합 깨뜨려

혜암·탄성스님 두번째 '종정불신임' 주도

1023.『浄化改革会議報』号外。浄化改革会議のこの号外は、宗憲と宗会を固守する執行部の僧侶たちが推進し、開催した僧侶大会（1998年11月30日）を批判している文書。

1024. 約 1,500 名の僧侶たちが参加した全国の僧侶大会（1998 年 11 月 30 日）。終戦後に数多く開催された僧侶大会があり、何がどのような僧侶大会なのか、理由と名分は何か、深刻な混同を引き起こしている。宗憲・宗法守護を掲げて従来の執行部を支持していた僧侶たちは、浄化改革会議が総務院庁舎を占拠したため、宗務行政と宗統に混乱をもたらしたと判断して、それを克服するための全国僧侶大会を開催した。僧侶大会を推進した勢力は、その勢いに乗って総務院庁舎接収に乗り出したが、浄化改革会議の頑強な抵抗で庁舎の接収は失敗した。その過程で双方は暴力が横行する戦地に落ちたようであり、当時発生した曹渓寺大雄殿の放火は、仏子と一般人の胸に大きな傷をつけることになった。これにより、仏教界の地位は再び墜落した。

1025. 全国僧侶大会から配布された会報。

1026. 僧侶大会奉行委員会で、僧侶大会の諸内容を盛り込んで作った宣伝物。

1027. 光化門の地下道の入り口で開催された、宗憲･宗法守護と公権力糾弾のための汎仏教徒大会（1998 年 12 月 6 日）。従来の執行部の僧侶たちが、浄化改革会議を糾弾するために開催した。

1028. 宗団の安定と改革のために開催された、汎仏教連帯会議の発足式と討論会の様子（東国大学、1998 年 12 月 16 日）。

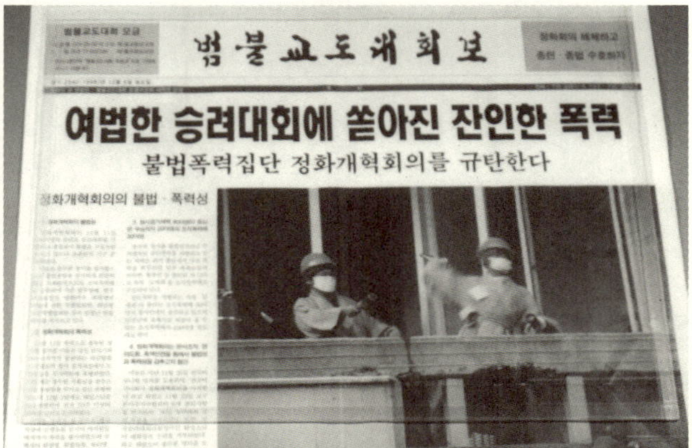
범불교도대회보

여법한 승려대회에 쏟아진 잔인한 폭력

불법폭력집단 정화개혁회의를 규탄한다

정화개혁회의의 불법 · 폭력성

1029.『汎仏教徒大会報』。

1030. 総務院庁舎に突入する直前の警察。従来の執行部は宗憲・宗法守護という名分を活用しながら、「浄化改革会議の総務院占拠は違法」という趣旨で裁判所に判断を求めた。その結果、裁判所によって「浄化改革会議の総務院庁舎占拠は不法」という仮処分が出された。このため公権力は、裁判所の判決執行のために総務院庁舎を強制排除し、従来の宗団の執行部に引き継がせた。

1031. 浄化改革会議退去強制執行のため、庁舎に突入している執行官と警察（1998 年 12 月 23 日）。裁判所は判決の執行のために総務院庁舎を空けてくれるよう浄化改革会議に要請したが、浄化改革会議側はこれを一蹴した。理由がどうであれ、仏教内部の問題を俗世の法律に依存しているという批判は免れることができないだろう。

조계사 농성 강제해산

경찰 6천명 들어가

승려·신도등 88명 연행

분규 43일만에…「정화개혁」측 격렬저항

1032. 曹渓寺の座り込みの強制排除について伝えた記事の見出し。

◇사다리車서 추락 23일 오전 정화개혁회의측 승려들이 점거중이던 조계사 총무원 건물에 대한 퇴거집행에 나선 경찰이 고가 사다리를 타고 진입하던중 사다리가 뒤틀리면서 떨어지고 있다.

1033. 総務院庁舎で墜落した警官。総務院庁舎を占拠している浄化改革会議側僧侶たちの退去執行に乗り出した警察が、梯子に乗って進入中に墜落する様子(1998年11月23日)。この写真はAP通信によって、20世紀の記念碑的な写真に選ばれた。再び仏教界では、こうしたことを発生させてはならないだろう。合掌!

1034. 1998年、曹渓宗紛糾時に仏教信徒たちが僧侶たちに暴力的な対立を停止し、清浄な修行者に戻ることを要求するプラカードによるデモの様子（1998年11月16日、奉恩寺の正門）。

1035.「仏教の立て直し」を目標に設立された汎仏教在家連帯の旗。僧侶たちが正しい行いさえすれば、これらの旗は登場することもないだろう。

조계종 1998년12월5일

정화 개혁 회의

- 월하 종정
- 월탄 상임위원장
- 현호 개혁회의 부의장
- 성문 동화사부주지
- 정우 구룡사주지
- 서의현파
- 통도사
- 은해사
- 동화사
- 중앙승가대 일부

총무원청사

11월11일 월탄 후보측이
종정 교시를 내세워 점거.
현재 100~150명 상주

충돌3차례

- 11월11일 청사점거
- 11월19일 탈환실패
- 11월30일 탈환실패
- 20여명 부상

1,200여명 운집

전국승려대회

- 혜암 원로회의 의장
- 범등 중앙종회의장
- 도법 총무원장권한대행
- 지선 백양사주지
- 전국비구니회
- 전통강원연합
- 실천승가회
- 16개교구본사 주지
- 석림회
- 선우도량
- 우리는 선우

안타까운 신도

- 신자수 1천32만여명
- 사찰수 2,500여개

1036. 1998年11～12月頃の曹渓宗紛糾状況をグラフィカルにまとめ報道した『朝鮮日報』記事（1998年12年5月）。

1037. 教区本寺住職懇談会に参席した総務院と宗会の代表たち（1998 年 12 月 15 日）。従来の執行部と友好的な立場を堅持していた本寺住職たちと総務院・宗会側の僧侶たちが、仏教界の安定と紛糾解決を模索する会議。

- 불교 바로서기를 염원하는 -

지성인 461인 선언

불교가 중생구제와 사회완성의 종교로 바로서기 위해서는 사부대중 모두의 철저한 역사적 반성과 부처님 가르침의 대승적 실천을 통해서만이 가능하다. 그러나 이 땅의 불교는 부처님 가르침을 바르게 지키고 바르게 펴는 어엿한 모습의 불교로 서지 못하고 있는 안타까운 실정이다. 특히 조계종 종권의 쟁취를 목표로 일부 권승들에 의해 저질러지는 폭력사태의 악순환은 재가불자들에게 배신감을 안겨주었을 뿐만 아니라, 그로 인해 한국불교의 위상은 여지없이 무너지고 있다.

이대로는 안된다. 승가는 달라져야 하고, 불교는 새롭게 다시 태어나야 한다. 가르침 따로, 행 따로라면 그 가르침이나 종교는 이미 개인이나 사회를 이끌어 갈 힘이 없는 죽은 가르침이며 종교이다. 해방 이후 종권다툼으로 얼룩진 불교 현대사 악순환의 고리는 바로 지금 과감히 끊어버려야 한다.

이에 우리 재가불자들은 사부대중의 일원으로 크게 부끄러움을 느끼며 참회 정진함과 동시에, 종단질서와 불교위상의 조속한 회복을 간절히 염원하면서 다음과 같이 그 뜻을 밝힌다.

一. 승가대중은 수행과 교화 본연의 임무에 전심전력함으로써 국민과 재가불자의 신뢰를 회복하는 데 화합 정진하라.

一. 종권에 집착한 일부 소수 권승들은 작금의 사태에 대해 공동책임을 지고 뼈를 깎는 참회와 무소유의 출가정신으로 돌아가 대중공의와 종헌종법에 의거하여 금번 사태를 조속히 원만 수습하라.

一. 폭력은 반불교적 행위이다. 폭력을 묵인, 방조, 비호, 이용하는 그 누구도 불교를 와해시키는 세력으로 규정할 것이며, 따라서 우리 재가불자들은 폭력과 관련된 파계승에 대해 승보로서 공경하기를 단호히 거부한다.

一. 종권을 둘러싼 폭력의 악순환이 되풀이되며 재정이 불투명하고 비합리적으로 운영됨으로써 승가 자체의 자정능력에 더 이상 기대할 수 없다고 판단될 때에는, 우리 재가불자들은 정법을 받들어 불교를 바로 세우는 데 구체적인 행동에 나설 것을 천명한다.

불기 2542(1998)년 11월 25일

서명동참 재가불자 일동

▶ '지성인 461인 선언' 동참자 명단

학 계 강광식외 221명 / 법 조 계 고영준외 40명 / 언론출판계 강신철외 22명

문 인 강옥구외 12명 / 문화예술계 강장원외 34명 / 의 료 계 강만춘외 29명

법사단 고우익외 40명 / 교 육 계 강영철외 43명 / 사회활동가 강인성외 20명

1038. 仏教の立直しを念願する知識人 461 人の宣言書（1998 年 11 月 25 日）。従来の執行部と浄化改革会議の対立でふくらんだ仏教界の紛争を解決しようとする知識人の意思表示である。

현 조계종단 사태에 대한 재가의 입장

- 종단의 질서 회복과 한국불교 개혁을 위한 서명운동을 추진하며

승가의 제일 덕목은 화합이고, 부처님의 근본정신은 지혜와 자비 정신일진데 작금 종단의 잇따른 분열과 폭력사태는 종도의 가슴에 지울 수 없는 상처를 남겼을 뿐만 아니라 종단의 존립을 위협하는 절대절명의 상황으로 치닫게 하고 있다. 이로 인해 국민대중은 두려움과 고통에 허덕이며 종단과 승가에 극도의 불신감을 나타내고 있다.

이처럼 놀랍고 충격적인 사태를 맞아 우리 재가불자들은 이제 더 이상의 침묵과 방관에서 떨쳐 일어나 불퇴전의 신심과 애종심으로 자신을 추스리며 종단 질서의 회복과 승가의 화합을 위해 破邪顯正의 기치로 正法을 받들고 승가의 화합을 촉구하며 종단질서를 회복하는 대정진의 길로 용맹정진하여 나갈 것을 서원하며 다음과 같이 천명하고자 한다.

一. 우리는 부처님의 자비정신에 위배되는 그 어떤 폭력 행위도 받아들일 수 없다. 총무원 청사를 불법적으로 점거하여 종단사태를 극도로 악화시킨 정화개혁회의는 즉각 청사에서 물러나고 해산해야 할 것이다. 또한 대중적 공의 없는 폭력적 청사 회복 방식도 반대한다.

一. 원로대덕, 선원 수좌, 본 · 말사 주지, 승가대학의 학인 대중에 이르기까지 모든 승가대중은 합심협력하여 大衆公議에 입각하여 조속히 사태를 수습할 것을 촉구한다.

一. 종단의 사태가 조속히 해결되지 않을 시 가까운 시일 안에 재가대중이 한마음 한뜻으로 결집하여 〈재가정진법회〉를 개최하고 문제 해결의 원력을 드높여 나가자.

一. 무소유와 대중공의의 원칙을 존중하고 수행과 교화에 정진하시는 스님들을 적극 공양, 예경, 후원하고, 폭력과 도박, 비리에 연루된 파계승들을 전국의 불자들에게 공개하고 예참, 청법, 공양하지 않는 운동을 벌여 나가자.

一. 종단과 사찰 운영을 투명화하고 재가 전문가의 참여를 확대하여 삼보정재의 남용을 막고 사부대중 공의에 입각한 종단과 사찰 운영이 되게 하여 종단분규를 근원적으로 해소하자.

불기 2542(1998)년 11월 25일

범재가비상대책회의 02)723-9811

▶ 참가단체

전국 교사불자회 / 대불련 총동문회 / 우리는 선우 / 자비의 전화 / 보리 방송모니터회 / 사)삼보법회 / 조계종 원우회 / 대불청 서울지구 · 경기지구 / 금강정사 신도회 / 수원포교당 신도회 / 석왕사 신도회 / 봉은사 신도회

▶ 1080인 서명자 현황(가나다순)

개운사 4명, 경기불교대 16명, 공주신원사 1명, 구룡사 1명, 금강정사신도회 104명, 금강정사청년회 53명, 금산사 5명, 길상사청년회 1명, 노적사 9명, 대각사청년회 16명, 대구정법회거사림 1명, 대불련총동문회 1명, 대전불교대학 9명, 동국대불교대학 1명, 동산반야회 30명, 만해불교대학 4명, 방생선원 4명, 법주사불교대학 2명, 보현불교대학 5명, 보현회관 6명, 봉선사 6명, 봉은사 206명, 대한불교삼보회1명, 파라미타 청소년연합회(사) 103명, 파라미타교사(사) 3명, 삼원사 5명, 서울지구 소리바라기 9명, 석왕사 64명, 수덕사 1명, 수원포교당 8명, 신흥사 1명, 용화사 2명, 원우회 70명, 이화여고 9명, 우리는선우 240명, 전국교사불자회 40명, 전국교사불자회 전북지부 1명, 정혜사 4명, 종단협의회 1명, 청량사청년회 7명, 청주용화사 3명, 사)파라미타 1명, 파주보광사 10명, 한국 스카웃불교지도자회 2명, 한국관음회 1명, 향림사 57명, 화계사 19명

1039. 曹渓宗団事件に対する汎在家非常対策会議の表明（1998 年 11 月 25 日）。在家仏子たちの宗団紛糾に対する立場を明らかにした声明書である。

1040. 1998年末、かんばしくない宗団事件を経験した総務院が標榜した懺悔文書「初発心で」。果たしてどのくらい多くの僧侶たちが初発心に戻ったのか、私たちには詳細な統計情報を見ることができないのがもどかしいだけだ。

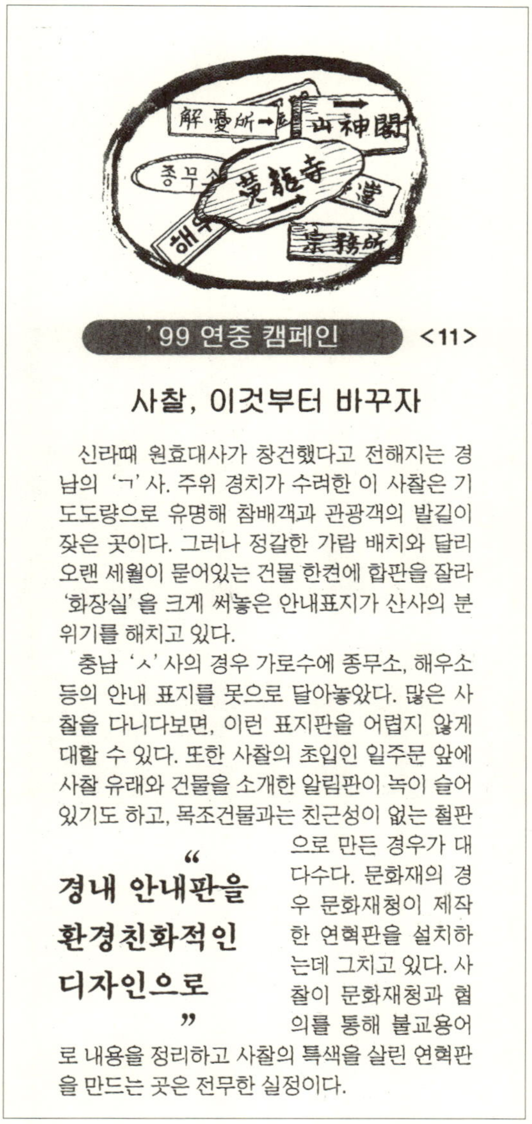

'99 연중 캠페인 <11>

사찰, 이것부터 바꾸자

신라때 원효대사가 창건했다고 전해지는 경남의 'ㄱ'사. 주위 경치가 수려한 이 사찰은 기도도량으로 유명해 참배객과 관광객의 발길이 잦은 곳이다. 그러나 정갈한 가람 배치와 달리 오랜 세월이 묻어있는 건물 한켠에 합판을 잘라 '화장실'을 크게 써놓은 안내표지가 산사의 분위기를 해치고 있다.

충남 'ㅅ'사의 경우 가로수에 종무소, 해우소 등의 안내 표지를 못으로 달아놓았다. 많은 사찰을 다니다보면, 이런 표지판을 어렵지 않게 대할 수 있다. 또한 사찰의 초입인 일주문 앞에 사찰 유래와 건물을 소개한 알림판이 녹이 슬어 있기도 하고, 목조건물과는 친근성이 없는 철판으로 만든 경우가 대다수다. 문화재의 경우 문화재청이 제작한 연혁판을 설치하는데 그치고 있다. 사찰이 문화재청과 협의를 통해 불교용어로 내용을 정리하고 사찰의 특색을 살린 연혁판을 만드는 곳은 전무한 실정이다.

"경내 안내판을 환경친화적인 디자인으로"

1041.『仏教新聞』年間キャンペーン。宗団内紛を見守った仏教言論たちはそれぞれ仏教界が懺悔し、改善すべき点を見つけ出し、これらを重点的に報道した。

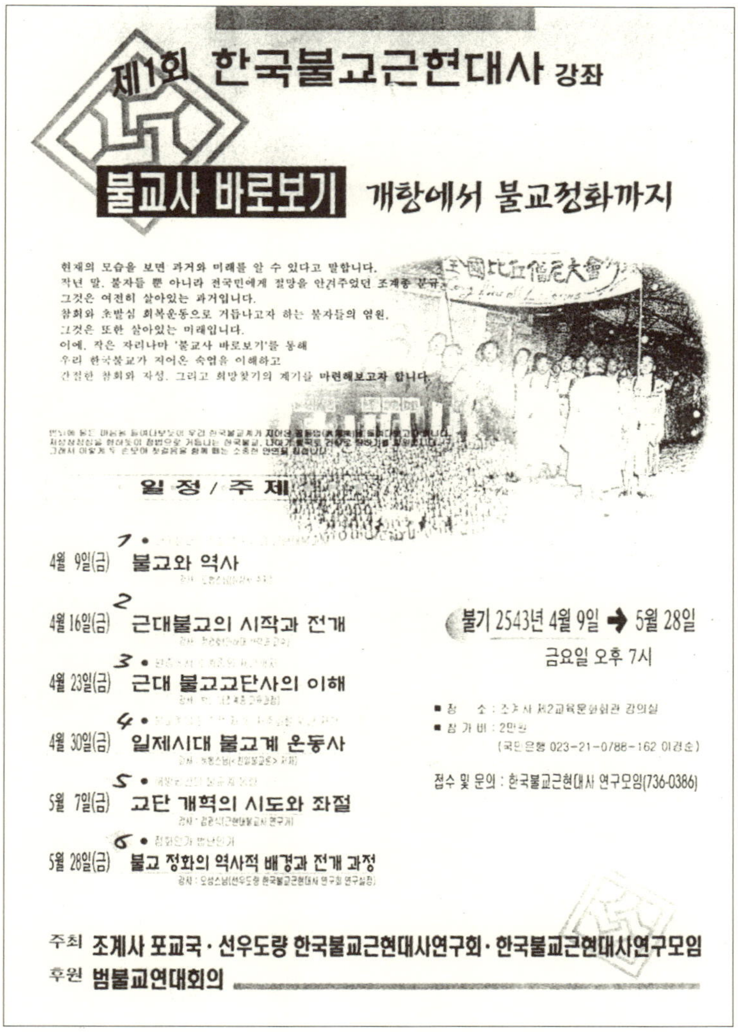

1042. 第1回韓国仏教近現代史講座の宣伝文書（1999年4月）。宗団事件を経験した直後に仏教界では、近現代仏教史を正しく知らなければならないという認識が広まっていた。

1043. 北朝鮮を訪問し、金剛山神渓寺跡で統一祈願塔回りをしている各宗団代表級僧侶たち（1999 年 6 月）。

1044. 情報化社会の仏教大衆化に貢献した、曹渓宗の総合情報網「達磨ネット」の広報物。

1045. 南北統一を祈願する、南北仏教徒合同法会記念撮影（普賢寺、1999 年 6 月 12 日）。

1046. 輪を回して遊ぶ子どもたち国土巡礼団による行事の様子。未来の主役である子どもたちに、仏教の真の姿をどのように伝えるのだろうか？

1047. 比丘尼の修行先である石南寺前に遊興施設が入ることに抗議するため、全国の比丘尼約 500 名が、工事予定地でデモを行った（1999 年 7 月 6 日）。寺院や僧侶の修行を破壊する、いわゆる環境破壊はますます増える見通しだ。

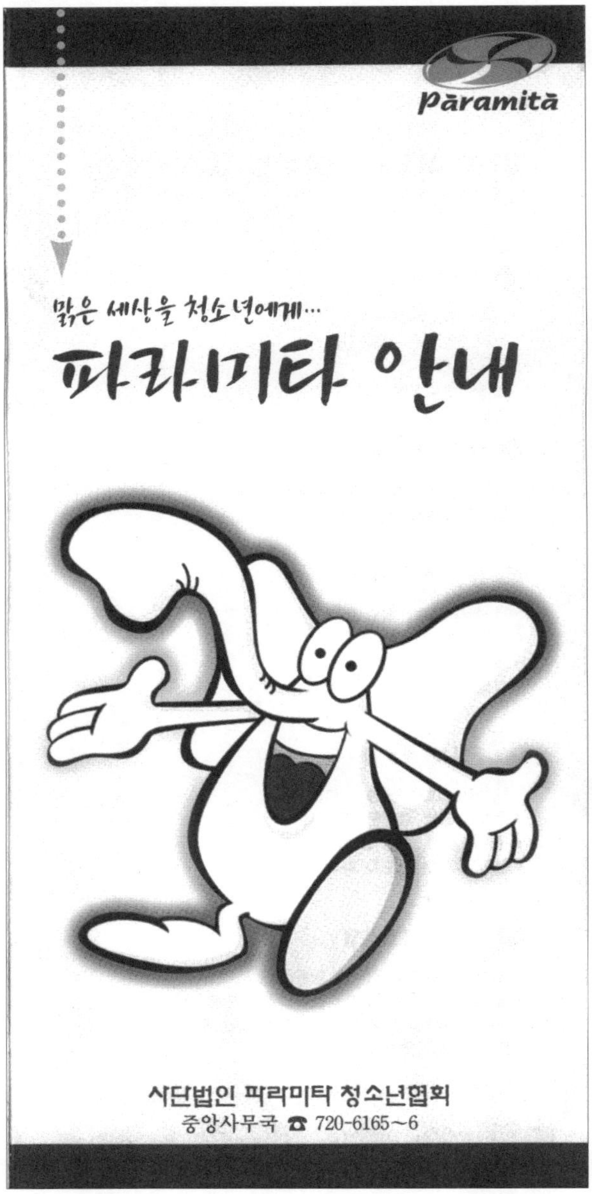

1048.「パーラミター。青少年協会」で青少年に「波羅蜜多」を紹介して、同時に仏教の真理を普及しようとする広報物。

1049. 曹渓宗に信徒の登録を案内する文書。

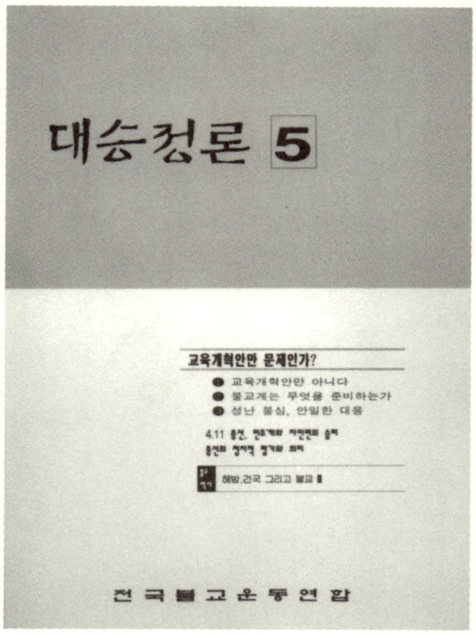

1050. 全国仏教運動連合の機関誌『大乗正論』。

1051. 修行結社団体である善友道場の機関誌『善友道場』創刊号（1991 年 8 月）。『善友道場』は現在までに 13 号が発刊された。

1052. 韓国大学生仏教連合会の機関誌『大仏連』創刊号。

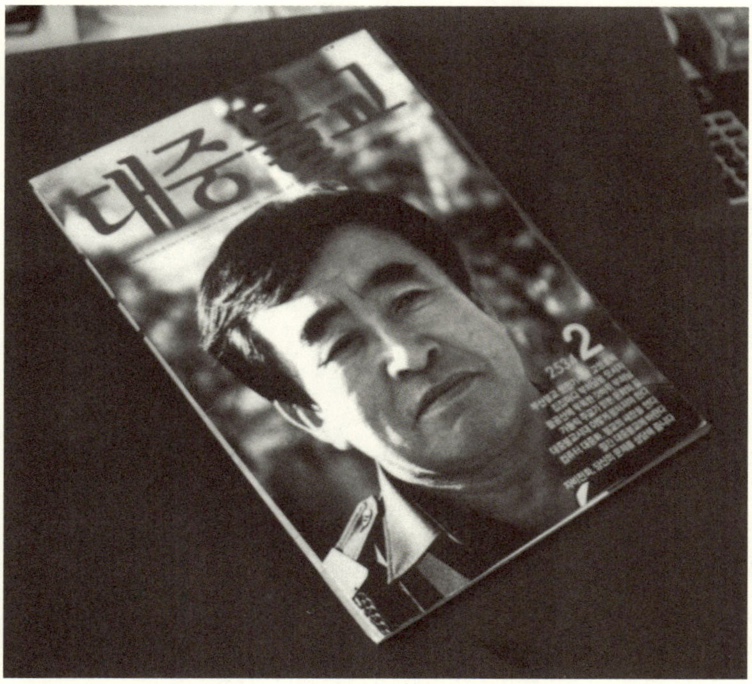

1053.『大衆仏教』創刊号。既存の『大円』が 1990 年 2 月から『大衆仏教』（通巻 87 号）に変わり、発行された。仏教大衆化に多くの役割を担った『大衆仏教』は 98 年 5 月号で終刊したが、その功績は永遠に残る。

1054. 実践仏教僧伽会で発行している『話頭と実践』の創刊号。

제1호

현대불교

THE HYUNDAE BULKYO

불기 2538년(서기 1994년) 10월 15일

불교의 생활화·현대화·세계화

한 번 시공으로 만년을 보장하는 대원 청동주물기와 전화 : (02) 739 - 8745 · 735 - 2344

55세부터의 월급, 국민은행에서 드리겠습니다. 국민은행 개인 연금 신탁 가입문의 : 080 - 023 - 4000

불심모아 청정국토 가꾼다

본사·5개 불교단체 그린스카우트 가입

환경 파수꾼 선언··· 개선활동 지속전개

총무원장 11월 22일 선출

조계종「개혁」마무리 일정 확정

들리는가, 시공을 넘는 비로봉의 설법이···

창간사

가르침속에 한마음 될때까지

창간특집 24면 발행

국내외 축하메시지 2면
축시 '여기 독수리봉 바람소리' 3면
29대 불심 박상열거사 7면
한국의 불교지도 8·9면
길을 묻는 이에게 10면
신라성인 김지장 열반현장 12면

특집 I 생활속에 피어나라 연꽃처럼

불자 108명에게 들어본 오계 4면
97세 보현행자 문성 큰스님 5면
부처님을 닮아가는 사람들 6면

특집 II 한국불교 제자리 찾을때다

주제대담 불교는 21세기의 희망 17면
좌담 한국불교의 현재와미래 18면
한국불교 어디에 서있나
불자교수 1백인의 대답 20면
한국불교 거듭나기 21세 21면
2020년 가상현장
꽁트, 타임머신 보고서 23면

1055. 仏教の生活化の旗を掲げて創刊された『現代仏教』の創刊号。一心禅院で発行している。

1056. 大衆とともに生活する月刊誌を標榜した『仏教世界』創刊号（1991年6月）。

1057. 1991年10月21日に創立された在家結社団体である「我々は善友」の機関誌『我々は善友』。「我々は善友」は、菩薩道の実践を通じて真仏子像を確立することを旗印として発足した。

1058. 仏教界の代表的な子どもの布教誌だった『グルロンセ（輪）』創刊号（1990年1月）。

1059. 1992年2月に創刊された『奉恩』。

1060.『仏教春秋』創刊号（1995年1月）。

1061. 高銀先生の長編小説『華厳経』。華厳経入法界品で善財童子が、53の善知識を探し求める過程を形象化した小説。出版当時ベストセラーだったこの本は、経典を小説化して大衆に近づいていき、成功を収めた作品である。1991年、民音社から出版。

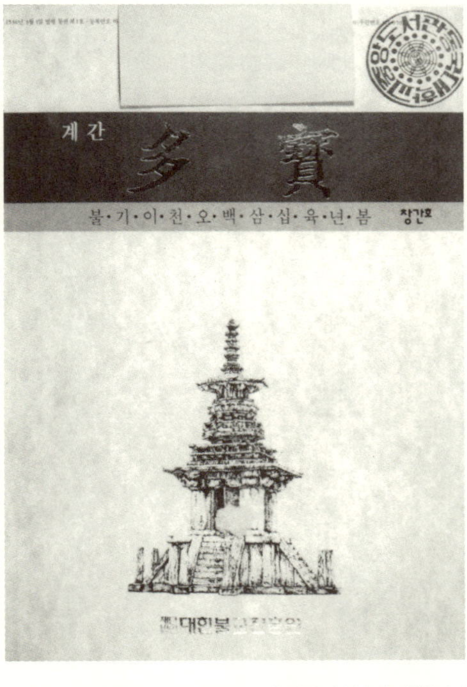

1062. 大韓仏教振興院で出版した大衆仏教雑誌『多宝』創刊号（1992年春）。1997年4月からは誌名を『仏教と文化』に変えた。

1063.『伽山学報』創刊号。1991年11月30日に創刊された専門学術誌。発行元は、伽山仏教文化研究院（李智冠僧侶）。

1064. 林恵峰の『親日仏教論』。植民地下仏教界の親日問題を扱ったこの本が出版されると、仏教界は大騒ぎになった。今まで仏教界の親日問題は、まるで叙述できない聖域とされていたが、この本が出版されたことで、仏教界の親日問題が本格的に浮上し始めた。1993年、民族社から出版された。

1065. 崔仁浩長編小説『道なき道』。鏡虚僧侶の生涯を小説化したこの本は、出版されるとベストセラー入りした。作家の知名度と優れた文体、そして構成能力が発揮された作品ということができる。

1066.『山には花が咲く』。柳時和さんが、法頂僧侶の多くの随筆集から抜粋して出版したこの本も、やはり1998年の統計ベストセラー1位だった。同年、仏智寺出版。

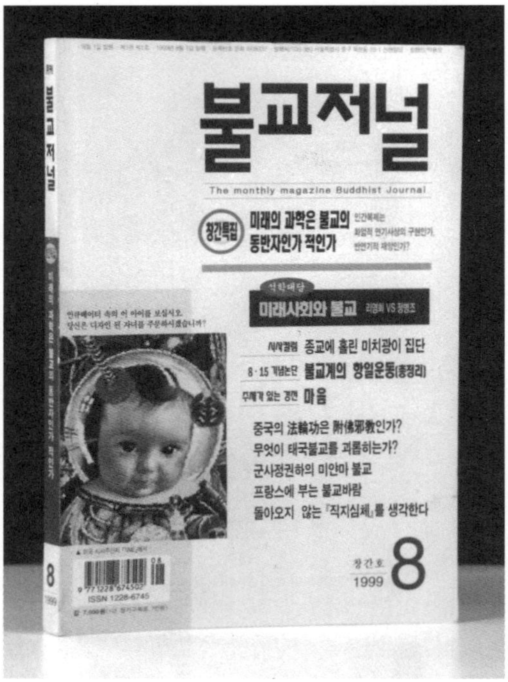

1067. 仏教文化の大衆化と世界化を掲げた『仏教ジャーナル』の創刊号（1999年8月）。編集者として朴敬勛が発行を主導した。

1068.『仏教評論』。評論誌が皆無の仏教言論界に、新鮮な活気を吹き込んだ新しい評論誌である。1999年11月20日、創刊。

1069. 1999年10月、曹渓宗での宗権についての紛糾。曹渓宗宗法守護対策委員会所属の宗務員たちが、「呉杲山宗総務院長は資格がない」という裁判所の判決に対して断髪し、抗議している。98年、曹渓宗紛糾は外面的には、総務院長に呉杲山僧侶が登場して一段落した。呉杲山体制は宗団安定を最優先に定めて、以前の浄化改革会議側残留勢力を包摂しようとした。しかし、浄化改革会議側は浄化仏事大衆連合という組織を構築し、通度寺を拠点に活動を続けた。浄化改革会議側は、最終的に「呉杲山総務院長の資格なし」（不存在確認）をソウル市地裁に要請した。裁判所では選出時の手続き上の問題と見なし、「呉杲山宗総務院長は、資格がない」と判決を出し（99年10月1日）、過度職務代行者として黄道堅僧侶を任命した。しかし、従来の執行部とその勢力などは、裁判所の判決を受け入れないことで、再び総務院の建物の取り合いで暴力事件が発生した。98年度には裁判所の判決が正しいと言った人たちが、今回は自分たちに不利な判決が下されると裁判所を糾弾するという矛盾を、どのように理解したらよいのか。

1070. 1999年10月12日、曹渓寺創建以来最大の人波の約1万名が集まった中で行われた「仏教自主権と法統守護のための第一次汎仏教徒（四部大衆）決起大会」の様子。当時の大会では、手続き上の問題で曹渓宗団体制挙を震撼させた法務部（政府）の糾弾とともに、仏教自主権守護を決議した。当時宗団執行部は、控訴断念により職務代行者の権限と資格が発生しないようにして、再選挙を通じて宗団再建に乗り出した。

1071. 1999年10月、曹渓宗紛糾当時の暴力行為の様子。仏教の価値と位相を忘れた、このような暴力が追放されるとき、宗団安定と仏教発展は担保される。

1072. 在家仏子たちが仏教革新のために設立した韓国仏教在家会議の創立式の様子(1995年2月12日)。この団体を主導した共同議長は、李箕永、高銀、徐燉珏であった。

1073. 教団の自主化と仏教革新の署名運動の場面(曹渓寺の境内、1999年11月12日)。以後、この署名運動は全国の仏教界に波及し、わずか1カ月の間に約5万名の署名を集めた。この運動に込められた仏教に対する愛情を確認することができる。

1074. 1999年、曹渓宗事件に際し、仏教自主化を熱望し、曹渓寺に集まった仏教徒たち(1999年11月12日)。仏教自主化の一面には、教団の安定と暴力の排除という切実な願いが込められていた。しかし、このような事件が発生するまで、それに関与した僧侶たちの真の反省と懺悔があったかどうかには疑問がある。

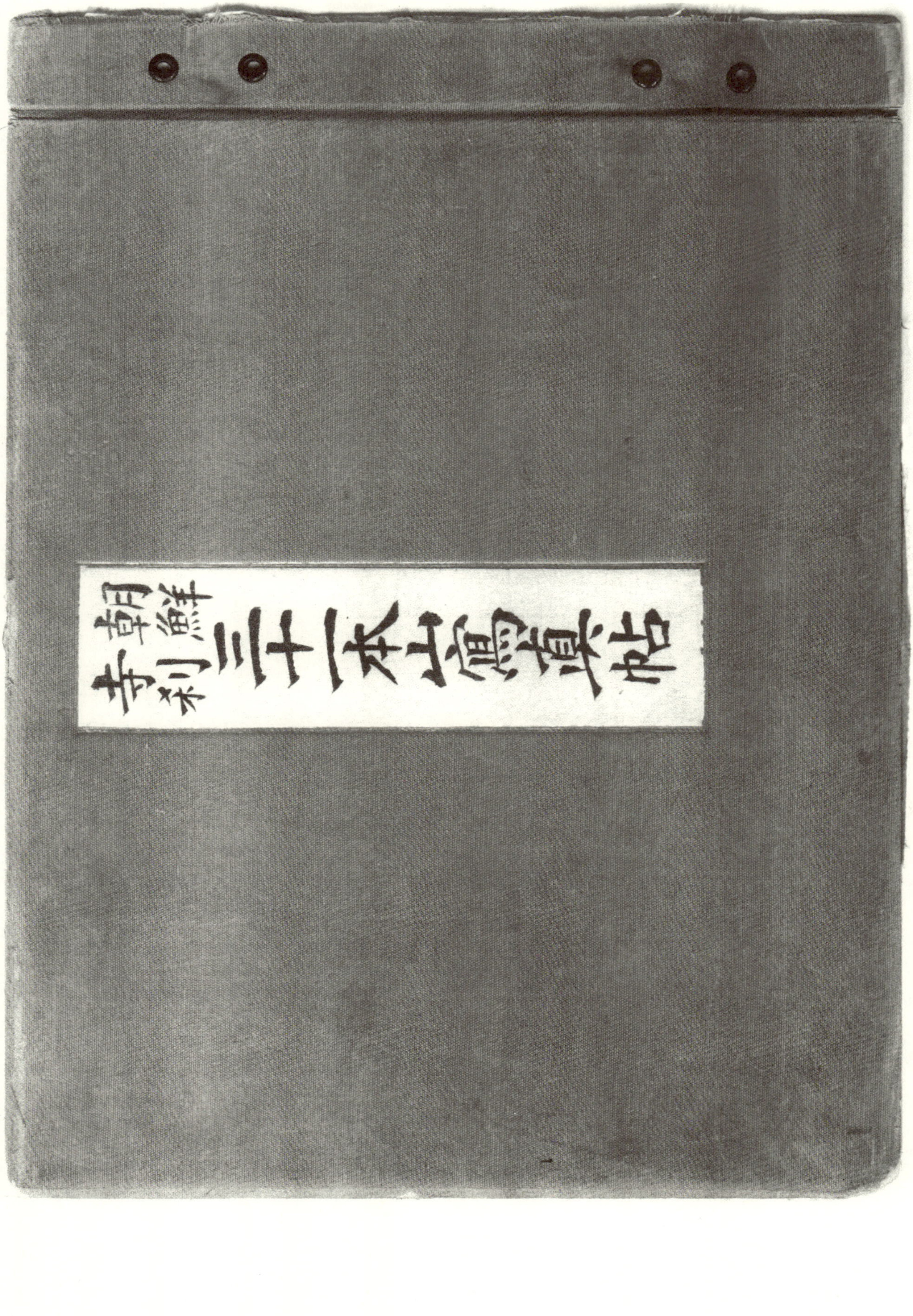

『朝鮮寺刹三十一本山写真帖』。財団法人朝鮮仏教中央教務院（現在の総務院）が、1929年8月29日に刊行した。当時、中央教務院の代表理事は李混惺であった（口絵33ページ）。

1. 京畿道広州郡修道山奉恩寺（現在のソウル三成洞奉恩寺）

2. 京畿道水原郡華山龍珠寺（現在の京畿道華城龍珠寺）

3. 京畿道楊州郡注葉山奉先寺（現在の楊州奉先寺）

4. 京畿道江華郡鼎足山伝燈寺（今の江華伝燈寺）

5. 忠北報恩郡俗離山法住寺

6. 忠南公州郡泰華山麻谷寺

7. 全北完州郡威鳳寺

8. 全北錦山郡進楽山宝石寺（現在の忠清南道錦山宝石寺）

9. 全南海南郡頭輪山大興寺（今の大芚寺。元の名前が大芚寺だったが、日帝が大興寺に変えた）

10. 全南長城郡白巌山白羊寺

11. 全南順天郡曹渓山松広寺

12. 全南順天郡曹渓山仙岩寺

13. 全南求礼郡智異山華厳寺

14. 慶北達城郡八公山桐華寺

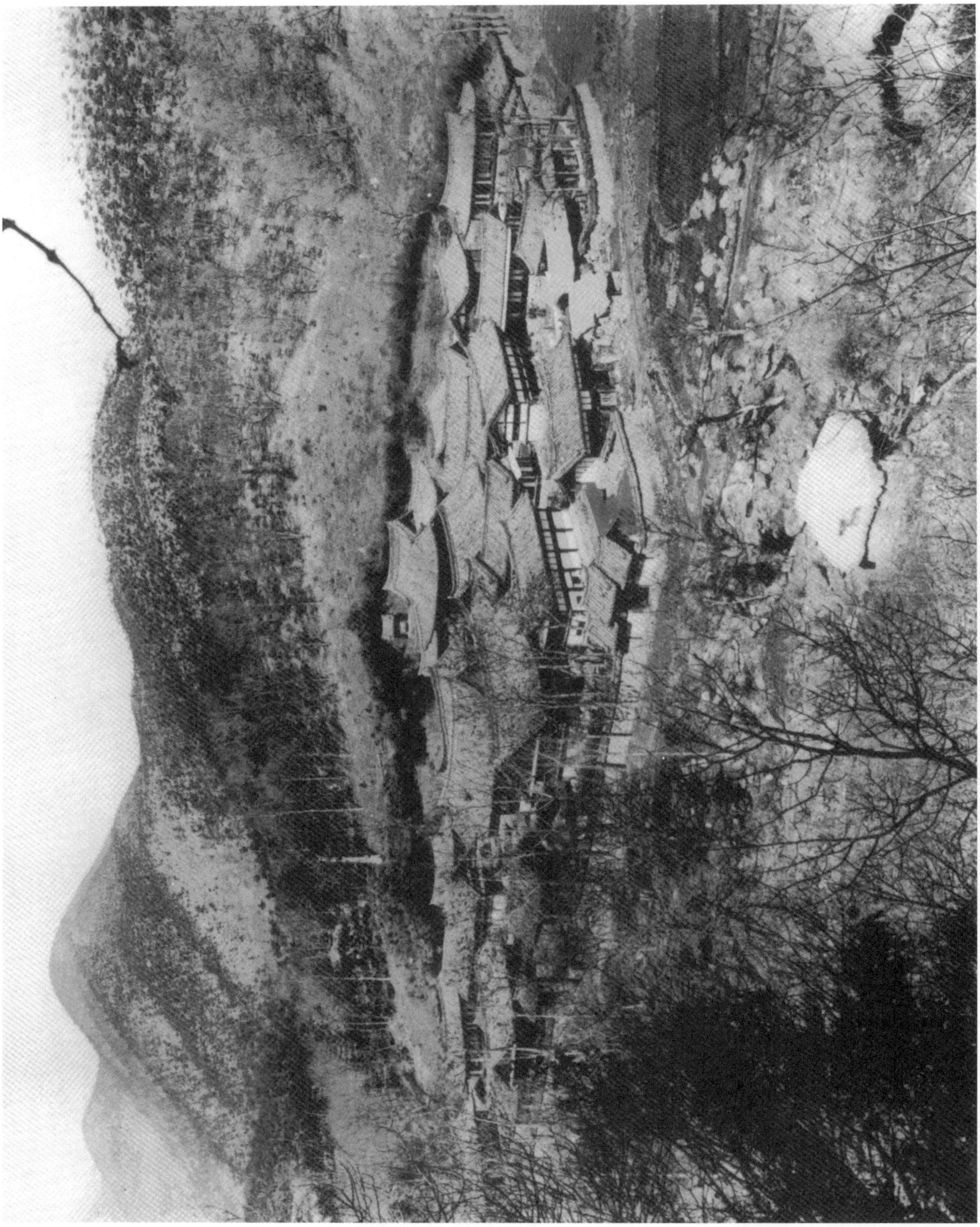

15. 慶北永川郡八公山銀海寺

16. 慶北義城郡孤雲寺

17. 慶北聞慶郡雲達山金龍寺

18. 慶北慶州郡含月山祇林寺

19. 慶南陝川郡伽耶山海印寺

20. 慶南梁山郡霊鷲山通度寺

21. 慶南東莱郡金井山梵魚寺（現在の釜山梵魚寺）

22. 黄海道信川郡九月山貝葉寺

23. 黄海道黄州郡正方山成仏寺

24. 平南平壌府永明寺

25. 平南平原郡法弘山法興寺

26. 平北寧辺郡妙香山普賢寺

27. 江原道高城郡金剛山乾鳳寺

28. 江原道高城郡金剛山楡帖寺

29. 江原道平昌郡五台山月精寺

30. 咸南安辺郡雪峯山釈王寺

31. 咸南咸興郡雪峯山帰州寺

韓国仏教 100 年主要写真解説

1900 年代前後

写真資料 2：釈尊生誕日慶祝行事で「釈迦如来慶祝会」と「4 月初 8 日」のフレーズ、それに、笠をかぶった信徒たちと子どもたちのとても楽しそうに興じている姿から見て、当時の釈尊生誕日奉祝行事が、村祭り的な雰囲気であったことが想像できる。その当時の奉祝行事を見ることができる唯一の写真資料である。

写真資料 4：僧侶の都城出入り禁止解除を要求した日本の僧侶・佐野前励の写真。

写真資料 43：最初に朝鮮に渡り、日本の仏教を伝えた奥村円心の写真。

写真資料 45：朝鮮の円宗と曹洞宗の間で、秘密盟約を締結するのに決定的な役割をした日本の曹洞宗の僧侶・武田範之の写真。

※上の写真（写真資料 4、43、45）は、朝鮮に渡り、政治的に活動した日本の僧侶たちの写真である。筆者は、写真でもいいから、彼らの姿を見たかった。

写真資料 12、13：開化党の人士たちとも密接な交流を持っていた開化僧・李東仁の写真と思われるが、これは、収集過程でわずかに異なる姿の二つの写真を手に入れた。写真から見て両方とも李東仁の写真と考えるが、写真資料 13 は、少し豪華な雰囲気である。西洋の文物を調査するために日本に派遣された紳士遊覧団を企画する当時の姿と思われる。

写真資料 19：開化期に僧侶の姿で異彩を放った服装をして注目を集めている。この写真は、僧侶たちの服飾の変遷を知るためにも参考になるだろう。

写真資料 28：ソウルの大谷派本願寺法堂。

写真資料 31：大谷派本願寺扁額と鐘楼。

写真資料 32：南山の真宗大谷派本願寺別院。

写真資料 35：大谷派本願寺仁川別院。

※上の写真（写真資料 28、31、32、35）は、ソウルなどにあった日本仏教大谷派本願寺別院の様子と日本仏教の布教が、どのくらい活発に展開されたのかを示している。

写真資料 49、50：華厳寺の僧侶たちと学生たち。韓服に帽子をかぶり、黒い制服を揃えて着た学生の姿を見て、開化期の雰囲気を感じることができる。当時の仏教界は、教育にも多くの関心を持っていた。1910 年に撮影された写真としては、状態が非常に良いほうだ。

1910 年代

写真資料 82：臨済宗運動発起当時、宗務院長に選出された仙岩寺・金擎雲僧侶の写真。

写真資料 85：梵魚寺金剛戒壇の護戒牒。

写真資料 87：今のソウル筆洞 3 街にあった日本曹洞宗「京城別院」曹谿寺（現在の曹渓寺とは異なる）。

写真資料 88：西本願寺釜山別院の、のどかな様子。

写真資料 89：30 本山住職たちの日本視察歓迎会の様子。

写真資料 90：楡岾寺金剛戒壇で受戒山林（大衆がまとまって戒を受ける集まり）を終えた記念写真。

写真資料 91：仏教中央学林と当時の 30 本山連合委員長だった洪甫龍僧侶。

写真資料 93：海印寺住職として密かに円宗と曹洞宗の盟約を締結した李晦光。

写真資料 95：『朝鮮仏教通史』の著者・李能和。

写真資料 97：龍珠寺住職であり、後に「鳴鼓逐出」の笑い者にされた姜大蓮。

写真資料98：乙丑（1925）年大洪水時に708名の命を救った奉恩寺住職・羅晴湖。

写真資料99：金剛山新渓寺普徳庵の僧侶と行者。

写真資料102：権相老の著作『朝鮮仏教略史』。

写真資料104：韓龍雲の著作『仏教大典』。

写真資料110：『朝鮮仏教月報』第13号。

写真資料112：『仏教振興会月報』第1号。

写真資料114：『朝鮮仏教叢報』第1号。

写真資料124：1912年頃の乾鳳寺の姿。

写真資料127：1917年頃の楡岾寺大雄殿。

写真資料129：1917年頃の梵魚寺の全景。

※この中で、30本山住職たちの日本視察記念写真（写真資料89）は、非常に重要な意味を持つ。日本視察は韓国仏教の発展のために日本仏教に学ぼうという目的で行われたが、実際は韓国仏教を日本化する触媒となった。写真の中で住職たちは、日本の僧侶たちの衣装とまったく同じ「羽織袴」を着ていた。当時、国内でも活動していた住職のほとんどが「羽織袴」を着て通した。時代的状況で仕方ないところもあったが、恥ずかしい時代像をそのまま露出しているようで残念である。

1920年代

写真資料167：覚皇寺の仏教改革に関するテーマで会議をする30本山住職たちの姿から、数十年が経った今でも、仏教改革は非常に焦眉な問題に違いないと思うのである。

写真資料169：1924年、朝鮮仏教の中央教務院全景。

写真資料198：出家前は『仏教』の文芸部記者として、その後は仏教女子青年会の庶務部幹事として活動した当時の金一葉。

写真資料217：1928年、日本仏教視察団が「羽織袴」を着て東京の大正大学で記念撮影した様子。

写真資料218：1925年11月1日、日本増上寺で開催された東アジア仏教大会発足式に羅晴湖、権相老、李混惺が出席。

写真資料223：釈尊生誕日を迎えて、朝鮮仏教少年会が貧民たちに小豆粥を提供している様子。

写真資料232：ベルギーのブリュッセルで開催された、被圧迫民族反帝国主義大会に朝鮮代表として参加した金法麟（元・東国大総長）と李弥勒。

写真資料237：日本で修士学位を取得して帰国した当時の金泰洽。

写真資料238：東国大総長時代の白性郁。仏教界では最初に外国留学（ドイツ）をして、博士の学位を受けた。

写真資料241：1928年3月16日、覚皇寺で開催された朝鮮仏教学人大会の参加者（李青潭、李耘虚僧侶など）。この大会は、講院復興と教育改善を通じた朝鮮仏教の発展をテーマで開催された。

写真資料251：鏡虚僧侶の弟子で伝説的な禅僧として知られる申恵月僧侶。

写真資料253：1927年、済州道の仏教布教団で執り行った仏式結婚の様子。最近でもたまに寺院で結婚式を挙げることはあるが、この写真は私たちが見ることができる最初の仏教式結婚記念写真として非常に興味深い。

写真資料255：朝鮮仏教団会館で行われた大韓帝国の王・純宗の逝去を悼む奉悼式の様子。

写真資料263：1925年6月8日、京城ホテルで開かれた朝鮮仏教団財団法人設立を祝う披露宴。

写真資料274：1929年1月3日から3日間、覚皇寺で開催された朝鮮仏教禅教両宗僧侶大会記念撮影の様子。右側の毅然とした感じで立っている木が現在、曹渓寺の前庭にある欅の木である。

写真資料279：1929年10月11日から3日間、朝鮮総督府の建物の屋内ホールで開催された朝鮮仏教大会の様子。この大会は、朝鮮仏教団の組織活性化と植民地仏教政策強化を目的に開催された。

写真資料280：朝鮮仏教大会に先立ち、勤政殿御座に祭られた仏像の前で礼拝する様子。

写真資料282、283：現在の東大門デザインプラザ＆パークで朝鮮仏教団が主催した、殉難横死無縁者追弔法要式の様子。

写真資料284：朝鮮仏教大会が終わった後、総督府の建物の前で、日本と朝鮮の各界人士たち数百名が集まって記念撮影する様子。総督府の建物を会場に使用したという点と、各界から数百名が集まったという点から見て、当時の大会規模を推測することができる。

写真資料285～288：『仏教』に掲載された讃仏歌。

写真資料316：仏国寺多宝塔カラー絵葉書（口絵30ページ）。

写真資料317：芬皇寺塔カラー絵葉書（口絵30ページ）。

※この中でも、1925年11月1日に開催された東アジア仏教大会（写真資料218）は、「大東亜人たち同士が団結して米帝国主義を打破しよう」という、日本の大東亜共栄圏の論理の下で行われた大規模な行事であった。数日続いた行事で、朝鮮はもちろん中国、台湾など、日本の影響圏にあった東アジア仏教圏は、自意半、他意半で集まった。そして、覚皇寺で開催された朝鮮仏教学人大会（写真資料241）は、若い学人たちが集まって講院教育改革を訴えながら、より自主的な朝鮮仏教を模索しようとしたことに意味がある。また、申恵月僧侶の写真（写真資料251）もはじめて公開されるもので、史料的価値が高く、済州島の仏教布教団で行われた仏式結婚式の様子（写真資料253）も、仏教の一面を示す最初の写真という点に意義がある。

1929年1月3日から3日間開催された朝鮮仏教禅教両宗僧侶大会（写真資料274）は、写真の状態が良くなくて人物は具体的に判別できないが、この大会では、仏教の自主化を象徴する朝鮮仏教禅教両宗宗憲と宣言文を採択した。何よりも1920年代の最も顕著な写真は、まだ一度も公開されなかった朝鮮仏教団主催の朝鮮仏教大会関係の写真（写真資料279、280、282、283、284）などである。朝鮮仏教団は総督府の強力な支援と、当時の日本と朝鮮の政界、財界、仏教界の絶対的な支援の下に発足した、いわゆる植民地状況において、理念的で現実的な親日仏教の前衛隊の役割をした団体であった。この大会は、総督府の建物の屋内ホールで開催されたが、斉藤実・朝鮮総督府総督（写真資料279、前の椅子に座っている人）が参加し、大会終了後に総督府庁舎前で数百名が集まり記念撮影（写真資料284）をしたことから、当時の状況をよく知ることができる。また、1920年代後半のものと推測される仏国寺多宝塔のカラー写真（写真資料316）と芬皇寺塔のカラー写真（写真資料317）は、当時の現実を考えると、豪華なカラー絵葉書というのはのは非常に画期的なことに違いない。多宝塔と芬皇寺塔の文化財的価値はもちろんのこと、カラー写真が登場したという事実だけでも、歴史的な資料として十分な価値がある。

1930年代

写真資料326：1933年、宗憲発布4周年記念式の写真。

写真資料330：崔凡述、金法麟、許永鎬、金尚昊、姜裕文など、仏教青年運動の重要な主役たち。

写真資料333：朝鮮仏教青年総同盟の創立大会記念撮影。

写真資料336：東国大の前身である中央仏専第1回卒業式記念写真。

写真資料340：1935年に結成された乾鳳寺鳳棲少年会の創立記念写真。若い僧侶と少年の様子が非常に興味深い。

写真資料345：多率寺光明学院第1回卒業生の写真。

写真資料346：梵魚寺講院で学生たちを教えている金法麟。

写真資料355：朝鮮仏教禅宗第1回首座大会。1931年、金寂音僧侶によって再建された後、禅学院で開催された最初の首座会である。

写真資料360：奉先寺弘法講院の学人が、肉体労働の直後に記念撮影。

写真資料369：『仏教』第103号に掲載された新年を祝う広告。

写真資料417、418：伊藤博文の死を哀悼し、彼の名を冠した博文寺全景と、博文寺入仏式に集まった祝賀群衆。

写真資料424：1938年、朝鮮学生仏教青年会連盟の結成式記念撮影。この連盟は、日帝の政策に積極的に協力するための団体であった。

写真資料429：金剛山内金剛の三仏庵カラー絵葉書。

写真資料430：金剛山内金剛の普徳庵カラー絵葉書。

写真資料431：金剛山摩訶衍カラー絵葉書。多くの雲水衲子たちが修行した場所である。

写真資料436：1930年代、祇林寺の僧侶と信徒たち。

写真資料443：1930年代の石窟庵を見物している観光客も写っている絵葉書。

写真資料448：金剛山正陽寺の薬師殿と三層石塔。

※このうち、仏教青年運動の核心的な主役（写真資料330）は、民族運動および抗日秘密結社体である卍党を組織する。1930年の記念写真は、非常に重要な意義を持っている。彼らはその結成の翌年、朝鮮仏教青年総同盟を結成（写真資料333）し、寺刹令廃止運動を含む韓国仏教における革新的な運動を展開した、若さと純粋性に満ちていた人々である。

中央仏専第1回卒業生の写真（写真資料336）からは、朴允進、姜裕文、鄭斗石、朴英熙、韓性勳、趙明基、朴奉石などの学生時代の覇気に満ちた姿を見ることができ、崔凡述が多率寺で運営していた光明学院第1回卒業記念写真（写真資料345）と、山の中で僧服姿の金法麟が学生たちを指導している写真（画像資料346）も、近代教育の側面から取り上げなければならない重要な写真である。

朝鮮仏教禅宗第1回首座大会（写真資料355）は広く知られている写真だが、禅学院を中心に韓国の伝統禅を復興させようとしたという点で別の意味を与えることができる。

しかし、何よりも1930年代の最も重要な写真は、伊藤博文の他界に際しその業績を記念して南山に建てた博文寺（写真資料417、418）のものであろう。今の新羅ホテル迎賓館が博文寺の建物跡であり、ホテルの正門が博文寺の正門といわれている。カラー絵葉書（口絵33ページ）は、どの写真よりも洗練された高級感がある。

そのほか、カラーと黒白になった絵葉書なども、国内寺院を中心に作られた広報用写真という点に関心を持たざるを得ない。

1940年代

写真資料458：1941年2月26日から10日間、禅学院で開催された高僧遺教法会は韓国仏教史、特に近代韓国禅の歴史において非常に重要な意味を持っている（本文の写真を参照）。

写真資料466：朝鮮仏教曹渓宗の初代教務部長・林錫珍。

写真資料467：朝鮮仏教曹渓宗の初代総務総長・李鍾郁。

写真資料468：朝鮮仏教曹渓宗の初代宗正・方漢岩。

写真資料469：朝鮮仏教曹渓宗の初代庶務部長・金法龍。

写真資料470：宗正司書・許永鎬。

写真資料471：初代財務部長・朴円賛。

※上の写真資料466～471は、1941年、朝鮮仏教曹渓宗発足当時の重要人物たちの写真である。

写真資料486：『仏教（新）』第32集に掲載された親日社説「新年を迎える戦時の覚悟」。

写真資料489：軍用飛行機の献納決議案。

写真資料490：『仏教（新）』第58集に掲載された「大東亜聖戦完遂と朝鮮仏教の進路」懸賞論文の公告文。

写真資料491：『仏教（新）』第20集に掲載された「銃後報国に対して」という親日的な文章。

写真資料492：『仏教時報』第79号に掲載された「大東亜戦争と仏教徒の使命」という親日社説文。

写真資料494、495：朝鮮仏教曹渓宗が全国寺院から献金を集め、日本陸軍に献納した戦闘機朝鮮仏教号。

※上記の写真（写真資料486、489～495）は、日帝の統治下の憂欝な時代的雰囲気をよく物語っているように、親日行為が明確に示された資料である。もちろん、当時の雰囲気の中では仕方なかったかもしれないが、恥ずかしいことに違いない。

善だけが歴史の鑑になるのではなく、悪も手本になるという事実、親日資料を収録することで今後の韓国仏教界が再び歴史に恥ずべき汚点を残さないよう願う。特に戦闘機を献納したという事実は、当時『仏教（新）』に収録されて以来、はじめて公開される写真で、仏教を愛する仏教信者たちに申し訳なく思うのである。

写真資料549：大覚寺を訪問した金九先生一行。

※金九先生は若いころ約6カ月間、麻谷寺に入山したことがあったので、仏教との縁が深い。金九先生の鳳翼洞の大覚寺訪問は、白龍城僧侶が上海の大韓民国臨時政府に独立資金を送ってくれたことへの、感謝の気持ちを伝えるためだった。独立運動と関連して非常に大きな意味を持っている写真で、これも本書によってはじめて公開されたのではないかと思う。

1950～60年代

写真資料580：1954年8月24～25日。禅学院で開催された第1回全国比丘僧代表大会。この大会は、仏教浄化という旗の下、最初に全国比丘僧代表者たちが集まったという点で、朝鮮独立以後、現在の曹渓宗団成立の象徴的な出来事である。

写真資料592：1954年12月13日の第4回全国比丘・比丘尼大会。

写真資料610：『平和新聞』1955年6月29日に掲載された「仏道か？　離婚か？」の記事。比丘側と妻帯側が僧侶の資格を「独身で断髪染衣する者」で合意するようになると、結婚していた僧侶は離婚をするか、還俗せざるを得ないという困った問題にぶつかった。

写真資料611：『東亜日報』1955年7月30日に掲載された「50余名がまた離婚」の記事。僧侶資格が「独身で断髪染衣する者」に決められると、約50名もの妻帯僧たちが一度に集団離婚する事態になった。

写真資料612：1955年5月18日、黙言の回向法会に参加した四部大衆。仏教浄化ために全国僧侶大会を開催することにしたが、当局によって挫折すると、比丘側僧侶たちは曹渓寺で断食の座り込みをした。

写真資料623：1955年8月3日、全国僧尼（僧侶と比丘尼）大会参加の記念撮影。

写真資料670、671：浄化についての意志と方向がよく表れている比丘側僧侶大会の檄。

写真資料677：1960年11月19日、安国洞の入り口でデモを始める比丘たち。

写真資料680～684：卍旗を持って市内行進するデモ隊の写真。その中でも「仏法に妻帯僧なし」は、簡潔かつ確固たる意志が読み取れる。プラカード持って行進する写真が最も目立つ。

写真資料757：新聞に「不透祖關 未免生死 爲什麼 欲免生死」という禅問答の主題を提示し、各禅院や禅僧たちに答えを求めたこともある。とても興味深い。

写真資料764：1965年、冬安居解除にあたって『大韓仏教』新聞で公開的に法挙揚で解制一言を募集したが、通知欄には僧俗、僧侶になってからの年数など関係なく、誰もがひと言告げてくれ、というフレーズがある。

※ 1950年代の仏教界の主要な出来事は、この資料からわかるように、仏教浄化に関連する写真である。

※ 1970～90年代までは、時期的にいくばくもなかったため、歴史的に重要な写真というには早い気がしないわけでもなく、別途に選定しなかった。ただし、90年代の重要な事件としては、94年以降99年までの3回にわたる曹渓宗の内紛および、宗権争いと関連して黒衣を着たまま暴力をふるう数枚の写真がある。これらの写真が残っている以上、曹渓宗は今後幾多の時間が流れても、暴力集団という汚名を拭うことはできないだろう。

索　引

【ㄱ】(가·ガ)

伽山仏教文化研究院／ 1063
『伽山学報』／ 1063
伽耶山ゴルフ場建設／ 1017, 1018, 1019, 1020
伽耶叢林／ 503, 559
仮処分／ 665, 814, 815, 1021, 1030
『覚説梵網経』／ 374
『覚海日輪』／ 377
覚皇教堂／ 309
覚皇寺／ 58, 164, 165, 167, 241, 273, 274, 326
監獄体験／ 1013
感恩寺跡／ 311
甲寺／ 136
江南総務院／ 964
姜大蓮／ 92, 97, 103, 163, 257
姜昔珠／ 407, 842
講院／ 241, 242, 243
姜裕文／ 330, 336, 386, 416
姜在源／ 214
姜在浩／ 214
姜正龍／ 214, 215
開教使長／ 41
開教総監／ 40
開教総監部／ 44
開運寺／ 242, 244, 624, 814, 883, 909, 932
開運寺 大円庵 ／ 244
開運寺 側／ 814, 815, 816
開院寺／ 425
改革宗団／ 987
改革会議／ 981, 987, 990, 991, 992
開化期僧侶／ 19
『居士仏教』／ 866
建白書／ 189, 190
乾鳳寺／ 48, 124, 125, 339, 340, 342, 343, 344
乾鳳寺 敬老宴／ 380
乾鳳寺 鳳棲少年会／ 340
檄文／ 670, 671, 672
『見星』／ 786
見性庵／ 152
決議文／ 699
京畿 教務院長／ 536
慶南 3 本山会議／ 328
景武台／ 600, 603
『慶北仏教』／ 364, 365, 386
慶北仏教協会／ 365, 386
慶北 5 本山／ 365, 385, 387, 388
『慶北五本山 古今紀要』／ 388
京城仏教各宗連合会／ 51
京城師範学校 仏教研究会／ 235
京城龍谷女学校／ 86
京城帝大 仏教学生会／ 414
警察 蛮行／ 926, 927, 929
鏡虚／ 14, 15, 17, 1065
戒律破壊／ 374
高光徳／ 748, 862
高徳寺／ 43
皐蘭寺／ 312
『高麗大蔵経』／ 824, 827
高淳文／ 268
高僧遺教法会／ 458, 459
孤雲寺／ 365
高裕燮／ 538, 539
高銀／ 688, 1003, 1061, 1072
高宗／ 3
公費留学生／ 214
郭基琮／ 527
郭法鏡／ 170
郭西淳／ 478, 481, 526
管理請願／ 55
灌仏会／ 252
観音寺／ 49, 440
観音像／ 644
灌燭寺／ 133
光復事業／ 534

光州 民主化 抗争／ 889, 891
光州 寺庵連合会／ 928
『教界通信』 ／ 542
教団自主化／ 1073
教団改革／ 979, 980, 981, 987
教団浄化／ 579, 580
教徒会／ 520
教務院／ 164, 165, 166, 170, 171, 173, 175, 176,205
教務院 臨時 評議員会／ 323
教務院 総会録／ 175
教務日誌／ 501
教授宣言／ 983
教育院／ 994, 996
教正／ 531
教化僧／ 712
求法巡礼／ 226
救宗法会／ 979
救護奉仕団／ 889
鞠黙潭／ 458,633,714,797
国民大会 趣旨書／ 116
国防献金／ 341
国債報償義捐金／ 52,53
軍用機献納／ 488,489,494,495
軍資金 募金／ 139,140,141,142,143,146
『グルロンセ』 ／ 1058
輪を回して遊ぶ子ども国土巡礼団／ 1046
権相老／ 81,102,218,286,287,296,310,413, 476,478,496,572
権寧甲／ 268
権重顕／ 277
『帰源正宗』 ／ 79
『金剛』 ／ 956
金剛戒壇／ 85,90,650
金剛戒牒／ 650
『金剛山』 ／ 413
金剛山 摩訶衍／ 319,431
金剛山 普徳窟／ 439
金剛山 普徳庵／ 430
金剛山 三仏庵／ 429
金剛山 神渓寺跡／ 1043
金剛山 長安寺／ 320
金剛山 正陽寺 薬師殿 三層石塔／ 448
金剛山 表訓寺／ 318
『金剛杵』 ／ 211,212,213,364
金塘寺／ 56
金山寺／ 444
祇林寺／ 365,436
奇石虎／ 178
緊急命令／ 812
『道なき道』 ／ 1065
金鏡峰／ 94,191,526,878
金擎山／ 120,451
金擎雲／ 82
金敬注／ 472
金九／ 549,550,551,552,553,554
金九河／ 89,100,101,103,120,170,451
金基業／ 644
金南泉／ 178,248
金達鎮／ 405,509,770
金大心／ 810
金大羽／ 308,424
金大治／ 144
金敦熙／ 310
金東里／ 345,347
金東鎮／ 215
金東轍／ 481
金東華／ 477,655,778
金龍寺／ 70,71,146,365
金末鳳／ 336
金明教／ 214
金凡夫／ 347,473
金法龍／ 260,469,728
金法麟／ 92,121, 229, 230, 231, 232, 330, 346, 457, 462, 500, 519, 531, 547, 769
金炳学／ 810
金奉律／ 142,143
金三道／ 406,461
金相峰／ 728
金尚泳／ 481
金相哲／ 214
金祥憲／ 121,144
金尚昊／ 120,121,157,330
金瑞雲／ 590,615,736

キム・ソンゴン／ 308
金星淑／ 563
金信敏／ 215
金魚水／ 405,407
金泳三／ 984
キム・ヨンソン／ 406
金煐泰／ 644,776
金龍谷／ 117
金龍潭／ 526,552,567
金龍鶴／ 336
金允経／ 462
金仁徳／ 644,753
金一葉／ 143,196,198,199,645,779
金一雲／ 170
金一濟／ 170
金一陀／ 744,765
金芿石／ 215,799
金慈雲／ 458,580,744
金章允／ 142,146
金再雄／ 406
金寂音／ 355,458,474,529,580
金正黙／ 651
金鍾出／ 336
金知見／ 644
金知福／ 458
金昌雲／ 215
金鉄／ 203
金呑虚／ 629,762,772,778,860
金泰治／ 157,215,237,363,393,419,479
金判錫／ 784
金包光／ 326,564
金海潤／ 336
金海鎮／ 523,552
金弘祚／ 94
金弘集／ 1,4
金孝敬／ 267

【ㄴ】(나·ナ)

羅晴湖／ 98,170,218,256,257
中村健太郎／ 266,423
南大門／ 1
男妹塔／ 134
南北仏子 共同祈願法会／ 941,942,943
南北韓仏教徒合 同法会／ 1045
南朝鮮仏教徒連盟／ 567,568,569
南芝心／ 961
南海仏教少年サッカー団／ 341
内務／ 639
内鮮一体／ 370
内蔵寺／ 718
内蔵禅院／ 186
盧泰愚／ 925
『鹿苑』／ 507,656
農地改革／ 521,585,648
忽滑谷 快天／ 389
能仁女性学院／ 193
『あなたの沈黙』／ 297

【ㄷ】(다·ダ)

武田範之／ 8,9,21,45,46
『多宝』／ 1062
多率寺／ 298,345,347
多率寺 光明学院／ 345
高橋亨／ 305
断食／ 612,613,614,615,616,617,672,674
断食闘争／ 672,900
達磨ネット／ 1044
大覚教／ 184,191,373,374
大覚教 中央本部／ 184,374,376
大覚寺／ 549,674
大谷派 本願寺／ 27,28,31,36,39
大谷派 本願寺 京城別院／ 86
大谷派 本願寺 法主／ 259
大谷派 本願寺 別院／ 32
大谷派 本願寺 仁川別院／ 35
大谷派 本願寺 全州布教所／ 36
大谷派 本願寺 韓人 布教堂／ 36
最高裁判所 乱入／ 692,693,694,695,696,697,698,699
最高裁判所 判決／ 668,672,685,689,692
最高裁判所 切腹 事件／ 689,690,692
『大仏連』／ 1052
大乗仏教僧伽会／ 909

『大乘正論』／1050
『大円』／953
大円精舎／840,877,916,952
『大円会報』／952
大鳥寺 石仏／446
『大衆仏教』／510,513,953,1053
妻帯僧侶／520,582,591,608,610,611,658,
660,661,684
妻帯僧侶 反撃／658
肉食妻帯／189,192
肉食妻帯 禁止 建白書／189,190
妻帯側／612,637,638,659,714,715,716,
718,719,732,733,734,735,790,801,802
大韓独立団／139
『大韓毎日申報』／40,83
大韓民国臨時政府／116,121
『大韓仏教』／521,662,759
大韓仏教史／757,865
大韓仏教新聞社／738,746,876
大韓仏教曹渓宗信徒会／727
大韓仏教青年会／699,737,770,778,910,1018
大韓僧侶連合会／120
大興寺／438
道法／973
道詵寺／870
都城出入り禁止解除／1,3,11
都鎭鎬／157,233
都総摂／39
『独立新聞』／119,140,141,142
ドイツ留学／238
頓漸論争／881,951
東京仏教護国団／89
東京朝鮮仏教留学生／214,215,216
東国大／556,557,571,644,652,736,753,
767,769,785,788,818,824,826,
885,917,918,919,930,931
『東国思想』／652
東国訳経院／766,768
東亜仏教大会／218,219,220
『東亜日報』／145,146,147,149,645
冬安居／745,757,764,765,858,876
『東洋教報』／5

【ㄹ】（라·ラ）

『ルンビニ』（『ロムビニ』）／364,415
柳護菴／170

【ㅁ】（마·マ）

麻谷寺／550,554
『曼荼羅』／872
卍党／330
卍商会／401,555
萬日参禅結社／181
澄んで香り豊かに／1007,1008
望月寺／181
『毎日申報』／52,53,76
毎日申報社／170
売宗行為／59,153
鳴鼓逐出／97,163
明正学校／47
明進学校／21,22,23,25,26,41,250
睦禎培／751,753
無量寺／314,432,434
無量寺 広済孤児院／560
無量寺 掛仏／432
『無所有』／871
武運長久／425,743
文化公報部（文公部）／801,802,815
文教部／622,639
文教証券／521,648
文奇錫／336
文東漢／481
文書布教院／958,959
門中／722,723,806
門中 派閥／723
弥勒寺跡／135
閔道光／636
閔東宣／203
民族仏教／909
『民族仏教』／955
民族社／775,906
民族医学／1016
民族自主統一仏教運動連合会／921,940

民族自主統一運動連合会／ 910
民族和合共同オリンピック推進仏教本部／ 944
民主憲法 催促／ 935
民主守護／ 970
民主憲法争取仏教共同委員会／ 918,935
民衆教／ 191
『民衆仏教』／ 904
民衆仏教運動連合／ 904,908,944

【ㅂ】(바・バ)

朴敬勛／ 1067
朴古峰／ 178
朴根燮／ 336
朴大輪／ 705,714, 731,790,796,801
博文寺／ 417,418,442
朴汶星／ 709
朴玟悟／ 121
朴法頂／ 770,871,1066
朴奉石／ 336,509,570
朴石頭／ 458
朴性焙／ 749
朴成熙／ 336
朴承龍／ 705
朴承勲／ 269
朴栄植／ 560
朴暎岩／ 562
朴暎熙／ 157,336,500,548
朴完一／ 739
朴円賛／ 471
朴允進／ 203,336,570
朴正熙／ 700,840
朴鍾哲／ 914,915,933
朴墨斗／ 214,215
朴秋潭／ 705,726,741
朴春海／ 481
朴漢永／ 57,75,116,242,244,324,393, 395,
458,500,531,559
反共連盟 仏教支部／ 836
反宗会派／ 813
方英植／ 481
方丈／ 876
方漢岩／ 392,393,394,468,527,562,860
芳名録／ 17
『百教会通』／ 107
百潭寺／ 947,948
『白蓮』／ 789
白馬寺／ 839
白碩基／ 405,570
白性郁／ 238,239,653
白聖元／ 143
白羊寺／ 558,880
白龍城／ 79,115,147,148,181,183,184,189,
190,191,245,296,300,301,302,
374,375,376,377,378,393,397,399,549
白初月／ 137
白鶴鳴／ 178,186,187
『支柱』／ 857
汎仏教大会報／ 1029
汎仏教徒決起大会／ 1070
汎仏教徒大会／ 990,1027
汎仏教連帯会議／ 1028
汎仏教在家連帯／ 1035
『梵声』／ 863
汎僧伽宗団改革推進会／ 980,981,993
梵魚寺／ 47,53,85,104,129,146,328,630,721
梵魚寺 京城布教堂／ 248,355
梵魚寺 仏教専門講院／ 407,457
汎在家非常対策会議／ 1039
汎太平洋仏教青年大会／ 233,234,331
法難／ 985
『法輪』／ 784
『法宝新聞』／ 950
法宝会／ 149
『法施』／ 783
法施舎／ 783
法住寺／ 73,130,227,250,726,856,857
法住寺 掛仏／ 130
法華宗／ 789
『法会』／ 958,959
法喜／ 460
卞善乳／ 214,215
卞雪湖／ 484
菩提樹 村／ 1014

普成高普／ 204,205,206
普天教／ 452
普賢寺／ 42,829
福泉庵／ 437
本末寺法／ 70,71,72,73,74
本末寺制度／ 68,155
本山昇格運動／ 307
本願寺 慶州 布教所／ 427
鳳鳴学校／ 48
奉先寺／ 360, 563
『奉先寺本末寺誌』／ 306
奉先寺 弘法講院／ 360
奉先寺 弘法講院 講友会／ 361, 362
鳳厳寺 結社／ 561
奉元寺／ 12
『奉恩』／ 1059
奉恩寺／ 98,246,449,482,483,624,748,751,
899,901,1034
奉恩寺 暴力事件／ 899,901
釜山 大覚寺／ 661
壊れた塔／ 20
婦人会／ 383
釈尊生誕日／ 223,540,752,753,820,821,
822, 905, 926
釈尊生誕日 休日 制定／ 752,753,820,821,822,823
北傀蛮行 糾弾大会／ 845
北朝鮮 同胞 救う／ 1015
北漢山 文殊庵／ 383
紛糾／ 730,731,758,812,813
焚死／ 715
分宗／ 716,717,719
芬皇寺／ 62
芬皇寺 塔／ 317
『仏光』／ 862
仏光寺／ 839,841
『仏教』／ 172,174,177,245,293,325,327,
328,329,334,335,368,369,370,
412,505,506
仏教改革／ 155,156
『仏教界』／ 790
『仏教公報」／ 544,553
仏教教養大学／ 846
仏教帰農学校／ 1009,1010
仏教近代化／ 771
『仏教大典』／ 104
仏教徒座り込み／ 938,939,940
仏教徒大会／ 734,735
仏教徒総連盟／ 552
『仏教文学』／ 962
仏教美術展覧会／ 851
仏教立て直し／ 1035
仏教放送／ 543,1001
仏教婦人会／ 195
仏教紛糾／ 700,703,705,707
仏教紛争／ 647,703,706,709
仏教師範学校／ 25
『仏教思想』／ 861,960
仏教思想研究会／ 787
『仏教辞典』／ 777
『仏教生活』／ 787
『仏教世界』／ 656,1056
『仏教時報』／ 363,364,371,372,421,492,493
仏教式 結婚式／ 253
『仏教新聞』／ 651,759,887,1041
『仏教新報』／ 536,537,540,541
仏教女性総同盟／ 522
仏教研究院／ 242,244
仏教研究会／ 21,24,26
仏教映画／ 530,873
仏教擁護会／ 118,119
仏教留学生／ 201,202,203,406
『仏教の社会思想』／ 906
仏教人権委員会／ 967
仏教自主化／ 573,888,890,892,911,912,932,
934,985,987,1074
仏教在家委員会／ 702,705,706,707
仏教財産管理法／ 716
『仏教ジャーナル』／ 1067
仏教専修学校／ 207
仏教戦災同胞 援護会／ 533
仏教正風／ 903
仏教浄化／ 573,574,576,605,612,619,623,
634,635,641,671,903
仏教浄化 講演会／ 593,594,595,596

仏教浄化 記念館／ 642,643
仏教浄化対策委員会／ 614
仏教浄化推進委員会／ 671
仏教曹渓宗 中央総務院／ 628
仏教中央総務院 非常対策委員会／ 519
仏教振興院／ 877
仏教振興会／ 93,94,97,98,112,113
『仏教振興会月報』／ 112
仏教青年団／ 510,523,524,525
仏教青年団 声明書／ 525
仏教青年会／ 152
『仏教春秋』／ 1060
仏教弾圧／ 931,937,986
仏教弾圧共同対策委員 会／ 931
『仏教評論』／ 1068
『仏教学概論』／ 655
『仏教学報』／ 788
仏教革新／ 1072,1073
仏教革新団体／ 510,522
仏教革新運動／ 644
仏教革新総連盟／ 510,511,513
仏教革新総連盟 規約／ 512
『仏教会報』／ 949
仏国寺／ 65,66,441,660,756,843,896,898,950
仏国寺 多宝塔／ 66,316
仏旗／ 850
『仏日』／ 295,296
仏入式／ 29
仏入宗／ 863
『仏青運動』／ 334,410
比丘／ 601,606
比丘戒／ 744
比丘尼／ 197,382,645,755,1047
比丘尼 叢林／ 755
比丘僧／ 520,591,607,690,691
比丘僧 血書／ 664,665
比丘僧尼大会／ 592,600
比丘側／ 578, 579, 598, 599, 600, 602, 603, 612, 613, 614, 615, 616, 618, 685, 698, 723, 724
非常宗団／ 895,902
非常宗団運営会議／ 902
非常宗会／ 701,702,703,704
ベトナム戦争 兵士／ 743, 839, 841
パルチザン討伐作戦／ 565,566

【ㅅ】（사·サ）

佐野前励／ 1, 4, 11
舎利庵／ 915
師範科／ 25
寺法／ 70
寺法改正／ 324
四部大衆／ 612
社寺係 主任 渡辺彰／ 69
寺院化 運動／ 904
4 月初 8 日／ 339,342,428,907
斉藤実／ 417
4・19 革命／ 658,661,662,665,965
寺刹管理署／ 21
寺刹 絵葉書／ 312,313,314,315,429,430,431,432,442
寺刹令／ 60,68,69,70,155,276,307
寺刹令施行規則／ 68
寺刹令撤廃運動／ 161,162,333,508
寺刹紛糾／ 896,899,901
『寺院例規』／ 176,177
寺刹財産／ 646,647,648
寺刹争奪／ 660,661
寺刹接収／ 624
寺刹政策／ 155
寺刹浄化／ 612
寺刹浄化対策委員会／ 586,622,623
四弘誓願／ 849
社会福祉事業／ 34
社会主義／ 511,527
三帰依／ 849
三宝奨学生／ 748, 750, 751
三宝学会／ 747, 748, 749, 750, 751, 774
30 本山／ 155
30 本山連合事務所／ 89, 96, 98, 114, 117
30 本山連合事務所 委員長／ 91, 117
31 本山 住職／ 283, 485
31 本山 住職会／ 356
3・1 独立宣言書／ 115

3・1独立運動／ 115, 116, 117, 120, 121, 143, 144, 563
三蔵訳会／ 147, 148, 373, 378
上棟式／ 483
徐京保／ 868
徐景洙／ 749, 780
西本願寺 釜山別院／ 88
徐元出／ 214, 215, 478, 519
徐允錫／ 384
徐義玄／ 979,981, 982, 984, 987,991
徐廷柱／ 772
徐震河／ 250
『釈迦史』／ 376
釈尊生誕 行事／ 38, 343
石窟庵／ 67, 122, 123, 443
石南寺／ 1047
『釈林』／ 785
『釈門儀範』／ 391
釈王寺／ 131
釈王寺 幀画 仏像／ 131
釈智賢／ 869
禅教両宗 各本山住職会議院／ 110, 111
禅理参究院／ 510
『禅門正路』／ 951
『禅思想』／ 868
『禅詩』／ 869
仙厳寺／ 82
禅友共済会／ 178, 179, 180, 248
禅友共済会 自願金録／ 179
善友道場／ 971, 973
『善友道場』／ 1051
『禅苑』／ 357, 411
禅院／ 185, 186, 187
宣晋圭／ 644
禅学院／ 150, 178, 248, 355, 357, 358, 400,
407, 411, 458, 526, 577, 579, 580,
582, 597, 637, 638, 674, 676, 848
禅学院側／ 637, 638
禅学院派／ 722
声明書／ 510, 637, 638, 698, 711
世界高僧法会／ 834
世界仏教青年指導者大会／ 838
セミナー／ 738
『世俗の道、涅槃の道』／ 780
蘇九山／ 632
昭忠祠／ 54
孫慶山／ 590, 769, 814, 835
松広寺／ 75, 381
松広寺 三日庵／ 404
宋満空／ 178, 356, 400, 458, 460
宋曼庵／ 324, 393, 396, 582, 633
宋世浩／ 150
宋月珠／ 814, 888, 981, 1022
修徳寺／ 198, 779, 971
修徳寺 見性庵／ 198
修練結社／ 971, 973
修禅結社／ 14, 17
『修心論』／ 184
水月／ 188
随意科／ 25
首座／ 178, 248, 355, 577
首座大会／ 355, 359
修行僧／ 712
殉教／ 667, 668, 688
殉教団／ 667, 668
殉教者の歌／ 688
純宗 奉悼式／ 255
巡回講演団／ 208, 209, 210
『僧伽』／ 963
僧団浄化／ 808
僧侶講習会／ 247
僧侶独立宣言書／ 120
僧侶デモ／ 677, 678, 679, 680, 681,682, 683,
684, 685, 686, 687, 924, 926, 929
932, 933, 936,969, 970
僧侶 離婚／ 609, 610, 611, 620
僧侶資格／ 608, 610, 611
僧侶出身 独立軍／ 142, 144, 146
僧侶暴力／ 591, 898, 1071
僧侶割腹／ 668
『新家庭』／ 194
神渓寺／ 126, 128
神渓寺 普徳庵／ 99
神勒寺／ 551
新明学校／ 49, 50

信仏歌／ 286
新仏教／ 329
申尚玩／ 144
『新生』／ 504, 505
『新修大蔵経』／ 819
『新訳大蔵経』／ 148
申知正／ 481
申智燦（申智賛）／ 140, 141
辛太晧／ 423
申恵月／ 251
申豪澈／ 741
『新華厳経合論』／ 860
新興武官学校／ 143
新興寺／ 730, 895,1006
新興寺 事件／ 900
新興寺 殺人事件／ 895, 897
実相寺／ 433, 1010
『実践仏教』／ 955
実践仏教僧伽会／ 972, 974, 1054
尋牛荘／ 1003
心田開発運動／ 419, 420, 422
『心造万有論』／ 183
シンポジウム／ 804
『十年』／ 416
10・27 法難／ 888, 890, 892, 893, 894, 911
10・27 法難 真相究明／ 917, 918, 919, 920, 921, 922, 923, 925, 977
コメ開放 阻止運動／ 1011

【ㅇ】(아・ア)

雅叙園／ 729
安養庵／ 408
安晋吾／ 749
安震湖／ 306, 390, 391, 401, 555
『わかりやすい仏教』／ 865
梁建植／ 296
陽和寺／ 140, 141
余石会／ 831
『女性仏教』／ 870
呂益九／ 904, 906
訳経／ 147, 772, 795, 860
訳経委員会／ 772
永訣式／ 408, 409
『霊験実録』／ 390
呉杲山／ 1021, 1069
奥村円心／ 10, 43, 44
呉緑園／ 809
大谷尊宝／ 44
五山仏教学校／ 385
呉惺月／ 120, 178
呉梨山／ 170
5・16 軍事クーデター／ 700, 703
5・18 光州事件／ 945, 946, 968, 972
呉沢彦／ 547, 548
倭色僧／ 574
倭色僧侶／ 575
倭式僧侶／ 576
吉川太航／ 260
龍珠寺／ 11, 163, 772
龍太暎／ 820, 821, 823
宇垣一成 朝鮮総督／ 428
『優曇婆羅』／ 961
優曇婆羅会／ 755
内田良平／ 9
『我々は善友』／ 1057
ウリマル『仏教辞典』／ 825
『ウリマル 八万大蔵経』／ 778
禹貞相／ 772, 776
雲水衲子／ 431
雲水行脚／ 856, 858
弁論大会／ 221
円覚寺／ 63, 64, 1002
円覚寺 糾弾法会／ 928
円丘壇／ 3
元大謙／ 269
元宝山／ 458
円宗／ 21, 45, 46, 57
円宗 宗務院／ 57, 58, 59, 60
円宗 宗務院 発起 趣旨書／ 57
『元暁思想』／ 782
元興寺／ 21, 41
月明庵／ 313
月精寺／ 150, 308, 450, 562

劉大致／ 16
維摩会／ 739
兪萬兼／ 173
柳聖甲／ 548
劉性翫／ 214
『唯心』／ 108
劉龍孫／ 269
柳月誕／ 689, 736, 814, 1021
楡岾寺／ 18, 72, 74, 90, 127, 219, 399
楡岾寺 京城布教堂／ 379
幼稚園／ 848
兪鉉濬／ 268
6・10 万歳運動／ 150, 297
6・25 戦争（朝鮮戦争）／ 567, 570
六和精神／ 1012
尹古庵／ 458, 744, 806, 808, 809, 812, 814, 879
尹普善／ 726
尹月下／ 631, 809, 814, 1022
尹二祚／ 406
恩津弥勒仏／ 133
乙丑年 大洪水／ 98, 256
義兵／ 8, 54, 55, 56
義親王 宣言書／ 137
李覚日／ 203, 336
李甲得／ 308
李剛／ 137
李康灄／ 406
李寛承／ 267
二九五八会／ 336, 337, 338
李起鵬／ 640
李箕永／ 782, 954, 1072
李南采／ 705, 730
井上玄真／ 41
李能和／ 84, 95, 107, 109, 296, 423
李大義／ 590
李徳珍／ 214, 527
李東仁／ 10, 12, 13
李東煕／ 269
李弥勒／ 232
李範大／ 139
李法弘／ 657
李ビョン穆／ 336
李炳注／ 804
李宝潭／ 24
李西翁／ 809, 810, 811, 813, 880
李錫庸義兵／ 54
李錫允／ 144
李瑄根／ 631, 720
李性徹／ 561, 744, 881, 951
李水鳳／ 203
李承晩／ 573, 574, 575, 576, 577, 585, 603, 605, 639
イ・スンウ／ 308
石川素童／ 55
李英宰／ 214, 226, 227, 228
李完用／ 118, 119
李容九／ 8, 46
李龍祚／ 519
李耘虚／ 240, 360, 398, 458, 536, 721, 766,
770, 772, 777, 795
李允用／ 423
李在元／ 336
『李朝仏教』／ 305
李鍾郁／ 116, 308, 451, 467, 640
李鍾益／ 754, 770
李鍾天／ 225, 292
李智冠／ 929
李青潭／ 240, 458, 561, 580, 582, 584, 586,
590, 596, 597, 631, 705, 712, 713,
722, 723, 731, 736, 741, 761, 769,
793, 803, 804, 805, 806
李春城／ 157, 178
李致雨／ 336
伊藤博文／ 417
李漢相／ 741, 747, 749, 775, 800
李行願／ 705, 709, 736, 769
李混惺／ 218, 219, 393
李洪舟／ 781
李晦光／ 21, 23, 45, 57, 59, 75, 93, 103, 151,
152, 153, 154, 252
李暁峰／ 559, 580, 590, 595, 597, 709, 763, 791
『一光』／ 354, 364
日蓮宗／ 4, 30
日蓮宗 護国寺／ 6, 33
日本仏教視察団／ 217

日本視察／ 89, 103
日本留学／ 227, 267, 268, 269
日本 臨済宗／ 151, 382
日本 曹洞宗／ 417, 426
日本 増上寺／ 89, 218
『日鮮融和』 ／ 154
日曜学校大会／ 33
一柱門／ 884
林道文／ 819
林錫珍／ 451, 466, 640, 708, 709, 711
林松山／ 909
林円光／ 814
『臨戦の朝鮮仏教』 ／ 496
臨済宗／ 57, 75, 76, 78
臨済宗 妙心寺／ 260
臨済宗 運動／ 75, 78, 82
臨済宗 宗務院 発起 趣旨書／ 75
臨済宗 宗務院長／ 82
臨済宗 中央布教団堂／ 76, 77
『臨終訣』 ／ 378
林致洙／ 143
林恵峰／ 1064
入仏式／ 418

【ㅈ】(자 · ザ)

自然保護運動／ 854, 859
自衛団／ 8
自由党／ 640, 662
張敬浩／ 840, 877, 952
張曇現／ 214, 215
張道煥／ 519, 527, 548, 570
張祥鳳／ 478, 509, 526, 552
張石霜／ 458
張龍瑞／ 651
財団法人 朝鮮仏教中央教務院／ 168, 169, 321
財団法人 朝鮮仏教協会／ 424
在日仏教 留学生／ 210, 478, 481
在日朝鮮仏教青年会／ 211, 227, 332
全観応／ 835
全国大学生仏教連合会／ 904
全国本末寺住職 決議大会／ 1004
全国仏教徒代表者大会／ 725
全国仏教徒大会／ 517, 518, 528
全国仏教徒総連盟／ 528
全国仏教徒総連盟 綱領／ 518
全国仏教徒総連盟 宣言文／ 518
全国仏教運動連合／ 975, 976, 978, 1050
全国比丘僧代表者大会／ 579, 580, 581
全国比丘僧大会／ 582, 583
全国首座大会／ 813
全国僧侶大会／ 623
全国僧侶代表者大会／ 902
全国僧侶大会／ 586, 612, 614, 619, 623, 624,
662, 663, 666, 670, 672, 673,
675, 721, 902, 911, 987, 988,
989, 1024, 1025, 1026
全国僧侶大会報／ 1025
全国信徒会／ 663, 671, 683, 727, 728, 784, 804,
845, 846, 893
全国青少年弁論大会／ 844
全斗煥／ 947, 948
全在晟／ 904
全朝鮮青年党大会／ 224, 225
鄭珖鎬／ 749
政教一致／ 154
鄭金烏／ 458,579, 580, 584, 631, 794
鄭基煥／ 203
鄭斗石／ 336, 481, 509
定林寺跡／ 445
鄭守玉／ 382
鄭仁牧／ 144
鄭寅承／ 462
鄭在琪／ 336
鄭泰赫／ 656
浄土具現全国僧伽会／ 908, 917
『浄土文化』 ／ 657
浄土宗／ 5, 7, 24, 41
浄土宗 開教院／ 38
浄土宗 教友会／ 37
『浄土宗 韓国開教誌』 ／ 7
浄恵寺 十三層石塔／ 447
浄化改革会議／ 1021, 1022, 1023, 1027, 1030,
1031, 1033, 1069

浄化改革会議報／ 1023
浄化日誌／ 636
浄化中興会議／ 894
浄化 後遺症／ 627
霽山／ 249
済州 布教堂／ 253
済州仏教婦人会／ 254
済州仏教少年会／ 254
曹渓寺／ 321, 451, 452, 453, 454, 455, 456,
599, 612, 614, 621, 623, 643, 674,
675, 678, 720, 814, 822, 833, 883,
900, 902, 931, 936, 941, 942, 943,
987, 1070, 1073, 1074
曹渓寺 看板 戦い／ 587, 628, 629
曹渓寺 内紛／ 589
曹渓寺 座り込み／ 1032
曹渓寺 流血 事件／ 588, 617
曹渓寺 裁判／ 621
曹渓宗／ 463, 487, 488, 494, 617, 671, 717,
721, 814, 882, 888
曹渓宗 教務部／ 865
曹渓宗 企画委員会／ 805
曹渓宗 内紛／ 804, 814, 882, 1021
曹渓宗 法令集／ 649
曹渓宗 法統説／ 817, 818
曹渓宗報／ 487
曹渓宗 紛糾／ 814, 1034, 1036, 1069, 1071
曹渓宗 信徒登録／ 1049
曹渓宗 維新再建案／ 754
曹渓宗 宗法守護対策委員会／ 1069
曹渓宗 宗典／ 773
曹渓宗 宗正／ 879, 880, 881
曹渓宗 総務院／ 838
曹渓宗 脱退／ 721, 722, 723
曹渓宗学研究所／ 818
曹洞宗／ 21, 29, 45, 46, 55, 59
曹洞宗 京城別院／ 87
曹洞宗 館長／ 59
曹洞宗 盟約／ 45, 57, 75
趙明基／ 336, 778, 798
朝鮮開教総監／ 40, 44
『朝鮮仏教』／ 192, 265, 294
『朝鮮仏教』崔南善／ 234
『朝鮮仏教界』／ 84, 113
朝鮮仏教 教憲／ 499
朝鮮仏教団／ 218, 261, 263, 265, 267, 268, 269,
270, 271, 272, 277, 280, 282, 283, 423
朝鮮仏教団 春川支部／ 272
朝鮮仏教団 評議員会／ 264
朝鮮仏教団 布教留学生／ 267, 268, 269, 270
朝鮮仏教大会／ 261, 262, 263, 277, 278, 279, 284
朝鮮仏教大会 紀要／ 281
朝鮮仏教大会 発会式／ 279
朝鮮仏教大会 趣旨書／ 277
朝鮮仏教東京留学生会／ 479, 480
朝鮮仏教社 社長／ 266
朝鮮仏教禅教両宗　僧侶大会／ 273, 274, 275, 276
朝鮮仏教禅教両宗 宗会／ 322
朝鮮仏教 禅宗 宗憲／ 358, 359
朝鮮仏教少年会／ 221, 222, 223
『朝鮮仏教略史』／ 102
朝鮮仏教女子青年会／ 193, 194, 198, 224
『朝鮮仏教月報』／ 11, 81, 110
『朝鮮仏教維新論』／ 80, 106
朝鮮仏教維新会／ 160, 161, 162
朝鮮仏教 一覧表／ 303, 304
朝鮮仏教展示会 目録／ 414
朝鮮仏教中央教務院／ 241, 310, 333
朝鮮仏教中央総務院／ 532
朝鮮仏教青年総同盟／ 330, 333, 334, 335
朝鮮仏教青年総同盟 創立大会／ 333
朝鮮仏教青年会／ 157, 158, 159, 224, 236, 237,
238, 331, 333
朝鮮仏教青年会 サッカー部／ 159, 233
朝鮮仏教青年会 趣旨書／ 157
朝鮮仏教総務院／ 511
『朝鮮仏教叢報』／ 114, 117
朝鮮仏教総本院／ 528
『朝鮮仏教総書目録』／ 182
『朝鮮仏教通史』／ 95, 109
朝鮮仏教学生同盟／ 507
朝鮮仏教学人大会／ 240, 241
朝鮮仏教学人連盟／ 243
朝鮮仏教革新論／ 227

朝鮮仏教革新会／498, 515, 516
朝鮮仏教革新会 綱規／516
朝鮮仏教革新会 綱領／515
『朝鮮寺刹史料』／105
『朝鮮禅教史』／389
朝鮮禅宗 中央布教堂／76
『朝鮮僧侶修禅提要』／185
『朝鮮語楞厳経』／302
朝鮮人民報／509
『朝鮮日報』／227, 299
朝鮮総督／356
朝鮮総督府／105, 185, 279, 284
『朝鮮塔婆の研究』／538, 539
朝鮮学生仏教青年会連盟／424
祖室／876
趙殷沢／214, 215
『潮音』／291, 292
趙宗玄／402
趙芝薫／712, 713, 772
曹学乳／285
宗教課／171, 173
宗権訴訟／625, 626
宗権守護／734
宗権守護会／809, 812
宗権戦い／723, 806
宗権掌握／658
宗団改革／983, 993
宗団紛糾／883, 1041
宗団事態／1040
宗団再建／725
宗団浄化／890
宗法／273, 1024, 1027, 1030
宗費生／736
宗正／665, 808, 809, 810, 811, 812, 814
宗正 職務代行／812, 815
宗祖／633, 792, 818
宗憲／273, 274, 275, 276, 322, 326, 358, 359,
582, 623, 692, 703, 708, 1024, 1027, 1030
宗会／322, 497, 709, 722, 806, 807, 885, 886, 887, 990
宗会流会／807
宗会議員／709, 710, 886
宗会解散／811
『週刊仏教』／949
住職懇談会／1037
住職研修会／1005, 1006
中央教務院／497, 527, 530
中央仏教学友会／203
中央仏専／22, 207, 208, 209, 336, 348, 349
350, 354, 403, 405
中央仏専 校友会／354
中央仏専 農村勤労報国隊／351
中央仏専 巡回講演／353
中央仏専 音楽会／350
中央仏専 学生会／352, 415
中央禅院／650
中央僧伽大／829, 830, 922, 932, 963, 998, 999
中央僧伽大学生会／910
中央庁／601, 602, 681
中央学林／22, 91, 92, 200, 229, 238
証心寺／75
地価証券／648
智異山／565, 566
知性人 宣言／1038
知識人 宣言／982
直指寺／249, 1005
陳相一／336
真宗／88
真宗 大谷派／10, 43, 44
晋州仏教青年会／209
陳震応／57, 75

【ㅊ】（차・チャ）

車相明／423
讃仏歌／285, 287,288
創氏改名／485
倡義同盟／56
蔡碧厳／604, 721, 814
蔡瑞応／458
冊子普及運動／865
天道教／204
「千手心経」レコード盤／875
泉隠寺／49, 227
天竺寺 無門関／835, 837

天台宗／956
千河龍／570
『青春を燃やし』／198, 779
初発心／1040
初８日 慶祝法会／2
総務院／164, 165, 166, 204, 205, 504, 508, 671, 810
総務院 庁舎／1021, 1030, 1033
総務院長／665, 708, 803, 814, 982, 1069
総務院側／815, 816, 1037
総務処／820
総本山／154, 451, 463
銃後報国／491
崔景相／269
崔巨徳／268
崔南善／115, 234, 296, 331
崔文錫／203, 336
崔凡述／330, 347, 519, 548
崔鳳秀／234, 331
崔聖谷／705
崔性観／406
崔英哲／849
崔英煥／214
崔円虚／705
崔益鉉／56
崔仁浩／1065
崔載九／893
崔就墟／11
崔鉉培／462
崔炯宇／984
『鷲山宝林』／158
親日／21, 46, 119, 237, 277, 278, 308, 370,
372, 412, 484, 490, 496
『親日仏教論』／1064
親日社説／372, 486, 491, 493
七仏庵／79

【ㅋ】（카・カ）

カメラ散策／853, 854, 855
加藤文教／6

【ㅌ】（타・タ）

托鉢／853
太古寺／451, 453, 497, 514, 528, 592
太古寺 寺法／463, 464, 465
太古宗／717, 731, 735, 801, 802
泰安寺／49
太虚法師／258
土地改革／521, 535
土地改革法案／535
統監府／42, 58
通度寺／101, 132, 158, 328, 435, 524, 878, 964
通度寺 掛仏／132
通度寺 仏教専門講院／367
通度寺 仏教青年会／158, 292
通度寺僧侶大会／964
通度寺派／722
統一念願／966
統一念願 塔回り／1043
統合宗団／701, 702, 703, 704, 708, 709, 710
711, 718, 720, 734, 791

【ㅍ】（파・パ）

波羅蜜多／1048
『八相録』／555
『平凡』／289, 290
布教規則／84
布教師／716, 959
布教院／842
表忠寺／138
フランス 留学／229
被圧迫民族反帝国主義大会／230, 231, 232

【ㅎ】（하・ハ）

河東山／399, 458, 580, 582, 584, 590, 597,
630, 760, 792
『下山』／781
羽織 袴／93
河龍華／245
学務課長／171, 173

学人／ 242, 243, 244, 885
韓国国旗／ 740
韓国開教論／ 6
韓国教授仏子連合会／ 916
韓国大学生仏教協議会連合会／ 741, 1052
韓国仏教近現代史　講座／ 1042
『韓国仏教史』／ 776
『韓国仏教僧団浄化史』／ 636
韓国仏教研究院／ 954
韓国仏教 在家会議／ 1072
『韓国仏教全書』／ 826, 828
『韓国仏教最近百年史』／ 747, 749
『韓国仏教学』／ 864
韓国仏教学会／ 864
韓国青年仏教連合会／ 897
ハングル講習会／ 558
ハングル大蔵経／ 766, 768, 770
一心禅院／ 1055
漢方病院／ 852
韓普淳／ 527
『漢城日報』／ 508
韓性勲／ 308, 336
韓永錫／ 221, 336
韓英淑／ 548
韓龍雲／ 57, 75, 77, 80, 82, 104, 106, 108,
115, 145, 149, 150, 178, 245, 276,
297, 298, 299, 327, 328, 393, 545,
546, 547, 548, 1003
韓龍雲 小説「薄命」／ 299
抗日／ 308
抗日僧侶／ 137, 150
『海東仏報』／ 111
海東訳経院／ 529
解放の年に生まれた僧侶／ 884
『海印』／ 957
海印高／ 742
海印大学／ 742
海印寺／ 52, 61, 143, 146, 328, 502, 813, 834
911, 929, 957, 997
海印寺 講院／ 366
海印寺 四溟大師碑／484
海印寺 僧伽大／984
海印寺 僧侶大会／911, 912, 913
海印寺 弘済庵／997
海印中／742
海印叢林／502, 744, 745
海印学院／742
行者教育院／1000
行者僧／99
許永鎬／289, 330, 470, 475, 478, 519, 548, 570
許憲／232
革命仏教徒同盟／510
『革新公報』／121
革新仏教同盟／509
『現代仏教』／1055
玄海／736
血書／632, 669, 912
護戒牒／85
護国仏教／832, 892, 911
護国僧軍団／832, 833
護法衆／584
洪甫龍／91
『弘法友』／362
洪映真／481
洪孝成／336
洪月初／24, 246
洪庭植／772, 804
華渓寺／813
華果院／549
和光教園／34, 530
和合／729
和同約定書／724
和同派／724
『話頭と実践』／1054
『華厳経』／300, 301
華厳寺／49, 307, 659
華厳学林／995
華雲寺／237
換父易祖／592, 633
皇国臣民ノ誓詞／371
黄金峰／308
黄道堅／1069
黄晟起／787
黄性敏／336

『皇城新聞』／48
黄寿永／562
『荒野』／202
黄義敦／296
『回光』／243
「悔心曲」レコード盤／874
休庵／971
黒龍会／9

植民地時代の仏教を記憶する東国寺

韓国に唯一残存する日本式寺院東国寺。1909（明治42）年曹洞宗僧侶内田佛観が当地に布教所を開設し、後に曹洞宗錦江寺となった。解放後東国寺と寺名変更し、大韓仏教曹渓宗に所属して現在に至る。

2012年9月16日、「東国寺を支援する会」（一戸彰晃代表）が、曹洞宗が1992年に戦争協力を懺悔し表明した「懺謝文」を刻んだ「懺謝文碑」を境内に建立。植民地時代の仏教を記憶する寺院として韓国各地から見学が絶えない。

573-100　大韓民国全羅北道群山市錦光洞135-1

『1900 ～ 1999 韓国仏教 100 年』
日本語版発刊にあたって

本書は、1900 年～ 1999 年までの韓国仏教界を、写真資料を中心に俯瞰した書である。

日本語訳は「東アジア仏教運動史研究会」（代表・槻木瑞生同朋大学名誉教授）が行った。

日韓の溝は、政治のみならず、両国に共通の宗教である仏教の面にも存在する。

このような状況下、2014 年 5 月、韓国に「日本仏教文化学会」が結成されたことは大きな進展だが、他方、日本には「韓国仏教文化学会」を結成しようとする動きはまだない。

本書は、日本において韓国仏教を理解しようとする研究者にとって大きな価値を持つとともに、これを契機に、韓国仏教に対する理解が深まることを期待している。

一戸彰晃

編者　金 光植（キム・グァンシク）

建国大学大学院で文学博士の学位を修得。大覚思想研究員研究部長を経て、現在、東国大学学術院電子仏典文化コンテンツ研究所研究招聘教授。
著書に『高麗武人政権と仏教界』『韓国近代仏教史研究』『韓国近代仏教の現実認識』『私たちが生きてきた韓国仏教百年』『龍城』などがある。

訳者　東アジア仏教運動史研究会

代表・槻木瑞生（同朋大学名誉教授）

1900～1999　韓国仏教100年
朝鮮・韓国仏教史図録

2014年7月1日　初版第1刷発行
定価　25,000円＋税

編　者　　金 光植
写真収集・整理　　尹 暢和
訳　者　　東アジア仏教運動史研究会

発行所　　株式会社 **皓星社**
〒166-0004　東京都杉並区阿佐谷南1-14-5
電話：03-5306-2088　FAX：03-5306-4125
URL http://www.libro-koseisha.co.jp/
E-mail：info@libro-koseisha.co.jp
郵便振替　00130-6-24639

編集協力　　李 昤京
装　幀　　藤巻亮一
印刷・製本　　中央精版印刷株式会社

ISBN978-4-7744-0490-5　C3015